Introduction to Middle School Education

中学教育基础

郑金洲◎主编

华东师范大学出版社
上海

图书在版编目(CIP)数据

中学教育基础/郑金洲主编. —上海:华东师范大学出版社,2020

ISBN 978 - 7 - 5760 - 0413 - 7

Ⅰ.①中... Ⅱ.①郑... Ⅲ.①中学教育－教育学－师范大学－教材 Ⅳ.①G630

中国版本图书馆 CIP 数据核字(2020)第 123264 号

中学教育基础

主　　编　郑金洲
责任编辑　李恒平
审读编辑　赵建军
责任校对　朱玉媛　时东明
装帧设计　卢晓红

出版发行　华东师范大学出版社
社　　址　上海市中山北路 3663 号　邮编 200062
网　　址　www.ecnupress.com.cn
电　　话　021 - 60821666　行政传真 021 - 62572105
客服电话　021 - 62865537　门市(邮购)电话 021 - 62869887
地　　址　上海市中山北路 3663 号华东师范大学校内先锋路口
网　　店　http://hdsdcbs.tmall.com

印 刷 者　常熟市大宏印刷有限公司
开　　本　787 毫米×1092 毫米　1/16
印　　张　28
字　　数　615 千字
版　　次　2020 年 8 月第 1 版
印　　次　2024 年 1 月第 4 次
书　　号　ISBN 978 - 7 - 5760 - 0413 - 7
定　　价　59.80 元

出 版 人　王　焰

《中学教育基础》是高等师范院校公共课教育学教材，面向的学习对象是以后走入中学从事教育教学岗位的师范生。现在，我们已有各式各样的教育学教材百余种，但相对而言，专门供中学"准教师"学习的教材，还不多，有必要在这方面继续做一些工作。

教材，在学校教育中占据重要地位。教材、教学、教师，这"三教"大体决定了一所学校的教学质量甚至办学水平。没有高质量的"三教"，没有高水平的"三教"统一，就很难培养出合格的人才，更遑论优秀的人才。编写教育学教材，在我自己的研究生涯中，是一项重要的工作，一定程度上也是较难的工作。以往我编写了三本教育学教材，一是《教育通论》，由华东师范大学出版社2000年出版；二是在叶澜教授的带领下，与卜玉华教授一起编写《教育理论与学校实践》，高等教育出版社2000年出版，算起来，编写这两本教材竟是20年前的事情了。三是《教育基础》，由华东师范大学出版社2012年出版。除教育学教材外，我还编写了一些教学法方面的教材，比如《新编教学工作技能训练》，华东师范大学出版社2007年版等。我之所以还"耕耘"在教材编写这个行列，很重要的一点，就是认为教材对学生成长发展来说实在重要。可以说，教材是学生进入并熟悉这门学科的"指示牌"，是激发学生对这门学科热忱的"动力源"，是唤起学生对这门学科研究兴趣的"催化剂"。缺乏好教材的引领，学生很难走进这门学科的门径。

教材编写重要，但从事这项工作的人又寥寥，尤其是在学术上已经有一定造诣的学者更是凤毛麟角。其中缘由很多，大体上从事这项工作有点"费力不讨好"，费心尽力，很难收到预期成效，还多为人诟病；做这件事情，需要大家协同作战、多方合作，涉及领域广，牵涉作者多，组织起来颇为困难；编写出来的教材，有些单位在职称评定、论著评奖上并不见得作为重要成果。这样一来，导致不少学者觉得编教材还不如扎扎实实地写篇文章、做个课题，这样的研究效果来得更直接、更实在。这可能也是我们教材缺精品、少经典的重要原因。好在，这种情况近年来正在逐渐改观。

这本教材的编写，虽然我们紧扣教师资格证书的知识要求，担负"准教师"们考取证书等任务，但在内容和形式上都还有一些新意，注意突出以下几个特点：

一是呈现基本知识点。这本教材是师范院校学生学习教育学的入门书，打好教育学学习的基础，为未来的职业生涯做准备，是本书的重要目标指向。本书立足教育学的常识，立足教育学研究的共识，展开教育学基本概念的介绍、基本判断的叙述、基本原理的探析，以及重要人物事件的把握、重要政策法规的领会、重要实践行为的掌握，引导学生切切实实理解并掌握教育学的这些基本知识，为学习其他学科提供知识技能储备。

二是注重多学科融合。教育是一项特殊的社会实践活动，教育学是研究教育活动规律的学科。教育在社会实践中具有高度依附性，需要借助于其他社会领域的支持配合才能发展演进；教育学的许多命题具有高度还原性，可以还原为哲学、社会学、政治学、心理学、管理学、经济学等学科的基本原理。

这也就决定了教育学的论述、评析必须要有广阔的视野、多学科的视角,在学科交融中认识教育现象和活动。这本教材各章内容在揭示教育学基本原理的基础上,都有一定的跨学科性,注重从多学科、多领域角度把握教育问题。

三是突出实践操作。从本质上说,教育学是一门实用的学问,不能离开实践场景看问题,不能空对空、泛泛而谈。这并不是否认教育学作为一门独立学科的理论性,它的理论学说精深甚至是艰涩的,但归根结底是要在教育教学实践中来使用和验证的。与其他学科相比较,它更注重实操、应用。这本教材,着眼于学生对教育学知识的掌握运用,无论在正文的叙述,还是在每章末尾的"思考与实践"中都有一些特殊的设计。我们在编写时,注意从学生的角度换位思考,"假如我是一个师范生,这章内容我需要掌握什么? 有哪些疑点难点? 怎样才能学得进、记得住、用得上?"正是有鉴于此,各章在内容叙述上很注意引导学生在学习时把自己摆进去、把未来教师的职责摆进去,以便更好地进行实际操作,胜任将来步入学校面临的各种挑战。

四是把握时代特征。恩格斯说:"我们只能在我们时代的条件下去认识,而且这些条件达到什么程度,我们才能认识到什么程度。"从王国维先生于1901年翻译日本立花铣三郎编著的《教育学》和他于1905年编著的一本《教育学》合辑算起,我国教育学教材的编写已历经一个多世纪。新中国成立后,我们也编写了不少影响大、使用范围广的好教材,如华东师范大学刘佛年先生主持编写的《教育学》,人民教育出版社1979年版(当时书的署名为"上海师范大学《教育学》编写组"),华中师范大学王道俊、郭文安两位先生主持编写的《教育学》,人民教育出版社2009年版。这些教材是时代的产物,反映了时代发展的需求。历史进入到新时代,对教育改革发展也提出了新要求。党的二十大明确指出,教育是国之大计、党之大计,在全面建设社会主义国家中发挥着基础性、支撑性的作用,强调育人的根本在于立德,要加快建设教育强国,加快建设高质量教育体系,发展素质教育,促进教育公平。我们这本教材中比较注重回应新时代对教育的这些新要求新挑战,体现鲜明的时代性。

五是关注便于使用。教材要用起来方便,教师使用的时候觉得可参考可讲解可引导,学生使用的时候举得有启发有针对性有带入感,这样的教材才有生命力。我们在编写的时候,是努力往这个方向迈进的。比如教材的体例,每章都有三级标题做提示,开篇案例做引导,黑体字做重点,多个"专栏"做深化,"本章小结"做提炼,"思考与实践"做练习,"延伸阅读"做扩展,图文并茂,事例丰富,这些探索都是为了教的便捷、学的便利。

这本教材,以"导言:今天我们为什么要做教师"为开端,以"第二十章如何当好中学教师"收尾,贯穿始终的就是作为中学教师"应知应会"的知识与技能。共分了五编二十章,第一编教育基本原理,含6章;第二编中学课程与教学,含3章;第三编中学生心理,含3章;第四编中学德育与班级管理,含4章;第五编中学教师,含4章。在篇章结构上,我们也力求更好地贴近学生的学习实际,体现教育学的理论逻辑。

这本教材,由我主编,对各章都认真审阅,做了较大的润色和修改。具体分工如下:

林存华　导言:今天我们为什么要做教师,第十四章中学课堂管理,第二十章如何当好中学教师

张素玲　第一章什么是教育,第二章教育的历史发展

程　亮　第三章教育的基本功能,第四章教育目的,第十三章中学德育(与余维武

合撰），第十九章中学教师职业道德规范

　　翁文艳　　第五章学校教育制度，第十六章中学课外活动，第十八章中学教师法律素养

　　李冲锋　　第六章教育研究方法，第七章中学课程，第八章中学教学（上），第九章中学教学（下），第十五章中学班主任工作

　　林　颖　　第十章中学生发展心理，第十一章中学生学习心理

　　王红丽　　第十二章中学生心理健康教育，第十七章中学教师心理

　　编写者大多是我的同事和学生，我们是在 2012 年编写《教育基础》之后的第二次合作，他们不计较名利的倾力付出，是我们情谊的见证，更是这本教材得以问世的保证，在此深致谢忱！这里要尤为感谢上海市虹口区教育学院王红丽老师的参与与支持！感谢华东师大出版社的盛情相邀，感谢李恒平等老师卓有成效的编辑加工！因学识能力所限，书中错谬，敬请批评指正！

郑金洲

2020 年 3 月

目录

【开篇案例】

　　我如果当中学教师，决不将我的行业叫做"教书"，犹如我决不将学生入学校的事情叫做"读书"一样。书中称积蓄着古人和今人的经验，固然是学生所需要的；但就学生方面说，重要在消化那些经验成为自身的经验，尤其重要在能够随时随地就事事物物得到新经验——不限于书中的经验。说了"读书"，便把这个意思抹杀了，好像入学校只须做一些书本上的工夫。因此，说了"教书"，也便把我当教师的意义抹杀了，好像与从前书房里的老先生，并没有什么分别。我与从前书房里的老先生，其实是大有分别的。他们只须教学生把书读通，能够去应考、取功名，此外没有他们的事儿了；而我呢，却要使学生能做人、能做事，成为健全的公民。这里我不敢用一个"教"字。因为用了"教"字，便表示我有这么一套完整的本领，双手授予学生的意思；而我的做人做事的本领，能够说已经完整无缺了吗？我能够肯定地说我就是一个标准的健全的公民吗？我比学生，不过年纪长一点，经验多一点罢了；他们要得到他们所需要的经验，我就凭年纪长一点，经验多一点的份儿，指示给他们一些方法，提供给他们一些实例，以免他们在迷茫之中摸索，或是走了许多冤枉道路才达到目的——不过如此而已。所以，若有人问我干什么，我的回答将是"帮助学生得到做人做事的经验"，我决不说"教书"。

　　（资料来源　叶圣陶：《如果我当教师》，《今日教育》2010 年第 11 期。）

【学习指导】

1. 明了选择教师职业的原因。
2. 认识学习这门课的意义。
3. 掌握本书的基本结构和表现形式，为后续学习打下基础。

一、选择做教师的理由

今天,我们为什么要做教师,这个问题是所有师范生走进师范院校大门或就读师范类专业首先思考的一个问题。对这个问题,可以从多个方面来回答。

加里宁

我们选择做教师,是因为教师是崇高的,教师职业是受人尊敬的职业。在人类社会的发展和进步中,教师起着巨大的作用。教师是铸造人类文明的工程师,是人类文明的传播者和建设者。人类文明发展的连续性,有赖于一代又一代教师的劳动和奉献。一个社会、一个国家、一个民族,如果没有教师辛勤的、有效的劳动,那么,这个社会、国家和民族的文明进程就会遭受损失。教师作用的重要性,可以从一个侧面说明教师职业是崇高的和受人尊重的。苏联政治家、革命家加里宁(1875—1946)把教师比喻为"人类灵魂的工程师";捷克教育学家夸美纽斯(Comenius, J. A., 1592—1670)称赞教师为"太阳底下最光辉的职业";英国哲学家弗兰西斯·培根(Bacon, F., 1561—1626)对教师也不吝褒扬之词,他说:"教师是知识种子的传播者,文明之树的培育者,人类灵魂的设计者。"我国历来有尊师重教的传统,"天地君亲师"把教师推崇到很高的地位,"一日为师,终身为父"则把师与父等同起来。

在今天,国家大力倡导尊师重教的社会风尚,教师具有很高的职业声望,具有较高的社会地位,教师的合法权益受到法律的保护。我国《教师法》明确提出,"全社会应当尊重教师",要"改善教师的工作条件和生活条件,保障教师的合法权益,提高教师的社会地位"。对于教师的待遇,《教师法》明文规定,"教师的平均工资水平,应当不低于或者高于国家公务员的平均工资水平,并逐步提高";"教师的医疗同当地国家公务员享受同等的待遇";"教师退休或者退职后,享受国家规定的退休或者退职待遇";等。

在我国,教师有自己的专门节日,《教师法》规定每年的 9 月 10 日为教师节。教师节的建立,标志着教师在我国受到了全社会的认可和尊敬。

专栏 0 - 1

教师节的由来

　　教师节是我国仅有的包括护士节、记者节在内的三个行业性节日之一。自1931年以来,我国在不同历史时期共有过四种不同日期和性质的教师节。

　　我国历史上最早出现的教师节在 1931 年。当时,教育界知名教授邰爽秋、程其保等联络京、沪教育界人士,拟定每年 6 月 6 日为教师节,并发表《教师节宣言》,提出改善教师待遇、保障教师工作、增进教师修养三项目标。这个教师节没有被当时的国民政府承认,但在全国各地产生了一定的影响。1939年,国民政府教育部决定另立孔子诞辰日(8 月 27 日)为教师节,并颁发了《教师节纪念暂行办法》，但当时未能在全国推行。

1951 年，中华人民共和国教育部和中华全国总工会共同商定，将教师节与国际劳动节合并在一起，5 月 1 日作为我国教师节。由于种种原因，教师节实际上并未实行。

为了发扬"尊师重教"的优良传统，提高教师地位，1985 年 1 月 21 日，在第六届全国人大常委会第九次会议上，正式通过国务院关于建立教师节的议案，确定每年 9 月 10 日为中国的教师节。

定教师节为 9 月 10 日，是考虑到新学年开始，学校要有新的气象，师生要有新的感觉。新生入学伊始，即开始尊师重教活动，可以给教师教好、学生学好创造良好的气氛。同时，9 月份全国性节日少，便于各方面集中时间组织活动并突出宣传报道，促进全国范围内形成尊师重教、尊重知识、尊重人才的良好社会风尚。

我们选择做教师，是因为我们能够促进学生的成长，甚至影响他们终身的发展。教师职业是影响人一生的职业，教师的教诲是照亮人心灵永远的指路灯！三尺讲台，就是我们传播理想的大舞台。虽然教师的工作看起来并不轻松，每天要早出晚归，经常要加班加点，但却能够为学生的一生发展打好基础。身为教师，能够给孩子铺出一片未来的天空，培养他们的兴趣爱好，激发他们的学习热情，让每一个孩子都找到自己的闪光点。

在孩子的世界里，很少有欺骗与伪装，孩子们的心灵都很纯洁、很可爱；在孩子的世界里，没有那么多大人间的勾心斗角，孩子们的想法相对简单。他们像一汪清水，像一朵白云，像一片嫩绿的树叶。和孩子们在一起，不会特别的累，心里很轻松，心情也很愉快；和孩子们在一起，可以让我们感觉很有活力，让我们一直保持一颗童心，保持健康和年轻的心态。一届一届的学生入学，让我们一直都能看到新鲜的面孔，感受他们青春活泼的气息，相比较于社会，校园让人觉得清澈纯洁得多。做教师，可以经常与那么多青少年学生打交道，真是一项幸福的工作。

作为教师，可以影响许许多多的孩子，教他们知识，教他们做人，看到他们在自己的帮助下茁壮成长。没有任何一份职业，比教师更能影响人的一生——你也许已经不记得很多人的姓名，但你一定不会忘记你的某个老师，他对你的影响，真的会延续一生。著名作家魏巍在《我的老师》一文中这样写道："最使我难忘的是我小学的老师蔡云芝先生。在课外的时候，她教我们跳舞，我现在还记得她把我扮成女孩子表演跳舞的情景。在假日里，她把我们带到她的家里和女朋友的家里，在她的女朋友的园子里，她还让我们观察蜜蜂；也是在那时，我认识了蜂王，并且平生第一次吃了蜂蜜。她爱诗，并且爱用歌唱的音调来教我们读诗。直到现在，我还记得她读诗的音调，还能背诵她教我们的诗。今天想来，她对我的接近文学和爱好文学，是有着多么有益的影响！"

很多人选择做教师，是因为受到自己基础教育阶段老师的影响。有人深受小学老师的影响，觉得老师像妈妈一样关爱学生，即便是斥责学生，那也是为了学生好，所以也要像她那样，做一个可以影响一个人一生的人。有一位师范生在互联网的论坛上说："我选择教师这个职业，是因为受到了我高中历史老师的影响！我觉得她讲课实在是太酷了，学生在她的课上都特别有激情，每节课下来总有种让人热血沸腾的感觉！我当时就在想,我一定要成为她那样酷的老师,既能让学生崇拜,又能成为学生的朋友。所以,我很想成为像她一般的人。我的教师梦是因她而起的!"

我们选择做教师,是因为教育需要教师创造性劳动,教师职业永远有成长的空间。教育永远是一项变化无穷的工作。在日新月异的今天,昨天潜移默化的教育理念,已经不再适应时代发展的要求;过去耳熟能详的教育内容,在教育改革、课程改革的浪潮中或许也变更了模样;曾经行之有效的经验做法,也在新的教育实践面前经受着严峻的考验。学生总是不同的,总在不断地变化着。面对生活环境、个性特点、学习基础不同的学生,采用一成不变的教育方法显然是不合时宜的。而且,当你好不容易熟悉了一批学生,和一批学生形成良好默契的时候,你可能就不得不依依不舍地送别这些学生,一届又一届地迎来陌生的面孔。

变化的世界、变化的学生,对教师来讲意味着不断的挑战,需要教师不断地加强学习,并且要创造性地开展工作。教师是一个需要不断自我充电的职业。学校环境有利于教师自我学习,通过学习,教师可以获得持续不断的成长。做教师可以亲历创造的过程,体验克服教育难题带来的快乐,并在创造性的劳动中不断提高自己的水平。教师不见得是物质上的富翁,但却能够成为丰厚精神财富的拥有者。

专栏 0-2

教师能收获创造性劳动的成果

教师的工作对象是人,人是千差万别的,要做好教育工作,就得充分发挥创造性。正是这种工作性质,决定了教师必须学识渊博,并且每时每刻都要开动脑筋,针对当时的情况和学生的差异,创造性地处理各种问题。从这个意义上说,教师随时都有科学研究的机会。

不要说学校、社会这样的大范围内有科研题目,单讲学校教育,单讲德育、智育、体育、美育、劳动教育,就各有数不尽的科研题目。以学生的注意力为例,就能写出上百篇科研文章,诸如《男女同学注意力的差异》《一节课各类学生注意力的变化》《练习题设计对学生注意力的影响》《增强学生注意力的若干种办法》……这用武之地该有多么广阔!

我之所以爱教书,重要原因之一,就是觉得教师从事的是最富有创造性的工作。每一段时间,每一处空间都有科研题目,都能有新发现,能看到学生中新的、积极上进的因素;也能看到教师自己向更高层次发展的潜能;还能看到环境中的各种有利因素。教书不是自古华山一条路,而是条条大路通罗马。我总想,同一本书,能有上百种甚至上千种讲法。我们应该努力研究更科学的讲法,即使今天这种讲法比昨天科学,那也仅仅是向后看得出的结论,向前看呢?一定还有更科学的方法等着我们去探索研究。这些年来,我边工作,边探索研究科学的教育教学方法,先后在报刊上发表了66篇文章,出版社先后出版了《魏书生教育方法100例》《魏书生语文教育改革探索》《魏书生文选》等书籍。今年又出版了我主编的《中学生用功术》和我写的16万字的《语文教改漫谈》。我深深体会到教师的劳动确实有利于收获科研成果。

（资料来源　魏书生:《魏书生文选》(第二卷),漓江出版社1995年版,第48—50页。）

　　我们选择做教师,是因为这份职业给我们以成就感,让我们感受个体存在的意义与价值。教师是学生的领路人,帮助学生获得知识,引导学生学会做人。教师付出的是自己的努力,改变的是学生的生活。做教师,可以分享学生的成功与喜悦。看着学生的成长与进步,教师可以产生一种难以言说的满足感,这是任何功利的收获所不可比拟的。做教师,可以享受"桃李满天下"的成就感。通过教育活动,教师可以把身上的优点发扬光大,影响一批又一批的学生。在诲人不倦的教育过程中,教师能够感受到一种别样的幸福感,从而实现人生的价值与理想。

专栏 0-3

教书让我满足

　　教书让我终此一生都能满足自己是有用的、是被感谢的那种心理需求。当我在某个路口听到车上有以前的学生喊我"戈登先生"的时候,或者是有学生到学校来看我的时候,我都觉得很高兴。当我在地铁里遇到我的学生,或者在商店里看到他们购物或者工作的时候,我都会感到很高兴。最重要的是,他们认出了我,还跟我打招呼了:他们有那种叫我的名字并和我一起呆一会儿的意愿。遇到从前的学生,让我感到自己对他们所做的一切都是正确的,他们记得我关心他们,我尊重他们的身份认同和聪明才智,理解他们的希望和困境。在这一刻的相遇中,我又一次感受到了做他们的教师的那种快乐和特权。

　　(资料来源　尼托主编,郑明莉译:《我们为什么做教师》,华东师范大学出版社2008年版,第77页。)

　　我们选择做教师,还因为教师职业有带薪的寒暑假,而且休假的时间比任何一项职业都要长。在假期里,我们可以去思考、研究和写作,总结自己的教育经验和教学心得;我们可以学习新知识,为自己的专业发展"充充电";我们也可以放松自己,尽情地享受美好的生活。当然,我们也知道,教师被喻为"春蚕"、"蜡烛",教师职业是需要奉献的职业。教师职业不是时时有鲜花和掌声,在很多时候需要的是不计回报的默默付出。去掉教师职业外在的光环,这其实是一份非常朴素的职业。

　　相比许多职业而言,教师的工作显得繁忙、琐碎、辛苦,时常起早摸黑,劳心劳力,需要投入大量的时间与精力。可我们看到的是,仍然有那么多的教育工作者,数十年如一日,坚守在平凡的岗位上,勤勤恳恳,兢兢业业,无怨无悔,默默奉献。

　　中国教师的典范于漪老师在《奉献,教师的天职》一文中动情地说道:"一个人的生命是有限的,而我们的事业是常青的。作为一名真正的教师,是用生命在歌唱,用生命在实践,为了我们辉煌的社会主义事业,为了我们可爱的学生,'请将你的脂膏,不息地

于漪老师

老师与孩子们在一起

流向人间,开出慰藉的花儿,结成快乐的果子'。假如我有第二次生命,我仍然毫不犹豫地选择教师这崇高而又神圣的职业,因为'给'永远比'拿'愉快。"①

二、学习这门课的意义

这门课程叫做"中学教育基础",书中有教育学的基本知识,也有关于教育、学校、学生、班级、课程、教学等方面的简要描述,还有关于为什么做教师、教师专业成长等问题的阐述。因而,学好这门课,对我们做好中学教师有着重要的指导意义。

第一,可以帮助我们认识教育事业在社会发展中的地位和作用。

"百年大计,教育为本。"教育不仅是社会主义物质文明建设的重要条件,而且是社会主义精神文明建设的重要基础。随着我国科教兴国战略的实施,教育在社会发展中的地位与作用越来越重要。学习这门课,可以加强我们对教育与社会发展、人才培养、科技创新等关系的认识,从而更好地把握教育在社会主义现代化建设中的地位和作用。学习这门课,可以加强我们对目前教育问题的理解,增强作为教师的社会责任感,树立为人民的教育事业奋斗终生的理想。

第二,可以帮助我们加深对教育理论的理解,开阔我们的教育视野。

通过学习教育学知识,我们能够了解历史上的教育是什么样子,现在的教育有什么新的发展变化;能够了解外国的教育是什么样子,我们自己所从事的教育与世界先进教育水平的差距是什么;能够了解古今中外教育学家的思想及事迹;能够知道教育理论的基本内容、价值追求、社会基础、文化背景等,从而增长我们的见识,开阔我们的视野,为形成自己的教育知识,提供理论资源和思想依据。

第三,可以帮助我们掌握从事教育工作的实际技能,提高教育水平。

要当好一名中学教师,只掌握学科知识是不够的,还要有正确的教育思想,懂得教育规律,善于运用恰当的教育方法。学习中学教育基础,可以帮助我们更好地认识教育的目的、功能和本质,掌握教育规律,使教育工作符合教育规律。中学教师想要持续地提高教育水平,就需要及时总结自己的教育教学经验。只有具备一定的教育理论水平,才能提炼、升华出自己的教育思想。这门课程中除了基本理论之外,也包括教师教学技能的介绍和分析,如备课、说课、上课、听课、评课等教师基本功,也包括课堂管理、班级管理和班主任工作等教师基本行为。掌握这些基本教学技能与行为要求,有助于我们形成科学规范的教师行为要求,提高教学质量,从而形成个人的教学风格。

第四,可以帮助我们了解教育对象,增强对教师职业的认识和信心。

教育是有目的地促进人身心发展的社会实践活动,教育工作是培养人的工作,我们的工作对象具有多样性和复杂性。作为中学教师,必须对我们的工作对象——中学生

---

① 于漪:《新世纪教师素养专题》,东北师范大学出版社 2003 年版,第 18 页。

有充分、全面的了解，才能准确、灵活地做好教育教学工作。学习中学教育基础，可以帮助我们了解中学生的发展阶段、心理特点、学习特点等，可以帮助我们走进中学生的内心世界，掌握许多与中学生打交道的方法和技巧。同样，学习中学教育基础，可以帮助我们对教师职业、教师专业发展有充分的理解和认识，增强从事教师职业的自信心和责任感。

第五，可以帮助我们学习与教育学相关的其他课程。

教育学作为教育学科中的基础课，它反映了教育活动中最一般、最基本的规律。教育学这门课程，是这个学科的入门课程，它对后续深入地学习教育学科的其他课程，起着奠基性的作用。高等院校的师范类专业的教育类课程除了教育学外，还有心理学、中外教育史、各科教学法、教育实习等。而随着教育学分支学科的发展，现代教育学也逐渐形成了一个庞大的学科体系，我们把中学教育学学好，既为学习其他教育学科课程打下基础，又为开启其他教育类课程的大门寻找到一把钥匙。

三、本书的结构与使用

区别于其他教育学教材，本书在篇章结构上，进行了一些新的安排，在内容的呈现形式上，也做出了一些调整。因而，对于本书的使用，亦有一定的要求。

本书的内容主要由导言和五编（二十章）组成。

导言部分主要提出了"今天我们为什么要做教师"这个问题，并且尝试着进行了回答。导言部分的内容还包括学习这门课的意义，以及对全书篇章结构的介绍和使用方法的说明。

第一编的主题是"教育基本原理"，由六章内容组成。第一章什么是教育，介绍教育的含义，对教育的要素、形态等进行分析。第二章教育的历史发展，主要讲述教育的历史发展脉络，以及国内外著名教育家的代表著作及主要教育思想，对比中西教育传统差异。第三章教育的基本功能，讨论教育在社会发展和人的发展中所发挥的作用，分析遗传、环境、教育与人的主观能动性的互动作用。第四章教育目的，主要分析教育目的的有关理论，介绍新中国成立后颁布的教育方针，把握全面发展教育的组成部分（德育、智育、体育、美育、劳动技术教育）及其相互关系。第五章学校教育制度，主要阐述学校的由来与发展、义务教育的特点，以及我国现代学制的沿革和我国当前的学制。第六章教育研究方法，主要学习教育研究的基本要求以及一些主要方法，如观察法、调查法、实验法和行动研究法等的运用。

第二编的主题是"中学课程与教学"，由三章内容构成。第七章中学课程，描述课程的含义和不同课程流派，分析课程的基本类型、表现形式，探讨课程的要素以及如何进行课程开发。第八、九章中学教学，分上下两部分，内容包括：教学的理解认识、教学原则、教学组织形式、教学工作的基本环节、主要教学方法。课程与教学，是中学教师的核心工作，掌握相关内容对履行好岗位职责、成为合格教师非常重要。有鉴于此，三章的篇幅也比较大，相关内容比较具体、详尽。

第三编的主题是"中学生心理"，由三章内容组成。第十章是中学生发展心理，内容涉及学生心理发展阶段、青少年心理发展特征，以及学生心理存在的个体差异。第十一章中学生学习心理，包括如何理解、认识学习，学习的不同理论流派，如何对学习结果进行分类,恰当表述教学目标。第十二章中学生心理健康教育,介绍中学生心理健康的含义和意义,中学生心理健康的内容与方法,引导学习者掌握必要的心理辅导技术,对生涯教育有一定了解。

　　第四编的主题是"中学德育与班级管理",由四章内容组成。第十三章中学德育,区分狭义德育与广义德育,介绍品德结构及德育过程,阐释德育的内容、方法、途径等。第十四章中学课堂管理,内容包括:课堂管理的概述、课堂气氛的营造、课堂纪律的建设、课堂问题行为的处置等。第十五章中学班主任工作,主要介绍班主任工作的内容和方法,阐述班集体的发展阶段,以及培养班集体的方法。第十六章中学课外活动,主要梳理课外活动的含义与特征,叙述课外活动组织和管理的有关知识,以及如何协调学校与家庭、社会三者的关系。

　　第五编的主题是"中学教师",由四章内容组成。第十七章中学教师心理,主要描述教师角色心理和教师心理特征,介绍教师专业成长发展中容易出现的心理问题,以及促进教师心理健康的理论与方法。第十八章中学教师法律素养,叙述有关法律素养的基本内涵,介绍教师享有的权利和义务以及学生权利保护,并对我国教育法律体系做了简要勾勒。第十九章中学教师职业道德规范,主要讨论教师职业道德的功能和特殊性,并就教师职业道德规范的内容与形式进行叙述,对教师如何进一步提升职业道德规范提出相关策略方法。第二十章如何当好中学老师,阐释中学教师的职业理念、基本素养和教师专业发展的阶段、方法与路径。

　　编写本书的重要目的是拓展读者的眼界,启发读者的思维。在结构编排上,每一章都包括6个部分:①开篇案例,每章开端有一事例,以此来引出这一章内容;②学习指导,主要提示这一章要掌握什么、要注意什么,以及学习的基本要求;③正文,这一章内容的主体部分,其中既有概念、意义、原理、方法等的描述,也有一些"专栏"增进对相关内容的理解;④本章小结,对正文部分进行回顾和提炼;⑤思考与实践,以新颖的方式,紧密联系学习者的思想行为,就一些关键论点提出问题,供学生思考与练习;⑥延伸阅读,推荐深入了解章节内容的有关读物。

　　在学习本书时,可以循着每章开篇案例、学习指导提出的问题,通读有关内容,寻找问题的答案,在思考、参与的过程中,来认知教育学的知识。正文部分,穿插有专栏等内容,阅读这些内容,可以了解更多的相关信息,更好地打开思路。思考与实践部分,有思考题、案例分析、问题研讨、活动探究等不同类型的练习题,请认真阅读,结合所学内容,进行思考,开展讨论,在相互交流中进一步深化所学知识。阅读推荐书目,对于拓展视野、深入掌握所学内容,也是非常有帮助的。

本章小结

　　选择做教师有很多的理由。从教师职业特点来看,教师职业是崇高神圣、受人尊敬的职业;教师职业需要创造性的劳动,永远有成长的空间;教师职业有带薪的长假,等等。从个人的选择来看,我们觉得,与孩子们在一起是一件幸福的事;作为教师,能够促进学生的成长,甚至影响他们终身的发展;做教师有特别的回报,选择做教师会很有成就感。

　　学习这门课,加强教育学的理论素养,可以帮助我们认识教育事业的地位和作用,开阔从事教育活动的视野,掌握从事教育工作的实际技能,增强对教师职业的认识和信心,还可以帮助我们学习与教育学相关的其他课程。

思考与实践

1. 有一首歌,叫《长大后我就成了你》,歌词如下:

小时候我以为你很美丽,
领着一群小鸟飞来飞去。
小时候我以为你很神气,
说上一句话也惊天动地。
长大后我就成了你,
才知道那间教室,
放飞的是希望,
守巢的总是你。
长大后我就成了你,
才知道那块黑板,
写下的是真理,
擦去的是功利。
小时候我以为你很神秘,
让所有的难题成了乐趣。
小时候我以为你很有力,
你总喜欢把我们高高举起。
长大后我就成了你,
才知道那支粉笔,
画出的是彩虹,
洒下的是泪滴。
长大后我就成了你,
才知道那个讲台,
举起的是别人,
奉献的是自己。

请聆听这首歌,思考一下教师的形象和作用。

2. 阅读下列材料,对为什么选择教师职业作出评论。

大学毕业以后,自以为游刃有余地开始了我的初中英语教学工作。每周 21 节英语课,居然也不觉得多么有压力。或许,其实自己并没有真正地进入"教师"这个角色,而只是技巧的传授,对一个英语专业毕业的教师来说,站在初中英语的课堂里,太简单、太轻松了。

直到那一天,一个毕业班的女孩子,递给我这样一张纸条:"谢谢您用笑容给我们带来欢乐,我以后也要当一名教师。"那张字条,或许是当头棒喝。除了我一直以为的简单的技巧传授外,其实也有别的东西深深镌刻在孩子们的心头。孩子们有可能不记得我传授的英语知识,但我仍然有可能在影响我的学生?

那张纸条,让我开始相信教师的能力和价值;那张纸条,让我在之后一次征文中,以《年轻的女教师和〈年轻的女教师〉》一文获得了二等奖;也是在那张纸条之后,我开始慢慢潜心教师这个职业了吧?

3. 观看《感念师恩》微视频,谈谈自己的感受。

4. 选择一部反映教师生活的影片,如《凤凰琴》《老师·好》《美丽的大脚》《乡村女教师》(苏联)《春风化雨》(美国)《放牛班的春天》(美国),集体收看,看后联系本章内容相互交流观后感。

5. 有人说教育既然是一项经验性的工作,主要靠实践锻炼就足以增长才干,适应工作要求,那么就用不着再专门学习教育学知识。试对这一观点进行评论。

6. 查阅几本名为《教育学》或《教育学基础》的教科书,对比本书与其他各书之间的章节、表现形式等方面的异同,并谈谈自己的看法和认识。

视频　感念师恩

延伸阅读

1. 于漪. 卓越教师第一课——于漪谈教师素养[M]. 长春:东北师范大学出版社,2015.

2. [美]尼托(Sonia Nieto). 我们为什么做教师[M]. 郑明莉,译. 上海:华东师范大学出版社,2008.

3. 张康桥. 为什么做教师[M]. 重庆:重庆大学出版社,2007.

4. 叶澜. 叶澜教育思想文选[M]. 北京:中国人民大学出版社,2019.

5. 王策三. 教学认识论[M]. 北京:北京师范大学出版社,2002.

6. 李秉德. 教学论[M]. 北京:人民教育出版社,1991.

7. 朱永新. 致教师[M]. 武汉:长江文艺出版社,2015.

第一编

教育基本
原理

【开篇案例】

　　日常生活中,我们通常听到这样的说法,"××是没有受过教育的人"。"没有受过教育的人",一般是指没有上过学,或者在学校里没有学到什么,以及没有通过其他途径学到应在学校里教的读、写、算和一些有关文化、历史、自然科学等学科的初步知识的人。俄罗斯文豪托尔斯泰的小说《战争与和平》中的农民普拉冬·卡拉塔耶夫就是这种意义上的"没有受过教育的人",但是,普拉冬童年所得到的教养、经验以及优雅的风度,使他成为异常机智和聪明的人。在危难时期,普拉冬和皮埃尔·别祖霍夫公爵都成了战囚,同样为了灵魂和生存而挣扎,而正是有教养的皮埃尔在彼此的相处中,觉得自己是一个"没有受过教育的人"。他后来对娜塔莎说:"不,你们不能理解我从这个没有受过教育的、憨厚的粗人那里学到多少东西"①。那么,我们应该怎样理解"没有受过教育的人"中的"教育"?为什么"没有受过教育的人"有时表现得比"受过教育"的人还优异呢?

【学习指导】

1. 认识教育的内涵,把握教育的界定方式。
2. 理解教育是人类独有的社会现象。
3. 了解教育的构成要素以及要素间的关系。
4. 初步掌握教育的基本形态,认识不同教育形态的作用。

---

① 刘辽逸译:《列夫·托尔斯泰文集》第8卷,人民文学出版社1988年版,第255页。

教育是什么？这一看上去非常简单的问题，作出准确且令人满意的回答却并不容易。教育与人类社会相伴而生，人们对教育的思考也经历了无数个年头，但是，就教育的涵义以及一些基本问题来看，远没有达成一致的见解。

一、教育的含义
（一）教育含义的分歧
教育的界定林林总总，俯拾皆是，人们往往从不同的角度看待和理解教育。例如：

"在广义上，教育指的是对一个人的身心和性格产生塑造性的影响的任何行动或经验。……在专门技术性的意义上，教育就是通过各级学校、成人教育机构和其他有组织的媒介，有意地把上一代的文化遗产和所积累起来的知识、价值和技能传给下一代的过程。"①

"所谓教育，乃是把本是作为自然人而降生的儿童，培育成为社会一员的工作。"②

从以上有关教育的正式界定中，至少有这样几个问题有待进一步思考：

第一，教育与社会的自然影响有何区别？教育是否有明确的目的性？

第二，是否将自然人培育成为社会人的一切工作都可称之为教育？

第三，教育是否只是在上下代之间进行，是代代传承的？

先看第一个问题。

每一个人都是一个社会的人，自从他降生到这个社会之后，就无时无刻不在接受着来自社会各方面的影响，这些影响人的发展的因素是多种多样的，如父母、同辈团体、教师、旅游、看电视、读书等。这些影响有些是自发的，有些是有意图的。那么，哪些能称之为教育呢？应该说，那些缺乏目的性的自发影响不应列入教育之内，它们虽然对人的发展有着一定的影响，甚至这种影响有时比那些有目的的影响还要大，但是由于其自发、无意识的性质，既缺乏方向性，也并非有意的组织、安排，因而不能称之为教育。否定了这点，就否定了教育的独特性，并在一定意义上否定了教育存在的价值和意义。

有了有目的这样一个因素，并不能保证一切促使人发展的活动都是教育活动，必须进一步明确这种活动的性质。促进人发展的活动，并不仅仅由教育来承担，医疗卫生也是其中之一，例如，通过服药，人可加速其发展；通过治疗，人可改变其身体素质，并会对心理产生一定的影响。因此，只有有目的地培养人的那些活动，才能称之为教育活动。

再看第二个问题。

人首先是一个自然人，然后才会成为一个社会人。从自然人转化为社会人，其间有许多因素影响，并有着诸多转化环节。教育作为一种社会现象，作为社会用以使人符合一定要求的工具和手段，是其中必不可少的一个因素和环节。除此之外，其他的社会影响和环境影响也是不可或缺的。看来，教育并不能包揽将自然人培育成社会人的一切职责。

从人的发展历程上看，在其出生后的相当长一段时间，他们是懵然不知的，对外界环境只是作机械的条件反射，此时对他们的"培育"，尚不能构成教育。教育的目的性并

---

① 陈友松等编译：《当代西方教育哲学》，教育科学出版社1982年版，第26页。
② （日）筑波大学教育学研究会编，钟启泉译：《现代教育学基础》，上海教育出版社1986年版，第3页。

不仅是就教育者而言的，对于受教育者来说，其主观能动性的发挥也是必要条件之一。最低限度是受教育者需有一定的接受能力，能够对教育者的施教做出一定的反映。

最后看第三个问题。

代与代之间的传承，无疑是教育的典型方式，这在手工业时期甚至是机械化时期大都如此。上一代积累的经验，作为从事社会生产、参与社会生活的强有力的"武器"，是应对自然、调节人与人之间关系的"利器"，年轻一代在上一代的指导下，将其加以继承、掌握，就能对周围环境应付自如。就教育产生来讲，它也主要是年长一代基于社会生产与生活的需要，将自身从实际生活中逐渐摸索出来的经验传递给下一代，以便使种族得以延续。所有这一切都是建立在社会变化速度较为缓慢，年长一代因而有着至高无上权威的基础上的。但是，历史发展到今天，社会变迁的速度加快，知识更新时间缩短，年轻一代的知识、经验有许多是不为年长一代所知的。在这种情况下，也就出现了美国著名人类学家玛格丽特·米德（Mead, M., 1901—1978）所说的"前象征学习（前喻学习）"的情景，年长一代向年轻一代传递知识、经验的旧有模式被打破了。教育既存在于上下两代之间（向下传递向度），也存在于同辈之间，同时，也存在于由下至上两代间的向上传递向度。

文化类型与教育的传承

专栏 1-1

基于对原始文化的考察，和对现代文明的认识以及文化背景、条件决定教育的信条，米德区分了自古至今的三种不同的文化类型，并且阐述了不同文化类型中相应的教育方式：

其一，后象征文化（postfigurative culture）与教育

后象征文化也称后喻文化，是一种变化迟缓、难以觉察的文化，其典型的特征是"未来重复过去"。在后象征文化中，老年人无法想象变化，所以只能把这种持续不变的意识传给他们的子孙。后象征文化有赖于三代人的实际存在，它完全是代代相传的，它的延续既依赖老一代的期望，又依赖年轻人对老一代期望的复制。后象征文化条件下的教育的主要任务就是要形成这种复制，他们从父母那里受到教育，重复着他们的生活。依循这样一种教育方式，儿童在成长的过程中，对周围的人毫无疑义地接受的一切也毫无疑义地接受下来，文化得到了"完美"的复制和延续。

其二，互象征文化（cofigurative culture）与教育

互象征文化也称互喻文化，是这样一种文化，社会成员的模式是同代人的行为，其典型的特征是"现在是未来的指导"。在互象征文化中，年轻一代的经验与他们的父母、祖辈的经验有着显著的不同，后象征文化中牢固的代与代之间的关系被打破，代与代之间出现裂痕；年轻一代更注重从同代人那里互相交流感受，获取经验，其结果是经验连续性的断裂。

其三，前象征文化（prefigurative culutre）与教育

前象征文化也称前喻文化，表示那种年长者不得不向孩子们学习他们未曾有过的经验的文化类型。在这种文化中，儿童面临着一个完全未知的、因而

也无法掌握的未来。老年人不懂得孩子们了解的东西。过去，就一个文化系统内的经验而言，总是有一些老年人比所有的孩子懂得多，现在这样的老年人没有了。年轻一代再也不会有年长一代那样的经验。米德说："从这个意义上，我们必须认识到我们是没有'子孙'的，正如我们的子孙没有'祖先'一样。"①

（二）教育的三种界定方式

由于存在着这样那样的分歧，对于教育的定义也见仁见智，未能达成统一的共识。分析哲学的代表人物谢弗勒（Scheffler，I.，1923—2014）在其《教育的语言》（The language of education）一书中，曾把教育的定义区分为三种——规定性（the stipulative）定义、描述性（the descriptive）定义和纲领性（the programmatic）定义，这种区分有着一定的道理。

在谢弗勒看来，虽然我们实际上找不到纯粹的规定性定义、描述性定义或纲领性定义，但是每种定义都有着区别于其他定义的一些特征。

规定性定义是"创制的"定义，就是作者自己所下的定义，要求这个被界说的术语在后面的讨论中，始终表示这种规定的意义。也就是说，"不管其他人所用的'教育'一词是什么意思，我所用的'教育'一词就是这个意思"。

与规定性定义不同，描述性定义不是"我将用这个术语表示什么"的一类主张，而是适当地对术语或者该术语进行界说。在词典上，一般见到的大多是描述性定义的罗列。由于有的词在不同的语境中有不同的用法，也就有着多种描述性的涵义，所以，像教育这样的词，在词典中往往有若干种定义就不足为奇了。我们通常所见到的广义的教育是指"有目的地培养人（塑造人）的社会活动"；狭义的教育是指"有目的、有计划、有组织地培养人的社会活动"，实际上就是关于教育的描述性定义。在这些界定中，狭义的教育往往就是"学校教育"或"正规教育"的代名词。描述性定义回答的是"教育实际是什么"的问题。

即使存在着上述两种界定教育的方式，但是人们仍会就哪些成分属于教育，以及描述的精确性问题进行争论。例如在一些人看来，并非所有有意识培养人的活动都是教育，最典型的例子是那些诸如盗窃等犯罪团伙的师徒授受，此不可谓无目的，也不可谓不是在"培养"人，但是这些与教育目的等是背道而驰的，是为"真正的教育"所不容的。如此，就有了事物"应该"怎样的纲领性定义。纲领性定义总是明确或隐含地告诉我们，教育应该是一个什么样子，我们常把教育界定为"有目的地促进人的身心发展的活动"，也就暗示着，教育应该以促进学生的身心发展为定向，那些与学生身心发展相违背的做法是不允许的。纲领性定义是说教育应该怎样，与描述性定义所说的教育实际是怎样不同，与规定性定义所说的"我暂且对教育做这样的理解"也不同，它往往包含着"是"和"应当"两种成分，是描述性定义和规定性定义的混合。

教育既然在定义的方式上存在不同，而每种方式又有着关于教育的不同界定，因而

---

① （美）玛格丽特·米德著，曾胡译：《代沟》，光明日报出版社1988年版，第77页。本书中仅前5章，第10、11章涉及教育史、心理学史的重要学者时标注了生卒年，编者注。

就难以有一个"一统"的教育定义。拿教育的规定性定义来说，教育毕竟是人类的一种事业，在这项事业中，人们总是试图有目的、有计划、谨慎地做些什么，总是把认为好的、有价值的、理想的东西加诸教育，而对于哪些属于好的、有价值的、理想的东西，人们的认识又各不相同，所以提出的教育的规定性定义因而就不同。况且，规定性定义的实质，就是发表意见的自由，若只有一个绝对肯定的教育的规定性定义，就显得令人可笑了。同样，教育的唯一真正的描述性定义，似乎也不存在，因为在不同的语境中，为了不同的目的，"教育"一词有着多种描述性的意义。

看来，我们一直在孜孜以求的教育的真正定义，很可能是在寻找有关教育的一种正确的纲领性表述，是将"教育是什么"和"教育应当是什么"结合起来的一种表述。这种表述包含有对教育所作出的价值判断，也规定着教育在其活动中寻求的目的。按照这种认识，可以对教育作这样的理解：

从广义上说，凡是以教与学为活动形式，有意识地促进人身心发展的活动，都是教育。

从狭义上说，是教育者有目的、有计划、有组织地对受教育者施加影响，促使其身心得到发展的活动。它主要指学校教育，但并不限于学校教育。

依上述界定，托尔斯泰在《战争与和平》中描绘的农民普拉东并非没有受过教育，只不过他接受的不是学校教育而已。

"教"字探源

专栏 1-2

教（jiào）
甲骨文中的"教"字①

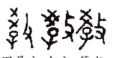

教（jiào）
甲骨文　金文　篆书

教
楷书
"教"的字形演变②

甲骨文的 𤕝 是个会意字，从攴（pū），从子，从爻，爻亦声。"攴"，像是一只手拿着一根小木棒之类的东西，即教师以手持杖或执鞭。"爻"是被教鞭轻轻抽打的象征性符号。在奴隶社会，奴隶主要靠鞭杖来施行他们的教育、教化。也有人认为，"教"字的甲骨文形体左上是筹码，左下是孩子，左右合起来表示孩子学习筹算的意思。两说虽有分歧，但用戒具施教是一致的。由此可以确定，"教"字的本义是教育、教导。

---

① 马如森著：《殷墟甲骨文实用字典》，上海大学出版社 2008 年版，第 84 页。
② 骈宇骞著：《中华字源》，万卷出版公司 2007 年版，第 96 页。

对"教"字的结构,有人作了不同的分析,认为"教"字从毳(孝),从支,亦即以"孝"为教,因而"教"字也就从"孝"了。《说文解字·教部》:"教,上所施,下所效也,从支,从孝。"意即"教"的本义是上面的施教,下面的效仿。段玉裁注说:"上施,故从支;下效,故从孝。"可见,许慎和段玉裁认为,"教"字左边的部分音"孝",是"仿效学习"的意思;右边的"支",也是一个独立的字,是"敲击"、"管束"的意思。左边是仿效学习,右边是施以管束,合起来就是"上施下效"、"教化教育"之意。①

由上可见,"教"字的初始义含有"教"与"学"两层意思,这才是"教"字最完整的意思。

后来,"教"字由"教育"义引申出"传授"义。例如,《左传·襄公三十一年》:"教其不知,而恤其不足",意思是说,要传授给他所不知道的,要抚恤给他所不足的东西。在当"传授"讲时的"教"应读为平声"jiāo",特指传授知识、技能等。

二、教育是人类特有的现象

(一)动物界存在"教育"吗

关于动物中是否存在着与人类一样的教育,实际上是有着一些不同认识的。西方有的学者认为,动物中存在着与人类相同的教育,因而可以从动物界中探讨教育的起源问题。这方面的突出代表是法国的勒图尔诺(Letourneau,C.)和英国的沛西·能(Percy Nunn,T.)。

勒图尔诺认为:"动物尤其是略微高等的动物,完全同人一样,生来就有一种由遗传而得到的潜在的教育。"②"人类教育的进行与动物的教育差别不大,在低等人种中进行的教育,与许多动物对其孩子进行的教育甚至相差无几。"③他还列举了许多动物对其后代进行"教育"的例子,以此来证明在动物界中确实是与人类一样,存在着教育。他说,在许多哺乳类动物中,可以看到父母(尤其是母亲)在对子女进行着教育。例如,母熊会热忱地对幼熊进行训练,教幼熊行走、攀登和吃东西,为了使幼熊学会这些行为,母熊不惜对幼熊进行处罚,不惜用脚踢和打耳光,甚至不惜轻咬幼熊。母熊虽不指导,但却遵循着一句古老的格言:"爱得深,责得严"。在野鸭中间,母鸭会带着一窝雏鸭下水,开始的时候还特别注意选择浅水区,并逐步训练幼鸭捕获苍蝇、蚊子和金龟子。

沛西·能首先确认人与动物没有什么实质性的区别,他指出:"原生动物的生活和人的生活之间的差别,好像一间巷口村教堂和大教堂之间的差别一样,这种差别虽然很大,但并不是在主要特点上有什么根本不同,……只是在精巧的程度上有所区别而

---

① 吴东平著:《汉字的故事》,新世界出版社 2006 年版,第 351 页。

② (法)勒图尔诺著,张人杰译:《教育的源起》,瞿葆奎主编,瞿葆奎、沈剑平选编:《教育学文集·教育与教育学》,人民教育出版社 1993 年版,第 158 页。

③ 同上,第 177 页。

已。"①并且在一篇以《人民的教育》为题的演说词中说："教育从它的起源来说,是一个生物学的过程,不仅一切人类社会有教育,不管这个社会如何原始,甚至在高等动物中也有低级形式的教育。我之所以把教育称之为生物学的过程,意思是说,教育是与种族需要相应的种族生活天生的,而不是获得的表现形式;教育既无待周密的考虑使它产生,也无需科学予以指导,它是扎根于本能不可避免的行为。"又说:"生物的冲动是教育的主要动力。"②

勒图尔诺和沛西·能的观点,构成了教育史中通常所讲的"生物起源论",即认为教育是超出了人类社会范围的一种现象,是在人类出现之前就产生的,人只是继承了动物早已有的一种本能,在逐步形成的人类社会中不断加以改进,使"教育"这种本能获得了一些新的特性而已。

动物的行为,到底是一种本能的行为,还是一种经"教育"而得到的行为? 如果它们的行为甚至是一些看上去较为高级的行为,没有摆脱本能的限制,是在本能的范围内形成的,那就根本用不着教育,用不着有意识的训练。待到它们的生理机制发展到一定的程度,这些行为就会自然而然地出现了。勒图尔诺列举的母鸭教幼鸭的所谓的"教育",实际上,即使没有母鸭的训练,等幼鸭发育到一定的程度,也会自如地游泳、捕食。虽然我们也会在马戏班里,可以看到各种各样的动物进行非常复杂而有趣的活动,例如狗熊骑自行车,大象在乐队中充当鼓手等,但这只能说明动物的确有着一定的学习能力,而不能说它们中间存在着教育。一来动物的这些行为,仍然局限于其本能的范围内,是一种在本能基础上形成的条件反射行为,是不自觉形成的;二来它们的这些行为是由人类强加给它们的,不是在它们之间进行的。它们能掌握一些复杂的动作,但却不能相互交流,更不能将这些动作传至下一代。

由此看来,动物的种种学习行为,都不能称之为教育,教育只能是人类社会特有的现象。

(二) 教育产生的条件

在人类祖先主要依靠自身器官去获取生存资料,并用自己的身体去适应环境时,它们基本上是与其他高等动物一样,依赖无条件反射和条件反射去应付周围环境,解决生存需要的。如果生存环境改变,有机体本身在生理上,以及在生物学反应上也随着而改变以适应环境。这一切都是生物和生理过程,都不需要教育。教育的产生,还必须具备下列一些条件。

首先,人类自觉意识的形成是一个根本性的前提。教育既然在其出现之初,是一种有意识地为后代将来做准备的活动,那么,在人类意识形成以前,教育是不可能产生的。只有当人类意识形成之后,才能意识到自己以及后代的将来,才能意识到为将来获取生存资料而培养本领的必要,才会进行教育。如果只是一种萌芽状态的意识,只是在直接刺激物暂时联系的基础上才产生的,它就不稳固且有可能转瞬即逝,那么,这种萌芽状态的意识不可能使人类的祖先意识到自己的将来,至于后代的将来就更不用说了,此时出现教育也是不可能的。自觉意识或者说自主意识,是意识形成的重要标志,它能摆脱

---

① (英)沛西·能著,王承绪等译:《教育原理》,人民教育出版社 1992 年版,第 21 页。
② 同上,第 38 页。

刺激物的支持,在自主支配的活动中,获得对事物的一些认识。

专栏 1-3

孟禄的"心理起源论"

　　美国教育家孟禄(Monroe, P., 1869—1947)以为,教育就是儿童对成人的本能的、无意识的模仿,模仿是教育的起源。他对教育起源的这种认识,是从人的心理发展的方面进行分析的,由此也被称为"心理起源论"。他说:"原始社会以最简单的形式展现它的教育……用来帮助或强制个体服从普遍要求的复杂手段,绝大部分是无意识地对个体施加影响的……使用的方法从头至尾都是简单的、无意识的模仿。"①将教育活动归为无意识的活动,其实也就否定了教育活动的目的性、意识形态和控制性,教育也就失去了区别于学习等其他活动的本质特征。

　　其次,语言的产生。缺乏语言,就缺乏了教育的媒介,无法传达意思,使进行教育成为不可能的事情。另外,人们借助于第二信号系统使积累经验成为可能,当第二信号系统尚未形成时,积累经验是不可能的,传递经验就更谈不上了。

　　再次,必须要具有一定的经验。教育不管怎样简单、怎样具体,总是须传递某些经验的,它关系到过去的经验、景象及其意义,并需要一定的关于周围世界的知识。这种经验的形成,是以人类自身的意识为基础的,缺乏对事物的意识,缺乏对自身的意识,与周围世界相互作用时产生的映像,就不会在大脑中积存下来而形成经验。

　　又次,在大脑中建立起对一系列事物的联系。具有经验以后,大脑还要能随时唤起这些经验,并且意识到与传递经验有关的一些事物的联系。教育过程本身可能非常简单,例如,一个老猿人将要打一块石片去割肉时,会用非常简单的话语对小猿人说:"来,看,以后割肉,这样做石片。"但是,如果老猿人没有在头脑中唤起一系列的联系:割肉的需要、打石片的经验、生活中不可缺少的活动、新生一代掌握劳动方法的必要、不学会就会挨饿等,便不会意识到对后代进行教育的必要。

　　最后,集体活动的出现。教育是一种社会活动,建立在集体生活的基础上。社会若没有形成,也就不可能有教育这一社会现象。集体性是在人类意识形成以后才可能出现的。

专栏 1-4

关于教育起源的争论

　　教育起源问题的研究在我国由来已久,单就解放后而言,就有一些研究者撰文论述教育起源,对原始社会的教育状况及性质进行了颇为精辟的分析。就

---

① (美)孟禄著,马荣根等译:《原始教育:一种非进取性的适应的教育》,瞿葆奎主编,瞿葆奎、沈剑平选编:《教育学文集·教育与教育学》,人民教育出版社 1993 年版,第 178—179 页。

目前来看，人们大多认同教育的劳动起源说，以为教育是起源于劳动的。

"劳动起源论"以恩格斯所讲的"劳动创造了人本身"的论断为基础，其论证的过程大体是这样的：人与动物的根本区别在于劳动（制造、实用工具）——人在劳动中使脑器官以及语言等发展起来——教育由此产生。

围绕这一观点，现在还有不少争议。第一，劳动虽然是教育起源的最主要的、决定性的条件，但它只是教育起源的外因。劳动既然只是作为从猿转变到人的主要推动力，并不反映事物内部的矛盾性。第二，"劳动起源论"没有正确地理解恩格斯"劳动创造了人本身"这一命题，有把马克思主义理论简单化、绝对化和公式化的倾向。第三，"劳动起源论"在逻辑上混淆了教育和劳动这两个不同的概念和范畴，以至于教育被当做是从属于劳动的。

现在看来，教育到底起源于什么，是如何起源的，仍然是一个有待于深入探讨的问题。

对教育来讲，缺少上述任何一个条件，都是不可能出现的。上述条件也是纵横交织在一起，很难截然分开，这里只是为了便于分析，将它们一一分解开来。实际上，没有空洞的自觉意识，而只有以经验为基础、借助于语言等形成的自觉意识；经验也不可能摆脱意识、语言而存在，如此等等。依照这些条件，也可以看出，动物界与教育是无缘的，它们缺乏意识，缺乏第二信号系统，无法在大脑中保存和随时唤起过去的景象和意义，更不能建立起经验及其相关事物的一系列联系，一句话，不具备产生教育的条件。教育是人类所特有的现象，是伴随着人类传递经验的需要而产生的。

三、教育的构成要素

从对教育概念的分析中，可以对什么是教育产生一个大致的认识，依据这种认识，接下来分析一下由哪些成分构成了教育？

（一）教育要素的构成

在日常生活中，常常会听到这样一个词语——自我教育，概指人为了提高自身的素养，有意识地加强学习、反省，从而使自身得到一定发展的过程，那么，自我教育是不是一种教育活动呢？与此相关，自学或者没有明确指导的学习，能够称之为教育吗？对这两个问题的回答，直接涉及对教育自身所包含要素的解析。

对教育无论做什么样的界说，似乎都会承认教育是离不开"教"与"学"两方面的。《说文解字》曾对教育作了如下解释："教，上所施，下所效也"；"育，养子使做善也"。在这当中，教育由施教者与受教者双方构成的涵义，是颇为明显的。教育活动总是在教育者与受教育者双方之间展开的，任何单方面的活动，都不能称之为教育。教育者虽"好为人师"，但教育独享不屑于接受"教育"，此时教育活动就不能说是真正展开了，真正意义上的教育者与受教育者并不存在，教育活动也就不存在。按照这样一个理解，上面所说的"自我教育"和没有明确指导的"学习"，都不应归入教育之列。

由此可见，教育在其构成上，至少存在着这样两个因素——教育者和受教育者（教育主体和教育客体）。但是，只有这两者似乎还不够，教育者与受教育者，只是一种角色和身份，他们要形成一种教育活动，还需要借助于一定的条件，例如需依据一定的目的，采用各种各样的方式,传递一定的内容,这种中介也是必不可少的。因此,教育者、受教育者、教育中介构成教育的三个要素。

(二) 教育要素的分析

1. 受教育者

在整个教育活动中,受教育者是处在第一位的。若没有受教育者的存在,教育者也就没了"用武之地",教育活动就无法展开。"受教育者"虽然从这个词的涵义上说,似乎是处在一个被动的、被引导的地位,但是这只是事物的一个方面,他们积极、主动的参与,同样也是教育能达到预期目的的根本性前提。

在这里,有几个问题需要进一步思考,一是人能不能受教育,也就是人接受教育的可能性问题;二是人发展到什么样的阶段才能受教育;三是在教育活动中,受教育者处于一种什么样的地位。

人能否接受教育,这似乎与古人所说的"孺子可教"有着一些相似之处。孔子在评价他的一位学生(樊迟)时曾说过这样的话:"朽木不可雕也,粪土之墙不可污也,于予何诛!"抛开学习态度、道德伦理方面的考虑,这句话道出了人的可教性问题。这个问题看上去是不言而喻的,甚至是不言自明的,但在历史上,尽管人们一直在受教育,还有相当一部分人接受着正规教育,对人能不能受教育,却是有争议的。欧洲中世纪长期盛行天主教的"原罪说",认为自从亚当作恶以后,人生而有"罪",是"受神罚的人",自己不能具有任何善良的思想,只有祈祷去赎罪。从而否认人有受教育的必要性与可能性,即使受教育,所受的也只是宗教教育。17 世纪捷克教育家夸美纽斯(Comenius, J. A. ,1592—1670)对人的原始状态(自然状态)重新加以解释,断言在亚当作恶之前,"我们的最初的和原始的状况"下,"人是造物中最崇高、最完善、最美好的","有人说,人是一个'可教的动物',这是一个不坏的定义。实际上只有受过恰当教育之后,人才能成为一个人"。[①] 18 世纪英国教育家洛克(Locke, J. ,1632—1704)认为,人之所以或好或怀,或有用或无用,"十分之九都是他们的教育所决定的","人类之所以千差万别,便是教育之故。"[②]在近代社会,人们普遍受教育的可能与权利得到确认,进而为越来越多的人提供了越来越多的受教育机会。

从理论上阐释人的可教育性,是由教育人类学来完成的。教育人类学等学科,通过对比人与动物表明:人与动物在本能上有着巨大的差别。动物的每一个器官都是专门化的,完全适合于每一特定的生活条件和需求,如鸽子的方向感、蝙蝠的声呐系统、蚊子的定位;而人生来羸弱,没有天然毛发层对付恶劣的气候,没有锐利的攻击武器来对付天敌、获取食物,等等,在本能上有着巨大的缺陷。正是人这些原始本性,赋予了人巨大的潜能和可塑性。

第一,人的生理机制的未特定化使人产生教育的需要性。人出生以后,大脑机制等都是未定的、有待发展的,这种未特定化在给人以巨大的开放性和自我塑造能力的同时,也使人面临更艰巨的选择:一是巨大的开放性使人难以做出准确的选择,需要加以指导;二是人类的自我塑造能力只是一种潜能,如何把潜能转化为现实,需要外界环境

---

① (捷克)夸美纽斯著,傅任敢译:《大教学论》,人民教育出版社 1984 年版,第 28、115、39 页。
② (英)洛克著,傅任敢译:《教育漫话》,人民教育出版社 1957 年版,第 4 页。

的引导。

第二，**人对于外部环境的开放性使人受教育成为可能**。人的本能上的缺陷，使人无法依靠遗传机制来实现自身的需要，人如何与环境建立联系，如何实现自身需要，都有待后天的建立，在人的本能活动与人的需要之间，存在着一个广阔的空间，人对外部世界的影响是开放的，随时都可与外部世界建立联系。大自然所赋予的人的可塑性，使人能根据外界的要求自我确定存在和活动方式，教育由此成为可能之物。

教育人类学认为，使人能发挥内在的巨大潜力，实现超生物性的转变，在巨大的需求与广泛的开放性之间建立有效的联系，正确塑造自我，其中的一个关键手段就是教育。人是需要教育，也是完全可以接受教育的。

第三，**人生理机能的未完备性为人接受教育提供了基本前提**。从人的生命历程来看，受教育者在教育活动中所处的地位，是有变化的。在其生命初期，因为人生理机能尚不完备，经验匮乏，自我意识较弱，虽然外界的影响总要经过他的"内因"的作用，但相对来说，他是处于较为被动的地位的。随着生理上的成熟，心理上的不断发展，他的自主与自决在教育活动中占据越来越重要的地位，主观能动性成为实施教育的基本前提。但即便如此，由于整个教育活动一般是由教育者引导和控制的，教育目的、内容、方法等大都是由教育者制定的，所以，在整个教育活动历程上，受教育者应该说是教育活动的客体，而教育活动的主体则是教育者——那些对受教育者发挥影响的人。

2. 教育者

在这里，教育者的涵义较为宽泛，凡是有意图地向他人施教的人，都可称之为教育者，因而，教育者并不因职业、年龄、地位、场所等而仅仅局限于某些特定的人群。在学校教育中，常常以为教育者就是教师，一般来讲，的确是如此，但是，谁又能否认在某些情形中，一些学生有目的的去影响教师从而使教师在某些方面发生一定变化的情况呢？这种教育者与受教育者"易位"的情形，在当代社会变化速度日益加快的条件下，会越来越多。我国古代有"教学相长"的说法，在一定程度上也说明了教育者是可以从学习者那里获取学识的。

教育作为一种以培养人为目的的活动，就是教育者以其自身的活动来引起和促进受教育者的身心按照一定的方向去发展。**教育者在教育活动中的这种主导作用，主要表现在两个方面：指导与管理**。这两者也可以看做是一回事情。管理在一定意义上讲，也是一种指导，是对受教育者行为方式等方面进行的指导。在这里，对两者进行区分，是从这样一个意义上进行的：指导更多地是从教育内容层面（与形式相对的内容）上来讲的，而管理更多地是从教育形式层面来讲的。

在教育活动中，**教育者的"指导"作用，一方面表现在"定向"上，**即为受教育者的努力提供方向，为整个教育活动提供方向，因为教育毕竟是一种有目的的培养人的活动，目的性是教育赖以区别于其他社会影响的基础，教育者为教育活动规定的目的，左右着教育活动的开展；**另一方面表现在"选择"上**，即确定教育的内容、方法等，因为教育毕竟是要传递一定知识、经验的，换句话说，是"有的放矢"的，仅有"的"，而没有"矢"，就如同"水中月"、"镜中花"，但待用的"矢"与"弓"数不胜数，哪一张"弓"、哪一支"矢"能够中"的"，则是由教育者来裁定的。

"管理"是教育者发挥主导作用的另一重要方面。管理在一定意义上是为指导服务的，也就是说，通过管理使得教育者的指导更有成效。但也有一些不同的认识；德国教育家赫尔巴特（Herbart，J. F.，1776—1841）就把"管理"放在比"指导"更为突出的地位，他说，"要牢牢抓住管理这根缰绳"，以为"管理并非要在儿童心灵中达到任何目的，而仅仅是要创造一种秩序"。① 这种认识在今天虽不多见，但在教育实际中却运用得非常广泛，"管理"常作为第一要务，但这种管理与指导究竟有多少关系尚无法确定。"管理"实际上是由"指导"派生出来的，要很好地发挥"指导"作用，就需要对整个教育活动加以控制。但是，教育实际中存在的"管理"与"指导"割裂的现象，却把这两者的关系搞乱了。

与此相关，教育者的主导作用，也因着"指导"与"管理"的错位，以及"指导"与"管理"的不当，而受到一定的影响，从而也存在着教育者主导地位落空的现象。也就是说，虽然教育者仍处于主导地位，但不能发挥主导作用，在学校教育中这种现象的确存在。

3. 教育中介

教育中介是教育者与受教育者进行教育活动时所依赖的一切事物的总和。苏联教育家马卡连柯（Антон Семёнович Макаренко，1888—1939）曾在特殊的教育情境中违背自己的初衷，打了一个动刀子打架的学员一记耳光，这一记耳光居然成为该学员及受其影响的一些学员转变的契机。在那种情境中，这一记耳光也具有"教育中介"的性质。

对于教育中介或者如其他人所讲的"教育影响"、"教育措施"、"教育资料"中，应该包括教育的内容、方法、手段、环境条件等，似乎没有什么疑义，但是对于其中是否包括教育目的在内，却有不同的看法。应该说，教育的目的并不是先验的、已预定了的、自然而然的，它在不同的教育活动中表现是不同的，是一个相对独立的成分。作为教育者来说，教育目的会内化为行动的指南，成为从事教育活动的内在驱动力，但并不意味着教育目的的消失。它同教育内容等一样，仍是教育活动过程中重要的中介因素。

教育中介若加以具体分解，似可分为如下几个方面：

教育目的　指对教育活动预期要达到的目标。

教育内容　指依据教育目的或目标选择出来的知识、经验等，在学校教育中，教育内容主要体现在教科书上。

教育方法　为达成目的，使受教育者掌握所传递的内容而采用的方法，如讲授法等。

教育手段　指教育活动所运用的物质手段，如实验器材、电脑、口耳相传等。

教育组织形式　指教育活动方式的形态，例如，正规化教育与非正规化教育形态等。

教育环境　主要指教育的物质环境，如场地、设备等。

教育中介的这六个因素与前面两个因素——教育者与受教育者相加，共为八个因素。这些因素是任何教育活动都不可缺少的。

---

① （德）赫尔巴特著，李其龙译：《普通教育学·普通教育学讲授纲要》，人民教育出版社1989年版，第24页。

专栏 1-5

互联网＋教育

　　时下,上网逐渐成为中学生们学习和生活不可或缺的重要手段。在学校网站上下载作业,在 QQ 群里讨论功课以及上网搜寻资料等等已成为中学生们学习和生活的习惯。可以说,随着时代的变迁和高科技的发展,以及家庭电脑和网络越来越普及,网络已成为中学生们学习和生活中的好帮手。在这种情况下,互联网科技与教育领域相结合的一种新的教育形式——"互联网＋教育"应运而生。这种教育形式,也在很大程度上昭示着教育中介的深刻变化。

　　在互联网＋教育的融合中,教师可以把不同的课程内容和知识点巧妙地运用到互联网技术中。在互联网技术的辅助下向学生传授知识,并以最有时效的方式把丰富的知识资源传递给学生,让学生能够更好更快地接受学科知识资源,并能对这些资源优化利用,学生的自主学习能力和创新能力也能在无形之中得到增强。同时,教师还能够利用互联网教育的优势,把各项教学信息进行汇总,并对学生的学习行为和各项资料进行总结,进而有针对性地制定教学方案,做到"因材施教",以满足学生的个性化发展。

四、教育的基本形态

教育的形态,是指教育组织形式。依据教育活动的组织程度和制度化水平,可以将教育形态进行不同类型的区分。

(一) 正规教育与非正规教育

正规教育与非正规教育的分类,是依据教育的正规化程度划分的,多见于西方的一些国家。正规教育(formal education)主要指学校内的教育,是学生在有组织的教育机构中所受到的教育,近来也用制度化教育的术语来指称。非正规教育(nonformal education),是对有组织的教育机构以外所从事的教育活动的统称。美国学者孔布斯(Coombs, P. H.)对其是这样界说的:"任何在正规教育体制以外所进行的,为人口中的特定类型、成人及儿童有选择地提供学习形式的有组织、有系统的活动。因此,限定的非正规教育就包括,例如:农业教育和农民培训计划,成人识字计划,在正规教育体制以外所进行的职业技能训练,具有教育性质和目的的青年俱乐部,以及有关卫生、营养、计划生育、合作团体等各种社区教学计划。"[①]

正规教育与非正规教育至少有这样几个区别:

第一,在制度化上,正规教育在某种意义上是一个"真正的"体制,至少它的所有组成部分是相互联系和相互依附的;而各种非正规教育活动一般是各自独立的,虽然它有时是某一发展系统的一个组成部分,例如农业系统中的农民技术培训等,但它们彼此之间缺乏严密的联系。

第二,在稳定性上,正规教育一般是在相对稳定的课程结构中全日制的、延续几年

---

① (美)孔布斯著,赵宝恒等译:《世界教育危机——八十年代的观点》,人民教育出版社 1990 年版,第 24 页。

的连续性学习；而非正规教育更多的是部分时间的，时间较短的、内容局限于特定学习者能很快使用的专门的实践类型的知识和技能，内容具有内在的灵活性，能迅速适应随时出现的新的学习需求。

第三，在管理体制上，正规教育具有集中的计划、管理和财政。非正规教育在这些方面正好相反，它具有许多不同的发起者、管理者和资金来源，几乎包括所有政府部门和各类非政府机构。

在英文中，还常出现这样一个词语——非正式教育（informal education），它似乎很像非正规教育，但实际上两者相差很远，它是指在日常生活经验中根据个人的需要和兴趣获得知识、技能和态度，颇类似于孔子所讲的"三人行，必有我师"的学习方式。将非正式教育也归为教育之列，在一定程度上是将教育的涵义扩大化了，是将教育等同于学习，这反映出西方在对教育问题的认识上与我们有一定的差别。今天，随着资讯的日益发达，学习化社会的到来，这种所谓的非正式教育正不断扩大其影响。

（二）学校教育、家庭教育与社会教育

学校教育、家庭教育与社会教育这种分类就是依据实施教育的机构进行划分的，先见于苏联的一些教育学著作，在很长一段时间，我们一直沿用这种分类。这种分类实际上并不完备，是有一定缺陷的，特别从逻辑学的角度来看更是如此。

我们先来看看对家庭教育与社会教育的界说，至于学校教育的涵义已在前面分析过。

家庭教育——"父母或其他年长者在家庭内自觉地、有意识地对子女进行的教育。"①这一定义实际上是不周延的，一是表现在它将家庭的施教者定位为"父母或年长者"，未将成人同样可以雇请比自己年幼者在家庭内对自己进行教育的情况考虑在内；二是表现在它一方面将施教者视为"父母或年长者"，另一方面又将受教者仅限定为"子女"，造成了称谓上的混乱。

社会教育——"广义的指一切社会生活影响于个人身心发展的教育；狭义的则指学校教育以外的一切文化教育设施对青少年、儿童和成人进行的各种教育活动。"②

"社会教育"是一个含糊其辞的说法，从上述广义的社会教育涵义来看，实际上将所有的教育都包括在内，概念中的"社会生活"无疑是一个涵盖极为广泛的词，"家庭"当属"社会生活"，"学校"也不能说是脱离"社会生活"而存在的，相反，它也是"社会生活"中的一个组成部分，是其中的一分子。因此，按照广义来理解"社会教育"，就犯了逻辑学中分类的"子项相容"的逻辑错误。按照逻辑学的解释，在按统一标准对事物进行分类时，其中的各个子类别不应是相互包容或交叉的，否则这种分类就是一种不正确的分类。而按照狭义来理解"社会教育"，也存在一个问题，即它仅是指社会文化机构所实施的教育，而将各职业部门在该组织内部实施的教育以及社区教育剔除出了"社会教育"之列。这样一来，学校教育、家庭教育与社会教育三者，就不能包含所有的教育成分或类型在内，就成了一种不完备的分类。

除了上述涵义上带来的一些问题，"社会教育"这一词语本身也是不周延的。按照

---

① 《中国大百科全书·教育》，中国大百科全书出版社 1985 年版，第 140 页。
② 同上，第 313 页

马克思主义的理解,社会是以共同的物质生产活动为基础而相互联系的人类生活共同体,"是人们交互作用的产物"①。因此,无论学校也好,家庭也好,都是一种社会组织,是隶属于社会的,用"社会教育"一词,似乎完全可以指代学校与家庭所进行的教育活动。

鉴于这样一种情况,我们似乎可以将原来意义上的"社会教育"涵盖的内容加以分解,区分为这样几个方面:职业组织教育、文化组织教育、社区教育。这一分类也是受我国著名教育学家孟宪承所著《教育概论》中有关论述启发的。他在《教育机关》一章中,曾将教育机关区分为:家庭、学校、职业组织、文化组织四大类。这种分类比"社会教育"的含糊不清要好一些,也更明了一些。如此,我们也就将依从事教育的机构,把教育的形态区分为:学校教育、家庭教育、职业组织教育、文化组织教育、社区教育五类。这五类教育的承担者各不相同,其中职业组织教育,指的是各种各样的职业部门所从事的职业技能训练等,如农民和手工业者的生活训练,工厂等职业部门的培训等;文化组织教育,主要是由文化机构,如青少年宫、图书馆、展览馆等来承担的,也就是上面所引述的狭义的"社会教育";社区教育是整合社区各类教育资源,促进社区所有成员全面、可持续发展的终身教育活动。

家庭教育的实例

专栏 1-6

在儿童整个发展过程中,家庭教育起着至关重要的作用,成人应该从儿童的游戏中,细心地观察,并悉心地指导。陈鹤琴在《家庭教育》中叙述了他与儿子的交往:

"小孩子大概是喜欢弄沙泥或砾石的……一鸣有一天同我到野外去,看见一堆沙,就走过去玩;玩了好多时候,还不肯回去。他有时候喜欢敲钉,我就让他去敲钉。他有时候喜欢剪纸,我就让他剪成鸟兽人物的形状。总说一句,我是让他去实验物质,不愿轻易去阻止他的。"

"一鸣三岁大的时候,有一天,他将他自己的书搬到我们的房里来,做贩卖的游戏。玩了没有好多时候,我们大家要吃饭了,我叫他把书籍整理好,他说要吃饭了,吃饭以后再放好。吃过后,他说要睡了。后来我对他说:'我帮助你一同搬,'我就'嗨荷,嗨荷'地叫着,替他整理起来;他也'嗨荷,嗨荷'地叫着,把书籍搬到他的书架上去了。小孩子有时候不高兴独自去整理好他所玩弄过的东西。在这个当儿,做父母的,可以用他平日所喜欢的东西去助他的兴趣。'嗨荷,嗨荷'地叫着搬东西看,是一鸣所喜欢做的,所以我就利用这种方法去引导他。"

本章小结

教育,就其规定性定义来说,有广义、狭义之分。广义上,凡是以教与学为活动形式,有意识地促进人身心发展的活动,都是教育。狭义上,是教育者有目的、有计划、有

---

① 《马克思恩格斯选集》第 4 卷,人民出版社 1972 年版,第 320 页。

组织地对受教育者施加影响，促使其身心得到发展的活动。它主要指学校教育。动物界虽然存在着这样或那样的学习行为，但都不属于教育范畴，教育是人类独有的社会现象。人类有了语言，有了自觉意识，有了经验，有了集体活动，也就有了教育。

教育者、受教育者、教育中介，构成教育的三个要素。其中，受教育者是处在第一位的，若没有受教育者的存在，教育者也就没有了"用武之地"，教育活动就无法展开。教育者在教育活动中起主导作用，这种作用的发挥，主要表现在两个方面：指导与管理。教育中介，是教育者与受教育者相互作用的载体，也是将教育者与受教育者有机联系起来的桥梁。教育表现形态有很多，依据教育活动的组织程度和制度化水平，可以将教育形态分为正规教育与非正规教育，或者学校教育、家庭教育和社会教育。不同教育形态在学生发展过程中担负不同职责，发挥不同作用。

思考与实践

1. 人们常说，"是生活的磨难教育了我们"，这里所说的"教育"与学术语言中的"教育"有什么不同？

2. 教育的产生需要哪些条件？你对本章的分析有何看法？

3. 观察并记录某种动物的交往过程，分析它们之间是否存在着传递信息的活动，这种活动在多大程度上与人类的教育相类似，又在多大程度上与人类的教育相区别？

4. 以正在上的《中学教育基础》课程为例，分析这种教育活动由哪些要素构成？各要素发挥着什么样的作用？

5. 现在有一种通行的说法：教为主导，学为主体。阅读哲学书籍中关于人的主体性的论述，结合本章所论述的"教育者"发挥主导作用的内容，试对这一通行说法进行评析。

6. 联系自己的经历，谈一谈家庭教育在自身发展中的作用。

7. "一致性"是教育的基本原则，只有各种教育形式作用方向一致，才能达到预期的教育目标。试分析如何使学校教育、家庭教育和社会教育形成合力，有效发挥对受教育者的积极影响。

延伸阅读

1. 郑金洲. 教育通论［M］. 上海：华东师范大学出版社，2003.

2. 瞿葆奎、沈剑平等（选编）. 教育学文集·教育与教育学［M］//瞿葆奎主编. 北京：人民教育出版社，1993.

3. 王道俊、郭文安. 教育学［M］. 北京：人民教育出版社，2009.

4. 叶澜. 教育概论［M］. 北京：人民教育出版社，2006.

5. 南京师范大学教育系. 教育学［M］. 北京：人民出版社，1984.

6. 陈桂生. 教育原理［M］. 上海：华东师范大学出版社，2012.

7. 孙喜亭. 教育原理［M］. 北京：北京师范大学出版社，2003.

【开篇案例】

中西教育的差异,是一个争论不休的话题。中西方的中学老师,便是大教育背景下的缩影,也充满不同。

2018 年,英国 BBC 有一个纪录片《中国教师在英国》,讲中国的 5 位中学老师去英国一所中学教课,用一个月的时间来比较中西教育模式的差异。BBC 拍摄的这部纪录片,把中国教育模式和英国教育模式完全呈现对比了出来。

比如,中国一个班里大约有 50 人,以老师为中心,你讲我听;英国一个班里大约为 30 人,基本上以学生为中心,学生自己说,老师下去一对一的辅导。

中国有较为严格的纪律,穿校服、升旗仪式,课堂更要求纪律,而英国可以在课堂上边听老师讲边喝茶。

中国老师在课堂上注重知识的传授,要求学生必须牢牢记忆或掌握每堂课的知识点,完成预期的教学任务;而英国老师在课堂上对学生知识掌握没有太多的要求,也不注重学生知识的反复训练与记诵。

中国老师没收了英国学生的茶杯并打电话给学生家长。家长是什么反应呢? 如果在中国,肯定会把孩子臭骂一顿;而英国父母说:"我的孩子从小就养成了这个时间点喝茶的习惯,这不是课堂纪律的问题,这是人权的问题。"

这部纪录片引发了不少争论,到底哪种模式更好? 这种教育的巨大差异是如何产生的? 彼此应该相互借鉴还是平行发展?

【学习指导】

1. 认识中国教育思想的发展脉络,了解中国教育发展的"文化基因"。

2. 认识西方教育的历史演变进程,了解西方历史上著名的教育家及其思想。

3. 认识中西方教育传统存在的差异,深化对"扎根中国大地办教育"的理解。

教育的发展具有继承性，今天的教育制度、教育理论和教育实践活动并不是建立在虚无之上的。教育作为培养人的社会活动，与人类社会一同产生，并随着人类社会的发展而不断演变成今天的发展状况。教育在其漫长的历史发展过程中，为我们留下了宝贵的遗产。了解教育发展的历史，对认识现在的教育大有助益。杜威（Dewey, J., 1859—1952）在其名著《民主主义与教育》中曾对历史有着一段精彩的论述，为研究与学习历史提供了一个基本的原则："过去的事情让它过去，不再是我们的事情了。如果过去的事情全都过去，一切完了，那么，对待过去只有一个合理的态度。让死亡埋葬它们的死者吧。但是，关于过去的知识是了解现在的钥匙。历史叙述过去，但是这个过去乃是现在的历史。"①

一、中国教育的发展脉络

（一）远古至西周时期的教育

远古时期，人类生活水平低下，自然界的各种危害使人类的生存面临巨大威胁，人类在与自然界做斗争的同时也逐渐积累了一些生存经验。为了使下一代能够快速适应生存环境，年长者就需要将自己所积累的生存经验传授给下一代，这就是教育最早的起源。我国古代文献中所记载的最早的学校"成均"，被认为是传说中五帝时代的学校。"成均"原指原始氏族部落居住区内的广场。这类广场在夏秋收获季节用于堆积收获物，同时，也是全体氏族成员聚会、娱乐、举行某种规模较大的宗教祭祀活动，或向氏族成员宣告氏族首领教令及决定的场所。到后来，逐步演变为氏族部落内进行教育的场所。

西周是我国奴隶制社会高度发达的时期，不同等级的人的教育权利也完全不同。上层贵族子弟如王子、公卿之子可进入国学，国学中以礼、乐、射、御、书、数"六艺"为基本内容。礼乐是六艺教育的中心；射御是军事训练项目；书指文字；数指算法，是小学的主要课程。国学之外还有乡学。乡学是地方学校，按照地方行政区划为塾、庠、序、校等，是为一般奴隶主和部分庶族子弟设立的，而奴隶则不可能有受教育的权利。"学在官府"是西周教育的重要特点。奴隶制国家官府掌握学校教育需要的典籍、器具、教师、场所等，普通老百姓根本不可能具有这些教育资源，即"礼不下庶人"。

西周学校系统见图 2.1。

图 2.1

西周学校系统

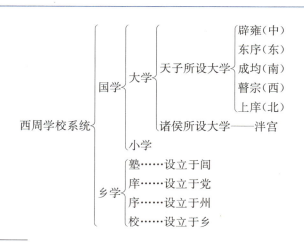

---

① 〔美〕杜威著，王承绪译：《民主主义与教育》，人民教育出版社 1990 年版，第 227 页。

（二）春秋战国时期的教育及孔子的教育思想

1. 官学衰微，私学兴起

西周时由于教育是"学在官府"（官方把持学术和教育，仅面向贵族子弟），普通百姓无缘接触教育资源，也没有条件进行私学活动。然而，到春秋战国时期，学在官府的局面逐渐被打破，私学开始兴起。

私学的兴起是由官学的衰微、学术下移和士阶层的兴起而产生的。春秋战国时期，周王室衰微，各地诸侯日益兴起，连年征战，统治者特别关心维护统治地位，无暇顾及教育，国学和乡学都日益废弛。贵族原来垄断和控制文化教育，现在文化职官面对现实各找出路，被迫流落四方，文化学术也由此向社会下层扩散，下移于民间。

私学讲学图

学术的不断下移，形成了一种新的群体——士阶层。"士"主要有两种，一种是旧贵族在斗争中垮台，沦落为士，如管仲。管仲虽少时贫困，但原系姬姓贵族，由周室苗裔没落为士。另外一种是庶人接触到学术文化，上升为"士"，如墨子的弟子大都是从事劳役的小手工业者，还有纵横家苏秦、张仪，法家李斯等都是出身微贱之人。春秋战国，养士用士之风盛行，著名的有"战国四公子"，齐之孟尝君、赵之平原君、魏之信陵君、楚之春申君都"食客数千人"。

春秋时期，各种企图解决现实社会问题的思想风起云涌，形成了很多家私学流派，历史上称为"百家争鸣"。在各家私学流派中，影响最大的是儒、墨、道、法四家。百家争鸣，教育问题始终是一个中心问题，各派各家不仅是一个个教育团体，而且在认识和说明自然与社会问题时，都意识到教育在其中的重要地位，因此，百家争鸣也意味着教育思想的争鸣、教育理论的发展。其中，儒家教育思想对我国古代封建社会影响最为深远。

2. 孔子的教育思想

这一时期，不得不提到的重要人物是孔子，这位距今 2 500 余年的人物的确值得尊敬。他首创私学，创立儒家学派，其思想统治中国达两千年之久，他是世界公认的伟大教育家，是我国第一个将毕生精力和心血奉献给教育事业的人。

孔子

孔子（公元前 551—前 479），名丘，字仲尼，春秋鲁国人，3 岁丧父，17 岁丧母，其出身贫贱。孔子自述"吾十有五而志于学"，努力学习传统的礼、乐、射、御、书、数等知识，博通多能。大约在 30 岁左右，正式招生办学，开始了教育生涯，此后一生从未间断，周游列国之时也是随时随地施教，他的私学也成为流动学校。孔子一生爱护学生，师生感情深厚，以致孔子 73 岁病逝的时候，"弟子皆服三年"[1]，子贡在孔子墓边筑简陋的房子，守护了六年之久。孔子的思想学说和事迹，弟子们各有记录，后来汇编成一本书，名为《论语》。这是研究孔子教育思想最重要的资料。

---

[1]《史记·孔子世家》。

孔子认为教育对社会发展有重要作用,是立国治国的三大要素之一。"庶、富、教"是《论语》中孔子关于教育作用的典型论述。"子适卫,冉有仆。子曰:'庶矣哉!'冉有曰:'既庶矣,又何加焉?'曰:'富之。'曰:'既富矣,又何加焉?'曰:'教之。'"通过这段对话可以看出,孔子认为要想治理好国家,首先要发展生产,提高人民生活,让人民富裕起来,然后还要实施教化,使整个社会形成一种良好的风俗习惯。教育能在社会上发挥重要作用,是建立在教育对人的发展有重要作用的认识基础上的。孔子首次提出"性相近也,习相远也",认为人的本性即先天素质是接近的,不同的人之所以会有差别,是后天环境习染不同所导致的。教育是一种特殊的环境,对人的身心发展具有重要影响。孔子提出这一理论,是人类认识史上的一个突破,成为"人人有可能受教育、人人应当受教育"的理论依据。基于此,孔子在教育对象上提出"有教无类"的主张,认为不论种族、贵贱、贫富都可以入学读书。这一主张扩大了受教育的范围,满足了一般民众受教育的愿望。

孔子认为教育目的是培养志道和弘道的君子,做官和学习要紧密结合起来,有官职的人应该是受过教育并继续学习的人,受过教育的人应该得到一定的官职,即"仕而优则学,学而优则仕"。在教育内容上,孔子继承了当时西周"六艺"兼备的教育传统,强调六艺教育,即《诗》《书》《礼》《乐》《易》《春秋》。

孔子提出在教学过程中要根据学生特点采取因人而异的教育方法。启发诱导和因材施教是孔子教育思想中非常重要的教学原则,他提出的"不愤不启,不悱不发,举一隅不以三隅反,则不复也"[①]是对启发诱导原则很好的概括,这也是后来"举一反三"成语的由来。

专栏 2-1

因 材 施 教

　　《论语·先进》中有一则这样的事例,子路问:"闻斯行诸?"子曰:"有父兄在,如之何其闻斯行之?"冉有问:"闻斯行诸?"子曰:"闻斯行之。"公西华曰:"由也问闻斯行诸,子曰,'有父兄在';求也问闻斯行诸,子曰'闻斯行之'。赤也惑,敢问。"子曰:"求也退,故进之;由也兼人,故退之。"子路和冉有都问孔子,听到了就去行动吗?孔子却根据他们二人的性格特点给出了不同的回答,说明孔子已经熟练使用因材施教的教育方法。

孔子很重视德育,提出了"仁德"的德育中心内容。但是,在提倡礼义的同时,孔子并不完全否定欲和利,他主张追求利益要合乎道义,"富与贵,是人之所欲也,不以其道得之,不处也。贫与贱,是人之所恶也,不以其道得之,不去也"[②],向往"安贫乐道"的精神境界。孔子自身是个优秀的老师,对教师的品质有深入的感悟,他提出教师首先应该热爱学生,不断进步充实自己,以身作则,树立良好的品行,潜移默化地影响学生。

孔子是世界公认的杰出思想家和教育家,他留下的丰富教育思想遗产,成为两千多

---

① 《论语·述而》。
② 《论语·里仁》。

年中国封建教育思想的渊源。

(三) 汉代封建教育制度的形成

公元前 221 年,秦始皇嬴政统一中国。为巩固统治、防止异端思想,秦很少注重文教,所以秦 15 年内没有建立起完整的学校制度。汉初,为了"与民休息"的需要,统治阶级吸收黄老之术,诸子百家的思想又活跃了起来。汉武帝时,董仲舒(公元前 179 年—前 104)提出"独尊儒术"的建议,主张由思想文化的统一来达到政治上的统一,这一思想得到了汉武帝的认可并予以推行,在思想文化领域"罢黜百家,独尊儒术"的文教政策开始形成。儒家思想被确认为正统思想,儒家经典被视为"经",学校教育以经学为教材,全国实行"尊孔读经"。这在当时社会上形成了尊儒尚孔的社会风尚,也即"黄金满赢,不如遗子一经"[①]。自此,儒家思想成为封建国家的统一思想。

董仲舒

汉代学校教育制度可分为两大系统:官学和私学。官学又分为中央官学和地方官学,私学按其程度与学习内容分为经馆与书馆两类。太学是官学中最高级别的学校,太学中的正式教师是博士,博士以教学为主,也为朝廷提供咨询和建议,虽然不掌握具体的行政权力,但地位十分优越。太学的学生称为博士弟子或太学生,由各地选送。太学主要学习儒家经典,教学形式有集体上课也有师生小组讨论。太学生学完毕业后多入仕为官。地方官学主要是郡国学。郡国学一方面为本郡培养官吏,为朝廷推荐优秀学生,另一方面郡国学能够对本地人民实施教化。私学中的经馆主要是学习儒家经典,进行伦理道德思想的教育,书馆主要是进行书法和识字教育。

(四) 隋唐科举制的建立

汉代的选才依靠"察举制",令各地推举有治国才能的贤人,朝廷按照德行、学问、法令、谋略四个方面选取人才。到魏晋时期,察举制已完全被世家大族所掌握,新的选士制度逐步出现,即"九品中正制"。九品中正制主要是在各州郡设立中正官负责巡察当地贤人的德行和才能,并给予评定等级,中央根据等级进行授官。九品中正制实施初期确实起到了很好的选拔人才的作用,但随着时间的推移,这一选士制度逐渐成为氏族豪门操纵政权的工具。

科举考试图

隋唐时期,为建立中央集权国家的需要,中央和地方各级行政机构需要数量众多的管理人才,而人才分布于全国各地,因此,要面向全国,用文化考试的办法加以鉴别选拔。这样,朝廷废弃了魏晋的"九品中正制",建立科举选官制度。因为是采取分科取士,所以称为科举。隋炀帝大业二年(606 年)始设进士科,这标志着科举制创立。到了唐代,经进一步发展,科举选士制已比较完备。唐科举考试的科目最为经常举行的是秀才、明经、进士、明法、明字、明算等六科。明经就是精通经学,要求考试者熟悉经书,掌握经义。进士科不但要求考生诗赋好、了

---

① 《汉书·韦贤传》。

解经义,而且重视策问,考查学生思想义理。自唐高宗后,进士科成为人们最重视的科目,进士仕途更优,录取更为艰难。而明法、明算、明字等科,就是精通律令、算法和书法等,不为人重视。

科举考试的主要内容是儒家经典,还有应用文的写作。唐代科举的考试方法,主要有帖经、墨义(口义)、策问、诗赋四种。帖经是将经书上某行字去除,令考试者填写,与填空题类似;墨义是关于经文内容的小问答题,类似今天的简答题;策问是关于时事政治的系列问答题,类似论述题;诗赋是指命题创作诗赋。

科举制对中国古代的影响是巨大的,通过科举可以做官,儒家提倡的"学而优则仕"在科举中能够得以实现。它突破了氏族豪门对政权的垄断,适应了时代的需要,使原来封闭的政权向庶族士人开放,扩大了隋唐政权的基础。此后,历代读书人以通过科举谋求仕途为人生目标,中国社会中形成了以科举为中心的"士大夫"阶层。科举制度被隋唐之后的各朝代所采用,延续了近1 300年,对中国政治、经济、文化产生了重大影响。

科举重点考察儒家经典的掌握情况,这就要求学校教育主要进行儒家经典的教授,使选拔人才和培养人才的标准和内容得到了统一。但是,科举又使学校成为其附庸,限制和腐蚀了学校教育。因为科举极其重视儒家经典,考试方式呆板僵化,造成学校教育内容死板空洞。科举制将读书、应考和做官三者紧密联系在一起,往往形成士人只为做官,学校只为名利的局面,严重腐蚀知识分子的思想。科举考试中出现的舞弊、请托、贿赂等风气严重毒害知识分子的精神风貌,败坏社会风气。

| 专栏 2 - 2 | 中国科举博物馆 |

上海嘉定孔庙,又名学宫,是全国重点文物保护单位,坐落在嘉定城中法华塔南首,南大街183号。始建于宋嘉定十二年(公元1219年),"规制崇宏,甲于他邑",有吴中第一之称。是古今文人仰望之圣地。

孔庙现为中国科举博物馆,里面有五个展厅,分别为:"科举制度沿革"、"科举与儒学"、"科举与社会文明"、"科举考试程序"、"科举与教育",全方位地展示了科举制度的历史变迁。走进这家博物馆,可以了解科举制度产生的历史、科考的整个过程,以及很多状元进士的试卷。博物馆内,有许多珍贵的历史资料,如历朝历代科考的题目、录取的人数名册、皇榜,乃至科考时一些作弊的工具等。可以说,是一幅了解认识中国科举制的"全景图"。

中国科举博物馆展示的清光绪年间科考试卷

（五）宋代的教育

宋朝以"兴文教,抑武事"为国策,十分重视发展文教事业,宋初先后掀起三次大规模的兴学运动,建立了完备的学校系统。宋朝教育制度的一个重要特点就是出现了书院教育。宋朝把尊孔尚儒作为国家的指导思想,同时兼重佛道。儒学、佛教和道教三者相互补充、相互借鉴,直接促成理学的出现,理学的代表人物是朱熹(1130—1200)。

朱熹

1. 书院教育

我国自古就有源远悠长的私学传统,汉以后一直与封建官学并行发展。当社会动乱、官学无法发展之时,私学就以顽强的生命力生存下来,甚至会有一定程度的发展。书院自唐开始出现,主要是供个人读书治学的地方,受佛教禅林讲学制度影响,书院大多设立在名胜之处。书院在宋时达到鼎盛,遍及全国很多地方,并逐渐形成了较为完整的书院教育体系。当时著名的书院主要有白鹿洞书院、岳麓书院等。

白鹿洞书院

书院是我国古代特有的一种教学组织形式。书院实施开放式教学,盛行讲会制度,倡导百家争鸣。书院中既可以传授知识又可以进行研究,学生以自学为主,提倡道德和学问并进。书院的出现弥补了官学的不足,其自由讲学、注重讨论的学术风气促进了当时理学的发展和学术文化的繁荣,如南宋的理学家往往以一所或几所书院作为他们讲学的场所,讲论和传播他们的思想,从而形成了不同的流派。

2. 朱熹的教育思想

朱熹是理学思想的集大成者,也是南宋最负盛名的大教育家,其教育思想博大精深,对当时及后世教育发展,产生了重大而又深远的影响。朱熹毕生讲学活动不断,精心编撰多种教材,如影响最广、最重要的《四书章句集注》,培养了众多人才,对书院教育作出了重要贡献。朱熹接受了张载、程颐的哲学观点,把人性分为"天命之性"与"气质之性"两种,重视教育对改变人性的重要作用,认为教育的目的就在于"变化气质","明明德","明人伦"。针对学校教育忽视伦理道德教育,诱使学生"怀利去义",

争名逐利的现实，朱熹严厉抨击了当时以科举为目的的学校教育，要求改革科举，整顿学校，强调"明人伦"的道德教育思想，提出了"明天理、灭人欲"。他所说的人欲，是指"心"的毛病，是为"嗜欲所迷"的心，比如饮食"要求美味"，穿着"必欲精细"，言行则"非礼而视听言动"等。关于道德教育的方法，朱熹提出了要"立志"、"居敬"、"存养"、"省察"、"力行"。这一思想反映了道德教育中某些带有规律性的认识，至今依然有借鉴意义。

（六）明清时期的教育

明清统治者在文化教育方面极力推崇程朱理学，将理学作为官方的统治思想，尤其到了清代，更为重视发展文化教育事业对治国理政的作用。清代立国之初，就制定了"兴文教、崇经术、以开太平"的文教政策。明清时期学校教育得到较大发展，建立了较为完备的中央官学和地方官学体系，明清官学在中央有国子监，在地方有府州县学，在乡村有社学。清朝学塾比较发达，或是有钱人聘请教师在家教授子女，或是教师在家设馆招收学生。在清朝，统治者积极发展教育事业的同时，也采取各种措施，制定种种学规，加强对学校的管理和控制，并对士人实行笼络和高压手段，进行严厉钳制和镇压，屡兴文字狱，残酷迫害知识分子。

清代学塾

科举制在明清时期已开始走向没落，科举程式极为复杂，内容更加教条。明清科考内容主要是四书五经，科考中必须做死板僵化的八股文。明清时期书院逐渐依附于官府，学校教育多有名无实。学校死板地进行三纲五常的教育，教学方法僵化。学校完全是科举的准备场所，只看重八股文的训练。读书人只知道追逐功名利禄，完全丢弃学问。科场也成为投机取巧、营私舞弊的高发地区。

面对封建专制主义教育的日益腐败，17—18世纪中国社会出现了一批启蒙思想家如黄宗羲（1610—1695）、顾炎武（1613—1682）、王夫之（1619—1692）等，他们对官方统治思想理学提出尖锐批判，要求学校成为评议国事的机构，提倡进行科学技术学习的实学，培养经世致用的实用人才。他们这种具有近代色彩的民主教育思想，对当时的教育，无疑是吹进了一股清新之风，令人耳目一新，而且对中国近代资产阶级教育思想也产生了积极的启蒙作用。

明清时期中国教育历史上又一次涌现出一位卓越的哲学家和教育家，他就是王守仁（1472—1529），别号阳明。他长期从事收徒讲学活动，其门徒遍天下，形成了在中国学术史上著名的阳明学派，他的思想远承孟子，近接陆九渊，创立了与程朱理学分庭抗礼的"心学"体系，提出了"心即理"、"致良知"、"知行合一等"思想，其学说以"反传统"的姿态出现，对后世产生了广泛而深远的影响。

王阳明

王守仁从 34 岁开始从事讲学活动，直至去世，前后历时23 年，开明中叶后一代讲学之风。王守仁的"心学"在继承儒学传统"仁"、"礼"思想上，受浙东学派因调和朱熹和陆九渊之争而提倡经世致用的启发，①发展了孟子的"良知"学说，认为没有私心物欲遮蔽的心，是人追求的境界（天理）。王守仁认为，教育的作用就在于去除物欲对于"良知"的昏弊。与朱熹一样，王守仁也非常重视道德教育的重要性，并把"明人伦"作为道德教育的目的。为了实现"明人伦"的教育目的，虽然王守仁同样主张以六经为主要学习内容，但对于六经则提出了与朱熹不同的看法。朱熹认为经书是圣人的教训，所以为学者必须读经训史策以穷理。王守仁则认为，"圣人述六经，只是要正人心，只是要存天理去人欲。"因此，在他看来，经书所以能作为最重要的教材，不是为了讲学记诵，而是因为它可以帮助明吾心之常道，即普遍永恒的道理。如果只注重文义辞章，则完全背离了学习六经的本义。在道德教育和修养方法上，王守仁以"知行合一"思想为指导，针对知行脱节的"空疏缪妄"，强调道德践履和实际行动。为此，他提出了道德教育和修养的四个基本主张，即静处体悟、事上磨炼、省察克治、贵于改过。

总之，从教育哲学的角度来看，理学主张用"格物致知"的方法去认知和把握"理"，心学则提出求"理"就是进行内心反省，努力加强道德修养，克服私欲，恢复良知以成圣贤。知行合一中的心学之知，就是想象力、信念、德性，先尊德性再格物穷理（即道问学）。其争论对教育的意义是智育改革，即知识学习及教学方式的变革。

（七）中国教育的近代转折

1840 年爆发的鸦片战争开始了中华民族一段屈辱抗争的历史，也随之揭开了中国教育近代化的序幕。国门被强迫打开，封建的传统教育面临来自西方的挑战，受到强烈冲击，已再难发挥维护中国社会生存发展的作用。因此，对传统教育进行改革，对外开放，向西方学习的思想开始萌芽并得到发展，最后，这种思想汇聚成一股涌动不止的思潮，推动中国教育的近代化变革。

1. 教会学校

鸦片战争后，西方侵略者靠坚船利炮打开中国大门，凭借不平等条约，大批传教士也开始涌入中国。为传播教义，他们开办了"教会学校"。教会学校最初都是在沿海的通商口岸，规模较小，多是小学，免费招收贫苦人家的孩子。第二次鸦片战争后，教会学校迅速发展和扩张，教会中学、大学开始出现，到 20 世纪初，教会学校已开始吸收新兴资产阶级家庭和富裕家庭的子弟，收取较高费用。当时较为著名的教会学校有上海徐汇公学、东吴大学、金陵大学、圣约翰大学等。教会学校是帝国主义实施的殖民主义教

---

① 狭义浙东学派应是清代，是受王阳明影响而形成，广义浙东学派自宋始。

教会学校   京师同文馆

育，但客观上，这些学校传播了西学，促进了中国传统教育向近代教育的转化。

2. 洋务教育

清末由于列强入侵和国内社会矛盾的激化，为强国保种，先后兴起了洋务运动、维新运动和资产阶级革命运动。19世纪60—90年代，洋务派为向西方学习科学技术以"自强"，在全国创办外国语、军事、技术实业等类型的洋务学堂。这些学堂本着"中体西用"原则，以传统经史和伦理道德为主体，然后再辅之以西方科学技术的教育。与此同时，洋务派还组织实施了几次较大规模的留学教育计划，向海外派遣留学生。1872年第一批幼童赴美留学，其中就有有名的唐绍仪、詹天佑等。洋务教育活动受"中体西用"指导思想的制约，其成效有限，但启动了中国传统教育向近代教育的转化，冲击了封建教育体制，传播了近代资本主义文化和教育观念。

3. 维新教育

甲午战争后，随着民族危机的日益严重，以康有为（1858—1927）、梁启超（1873—1929）为首的资产阶级改良派登上历史舞台，发动了一场声势浩大的维新变法运动，即"戊戌变法"。维新运动中，改良派知识分子提出了改革科举、系统学习西学、建立新式学校制度、发展女子教育、普及全民教育的设想，隐约勾画出了近代教育的轮廓，这些设想部分体现在改革措施中，如废除八股考试，改革科举制度，开办京师大学堂，普遍设立新式学堂等。由于顽固势力的阻挠，戊戌变法运动最终以失败而告终，教育改革措施也遭到抵制，但改革却由此激荡起了一股思想解放的潮流，对封建传统教育产生了极大冲击。

康有为   梁启超

4. 清末新政下的教育改革

戊戌变法虽然失败,但教育近代化的趋势已不可逆转。1900 年,清政府为维护其摇摇欲坠的统治,决定颁行新政。新政废除了 1 300 多年的科举制,依照西方近代三级教育模式,颁行规范全国的学制系统,即"癸卯学制"(见图 2.2);设置了与近代教育相匹配的各级教育行政管理机构,提出了普及全民教育的设想。新政后,新式学堂数量迅速增加,留学教育高潮兴起,西方近代教育观念开始大量引入。中国传统教育制度开始解体,近代教育在形态上得以确立。

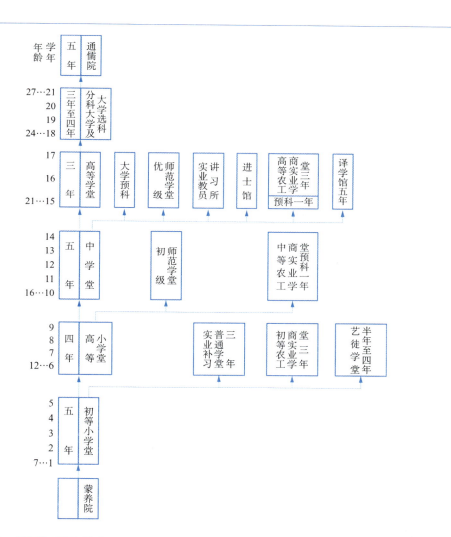

图 2.2

癸卯学制系统图

(八)民国初期的教育

1. 新学制确立

1912 年 1 月 1 日,中华民国南京临时政府成立,之后立即进行教育改革,把原先的忠君、尊孔、读经彻底废止,要求教育应该致力于德、智、体、美和谐发展。在 1912—1913年,教育部颁行体现资产阶级教育思想的"壬子学制"和"癸丑学制"。其中,癸丑学制是对壬子学制的补充,史称"壬子癸丑学制"(见图 2.3)。

图 2.3

壬子癸丑学制图

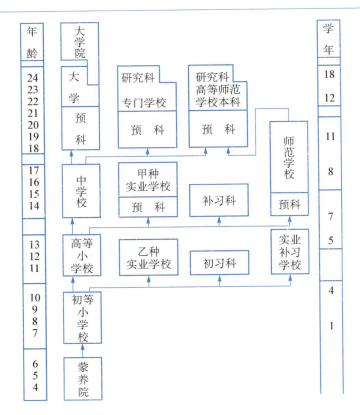

　　"壬子癸丑学制"是一单轨性质的学制,它的进步性是十分明显的。它规定了义务教育的年限,缩短了学制期限,取消了忠君尊孔的课程和毕业生奖励出身的制度,规定初小就可以男女同学,增加了自然科学和生活技能的内容,提倡适合儿童身心发展的教育教学方法。这一学制与 18、19 世纪西方资本主义国家创制的学制大体相仿。壬子癸丑学制颁行后,暴露出很多弊端,如初等教育年限过长,中等教育年限又过短,各级各类学校教育进度无法衔接等。因此,1922 年,教育部又颁行"壬戌学制"(见图 2.4),又称"新学制"或"六三三学制"(采用美国六三三分段法)。

　　新学制按青少年身心发展阶段为划分标准,中学兼顾升学和就业。新学制设多种门类的学校,具有了弹性和多样化,适应了国情需要,有利于教育的普及。它的出现标志着中国近代以来学制体系的基本完成。

2. 蔡元培与陶行知

　　民国成立后,一批经受资产阶级文化洗礼的进步知识分子开始投身到教育改革浪潮之中,在教育现代化进程中发挥了重要作用。这里简单介绍两位教育家。

　　蔡元培(1868—1940),字鹤卿,号孑民,浙江绍兴山阴人。1912 年,南京临时国民政府成立,蔡元培任南京临时政府教育总长,着手建立资产阶级教育体系。并从"养成共和

蔡元培

图 2.4

壬戌学制图

入学年龄			
	高等教育	不定	大学院
24		四至六年	大学校 / 专门学校
22			
18	中等教育	六年	师范科 / 中学校（高级）（初级） / 职业科
15			
12	初等教育	六年	（高级）小学校（初级）
10			
6			幼稚园

国民健全人格"的观点出发，提出军国民教育、实利主义教育、公民道德教育、世界观教育和美感教育"五育"并举的教育思想，成为制定民国元年教育方针的理论基础。1916年，蔡元培任北京大学校长，对北大进行了大刀阔斧的改革，推行"思想自由、兼容并包"的办学原则，调整科系结构，实行教授治校，使北大快速发展，由一所痼弊缠绵的旧式学堂一变为生机勃勃的近代新型大学。1922年，蔡元培发表《教育独立议》，提出其教育独立思想，即教育应完全交由教育家办理，保持独立于政党，独立于宗教。

　　蔡元培对民国教育的大政方针和宏观布局都有重大影响。他的教育思想贯穿着对民主、科学、自由、个性的追求，充满了爱国主义激情。他在教育实践中表现出不屈从压力、锐意改革的品质，凸现了他作为杰出教育改革家的远大理想和个性品质。在学人心目中的精神形象至今仍光芒不减。

　　陶行知（1891—1946），徽州歙县人，是中国现代杰出的人民教育家和坚定的民主战士，他毕生从事教育，探索民族教育的新路，而其生活教育思想则贯穿始终。陶行知少时曾就学于旧式塾馆，之后接受西方教育。1914 年，陶行知以优异成绩赴美留学，在美国哥伦比亚大学攻读教育，其间得到著名教授杜威的赏识，1917 年毕业回国，开始向国人介绍实用主义教育理论，并提倡和推行平民教育、乡村教

陶行知

育,他奋斗的目标就是使劳苦大众及其子弟能够接受教育。1927 年,陶行知于南京创办晓庄学校,亲自实验他的生活教育理论。1932 年,于上海创办山海工学团,提出工学结合的教育方式。如何使教育普及,如何使没有机会受教育的人可以得到教育,站在劳苦大众立场上思考和解决他们的教育问题是陶行知教育思想和实践的一大特点,也是他区别于同时代其他教育家的地方。

生活教育理论体系是陶行知教育思想的核心。生活教育理论包括"生活即教育"、"社会即学校"、"教学做合一"。

"生活即教育"指生活本身就是一种特殊的教育,我们每天的生活都是一种教育,这种教育一直到老死,生活中我们无时无刻不在得到学习,因此,他主张教育应该和学生生活紧密联系。"社会即学校"指社会是学校,陶行知认为应扩大学校的范围、对象、教学内容,使学校紧密联系社会生活。"教学做合一"指从做的要求出发,到做中去实践。陶行知的教育理论是我国民族教育理论宝库中十分可贵的遗产,为中国教育的发展提供了宝贵的思想财富。

教育作为社会的子系统与社会其他系统之间有着千丝万缕的联系。中国古代教育与当时社会、政治、经济等紧密相关,而各时期文化教育政策、教育制度、教育思想之间又相互作用,共同组成了中国教育史的丰富图景。在中国古代文化教育的发展历程中,儒家思想占有重要地位。从汉代实行独尊儒术政策,儒学开始占据统治地位。唐宋重振儒术,儒家思想进一步发展产生理学,儒家思想影响着整个封建社会的思想文化。从教育制度上说,从西周到清末,封建教育制度经历了形成、发展、完备、腐败的过程。清末至民国,资产阶级教育学说不断兴起,促进了近代教育的产生发展。在漫长的中国历史中,涌现出许许多多教育思想家,他们针对所处时代的文化教育问题,提出自己的主张,开展教育活动,促进中国教育不断向前发展。

二、西方教育的发展历史

谈到西方教育,实际上有一个对"西方"如何界定的问题,这里所讲的西方主要是指欧美大陆,所指的西方教育史主要是考察欧美地区教育的发展脉络。

(一) 西方古代教育

1. 古希腊的教育

当东方古老的文明形成之后,在西方的地中海东部地区,新的文明也开始熠熠生辉,这就是爱琴文明。公元前 2000 年左右,多瑙河下游的希腊民族向南迁徙,在爱琴文明的基础上,建立了新的文明,形成了现代西方文明的摇篮——古代希腊。希腊在氏族向奴隶制的转变过程中形成了城邦,在众多城邦中,最强大、影响最深远、最有代表性的是斯巴达和雅典。以雅典为代表的希腊文化在后世欧洲的发展史上打下了深刻的烙印,而斯巴达则代表着另一种独特的文化教育类型。

斯巴达的教育完全由国家控制,其教育目的完全取决于统治阶级的政治、军事需要。斯巴达人实行严格的体格检查制度,只有健康的新生儿才得以抚养,身体孱弱有残疾的则被弃之荒野。儿童 7 岁进入国家教育机构,开始军营生活,造就全心全意为国家的战士。在斯巴达,文化教育和科学教育被认为是无意义的事情。与斯巴达一样,雅典也高度重视教育。但不同的是，雅典的教育有更多智育的成分，注重身心和谐发展。教育机构有文法学校、弦琴学校和体操学校等。古希腊教育，尤其是雅典教育，在西方教育史上，占有重要地位，其倡导的身心和谐发展的自由教育理念，以及多样化的教育制度，都是世界教育史上的宝贵遗产。

　　众所周知，苏格拉底、柏拉图和亚里士多德是著名的希腊三哲，也是著名的教育家，他们毕生从事教育工作，其教育思想的影响力绵延两千多年的西方。苏格拉底（Socrates，前469—前399）出生于孔子死后的十年，他在教育上也主张"有教无类"，最擅长的是"问答法"，又叫产婆术，被视为后世西方启发式教学方法的渊源。

亚里士多德

专栏 2－3

苏格拉底的产婆术

　　由于苏格拉底的母亲是一个接生婆，谙于产婆术。这对于苏格拉底把产婆术用之于教育，将教育喻之为思想之接生有着重大的影响。苏格拉底的"产婆术"强调教育应是由内而外的，是将儿童心灵中的智慧不断引出、发展的过程，而不是由外而内的，不是注入、训练、铸造的过程。苏格拉底把"产婆术"贯穿于全部的教育活动之中。苏格拉底的辩论方法，先给对方提出关于某一事物的定义，然后层层追问，使对方陷入矛盾，这样讨论下去，可能得到关于这个事物的明确定义。这个定义能表现这个事物的普遍性和本质的东西，是人人会同意的。苏格拉底自己称这个方法为"产婆术"，是将人内部已有的知识引出来。

　　苏格拉底认为，教师的任务并不只是传播真理，而是要做一个新生思想的"产婆"。他在讲学或辩论时总喜欢采用对话或提问的方法来揭露对方在认识上的矛盾。他并不向学生传授各种具体的知识，而是通过问答，交谈或者争论，一步步引导学生自己进行思索，自己得出结论。当他向学生提出问题，学生答错了，他不直接指出错在什么地方、为什么错，而是再提出暗示性的补充问题，再通过争论得出正确的答案。苏格拉底的产婆术包括四个步骤：①讥讽：即不断地提问，使对方自己发现自己认识上的矛盾；②助产：即帮助对方得到问题的正确答案；③归纳：即引导学生从具体事物中找到事物的共性和本质；④定义：即把个别事物纳入一般概念。正如苏格拉底自己所说的，他虽无知，却能帮助别人获得知识，好像他的母亲是一个助产婆一样，虽年老不能生育，但能接生，能够迎接新的生命。

　　柏拉图（Plato，前427—前347）是苏格拉底的学生，其《理想国》是西方教育思想史上三大里程碑之一。在《理想国》中，他系统阐述了自己的教育思想，提出了教育与政治的结合，高度评价了教育塑造人的作用，并将"四艺"①列入教学科目。他是"寓教于乐"

---

① 四艺：算术、几何、天文、音乐理论。

的最早提倡者，也是第一个提出要以考试作为选拔人才手段的人。他注重早期教育和男女教育平等。虽然《理想国》中也存在消极的因素，但它对西方教育理论的巨大影响是毋庸置疑的。亚里士多德（Aristotle，前384—前322）是古希腊哲学的集大成者，也是一位百科全书式的思想家。他认为人的意识如同一块白板，知识是从外部进入的，教育在人的形成中起着巨大作用。他首次提出了教育适应自然的思想，并据此做了划分儿童教育年龄阶段的尝试，论证了以美育为重点的德、智、体和谐发展的原则。总之，苏格拉底、柏拉图和亚里士多德的教育思想既是对古希腊教育思想的总结，又是此后西方教育思想发展的源头。

2. 古罗马的教育

继古希腊之后，以地中海亚平宁半岛为主的古罗马是另一个对西方教育史具有重要影响的地区。古罗马在吸收消化古希腊文化教育的基础上，进一步创造传播了自身的文化教育。

古罗马时期的学校教育制度既保留了罗马自身的文化特点，同时吸收了古希腊文化教育的成就。但随着版图的扩大，民主共和政体渐渐崩塌。公元前30年，古罗马进入奴隶制帝国时期。帝国时期，古罗马教育成为国家的事业，学校成为培养各级官吏、文士和顺民的机关，帝国皇帝一方面提高教师的地位和待遇，改教师的私人选聘为国家委派，另一方面加强国家对教师和学校的控制与监督。

帝国后期，基督教作为世俗文化和教育的对立面出现了，渐渐产生了基督教文化教育系统，最终在古罗马形成了大范围的流行。基督教最早的教育对象是成人，对入教者进行基本教义的教育，逐步扩展成初级教义学校。而为年轻的基督教学者提供深入研究基督教理论的场所，则变为了高级教义学校。在儿童教育方面，教会随着自身势力的增长，也开设了堂区学校和唱歌学校等。西方的文化教育从此留下了基督教文化的深刻烙印。

在古罗马的历史上，也涌现了许多著名的教育家。其中最有影响的是西塞罗（Cicero，M. T.，前106—前43）、昆体良（Quintilianus，M. F.，约35—100）和奥古斯丁（Augustinus，S. A.，354—430）。西塞罗是共和末期的教育家，提出并阐述了培养雄辩家的教育思想；昆体良是帝国前期的教育家，论述了实现这一教育理想所需要的各级教育，尤其论述了教学论思想。两人的思想一脉相承又有所差异，他们的思想指导着古罗马教育的实践。而奥古斯丁是基督教教父哲学的集大成者，其教育哲学成为西欧中世纪教会教育的理论基础，影响深远。

3. 西欧中世纪的教育

公元476年，日耳曼人与西罗马的奴隶联合，推翻了西罗马帝国。在欧洲历史上，这标志着以希腊、罗马文明为顶点的奴隶制社会的终结，封建时代来临了。自5世纪末至14世纪文艺复兴之前，都被称为中世纪，也被称为欧洲文明的"黑暗时期"。在中世纪早期，古希腊、罗马的灿烂文化为人遗弃，西欧的文化教育水准大幅度下降。西欧中世纪教育带有明显的封建等级性以及浓厚的宗教色彩，"其结果正如一切原始发展阶段中的情形一样，僧侣们获得了知识教育的垄断地位，因而教育本身也渗透了神学的性质"①。

---

① 恩格斯：《德国农民战争》，《马克思恩格斯全集》（第七卷），人民出版社1959年版，第400页。

西欧中世纪的教会学校

西欧中世纪主要是基督教教育和封建领主阶层的等级教育,特别是宗教教育成为本时期教育的主体。教育被教会垄断,教师由教会委任,教育内容以神学为主,异教学校被取缔,世俗文化教育成为神学的陪衬。教会举办的学校,大体上有僧院学校、主教学校和教区学校三类。

西欧中世纪的世俗教育主要有宫廷教育和骑士教育。宫廷教育指由封建主倡导的、以宫廷为中心的封建主世俗教育。骑士教育则源于西欧封建社会的等级制度。教育目的在于培养具有军事征战能力、能保卫封建君主、具备骑士品质的封建卫士。骑士教育并无专设的教育机构,也没有专职的教育人员,而是在骑士生活和社交活动中进行的。

(二) 西方近代教育

1. 文艺复兴与宗教改革时期的教育

公元 14—17 世纪,一场盛大的文化革命运动席卷欧洲。文艺复兴的火苗从意大利开始燎原,整个西欧的意识形态都受到了人文主义新文化的洗礼,随后点燃了北欧的宗教改革运动,而天主教会也不甘示弱,发动了反宗教改革。在历时 300 年的文艺复兴时期,人文主义教育、新教教育、天主教教育三种教育势力相互交织,错综复杂,对后世教育的发展不论从性质上还是程度上都产生了不可磨灭的影响。

人文主义教育。文艺复兴运动所倡导的新文化被称为人文主义文化,人文主义赞扬了人的价值和尊严,宣扬人的思想解放和个性自由,肯定现世生活的价值和尘世的享乐,提倡学术尊崇理性的人文主义价值观指导着人文主义教育的理论与实践。人文主义教育的目的已不再是培养神职人员,而是开始注重身心的和谐发展,并以此为教育目的;在课程设置上,古典文学、数学和自然科学开始成为重要课程,提倡人道主义、乐观主义、积极向上、自由平等的新道德观,尊重儿童和反对体罚成为一些教育家的强烈要求,人文主义教育世俗性增强,学科范围更加扩展,更贴近生活,更富有近现代精神。它一扫中世纪教育的阴霾,展露出欧洲近代教育的新曙光。

新教教育。16 世纪初,由于文艺复兴的影响,也由于罗马教会的腐败,在欧洲各国普遍爆发了宗教改革运动,改革的结果是产生了脱离天主教的各种新教教派。新教各教派都注重教育的改革,因而客观上促进了这一时期教育的发展。

马丁·路德

新教各派在教义上都蕴含着一种资本主义精神,均以兴办学校作为重要的传教手段,致力于学校教育的发展和教育思想的阐述,注重民众教育的普及,用民族语作为教学语言,改进学校组织形式,推进班级授课制,从而大力推动了学校教育和民众教育的发展。其中,德国宗教改革运动领导人和教育家马丁·路德(Luther,M.,1483—1546),首次提出了教育权由国家而不是教会掌握、由国家推行普及义务教育的思想,对后世影响甚大,被称为"平民学校之父"。

天主教教育。在中世纪漫长的发展过程中,天主教会积弊累深,最终触发了强有力的宗教改革的浪潮。随着新教势力的不断壮大和天主教会危机的日益加深,罗马教廷于16世纪中叶开始采取措施遏制宗教改革运动,即"反宗教改革运动"。其中的先锋和中坚力量便是耶稣会。耶稣会把兴办教育视为实现其政治和宗教目的的重要手段,它集中力量于中等和高等教育而不重视初等教育。起初,利用其完备的组织管理、高水平的师资和切实可行的教学方法,耶稣会的教育势力一度扩张。但是,企图重建天主教会对欧洲统治的目的本身是与历史潮流相悖的,耶稣会最终受到了各国驱逐。

人文主义教育、新教教育、天主教教育,既相互冲突,又彼此吸收,反映了文艺复兴时期教育史的斗争与矛盾,三种教育势力的冲突与融合,为近代西方教育的格局奠定了基调。

2. 近代资本主义教育制度的确立

自1640年英国爆发资产阶级革命开始,到1789年法国资产阶级革命以前的100多年,是欧洲资本主义上升、资产阶级革命酝酿发动的时期。

法国大革命

和资本主义的政治经济发展相适应,近代教育制度在西方各国逐步确立起来。首先,各国教育领导体制开始建立。由于历史条件和文化背景的不同,西方各国形成了具有本国特点的教育领导体制。其次,国民教育体系在西方各国开始建立。各国的世俗权力机构开始考虑普通劳动者子弟的教育问题,以满足工业发展的新需要和解决经济发展中出现的新的社会问题,一些国家出现了公立小学。当然,中等和高等教育仍属于精英教育,西方各国出现了带有明显等级特征的双轨学制。这一时期也出现了一些新型大学,课程内容更加贴近社会生活的需要。

　　资本主义生产方式在西欧各国的发展和确立,产生了一些代表本国资产阶级利益的教育家。他们从培养资产阶级所需要的人的立场出发,对教育、教学问题进行了探索、研究和论述。这一时期,也是教育理论发展的重要时期。其中,捷克教育家夸美纽斯、英国教育家洛克是这一时期的代表人物。夸美纽斯总结了前人和自己的教育经验,全面阐述了学校教育理论,他以"泛智论"为改革教育的出发点,以教育的自然适应性为指导原则,第一次提出了一个完整的学制系统,探讨教学原则,从理论上论证了班级授课制,为近代学校教育的普及和发展提供了理论基础。洛克则比夸美纽斯更为彻底地破除了宗教神学的束缚,显示出世俗化、功利性的特点。他的经验主义认识论和绅士教育理论反映了 17 世纪的时代精神,更影响到 18 世纪的教育思想。

　　洛克之后的卢梭(Rousseau J-J.,1712—1778)是 18 世纪启蒙思想家中的重要人物。当其他启蒙思想家为理性、文明和进步高唱赞歌的时候,他却敏锐意识到自然与文明之间、自然状态与社会状态、道德与理性的矛盾,猛烈批判当时不尊重儿童天性的教育思想和措施的荒谬之处,倡导自然教育和儿童本位的教育观,对新教育提出了划时代的设想,现代意义上的儿童研究由此发端。

(三) 19 世纪欧美国家的教育

　　19 世纪,欧美等国政治、经济、文化各方面都经历了很大变化,各国的教育都在斗争中发展起来。

　　这一时期,德国在教育理论和教育实践上的成就令欧美各国瞩目,不仅出现了洪堡(von Humboldt,A.,1769—1859)、赫尔巴特、第斯多惠(Diesterweg,F. A.,1790—1866)、福禄倍尔(Fröbel,F. W. A.,1782—1852)等一大批重要的教育家,而且在初等、中等和高等教育等领域开展了一系列改革。19 世纪,德国各公国陆续颁布《初等义务教育法》,大大提高了国民的基本素质;中等教育方面,实科学校开始出现,数量和规模都有了较快发展;高等教育方面,出现了一些著名的大学,如柏林大学。

　　　夸美纽斯　　　　　　　　　洛克　　　　　　　　　卢梭

柏林大学

19 世纪的法国,处于政局动荡不安的情势下,尽管在这种情况下,教育也难免出现阶段性特点,但 19 世纪法国教育的整体发展仍隐含着内在的连续性和规律性。近代法国既确立了中央集权式的教育管理体制,又确立了完整的学制,各级各类学校的教育事业都得到了发展。

19 世纪是英国从自由资本主义向垄断资本主义过渡的时期,经济、政治、社会条件的变化带来了教育观念和制度的变革。国家对教育的干预逐步加强,1870 年,颁布了第一个初等教育的法案《初等教育法》,国民初等教育制度正式形成;中等教育基本沿袭了 18 世纪的传统,主要是文法学校和公学;高等教育也相应发生了变化,1828 年伦敦大学学院的成立拉开了新大学运动的序幕,随后许多城市学院纷纷成立。

独立战争之后,美国一跃而上,跻身世界经济发展的前列,经济与教育发展相互依赖、相互促进。在吸收英、德等国教育经验的基础上,美国形成了具有自身特色的教育制度。首先建立了学区制,并实行地方分权的教育管理,兴办公立小学,执行初等教育的强迫入学和免费教育;中等教育主要有文实中学和公立中学两种;高等院校数量增多,农工学院兴起,学术型大学建立,女子开始进入高等院校。

纵观 19 世纪欧美教育发展,可以发现,国家基本掌握了教育权,各级各类学校迅速发展,建立了国民教育制度,教育实行双轨制,教育内容逐步走向科学化。教育现代化的基础基本奠定,世界教育正由近代向现代转型。

三、中西教育传统的比较

教育特别是学校教育在一定意义上是既定传统的产物,又是维护传统的手段,它习惯于将已有的价值规范、思想观念重复地传递给下一代。[①] 这种保持传统的特性使得教育不易接受新的变化,有排斥、拒绝变迁的倾向。但是,另一方面,教育在对传统进行复制的同时,也就形成了自身的传统,即教育传统。教育传统一旦形成,就会作为一种限制因素,左右着教育的运行,制约着教育的发展。教育传统的这种特性在中西方教育

---

① 联合国教科文组织国际教育发展委员会编著,华东师范大学比较教育研究所译:《学会生存——教育世界的今天和明天》,教育科学出版社 1996 年版,第 92 页。

实践和思想中,都有一定的体现。

(一) 中国教育传统的特征

正如上文所看到的,我国自春秋以后,儒家思想逐步形成并在社会政治、文化生活中居支配地位,构成中华民族文化传统的重要组成部分。同时,儒家思想也构成了我国教育传统的主导性思想。

在中国文化的发展脉络中,儒家思想之所以能够确立其统治地位,既与统治阶级的政治利益有关,同时又与儒家注重守成的文化传统有关。与道家的清静无为、法家的严刑峻法、墨家的重视功利不同,儒家对现实采取积极参与的态度,注重探讨现实社会生活中的人际关系,强调人与人之间的纲常伦理,重德轻技,重义轻利。由于儒家注重为政以德,注重仁义,因而整个学说比较温和,具有浓郁的情感特色,易于传播和接受。大概也正因为如此,儒家思想历经数代,其传播之广泛,对人们精神生活渗透之深入,是诸子百家所不可匹敌的。大概也正因为如此,儒家思想才构成中华民族传统文化的主要内容,成为传统文化的主体,也是教育传统的主体。这种传统文化至今仍广播世间,教育上仍处处体现着这种传统文化的

中国古代的士人们

要求。以下从几个方面简要探讨中国教育传统的一些基本特征。

1. 重人与社会的协调,强调社会本位

在中国传统文化中,人与社会的关系是放在一种群体价值观念的视野下的,个体融于群体中,人是群体中的人。因此,中国传统文化把人的个体价值归结为人的社会价值,以社会标示个人,强调人的社会义务与责任,强调人对社会的服从,这大概是中国传统文化最大的特点了。在群体价值观念的支配下,教育注重的便是,如何使受教育者服从社会的需要,从而达到社会全体的和谐。

可以说,注重人与社会的协调,是贯穿于儒家教育思想全过程的,比如孔子在阐释"六艺"之间的关系时,曾就礼教与乐教谈到,礼的作用是从行为上规范人,乐的作用是从感情上陶冶人,所谓"乐所以修内","礼所以修外"[①]。荀子也同样谈到礼教与乐教,认为礼教之所以重要,在于它能够维护一定的社会秩序,而乐教可对礼教起配合作用,"乐行而志清,礼修而行成",于个人,做到"耳目聪,血气平和";于国家社会,做到"移风易俗,天下皆宁"。礼教和乐教是儒家在教育上所用的双重手段,儒家主张通过礼乐内外交互作用的手段,来改变人的行为和感情,使个人与社会之间取得一种平衡关系。在此后的历史发展过程中,儒家思想虽然经历了魏晋南北朝玄学的冲击,隋唐佛道融合的激荡,南宋理学的重振等等,但自始至终一直强调教育服务社会的作用,注重人与社会的协调。

①《礼记·文王世子》。

2. 重人伦观念，强调师道尊严

中国传统社会是一个泛道德主义的社会。在这个社会中，任何人的言论和行为都受到道德价值的严格制约，往往以道德标准来衡量个人的价值，以道德伦理标示个人，把人的价值归结为道德价值。把人道德化的倾向，反映在教育上的结果之一，便是把道德上的成就看作是人生最有价值的成就，把教育的目的归结为对道德上的一系列规范的掌握，把追求道德成就作为教育的最终目标。

中国伦理以家庭和家族为本位，教育的首要目的，就是掌握由家族衍生而来的道德价值网络。这其中首先是掌握由儒家所创造的亲亲原则和由此产生的孝的价值观念。亲亲原则的建立不仅把"家"提高到人生中最重要的地位，而且把维系家族血缘和群体感情的孝悌观念确定为最具普遍性的伦理模式和最高的道德价值。《论语》中曾说："孝悌也者，其为人之本也。"中国传统社会是家国同构的社会结构，由"孝"的道德价值再进一步推衍，便是对于国家的"忠"。经过统治阶级的提倡，忠和孝成为传统道德价值不可或缺的重要组成部分。由家族本位的忠孝的进一步发展，便是道德价值的系统化，即五伦三纲。五伦是指父子、夫妇、兄弟、君臣、朋友。在这五伦中，虽然表面上看是相互的，但在实际运作过程中，片面强调单方面的孝和忠，由此发展成为具有正统权威的三纲伦理，家族本位的伦理关系和道德价值开始被凝固化和绝对化。

从儒家所创造的亲亲原则，到"孝"、"忠"的价值观念，再到五伦三纲，教育的使命就是要明人伦，使人人掌握道德规范，遵守伦理纲常。学校的任务在于伦理纲常之教，立己治人，通过讲明"父子有亲，君臣有义，夫妇有别，长幼有序，朋友有信"的人伦规范，使人人遵守正确的行为，使社会有良好的风俗。

传统文化注重伦理纲常的观念，在教育过程中必然强调师道尊严。师与五伦中的长、君有着密切的联系，《学记》中说："能为师然后能为长，能为长然后能为君。故师者所谓学为君也。"这里把"为师"作为"为长"、"为君"的条件，能为师就能为长、为君。如此，也就打通了师生关系与长幼关系、君臣关系之间的通道，师道尊严也就在情理之中了。我国传统文化往往强调学生对教师的绝对服从，好学生就是从不违背老师的学生，教师的权威极高。

3. 重"入世（仕）"，强调学以致用

中国传统文化中，既关注人的内在精神状态，又关注一个人的外在行为准则，教育上则是一方面强调修己，一方面也强调治人。前者要求在学问道德方面严格要求自己，所谓"君子求诸己"、"君子忧道不忧贫"①；后者要求能"使于四方"，"学而优则仕"。②

在古代，庶民阶级要依靠自身的文化知识和政治才能，方可跻身上层社会，儒家强调的"入世"恰恰是为此。金榜题名，入朝为官，是绝大多数读书人奋斗的目标。

与入世相关联的，是中国教育注重"学以致用"。学与用是紧密结合在一起，不可分割的。但这里的"用"，不是指实际的功用，也不是实利的追求，而更多的是个人的修养，也就是将学到的伦理规范运用于生活实际，将修身的要求落到实处。如王守仁说的，"致良知"和"知行合一"，教育的主要问题在于如何"致此良知"。这里，"致"是修养工

---

① 《论语·卫灵公》。
② 《论语·子张》。

夫，"良知"实质上是封建道德的先验观念，要求人们的言行都要信从一定的道德伦理规范。

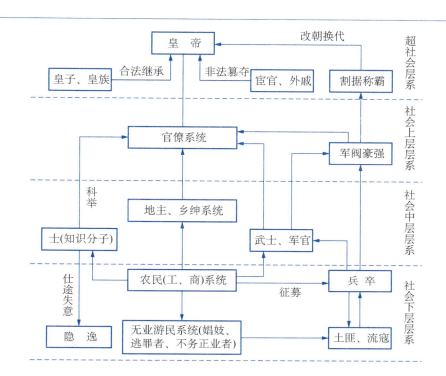

图 2.5

中国传统社会
阶层示意图[①]

4. 重人文精神，强调教育的世俗性

中国文化是世俗色彩浓厚、宗教色彩淡薄的文化，梁漱溟在《中国文化要义》中说过："几乎没有宗教的人生，为中国文化一大特征。"中国文化的非宗教性，在很大程度上，是由儒家的人文精神所决定的。虽然儒家保留对天帝的信仰，但在他们的思想中并不占主导地位。如孔子所说的"务民之义，敬鬼神而远之"、"未能事人，焉能事鬼"、"子不语怪力乱神"等，都是以人事为主。

与西方相比，没有了宗教的束缚，中国教育传统与社会政治的联系更为紧密。这一方面表现为，在古代众多教育家的教育主张中，都提到了教育与政治的关系。另一方面体现在，教育质量的好坏也都由政治机构裁决，衡量教育的标准基本上都是由社会政治决定的。

宗教是通过信仰向上向外追求，以达到外在力量对人的援助。道德是通过心向里向内追求，以达到内在力量对人的充实和完善。中国文化的非宗教性或人文主义特点，也使教育更为注重人内心的修养，可以说是从心出发，以心为主，以心为本。

（二）西方教育传统的特征

1. 重个性独立，强调个人本位

与中国文化不同的是，西方文化以个人为本位，注重个人的自由和权利。在教育

① 李中华著：《中华文化概论》，华文出版社 1994 年版，第 82 页。

中,将受教育者而非教师放在更重要的地位,强调个性的培养。

西方文化与教育之所以凸显个人本位,与西方的家庭变革有着密切的联系。在西方,原始纯朴的财产公有的家庭公社普遍存在于古代和中世纪,并较早地过渡到财产私有化的个体家庭。而中国则是以家长制的形式一直延续到近代。由于私有制深入到家庭内部,在中世纪中后期和近代,西方的家庭成员之间就有相对独立的法律关系和权利关系。父权的退居次位,为个人本位的产生和发展提供了条件。西方个人本位的教育传统,随后历经14至16世纪的文艺复兴运动、18世纪的法国资产阶级思想启蒙运动以及20世纪初的实用主义思潮而确立下来。

欧洲文艺复兴运动从14世纪开始,到15、16世纪乃至17世纪达到高潮。这一时期的时代内容主要表现为批判封建主义旧文化,发展资本主义新文化。它肯定人的能力,颂扬人的一切,打破了神权的枷锁,在一切领域都贯穿着"抑神扬人"的原则,反对对神意和神权的盲目膜拜,形成了注重个性的新文化。这种在新旧文化撞击中形成的新的世界观,打碎了宗教的精神枷锁,使教育获得了新生,教育上的种种变革生气勃勃地发展起来。18世纪,在法国兴起了持续半个多世纪的资产阶级启蒙运动,这是欧洲历史上第二次巨大的文化变革。其间,一些启蒙思想家积极倡导教育的解放,如卢梭反对封建教育对儿童的压迫,提倡自然和自由的教育。20世纪初,美国实用主义的代表杜威尖锐抨击了赫尔巴特的教育理论,提出了"教育即生长","教育即生活"的主张,强调教育与人及社会生活的紧密结合,在活动中了解文化,使个人成为掌握自身经验建构的主体。

西方式英雄——超人

历史发展到杜威那里,西方特别是美国,注重个人独立的教育传统已基本形成。在当今美国的学校教育中,杜威主张的影子清晰可见,它与中国传统教育形成了较为鲜明的对比。

2. 重主智主义,强调博雅教育

博雅教育(liberal education),亦称自由教育、文雅教育、普通教育,是旨在解放思想和精神,避免专门化和不做就业准备的教育;教育的目的不是准备谋生,而是"准备生存"。[①]

博雅教育源于古希腊,并为古罗马所延续发展,后在中世纪的教会学校中得到了勃兴。19世纪末和20世纪初,它代表了欧美中等教育的主要路线,此后由于受到进步主义教育的影响而声势渐微。20世纪50年代后,随着"回归基础"的呼声而重新登上舞台。

博雅教育源于古希腊,是与当时古希腊的社会构成有关。在古代希腊,社会分为自由人和奴隶。当奴隶具备自由人所具有的品质时,他就可以得到自由和公民权利。而自由人则有责任从事博雅教育的实践,如若他不能掌握知识、理智地思考和讲演,他就不成为一个自由人。博雅教育由此起源。

直到中世纪,博雅学科主要是"七艺",即算术、几何、天文、音乐、文法、修辞和辩证

---

① (英)朗特里编,陈建平等译:《西方教育词典》,上海译文出版社1988年版,第170页。

法。"七艺"作为教学内容，支配了欧洲的中等和高等教育达 1 500 年之久。① 其后科学主义和理性主义盛行，主张把知识传授与理性发展作为教育主要内容的主智教育思潮生成并演变发展，对西方近代教育产生广泛和深远影响。

艺术与哲学

虽然 20 世纪初受到了进步主义的冲击，博雅教育的光芒一度暗淡，但 50 年代后，为了避免中等教育过早专门化、职业化所带来的弊端，博雅教育再度活跃。在博雅教育的影响下，西方教育的"主智"特征日趋明显，突出表现为注重理性教育，注重理智训练，注重知识本身的价值。

3. 重宗教精神，强调宗教精神的养成

人类文化，其中包括中国文化在内，一般都是以宗教为开端的。在任何民族的早期文化中，都可以看到宗教的痕迹。这是因为在人类早期，对自然界和人自身缺乏了解，往往把人的生死、自然灾害的降临等看作人类异己力量的操纵，故产生各种原始的自然崇拜。此后，随着人类社会阶级压迫的产生，人类对自然的恐怖转向对社会、对人生的疑惑与不安。早期的宗教家们似乎看到了社会对人的压迫，人与人之间的疏离所造成的人类痛苦，于是在原始宗教的基础上，创立了人为的宗教。无论是基督教还是佛教，在它们产生的初期，都是针对上述社会和人生问题而提出的救世主张。

宗教从本质上来说，是对人类现状和现实世界的一种否定。它往往设定一个凌驾于人类之上的绝对存在、彼岸世界，作为人类的皈依。从形式上，宗教一般拥有教义和在此基础上形成的组织、仪式和戒律等。无论是基督教还是佛教，都试图反抗社会对人的压迫，解救人生的痛苦，构建了一个超越理性的世界。而西方文化正是在这种超越观念和希伯来信仰的培植和指导下奠定其内在基础的。

西方文化融合了希伯来教义、希腊哲学和罗马法典三种不同的文化系统。自中世纪以后，教会的权力日盛，文化教育也由教会一手掌控。于是，完整的系统的宗教精神贯注于西方教育中。西方的宗教传统至今仍保持着强大的影响力，渗透至教育活动的方方面面。这不仅使西方教育带着浓厚的宗教色彩，更重要的是，赋予了西方教育内在的精神价值。

西方强烈的宗教观念，也使得一些教育家认为宗教和科学是可以调和的，教育过程中科学知识的传递，可以是对人提供的最好的宗教训练。"宗教和科学虽然看起来相互对立，但实际上知识表达了同一事实相反的两面，两者的看法是可以相互调和的……科学的训练提供宗教的修养。"②

在西方，从古至今的教育发展史中，宗教的地位是显著而重要的，研究西方教育史，

---

① 曹孚编：《外国教育史》，人民教育出版社 1979 年版，第 59 页。
② （英）斯宾塞著，胡毅、王承绪译：《斯宾塞教育论著述》，人民教育出版社 1997 年版，第 46—47 页。

教会教育中教义的学习

不能忽视其中的宗教色彩。

(三) 中西教育传统的差异

对比中西方教育传统,我们可以发现存在着许多差异,这些差异的产生都源于历史的因素。我国的传统文化自春秋以降,儒家思想几乎一直是处于支配地位,注重调和人与社会关系的思想也一直是教育的主体思想。如此而造就的重人伦以及"学而优则仕"的教育传统,在一定程度上至今仍然影响着我们的教育。而西方教育传统,以注重人的发展和人的能力培养为特征,其中也经历了漫长的历史发展过程。从古希腊亚里士多德提出的培养和谐发展的人,到中世纪的阉割人性,再到文艺复兴的反神性、扬人性和法国启蒙思想家卢梭高唱人的自然本性之颂歌,最后到杜威的"以儿童为中心",其间也是反反复复,颇多周折。

可以说,东西方文化传统间的差异,以及价值观念、思想行为方式的差异,导致了教育传统的相异,而教育传统的差异反过来又强化了文化差异的存在。如表 2.1 所示,从教育价值取向、师生关系和教学行为这三个方面,我们可以认识到中西教育传统的分野。

表 2-1

中西方教育传统的差异①

类别	中	西
教育价值取向	调和社会和自我 重知识的应用价值 重教育的世俗性	注重个性自由和主体意识 重知识的内在价值 重教育的宗教性
师生关系	强调教师权威 师生相互依赖 师道尊严	重视儿童 个人独立 师生平等
教学行为	重教的行为 教学形式刻板 压制对情感的意识和表达	重学的行为 教学形式灵活 体现对情感的意识和表达

---

① 郑金洲著:《教育通论》,华东师范大学出版社 2003 年版,第 98 页。

当然，中西方教育也存在着许多共同之处。比如在古代教育中，都过多地使用惩罚手段，尤其是体罚，被视为实施教育的利器，以此来促使受教育者更"规矩"地学习。在教育发展过程中，西方也并非始终将教育者放在中心位置，对教师权威的注重也古以有之，如赫尔巴特学派，就宣扬以教师为中心的教育，只是自 20 世纪初以来，这种思想便不占主流。此外，西方对于道德观念的教育也非常重视，不少教育家从特定的社会政治思想出发，要求教育为维持社会的政治秩序服务。如赫尔巴特就极为拥护德国封建贵族的利益，认为要维护和巩固普鲁士封建君主制，就要求教育要使人具有五种道德观念，即内心自由、完善、正义和公平或报偿，在他看来，这五种观念是永恒不变的美德，教育的终极目的就是要养成这些品德。他曾提出："教育的唯一工作与全部工作可以总结在这一概念之下——道德。"①显然，他试图通过道德教育，努力形成受教育者的道德品质，实现文化上的控制，进而使社会纳入"正轨"。

另外，需要注意的是，每个地区和国家的教育都各有特色，这些特色都根植于一定的文化、社会的土壤，有兴趣的同学可以对此进行进一步的比较研究。

本章小结

翻开历史的书卷，东西方教育如同两条蜿蜒曲折、源头不一、偶有交汇的河流，其文化传统、价值观念、思想行为方式、经济社会发展水平等多方面的差异造就了这两条河流不同的走势和形态。在特定的文化背景下，经历了历史的积淀，这两条教育的河流以各自的方式滋润着东西方不同的土壤。它们差异显著，但也有相同之处，两者并无优劣之分，好坏之别。它们诞生于特定的文化背景，是一定文化积淀的产物，只有在其产生的土壤中才能判定其适宜程度。东西方教育在许多方面是相互补充的，也只有相互借鉴、相互学习才能共同完善、不断进步。

思考与实践

1. 中国古代文化教育中儒家思想是如何变迁的？
2. 科举考试制度对中国教育有什么影响？
3. "轴心时代"或"轴心期"概念是德国思想家卡尔·雅斯贝尔斯在《历史的起源与目标》一书中明确提出的一个跨文化研究的概念，用以指称公元前 500 年前后即公元前 800 年至公元前 200 年间同时出现在中国、西方和印度等地区的文化突破现象。在轴心时代里，人类的各个文明都发生了"终极关怀的觉醒"，都出现了伟大的精神导师——古希腊有苏格拉底、柏拉图、亚里士多德（希腊三贤），以色列有犹太教的先知们，古印度有释迦牟尼，中国有诸子百家……这段时期是人类文明精神的重大突破时期。人类不再被动的想象世界，不再盲目的理解自我，通过经验世界和探索自我，人们渐渐走向理性，这是对原始文化的重大超越和突破。在这个时期，人们开始认知到世界存在着诸多未知，存在着许多可怕的力量，并且认识到自我生长的力量，同时又理解自身所存在的局限性。请联系本章对孔子教育思想以及苏格拉底等人教育思想的论述，阅读相关书籍，对雅斯贝尔斯的"轴心论"进行教育学评析。

① 张焕庭主编：《西方资产阶级教育论著选》，人民教育出版社 1979 年版，第 259—260 页。

4. 西方教育为什么走了一条和中国差异明显的发展道路？

5. 你认为，中西方教育史有哪些相同和差异？其中哪些是值得我们借鉴的？

6. 2011年初，中国的虎年，美国的华裔母亲、耶鲁大学法学教授蔡美儿，出版了一本自传式作品《虎妈战歌》，旋即在美国乃至全球引起轰动。尽管蔡美儿是在美国出生和成长的，但自从《虎妈战歌》在美国出版后，她还是成了很多人眼里"中国妈妈"的代表，并获得了一个响亮的称呼："虎妈"。

美国媒体把她教育孩子的方式，冠以"中国式教育方法"：严格管教两个女儿、盛怒之下骂女儿是垃圾、要求每科成绩拿A、不准看电视、琴练不好就不准吃饭等。很多人反对虎妈的严格教育，认为这种方式严重束缚了孩子的个性发展，压抑儿童的天性。另外一些人则同意虎妈的做法，认为虎妈对其子女施加压力，只不过是中国传统教育的基本体现，其最终目的还是为了子女未来具有更好的就业机会，他们理解作为国外华裔的生活压力。

7年过去，"虎妈"的两个女儿还好吗？2018年，《纽约邮报》对虎妈的两个女儿进行了专访，发现她们已经成为货真价实的哈佛学霸，作为顶级藤校精英，她们聪明开朗、努力认真，大学生活过得多姿多彩，对自己的未来也有清晰的规划，是不折不扣的"天之骄女"。而人们所猜想的严苛教育下会导致"心理疾病"与"母女关系破裂"的情形并未发生。

请查阅相关资料，对这一案例作出分析和评论。

延伸阅读

1. 郑金洲. 教育通论[M]. 上海：华东师范大学出版社，2003.

2. 毛礼锐、沈灌群. 中国教育通史[M]. 济南：山东教育出版社，1986.

3. 孙培青. 中国教育史[M]. 上海：华东师范大学出版社，2009.

4. 陈学恂、田正平. 中国近代教育史资料汇编[M]. 上海：上海教育出版社，1991.

5. 黄书光. 中国基础教育改革的历史反思与前瞻[M]. 天津：天津教育出版社，2006.

6. 吴式颖. 外国教育史教程[M]. 北京：人民教育出版社，2016.

7. 马骥雄. 外国教育史略[M]. 北京：人民教育出版社，1993.

8. 李中华. 中华文化概论[M]. 北京：华文出版社，1994.

9. [美]希尔斯.《论传统》[M]. 傅铿，等，译. 上海：上海人民出版社，1991.

【开篇案例】

周恩来在天津南开学校度过了中学时代。他 1913 年 8 月考入南开学校，当时 15 岁。从 15 岁到 19 岁，正是对一个年轻人思想性格的形成有重要影响的时期。因此，南开学校的教育对周恩来曾产生了很大的影响。

南开学校是由两位较为开明的有志之士于 1904 年创建的。一位是做过清朝的翰林和学部侍郎的严修，他认为要把中国和西方教育中最好的东西结合起来，主张教育救国；另一位是曾在美国受过教育的、很有名气的中国教育家张伯苓。这是一所闻名国内、仿照欧美近代教育制度开办的私立学校，它的学术空气比较浓厚，教学作风比较严谨，并以管理严格著称。

南开学校对国文十分重视。每两个星期做一次作文。周恩来入学初期，国文成绩"早露头角"。后据南开学校《第十次毕业同学录》对周恩来的介绍："善演讲，能文章，工行书。曾代表本班与学校辩论，于全校文试，夺得首席，习字比赛，复到其名，长于数学，往往于教授外自出新法，捷算赛速，两列前茅。"周恩来文思敏捷，作文不打草稿，往往是提笔直书，一气呵成。他的作文得到了全体国文教师的一致好评。评价道："识见高超，理境澄彻。而通篇章法，复极完整合作也。"有一篇文章经南开学校创办人严修亲自选定，被评为全校第 1 名。

南开学校不仅在教育水平上属于一流，而且积极提倡学生开展课外活动，要求学生在学校里不单是读书，而且要学会办事，养成自己管理自己的能力。在学校的鼓励和支持下，学生创办了许多社团和学术研究会。此外，学校还经常组织各门学科的班级间或个人间的比赛。在演讲、演话剧、编校报等活动中，周恩来展现出自己多才多艺的特点。校长张伯苓对周恩来创办的课外活动组织——"敬业乐群会"一开始就很支持，校方在经济上也给予资助，为该会的活动开展提供了较好的条件。

周恩来在南开学校的学习经历，使其学识、品德以及组织才能得到了全面的锻炼和初步的显示，为他日后在中国政治大舞台上发挥更大的作用，打下了良好的基础。

（资料来源　江明武：《周恩来生平全纪录》，中央文献出版社

2009 年 10 月版。)

【学习指导】

1. 把握教育功能的含义,了解教育功能的不同类别。

2. 认识教育与人的发展的基本关系,分析遗传、环境、学校教育、个体的能动性等因素及其在人的发展中的作用。

3. 认识教育与社会发展的基本关系,特别是教育所具有的政治、经济、文化等功能。

开篇案例中,展示的是南开学校对周恩来成长发展所发挥的作用。其实,现代社会中,每个人的成长进步都与教育有着千丝万缕的联系,经济社会乃至国家的建设发展也都与教育紧密相联。对这些问题的思考与探讨,涉及的就是教育功能问题。

一、教育功能的含义与类别

"功能"这个词,在日常生活中是比较常见的。比如,我们常常说某个药品具有消炎止痛之类的功能,形容某个产品功能齐全,强调某个节庆活动的娱乐或文化功能,等等。尽管应用的领域不同,功能所表达的不外是某个事物、活动或系统所具有的作用或效能。就此而言,讨论教育的功能,就是阐明教育作为一种活动或系统所具有的作用或效能。

教育价值与教育功能

专栏 3-1

　　与教育功能相近的还有一个概念——教育价值。两者都是指向教育作用的发挥,都关心关切教育的作用,但也有一定的区别。一般来说,功能是事物固有的,而价值则是主客体之间的一种特殊关系;功能是客观的,而价值则是既有客观性,也有主观性。换句话说,功能是事物实际发挥的作用,而价值很大程度上是人们期望事物发挥的作用;前者是实际能干什么,后者是想让它干什么。

　　教育价值是能满足人们主体需要的而被人们肯定的教育功能。教育结构的多样性决定了教育功能的多样性,哪一种教育功能满足主体的需要,哪一种教育功能就具有了教育价值。教育功能的发挥在于教育自身活动方式的实现,这是中性的;而教育价值则是褒义的。教育价值的实现,要依赖于教育功能的发挥,但教育功能的发挥不等于教育价值的实现。教育如果不具备各种各样的功能,也就无任何价值可言。教育价值更多的是指教育作用的心理层面,是从人们对待满足他们需要的外界事物的关系中产生的,它依赖于人们自身的经验、知识、兴趣、爱好等。人们在审视和判断教育的价值时,不可避免地要以一定的利益和需要为根据。由于人们对教育的不同需求,也就出现了不同的教育价值观。(参见王文营:《论教育功能、教育价值和教育目的三者的关系》,《内蒙古电大学刊》2006 年第 10 期。)

(一) 本体功能与派生功能

从微观的过程或活动层面来说,教育是一种以人的发展为直接目的的社会活动。任何可以称之为教育的活动,都必然内含着对人的发展带来了某种积极的影响。正是在这种意义上,这种对个体身心发展产生的作用或影响,被看作是教育的本体功能,或个体发展功能。但是,在不同的历史时期,在不同的社会文化中,这种本体功能的具体内容,往往是不尽相同的。比如,古希腊雅典的教育重在心灵的陶冶,斯巴达的教育侧重身体的训练;我国传统的教育强调君子人格的涵养,而今的教育则关注人的全面发展。

　　从宏观的系统或结构层面来看,教育又是更大的社会系统的一部分,且对整个社会系统的运行和发展具有不可替代的作用。这种作用体现在社会政治、经济、文化、科技等不同领域,构成了教育的社会发展功能。因其是由教育的本体功能扩展而来,也被称之为教育的派生功能。通过直接的教育过程,促进了个体的发展,使其从高度依赖的婴孩变成了独立自主的成人,从未成熟的个体变成了合格的公民,具有一定技能的人才,参与共同事务,从而对社会其他领域的发展做出独特的贡献。在现代社会中,越来越多的国家重视和保证每个孩子接受更多的、更加优质的教育,不单单是为了增进个体的人生幸福或提升每个公民的基本素养,而且还是为了整个国家或社会更具竞争力、更有可持续性。

(二)显性功能与隐性功能

　　根据美国功能主义的代表人物默顿(Merton, R. K. , 1910—2003)的观点,一个事物、活动或系统所具有的功能,有显性与隐性之分。其中,显性功能(manifest functions)是指某个事物、活动或系统所具有的为人们所明确意识到的、可见的作用,具有计划性,例如促进人的发展、社会进步、政治经济发展等;隐性功能(latent functions)是指那些没有明确意识的、不易觉察的作用,具有非计划、非预期性,例如教师的行为方式、学校文化、社会环境等。由于隐性功能是潜藏的、非预期的,它有可能是正向的,有助于系统的维持和发展,但也可能是反向的,会导致系统自身的瓦解和崩溃——这就是反功能(dysfunctions)。比如,在中小学教育中让学生进行读写算比赛,显性功能就是教给孩子们基本的读写算技能,提高了学习积极性;而在这一过程中,又让孩子们形成了自己的"小圈子",就是它的隐形功能;如果他们在这个"小圈子"中习得了某种不良的行为习惯,如恶性竞争、偷藏资料等行为,或反社会的倾向,就出现了反功能的问题。

　　总体来说,教育(特别是学校教育)作为相对独立的社会系统或活动,它所具有的显性功能,通常包括促进个体的社会化,使个体获得社会资格;提高个体的经济效能,使他们获得从事特定工作所需的基本素养或专门素养;促进个体的社会参与,为国家培养具有自由民主意识和公共参与能力的公民;传承社会文化,使个体习得人类的文化遗产、形成良好的文化认同;等。它的隐性功能往往涉及看护儿童、促进他们的同伴交往、塑造它们的价值观念,但也可能限制学生的天性和创造、传递性别刻板印象、强化社会的分层,等。

二、教育与人的发展

　　教育是以人为对象的,它既以人为起点,也以人为目的。任何可称之为"教育"的活动,要真正促进人的发展,都需要明确什么是人的发展,都要清晰认识到在影响人的发展诸多因素中,教育(特别是学校教育)可能或实际发挥着怎样的独特作用。

(一)人的发展是整体、动态的变化过程

　　对于人的发展(human development),通常有两种理解。一种理解是从物种发展的意义上,将它看作是人类在地球上出现和发展的过程。比如,创世说认为这个过程是超自然的神秘力量创造的(如女娲造人),进化论认为这个过程是生物进化的结果,而恩格斯则指出,这个过程与劳动或使用工具有着密不可分的关系。另一种理解是从个体发

展的意义上，将它看作是一个人从胚胎到死亡的过程。① 这个过程包括生物意义上的自然成熟，如从能爬到会走、到青春期的性成熟等，但更多的是心理或社会意义上的学习，即个体在与自然的接触中，在与他人的互动中，在社会的参与中，在与自我的对话中所发生的思想、情感或行为的持久变化。

在教育领域，多是在个体意义上理解人的发展的。按照这种理解，人的发展包括身、心两个方面。身（身体）的发展，是指人的机体的自然形态和组织器官及其机能的发展和完善，包括机体的正常发育、体质增强等方面。心（心灵）的发展，则包括认知、情感、意志等方面的发展。但是，在现实生活中，人的发展实际上是一个整体的、动态的变化过程，两者是相互影响、相互制约、相互促进的。身的发展，特别是神经系统的发育情况，制约着心灵的活动及其发展；同时，身的发展也受到认识、情感、意志和性格等心理过程和特征的影响。

就过程而言，个体的发展会呈现出一定的阶段性。从生理结构和机能的变化来说，人从生到死的全程，可以划分为胚胎期（0—8 周）、胎儿期（8—40 周）、婴儿期（出生—2 岁）、以能独立行走和具备一定的口语交际能力开始的幼儿期（2—5 岁）、儿童期（5—12 岁）、从青春期性的变化开始的少年期（12—18 岁）和青年期（18—24 岁）、以身高停滞增加和摆脱家长控制开始的成年期（19—65 岁）、以体力和心力衰退开始的老年期（65 岁以上）。在这些阶段上，人在认知、情感和社会性等方面的发展也会有所不同。（关于人的发展阶段的详尽论述，请参见第十章中学生发展心理）

（二）遗传、环境与人的发展

人的发展究竟是由什么因素造成的？ 对于这个问题，历史上一直存在着天性（nature）论与滋养（nurture）论之间的分歧。前者认为，人的发展是先天的遗传（或生物的因素）决定的，我们所见的人与人之间的差异归根结底是遗传的差异；后者认为，人的发展则是后天的环境（或社会的因素）作用的产物，由此通过环境可以塑造人的发展，如行为主义者华生（Watson，J. B.，1878—1958）就说："给我一打健康的婴儿，并在我自己设定的特殊环境中养育他们，那么我愿意担保，可以随便选择其中一个婴儿，把他训练成为我所选定的任何一种专家——医生、律师、艺术家、小偷，而不管他的才能、嗜好、倾向、能力、天资和他祖先的种族。"②显然，这两种立场都有夸大单一因素的嫌疑，今天更多的发展心理学家认为，人的认知、情绪或情感、性向或人格等方面的发展是复杂的、动态的，离不开遗传因素与环境因素的复合作用，但是二者作用于人的发展的方式确实有所差异。

1. 遗传为人的发展提供了前提和可能性

遗传因素不仅构成了人的发展的前提，而且制约了人的发展的可能。这一因素主要涉及个体与生俱来的生理结构和机能，这些结构和机能一方面来自人类的生物进化，另一方面直接受之于父母的基因。因此，每个人都具有区别于其他物种的共同特征，又是各个不同的。这些因素构成了人的发展的物质基础，限定了个体发展的空间。在正常情况下，我们不能像蝙蝠那样发出或听到超声波，我们不能像鸟儿那样在天空翱翔，

---

① 中央教育科学研究所比较教育研究室编译：《简明国际教育百科全书·人的发展》，教育科学出版社 1989 年版，第 1 页。

② 华生著，李维译：《行为主义》，浙江教育出版社 1998 年版，第 95 页。

当然其他动物也不能像人类那样有复杂的符号系统和丰富的道德情感。所谓"龙生龙，凤生凤，老鼠生来打土洞"，即是在说明遗传在物种层面的作用。对个体来说，遗传因素的作用机制也是不尽相同的。特别是有遗传缺陷的个体，常常在发展方面会面临限制，比如，一个先天智障的儿童很难在认知或思维等方面达到正常儿童的水平，一个先天耳聋的人不太可能在音乐上有发展的空间，而一个先天目盲的人也不太可能在美术方面有发展的机会。

2. 环境为人的发展提供了条件和现实性

环境为人的发展提供了条件和现实性。为什么人与人之间在出生时并没有太大的差异，而长大后有的成了科学家、文学家、工程师，而有的碌碌无为呢？尽管从生理基础来说，人的发展充满着无限的可能，但是这种可能能否转化为现实，或者说在何种程度上转化为现实，取决于社会—历史的客观条件。譬如，人脑是由高达千亿的细胞组成，这些细胞延伸的分枝形成 1 015 对突触（通过特定的有机化学分子起作用的"开关"）。所以人脑好比一台有 1 015 个开关的计算机。人类迄今用来储存信息的细胞仅仅是其中的很小一部分。

实际上，遗传因素在一定程度上也是环境作用的结果。人是生物的存在，是充满发展可能性的存在；同时，人又是社会的存在，人类千百年来所积累的社会文化心理结构，又会反过来作用于人的生理结构和机能。譬如，有一个神经生物学家曾经做过一个实验：把一组新生的小猫放在有垂直线条的特殊环境里，把另一组放在只有水平线条的特殊环境里。几个月后检查它们的视觉皮质细胞，发现前一组小猫有更多的只反应垂直方向的皮层感受细胞，而后一组有更多的只反应水平线条的皮层感受细胞。这个实验同样适合于人类。它表明人的生理结构和机能的变化本身就可能是社会历史的产物，所以，对人的发展来说，环境具有十分重要的作用。

环境因素作用于人的发展的机制，主要有两种：一是作用于机体的环境因素，如进食、细菌感染、药物等，也有后天造成的生理缺陷（如大脑损伤）或者以遗传因素为中介的影响。生理性别、血型、种族、肤色、头发、眼睛或其他身体特征，本来是遗传的特征，但是当这些因素与社会—文化等环境因素结合在一起，他们就具有了特殊的社会、文化甚至政治意义。譬如，在某些社会中，黑人被认为智力低于白人，女人被认为能力低于男人，希特勒认为日耳曼血统是最高贵的，而犹太人是最肮脏的，这些都明显具有政治的意味；还有些是日常生活中的，如生辰八字、血型、星座等，与人的生活或命运有莫大的关联。二是作用于行为的环境因素（如宗教的入会仪式、数学课等），主要包括社会阶层、语言障碍、学习机会等。

3. 人的发展是遗传和环境复合作用的结果

简单地认同遗传决定论或环境决定论都很难解释人的发展的多样性和复杂性。实际上，人的发展在很大程度上是遗传与环境复合作用的结果。在这里，我们通过"狼孩"卡玛拉的例子来说明一二。被救之前及之初，卡玛拉尽管具有人的机体特征（遗传），但由于受生活环境的长期浸染，表现出了"狼性"或狼的行为特征，从而丧失了人的行为特征，甚至在人的生理机能方面发生"变异"。可以说，失去了"人性"。通过辛格博士的努力，卡玛拉之所以能在一定程度上恢复"人性"，原因是她仍然具备"人之为人"的生理前提（遗传），同时获得了"人之为人"的社会条件（环境）。但是由于她错过了人的身心发展的关键期(成熟),这个恢复的过程是漫长的、是艰苦的。卡玛拉从"自然人"到"狼人"再到"社会人"的变化过程,不仅说明环境之于人的发展的现实性,而且表明遗传(或成熟)之于人的发展的可能性,同时表明人的发展可能是环境基于遗传的前提而展开的复杂过程。概括来说,"行为潜能(potential)中的个别差异反映了遗传的差异;而行为操作(performance)中的个别差异,则来源于本质上有所不同的有机体对环境刺激的不一致的记录。"①这实际上是说,遗传决定了人的潜能差异,环境决定了人的现实差异。

关于狼孩的案例

　　世界上有许多关于野兽哺育孩子的案例,其中有"狼孩"、"猪孩"、"豹孩"、"熊孩",他们都是先由动物养育,而后被人发现又重新回到人类世界的。到现在为止,我们了解到的这方面的案例不下 30 个,最著名的要算是印度孟加拉州发现的"狼孩"了。关于这两个狼孩,有着可靠而丰富的资料。

　　这"狼孩"是在 1920 年 10 月,一位印度传教士辛格在一个丛林地区的狼穴中发现的。经过村人的报讯,辛格让人把洞穴挖开,发现两只小狼和两个裸体小女孩卷伏在一起。当辛格要把她们带走时,她们如同野兽一样张牙露齿企图拒捕。但辛格最终还是将她们带回了蜜那波城他所创办的孤儿院里抚养。

　　据辛格的估计,大的女孩被发现时,大约有 8 岁,小的 1 岁半左右。据推测,她们必是在半岁左右时被母狼带到洞里去的。辛格给她们起了名字,大的叫卡玛拉,小的叫阿玛拉。

　　当她们被领进孤儿院时,她们一切生活习惯都同野兽一样。她们不会用双脚站立。只能用四肢走路,速度比一般人跑得还快。她们害怕日光,在太阳下,眼睛只开一条窄缝,而且,不断地眨眼。她们习惯在黑夜里看东西。她们经常白天睡觉,打瞌睡或者一连几个小时面向墙壁静坐不动;一到晚上则活泼起来,开始活动,在院子里走来走去,东嗅西闻,寻找生肉或动物吃,还试图逃入丛林。每夜 10 点、1 点和 3 点循例发出非人非兽的尖锐的怪声。她们完全不懂语言,也不发出人类的音节。她们两人经常动物似地蜷伏在一起,不愿与别人接近,并曾两次咬伤了别的小孩。她们不吃东西时,如果有人或有动物走近,便呜呜作声去吓唬人。在太阳下晒得热时,即张着嘴,伸出舌头来,和狗一样的喘气。她们不肯洗澡,也不肯穿衣服,并随地便溺。

　　她们被领进孤儿院后,辛格夫妇异常爱护她们,耐心抚养和教育她们。可是在最初的一年里,辛格夫妇想尽一切办法也不能使这两个狼孩和他们接近。

　　总的说来,小的阿玛拉的发展比大的卡玛拉的发展快些。进了孤儿院两个月后,当她渴时,她开始会说"bhoo(水,孟加拉语)",可是卡玛拉用了 25 个月才开始说第一个词"ma(妈,指辛格夫人)"。阿玛拉也较早对别的孩子的活动表现兴趣。遗憾的是,阿玛拉进院不到一年,便死了。

---

① 基姆灵、贾维克著,周晓萍译,邵瑞珍校:《遗传和智力:综述》,载瞿葆奎主编,雷尧珠、王佩雄选编:《教育学文集·教育与人的发展》,人民教育出版社 1993 年版,第 546 页。

进院 16 个多月,卡玛拉才会用膝盖走路,但仍多半用四肢爬行;2 年 8 个月才会用两脚站起来,要 5 年多才会用两脚走路,可是一旦要走快,始终都要用四肢爬行。自从 1922 年 8 月说出一个"ma"字后,直至 1924 年 2 月她一共只学会了 6 个字。到 1926 年 1 月她会说出 30 个字,至 1927 年增加到 45 个字,并曾说出用 3 个字组成的句子。

从各方面来看,专家们认为,卡玛拉的大脑在生理解剖特点上是正常的,没有低能的象征,也正因如此,她才能在一生中适应几次生活上的巨大转变。她的智力水平之所以非常低,不是由于大脑在发育上有什么缺陷,而是由于缺乏人类社会环境众多而繁复的刺激。

卡玛拉一共在孤儿院生活了 9 年,到 1929 年 11 月 14 日因患尿毒症而死亡。自她被发现到她死亡的 9 年零 1 个月的这一段时间,辛格都记有详细的日记,并拍下了许多照片。

（资料来源　陈震东:《对教育起源的探索》,载瞿葆奎主编,瞿葆奎、沈剑平选编:《教育学文集·教育与教育学》,人民教育出版社 1993 年版;程正方:《野兽哺育的孩子与隔离人世的儿童》,载瞿葆奎主编,雷尧珠、王佩雄选编:《教育学文集·教育与人的发展》,人民教育出版社 1989 年版。)

综上可以看到,遗传和环境构成了人的发展的潜在因素和现实因素。但这并不是说,人的发展完全是由遗传和环境因素决定的。前述"天性论"与"滋养论"及其后的遗传决定论和环境决定论,之所以是错误的,不仅在于它们都过于强调了单一因素的决定作用,忽略了两个因素之间的交互作用,而且还在于它们都忽略了个体在自身发展中的主动性或能动作用,从而消解了教育活动的必要性。与其他生物一样,人的行为确实具有本能的或条件反射的部分,但与其他生物不同的是,人是具有目的性的动物,能根据自己的意图或行为的后果进行行为的选择、反思和调节。这意味着,个体并不是被动地适应内部的遗传特征或外部的环境条件,而是主动地对这些内外部因素进行反应和交互,甚至在这种交互中改变了遗传或环境及其作用方式。

(三) 学校教育在人的发展中的作用

古今中外,人的发展在很大程度上都离不开教育的作用。英国哲学家洛克就说:"我们日常所见的人中,他们之所以或好或坏,或有用或无用,十分之九都是他们的教育所决定的。人类之所以千差万别,便是由教育之故。"[1]一般来说,这种教育可能发生在家庭或社会生活中,也可能发生在像学校这样的正式机构中。相对而言,学校为人的发展提供了一种特殊的环境:它是以人的发展为直接目的的,是经过精心选择的优化的、净化的环境。杜威就说:"成人有意识地控制未成熟者所受教育的唯一方法,是控制他们的环境。他们在这个环境中行动,因而也在这个环境中思考和感觉。……学校当然总是明确根据影响其成员的智力的和道德的倾向而塑造的环境典型。"[2]

总体来说,这种环境对人的发展具有独特的甚至主导的作用,主要表现在:第一,教育是有目的地培养人的活动,引导着受教育者朝着社会期望的方向发展;第二,教育

---

[1] 洛克著,傅任敢译:《教育漫话》,教育科学出版社 2012 年版,第 1 页。
[2] 杜威著,王承绪译:《民主主义与教育》,人民教育出版社 2001 年版,第 25 页。

主要是通过知识与技能的系统传递来培养人,而这往往是家庭和其他社会环境所无法取代的;第三,教育也能对个体的遗传因素和其他环境施加重要的影响,特别是在一定程度上可以弥补和矫正遗传缺陷或不利环境给个体带来的消极影响。

教育不仅可以促进个体的社会化,使其习得特定社会的基本价值、规范、习俗、行为模式等,而且可以有助于个体的个性发展。第一,教育可以促进个体的主体意识的发展,使其对自我的主观能动性有充分的知识,同时表现出自我创造的意识;第二,教育可以促进人的个性特征的发展,通过不同的教育内容和形式帮助学生形成自我的兴趣、爱好、性格、气质等;第三,教育可以促进个体价值的实现,使其认识到个体的人生价值和意义所在,真正成为有益于社会或他人的人。

对于教育在人的发展中的作用,历史上出现过两种极端的观点:一种是带有烂漫色彩的"教育万能论",另一种是带有悲观情绪的"教育无用论"。显然,这两种观点过于偏狭,不是过分夸大就是完全贬低教育的作用。还有一种观点被称之为"教育有限论",即认为教育的功能是有限的,它不仅没有促进人的全面发展,培养社会所需要的人才,而且产生了一些消极的或负面的影响,比如,过于强调整齐划一,压制了学生的个性;过于追求效率,忽略了教育的公平;教育的扩张也导致了"过度教育"的问题;等等。

三、教育与社会发展

从宏观的层面来看,教育构成了整个社会的一个子系统。一方面,它离不开整个社会及其他子系统提供的基础、资源和条件,另一方面又通过促进每个人的发展,为整个社会及其子系统的发展作出贡献。特别是在当代社会背景下,教育正在成为促进经济增长、政治进步、文化更新以及整个社会可持续发展的重要力量。

(一) 教育的社会基础

无论教育本身作为一个社会化的过程,还是学校和班级所呈现的社会特征,都与它们作为人类社会的组成部分有关系。它们本身并不能独立于一定的社会历史条件而存在,而是随着社会历史条件的变化而变化的。总体来说,在人类社会发展的不同阶段上,由于经济基础不同,政治关系变化,文化积累增加,教育也在目的、内容、手段、制度上表现出很大的差异。例如,摩尔根(Morgan,H.,1866—1945)在《古代社会》里根据生活手段的技术状况,把社会分为野蛮、蒙昧和文明三种类型,各种类型还可进一步区分为低、中、高三个阶段。每一个阶段有着各自不同的特征和标志,相应的教育的发展程度也有所不同(见表3.1)。

野蛮时代	野蛮低级阶段	以野果和坚果为食物	没有文字,但开始有目的地实施教育,如"入社",以道德教育为主
	野蛮中级阶段	食用鱼类和使用火	
	野蛮高级阶段	发明了箭	
蒙昧时代	蒙昧低级阶段	发明制陶术	没有文字,教育形式多表现为口耳相传
	蒙昧中级阶段	饲养家畜、使用石头等	
	蒙昧高级阶段	使用铁器	

表 3-1

文明的类型与教育的特征

续表			
文明时代	文明低级阶段	产生了文字,但仅限于少数人掌握	正规教育出现,重视语言教育和理性教育,学校系统完备,普及教育
	文明中级阶段	科学技术开始兴起、读写水平提高	
	文明高级阶段	文字等被普遍掌握	

具体来说,一个社会的经济、政治、文化等子系统的变化和差异,也会要求教育系统做出积极的反应和调整。

首先,在经济系统方面,随着生产力水平的不断提高,人类逐渐从农业经济走向工业经济,而今又在向智能化时代迈进。在这一过程中,不仅资源配置的基础逐渐从土地、商品,发展到信息或知识,而且社会关系也逐渐从对人或物的依附或半依附关系转向一种相对"自由"的关系。由此,学校教育系统不但获得了越来越坚实的物质基础,而且在结构和形态方面也发生了实质性的变化。例如,教育系统逐步实现了从"形式化"到"制度化"的转变过程,开始走向"终身化";教育权利逐渐从"特权"或"精英"阶层下移到普罗大众,开始走向"普及化"和"全民化";教育关系逐渐从权威性、等级性、依赖性、单向性走向民主化、扁平化、自主化、多向化。在今天,社会生产力和经济发展水平越来越深刻地影响到了教育的发展水平,影响到教育事业发展的规模和速度,制约着人才培养的规格和教育的结构,同时也带来了教学内容、方法和组织形式的变革。比如,根据联合国教科文组织的全球教育检测报告,高收入国家和低收入国家在教育发展方面呈现出巨大的差异(见表3.2)。

表 3－2

不同收入水平国家受教育情况

	高收入国家	中上收入国家	中下收入国家	低收入国家
学前教育项目参与率	54%	88%	50%	34%
小学段失学率	1%	3%	11%	27%
初中段失学率	1%	5%	14%	31%
高中段失学率	19%	21%	35%	52%
初中毕业的升学率	95%	67%	84%	78%
18—22 岁人口高等教育入学率	55%	21%	10%	4%
20—24 岁人口受教育年限低于 2 年(教育极度贫困)的比例	0	3%	9%	24%
20—24 岁人口受教育年限低于 4 年(教育贫困)的比例	1%	3%	12%	31%
20—24 岁人口的平均受教育年限(年)	10.35	8.38	0.09	0.06

(数据来源 https://www.education-inequalities.org/,2019 年 9 月 20 日。)

其次,不同国家的社会政治制度在性质和结构上是有差异的,这种差异对教育的性

质、教育的目的、教育的内容、受教育权、教育领导权、教育体制等方面都会有所制约。比如,在政治结构方面,通常有中央集权制和地方分权制的区分。这种结构上的差异,会直接反映在教育体制上。集权的国家往往会采取集权的教育体制,典型的如法国;分权的国家通常也会采取分权的教育体制,如美国;同时,也有些国家介于集权和分权之间,因此采取的往往是混合的体制。①

再次,文化对教育也有重要的影响。一般认为,文化有物质文化、制度文化和精神文化的区分,但是这种区分只是相对的,物质(或器物)和制度在深层上反映的仍然是人的精神生活。第一,文化知识或经验是教育的主要资源,特定社会中文化知识或经验的发展水平和丰富程度直接影响到教育(特别对课程)的发展水平和丰富程度。第二,文化模式构成了教育的重要环境,同时也制约着教育的模式。比如,第一章中谈到的,根据米德的区分,在后象征文化(后喻文化)中,年轻一代从年长一代那里受到教育,重复着他们的生活;在互象征文化(互喻文化)中,年轻一代更注重从同代人那里互相交流感受,获取经验;在前象征文化(前喻文化)中,年长者不得不向孩子们学习他们未曾有过的经验。第三,文化传统制约教育的传统和变革。比如,中西文化传统上的差异,直接体现在中西教育传统的差异上,也直接影响着教育的变革与发展。

专栏 3 - 3

"苏派教育"

　　文化对教育的影响,可以从近年来有些地方探索地域文化衍生出的教育形态中得到表现。江苏提出的"苏派教育"就是其一。

　　历史上的江苏,学派林立,教育思想源远流长。南学,南北朝时南朝的经学,以"清通简要"为其学风;北宋时的苏湖教法,实行分科教学,开创了我国分科教学之先河。明代,顾宪成、高攀龙始创的东林学派,提倡"有用之学";顾炎武治学,则以"经世致用"为旨。至清代,太谷学派提出了变通、以人为本、实学实用等思想;扬州学派的治学,首在能"创",次在能"通",强调"会通",反对"据守"和所谓"定论"。民国时期,陶行知的生活教育理论,提出了"生活即教育,社会即学校,教学做合一"……一个个学派熠熠生辉,一种种治学思想嬗递更替,相承发展,在这漫长的历史发展过程中,逐步形成了"苏派"。

　　"苏派"文化显现出江苏独有的地域风格——清简、灵动、精致、厚实,这些文化特征也体现在江苏教育实践探索和理论主张上。比如,斯霞,童心母爱教育,她主张丰富学生的想象和理解能力,她的"字不离词,词不离句,句不离文"的随课文分散识字教学法,对我们影响至深;李吉林的情境教育,主张用艺术的直观结合语言描绘创设优化的情境,激起儿童积极的学习情绪,从而把情感活动与认知活动有机地结合起来;邱学华,尝试教学法影响广泛,提出"学生能在尝试中学习,能在尝试中成功";于永正的简简单单教语文,有"重情趣,重感悟,重积累,重迁移,重习惯"的教学特色——一个个,一代代,教学名家辈出,或以清简见长,或以灵动出众,亦显精致之要,亦显厚实之义。苏派教育,薪火相传。

---

① 吴康宁:《教育社会学》,人民教育出版社 1999 年版,第 75—91 页。

此外,在现代社会中,人口的发展状况对教育(特别是学校教育)具有重要的影响。人口的增长速度影响着学校教育发展的速度;人口的密度影响着学校教育的规模;人口出生的高峰与低谷影响着学校的学额和班级的调整;人口的迁移影响到学校的拆、迁、建、并。但另一方面,教育也可以控制人口的数量,优化人口的结构,提高人口的质量。

(二)教育的经济功能

有关研究表明,教育对国民经济增长具有突出的贡献。20 世纪 60 年代,舒尔茨(Schultz, T. W.)研究了美国 1929—1957 年的经济增长,认为教育对国民经济增长的贡献是 33%。另外,据美国经济学家丹尼森(Denison, E. F.)对美国 20 世纪 20—80 年代国民经济增长的分析,认为教育对国民收入增长的贡献达到了 49.20%(详见表 3.3)[①]。

表 3-3

教育对国民收入增长率的贡献

项目 ＼ 比例(%) 年份(年)	1929—1948	1948—1973	1973—1982
国民实际收入增长率	2.44	3.58	1.26
归功于教育的增长率	0.48	0.52	0.62
归功于教育的增长率占实际国民收入增长率	19.7	14.5	49.2
受雇者人均实际国民收入增长率	1.33	2.45	−0.26
归功于教育的增长率	0.48	0.52	0.62
归功于教育的增长率占受雇者人均实际国民收入增长率	36.10	21.20	—

具体来说,教育对经济的这种贡献,主要是通过以下途径来实现的:

1. 实现劳动力的再生产

随着人类生产力水平的提高,生产手段从刀耕火种,走向机械化、自动化。面对日渐精细化、复杂化的生产机器,人们不经过专门的教育或培训,就难以胜任某项工作或职业。因此,在现代社会,教育通过培养各种专门性的人才,履行着劳动力再生产的重要职能。据 20 世纪 80 年代的研究,平均来说,一个受过四年初等教育的农民,其生产率比未受过教育的农民要高出 8.7%,其年产出要比未受过教育的农民要高 13.2%。[②]

2. 提升人力资本的价值

在经济活动中,不仅物质资料是重要的资本,人本身也是重要的生产要素资本。舒尔茨提出人力资本的概念,并认为"教育作为经济发展的源泉,其作用是远远超过被看作实际价值的建筑物、设施、库存物资等物力资本的"。获得一定知识和技能的人是一切资源中最为重要的资源,人力资本的收益大于物力投资的收益。现在,越来越多的国家意识到,国际竞争的核心是经济竞争,经济竞争的核心是科技竞争,科技竞争的核心是人才竞争,而人才竞争的关键则在于教育,所以它们都开始把教育摆在关系到国计民

---

① 赖德胜:《教育与收入水平》,北京师范大学出版社 1998 年版,第 39 页。
② 张人杰选编:《国外教育社会学基本文选》(修订版),华东师范大学出版社 2009 年版,第 310 页。

生的重要战略地位。不仅如此,就个人来说,教育可以帮助他获得直接的经济利益。一般来说,受教育的水平越高,个人的经济收入也就越高(参见表3.4)。

收入水平	国家	年份	个人收益率			社会收益率		
			初等	中等	高等	初等	中等	高等
高收入	希腊	1993		8.3	8.1		6.5	5.7
	新西兰	1991		13.8	11.9		12.4	9.5
中等收入	玻利维亚	1990	20.0	6.0	19.0	13.0	6.0	13.0
	中国	1993	18.0	13.4	15.1	14.4	12.9	11.3
	墨西哥	1992	18.9	20.1	15.7	11.8	14.6	11.1
低收入	埃塞俄比亚	1996	24.7	24.2	26.6	14.9	14.4	11.9
	尼泊尔	1999	16.5	8.5	12.0	15.7	8.1	9.1

表 3.4

教育投资的收益率[1]

(资料来源　Based on Pscharopoulos, G. and Patrinos, H. A. (2002) *Returns on Investment in Education: A Further Update. Washington, DC: World Bank.*)

3. 促进科学技术的生产

科学技术是第一生产力。教育具有直接生产科学技术的作用,通过科学技术的研发,把潜在的生产力转化为现实的生产力。在这方面,现代大学起到了重要的作用。所谓"产—学—研"相结合,是现代大学的特征。通过研究,促进教学,培养人才;同时形成科技成果,转化为生产过程,推进经济的发展。

中国教育现代化 2035

专栏 3-4

　　着眼于建设教育强国,充分发挥教育在经济社会发展中的先导性、基础性、战略性作用,中共中央、国务院 2019 年 2 月印发《中国教育现代化 2035》。这份文件描绘了未来十几年教育的发展远景与规划。

　　文件提出,推进教育现代化的总体目标是:到 2020 年,全面实现"十三五"发展目标,教育总体实力和国际影响力显著增强,劳动年龄人口平均受教育年限明显增加,教育现代化取得重要进展,为全面建成小康社会作出重要贡献。在此基础上,再经过 15 年努力,到 2035 年,总体实现教育现代化,迈入教育强国行列,推动我国成为学习大国、人力资源强国和人才强国,为到本世纪中叶建成富强民主文明和谐美丽的社会主义现代化强国奠定坚实基础。2035 年主要发展目标是:建成服务全民终身学习的现代教育体系、普及有质量的学前教育、实现优质均衡的义务教育、全面普及高中阶段教育、职业教育服务能力显著提升、高等教育竞争力明显提升、残疾儿童少年享有适合的教育、形成

[1] Guthrie, J. W. (Ed.), *Encyclopedia of Education* (2*nd ed.*), vol. 2, NY: Gale, 2003, p. 650.

全社会共同参与的教育治理新格局。

文件聚焦教育发展的突出问题和薄弱环节，立足当前，着眼长远，重点部署了面向教育现代化的十大战略任务：一是学习习近平新时代中国特色社会主义思想。二是发展中国特色世界先进水平的优质教育。三是推动各级教育高水平高质量普及。四是实现基本公共教育服务均等化。五是构建服务全民的终身学习体系。六是提升一流人才培养与创新能力。七是建设高素质专业化创新型教师队伍。八是加快信息化时代教育变革。九是开创教育对外开放新格局。十是推进教育治理体系和治理能力现代化。

（三）教育的政治功能

法国政治学家迪韦尔热(Duverger, M.)说："没有——或几乎没有——任何事物完全是政治性的"，但是"一切——或几乎一切——都带有部分政治性"[①]。同样，教育具有鲜明的政治特征，它承担着培养国家公民和政治精英，促进政治民主化的重要使命。

1. 促进政治民主化

民主是现代社会的政治理想，是作为专制的、集权的社会的对立面出现的。它的精神主旨是，使每个人都享有平等地参与国家管理和社会事务的权利和机会。教育作为启迪民智的手段，在推进政治民主化方面有特殊的作用。主要表现在以下方面：第一，直接向学生传递有关民主生活的知识和价值观，使他们具有参与民主生活的意识和能力。第二，通过教育民主化，使每个公民不分地区、民族、阶层、性别、信仰等，都享有平等的受教育权利和机会——这本身就是政治民主化在教育领域的体现。第三，促进教育过程本身从专制、封闭或单向控制，走向民主、开放和自由，从而使学生在学校营造的民主氛围中耳濡目染，逐渐形成参与公共生活的民主精神。

2. 培养合格的公民

如果说培养"人才"是教育的经济目标，那么培养"公民"就是教育的政治目标。"公民"概念不仅仅意味着拥有特定国家的国籍，而且意味着具备相应的知识、技能和倾向。例如，在知识层面，要了解国家制度、政府组织、民主法治等方面的事实与信息；在技能层面，要有关注公共生活、参与民主决策、沟通表达技巧等；在态度层面，要有公共精神和服务能力。帮助学生形成这些知识、技能和态度，使他们成为负责任的公民，是现代学校教育不可忽视的责任。

3. 培养政治人才

通过学校教育，现代国家也培养了大量的政治精英，例如，在英国，伊顿、哈罗、拉格比等公学，牛津、剑桥等大学培养出一大批政治家。据统计，1951 年，英国保守党议员中，有 80.5％的人上过牛津、剑桥等。在美国，1789—1953 年，约有 67％的高级政治领导人（包括总统、副总统、众议院议长、内阁成员、最高法院法官）是大学毕业生，其中绝大多数毕业于名牌院校，如哈佛、耶鲁、普林斯顿、达特茅思等。在日本，1937 年在总数

---

① 迪韦尔热著，杨祖功、王大东译：《政治社会学》，华夏出版社 1987 年版，第 11 页。

为 1 377 名文职官员中,有 1 007 名即 73.6％的人是东京大学的毕业生。

(四) 教育的文化功能

教育与文化之间有着天然的联系,它本身就是社会文化的重要载体,具有促进文化延续和发展的重要作用。具体来说,包括以下三个方面:

1. 促进文化的传递和保存

英国人类学家马林诺夫斯基(Malinowski, B.)就说:"教育就是指一个文化体系的传递;在文化变迁的时候,除了传递以外,也兼指两个文化体系的传播和融合。"这意味着,从纵向上来说,教育总是试图将过去社会积累的文化遗产传递给年轻一代,在促进年轻一代社会化的同时也实现了文化的传承和繁衍;从横向上来说,教育有助于促进文化在不同的社会空间和社会群体中流动和传播,这既可以发挥特定文化的辐射作用,同时又可以促进文化之间的交流和融合。

2. 促进文化的甄别与选择

在学校教育中,课程是传递社会文化的直接载体,但它所承载的并不是所有的社会文化遗产。因为社会本身是复杂的,既有文化的精华,又有文化的糟粕,既有丰富的、创生的元素,又有贫乏的、僵化的成分,所以,并不是所有的社会文化遗产都适合学校的课程体系;即便这些文化遗产都是积极的,也未必要将它们都纳入学校的课程体系。事实上,由于学校课程的容量限制,也不可能将它们"全盘吸收"。在这种意义上说,学校课程必定是经过精心选择的社会文化。在选择的过程中,往往需要考虑两个方面:一是所选择的文化要符合特定国家或社会的需求;二是所选择的文化要基于学生的发展需要。除了课程层面的文化选择之外,在教师层面也存在一定的文化选择空间。他们并不是简单地复制教材或教参上的内容,而是根据对自我的定位、对学生的认知、对课程的理解、对环境的感知,最终确定"教什么""怎么教"之类的问题。因此可以说,教师就是一个文化选择者。

3. 促进文化的更新与变迁

文化的传承与文化的更新是内在统一的:没有文化的传承,文化的更新就无从谈起;没有文化的更新,文化的传承就失去了意义。教育的文化更新功能主要体现在三个方面:第一,教育选择和重组社会文化的过程本身,就是在进行文化的更新,即在有目的的过滤既往社会文化中某些贫乏的、僵化的、糟粕的内容,并在各种积极的文化因素之间建立起系统的关联,从而实现社会文化的优化和系统化;第二,教育本身也在不断生产新的知识或经验,特别是在高等教育阶段,学术研究直接促进知识的创生,丰富文化的积累;第三,更为重要的是,教育通过人才的培养,不断创造新的文化。

本章小结

教育功能,指教育系统或活动所发挥的作用。从不同角度出发,教育功能可以有多种表现形态,比如,从教育性质来看,可分为本体功能与派生功能;从表现形式来看,可分为显性功能与隐性功能。谈论教育功能,一般来说,总是要涉及到教育与人的发展、教育与社会发展这两个核心问题。就教育与人的发展来说,教育是以人为对象的,它既以人为起点,也以人为目的。在教育实践中,要充分认识到,人的发展是整体的、动态的变化过程,不同阶段,学生的身心发展特征不同,教师的施教行为也相应各异。遗传因素不仅构成人的发展的前提,而且制约人的发展的可能。环境为人的发展提供条件和现实性,人的发展在很大程度上是遗传与环境复合作用的结果。在人的发展中,学校教育发挥着独特甚至是主导作用,它通过知识与技能的系统传递来培养人,而这往往是家庭和其他社会环境无法取代的。

教育与社会发展关系密切。教育自身就是社会的组成部分,从属于社会活动,受社会方方面面制约。另一方面,它也借助于自身的优势,在社会发展中发挥着重要作用。在经济领域,教育可以实现劳动力的再生产,可以提升人力资本的价值,可以促进科学技术的生产。在政治领域,教育可以承担起培养国家公民和政治精英,促进政治民主化的重要使命。在文化领域,教育可以促进文化的传递和保存,促进文化的甄别与选择,促进文化的更新与变迁等。

思考与实践

1. 杜威说:"社会群体每一个成员的生和死的这些基本的不可避免的事实,决定教育的必要性。一方面,存在群体的新生成员——集体未来的唯一代表——的不成熟和掌握群体的知识和习惯的成年成员的成熟之间的对比。另一方面,这些未成熟的成员有必要不仅在形体方面保存足够的数量,而且要教给他们成年成员的兴趣、目的、知识、技能和实践,否则群体就将停止它特有的生活。"[①]

结合这段论述,说明教育与个体、社会之间的关系。

2. 北宋时期,著名的政治家、思想家、文学家王安石有一篇文章《伤仲永》,大致是讲一个叫做方仲永的人,他5岁时的一天,突然哭着要笔墨纸砚等文具,作诗四句。后来,他父亲带着他四处炫耀,不让他有机会学习,最终"泯为众人"。王安石最后的点评,大致意思是:仲永年少时的天资比一般有才能的人高得多,但他没有受到后天的教育,最终成为一个平凡的人。像他那样天生聪明、有才智的人,没有受到后天的教育,尚且要成为平凡的人;那么,那些不是天生聪明、本来就平凡的人,如果不接受后天教育,想成为一个平常的人恐怕都很难!

联系本章内容,分析这个故事给我们带来的启示。

3. 晚年的钱学森多次表达他对我国教育的忧虑:"为什么我们的学校总是培养不出杰出人才?"他所说的不是一般人才的培养问题,而是科技创新人才的培养问题。这就是"钱学森之问"。然而,有观点认为,学校教育的目标是培养合格的公民,而不是杰出人才或创新人才;而且学校也培养不了这样的人才。你怎样看待这种观点?

4. 有人提出,现代教育中存在一种"过度教育"现象,主要表现为三种情况:第一,接受过同等水平教育的人,其经济地位或收入比以前下降了;第二,受教育者没有完全达到他们预期的职业目标;第三,工作人员掌握的技能超过了他们所从事的职业岗位的需要。由这种认识出发,有人主张对教育的经济功能要进行再认识。试对这种观点作出评论。

5. 教育与人的发展、社会发展关系密切,有学者在分析三者的基础上,提出教育具有两个基本规律:一是教育适应人的发展,二是教育适应社会发展。请阅读哲学书籍

---

① 杜威著,王承绪译:《民主主义与教育》,人民教育出版社2001年版,第3—4页。

中关于规律的认识,结合本章内容,对这种认识进行评析。

延伸阅读

1. 雷尧珠等(选编). 教育学文集·教育与人的发展[M]. //瞿葆奎主编. 北京:人民教育出版社,1989.

2. 陈桂生等(选编). 教育学文集·教育与社会发展[M]. //瞿葆奎主编. 北京:人民教育出版社,1989.

3. 叶澜. 教育概论[M]. 北京:人民教育出版社,2006.

4. 吴康宁. 教育社会学[M]. 北京:人民教育出版社,1998.

5. 张人杰. 国外教育社会学基本文选(修订版)[M]. 上海:华东师范大学出版社,2009.

6. 傅维利. 教育功能论[M]. 沈阳:辽宁教育出版社,1990.

7. 林崇德. 发展心理学[M]. 杭州:浙江教育出版社,2002.

8. 贝克. 婴儿、儿童与青少年(第5版)[M]. 桑标,等,译. 上海:上海教育出版社,2014.

【开篇案例】

　　1835 年 9 月 24 日,17 岁的马克思毕业于德国特里尔中学。他在 1835 年 8 月 12 日,也即中学毕业前一个月,写的论文《青年在选择职业时的考虑》,今天读来都发人深省。其中有些内容就直接回答了"读书为什么"、"读书后将来干什么"的问题。

　　马克思写道,中学毕业后,"在选择职业时,我们应该遵循的主要指针是人类的幸福和我们自身的完美。不应认为,这两种利益是敌对的,互相冲突的,一种利益必须消灭另一种;人类的天性本来就是这样的:人们只有为同时代人的完美、为他们的幸福而工作,才能使自己也达到完美。

　　如果一个人只为自己劳动,他也许能够成为著名的学者、大哲人、卓越诗人,然而他永远不能成为完美无疵的伟大人物。

　　历史承认那些为共同目标劳动因而自己变得高尚的人是伟大人物;经验赞美那些为大多数人带来幸福的人是最幸福的人;宗教本身也教诲我们,人人敬仰的理想人物,就曾为人类牺牲了自己——有谁敢否定这类教诲呢?

　　如果我们选择了最能为人类福利而劳动的职业,那么,重担就不能把我们压倒,因为这是为大家而献身;那时我们所感到的就不是可怜的、有限的、自私的乐趣,我们的幸福将属于千百万人,我们的事业将默默地、但是永恒发挥作用地存在下去,面对我们的骨灰,高尚的人们将洒下热泪。"

　　17 岁的马克思写下的这段话,是他中学毕业时思想的真实写照,也成为他一生奉行的圭臬。

　　(资料来源 《马克思恩格斯全集》第 40 卷,人民出版社 1982 年版,第 5—7 页。)

【学习指导】

　　1. 掌握教育目的的概念,了解几种教育目的的理论。

　　2. 认识中华人民共和国成立以来我国的教育方针和教育目的及其变化。

　　3. 理解全面发展教育的组成部分(德育、智育、体育、美育、劳动教育)及其相互关系。

在前面的章节中,我们反复提到,教育是以人的发展为直接目的的活动。这意味着,任何称得上是"教育"的活动,都必然内含着人的发展。我们很难想象,某个活动是教育的活动,却没有使人们获得某种有价值的东西,没有给人们带来认知、情感或态度上的积极变化。因此,从概念上来说,教育这个活动的目的就是它本身,就是促进个体的持续发展。但在现实中,我们并不能仅仅对教育进行这种纯粹概念上的理解,而需要进一步明确有关人的发展的标准和内容问题:教育所要造就的人究竟应该是什么样的?他或她应该具备怎样的品质或素养?又该如何培养这样的人?有关这些问题的回答,往往与人们所处的社会历史背景有关,与人们所持有的价值观有关。

一、什么是教育目的
(一)教育目的的界定

在现代社会中,教育因其关涉到每个人的福祉和社会的整体利益,逐渐成为公共的议题,不仅仅教育工作者,很多公众或多或少都对"教育应该培养什么样的人"持有自己的立场和观点。比如,有人希望教育应该致力于培养人的健全人格,有人认为教育应该造就具有民主社会的"公民",有人主张教育应该培养社会所需要的"人才",还有人提出教育应该培养具有批评精神的"自由人",如此等等。这些观点都属于教育目的的范畴。在宽泛意义上,教育目的指的是人们对受教育者通过教育在身心方面发生的变化或产生的结果的一种期望和要求。

在这些不同的期待和要求中,有些仅仅局限在个体的层面,有些逐渐为特定时期社会公众所认可,还有些则为国家正规教育系统所接受,上升为国家意志,并以法律或政策的方式予以确认,要求所有教育机构予以执行和达成。比如,日本的教育目的包括:宽广的胸怀、健康的体魄、丰富的创造力;自由、纪律与公共精神;世界之中的日本人。我国的教育目的是,培养德智体美劳全面发展的社会主义事业的建设者和接班人。这就是狭义的教育目的,它表达是国家或社会对各级各类教育培养人的规格的总体要求,体现了国家或社会对"培养什么样的人"的基本立场,对各级各类学校、校外教育机构及其他教育机构具有指导性和约束力。

21世纪以来,随着全球化和信息化进程的加快,一些国家或地区、国际组织等开始重新思考教育究竟为未来社会培养什么样的人的问题,纷纷提出个体在未来社会中生活所必备的能力、技能或素养框架。比如,经济合作与发展组织(简称OECD)发布的报告《成功生活与健全社会的核心素养》,明确提出了三大核心素养(key competencies):①在互动中使用工具,关注的是个体使用计算机之类的物理工具以及语言等社会文化的工具,实现与世界的相互作用。②在社会异质群体中互动,强调个人与他人一起学习、生活和工作,包括社会适应力、社交能力、跨文化能力和软技能等。③自主行动,具有良好的自我概念以及把自身的需要和愿望转化为有目的的行动的能力。[①] 又如,欧盟也发布了《终身学习核心素养:欧洲参考框架》,提出了八项核心素养:母语沟通能力、外语沟通能力、数理和科技基本素养、数字(信息)素养、学习如何学习、社会和公民素

---

① Rychen, D. S. & Salganik, L. H. Key Competencies for a Successful Life and a Well-Functioning Society. Gottingen: Hogrefe & Huber Publishers, 2003;张娜:《DeSeCo项目关于核心素养的研究与启示》,载《教育科学研究》2013年第10期。

养、创新和企业家精神、文化意识和表现。①

　　进入新时代以后,我国明确提出了教育致力于塑造的品格和能力框架。强调新时代教育必须加强社会主义核心价值观的引领,开展理想信念教育、民族精神和时代精神教育、道德教育、社会责任教育、法治教育等,使学生具有适应和参与共同体生活的必备品格,同时强调支撑学生终身发展、适应时代要求的关键能力的发展。具体包括:①认知能力,学生应具备独立思考、逻辑推理、信息加工、学会学习、语言表达和文字写作的素养,养成终身学习的意识和能力;②合作能力,学生应学会自我管理,学会与他人合作,学会过集体生活,学会处理好个人与社会的关系,遵守、履行道德准则和行为规范。③创新能力,学生应具有好奇心、想象力和创新思维,养成创新人格,勇于探索、大胆尝试、创新创造。④职业能力,引导学生应树立爱岗敬业、精益求精的职业精神,践行知行合一,积极动手实践和解决实际问题。②

关于"核心素养"

专栏 4-1

　　"核心素养"是由经济合作与发展组织(OECD)率先提出的。英文叫 key competencies,或 core competencies。"key"在英语中有"关键的""必不可少的"等含义,"Competencies"可以直译为"胜任力"或者"能力"。核心素养主要指学生应具备的,能够适应终身发展和社会发展需要的必备品格和关键能力。作为学生知识、技能、情感、态度、价值观等多方面的综合表现,核心素养是每一名学生获得成功生活、适应个人终身发展和社会发展都需要的、不可或缺的共同素养;其发展是一个持续终身的过程,可教可学,最初在家庭和学校中培养,随后在一生中不断完善。

　　核心素养是教育目的的具体化,是连接宏观教育理念、培养目标与具体教育教学实践的中间环节。教育目的通过核心素养这一桥梁,可以转化为教育教学实践可用的、教育工作者易于理解的具体要求,明确学生应具备的必备品格和关键能力,引领课程改革和育人模式变革。

　　2014 年 3 月 30 日,教育部以教基【2014】4 号文印发《关于全面深化课程改革,落实立德树人根本任务的意见》。该《意见》首次提出:"教育部将组织研究提出各学段学生发展核心素养体系,明确学生应具备的适应终身发展和社会发展需要的必备品格和关键能力。"2016 年 9 月,相关研究机构公布《中国学生核心素养》总体框架。2018 年 1 月,教育部印发《普通高中课程方案和语文等学科课程标准(2017 年版)》。《新课程方案和课程标准》首次凝练提出各学科核心素养,并基于学科核心素养制定出质量标准内容。明确了学生学习该学科课程后应达成的正确价值观念、必备品格和关键能力。

---

① Commission of the European Communities. Proposal for a Recommendation of the European Parliament and of the Council on Key Competences for Lifelong Learning. http://ec. europa. eu/education/policies/2010/doc/keyrecen. pdf.

② 《关于深化教育体制机制改革的意见》,2017 年 9 月 24 日中共中央办公厅国务院办公厅印发施行。

(二) 教育目的的层次

教育目的是有层次之分的。国家对人才培养规格作出总的规定,这属于**总体性目标**。在实施过程中,各级各类学校在教育性质、功能和任务上又有所区别,如小学侧重共同基础的培养,大学趋向专门化;普通高中侧重学术性的内容,职业高中侧重职业性的内容。各级各类学校在国家教育目的的指引下,又形成了各自培养人的具体规格——这就是**培养目标**。在特定层次或类型的学校中,又有各种不同类型的课程或科目,比如中小学语文、数学、英语、综合实践活动等,这些课程或科目在性质和功能上也是有所不同的,又呈现出不同的目标,即**课程目标**。最后,这些课程目标又需要通过日常的课堂教学予以实现。即便在同一门课程中,每堂课所要达成的目标仍然是非常具体的,这就形成了更为具体的对学生通过课堂教学所习得的知识、技能、情感和态度价值观的期待和要求——即**课堂教学目标**。从国家的教育目的,到各级各类学校的培养目标,再到各个科目或活动的课程目标,最后到课堂教学的目标,是一个**从宏观到微观、从抽象到具体、从整体到部分**的过程,是国家教育目的的逐层、逐类、逐步实现的过程。

表 4-1

我国教育目的具体化的序列:以高中语文为例

层级	来源	具 体 表 述
教育目的	《教育法》	培养德智体美等方面全面发展的社会事业的建设者和接班人。
培养目标	《基础教育课程改革纲要(试行)》	要使学生具有爱国主义、集体主义精神,热爱社会主义,继承和发扬中华民族的优秀传统和革命传统;具有社会主义民主法制意识,遵守国家法律和社会公德;逐步形成正确的世界观、人生观和价值观;具有社会责任感,努力为人民服务;具有初步的创新精神、实践能力、科学和人文素养以及环境意识;具有适应终身学习的基础知识、基本技能和方法;具有健壮的体魄和良好的心理素质,养成健康的审美情趣和生活方式,成为有理想、有道德、有文化、有纪律的一代新人。
课程目标	《普通高中语文课程标准(2017年版)》	学生通过阅读与鉴赏、表达与交流、梳理与探究等语文学习活动,在语言建构与运用、思维发展与提升、审美鉴赏与创造、文化传承与理解几个方面都获得进一步的发展;坚定文化自信,自觉弘扬社会主义核心价值观,树立积极向上的人生理想,为全面发展和终身发展奠定基础。包括语言积累与建构,语言表达与交流,语言梳理与整合,增强形象思维能力,发展逻辑思维,提升思维品质,增进对祖国语言文字的审美体验,鉴赏文学作品,美的表达与创造,传承中华文化,理解多样文化,关注、参与当代文化。
课堂教学目标	课文《老人与海》的教学	了解海明威的生平和文学风格,把握圣地亚哥的硬汉形象;品读小说的重要段落和主人公的内心独白,品味小说的语言风格和行文特点;分析文中人物经历和语言背后的哲理意涵和象征意味;感受主人公凭着勇气和毅力与艰苦环境抗争、不屈服于命运的精神和品质……

二、教育目的的取向

无论从历史还是从现实来看,人们基于不同的价值立场,对教育目的的定位往往是多维度和多方向的。比如,从对象的角度,有个人本位论和社会本位论;从时间的角度,可以区分出"现世说"和"来世说",而在"现世说"中又有"适应说"和"准备说"的分歧;从内容的角度,又有"职业"和"博雅"(或自由)的分别;如此等等。

(一) 个人本位论与社会本位论

个人本位论以法国的卢梭、瑞士的裴斯泰洛齐(Pestalozzi, J. H. , 1746—1827)、德国的康德(Kant, I. , 1724—1804)、美国的马斯洛(Maslow, A. H. , 1908—1970)、法国的萨特(Sartre, J. P. , 1905—1980)等为代表。这种取向把人的价值看作高于社会价值,把人作为教育目的的根本所在。该取向认为,教育目的的根本在于使人的本性、本能得到自然发展,使其需要得到满足;主张根据人的本性发展和自身完善这种"天然的需要"来选择、确立教育目的,按照人的本性和发展的需要来规定教育目的。例如,裴斯泰洛齐说:"教育是人类一切知能和才性的自然的、循序的、和谐的发展。"康德和密尔(Mill, J. S. , 1806—1873)都认为,教育就在于促进每个人的本性完善。[1]

社会本位论则以德国的纳托普(Natorp, P. , 1854—1924)、凯兴斯泰纳(Kerschensteiner, G. , 1854—1932),法国的孔德(Comte, A. , 1798—1857)和涂尔干(Durkhelm, E. , 1858—1917)为代表。这种取向强调社会价值高于个人的价值,并把满足社会需要视为教育的根本价值。它认为,社会是个人赖以生存与发展的基础,教育是培养人的社会活动,教育培养的效果只能以其社会功能的好坏来加以衡量。如纳托普说:"在教育目的的决定方面,个人不具有任何价值;个人不过是教育的原料;个人不能成为教育目的……教育的目的,只是社会化,因社会化而使一个民族的整个生活道德化。……离了社会,便没有教育存在。"[2]涂尔干就说:"教育是年长的几代人对社会生活方面尚未成熟的几代人所施加的影响。……教育在于使年轻一代系统地社会化。——塑造社会我,这就是教育的目的。"[3]

(二) 生活预备说与生活适应说

从时间的维度来看,还有两种与生活密切相关的教育目的论:准备说和适应说。准备说强调教育是为儿童的未来生活做准备的;适应说认为教育就是为了儿童的当下生活的。斯宾塞(Spencer, H. , 1820—1903)认为,教育在于为未来的完满生活作准备。这种完满生活按其重要性程度分为:直接有助于自我保全的活动、从获得生活必需品而间接有助于自我保全的活动、目的在于抚养和教育子女的活动、与维持正常的社会和政治关系有关的活动、在生活中的闲暇时间用于满足爱好和感情的各种活动。[4]

但是,杜威认为,教育就是生活本身,而不是为未来的生活作准备,为成人的生活作准备。生活是充满着变数的,是不确定的,一方面无法预知未来的生活状态,另一方面即便设想了未来的生活状态,也可能因为这个目标遥不可及,使人们看不到实现的可能性。所以,教育应该从现在的生活出发,并为了现在的生活。当然,这并不意味着,教育

---

[1] 康德著,赵鹏、何兆武译:《论教育学》,上海世纪出版集团 2005 年版,第 6 页;密尔著,孙传钊、王晨译:《密尔论大学》,商务印书馆 2013 年版,第 1 页。

[2] 转引自吴俊升:《教育哲学大纲》,福建教育出版社 2011 年版,第 189 页。

[3] 涂尔干著,张人杰译:《教育及其性质与作用》,载张人杰主编:《国外教育社会学基本文选》(修订版),华东师范大学出版社 2009 年版,第 8 页。

[4] 斯宾塞著,胡毅、王承绪译:《斯宾塞教育论著选》,人民教育出版社 2005 年版,第 12 页。

就排斥为未来生活作准备,只是在为现在的生活作准备就是为未来的生活作准备,因为生活本身就是连续的,未来的生活是基于现在的生活的。①

(三) 职业取向与博雅取向

教育究竟是培养一个职业人还是培养一个自由人? 所谓职业取向,就是"专门化",即为了谋生或职业的目的——这符合很多人的现实考虑和选择。所谓博雅取向,则是强调"自由",即寻求人的精神自由,追求人的高尚人格,这种自由和人格不受外物所役,不为物质生存所累。博雅教育在西方有着悠久的历史。它是按照人类最大限度的能力来设计的,而并非是为他们的职业或专业作准备的。其目的是使每一个人学会独立思考,会作出明智而独立的决定。它之所以称为"自由的",是因为它的目的是要把人从无知、偏见和狭窄的束缚中解放出来。在自由意义上受过教育的人应该是一个知识广博、理解透彻的人,一个思维严整、表达清晰的人,一个富于想象、善于洞察的人,一个尊重他人、追求崇高的人……"总之,自由意义上受过教育的人绝不止一种类型。他永远是一个独特的人,同其他同样受过教育的人比较起来,他们虽然具备我们提到过的共性,但是他还是具备极鲜明的个性。"②

然而,教育能否可以既是"职业的"又是"博雅的"? 事实上,所谓"博雅的"通常也需要依托一些专门的领域——被人们列为通识(general)课程的知识(包括哲学)都是专门化的,倘若没有帮助学生获得英国学者彼得斯所说的"认知洞见",这些通识课程也可能是没有博雅价值的,而不过是一些零散的专门训练而已。如果职业训练没有局限个体的思维,而且使他们认识到特定职业活动所包含的内部标准,同时帮助他们形成了对关乎这些活动的更为广泛的知识领域的兴趣,那么这种职业训练就是"博雅的"。③ 从这种意义上说,两者的截然分立不仅是没有必要的,而且可能是有害的。

三、我国的教育方针与目的

教育方针是国家教育事业发展的总的方向和指针,教育目的是对受教育者未来成长发展方向和标准的规定,前者一般来说比后者涵盖范围要广。教育方针更多体现的是政党、政府对教育的总体要求,是由党或政府提出的,教育目的的提出者既可以是政党政府,也可以是学者或普罗大众。在指代不很清楚的情况下,两者有时也混同使用。教育方针的变化,一方面体现出经济发展、政治方向或社会形势的新要求,另一方面意味着教育事业发展的新方向和新举措。中华人民共和国成立伊始,即根据当时教育的新民主主义性质,提出了"为工农服务,为生产建设服务"的方针。其后,随着经济与社会的发展,这一方针的表述也在不断地发生变化(见表 4-2)。在这些变化中,可以看到,我国教育在"为谁培养人"、"培养什么样的人"以及"怎样培养人"方面的总体要求。

---

① 约翰·杜威著,王承绪译:《民主主义与教育》,人民教育出版社 2001 年版,第 63—65 页。
② 迪尔登著,周浩波译:《自主性与智育》,载瞿葆奎主编,施良方、唐晓杰选编:《教育学文集·智育》,人民教育出版社 1993 年版,第 592—609 页。
③ Peters, R. S., *Ethics and Education*. George Allen & Unvin Ltd., 1966, p.43 - 45.

表 4-2

我国教育目的
与方针的变化

时间	来源	表　　述
1957	毛泽东在最高国务会议上的讲话	我们的教育方针,应该使受教育者在德育、智育、体育几方面都得到发展,成为有社会主义觉悟的有文化的劳动者。
1958	中共中央国务院《关于教育工作的指示》	党的教育工作方针,是教育为无产阶级的政治服务,教育与生产劳动相结合。
1978	《中华人民共和国宪法》	教育必须为无产阶级政治服务,同生产劳动相结合,使受教育者在德育、智育、体育几个方面都得到发展,成为有社会主义觉悟的有文化的劳动者。
1981	《中共中央关于建国以来党的若干历史问题的决议》	坚持德智体全面发展、又红又专、知识分子与工人农民相结合、脑力劳动与体力劳动相结合的教育方针。
1985	《关于教育体制改革的决定》	教育必须为社会主义建设服务,社会必须依靠教育。
1993	《中国教育改革和发展纲要》	第一,教育是社会主义现代化建设的基础,必须坚持把教育摆在优先发展的战略地位。第二,必须坚持党对教育工作的领导,坚持教育的社会主义方向,培养德智体全面发展的建设者和接班人。第三,必须坚持教育为社会主义现代建设服务,与生产劳动相结合,自觉地服务于经济建设这个中心,促进社会的全面进步。
1995	《中华人民共和国教育法》	教育必须为社会主义现代化建设服务,必须与生产劳动相结合,培养德智体等方面全面发展的社会主义事业的建设者和接班人。
2001	国务院《关于基础教育改革与发展的决定》	坚持教育为社会主义现代化建设服务,为人民服务,必须与生产劳动和社会实践相结合,培养德智体美等全面发展的社会主义建设者和接班人。
2010	《国家中长期教育改革和发展规划纲要(2010—2020年)》	全面贯彻党的教育方针,坚持教育为社会主义现代化建设服务,为人民服务,与生产劳动和社会实践相结合,培养德智体美全面发展的社会主义建设者和接班人。
2017	中共中央办公厅、国务院办公厅印发《关于深化教育体制机制改革的意见》	全面贯彻党的教育方针,坚持教育为人民服务、为中国共产党治国理政服务、为巩固和发展中国特色社会主义制度服务、为改革开放和社会主义现代化建设服务,全面深化教育综合改革,全面实施素质教育,全面落实立德树人根本任务,系统推进育人方式、办学模式、管理体制、保障机制改革,使各级各类教育更加符合教育规律、更加符合人才成长规律、更能促进人的全面发展,着力培养德智体美全面发展的社会主义建设者和接班人,为实现"两个一百年"奋斗目标、实现中华民族伟大复兴的中国梦奠定坚实基础。
2019	中共中央国务院印发《中国教育现代化2035》	全面贯彻党的教育方针,坚持马克思主义指导地位,坚持中国特色社会主义教育发展道路,坚持社会主义办学方向,立足基本国情,遵循教育规律,坚持改革创新,以凝聚人心、完善人格、开发人力、培育人才、造福人民为工作目标,培养德智体美劳全面发展的社会主义建设者和接班人,加快推进教育现代化、建

时间	来源	表　述
		设教育强国、办好人民满意的教育。将服务中华民族伟大复兴作为教育的重要使命,坚持教育为人民服务、为中国共产党治国理政服务、为巩固和发展中国特色社会主义制度服务、为改革开放和社会主义现代化建设服务,优先发展教育,大力推进教育理念、体系、制度、内容、方法、治理现代化,着力提高教育质量,促进教育公平,优化教育结构,为决胜全面建成小康社会、实现新时代中国特色社会主义发展的奋斗目标提供有力支撑。

(一) 为谁培养人

"为谁培养人"的问题关涉到我国教育的根本性质。20 世纪 50 年代初,强调教育"必须为无产阶级政治服务",改革开放之后逐步强调教育"必须为社会主义建设服务"、"必须为社会主义现代化建设服务"。这种变化直接折射的是我国发展重心从"以阶级斗争为纲"到"以经济建设为中心"的转变。在新的时代背景下,我国更是提出要"将服务中华民族伟大复兴作为教育的重要使命,坚持教育为人民服务、为中国共产党治国理政服务、为巩固和发展中国特色社会主义制度服务、为改革开放和社会主义现代化建设服务"。尽管不同时期的表述有所调整,但它们都反映了我国教育的社会主义性质。我国的教育坚持的是社会主义方向,是为维护、巩固和发展社会主义服务的,是为社会主义现代化事业培养人的。

(二) 培养什么样的人

这个问题涉及教育目的,即国家对教育所要培养人的形象的要求。这个要求包括国家(或社会)与个体两个层面的综合和平衡。从国家(或社会)层面来看,教育最初要培养的是"有社会主义觉悟的有文化的劳动者",而后又从"有社会主义觉悟的劳动者"和"又红又专的建设人才",到"社会主义事业的建设者和接班人",再到"社会主义建设者和接班人"。这里的"建设者"和"接班人",是对以前"又红又专"的拓展和丰富,二者虽然有所侧重,但内在是关联的:建设者应该是有社会主义理想和信念的可靠接班人,接班人也应该是能为社会主义现代化事业贡献力量的合格建设者。从个体层面来说,我国教育目的特别突出了人的全面发展的重要性。至于"全面发展"的内涵,最初的提法是"德育、智育、体育几方面都得到发展",随后逐步调整为"德智体等方面全面发展"。在新的时代背景下,这一目的的表述明确为"德智体美劳全面发展",进一步强化了美育和劳动教育的重要性。

专栏 4-2

关于立德树人

2018 年 9 月召开的全国教育大会强调,立德树人是中国特色社会主义教育事业的根本任务,可以说,"立德树人"是新时代教育目的与方针的重要体现。

"立德"与"育人"两者之间的关系,目前尚没有一致认识。有"同一说",两者是同一件事情;有"并列说",两者平行;有手段-目的说,前者是手段,后者是目的;有递进说,前者是基础,后者是发展。诸如此类。但无论哪种认识,下列两点,大家都是公认的。

立德树人,就是要求培养德才兼备的人。激烈的国际竞争和技术创新决定了人才培养的极端重要性,人才是创新的关键,是发展的第一资源。国家发展需要的人才不仅要求具备丰富的知识、优秀的技能,更需要拥有坚定的理想信念、高尚的道德修养、健康的人格品质。我们必须认识到,那种家国情怀淡薄、责任担当缺失、德行操守败坏的"人才",就算技能再高,也只是"没有灵魂的专家",他们绝不是社会主义教育培养的目标。

立德树人,就是明确育人是教育事业的根本使命。教育以育人为本,但是不够科学的机制体制却使得教育偏离了育人这个本质目标。在中小学基础教育中长期存在唯分数、唯排名、唯升学的"指标导向",素质教育、综合教育、价值教育往往流于空谈。以立德树人为教育事业的核心,要求把育人的中心任务融入教育政策的顶层设计和具体执行之中,贯彻到学生管理、课程设置、教材编写、师德建设、教学改革等各个环节。

(三) 如何培养人

在培养人的途径上,我国的教育方针始终强调教育"必须与生产劳动相结合"的原则,后来又增加了"与社会实践相结合"的原则。前一原则是马克思主义区分两种教育制度的重要标尺之一,充分显示了社会主义教育制度优越性;然而,这一原则的实际内涵却不是固定不变的:从"学工"、"学农"、"学军",逐渐发展为将生产劳动融贯在学校教育的制度设计和内容安排之中。从教育与生产劳动相结合,到教育与社会实践相结合,体现了党和国家对教育发展的新要求,对学校工作以及教师教学工作也有着重要的指导意义。

老师,也许我们该做点什么

专栏 4-3

前不久,我们家乡4所中学联合举行了一次期中测试,交换阅卷,我和刘老师批八年级的作文。这一次的作文题目是:《秋天的颜色》。

刚阅卷不久,刘老师就说:"你看现在的孩子,连什么季节收麦子都不知道,而且远远不止一个学生,这刚批就出现了好几个了。"我说:"我这里也是,有的学生,整篇文章就是写秋天割麦子。"这真是让人哭笑不得。

卷子越批越多,写秋天收麦子的学生也是越来越多。

孩子们写道:"秋天到了。田地里的小麦穿着黄色的新装,彬彬有礼地向我点着头,瞬间感觉自己高大上了许多。""秋天枫叶似火,所有的粮食都成熟了,田野里一片金黄小麦随风飘动,像金色的波浪。"

也许，我们认为，农业常识一类的知识，学生天经地义般都会，但，其实不然！有一次，我布置学生写作文：《初冬的原野》。我带学生来到教室外，有一个学生问："老师，那枝干发白的树是什么树？"我说："那是杨树。"她又接着问："那树叶发黄的是什么树。"我说："那是柳树。"她十分惊讶地说："原来，那是柳树呀。"我也惊讶了：我们的学生，连初冬的柳树都说不上来了。

3 年前，我布置过一篇作文，是一个社会调查：《种一亩玉米的纯收入》。全班 44 个学生，真正靠谱的只有 6 个学生。

我的同行，让我们做点什么吧！

真的感谢这一次考试的命题者，让我们发现了一些忽略的东西。让我们的学生作文，更多地真正关注身边的事吧！让我们的学生更多地接触大自然吧！让我们的学生的学习不要脱离社会实践吧！（参见谭中玉：《语文老师，也许我们该做些什么》，《中国青年报》2019－1－21）

四、全面发展教育

（一）马克思主义关于人的全面发展的学说

早在马克思之前，就有许多思想家，如亚里士多德、夸美纽斯、卢梭、裴斯泰洛齐，都提出过德、智、体等多方面和谐发展的思想。然而，与他们不同的是，马克思是从个人发展的社会历史条件出发，阐明人的全面发展的内涵。

马克思认为，"人的本质并不是单个人所固有的抽象物，在其现实性上，它是一切社会关系的总和。"[1]因此，有关人的认识，应该从他们现有的社会联系，从他们的生活条件出发。他认为，人的发展"既和他们生产什么相一致，又和他们怎样生产相一致"，"个人是什么样的，取决于他们进行生产的物质条件"。[2] 这意味着，人的发展是与社会的生产力和生产关系紧密结合在一起的，也就是说，人的发展是与社会生产的发展相一致的。

但是，资本主义及旧式的劳动分工造成了人的"异化"，造成了人的片面发展。因此，马克思认为，分工本身是一定物质力量（社会历史条件）的产物，只有当个人重新驾驭这些物质力量并消灭（旧的）分工时才能使个人获得自由的和全面的发展。在马克思看来，这种全面发展的人应该是"能够适应极其不同的劳动需求并且在交替变换的职能中……使自己先天的和后天的各种能力得到自由发展的个人"，应该"以一种全面的方式，也就是说，作为一个完整的人，占有自己的全面的本质"。[3] 要驾驭这些物质力量并消灭旧的分工，没有集体是不可能实现的。"只有在集体中，个人才能获得全面发展其才能的手段，也就是说，只有在集体中才可能有个人自由"。[4] 但是，不是任何集体都能使个人自由发展的，只有"真实的"集体，即个人的自由联合体（即共产主义的社会），才能实现一切社会成员的自由的、全面的发展。

---

① 马克思：《费尔巴哈提纲》，载《马克思恩格斯选集》（第 1 卷），人民出版社 1995 年版，第 56 页。
② 马克思：《德意志意识形态》，载《马克思恩格斯选集》（第 1 卷），人民出版社 1995 年版，第 68 页。
③ 马克思：《1844 年经济学哲学手稿》，载《马克思恩格斯全集》（第 42 卷），人民出版社 1979 年版，第 123 页。
④ 马克思、恩格斯：《德意志意识形态》，载《马克思恩格斯选集》（第 1 卷），人民出版社 1995 年版，第 119 页。

因此，教育的任务就是培养自由而全面发展的个人。要实现这一任务，马克思认为，要将教育与生产劳动结合起来，特别是在机器生产时代，尤其要将童工的生产劳动与教育结合起来。他认为，教育主要有三件事："第一，智育。第二，体育，像体操学校和军事训练给予的。第三，技术教育，这种教育传授全部生产过程的一般原理，同时引导儿童和年轻人实际使用和掌握一切行业的基本工具。"[1]

(二)全面发展教育的构成

马克思主义关于人的全面发展学说，指出了人的全面发展的历史必然性，从而也为社会主义的人才培养指明了方向。这一学说，构成了我国教育目的和方针的思想基础。尽管在不同的历史时期，我国教育目的和方针在表述上有些许的变化，但是马克思关于人的全面发展学说的精神却一直蕴含其中。更为重要的是，通过这一教育目的和方针的指引，马克思关于人的全面发展的学说直接体现在教育政策、学校制度、课程安排以及课堂教学中，转化为现实的力量。

所谓全面发展教育，是对含有各方面素质培养功能的整体教育的概括，是对为使受教育者多方面得到发展而实施的多种素质培养的教育活动的总称，是由多种相互联系而又各具特点的教育组成。一般认为，全面发展教育是由身、心两方面的教育构成，具体言之，是由体育、智育、德育、美育、劳动教育构成。

体育是指向学生传授身体运动及其保健知识，增强他们体质，发展他们身体素质和运动能力的教育。

智育是指向学生传授系统的科学文化知识和技能，培养和发展学生智力和才能的教育。

德育是指向学生传授一定社会思想准则、行为规范，并使其养成相应思想品德的教育活动，是思想教育、政治教育、道德教育、法制教育、健康教育等方面的总称。

美育是培养学生健康的审美观，发展他们感受美、鉴赏美和创造美的能力的教育。

劳动教育是引导学生掌握劳动知识和技能，形成劳动观点和习惯的教育。

重视劳动教育

专栏 4－4

　　一段时间，在教育目的和方针的表述中，"劳动教育"因为社会发展有所冲淡，劳动教育归并入综合实践，"德智体美"成了教育的基本形式。最近几年，我们强调劳动教育，把以往的"四育"进一步发展成"五育"。这是与经济社会发展以及学生个体发展的需要乃至教育的目的取向等密切相关的。

　　学生参与劳动在我国尤其是独生子女的家庭结构形成以后并不被广泛重视，再加上学生课业负担较重，很多家长以为孩子只要做作业看书就行了，不要为别的事耽误时间，家务劳动是家长的事儿。孩子从小不干家务，饭来张口、衣来伸手，生活依靠家人，难以作为一位平等的家庭成员深度融入家庭，逐

---

[1] 马克思著，瞿葆奎译，马骥雄、邵瑞珍、林祥嵋校：《马克思就若干问题给临时总委员会代表的指示//4.男女青少年和儿童的劳动》，载《外国教育资料》1983 年第 3 期。

渐形成自我中心的习惯,成人后难有照顾他人的情怀和能力,融入社会、建立自己的家庭也面临风险。

从一定意义说,学生德行的养成、奋斗精神的培养始于辛勤劳动教育。引导学生在成长过程中能辛勤劳动并以此为荣,树立劳动最光荣、劳动最崇高、劳动最伟大、劳动最美丽的信念,这是教育的重点与方向。在教育教学中,鼓励学生从小主动辛勤劳动,践行孝敬父母、尊重老师、乐于助人等德行,通过日积月累的点滴劳动塑造学生正确的人生观、价值观。

(三)"五育"的关系

在当前我国学校的实践中,"五育"不只是学校教育的目标和内容,而且常常被当作是学校中相对独立的五项工作。比如,一些人会认为,班主任或辅导员负责的是德育工作,教授语言文学、数学和科学、社会和历史之类科目的教师主要承担的是智育工作,体育教师承担的是体育工作,美术、音乐教师承担的是美育工作,至于劳动教育,则是在技术和实践、劳动周之类的活动中予以体现。这种"工作化",表面看来有助于促进"五育"从目的到内容和手段的具体化,但是在认识和实践上都构成了对"五育"的割裂。实际上,学校的所有教师,无论从事何种科目的教学,对学生进行何种指导、训练或管理,都需要考虑如何促进学生的道德、理智、审美、身体或劳动方面的成长和发展。即使在体育、美术、劳动之类的教学或活动中,也包含着丰富的知识教授和道德价值观传递。

在全面发展教育中,五育是一个"既相互独立,又相互促进"的整体。所谓相互独立,是指各育都有独特的内涵、价值、任务和内容,彼此之间是不能相互替代的。所谓相互促进,是指各育共同构成了全面发展教育的整体,忽视其中任何一育,都会导致全面发展教育的内涵肢解,造成人的片面发展。但从人的发展过程来说,"五育"之间的划分只是相对的,实际上它们之间是相互渗透的关系,即任何一育的展开,都可能附带地承担或完成了其他各育的某些任务。

专栏 4-5

就若干问题给临时总委员会代表的指示

……

从这个观点出发,我们说:除非同教育结合起来,就决不容许任何一个父母和任何一个雇主去使用青少年的劳动。

至于教育,我们理解为三件事情:

第一,智育。

第二,体育,像体操学校和军事训练给予的。

第三,技术教育,这种教育传授全部生产过程的一般原理,同时引导儿童和年轻人实际使用和掌握一切行业的基本工具。

智育、体育和技术教育循序渐进的过程,应当同青少年劳动者的分类相一致。技术学校的开支,应当靠出售它们的产品来得到部分的弥补。

　　有报酬的生产劳动、智育、体育和综合技术教育的结合,将会使工人阶级提高到远远超过贵族阶级和资产阶级的水平。

　　不言而喻,法律必须严禁雇用所有从 9 岁到 17 岁的人(包括 17 岁在内),去做夜工和在一切有害健康的行业中劳动。

　　马克思写于 1866 年 8 月底。

　　(资料来源　马克思著,瞿葆奎译,马骥雄、邵瑞珍、林祥嵋校:《马克思就若干问题给临时总委员会代表的指示//4. 男女青少年和儿童的劳动》,载《外国教育资料》1983 年第 3 期。)

本章小结

　　教育目的概念有广义和狭义之分:广义上是指人们对受教育者通过教育在身心方面发生的变化或产生的结果的一种期望和要求;狭义上是指国家或社会对各级各类教育培养人的规格的总体要求。在正规教育系统中,国家的教育目的通常会具体化为培养目标、课程目标、教学目的等不同的层次。在理论上,人们的教育目的观又有个人本位论和社会本位论、生活适应说和生活准备说、博雅取向和职业取向的分野。在我国,教育的方针和目的是:教育必须为社会主义现代化建设服务,必须与生产劳动相结合,培养德智体美劳全面发展的社会主义事业的建设者和接班人。这一方针和目的根源于马克思主义关于人的全面发展的学说,体现了全面发展教育的精神内涵。

思考与实践

　　1. 有人认为,教育旨在增进人的知识,发展人的智慧;也有人提出,教育的目的是培养人的德性。你如何看待这两种观点?

　　2. 我国有学者提出了具有中国特色的素养框架——中国学生发展核心素养(见下表)[①],并将这一素养框架融合进中小学课程标准中。请结合本章所学知识,结合自身中学时的学习实际,对这一素养框架作出评析。

表 4-3　中国学生发展核心素养基本要点和主要表现

核心素养		基本要点	主要表现描述
文化基础	人文底蕴	人文积淀	具有古今中外人文领域基本知识和成果的积累;能理解和掌握人文思想中所蕴含的认识方法和实践方法等。
		人文情怀	具有以人为本的意识,尊重、维护人的尊严和价值;能关切人的生存、发展和幸福等。
		审美情趣	具有艺术知识、技能与方法的积累;能理解和尊重文化艺术的多样性,具有发现、感知、欣赏、评价美的意识和基本能力;具有健康的审美价值取向;具有艺术表达和创意表现的兴趣和意识,能在生活中拓展和升华美等。

① 核心素养研究课题组:《中国学生发展核心素养》,《中国教育学刊》2016 年第 10 期。

续表	核心素养		基本要点	主要表现描述
		科学精神	理性思维	崇尚真知,能理解和掌握基本的科学原理和方法;尊重事实和证据,有实证意识和严谨的求知态度;逻辑清晰,能运用科学的思维方式认识事物、解决问题、指导行为等。
			批判质疑	具有问题意识;能独立思考、独立判断;思维缜密,能多角度、辩证地分析问题,作出选择和决定等。
			勇于探究	具有好奇心和想象力;能不畏困难,有坚持不懈的探索精神;能大胆尝试,积极寻求有效的问题解决方法等。
	自主发展	学会学习	乐学善学	能正确认识和理解学习的价值,具有积极的学习态度和浓厚的学习兴趣;能养成良好的学习习惯,掌握适合自身的学习方法;能自主学习,具有终身学习的意识和能力等。
			勤于反思	具有对自己的学习状态进行审视的意识和习惯,善于总结经验;能够根据不同情境和自身实际,选择或调整学习策略和方法等。
			信息意识	能自觉、有效地获取、评估、鉴别、使用信息;具有数字化生存能力,主动适应"互联网＋"等社会信息化发展趋势;具有网络伦理道德与信息安全意识等。
		健康生活	珍爱生命	理解生命意义和人生价值;具有安全意识与自我保护能力;掌握适合自身的运动方法和技能,养成健康文明的行为习惯和生活方式等。
			健全人格	具有积极的心理品质,自信自爱,坚韧乐观;有自制力,能调节和管理自己的情绪,具有抗挫折能力等。
			自我管理	能正确认识与评估自我;依据自身个性和潜质选择适合的发展方向;合理分配和使用时间与精力;具有达成目标的持续行动力等。
	社会参与	责任担当	社会责任	自尊自律,文明礼貌,诚信友善,宽和待人;孝亲敬长,有感恩之心;热心公益和志愿服务,敬业奉献,具有团队意识和互助精神;能主动作为,履职尽责,对自我和他人负责;能明辨是非,具有规则与法治意识,积极履行公民义务,理性行使公民权利;崇尚自由平等,能维护社会公平正义;热爱并尊重自然,具有绿色生活方式和可持续发展理念及行动等。
			国家认同	具有国家意识,了解国情历史,认同国民身份,能自觉捍卫国家主权、尊严和利益;具有文化自信,尊重中华民族的优秀文明成果,能传播弘扬中华优秀传统文化和社会主义先进文化;了解中国共产党的历史和光荣传统,具有热爱党、拥护党的意识和行动;理解、接受并自觉践行社会主义核心价值观,具有中国特色社会主义共同理想,有为实现中华民族伟大复兴中国梦而不懈奋斗的信念和行动。
			国际理解	具有全球意识和开放的心态,了解人类文明进程和世界发展动态;能尊重世界多元文化的多样性和差异性,积极参与跨文化交流;关注人类面临的全球性挑战,理解人类命运共同体的内涵与价值等。

核心素养	基本要点	主要表现描述
实践创新	劳动意识	尊重劳动,具有积极的劳动态度和良好的劳动习惯;具有动手操作能力,掌握一定的劳动技能;在主动参加的家务劳动、生产劳动、公益活动和社会实践中,具有改进和创新劳动方式、提高劳动效率的意识;具有通过诚实合法劳动创造成功生活的意识和行动等。
	问题解决	善于发现和提出问题,有解决问题的兴趣和热情;能依据特定情境和具体条件,选择制定合理的解决方案;具有在复杂环境中行动的能力等。
	技术应用	理解技术与人类文明的有机联系,具有学习掌握技术的兴趣和意愿;具有工程思维,能将创意和方案转化为有形物品或对已有物品进行改进与优化等。

3. 在《民主主义与教育》中,杜威提到,"生长是生活的特征,所以教育就是生长;在它自身之外,没有别的目的。""教育过程在它自身以外无目的;它就是它自己的目的。""教育的过程和目的是完全相同。如要在教育之外另立一个任何目的,例如给它一个目标和标准,便会剥夺教育过程中的许多意义,并导致我们在处理儿童问题时依赖虚构的和外在的刺激。"有人据此认为杜威是教育无目的论者。对此,你有何评论?

4. 选取一些代表性的国家,通过这些国家颁布的教育政策文本,比较它们在教育目的上的异同。

5. 结合当前我国教育的实际,说明人的全面发展与个性发展的关系。

6. 自 20 世纪 90 年代开始,我国教育界出现了一个颇令人瞩目的概念——素质教育。素质教育与全面发展教育到底是一种什么样的关系? 有人说,两者是一回事;有人说,素质教育是全面发展教育的具体化;有人说,素质教育是对全面发展教育的超越;众说纷纭。请查找相关资料,对素质教育与全面发展教育之间的关系作出独立判断,并结合自己的中小学学习经历,分析我们当下的教育离素质教育究竟有多远? 如何才能真正走向素质教育?

7. 调查一下,劳动教育在我国教育政策和学校实践中的具体体现。

延伸阅读

1. 丁证霖等(选编). 教育学文集·教育目的[M].//瞿葆奎主编. 北京:人民教育出版社,1989.

2. 约翰·杜威. 民主主义与教育[M]. 王承绪,译. 北京:人民教育出版社,1991.

3. 怀特海. 教育的目的[M]. 徐如舟译. 北京:北京师范大学出版社,2018.

4. 怀特. 再论教育目的[M]. 李永宏,等,译. 北京:教育科学出版社,1997.

5. 扈中平. 教育目的论[M]. 武汉:湖北教育出版社,2004.

6. 陈桂生. 普通教育学纲要[M]. 上海:华东师范大学出版社,2009.

7. 上海师范大学《教育学》编写组. 教育学[M]. 北京:人民教育出版社,1979.

【开篇案例】

上海义务教育阶段的"五四学制"。从 1988 年开始,上海市为缓解市区小学入学高峰压力,尝试把小学六年级挪到初中,设立初中预备班。到 2004 年,上海市教委正式将上海市九年义务教育阶段全面实行"五四学制",即小学 5 年,初中 4 年,取代过去小学 6 年、初中 3 年的"六三学制"。根据新学制,初中全面实行四年制,四个年级分别为六年级、七年级、八年级、九年级。

上海全面实行"五四学制"后,小学生修满 5 年,学科考试成绩合格发给小学毕业证书;初中生修满 4 年,学科考试成绩合格发给初中毕业证书。有专家指出,实行"五四学制"的最大好处是有利于减轻学生初中阶段过重的学习负担和心理压力。在"六三"学制下,初中三年太短,学生刚从小学毕业,第一年基本处于对初中教育方法和环境的适应期;一到初三,又将面临毕业和升学,中间只有初二一年过渡,学生一旦跟不上,往往来不及调整,造成持续学习的困难。未成年人发育提前,是促动"五四"分段取代"六三"分段又一重要原因。近年来,由于生活水平提高和都市文化的影响,上海市未成年人生理、心理发育普遍"早熟",大多数六年级学生实际上已是少年,高一级学校的学习生活环境更有利于他们健康成长。十几年的试行发现,四年制初中让学生感觉宽松多了,两极分化现象逐渐弱化,学生个性发展有了更大空间。

【学习指导】

1. 掌握学校的概念,了解学校的性质。

2. 了解学校产生与发展的历史概况。

3. 了解我国现代学制的历史概况,现代学制的基本类型。

4. 掌握义务教育的特点和相关的法律规定内容,了解发达国家学制改革发展的主要趋势。

5. 认识学校内部的基本制度,学校内部各机构及其基本职能。

学校是教师职场的主要载体,教师生命光阴中的大部分是在学校中度过的,了解认识学校的发展历史、组织形式、制度规范、文化形态,对教师更好地履行自身职责、规范自身行为有着重要意义。

一、什么是学校

(一) 学校的性质

学校是根据人类社会的需要,有目的、有计划、有组织地对人进行培养教育的社会组织。人的一生大部分时间都隶属于这样或那样的组织,如家庭、学校、公司、工会、政府机构、俱乐部等。学校组织是指为完成学校的教育目标而将学校各个部门按一定形式组合而成的整体。学校的教育目标是培养人,促进学生的学习。学校组织应该讲究成本和效率,以促进目标高效而高质量的实现。

对于学校,杜威曾有这样的论述:教育是一种社会过程,学校是社会生活的一种形式。学校必须呈现现在的生活——即对于儿童来说是真实的、生气勃勃的生活。脱离生活的学校教育,结果总是呆板的、死气沉沉的。[①] 这段论述在一定程度上体现了杜威对学校性质和职能的要求。

美国教育学家古德莱得(Goodlad,J.,1920—2014)在其名作《一个称作学校的地方》中分析道,在一些学校较为普遍存在这样的现象:

教师用解释或讲授的方式给全班学生上课,偶尔问一下有标准答案的问题。当教师不在讲课时,便是在观察和监督学生在他们各自的书桌前做习题;学生在听或看上去在听老师讲课,偶尔回答教师的问题;学生在各自的书桌前读书或写字。这一切都发生在没有什么情感的环境里,既没有人与人之间的热情交流,也没有敌意的表示。

这样的学校、这样的教学课程明显脱离了青少年的现实世界,教师们所做的教育工作与学生们的家庭生活和其他社会生活经验毫不相干。在这样的学校里,学生们在日常生活里最关心的事情可能会被教师们看成是与学校不协调的,甚至是被禁止的。学校注重的是他们的学术天赋和努力学习的态度,而不是他们在这一人生阶段所最关心的生理、社会和个人方面的需求。[②]

学校应该是一个什么样的地方呢? 学校应当反映简化现实的社会生活,延续儿童在家庭里已经熟悉的活动经验,成为儿童的生活经验的一部分,这样才有教育作用。教师在学校中的任务应当是依据自身较多的经验和较成熟的学识来决定怎样使儿童得到生活的训练,帮助儿童选择对自身成长发展有促进作用的东西并做出适当的反应。

(二) 我国学校的类别

根据我国学校目前的发展状况,我国学校类型可以分类如表 5.1。

表 5-1 我国学校的分类	按学段划分	幼儿园、托儿所
		小学
		中学、中专、中技

---

① (美)约翰·杜威著,赵祥麟等译:《学校与社会·明日之学校》,人民教育出版社 1994 年版,第 6—8 页。
② (美)古德莱得著,苏智欣等译:《一个称作学校的地方》,华东师范大学出版社 2007 年版,第 3—4 页。

	高等院校	大专、高职院校	
		本科院校	
		研究生院、博士后工作站	
	其他学校		
按办学主体划分	公有学校	按所有权划分	国有学校
			集体所有的学校
			国有企业、国有事业单位、受国家财政资助的社团组织等单位所有的学校
		按日常经营权划分	公有公办学校
			公有办学体制改革试点校(含"公有转制学校"等)
	民办学校		
	混合所有制学校(国有股份和民有股份都有的学校,有的还有外资股份)		
	外资学校		
	其他学校		
按学校的教学组织形式划分	全日制学校		
	非全日制学校		

二、学校的起源与发展

(一) 学校的萌芽

一般认为,学校这种特殊的教育机构是在奴隶社会时期产生的,但是,若追溯其根源的话,可以在原始社会后期见到其萌芽。

据考证,在原始社会,确切地说是在母系氏族社会时期,曾出现过一种公共教育机构——"青年之家"①。"青年之家"是原始社会全体成员的儿童都在里面受教育的一种原始社会制度中的特殊机构。

在原始部落中,常常依据不同的年龄将人们划分为不同的人群,同时,每种年龄群都有自己特殊的标志,儿童和青年们只有经过了一定的仪式之后,才可以从一个年龄群转入另一个年龄群。这种仪式常被称为"冠礼"或"青年礼",在这种仪式之后,他们即与成人分开单独居住,这个年龄大体是 7—9 岁,接受即将到来的生活训练,以便履行氏族组织加在他们这个年龄群人们肩上的那些义务。他们居住在一些特别的房间——"青年之家",接受着专门的训练。到了父系氏族时期,这种"青年之家"逐步演变成为"男子之家",并且成为一个氏族的社会生活、军事生活和宗教生活的中心。

在"青年之家"中,少年和青年们受着从事未来劳动生活的训练,学习自我照料,参加社会劳动,如建筑房屋、耕种或收获、照看牲畜等。从一定年龄起,成年人就向他们传

---

① 对这种机构的称谓,在不同原始社会组织中有所不同。

授作战的方法,吸引他们参加部落间的争斗。

他们还要学会举行各种宗教仪式,与部落生活相关的庄重礼节。成人们教他们唱歌、游戏、舞蹈,给他们讲各式各样的传说,讲氏族和部落的历史,帮助他们通晓已形成的风俗和已建立起来的行为规则。

原始社会中新生一代在"青年之家"所受的教育是多方面的,但这种教育远未达到理想化的境地,正像列宁所讲的,"过去从来没有过什么黄金时代,原始完全被生存的困难,同自然斗争的困难所压倒"①。

(二)学校的产生

"青年之家"产生于前文字时期,也就是说,产生于文字尚未出现的时期,而作为学校来讲,则大为不同了,它是同文字一起,与社会要使新生一代掌握文字等要求一起产生的。

传递文字以及文字所承载的知识经验,在原始社会末期的"青年之家"中就已经进行了,但是,由于文字产生的时候,也是社会阶级逐步形成并分化的时候,脑力劳动和体力劳动发生了分离,于是造成了一部分人(主要是僧侣和官吏)对文字的垄断。在这种情况下,往日的"青年之家"就分解成两种机构:一种是为大多数儿童设立的公共教育机构(在一定意义上,也可称之为学校),它与以往的"青年之家"没什么不同;一种是为一小部分儿童,主要是僧侣和官吏的孩子专门开设的学校。学校逐步从"青年之家"中分化出来,成为一个独特的教育机构,当然,此时的学校仍属于原始状态的教育组织,在很多方面与真正意义的学校不符。它还兼具着多方面的功能。

在我国,学校的萌芽在原始社会末期就可能出现了,古籍中传说虞舜时代便已有了"庠"这种社会机构。例如,《礼记》中的《王制》说:"有虞氏养国老于上痒,养庶老于下庠";《明堂位》说:"米廪,有虞氏之庠也。"但是,那时的"庠"并不能算是一种学校,而是一种带有教育作用的养老机构。到后来进入奴隶制社会的历史阶段时,"庠"才成为学校。"庠"的原始意义是饲养家畜的地方,后来又变为储存谷物的地方,故又名"米廪"。

夏朝已开始进入奴隶制社会,有可能产生了学校,《孟子》说:"夏曰校,殷曰序,周曰庠。"《说文》及《汉书·儒林传序》说:"夏曰校,殷曰庠,周曰序。"夏朝可能已出现了尚未发展成学校形式的非专门的教育机构。"庠"是从虞舜时代继承下来的,大概是起源于养老与敬老的习俗,以养老为主,并附带教育儿童和青年的功能;"序"和"校"大概是起源于军事训练的需要,因为"序"是习射的地方,《孟子》说:"序者,射也","校"是角力比武的场所。

我国学校至商朝已初具雏形,它已经成为一个有组织的教育机构,也有着一定的目的任务和一定的教学内容。但是,此时的学校并不纯粹是一个教育机构,还兼有其他的任务,虽然它们逐渐地发展起越来越大的教育功用,但在教学专门人员的选用及教学的组织上,都不可与现代的学校同日而语。

学校在产生初期含有非教育的功用,并非是我国原始形态学校的独有特征,西方也是如此。英语 school 源于拉丁语的 schola,其原意是闲暇、休息,这正像《管子》说的:

---

① 列宁:《土地问题和"马克思的批评家"》,载《列宁全集》第 5 卷,人民出版社 1985 年版,第 90 页。

"处士必于闲燕"，人没有闲暇，就不会有学校生活，认识到这一点，大概对我国夏朝时期，为何把"养老"与教育结合在一起，就不会感到奇怪了。

目前世界上所发现的、有较丰富的文字记载的学校，是位于现在伊拉克卡迪西亚省尼善尔以南的苏美尔学校(Sumerian School)。1902—1903年，挖掘出了大量的、大约公元前2500年的学校"教科书"，这些"教科书"实际上是几百块刻有象形文字的小泥板，上面是供学习和练习用的词汇表，也有一些是写满各种作业的练习泥板。这些考古发现汇集的材料，为我们提供了一幅苏美尔学校的图画。

专栏 5 - 1

苏 美 尔 学 校

苏美尔学校的校长叫"尤米亚"(ummia)，是一个"专家"、"教授"，也被称为"学校之父"(schoolfather)；学生叫作"学校之子"(schoolson)；助教叫作"老大哥"(bigbrother)，他的任务是书写新的泥板，以供学生誊写，并检查学生的抄写作业，以及听学生背诵功课。其余教员，有的教绘画，有的教苏美尔语。此外，还有一些导生，他们负责考勤，有一人负责鞭打，他大概是负责纪律问题的。

苏美尔学校的学生自制了许多泥板，例如数学泥板，以及自编各种复杂的数学题并附上答案。在语言学方面，学习苏美尔语语法的情况在泥板中得到了充分的体现，有一批刻着名词复数形式和动词形式的表格，显示了对语法已有相当熟识的探讨。此外，在公元前2250—前2000年，由于苏美尔人逐步被闪米特·阿卡德人所征服，苏美尔的教师们编写了各种为人们知道的最早的"字典"(dictionaries)。

至于苏美尔学校使用的教学方法和教学技术，我们仍然所知无几。学生们早晨一到学校，显然要学习自己前一天准备的泥板，接着"老大哥"准备一块新的泥板，提供给学生誊写和学习。在学生们的学习中，记忆无疑起着非常重要的作用。教师和助教还必须进行大量的叙述和解释，补充空白的表格和课文，以供学生誊写和学习。尽管这些"教学内容"，对于我们了解苏美尔的科学、宗教和文学思想确实是无价之宝，但它们很可能没有全部记载下来并因此而永远失传。

在纪律方面，教师经常鞭打学生。尽管当教师鼓励学生时，可能会采用赞誉和表扬的手段，教导他们好好学习，但教师主要依靠棍棒以纠正学生的过错和不当行为。学生没有轻松的时间，每天从早到晚都生活在学校里。

（资料来源　克雷默著，崔允漷等译：《最早的学校》，载瞿葆奎、沈剑平选编：《教育学文集·教育与教育学》，人民教育出版社1993年版，第260—261页。）

(三) 学校的发展

在学校产生后的历史过程中，随着社会的发展，其组织不断完善。到17世纪，由于文科中学的出现，现代意义上的学校已经形成，它作为一种有组织、有计划的特定的教育机构，专注于传递知识经验、教育儿童，其先前的其他功用已渐渐削弱了。教育的组织在文科中学中也较以前更为严密，无论是对学生入学的标准，还是对所要学习的内容,以及教师的选择等,都有着较为严格的规定,与现代的学校也更为接近。但同时也应注意到,此时的学校虽已日趋完善,但学校系统尚未发展起来。学校形成一个相对完整的系统,还是在18世纪以后。

文科中学是以古典人文主义教育为特征的,它偏重于传授拉丁文和希腊文等内容,忽视自然科学,及至后来,才增加了一些现代人文教育与自然科学教育的成分。到18世纪初,与文科中学相应的实科中学出现了。这种类型的学校,比较注重自然科学与现代语文的教学,它是面向广大贫民的,是贫民化的学校。尽管实科中学在创立初期受到歧视,但终究仍缓慢地发展着。18世纪中叶以后,在欧洲一些国家,相继出现了实科中学,与普通教育平行的职业教育逐步成为学校教育系统中的一个重要组成部分,学校教育在类型分化的同时,各个不同层次的衔接也逐步加强。大体是在19世纪下半期,严格意义上的学校教育系统在西方已基本形成。

我国古代学校教育虽历史很长,形式、层次也日益多样,但是,组织程度远不像今天这样严密,按现在的尺度来衡量,它们在一定程度上还只能算是一种非正规教育。例如,就拿由各朝廷直接设立并管辖的、最为"正规"的太学来说,在汉代,太学虽大规模发展,太学生由50人发展到后来的3万多人,但教学制度非常不严格。许多学生仅仅是"注册"而已,也不去参加正规的学习。并且,由于学生众多,太学里一方面设立长十丈、宽三丈的讲堂,使同时听讲的人数多达几百人以上;另一方面,采取以高年级学生教低年级学生的形式,"至一师能教数百人,必由高足弟子教之"[①]。学生入学也没有年龄限制,其中有年仅"弱冠"的青少年,也不乏白发苍苍、已届垂暮之年的老人。这些太学生或住校内,或住校外,真正上课的时间并不多,主要靠自修,随自己的兴趣去研究。太学也没有肄业年限,只要通过了考试,就可以毕业,并被授以一定的官职。

魏朝时期,官学时兴时废,太学生几乎是来去无踪,一般的是"冬来春去,岁岁如此",其中有很多是为避役而来的;进行教学的"博士"也是"率皆粗疏,无以教弟子"。如此而来,"学者虽有其名而无其实,虽设其教而无其功",也就不足为怪了。

清朝的府、州、县学,与科举密切相关,由童生参加入学考试取得秀才资格后,方是府、州、县学的生员,对入学年龄没有限制。而一旦童生入学以后,在校学习时间也甚少,入学肄业,实际上是有其名而无其实,主要的任务就是考课。

可以说,直到19世纪末,也就是仿照西方的样式设立"学堂"之前,我国在学校的组织上,始终是不完备的,或者说尚没有出现真正意义上的学校教育。虽然我们无法给学校下一个严格的定义,申明哪些机构属于学校,而哪些则不属于学校,是哪种类型的教育机构,但是,学校作为一个组织严密的教育机构来说,具备下列条件是必要的:

一是严格的入学规定。这些规定包括对年龄、入学水平方面的要求。

二是修业年限的规定,即在不同级别、不同层次学校中学习年限方面的要求。

三是分年级教学,即依照不同的年龄、不同的学业水平区分不同的年级。

四是有明确的课程方面的要求,即依照学校教育的目的,对学习内容提出一定的要求。

五是有严密的管理制度,特别是严格的组织纪律方面的规定。

---

① 转引自毛礼锐等编:《中国古代教育史》,人民教育出版社1979年版,第177页。

六是有较为固定的专职教学人员。

七是有较为固定的教学场所。

依此看来,我国近代以前的学校,还只是学校的雏形,是一种不完备的学校形式。清末"废科举,兴学堂"以后所建立的一些"学堂",才是真正意义上的学校。

专栏 5-2

非学校化思潮

在对学校未来所进行的分析中,有一种较为激进的思潮,被称之为"非学校化理论"教育思潮,也称非学校论或反学校论。这是 20 世纪 60 年代产生于美国的一种较为激进的教育理论流派。其代表人物主要为伊里奇(Illich,I.)、赖默(Reimer,E.)。[1]

他们认为,在学校这种结构体制下,由于在学习活动中学生必须先学着服从权威——教师或校规等,然后在教师的引导下,依次学习那些被预选好的、被过滤的信息,这样,在这个过程中,就已隐藏了资本主义"消费"形态的生产关系。学校成了服务性的"工厂",教育成了"训练",学校所要生产的"商品"(即知识),是专家学者根据社会需要所设计的,然后在教师的促销下(扮演广告的角色),使学生无选择地成为"消费者"。学生的主体自由被完全剥夺了,所接受的是"成套"讯息的强迫学习。因为学校活动中渗透着经济、政治、社会制度等权力关系,所以,在学校结构的作用下和教师的引导下,学生就逐渐达成了社会化,最后变成政治上的"顺民",经济上的"工人"和文化上的"消费者"。伊里奇指出,学校已由一个使人"解脱"的场所,变成一个束缚人性的地方。

为使教育彻底从学校的束缚中解放出来,伊里奇等人主张充分地利用其他教育机构和手段,如家庭生活、卫生保健、社会服务、法律结构和大众传媒等,创造一种"非学校化社会",认为它是人类未来可能会面对的情况。在这种社会中,没有现行的学校制度,代之以"学习网络":第一,学习资料、设施、设备的网络;第二,有技能的人员相互交流的网络;第三,选择学习伙伴的网络;第四,教育专家的网络。[2]

伊里奇等人认为,设计这些网络的目的是为人们提供方便的经济条件,以便在诸如图书馆、实验室、博物馆、工厂、农庄这样一些传统的地点进行精心设计的学习;提供图书、影片、工具、机器、计算机、游戏之类起教育作用的实物,借以进行教学;提供非正式的便利的方法,以便使各个小组能够交流思想和讨论书本;提供机会使学习者能接近那些准备教授特殊技能的专业人员、专业辅导人员。这种安排,既承认社会上其他有关机构的潜在的教育性质,又承认所有技术性工作中所固有的可资教学的内容,每个人一边劳动,一边结合劳动不受强制地根据需要来进行主动的学习,彻底恢复了教育的本来面貌。

---

[1] 郑金洲等:《"学校消亡论"评析》,《外国教育动态》1990 年第 5 期。
[2] (美)伊里奇著,吴康宁译:《非学校化社会》,(台湾)桂冠图书股份有限公司 1992 年版,第 111 页。

三、现代学制

现代教育制度的核心是学校教育制度。学校教育制度简称学制,指的是一个国家各级各类学校的系统及其管理规则,它规定着各级各类学校的性质、任务、入学条件、修业年限以及它们之间的关系。[1]

(一)我国学制的历史沿革

我国学制是从清末开始建立的。1902 年,清政府采取了"废科举、兴学校"的措施,制定了学制,颁布了《钦定学堂章程》,也称"壬寅学制",这是我国政府正式颁布的第一个学制,但没有实施。

1904 年初,以当时的日本学制为蓝本,又颁布了《奏定学堂章程》,也称"癸卯学制",这是我国正式实施的第一个学制。其特点是教育年限长,共 26 年。

第一次世界大战后,以美国学制为蓝本,北洋政府于 1922 年颁布了"壬戌学制",通称"六三三制",将学校教育分为 3 段,即小学 6 年,初中 3 年,高中 3 年。高等教育 4—6年。该学制是沿用时间最长的,影响深远。

中华人民共和国成立后,中央人民政府政务院于 1951 年颁布了《关于改革学制的决定》,明确规定了中华人民共和国的新学制。(图 5 - 1)这是我国学制发展的新阶段。该学制规定,幼儿教育 4 年,初等教育 5 年,中等教育 6 年(包括中学、业余工农速成中学、业余学校、中等专业学校),高等教育 2—5 年(包括大学、专业学院和专科学校)。

图 5 - 1

中华人民共和国
1951 年学校系统

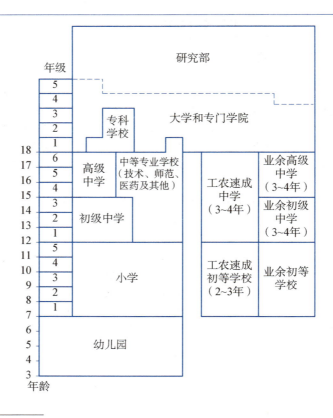

---

[1] 王道俊、郭文安主编:《教育学》(第七版),人民教育出版社 2016 年版,第 106 页。

1958 年,中共中央、国务院发布了《关于教育工作的指示》,要求各地对新学制进行典型试验,取得充分经验后规定全国通行的新学制。随后,许多地区开展了学制改革的试验。例如:提早入学年龄到 6 岁的试验;中小学十年一贯制的试验;多种形式办学的试验,等等。

改革开放以来,我国学制逐步走向完善,形成了现行的学制体系。

(二)我国现行学制

专栏 5 - 3

从世界范围来看,现代学制主要有三种类型:双轨学制、单轨学制、分支型学制。

(1)双轨学制

双轨学制以德国、英国为代表。一轨自上而下,其结构是大学(后来也包括其他高等学校)、中学(包括中学预备班);另一轨从下而上,其结构是小学(后来是小学和初中)及其后的职业学校(先是与小学相连的初等职业教育,后发展为与初中相连的中等职业教育)。双轨制是两个平行的系列,既不相通,也不连接,因为一轨从中学开始(基于家庭教育),一轨最初只有小学。这样就剥夺了在小学上学的子女升入中学和大学的权利。后来随着社会改革的深入,英国尝试在初中高中进行融合,允许双规之间进行一定程度的交流。欧洲国家的学制都曾为双轨制,后来随着时代发展的要求都进行了改革,二者之间可以进行交流融通。

(2)单轨学制

单轨学制以美国为代表。美国单轨制的结构是从小学、中学到大学,各级各类学校相互衔接。其基础教育的特点是,一个系列、多种分段,即六三三制、五三四制、八四制等分段。单轨制最早产生于美国,因其有利于教育的普及和现代生产科技的发展,逐渐被世界许多国家所采用。

(3)分支型学制

分支型学制以俄罗斯等国家为代表。该学制在初等教育阶段和中等教育阶段由单一的学校系统构成,此后(初中或高中)开始分化,形成多种学校系统(普通教育和职业教育)与之衔接。这样构成的整个学校体系就像一把叉子,所以这种学制类型又被称为分叉型学制。它与欧洲双轨制不同,因为它一开始不分轨,而且职业学校的毕业生也有权进入对口的高等学校学习。而且,它与美国单轨制也有区别,因为它升入中学阶段时又开始分叉。

我国当前的学制,融合了单轨制、双轨制以及分支型的优点,学生在高中阶段开始分轨,一部分进入普通高中,为升入高等学校做准备;一部分进入职业教育,为就业和职业发展做准备。同时,普通高中的学生将来也可以进入高等职业教育学校学习,而职业教育的学生将来也可以通过考试等进入非高职院校学习。既有分,又有合;变一次选择,为多次选择。

经过一个世纪的发展,我国已建成比较完整的学制。我国现行学制是 2015 年修订的《中华人民共和国教育法》里确认的学制（图5－2）。

图5－2

我国现行学制①

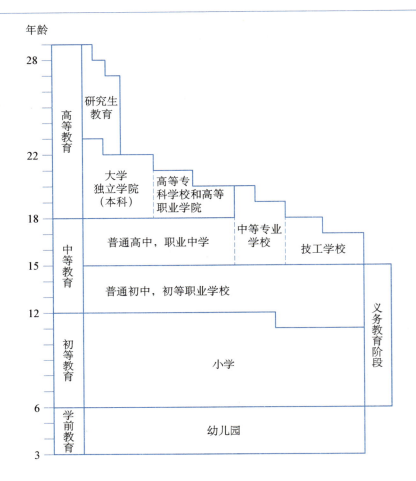

其中明确规定：

国家实行学前教育、初等教育、中等教育、高等教育的学校教育制度。

国家制定学前教育标准，加快普及学前教育，构建覆盖城乡，特别是农村的学前教育公共服务体系。

国家实行九年制义务教育制度。适龄儿童、少年的父母或者其他监护人以及有关社会组织和个人有义务使适龄儿童、少年接受并完成规定年限的义务教育。

国家实行职业教育制度和继续教育制度。

国家实行国家教育考试制度。

国家实行学业证书制度。经国家批准设立或者认可的学校及其他教育机构按照国家有关规定，颁发学历证书或者其他学业证书。

国家实行学位制度。学位授予单位依法对达到一定学术水平或者专业技术水平的人员授予相应的学位，颁发学位证书。

---

① 杨汉清主编：《比较教育学》（第三版），人民教育出版社2015年版，第230页。

当前在义务教育阶段,除上海外的省市实施的是"六三学制",即小学 6 年,初中 3 年,上海市实施的是"五四学制",即小学 5 年,初中 4 年。

专栏 5 - 4

上海市实验学校的十年一贯制弹性学制

上海市实验学校是一所年轻的、现代化的、富有鲜明特色的学校,其前身是上海师范大学教育科学研究所"中小学教育体系整体改革实验班",1986 年学校由上海市人民政府发文成立。

学校实行小学、初中、高中十年一贯制弹性学制,其中小学 4 年,初中 3 年,高中 3 年。

学校通过对学制、课程、教材、教法、教学管理等方面的整体改革,早期开发儿童智慧潜能,和谐发展学生个性,精致教育教学过程,培养具有自我发展能力和富有创造精神的优秀中学毕业生,从而使学生在十六岁左右考入大学,在二十来岁就能进入创造发明最佳期。

学校独立自主编纂小学至初中的语文、数学等教材;在注重培养学生"兴趣"、"情趣"、"志趣"的基础上开发了一系列学养课程,学校根据十个年级,设立了十个系列的拓展性课程,提供近 200 门的 Ten for Ten 课程,贯穿"爱的教育、人文、科学、STS、艺术、体育、考察、身心健康、节庆等领域。极大地丰富了学生的知识面,培养了学生的社会责任感和公益意识。学校还依据学生的个性特长,设计了特需课程以满足不同学生的学习需求。

我国学制改革和发展的基本方向是,大力普及单轨的基础教育使之逐渐均等化,大力发展基础教育后的职业教育和专业教育使之逐渐多样化。

(三) 我国义务教育

义务教育是国家统一实施的所有适龄儿童、少年必须接受的教育,是国家必须予以保障的公益性事业。它对于人的发展、教育发展和社会发展都具有重大意义。2018 年修订颁布的《中华人民共和国义务教育法》规定,国家实行九年义务教育制度。第四条规定:"凡具有中华人民共和国国籍的适龄儿童、少年,不分性别、民族、种族、家庭财产状况、宗教信仰等,依法享有平等接受义务教育的权利,并履行接受义务教育的义务。"经过各方面的努力,到 2008 年底,我国实现了免费的普及义务教育,这是我国教育取得的伟大成就。但我国的义务教育也存在发展不平衡的问题,促进义务教育的优质均衡发展成为我国现阶段教育改革和发展的重要任务。

专栏 5 - 5

义务教育均衡发展

义务教育均衡发展,是义务教育的性质所决定的,是社会主义教育的本质特征,也是办人民满意的教育的必然要求。义务教育均衡发展就是使区域内义务教育学校在办学经费投入、硬件设施、师资调配、办学水平和教育质量等方面大体处于一个相对均衡的状态,与义务教育的公平性、普及性和基础性相适应。我国大力推进义务教育均衡发展,出台了一系列文件,在实践层面上也取得了较为明显的成效。

《国家中长期教育改革和发展纲要(2010—2020年)》指出,义务教育是教育工作的重中之重,均衡发展是义务教育的战略性任务。并且提出了一系列推进义务教育均衡发展的工作要求和举措:

1. 建立健全义务教育均衡发展保障机制。推进义务教育学校标准化建设,均衡配置教师、设备、图书、校舍等资源。

2. 切实缩小校际差距,着力解决择校问题。加快薄弱学校改造,着力提高师资水平。实行县(区)域内教师、校长交流制度。实行优质普通高中和优质中等职业学校招生名额合理分配到区域内初中的办法。义务教育阶段不得设置重点学校和重点班。在保障适龄儿童少年就近进入公办学校的前提下,发展民办教育,提供选择机会。

3. 加快缩小城乡差距。建立城乡一体化义务教育发展机制,在财政拨款、学校建设、教师配置等方面向农村倾斜。率先在县(区)域内实现城乡均衡发展,逐步在更大范围内推进。

4. 努力缩小区域差距。加大对革命老区、民族地区、边疆地区、贫困地区义务教育的转移支付力度。鼓励发达地区支援欠发达地区。

义务教育的三个基本特点是强制性、普及性、免费性。

(1)强制性

让适龄儿童、少年接受义务教育是学校、家长和社会的义务。谁违反这个义务,谁就违反了法律规范。**义务教育的国家强制性,是义务教育最本质的特征。**它是指义务教育依照法律的规定,由国家强制力保证推行和实施。义务教育不仅是受教育者的权利,而且是受教育者应尽的义务。国家要依法保障适龄儿童接受义务教育的权利,这是国家意志的体现。为了保证义务教育的实施,必须伴之以系统、完善的立法、执法和监督体系,依靠国家法律的强制力予以保证。在我国,只有义务教育和扫盲教育能够强迫一定的教育对象接受一定程度的教育,并为法律所规定和允许,其他任何教育制度都没有这种权力。义务教育的国家强制性还表现在任何违反义务教育法律规定,阻碍或破坏义务教育实施的行为,都应依法承担法律责任,受到强制性处罚或制裁。

(2)普及性

义务教育是提升国民素质的基础,实现社会公平的起点。义务教育是面向全体适龄儿童少年的基本公共服务,提供基本均衡的义务教育是政府的法律责任,每一个适龄儿童少年都应该享有接受质量合格的义务教育的平等机会。**根据法律规定,所有适龄儿童、少年都必须完成9年教育,**接受基础知识、基本技能、基本方法和基本态度等方面的教育。这不仅是社会生产力发展的客观要求,而且是现代社会对每一个公民素质的最基本要求。世界上大多数国家都以法律的形式规定适龄儿童少年接受一定年限的义务教育,这是一种全民性的普及教育,而不是英才教育。

（3）免费性

免费教育是义务教育的本质特征,免费的步骤可以根据国情来分步实施,但必须坚持免费的特点。公益性是整个教育事业的特征,义务教育要更彻底一些,不仅仅是普及的、强制的,还应该是免费的。《中华人民共和国义务教育法》规定,实施义务教育,不收学费、杂费。2006 年我国实现西部地区农村义务教育阶段中小学生全部免除学杂费,2008 年我国实现所有地区义务教育阶段中小学生全部免除学杂费,实现了免费义务教育。

（四）发达国家学制改革发展的主要趋势

进入 21 世纪以后,世界发达国家对教育的重视程度越来越高,在学制改革上,也呈现出一些新的发展趋势。

1. 义务教育年限延长

数十年来,发达国家的教育已逐渐普及到初中和高中,小学已成了普通基础教育的初级阶段,小学入学年龄提前到 5 岁或 6 岁,小学年限缩短到 5 年（法国）或 4 年（德国）,小学和初中衔接,取消初中的入学考试。在当代,随着普及教育达到高中阶段,很多国家的义务教育也延长到高中。联合国教科文组织编辑的《世界教育报告》显示,在有数据可查的 171 个国家中,义务教育的平均年限为 8 年,北美、欧洲一些主要发达国家平均年限为 10—12 年。

2. 职业教育层次高且多样化

发达国家的职业教育是由古代学徒制教育向现代职业教育的发展。但因现代生产和科技发展对劳动者、科技人员与管理者的文化科技要求越来越高,于是现代职业教育进行的阶段也在逐步提高,最初职业教育是在小学阶段进行的,后来依次发展到初中、高中和高等专科院校进行。职业教育在哪个阶段进行,取决于现代生产与科学技术基础发展的状况。

当代发达国家的职业教育已有向高中后教育发展的趋势。例如,美国高中职业科缩小,而社区学院职业教育的比重在增大;日本相当于短期大学的"专门学校"远远超过相当于高中程度的"专修学校"。这是因为发达国家高中教育在普及,而当代职业教育日益需要建立在更高的文化科学技术基础上。而且,职业教育的类型也越来越多样化。

3. 高等教育多样化与大众化

19 世纪至 20 世纪初,高等学校主要是 3—4 年制的本科教育。二战后,随着生产发展和科技进步,对高等学校培养人才的要求日益提高并多样化,推动高等教育有了重大发展。一是多层次,包括专科、本科、研究生（硕士、博士）;二是多类型,现代高等学校的层次、类型、院系、专业均十分多样。有的注重学术性,有的侧重专业性,有的偏重应用性,有的侧重职业性,与社会经济文化发展的各个方面联系越来越密切,对社会经济文化的发展也有着越来越重要的影响和推动作用。

从 20 世纪中后期以后,西方发达国家中等教育逐渐普及,高等教育也发展很快,逐渐实现大众化。如果以高等教育毛入学率为指标,则可以将高等教育发展历程分为"精英、大众和普及"三个阶段。一般来说,高等教育毛入学率在 15％以下时属于精英教育阶段,15％—50％为高等教育大众化阶段,50％以上为高等教育普及化阶段。现在,美国以及欧洲一些主要国家在校大学生数量超过18—21岁青年人口的一半。在观念上，当入学人数极为有限时，接受高等教育被普遍认为是出身好或天赋高或两者兼备的人的特权；而在入学率达到或超过适龄人口15%的大众教育阶段，人们开始逐渐把接受高等教育看作是那些具有一定资格者的一种权利；当入学率达到或超过适龄人口50%的普及教育阶段时，接受高等教育逐渐被看作是一种义务。

4. 构建终身教育体系

随着新的科学技术成果在生产上的应用，造成了职业的变动和工人的流动。因此，只经过一次职业训练已经不能保证完成终身的职业需要。这就迫使人们不断学习和重新接受训练，以适应瞬息万变的世界，于是出现了终身教育的思想。各种类型的新型学校应运而生，函授大学、广播电视大学、开放大学、暑期课程等都开办起来，利用各种时间、采取各种方式为成年人提供继续教育的机会。高等教育也不再只限于招收18—25岁的青年入学，而是逐渐为所有人提供第二次、第三次受教育的机会。在发达国家，大学生的年龄结构越来越复杂，有三十多岁、四十多岁甚至退休以后继续就读的学生。

专栏 5 - 6

终身教育的提出

"终身教育"自1965年在联合国教科文组织第三届成人教育国际促进会议上提出后，迅速得到了国际社会的广泛认同，成为20世纪最有影响的教育思潮。朗格朗（Lengrand, P.）在其终身教育提案中，提出了终身教育发展的五项目标，即：（1）社会要为人的一生提供教育的机会；（2）对各级各类教育的实施必须进行协调与统合；（3）小学、中学、大学及其他地区性社会学校、地区性文化中心所发挥的教育功能，政府或社会应予以鼓励；（4）政府或社会应对有关劳动日的调整、教育休假、文化休假等针对本国公民的制度或措施的实施起促进作用；（5）为了对以往的教育观念作根本的改变，应使此理念（终身教育）渗透到教育的各个领域。[①]

在终身教育看来，教育的目标不是为了获取知识的宝库，而是为了个人的发展，不仅仅是一些具体的教育活动，更是一种强调协调性和连贯性的教育理念。教育已不再是某些杰出人才的特权或某一特定年龄的规定活动，教育正在向包括整个社会和个人终身的方向发展。在终身教育的理念下，人不再是教育的对象，而成为教育的主体，教育是一个人或社会本身存在的状态。这种状态是学习型社会。学习型社会就是以学习求发展的社会，就是不断创新的社会。具体是指，以个体学习、终身学习来追求个体的全面发展，以组织学习和创新来追求组织的发展，以社会的学习和创新来促进社会的发展，从而达到全面小康的和谐社会。在终身教育的理念下，现代学制不断相互衔接融通，成为支持终身教育纵横衔接的立交桥。

---

① （法）保尔·朗格朗，滕星等译：《终身教育导论》，华夏出版社1988年版，第21—32、45—46页。

四、学校的组织机构与基本制度

（一）学校的组织机构

1. 我国中学组织机构的历史沿革

我国中学内组织机构的设置，与学校领导体制改革密切相关，同时也与教育教学的内在规律相关。中华人民共和国成立以后，我国中学校内组织机构历经了几次变革，主要围绕第二管理层级进行改革。

我国中学组织机构形式初步形成于 20 世纪 50 年代初。当时的有关文件规定：中学设教导、总务两处，教导处设主任，管理的事务包括教学行政事务、班主任工作和课外校外活动等，必要时设副主任；总务处设主任。各学科设教研组和组长，规模较小的学校可联合相近学科组织教研组。1957 年，为加强思想政治工作，不少学校增设了政教处，管理班主任及团队工作，而先前的教导处改为教务处。1962 年，中共中央转发原教育部制定的《全日制中学暂行工作条例》（草案），政教处取消，而改设教导处。"文革"中，中学普遍成立了"革委会"。"文革"结束后，学校恢复了原来的机构设置，有的在校长下设二处——教导处、总务处，也有的设三处——教导处、政教处、总务处，同时也恢复了"文革"中曾被取消的教研组。1985 年，《中共中央教育体制改革的决定》出台，中学开始试行校长负责制。1992 年《中国教育改革和发展纲要》颁布，校长负责制在中小学全面实行，校长领导下的"两处一室"（或"三处一室"）的行政性组织机构被进一步确定。

2. 我国中学组织机构的基本形式

（1）行政性的组织机构

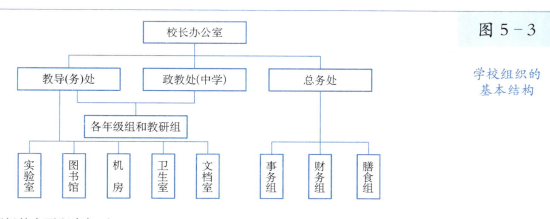

图 5 - 3

学校组织的基本结构

各部门的主要职责如下。

校长办公室：是校长领导下处理日常校务的办事机构。它协助校长处理对外联系、对内协调的工作，负责对外联络、文件收发、报表统计、信息反馈等，通常设主任或干事 1—2 名。

教导处：是组织和管理学校教务业务的机构，具体领导各科教学研究组、年级组及班主任的工作；同时兼管与教学业务有关的科室，如实验室、图书馆、文印室等。教导处的日常行政事务包括：掌握学籍、整理教学档案、成绩统计、安排作息时间、编制课表、组织课外活动等。一般设主任、副主任若干人。

政教处：是管理学生思想工作、组织学校各种德育活动的机构。对各年级组的德育工作负有领导、管理和协调责任。一般设主任、副主任若干人。需要说明的是，不是所有的中学都设政教处，有些规模较小的中学可能就没有这一机构，这些学校的德育工作由教导处统一管理和协调。

总务处：是组织和管理学校后勤的机构，负责学校的基建、物资的供应、设备的维修、财务的支出和报销等事项，同时兼管学校的食堂、宿舍等，其宗旨是为教学服务，为师生服务。总务处一般设主任、副主任及办事员若干人。

教研组：即各学科教学研究组，是学校的基层教学活动单位之一。负有组织本学科教学、开展教学研究活动、提高教师教学业务能力等责任。此外，教研组有责任对本学科的教学质量进行监控和评价，发现问题及时提出整改意见。教研组一般由同学科的教师组成，通常设组长一人。

年级组：是同一年级的班主任和任课教师的集体组织。它的任务是了解同年级学生的德、智、体发展的实际，沟通各班主任之间、班主任与任课教师之间的关系，统一认识，统一步调，提高教育质量。年级组长对本年级教学工作、思想政治工作、体育卫生、课外活动、生产劳动进行组织安排，落实各项活动，评估活动效果。

（2）非行政性的组织机构

中学非行政性组织机构一般包括党、群、团组织和各种研究性团体，各机构的主要职责如下。

党支部：一般来说，由于中学规模有限，因此不设党委而设党支部或党总支。党支部主要抓好学校政治建设、思想建设和组织建设，体现党的全面领导，把师生的政治思想工作放在重要地位，同时还参与学校重大问题的决策，对学校的教学、人事、财务管理等工作负有指导、监督和保证实施的作用。

工会、教代会：大多数中学都设有工会组织和教代会组织，其性质属党支部领导下的教职工群众组织。它们是党政联系群众的桥梁，负有下情上达、向学校工作提出批评和建议、推动学校民主管理、依据有关教育法律或劳动法律维护教职工的合法权益、组织教师开展休闲娱乐活动等责任。

共青团、学生会：是党支部领导下的青年教师和学生的群众组织，其中，共青团由青年教师和符合年龄要求的学生组成，参加者须具备一定的条件；学生会则由学生组成，一般没有严格的加入条件。这两种组织主要围绕青年教师或青少年学生的特点开展活动，活动内容涉及思想教育、教学、文体活动、社会活动等。

研究性团队：一些学校为了更好地开展教育教学活动，成立了相关的研究性组织，如学科教学研究会、文学社、艺术会等。对于这些组织，学校行政应给与热情支持，并积极进行引导，使之对学校的工作起到有益的辅助促进作用。

专栏 5-7

学校组织结构的变革

我校由三校合并而成，全校有 60 个教学班，3 500 多名师生，其中寄宿生 1 200 余人，成为全市办学规模最大的初级中学。面对刚合并而成的"巨型学校",原有的金字塔式科层制组织结构已不适应学校发展。原有的组织结构模式是:校长—副校长—部门(教导处、政教处、后勤处)—年级组、科组—教师、学生。在这种模式下,学校的管理层级至少为五级,校长处于金字塔的塔尖,各种命令要通过各管理层,逐级传达落实下去,处于塔底座的教师和学生得到的信息是经过逐层过滤来的,对于一所超大型学校,层级越多,执行效率会越低,而且缺少对变化的快速反应与决策能力。

基于这种考虑,我们设计了一种低重心、扁平化的三级管理模式。

结构层级为:校长———四处一室———教师、学生。四处一室即:初一年级处、初二年级处、初三年级处、后勤保障处、校长办公室。

在该管理模式下,将原有的教导处、政教处功能化整为零,分散至各年级处。三位副校长既分管一条线(教学线、政教线、后勤线),又协助管理一个面(年级处),每个年级处设正、副主任各一名,分别配教学、德育年级组长各一名。

科组长与备课组长合二为一,由科组长担任,主要学科如语文、数学、英语每年级各设科组长一名,在这三个学科中,初三级科组长为中心科组长。

各年级处成为学校管理工作的重心,年级主任就相当于一个"小校长",承包负责一个年级,主管 1 000 多名师生。为避免四处一室之间的条块分割问题,副校长、校长办公室主要是协调、统筹各线、各部门工作。

该组织结构运行几年了,总体情况比较理想。体现的优势主要在于:①管理重心下移,权力下放。原有的科层管理机制被打破,取而代之的是以年级处为工作重心的管理机制。②运转机制灵活,反应迅速。年级处主管行政均处在本年级中,与教师、学生联系紧密,一旦发现问题,有权有责立即将问题在基层中解决。年级处的决策也可直接在本年级中第一时间得到落实。③年级主任承包,责任明确。实行年级主任承包责任制,责、权、利明确,"我的地盘,我做主",年级工作主动性强。④针对年级特点,服务师生。年级处可结合不同年级特点,开展别具特色的活动。如:初一年级开展大队活动(庆祝六一儿童节)等,初三年级则针对中考开展初升高教育等一系列活动。

(资料来源　赵海吉:《对低重心、扁平化学校组织结构的实践与思考》,http://bd. tjjy. com. cn)

(二) 学校的基本制度

1. 学校基本制度的本质

俗话说:没有规矩,不成方圆。要办好一所学校,必须有章可循、有制度可依据。每一所学校都有自己的一套管理制度,这些制度的内容和方式或许不同,但目的一致,要根据教育的方针政策和要求服务于培养全面发展的健康的人这个目的。

教育的本质是爱与责任,学校基本制度的本质是为了促进学生的学习发展而维护好学校正常的教学活动秩序。制度的制定是为学生的权益服务的,而不是为了规避学校管理人员的责任。

专栏 5-8

校门晚开 5 分钟……

2010 年 3 月 23 日 7 时 24 分，正逢孩子们上学时间，福建省南平市实验小学门口，已经有几十个孩子等在校门口了，再过 5 分钟，7 时 30 分校门就将打开。突然，一名中年男子手持砍刀行凶，在 55 秒内持刀连续朝正在等待学校开门的 13 名小学生捅去，酿成 13 名小学生 8 死 5 伤的惨剧。

学校为什么 7 时 30 分才开门，每天让几百名小学生等候在校门口？

南平实验小学全校共 48 个班级、2 000 多人，每天早上 7 时 30 分开门，一般每天在 7 时 30 分前到校的小学生都有 500 人以上，全都等候在校门口。

部分遇难学生家长情绪激动，纷纷质问学校，为何硬是要规定 7 时 30 分才能进校，让数百孩子在校门口等待。许多家长表示，学生来得早就要站在外面，又没人保护，孩子这么小，受到伤害根本无法抵抗。

据讲，这是学校因为怕学生太早到校嬉戏玩耍，万一出事故校方要承担责任，所以才有这么一条不近人情的规定。

2. 学校章程的制定

学校建立章程制度，并按章程制度办事，是现代学校制度的基本要求。《中华人民共和国教育法》第二十七条规定，设立学校及其他教育机构，必须具备章程等基本条件。国家教育行政部门颁布的《小学管理规程》、《特殊教育学校暂行规程》，以及国务院颁布的《中外合作办学条例》、《民办非企业单位登记管理暂行条例》，都规定了中小学、特殊教育学校和中外合作办学机构、民办学校必须具备章程这一基本要求。

可以说，学校章程是学校内部的"宪法"，由学校根据国家或地方政府的教育法律法规，结合学校自身实际，按照一定的程序制定的有关学校组织性质和基本权利的并且具有一定法律效力的治校总纲领。学校章程主要包括的内容有：学校性质、招生对象、隶属关系、办学理念、发展目标、管理体制、教学工作、学生管理、教职工管理、后勤管理、机构设置、校长职权、学校标识、校园文化等。近年来，我国中学一般都制定了学校章程，为依法实施教育教学活动，依法实施对学校的自主管理，依法维护学校、教师、学生等教育关系主体的合法权益提供了保障。

3. 学校内部基本制度

学校内部基本管理制度包括学校组织领导工作管理制度、学校行政综合工作管理制度、学校教学工作管理制度、学校师生员工管理制度、学校工作监督评估制度、学校后勤工作管理制度、教学文书写作范本等七大类[1]。具体如下：

① 学校组织领导工作管理制度：包括学校行政领导工作制度、学校组织机构管理制度、学校形象礼仪管理制度等。

② 学校行政综合工作管理制度：包括学校行政通用管理制度、学校档案综合管理制度、学校安全综合保卫制度、学校图书馆综合管理制度等。

---

[1] 方圆编著：《新编学校内部管理制度范本大全》，北京工业大学出版社 2010 年版，扉页。

③ 学校教学工作管理制度：包括学校教学工作通用管理制度、学校教学质量管理制度、学校素质教育管理制度、教学职能科室管理制度等。

④ 学校师生员工管理制度：包括教师管理制度、学生管理制度、班级工作管理制度、非教职员工管理制度等。

⑤ 学校工作监督评估制度：包括教育教学工作督导评估制度、教学质量评估达标制度、教职员工工作评估达标制度等。

⑥ 学校后勤工作管理制度：包括学校财务管理制度、学校校车管理制度、学校食堂管理制度、学校宿舍管理制度、学校环境卫生管理制度、学校财产和设施管理制度、学校医务保健管理制度等。

⑦ 教学文书写作范本：包括教学管理类文书写作范本、教学教育文书写作范本等。

本章小结

学校是培养人的场所，是根据人类社会的需要，有目的、有计划、有组织地对人进行培养教育的社会组织，也可以说，学校是联系人与社会的重要桥梁。自从人类社会产生了阶级，学校也就逐渐产生了，人类最早的学校起始于一个公共教育机构——"青年之家"。我国的学校在夏朝就已存在，《孟子》说："夏曰校，殷曰序，周曰庠。"随着社会的发展，学校不断完善，到 17 世纪，由于文科中学的出现，现代意义上的学校已经形成。我国现代意义上的学校，是在 19 世纪末产生的。

学校教育制度，简称学制，是现代教育制度的核心。世界范围内，学制有三种基本形式：单轨制、双轨制、分支型。我国当代学制融合了单轨制、双轨制以及分支型的优点，逐渐走出了一条适合中国国情的学校教育制度。在学制中，义务教育占据着举足轻重的地位。义务教育具有强制性、普及性、免费性的基本特点。我国实行九年义务教育，并以《中华人民共和国义务教育法》予以保障。义务教育均衡发展，是我国义务教育工作的重点。

我国中学组织机构形式初步形成于 20 世纪 50 年代初，历经近 70 年的发展，已相对成型。学校基本制度的本质是为了促进学生的学习发展而维护好学校正常的教学活动秩序，制度的制定是为学生的权益服务的。学校章程是学校基本制度的重要载体，是办学的基本遵循。我国中学大多按照教育法律法规，结合学校自身实际，制定了学校章程，为依法办学提供了保障。学校内部基本制度涵盖范围广，涉及学校工作的方方面面，构建科学完备的学校制度体系是学校治理现代化的重要内容。

思考与实践

1. 有人这样谈论学校：

有一个地方，叫学校，他就像一辆火车

他会经过很多地方，所以终会有人下车，离开，也许会有恋恋不舍，但是到站了，就要下车

他开往哪里谁也不知道，但是，他建立了一车人的友谊

有人很恨他，因为时间太短，有人喜欢他，因为有一帮有趣的人

我们在这里发生了许许多多，笑过，哭过，痛过，爱过，伤过，离开过，后悔过

······

最后

火车到站了

该下车了

大家也要去往属于自己的地方

谁也不知道下一次的见面是什么时候

下一个夏天,教室里坐满了人

却不再是我们

六年

三年

三年

感情不是一吹就散的

也不是一说就破裂的

感情积累不容易

请好好珍惜

一世就只有一个他,一个你,一个我

或许你是一个过客

却不会再有第二个你

你同意作者的这种认识吗? 联系本章内容,结合自己的学校学习经历,谈谈你对学校的认识。

2. "非学校化"思潮提出了学校消亡的论断,现在随着互联网的普及,也有人提出,在不远的将来,作为物理形态的学校将会消失,取而代之的是在社会场所随时随地学习,不必聚集在一个固定场所接受系统教育。你同意这种看法吗? 为什么?

3. 在一次会议上,著名作家莫言建议对我国现行学制进行重大改革,具体做法是把中小学制从 12 年改到 10 年,理由是"为了小升初、初升高、高升大的三次考试,要提前一个月,甚至一学期进行强化培训,累计起来十二年当中,最少有一年半的时间复习应考,而长期的复习和模拟考试,学生的厌学情绪加重",并提出应该取消中考,减轻学生负担。请结合心理学、政治学等相关学科知识,结合本章内容,对这种观点作出评判。

4. 高等学校招生录取制度是学校教育制度中的重要组成部分,推进高考改革是我国教育体制机制改革的重要内容,总体来看,近年来我国高考改革重点集中在两个方面,一是普通高校逐步推行基于统一高考和高中学业水平考试成绩的综合评价、多元录取机制;二是加快推行职业院校分类招考和注册入学,一些报考高职院校的学生可不参加高考,由学校依据其高中学业水平考试成绩和职业倾向性测试成绩录取。联系自己的高考经历以及本章所学内容,查阅相关资料,对我国高考改革的科学性及实际效果作出评析。

5. 从自身教育经历尤其是九年义务教育经历出发,分析当下义务教育存在哪些突出问题? 如何解决? 义务教育均衡化发展如何推进?

6. 向你曾就读的高中求教,询问是否有学校章程,如有的话,对章程文本进行分析,了解章程落实情况,并在班内进行交流。

7. 走访一所中学,考察该校有哪些组织机构和基本制度,记录并收集整理成为文本资料。

8. 某中学为加强教师考勤管理,制定了上、下午上班签到的考勤制度,并且每天由值班领导亲自给教职工签到。这项制度已经施行了几年,基本上杜绝了迟到、早退和无故缺勤现象的发生。随着学校考核评价等一系列管理办法的实施和教学成绩的不断提高,学校声誉越来越好,学校和教师所承受的各种压力也越来越大。在一次骨干教师座谈会上,老师们提出能否取消下午考勤签到的问题,理由是:"老师们很累,下午第一节如果没有课,中午想踏踏实实休息一会儿,缓解一下。如果有签到,就不敢休息,有时刚睡着就惊醒,这样下去总得不到充分的休息,对身体健康很不利,也不能精力充沛地投入工作。"有位主管领导说,"签到是我校实行了多年的制度,如果取消就会给一些对自己要求不严格的人带来可乘之机,这样就会产生由于少数人的不自觉而影响整个教职工群体的现象,会造成严重的后果,所以签到不能取消。"

联系本章内容,分析一下该案例中下午的签到到底该不该取消。

延伸阅读

1. 郑金洲. 教育通论[M]. 上海:华东师范大学出版社,2000.

2. [美]约翰·杜威. 学校与社会·明日之学校[M]. 赵祥麟,等,译. 北京:人民教育出版社,1994.

3. [美]古得莱得. 一个称作学校的地方[M]. 苏智欣,等,译. 上海:华东师范大学出版社 2007 年版.

4. [法]保尔·朗格朗. 终身教育导论[M]. 滕星,等,译. 北京:华夏出版社 1988. 21—32,45—46.

5. 杨汉清. 比较教育学(第三版)[M]. 北京:人民教育出版社,2015.

6. 王道俊、郭文安. 教育学(第七版)[M]. 北京:人民教育出版社,2016.

7. 程凤春. 学校管理的 50 个典型案例[M]. 上海:华东师范大学出版社 2009.

8. 陈玉琨. 一流学校的建设[M]. 上海:华东师范大学出版社 2008.

9. 李希贵. 学校如何运转[M]. 北京:教育科学出版社 2019.

10. [美]伊里奇. 非学校化社会[M]. 吴康宁,译. 台北:桂冠图书股份有限公司, 1992.

【开篇案例】

美国心理学家罗森塔尔等人于 1968 年做过一个著名实验。他们到一所小学,对 1—6 年级每年级 3 个班的学生进行了一次煞有介事的"预测未来发展"的测验。他们将每班学生分为两组,并谎称这是根据智力测验成绩来分组的。其中一组占班级总人数的20％,称为高智商组(A 组),实验者将该组学生名单交给所在班级的教师,并告诉他们,预测表明这一部分学生"在智力上有很大的发展可能性","具有在不久的将来产生学业冲刺的能力"。各班其余80％的学生则组成普通组(B 组)。

实际上,各班学生是采用随机分派的方法分成两组的。这就是说,分组时根本没有考虑事先进行的智力测验,在实验前各班内 A、B 两组被试智力在统计上是相等的。实验者只是以"权威性的谎言"暗示教师,调动教师对名单上学生的某种期待心理。

8 个月后,再次智能测验的结果发现,A 组学生的成绩普遍提高,教师也给了他们良好的品行评语。这个实验取得了奇迹般的效果。

【学习指导】

1. 了解教育研究的意义、类型,掌握教育研究的基本步骤。

2. 认识观察研究的不同形式,初步学会运用观察法研究教育教学问题。

3. 认识调查研究在教育研究中的作用,学会编制问卷、进行实地访谈。

4. 了解实验研究法涉及的主要概念,形成对实验研究的初步理解。

5. 认识行动研究法、案例研究法的含义和基本要求,掌握这些研究方法的适用范围。

一、教育研究概述

教育研究是研究者在一定理论指导下,运用适当的方式方法,以教育领域发生的现象为对象,探索教育教学规律的实践活动。教育研究可以探索新的未知规律,以发现新情况、总结新经验,为实施素质教育、深化教育改革服务。

(一) 教育研究的意义

开展教育研究具有多方面的意义,主要表现在如下方面。

1. 探索教育教学规律

开展教育研究的目的是为了解决人们在教育教学中遇到的问题与困惑,探求蕴藏其中的未知奥秘,揭示教育教学的规律,形成相关的教育知识、教育认识、教育理论,为更好地实施教育教学提供认识基础和理论指导。

2. 提高教育教学质量

教育研究可以为教育教学实施提供具有针对性的理论指导,从而保证科学施教、合理施教,进而提升教育教学质量。没有科学的理论指导,教育教学将走向盲目与无知。从某种意义上可以说,教育研究是提高教育教学质量的必由之路。

3. 促进教师专业发展

"教师成为研究者"(teacher as researcher)是 20 世纪 80 年代以来国际教育界广为流传的一个口号。这已成为时代发展对教师的要求,也成为教师专业发展的一种必然趋势。教师不是"教书匠",而是专业的从业人员,为此教师必须持续地对教育教学进行深入的研究。教师的日常工作都是建立在研究的基础之上的,备课的过程、上课的过程、课后的反思等都是研究的过程。没有好的研究,就不会有好的教育教学。没有对教育教学的专业研究,也不会有教师的专业发展。所以,从事教育研究是教师专业发展的必然要求,也是促进教师专业发展的重要手段。

4. 推动教育改革发展

教育改革与发展离不开教育研究的支撑。只有对教育思想、教育体制、教育结构、教育目标、教育内容、教育方法、教育评价等内容给予理论上的科学回答,才能使教育改革与发展保持正确方向。很多时候,教育改革与发展是在教育研究、教育理论的推动之下展开的。

专栏 6-1

为什么中学老师要从事教育研究

其他领域的从业者,并不见得要投身研究行列,做好自身本职工作就可以了。但教师不同,教师只有投身研究,才能做好本职工作,甚至可以说,一个会研究、能研究的老师,才是一个合格的老师、称职的老师。我国虽然有数以万计的教育理论专业研究者,但由于研究性质、工作职责所限,他们更多是就教育实践中的一般问题进行研究,得出带有高度抽象性的理论。而每位教师的工作都是具体的、多变的、复杂的,同时也充满了不确定的因素,需要以掌握理论为前提,实施具体、生动的教育教学实践,形成自己关于教育教学的理解认识和实践操作性措施。这个过程就是研究的过程。

　　与专业研究者不同,教师做教学研究主要是为了解决在教育教学中发现的问题、遇到的困惑。这些问题包括自己教学实践中的问题,学生行为习惯、道德表现的问题,学校教育的问题,还有学校管理的问题等。一线教师不宜脱离教学实践做研究,做那些大而空的课题徒劳无益。要从日常的工作实践入手,从身边遇到的疑难问题入手,开展研究。例如一位老师研究并撰写了《浅谈初中数学教学中的导入艺术》,探讨改进了数学教学中导入的方法和技巧问题。再如魏书生研究的班集体管理的几个系统(计划系统、监督检查系统、总结反馈系统)就取得了良好的效果。

(二)教育研究的类型

　　从不同角度,可以把教育研究分为不同的类型。从研究目的、功能和作用可分为基础研究、应用研究与开发研究,从研究范式可分为量化研究和质性研究。

1. 基础研究、应用研究与开发研究

　　基础研究是旨在揭示教育现象的一般规律,建立具有普遍性的理论,增进教育知识的研究。这种研究以发现新领域、新规律,提出新观点、新学说、新理论为目的。基础研究回答的是"是什么"、"为什么"的问题。

　　应用研究是验证理论或运用理论,评价理论在解决实际教育问题中作用的研究。它的目的是解决当下实际的教育问题。应用研究是基础研究成果的实践化、具体化、操作化。应用研究回答的是"怎么做"的问题。

　　开发研究是探求理论成果推广应用的方法和途径、实现其价值的研究。开发研究不是为了获取知识,而是为了展开知识,探求基础研究成果和应用研究成果在现实教育实践中的可行性、适用性,将研究成果与经验加以运用、推广和普及。开发研究回答的是"如何推广"的问题。

2. 量化研究与质性研究

　　量化研究,也称为定量研究、量的研究,是通过数字或量度来表述研究对象的性质,揭示其本质的研究。量化研究通常包含一个较为严格的事先设计,通过调查、测验、实验、结构化观察等方式来收集资料,主要运用统计的方法对结果进行分析和解释,研究结果的呈现通常简单明了。

　　质性研究,也称为定性研究、质的研究,是指用语言文字形式来描述研究对象的性质,揭示其本质特征的研究。质性研究一般是在自然情境下,运用现场实验、开放式访谈、参与观察或个案调查等方法,对所研究的对象进行长期深入细致的分析,在此基础上建立假设和理论,并通过证伪、相关检验等方法对研究结果加以检验。质性研究注重过程的影响,研究所获得的意义也只适应于特定的情况和条件。质性研究用文字来描述现象与结果,而不是用数字和量度。

(三)教育研究的过程

　　教育研究是一个复杂的过程,一般包括如下几个阶段。

1. 选择研究课题

选择有价值的研究课题是教育研究的前提。好的选题需具备以下特点：①选题须有价值，②选题须有可行性，③选题具体明确，④选题有新颖性。

教育研究的选题非常广泛，如来源于教育教学实践，来源于教育理论或其他相关理论，来源于教育变革与发展中提出的问题，来源于社会发展对教育提出的要求，等等。

2. 查阅文献资料

查阅文献资料是教育研究的一项基础性工作，它贯穿于教育研究的全过程。查阅文献资料可以帮助教师全面把握研究现状，避免重复研究，梳理已有研究的范围与边界，帮助澄清自己研究的问题、概念。

查阅文献资料之后，一般要撰写文献综述。文献综述是研究者在提前阅读过某一主题的文献后，经过理解、整理、融会贯通、综合分析和评价而组成的一种不同于研究论文的文体。文献综述一般要对该研究领域的研究现状（包括主要学术观点、前人研究成果和研究水平、争论焦点、存在的问题及可能的原因等）、新水平、新动态、新技术和新发现、发展前景等内容进行综合分析、归纳整理和评论，并提出自己的见解和研究思路。检索和阅读文献是撰写综述的重要前提工作。如果没有做好文献检索和阅读工作，就去撰写综述，是绝不会写出高水平综述的。

3. 制定研究计划

文献研究之后，就要制定研究计划。研究计划的内容一般包括：课题依据（理论依据、现实依据、政策依据）、研究目标、研究内容、研究步骤、研究方法、预期成果、研究的保证条件与措施等。

4. 收集研究资料

收集研究资料是研究工作的重要内容。对教育研究而言，收集资料的过程有时也是教育教学实施的过程，即在教育教学过程中边实践边收集。收集研究资料要尽量做到全面、准确、客观。

5. 分析研究资料

收到研究资料后，还要对资料进行分析。这个过程包括资料筛选、资料分类、资料统计，以及对资料进行定量或定性的分析等。分析研究资料是教育研究的重要环节，教育研究质量的高低很大程度上取决于分析的水平与质量。

6. 撰写研究报告

撰写研究报告是研究者选择恰当的形式将研究过程与研究结果以文字的形式呈现出来的过程。研究成果是研究结论的书面表达形式。研究成果一般是描述某项科研课题进展的研究报告，也可以是对某一问题进行探讨分析的学术论文。

研究报告主要包括以下内容：题目、问题的提出、研究的价值意义、研究对象与研究方法、研究过程、研究结果分析、研究结论、讨论和建议、附录等。

教育研究有多种方法，常用的有：观察研究法、调查研究法、实验研究法、行动研究法、案例研究法等。下面，我们将逐一展开介绍。

二、观察研究法

观察研究法，简称观察法，是指研究者有目的、有计划地通过感官和辅助仪器，对处于自然状态下的事物进行系统考察,从而获取经验事实的研究方法。

（一）观察研究的基本类型

根据不同的分类标准,可把观察分为不同类型。

1. 非参与观察与参与观察

从观察者的角色来分,可把观察分为非参与观察和参与观察。

非参与观察就是观察者置身于所观察的现象之外,以"局外人"的身份,"冷眼旁观"研究对象的活动和表现。非参与观察也称之为局外观察。由于教育教学科研的对象是有思想、有情感的教师或学生,许多研究方法不可避免地会引起研究对象的各种反应,进而影响研究的客观性与准确性。为了避免这些情况的出现,观察者须尽量保持与研究对象之间的距离,防止打扰他们的正常秩序,以保证他们的自然状态。非参与观察就是一种能较好地满足上述要求的研究方法。

参与观察是指观察者亲自投身于所观察的现象和活动中,成为活动中的一员,同时进行有目的的观察。参与观察也称为局内观察。参与观察是人类学和民族志研究中最常用的研究方法,近来也成为教育研究的一种方法。比如师范生到学校实习,边实习边观察,就是参与观察。参与观察可以全面、深入地描述某一特定的教育现象或教育行为。

2. 结构式观察与非结构式观察

根据观察程序的不同,可把观察分为结构式观察与非结构式观察。

结构式观察往往事先对观察范畴详细分类,对各项内容的观察和记录方法逐一规定。结构式观察常将注意力集中到诸多具体的、明确的,许多还是可以量化的行为和特征上。结构式观察的结果通常可以进行定量的处理和分析。

非结构式观察事先并不专注于某些特定的行为和特征,在观察过程中也不期待这些行为和特征的出现,而是根据实际发生的情况进行全面记录。非结构式观察的结果通常不能进行定量分析和处理,而是需要进行定性分析与处理。

3. 直接观察与间接观察

根据观察对象的不同,可将观察分为直接观察与间接观察。

直接观察即凭借人的感官,在现场对正在发生、发展和变化着的事物或行为进行的观察。直接观察时,研究者在事发现场,亲眼目睹行为、事件的进程与变化。这类观察具有直观具体的特点。

间接观察是以一定的仪器或其他技术手段为中介对事物进行的观察。这种观察突破了直接观察受制于人的主观能力的局限,扩展了观察的深度与广度。间接观察也指对行为和事件过后所留下痕迹的观察。比如通过观察学校课桌上刻画涂写的内容和数量,分析学生的心理活动、需要欲望、思想情操、道德观念等。

（二）观察研究的基本要求

1. 观察研究的准备

在观察前要做好观察的计划与准备。首先要明确观察的目的与意义,然后拟定初步的观察计划。观察计划包括如下几个方面的内容:确定观察内容、选择观察对象、确定观察范围、确定观察地点、确定观察时间、确定观察方式、准备观察设备、准备观察表、保证观察效度、考虑研究道德等。

2. 观察研究的实施

要全面实施观察计划,需要把握好以下几点:按照计划进行观察、选择适当的观察位置、善于辨别并排除无关因素、妥善利用观察设备、保证观察的信度。此外,对于复杂的观察任务,还可以利用分组进行观察。分组观察要有统一的标准,要有明确的分工,既要做到各有观察中心,又能够整合成全面的观察结果。

专栏 6-2

课 堂 观 察

　　课堂观察是观察课堂内教与学的状况,进行记录、分析和研究,并在此基础上谋求学生课堂学习的改善,促进教师发展的专业活动。课堂观察量表在听课、评课教研活动中运用价值非常大。一种有效的方式是分配不同的观摩教师分别记录与评价综合量表中的某个特定维度。在听课后,根据个人的记录与评价进行交流与研讨。这样可以避免在教学研讨中常见的随意性与主观性,也能大大提高听课、评课的效率与质量。

　　课堂观察的内容主要包括:学生学习情况、教师教学情况、课堂沟通与互动、课程资源的应用、课堂环境、课堂管理、教学常规落实情况等。根据各类型课的观察指标,细化成具体的观察点,如:老师对学生的关注面观察、学生参与面的观察、突破重难点的有效性观察、培养学生拼读技巧的教学方法观察、任务交际的有效性观察、小组合作有效性观察、培养学生阅读技巧有效性的观察等等。

　　设计观察量表是课堂观察的一种有益做法。开始设计量表的时候,老师们总想用一个量表包含所有的项目,描述性的项目太多,不能做到边观察边记录。在实际操作的过程,量表的设计越小越好切入。

　　例如,有一位老师确定的观察点为课堂提问有效性。记录表明:学生回答的人数只有1—2人,其他学生不能补充完整。得出的结论是教师问题设计得太难,学生无论是独立还是合作探究都很难完成,需要教师反复讲解学生才能解决,影响了课堂教学的实效性。这个例子启发我们把课堂观察的点设计得小一点,由小见大,课堂观察的实效性才能显现出来。

(三) 观察研究的优缺点

　　观察法在收集资料数据方面有着其他研究方法所没有的独特优势。依靠观察法,能够得到研究对象不能直接报告或不肯报告的资料。由于研究者不干预研究对象的活动,从而能够较客观、真实地收集第一手资料,不会产生不良后果。

　　运用观察法时,会受到一定的时间和空间的限制,因为研究者不可能在任何时间和任何情况下,自由地对研究对象进行自己想要的观察。由于观察的样本较少,研究结论的代表性会受到影响。观察所得到的只是表面的和感性的材料,如果不能进行科学深入地分析,同样不能得到准确深刻的结论。观察得不够系统、全面、深入,会使观察材料带有片面性和偶然性,同样会影响研究结论的准确性、可靠性。

三、调查研究法

调查研究法是研究者通过问卷、访谈等方式，有目的、有计划地搜集研究对象的资料，通过对资料的分析，获得事实并揭示事物本质和规律，寻找问题解决的研究方法。调查研究属于以事实研究为主的实证性研究，在中小学教学科研中经常会用到这种方法。调查研究有各种各样的方式方法，在中学阶段，老师们常用的是问卷调查和访谈调查。

（一）问卷调查法

问卷调查是以书面提出问题的方式搜集资料的一种研究方法。研究者将所要研究的问题编制成问卷，以邮寄、当面作答或追踪访问的方式请被调查者填答，从而了解被调查者对某一现象或问题的看法和态度。

1. 调查问卷的结构

一份问卷通常包括以下几个部分：封面信、指导语、问题与备选答案、其他资料。

（1）封面信

封面信是调查者致被调查者的短信。其作用在于向被调查者介绍和说明调查者的身份、调查目的等内容。

（2）指导语

指导语是用来指导被调查者正确填答问卷的陈述。指导语有卷头指导语和卷中指导语。卷头指导语一般以"填表说明"的形式出现在正式调查问题之前，它主要对填答的要求、方法、注意事项等做出说明。

（3）问题和备选答案

问题和备选答案是问卷的主体。问卷中的问题从形式上可分为封闭式问题和开放式问题。封闭式问题在提出问题的同时，给出若干个可能的备选答案，供被调查者根据自己的情况与判断从中选择一个作为回答。开放式问题是不为回答者提供具体答案，而由其自由回答的问题。

（4）其他资料

除上述内容外，问卷还包括一些有关资料，如问卷的名称、编号，问卷发放及回收日期，调查员、审核员姓名，被调查者地址、联系方式，问题的预编码等。

2. 问卷题目的设计

问卷调查的质量取决于问卷题目的质量，因此设计好问卷题目是问卷调查的关键。

开放式问题由于不需要列出答案，所以在形式上要简单得多，只要留出足够的空白即可。开放式问题主要有填空式和问答式两种。填空题常用于那些较易回答，便于填写的问题。如"你最希望学校开设的选修课是_____"。问答式则提出开放性的问题，让回答者自由回答。

封闭式问题包括问题与答案两部分，形式复杂得多。封闭式问题主要有如下设计类型：是非题、选择题、排序题、条件式问题、矩阵式问题等。

3. 问卷编制注意事项

问卷编制是一项很专业的技术。在编制时要注意一些事项，避免出现不必要的问题。

（1）问题要尽量简短明了

问题越短，产生歧义的可能性越小。问题设计时，尽量不要使用长问句，表达问题的语言也要尽可能简单明了，不要使用专业术语、行话等，也要避免使用抽象的概念。

（2）避免问题带有倾向性

问题的措辞对回答者会产生一定的影响。如果问题措辞带有倾向性，容易产生诱发性影响，即易使回答者顺着问题的倾向性作答。因此，问题设计应避免倾向性，应该保持中立的态度。

（3）避免双重含义的问题

双重含义的问题，是指在一个问题中询问了两件事，或者是一句话实际上询问了两个问题。比如："你的父母是工人吗？"这一问题其实包含了"你的父亲是工人吗？""你的母亲是工人吗？"这样两个问题。

（4）避免使用假定性问题

假定性问题，是指用虚拟语气构成的问题。这类问题常用类似的表述："假如……你是否会……"、"如果……你将……"这种问题常用于意愿调查中。假定性问题的答案，无论作何回答都会存在含义不清的可能，都不足以掌握调查对象经常的、稳定的心理和行为倾向，难以作为调查统计的依据。

（5）不直接问敏感性问题

有些问题涉及伦理、道德、政治见解、个人私生活等，属于敏感性问题。对于敏感性问题如直接提问往往会引起很高的拒答率，因此这类问题最好不问。如果一定要问，最好采取间接询问的方式，并且注意语言一定要特别委婉。

（6）不要用否定形式提问

否定式提问需要思维绕个弯再进行回答，有些人绕不过这个弯就会产生误解，从而导致错选，因此问卷设计中要避免使用否定形式的提问。

4. 问卷调查的优缺点

问卷调查的优点在于：简单易行，易于控制，效率较高；问卷可以发放到较大范围做大范围调查；问卷上不记名，减少了回答者的心理压力，有利于收集到真实的信息，所获资料的真实性较强；所得的资料便于整理统计，结果便于进行量化分析。

问卷调查的缺点在于：问题设计的科学性如果不能保证，将导致整个调查的失败；大范围调查时寻找到合适的样本量不容易；问卷资料往往难以核实，调查质量不易保障；有时难以有预计的问卷回收率，如果回收率太低，资料就失去了代表性。

（二）访谈调查法

访谈调查法是研究者（访谈者、调查者）与被调查对象（被访者）进行直接的、面对面的口头交流，从而了解事实的真相或被访问者的心理、行为倾向等的研究方法。

1. 访谈调查的类型

（1）结构式访谈、非结构式访谈与半结构式访谈

按结构控制程度，可把访谈分为结构式访谈、非结构式访谈与半结构式访谈。

结构式访谈，也称标准化访谈，是一种由访谈者控制的访谈。访谈者事先做了详尽设计，把问题和过程都标准化，把问题印成问卷，在访谈过程中按照事先准备好的问题

逐一提问。

非结构式访谈,也称非标准化访谈,或开放性访谈、自由访谈。非结构式访谈时,访谈者事先准备的仅仅是访谈的目的和问题的大致内容,无统一的问题和提问方式,仅按照一个粗线条的访谈提纲进行访谈。非结构式访谈中,访谈者可以自由提问、交流,灵活掌握,随机应变。

半结构式访谈,是介于结构式访谈和非结构式访谈之间的一种访谈类型。半结构式访谈中,访谈者对访谈具有一定的控制作用,同时允许受访者积极参与。先问事先准备好的问题,然后比较自由地交流。

结构式访谈适合大范围的调查研究,或定量研究分析的课题。非结构式访谈更适合探索性质的研究或者深度定性研究分析的课题。非结构式访谈也常用于自传式或生命史研究。在教育研究中,一般采用结构式和半结构式访谈。

（2）直接访谈与间接访谈

按接触方式,可把访谈分为直接访谈与间接访谈。

直接访谈,是访谈者与被访谈者直接面对面交流的访谈。优点是访谈更深入、真实,调查结果更有价值;其缺点是费时费力。

间接访谈,是访谈者与被访谈者不直接见面,而是通过书面、电话、电脑网络等间接方式进行访谈。间接访谈的优点是方便快捷,省时;其缺点是调查效果不如直接访问好。

（3）个别访谈与集体访谈

按受访人数,可把访谈分为个别访谈与集体访谈。

个别访谈是指调查者对每一个被调查者逐一进行的单独访谈。个别访谈适合于访问某个特定个体的情况,了解带有隐私性、隐蔽性和个人性的情况,进行深入的"解剖麻雀"式的研究。

集体访谈法即开调查会或座谈会,是调查者邀请若干被调查者,通过集体座谈的方式了解相关问题的调查方法。集体访谈适合于了解某个群体（比如男生、有共同需要的学生、有共同爱好的学生等）的情况和想法。

2. 访谈调查的基本要求

（1）选择访谈对象

研究对象的选择要根据研究目的来确定。一些随机访谈调查可以随机选择对象,专家访谈就需要认真考虑所选择专家的权威性与影响力。选择和确定访谈对象前,往往需要对被访对象的情况作大致了解甚至深入了解,包括被访对象的身份、职业、经历、地位、专长、兴趣、性格等,为在访谈中寻求共同语言创造条件,同时也有助于提出有针对性的问题。

（2）准备访谈计划

访谈之前一般都要拟定或设计一份访谈计划以保证访谈的顺利实施。访谈计划一般包括以下内容:访谈目的,访谈类型,访谈主题,访谈具体问题,访谈步骤,访谈的具体时间、地点,访谈人员与访谈对象,访谈资料的记录方式等。如有必要,还需要设计访谈的备用方案。访谈提纲以简单、科学、实用为原则。

（3）展开正式访谈

进入正式访谈时需要注意以下几方面的问题。

做好介入工作。在访谈的开始阶段要做好几件事情：打招呼、问好，自我介绍，说明访谈的目的和话题，安排就座与做好设备（录音、录像设备等）的放置。以真诚、热情、谦虚、礼貌的态度开始谈话，尽可能使被访者在自然、轻松的状态下展开谈话。介入工作的目的就是做好访谈的基本准备，建立信任、合作的良好对话关系。

围绕主题谈话。要围绕访谈目的、遵循访谈提纲展开谈话。访谈的问题应由浅入深、由易到难、循序渐进。

营造良好氛围。访谈时善于运用多种技巧，如提问的技术、倾听的技术、回应的技术等，做好访谈过程中的心理调控，营造良好的交流氛围。

做好访谈记录。访谈记录从不同角度可分为当场记录、第三者记录、追忆记录、音像记录、内容型记录、观察型记录、方法型记录、内省型记录等多种，采访者可根据情况与需要进行选择。

3. 访谈调查的优缺点

访谈调查的优点是：可以做深入、细致的调查，从而获得大量真实、感性的材料，并可根据调查对象的状况灵活调整；能深入了解被访者的心理感受；可以观察被访者的表情、动态等体态语言，并从中获得有价值的信息；在访谈过程中，被访者也是研究的参与者，在双向交流中双方加深了解；有时访谈还能直接促进问题的解决。

访谈调查的缺点是：对调查者的素质要求很高，不适合大规模的调查，而且还需要花费大量的人力、物力和时间。

四、实验研究法

实验研究法是研究者按照研究目的，合理地控制或创设一定条件，人为地影响部分研究对象，从而验证研究假设，探讨教育现象的因果关系，揭示教育工作规律的一种研究方法。实验研究法在教育研究中运用范围越来越广。

专栏 6-3

实验法在教育研究中的发展历程

在实验法进入教育领域之前，教育研究主要使用描述性语言对教育现象进行解释，主要是哲学思辨的方法。

19世纪初，德国教育家赫尔巴特受数理逻辑的启发，主张用实验科学的量化方法来研究教育现象和教育问题。但他基本上仍然坚持逻辑论证和思辨方法，主张将量化表述和逻辑思辨结合起来。因此，赫尔巴特的教育研究方法带有一点逻辑实证的方法论色彩。

19世纪中期，自然科学形成了实验和检验假设的方法论，注重对事物进行量化分析，用数量化模型来描述和解释事物要素之间的关系，并通过对事物要素的关系命题的逻辑演绎或归纳来揭示事物的内在规律,这对社会科学产生了重要影响。实证主义的创始人孔德提出运用科学方法来研究社会领域,主张严格采用自然科学范式来研究社会现象(当然包括教育现象),追求方法、结论的科学化。

19世纪末20世纪初,实验和假设检验的逻辑方法在德国教育研究中问世。德国教育学家、心理学家梅伊曼和拉伊奠定了教育实验的基础。1901年,梅伊曼提出了"实验教育学"的概念。1908年,拉伊发表了在德国誉为"继赫尔巴特以后教育学说新纪元"的标志性著作——《实验教育学》,主张教育应该和心理学一样进行严格的实验研究。教育学应建立在教育实验的基础上,运用实验和假设的逻辑与方法以及定量描述,来确定教育活动中各要素的因果关系或相关关系,克服以往的教育理论只重视思辨的缺陷。自此,教育实验开始在教育领域盛行起来。

随着现代科学技术和统计学等相关学科的发展,教育研究的手段逐步科学化和高技术化。计算机的运用,用数学方式检测、描述、模拟,进行量化分析,使教育理论向严密科学的方向发展。

(一) 实验研究涉及的主要概念

实验研究是一种受控的研究方法,通过一个或多个变量的变化来评估它对一个或多个变量产生的效应。实验的主要目的是建立变量间的因果关系。一般的做法是研究者预先提出一种因果关系的尝试性假设,然后通过实验操作来进行检验。实验研究方法涉及一些概念,我们先要了解这些概念才方便更好地掌握该方法。

1. 研究假设

研究的问题一旦被明确界定后,就应建立研究假设。所谓研究假设,就是根据一定的观察事实和科学知识,对研究的问题提出的假定性看法和说明。其实,研究假设也就是研究问题的暂时答案。

假设是刚开始研究问题时的看法,具有一定的猜测性和假定性。但假设要有一定的科学依据,有一定的事实或理论根据。假设不是凭空的瞎想,它和神话、幻想、迷信有原则性的区别。一个科学假设必须能被实验所验证。

假设的形成要靠科学知识。在科学发展中,对同一问题的研究可以出现两种甚至多种不同的假设。这是由于假设所依据的事实材料和科学知识有限或不同,必然会得出不同的假设。例如,学生在课上听课注意力不集中,无精打采,可能有几种假设:教学内容枯燥乏味;教学方法缺乏启发性,照本宣科;学生学习过度劳累;教师自己不在状态等。这就是针对同一个问题,提出不同的假设,而且每一种假设都可以进一步检验。在科学研究中,常用实验验证某一假设。

2. 常量与变量

在实验过程中,常常需要涉及两个概念——常量和变量。

在社会科学研究中,常量是指研究课题中所有个体都具有的特征和条件。例如,在比较两种不同教学方法对初中三年级学生学习成绩影响的研究中,年级就是一个常量。因为初中三年级这一特征对每一个体都是相同的,它是研究中不变的条件。

变量是研究设计初期就要考虑的问题。根据变量发挥的不同作用,可以分为自变量、因变量、无关变量等。

自变量是受研究者操控的原因变量。换言之,自变量是引起另一变量发生变化的原因。因为自变量施加的影响,导致了另一变量发生了变化。

因变量是自变量作用于被试后出现的实验效应,也称反应变量。

自变量和因变量是实验研究中最重要的两种变量,一般可以直接或间接在实验中观察。

在实验中,除了研究者操纵的自变量和需要测量的因变量之外的一切变量都是无关变量。无关变量,也称控制变量、参变量,或额外变量,这是由于描述的角度不同造成的。无关变量是与研究目的无关的变量。虽然与研究目的无关,但在实际研究中它却可能对研究产生干扰或影响。形象地说:"自变量影响因变量,无关变量横插一杠。"在实验研究中,对无关变量要尽可能加以控制,以防止其对实验的影响。

图 6-1

自变量、
因变量与
无关变量
关系图

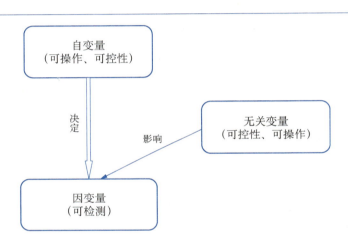

控制无关变量的方法有如下几种。①随机法。即采用随机的方法来选择和分配被试以有效地控制被试间的各种差异。②消除法。即在实验设计前,预先将可能影响结果的变量排除于实验条件之外。③平衡法。即设置控制组和实验组,使所有无关变量都以同一种水平同时作用于两个组。④纳入法。即把无法消除又难以平衡的无关变量当作自变量来处理。⑤恒定法。即对一些无法排除的无关变量,在实验中尽量使其保持恒定不变。⑥统计处理法。即用统计方法对实验数据进行处理,以排除或削弱无关变量的影响。

除了上述方法,最基本的还是要提高实验设计的科学性。

3. 实验组与对照组

为了确证实验组的结果是由人为进行的处理引起的,需要用同样的研究对象另外设置不做上述处理的一组事物进行观察,未做实验处理的这组事物称为对照组,也称为控制组。接受实验处理的研究对象的组别为实验组。

对照实验中,实验组与控制组可以是一对一的,也可能各有多个。实验结束时,比较实验组和控制组便可看出实验处理产生的差异,控制组提供了测量实验变异的参考

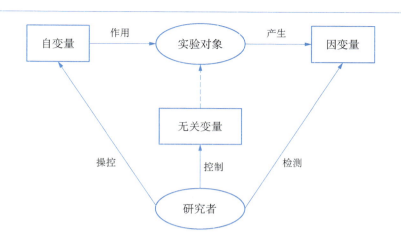

图 6 - 2

实验法中的
变量关系

点。实验组和控制组在实验过程中,全都处于同一条件下,只是实验组研究变量接受了实验处理。因变量在实验前后的变化应完全来自研究变量接受实验处理的结果。当然,要判断这种差异是否只来自实验处理,还必须比较实验组和控制组实验结束时的状态。

4. 前测与后测

前测是指实验前对实验对象所做的观察或测量。如学习之前检测学生的成绩。后测是指实验后对实验对象所做的观察或测量。如学习后检测学生的成绩。

通过前测与后测可以比较实验处理前与处理后发生的情况,找出因变量发生的变异,进而去探讨自变量与因变量的相关性或因果关系。实验研究中,实验组前测后测比较,对照组前测后测比较,以及实验组与对照组前后测比较,能充分地说明自变量的作用,因果分析可靠性程度高。

5. 实验效度

实验效度是指实验方法能够达到实验目的的程度,也就是实验结果的准确性和有效程度。实验效度主要包括内在效度与外在效度。

内在效度,也称内部效度,是指自变量与因变量的因果关系的真实程度。即因变量的变化,确实由自变量引起,是操作自变量的直接结果,而非其他未加控制的因素所致。内在效度表明的是因变量的变化在多大程度上取决于自变量。只有控制外来的无关变量,保证各方面变量的平等,才能保证实验结果是可靠的,否则无法显现假设中提出的因果关系,实验也不可能有效度。没有内在效度的实验是没有价值的。内在效度代表了实验研究结果的可解释程度。

外在效度,也称外部效度,是指实验结果的概括性和代表性,表明实验结果的可推广程度。具体来说就是,实验结果是否可以推论到实验对象以外的其他受试者、其他变量条件、其他时间与地点,以及实验情境以外的情境。

内在效度是实验质量的保证,是外在效度的先决条件,没有内在效度就无所谓外在效度。外在效度是实现研究价值的基本途径。没有一定的外在效度,一项研究的内在效度即使很高也无法体现其应用价值。内在效度高的实验并不一定具有高的外在效度。

6. 实验信度

信度是指使用相同指标或测量工具重复测量相同事物时,得到相同结果的可能性。如果某个指标或测量工具的信度高,那么它提供的测量结果就不会因为指标、测量工具或测量设计本身的特性而发生变化。

实验信度是指实验研究的方法、条件和结果是否可重复,是否具有前后一贯性。

专栏 6 - 4

效度与信度的关系

信度是效度的必要条件,但不是充分条件。有效度必须有信度,没有信度就没有效度;但是有信度,不一定有效度。

信度与效度之间存在如下关系。①信度低,效度不可能高。因为如果测量的数据不准确,就不能有效地说明所研究的对象。②信度高,效度未必高。③效度低,信度可能高。④效度高,信度必然高。

(二) 实验研究的基本类型

用不同的标准对实验进行分类,就是从不同的角度对实验进行分析,多角度的分析可以使我们对实验的认识更全面、更深入。

1. 前实验、准实验与真实验

根据对变量、实验组的控制程度和实验的深度或进程,可将实验划分为前实验、准实验与真实验。

前实验是自然情景下观察被试行为模式,不控制任何无关变量的实验。通常,前实验只有一组被试,没有控制组。其特点是:没办法去严格控制实验条件,受太多客观条件的制约。前实验不是严格意义上的实验,只是改变了变量然后观察对象的变化。这种实验还很粗糙。比如,老师转变了一下教学方式看看同学们学习效果有没有变化。

准实验指在实验中未按随机原则来选择和分配被试,只把已有研究对象作为被试,且只对无关变量做尽可能控制的实验。准实验采用大量假设先行推理,以自然情境中的人作为实验对象,在自然情境中观察他们,并尽可能地对有关条件加以控制。

准实验介于前实验和真实验之间,已经有点实验的样子,但还不像真实验那样要求严格。准实验设计与真实验设计的区别就是,被试能否随机分配。它与真实验最大的不同是不能随机分派实验对象,无法像真实验那样完全控制误差来源,只尽可能予以条件控制。

真实验是能随机分派被试,完全控制无关干扰来源,能系统地操作自变量的实验。真实验也称纯实验。

教育研究主要属于准实验范畴。

2. 单因素实验与多因素实验

根据同一实验中自变量数目的多少,可将实验分为单因素实验与多因素实验。

单因素实验是指同一实验中,研究者只操纵一个自变量的实验,也叫单一变量实验。单因素实验自变量单一、明确,所以操控比较容易,实验难度比较小。

多因素实验是指在同一实验中，研究者操纵两个或两个以上自变量的实验，也叫组合变量实验。多因素实验因为操纵的实验因素较多，所以实验的过程也比较复杂，变量观测的内容也随之增多，在研究上相对难度较大。

3. 探索性实验与验证性实验

根据实验的目的，可将实验分为探索性实验与验证性实验。

探索性实验是以认识某种现象或规律为目标，揭示与研究对象有关的因果关系并进行问题解决的实验。探索性实验不满足于假说的确认，还要在研究假说基础上进一步探索多种可能的结果，以求得问题的解决。也就是说，它还不知道实验结果，而且实验结果往往具有多种可能性。探索性实验往往尝试建立某种理论体系，具有较强的创新性。

验证性实验是以验证已经取得的研究成果为目标的实验。它通过对已经取得的成果的实验来检验其是否经得住再实验，以便在此基础上对该成果做出评估，进行反思、修正与完善。

（三）实验研究的基本要求

1. 实验研究的步骤

实验研究的一般有如下几个步骤：①发现并提出问题；②收集与问题相关的信息；③提出研究假设；④设计实验方案；⑤选取被试并配组；⑥实验前测；⑦引进自变量进行实验处理，观察并记录；⑧实验后测；⑨比较前后测差异；⑩验证实验假设，得出研究结论。

2. 实验研究的注意事项

（1）研究要有假设指导

实验研究要求在理论假设的引导下，有目的、有预见地操纵实验条件，进行研究。

（2）研究要求严控条件

从检验假设的需要出发，根据研究的性质条件，需要对研究环境和研究条件实施严格的限制，尽可能避免或减少无关因素的干扰，才能取得可靠的研究成果。

（3）研究必须实事求是

坚持以实验事实为依据，公开实验操作过程和操作方法，实事求是地报告实验结果，让不同的研究者进行重复验证，确保假设检验的客观性。

（4）研究要求遵循伦理

在遵循教育性原则的前提下开展实验，实验不违反社会道德伦理和当地法律法规。

（四）实验研究的优缺点

实验研究的优点在于，研究者可以按照自己提出的假设来决定研究的变量、设计变量的水平等，可以通过人为设计某种情境研究自然条件下遇到的现象，体现出较强的自主性。实验法比其他方法能更令人信服地揭示事物之间的因果关系。因为实验研究可以通过操纵自变量来观察因变量的变化，还可以通过设立控制组来判断操纵的强度，从而揭示变化的因果关系。实验法在条件上有严密的要求和控制，可以在不同的地方、不同的时间、不同的情境重复做，从而验证是不是产生同样的结果。实验的可重复验证性是研究科学性的集中体现。

实验研究的缺点在于，无法研究复杂现象，而且只能限于当前问题，对过去问题和将来问题的研究,实验方法不太可行。研究变量较难控制,自然科学研究的对象多是物,较易控制,而教育实验研究的对象大多是人,人类行为变化相当大。研究者人为地营造实验条件,使其远离现实情境中的"自然状态",会导致外部效度降低。如果研究样本本身不具有代表性,即便在分组时做到了随机化分派,也会使内部效度和外部效度降低。此外,教育实验研究的对象是人,涉及对实验对象的伦理保护,稍有不慎可能带来伦理问题。

五、行动研究法

行动研究(action research)作为一个专业术语、一种研究类型,是 20 世纪三四十年代在美国的社会科学中开始出现的。二战时期,美国社会工作者考尔(Collier, J.)、著名社会心理学家勒温(Lewin, K.)等人在对传统社会科学研究的反思中提出了"行动研究"。20 世纪 70 年代以来,由于"教师即研究者"(teacher as researcher)运动的开展,行动研究越来越受到教育实践工作者的欢迎。

"行动研究"的概念具有多种界定方式。对中小学教师的教学科研而言,行动研究是教师把自身的教育教学实践活动作为研究对象,边研究边实践、边实践边研究的一种研究方法。行动研究主要适用于教育实际问题而不是理论问题的研究,适用于中观、微观而不是宏观的实践研究,针对教育的实践情境,从实践中来又回到实践中去。

(一) 行动研究的特点

教育行动研究的特点可以概括为四个方面:为行动而研究(research for action),在行动中研究(research in action),由行动者研究(research by actors),对行动的研究(research the action)。

1. 为行动而研究

为行动而研究指出了行动研究的目的。行动研究的目的不是建构系统的教育教学理论,而是教师直接参与研究过程,以实践为中心,以解决问题为指向,为改善和革新自己的教育教学实践而实施研究。

2. 在行动中研究

在行动中研究指出了行动研究的情境与研究方式。行动研究的环境就是教师日常工作的实际情境,而不是经过特定安排、选择或控制的情境。行动研究是教师在工作中学会工作,在行动中学会行动,在问题解决中解决问题的一种研究方式。

3. 由行动者研究

由行动者研究指出了行动研究的主体。行动研究的主体是行动者,而不是行动之外的研究者。在行动研究中,行动者即是研究者,研究者即是行动者,研究者与行动者的角色是合二为一的。

4. 对行动的研究

对行动的研究指出了行动研究的内容。行动研究具有明显的实践性。行动研究的起点是教师教学工作中所遇到的实际问题。对实际问题进行解决的过程就是行动的过程。行动研究主要是研究教师在问题解决过程中的行为问题,即教师的实践行为及其改变策略。通过什么样的行动、如何进行行动,才能解决教学实践问题,达到解决问题、改变实践的目的,是行动研究的主要任务。

(二) 行动研究的过程

研究者们对行动研究提出了许多模型。虽然行动研究的模式有所不同，但人们还是达成了一定的共识，即行动研究是由若干相互联系、相互依存的环节组成的螺旋式上升的发展过程。20世纪40年代，勒温（Lewin, K.）不仅提出行动研究这个词，还提出了行动研究包括计划、行动、观察、反思四个环节，并且建立了行动研究螺旋循环操作的模式，即每一个螺旋发展圈又都包括计划——行动——观察——反思四个相互联系、相互依赖的基本环节。

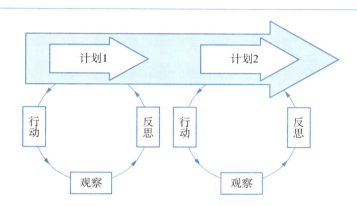

图 6-3

行动研究
四环节图

1. 计划

计划即旨在改进现状的行动蓝图，它始于解决问题的需要和设想。一般包括总体计划和每一个具体行动步骤的计划。研究者可以依据认识的不断深入和实际情况的变化来修改总体计划和具体行动计划。

2. 行动

行动即实施行动计划。行动计划的执行和实施具有灵活性。随着研究者对问题认识的逐渐明确，以及行动过程中各种信息及时的反馈，不断吸取参与者的评价和建议，对已制定的计划可在实施中修改和调整。

3. 观察

观察不是一个独立的环节，而是对行动全过程、结果、背景，以及行动者特点的观察。观察既可以是行动者本人借助于各种有效手段对本人行动的记录观察，也可以是其他人的观察。

4. 反思

反思是行动研究第一个循环周期的结束，又是过渡到另一个循环周期的中介。在反思环节中，在对观察到、感受到的与制定计划、实施计划有关的各种现象加以归纳整理的基础上，对行动的全过程和结果做出判断评价，并为下阶段的计划提供修正意见。这一环节包括三方面的工作：整理描述、评价解释、写出研究报告。

(三) 行动研究的优缺点

行动研究简便易行，较适合于没有接受过严格教育测量和教育实验训练的中小学教师采用。行动研究容许边行动边调整方案，不断修改。行动研究的条件控制比较松缓，注重实际的教育环境，较有利于在教育这样复杂的研究现象和领域内进行。行动研究还可汇集多种研究方法的作用,是多种科学研究方法的灵活和合理的并用。

行动研究法的局限主要表现在:由于其非正规性而缺少科学的严密性,在实际研究中,不可能严密控制条件,其结果的准确性、可靠性不够。

六、案例研究法

案例研究法最初运用于医学领域中,研究病人的案例。20世纪20年代以来,案例研究法在社会科学研究中得到普遍承认和广泛运用。随着教育科学的发展,案例研究法在教育教学领域也得到广泛运用。案例研究法是一种适合中小学教师的研究方法,对提高教师专业水平具有重要价值。

(一)案例研究概述

1. 案例研究的含义

案例是含有问题或疑难情境在内的真实发生的典型性事件。[①] 从这一概述中,可以看到,对事物静态的缺乏过程把握的描述不能称之为案例;信手拈来的没有问题或疑难情境在内的事件也不能称之为案例;没有客观真实为基础、缺乏典型意义的事件也不能称之为真正的案例。

案例研究法通常以单一的、典型的对象为具体的研究对象,通过对其进行直接或间接的、深入或具体的考察,了解对象发展变化的某些线索和特点,并在此基础上设计与实施一些积极的教育措施以促进它的发展。"案例研究就是以'案'例'理',说得通俗点,就是摆事实讲道理。只是这个道理是从'事'中分析出来的,'理'是蕴于'事'之理,'事'是有理之事。"[②]常言道"麻雀虽小,五脏俱全"。案例虽小,里面蕴含的道理可能却很丰富。案例研究针对研究对象的一些典型特征作全面、深入的考察和分析,整个过程就像解剖麻雀一样,让人们逐渐看清事物的全貌,因此这种方法也被形象地称为"解剖麻雀法"。

2. 案例研究的特点

(1)案例研究以"案例"为基本单位

案例研究的前提是有"案例"可供研究。案例是案例研究的对象,是案例研究的基本单位,没有案例就无所谓案例研究。案例研究中的"案"(即事件)起到"例"(即例子)的作用。案例是事理的承载体,是研究借以展开的凭借与抓手,案例研究主要就是针对案例展开有针对性的分析与讨论。

(2)案例研究是"案"与"理"的结合

案例研究以"案"(即"事")为单位,同时也以"理"为单位。案例研究是以"案"例"理"。案例研究的对象——案例虽然是小的(篇幅短小、事件不大等),但其蕴含的道理可能是深的,其蕴藏的意义可能是大的。案例研究就是要全面、深入地挖掘出蕴藏在案例背后与深处的这些道理与意义。因此,案例研究要对案例进行透彻深入的、全面系统的分析与探究。案例研究以案例引入,以事理的揭示、问题的讨论为旨归。

(二)案例研究的实施

从获得"事"与"理"的顺序的角度,案例研究有两种类型,即"主题先行"型与"循事

---

① 郑金洲著:《教师如何做研究》,华东师范大学出版社,2005年版,第161页。
② 李海林著:《语文教学科研十讲》,浙江大学出版社,2005年版,第277页。

探理"型。两者的实施程序略有不同。

1."主题先行"型案例研究

"主题先行"型案例研究包含了四个连续的环节：问题的提出——"案"的选择——"理"的讨论——案例写作。

（1）问题的提出

问题的提出，即先提出一个需要研究的问题。这个问题可以是教师教学实践中所面临的、亟待解决的问题，也可以是在日常学习中所碰到的有价值的、值得深入探讨的问题。提出问题后，往往还需要对问题进行进一步提炼，从中提炼出需要重点研讨的主题，以便根据主题搜寻案例。

（2）"案"的选择

"案"的选择，即根据提出的问题、选择的主题，寻找体现该问题的教学事件。这个过程其实是个案例资料的搜集、筛选过程。

（3）"理"的讨论

"理"的讨论，即寻找到教学事件后对它进行分析与研究，使该教学事件变成一个包含了某种教学规律、具有某种科学内涵的"例"。这个过程是案例研究的关键。对案例讨论分析的水平与质量，在很大程度上决定了案例研究的水平与质量。

（4）案例写作

案例写作，即用书面语言呈现问题的提出、教学事件本身，以及分析和讨论的过程与结果。

2."循事探理"型案例研究

"循事探理"型案例研究是先有教学事件，然后对教学事件进行主题把握与探讨。其基本程序是："案"的获得——主题的提炼——"理"的讨论——案例写作。

（1）"案"的获得

"案"的获得，就是在教学实践中获得了一个具有典型案例特征的、值得展开深入分析与讨论的教学事件。相对于"问题先行"型研究中有目的地搜寻案例，"循事探理"型研究中案例的获得往往带有很大的偶然性、机遇性。这需要教师在日常教学实践与阅读学习中多加留意。

（2）主题的提炼

主题的提炼，即从所获得教学案例中提炼出一个需要分析或值得分析的主题。

（3）"理"的讨论

"理"的讨论，即围绕提炼出来的主题，结合案例的具体情节内容，展开"事中抽理"的讨论与分析。

（4）案例写作

案例写作，即用书面语言把教学事件与讨论分析的结果呈现出来。

（三）案例编写的要素

一份完整的案例研究一般包括案例背景、案例描述、案例分析三项基本要素。

1. 案例背景

所谓背景就是对人物、事件起作用的历史情境或现实环境。对突出主题有帮助的历史情境或现实环境就是案例的背景。例如，向读者交代故事发生的有关情况：时间、地点、人物、事情的起因等。背景往往在深层次上决定或影响到案例的性质和结果,因此它十分重要。

2. 案例描述

案例描述是案例构成的主体,是有针对性地向读者交代特定的内容。在案例描述时,需要注意以下几个方面的内容。

(1)主题

案例要有一个主题,主题是指作品中所表现的中心思想,是作品内容的核心。每篇案例都应该有鲜明的主题,它通常应关系到教育教学的核心理念、常见问题、困扰事件,或者发生在学生身上的典型事件。

(2)起因

事件的发生总有原因,或是主观的,或是客观的,或是主客观兼有的。因此,案例写作要交代清楚是哪些条件导致了事件的发生。起因交代清楚才有助于读者理解后面的行为变化与行为结果。

(3)过程

案例的情境要真实具体,体现事件的过程性,不能从“预设目的”直接到“结果”,中间应该有过程,让人明白结果是如何发生的。在过程描述阶段,特别注意要有细节,特别是关键性细节一定要交代清楚。

(4)结果

案例描述不仅要说明思路、描述过程,还要交代结果,如某种教学措施的即时效果,包括学生的反应、教师的感受等。

3. 案例分析

案例描述之后是对案例进行理性的分析与研究。这是案例的重点所在。案例分析部分的重点是对案例做出评析,有的还加入进一步的讨论。

评析就是对案例所反映的主题和内容,包括教育教学的指导思想、过程、结果等的利弊得失,作出分析与评价。评析可以是进行深入的理论阐述,也可以是就事论事,有感而发。评析是建立在记叙基础上的议论,可以进一步揭示事件的意义和价值。

有的案例写作到评析就结束了,而有的还将进一步展开问题讨论。讨论是就案例中提出的问题或存在的问题展开讨论,这种讨论并不一定要给出肯定的答案。有时讨论部分可能还会提出一些悬而未决的问题,留给读者,让大家共同参与。这体现了案例研究的开放性。

(四)案例研究的优缺点

案例研究法的优点在于:体现了理论与实践、知识与能力、历史与现实、教学与研究、科学与艺术的统一。它提供了许多研究建议,为进行实践和提高研究问题的能力做了许多准备。

案例研究的局限性表现在:由于它是描述说明实况,变量很多,解决问题的方法也多种多样,所以无法证明答案的正确与否,因此研究结果的信度、效度和普遍性等无法得到确切说明。案例研究的归纳不是统计性的而是分析性的,这必定使归纳带有研究者的主观性,甚至带有偏见。

本章小结

教学是教师的核心工作,研究则是教师做好教学的重要保障。在实践中,越是注重研究的教师,就越有可能获得较快的成长与发展,也就越容易取得教学成效与成就。教师从事教育研究,无论是对推进教育教学改革,还是对促进自身专业发展都有较明显的推动作用。教育研究从不同角度可以有不同类型,一般来说,大体都会经历如下阶段:选择研究课题、查阅文献资料、制定研究计划、收集研究资料、分析研究资料、撰写研究报告。

教育研究有多种方法,本章主要就常用的几种方法做了介绍,分别是观察研究法、调查研究法、实验研究法、行动研究法、案例研究法等。每种方法都有其具体的表现形式、实施的基本要求,以及不同的优缺点。教师在教育教学活动中,可以根据面临的不同问题、可行性条件等选用不同的方法,也可将这些方法综合起来运用。

思考与实践

1. 为什么中学教师要从事教育研究? 教师的教育研究与专业研究者的研究有什么不同?

2. 请寻找一个中学教师撰写的研究报告,对这份报告的选题、结构、内容、体例等进行评析。

3. 有人认为,中学教师做的教育研究,应该是质性研究,从中学教师承担的工作以及知识积累、可行性等方面来看,没必要开展量化研究。你是否同意这种观点,为什么?

4. 学会课堂观察是中学教师的基本功。结合第七、八章中学教学的相关内容,阅读其他书籍或论著,对本门课某堂课的情况进行观察,并写出课堂观察报告。

5. 围绕学习《中学教育基础》,选择某一学习中的突出问题,编制一份问卷,并请同班同学作答。在此基础上,与同学们一道,就问卷编制存在的问题及后续改进方向进行讨论。

6. 自定访谈题目,自选访谈方式,做一次访谈调查,并写一份访谈报告。

7. 请阅读本章"开篇案例",就下列问题进行思考。

(1) 该实验设计属于前实验设计、准实验设计,还是真实验设计?

(2) 该实验设计中的因变量、自变量分别是什么?

(3) 这种实验设计的特点是什么?

8. 请收集分析教育行动研究的相关论著,讨论教育行动研究与其他行动研究的异同,当下的教育行动研究呈现哪些倾向、需要注意哪些问题?

9. 近年来,在我国中学兴起了"关键事件"研究。一般说来,关键性教学事件来自对教学中"有意义事件"的辨别,往往涉及师生在教与学中的互动方式。日常教学中发生的普通事情成为关键事件,在技术操作上要历经两个步骤,即关键事件的生成过程:首先,观察和记述所发生的事情,这是事件的事实性描述。其次,对事件进行解释、赋予其意义。前者是关于"什么"的记录,后者是关于"为什么"的分析。这种认识下的"关键事件"具有典型性和主观性的特征。请结合本章对案例研究的论述,进一步收集整理分析"关键事件"方面的研究资料,对案例研究与关键事件研究的异同进行评析。

延伸阅读

1. 裴娣娜. 教育研究方法导论[M]. 合肥：安徽教育出版社，2018.

2. 刘良华. 教育研究方法（第二版）[M]. 上海：华东师范大学出版社，2014.

3. 刘淑杰. 教育研究方法[M]. 北京：北京大学出版社，2016.

4. 郑金洲. 教师如何做研究（第二版）[M]. 上海：华东师范大学出版社，2012.

5. 李冲锋. 教师教学科研指南[M]. 上海：华东师范大学出版社，2009.

6. 李冲锋. 教师如何做课题[M]. 上海：华东师范大学出版社，2013.

7. [美]福勒. 调查研究方法（第3版）[M]. 孙振东，龙黎，陈荟，译. 重庆：重庆大学出版社，2004.

8. [英]科恩，马尼恩，莫里森. 教育研究方法（第6版）[M]. 程亮，宋萑，沈丽萍，译. 上海：华东师范大学出版社，2015.

9. [美]高尔梅瑞迪斯，高尔乔伊斯，傅格. 教育研究方法（第6版）[M]. 徐文彬，侯定凯，范皑皑，译. 北京：北京大学出版社，2016.

第二编

中学课程
与教学

【开篇案例】

据说,拉尔夫·泰勒(Tyler,R. W.)主持了著名的"八年研究"后名声大振。在一次午餐时,有个学校的校长向他请教,到底怎样才能把学校搞好,使课程教学有效。泰勒当即想了四句话要告诉他,他想把它们写下来却找不到纸,只好在一张餐巾纸上写下了那四句话。校长看后很满意。后来,泰勒在这四句话的基础上,进一步发挥,写成了一本书。这本书后来成了课程理论的经典,而以那四句话为核心所构成的"泰勒原理"则成为课程理论难以逾越的高峰。可以说,学习和研究课程理论的人,没有人不知道那四句话,也没有人不知道那本书。泰勒到底说了什么样的四句话呢?他又写了一本什么样的书呢?

让我们进入"课程"这一章的学习吧,学习后你就会明白了。

【学习指导】

1. 掌握课程的定义,了解不同课程流派的基本观点。

2. 认识课程的基本类型,把握每种课程类型的主要特征。

3. 认识课程的表现形式,掌握课程计划、课程标准、教科书、课表的基本内容。

4. 掌握课程的基本要素,了解各要素的含义及实施要求。

5. 了解课程开发的影响因素及不同模式。

在第一章中,我们了解到,教育因素由三方面构成:教育者、受教育者和教育中介。课程可以说是教育中介的核心内容,是实施教育的重要支撑。了解课程,认识课程,进而掌握课程的运用,是所有教师做好教育工作的逻辑前提。

一、课程的含义与流派

(一)课程的含义

课程是一个使用广泛而含义多重的术语,不同时代、不同的人、不同语境中,所使用的课程概念的内涵和外延是不相同的。从某种程度上,每个人都有对课程的认识、理解和建构。因此,要给出一个较为一致的、受到大家认同的课程含义,是非常困难的。但从人们对课程的不同理解中,却可以看出各种取向的课程概念。

在中国,"课程"一词最早出现在唐朝。唐朝孔颖达在《五经正义》里为《诗经·小雅·巧言》中"奕奕寝庙,君子作之"一句注疏:"维护课程,必君子监之,乃依法制。"据考证,这是"课程"一词在汉语文献中的最早记载。孔颖达用"课程"一词指"寝庙",其喻义为"伟大的事业",这里的"课程"含义十分宽泛,远远超出学校教育的范围,与今天的课程之意相去甚远。宋朝朱熹在《朱子全书·论学》中多次提及课程,如"宽着期限,紧着课程""小立课程,大作工夫"等。朱熹的"课程"主要指"功课及其进程",这与今天人们对课程的理解基本相似。在中国,从词源来分析,"课"是指"课业","程"是指"进程",课程主要指功课及其进程。

在西方,英语里面最早使用"课程"一词的是英国著名哲学家、教育家斯宾塞。他在1859年发表的一篇著名文章《什么知识最有价值》中使用了"课程"(curriculum)一词。课程这个词在拉丁文中原意是静态的"跑道"(race-course)或"道路"(career)。根据这个词源,最常见的课程解释是"学习的进程"(course of study)。这一解释无论是在英国《牛津字典》,还是美国《韦伯字典》,甚至《国际教育字典》,都是如此。

课程作为一个独立的研究领域,对其进行系统研究并从理论上加以概括是20世纪以后的事。一般认为,美国课程专家博比特(Bobbitt, F.)1918年出版的《课程》(*the Curriculum*)一书标志着课程作为专门研究领域的诞生。随后,查斯特(Charsters, W. E.)、拉尔夫·泰勒、布鲁纳(Bruner, J. S.)、麦克唐纳德(MacDonald, J. B.)等西方学者对推进课程论研究作出了突出的贡献。

博比特

综而观之,可以把课程界定为:课程是按照一定的教育目的,在教育者有计划、有组织的指导下,受教育者与教育情境相互作用而获得的全部教育经验。

(二)课程流派

在课程发展史上,由于价值追求的不同、对课程的理解不同、课程实践操作不同,逐渐形成了不同的课程流派,主要有学科中心课程论、活动中心课程论、社会中心课程论。

1. 学科中心课程论

学科中心课程论是主张以学科为中心来组织课程的理论。主要观点是:学校课程应以学科的分类为基础,以学科教学为中心，以掌握学科的基本知识、基本规律和相应的技能为目标。代表人物有夸美纽斯、斯宾塞、赫尔巴特、布鲁纳等。

布鲁纳的结构主义课程论

美国学者布鲁纳的结构中心课程论是学科中心课程论的重要分支流派。布鲁纳主张，任何学科都有一个基本结构，不论教什么学科，务必使学生理解学科的基本结构。所谓的学科基本结构，是指一门学科中的基本概念、基本原理、基础公理及相应的学习和探究该学科的基本态度和方法。例如，英语中的语法结构、构词规则，数学中的运算律、定理、公式等，都属于学科的基本结构。

布鲁纳认为，学科结构在课程编制上有两方面的意义：一是必须把学科普遍的和强有力的观念态度作为课程的中心，二是将教材分解为不同水平，使之与不同学生的接受能力结合起来。因此，布鲁纳主张要螺旋式编制课程。他提出了螺旋式课程编制的三个具体要求：符合儿童认识发展特点、教材能适当地加以转换、采用适合于促进儿童智慧成长的教学方式。

学科中心课程论的优点：①按学科组织教学内容，有利于文化遗产的保存与传递。②按学科教授相关知识，有利于系统知识的掌握。③根据学科逻辑编排教材，有利于促进学生思维的发展。④课程主要任务清晰，有利于基础知识与基本技能的学习。⑤课程结构比较单纯，容易教学和评价。

学科中心课程论的缺点：①按学科组织教学内容，容易把相关知识割裂开来。②重视了学科内容，而往往忽视了学科内容与社会问题的联系，导致课程内容与社会问题相脱节。③重视了学科内容，往往忽视了学生的兴趣和需求，不利于学生积极性主动性的发挥。

2. 活动中心课程论

活动中心课程论，也称儿童中心课程论，或经验主义课程论，是主张以儿童活动为中心来组织课程的理论，代表人物有卢梭、杜威等。作为与学科中心课程论相对立的一种课程理论，其主要观点如下。

第一，课程设置上，以儿童活动为中心。课程是为儿童的发展服务的，因此，课程设置应当以儿童的活动为中心，而不是以学科为中心。

第二，教材内容上，以儿童经验为内容。儿童的一切学习都来自经验，学习就是经验的改造或改组。学习必须和个人的特殊经验发生联系，教学必须从学习已有经验开始。儿童的直接经验就是教材的内容。

第三，学习方式上，强调在活动中学习。该理论认为，按学科编排课程不符合社会生活实际，不能解决现实问题，因而必须打破严格的学科界限，有步骤地扩充学习单元和组织教材，强调在活动中学习。

第四，教材编排上，基于儿童心理结构。教材的编排不应该从学科的逻辑出发，而应从儿童的心理结构出发，即根据学生的心理发展规律来安排教材。

　　第五,教师作用上,发挥协助引导作用。儿童是学习的主人,学习什么、什么时候学、如何学等,都应充分尊重儿童。教师不是学生学习的主导者,而应是儿童学习的辅助者和引导者。

　　活动中心课程论的优点:①尊重学生,重视学生的需要与兴趣,充分体现学生的主体性,有利于学生学习主动性、积极性的发挥。②强调实践活动,重视学生通过亲身体验获得直接经验,有利于培养学生解决实际问题的能力。③重视课程的综合性,主张以社会生活问题来统合各种知识,有利于学生获得对世界的完整认识。④强调教材的心理组织,有利于学生在与文化、与科学知识的交互作用中获得人格发展。

　　活动中心课程论的缺点:①过分夸大了儿童经验的重要性,忽视了儿童思维和其他智力品质的发展,往往把儿童日常生活中个别经验的作用绝对化而不顾及这些经验本身的逻辑顺序。②忽视了系统的学科知识的学习,学生只能学到一些支离破碎的知识,降低了学生的系统知识水平。③课程实施难度大。相对于学科课程而言,活动课程难以设计与组织实施,实施起来费时费力,资源消耗较大。④降低了教师的指导作用。教师在教学中多扮演儿童学习参谋或顾问的角色,难以发挥教师的指导作用,也容易使教师丧失责任心。

　　3. 社会中心课程论

　　社会中心课程理论,是从进步主义教育运动中分化出来的,主张围绕重大社会问题来组织课程内容的理论,主要代表人物有布拉梅尔德(Brameld, T., 1904—1987)等。社会中心课程论可以分为两大派:社会适应派与社会改造派。社会适应派认为,社会变化是个人发展的决定因素,社会在发生变化,设置课程和选择教学内容应为学生了解不断变化的世界与求得生存服务。社会改造派认为,社会在变化,把社会问题作为课程设计的核心,其宗旨不是为适应社会,而是把学生培养成社会改造的工具,帮助他们积极地投入社会改革中去。

　　社会改造主义课程论认为,设定课程目标的目的,不是让学生适应现存社会,而是要培养学生的批判精神和改造社会现实的技能。为此课程目标要统一于未来的“理想社会”的总目标;各门学科的内容统一于“社会改造”;课程安排统一于解决问题的活动。课程内容要以社会问题为中心,如学校课程要关注犯罪、战争、贫富、种族歧视、失业、环境污染、疾病、饥饿等问题,学生对这些问题要有批判性见解。课程组织以解决社会问题为逻辑,而不是以学科知识的逻辑为主线来组织课程。要尽可能让学生参与到社会生活中去,增强学生适应社会生活的能力。

　　社会中心课程论的优点:①强调课程建设要关注社会焦点问题,以社会需求来编排课程,反映社会政治经济变革的客观需求,有利于服务社会。②重视教育与社会、课程与社会的联系,强调课程结构有意义的统一性,深刻认识到社会因素对教育的制约作用。③强调课程学习应深入社会生活中,重视各门学科的综合学习,有利于学生掌握解决社会问题的方法,发展解决社会问题的能力。

　　社会中心课程论的缺点:①夸大的教育的作用,夸大了学校变革社会的功能,认为许多社会问题可以靠教育来解决,把课程设置的重心完全放在适应和改造社会生活上,这是不现实的。②忽视了学生的主体性,阻碍学生主体意识和能力的发展,其预想的课程目标很难实现。

我国的基础教育课程改革

　　我国在深入研究国际课程理论发展动态,切实把握基础教育新形势新要求的基础上,于本世纪初开展了新一轮基础教育课程改革工作。2001 年,教育部颁发了《基础教育课程改革纲要(试行)》等一系列政策文件,拉开了改革的序幕。20 年来,基础教育课程改革取得了一定成效,初步构建了符合时代要求、具有中国特色的基础教育课程体系。

　　近年来,基础教育课程改革继续向纵深推进。

　　第一,改革的目标任务进一步明确。改革的主要目标要重在体系、体制、机制的健全和完善。课程教材体系要上下贯通、有机衔接、相互协调、科学合理。改革的主要任务重在强化统筹。要统筹好学段、学科、教学环节、各方力量,以及各种育人阵地,搭建一个全方位、立体化的育人网络。

　　第二,改革的主要环节进一步聚焦。一是研究制定学生发展核心素养体系。要把对学生德智体美全面发展总体要求和新时期立德树人目标具体化、细化。二是研制中小学学业质量标准。要明确学生完成基础教育不同年级、不同学科学习内容后应该达到的程度要求。三是修订普通高中课程方案和课程标准。合理确定课程容量和难度,提高课程的适应性。四是改进学科教学育人功能。全面落实以学生为本的教育理念,将教育教学的行为统一到育人的目标上来。五是完善与课程改革相衔接的配套政策。要加强考试招生和评价的育人导向,注重综合考查学生发展情况

　　(资料来源　郑富芝:《全面深化基础教育课程改革》,《中学生英语(初中版)》2014年 9 月。)

二、课程的类型

　　课程涵盖内容丰富,涉及学生在学校生活中获得的所有经验。对课程从不同角度进行划分,可分出不同的类型。

(一)学科课程、活动课程和综合课程

根据课程的性质,可以把课程分为学科课程、活动课程和综合课程。

1. 学科课程

学科课程(subject curriculum),又称"分科课程",是按照学科分别设置,在教师的严密组织和具体指导下,侧重于各学科的逻辑顺序,以学习、掌握系统的基础知识和基本技能,发展学科能力为主要目的,以理论知识和间接经验为主要内容的教育课程。

学科课程的历史最悠久。我国古代,《礼记》上就有"诗书礼乐以造士"的记载。《史记》说:"孔子以六艺教人。"中国古代的"六艺",指礼、乐、射、御、书、数。在西方,古希腊、古罗马学校中,通行的有代表性的课程为所谓的七种自由艺术,简称"七艺",即文法、修辞、辩证法(逻辑)、算术、几何、天文、音乐。到中世纪,还有所谓的"武士七技",即骑马、游泳、投枪、击剑、打猎、下棋、吟诗。这些都可看作是最早的学科

课程。

学科课程经过夸美纽斯、赫尔巴特和斯宾塞等人的进一步理论深化而更加成熟。一直到今天,学科课程仍然是学校课程的主要课程形态。

学科课程之所有具有长久的生命力与它所具有的优点是分不开的。学科课程可以使相同或相近学科领域的基础知识连贯起来,形成逐步递进、内容连续的逻辑系列,有利于人类文化的传递;所授知识、技能具有完整性、系统性和严密性;便于老师教学和发挥教师的主导作用。

但学科课程也具有明显的局限性。学科课程的内容往往与学生的生活实际相脱离,在教学中容易忽视学生的兴趣及学生全面发展的价值,可能会压抑学生在教学过程中的主动性和积极性。因此,有必要对学科课程进行改革。

2. 活动课程

活动课程(activity curriculum),也称为经验课程或儿童中心课程,是从儿童的兴趣和需要出发,以儿童的经验为基础,以各种不同形式的一系列活动组成的课程。

活动课程强调联系儿童的社会生活经验,从儿童的兴趣与需要出发,以儿童的活动为中心来设计课程的内容、结构与过程。

专栏 7 - 3

活动课程案例

在英国的一次生物教学中,教师提着一筐土豆进了教室,要求学生自己想办法,来说明土豆皮的作用。教室里有多种仪器可供学生选用。其中有一个学生做得非常好。他选择了大小不同的两个土豆,把大的土豆削去皮,拿到天平上去称,直至与小的土豆同重。然后,把两只土豆放在炉子里烘烤一段时间。拿出来后,再放到天平上称。结果发现,带皮的土豆重于去皮的土豆。由此说明,土豆皮具有保持水分的作用。然后,把两只土豆放在空气中,结果,几天后去皮的土豆烂了,而带皮的土豆没有。由此说明,土豆皮可防止腐烂。

这一案例中,教师没有直接向学生讲授:土豆皮的作用有两点,一是保持水分,二是防止腐烂;而是给学生提供土豆、仪器,提出要求,指导学生发挥自己的聪明才智去解决问题。学生通过自己的思考想出了与众不同的方法,其创新精神得到了培养;学生通过自己动手实验,其动手实践能力也得到了锻炼。

活动课程强调学生的自主性和主动性,强调学生通过自己的实践活动获得直接经验,强调训练学生的综合能力及个性养成。但它也有局限性:课程内容及安排往往没有严格的计划,不易使学生获得系统、全面的科学知识和基本技能。

活动课程与学科课程,很大程度上是对立的两种课程类型,也是迄今为止使用范围最广的课程。两种课程类型无论是在认识论、方法论层面,还是在具体实际操作层面,差异明显。

	学科课程	活动课程
认识论	知识本位	经验本位
方法论	分析	综合
教育观念	社会本位论 "教育为生活作准备"	个人本位论 "教育即生活"
知识的传递方式	间接经验	直接经验
知识的性质	学术性知识	现实有用的经验性知识
课程的排列	逻辑顺序	心理顺序
课程的实施	重学习结果	重学习过程
教学组织形式	班级授课制	灵活多样
学习的结果	掌握"双基"	培养社会生活能力、态度等

表 7－1

学科课程与活动课程的差异[①]

3. 综合课程

综合课程（integrated curriculum）是与分科课程相对应的一类课程，它打破传统的从一门科学中选取特定内容构成课程的做法，而是根据一定的目的，从相邻相近的几门科学中选取内容并将这些内容相互融合，构成课程。

根据综合课程的综合程度及其发展轨迹，可分以下几种。一是相关课程（correlated curriculum），就是在保留原来学科的独立性基础上，寻找两个或多个学科之间的共同点，使这些学科的教学顺序能够相互照应、相互联系、穿插进行。二是融合课程（fused curriculum），也称合科课程，就是把部分的科目统合兼并于范围较广的新科目，选择对学生有意义的论题或概括的问题进行学习。三是广域课程（broad curriculum），就是合并数门相邻学科的教学内容而形成的综合性课程。四是核心课程（core curriculum）。核心课程是围绕人类基本活动或一些重大的社会问题来确定中心学习内容的一种课程。人类基本活动或社会问题就像包裹在教学内容里的果核一样，所以叫核心课程问题。核心课程也被称为问题中心课程。

综合课程的综合范围可大可小，可以是相近学科在基础范围中的综合，也可以是拓展边缘学科的新课程领域。综合课程的开设既是现代科学发展的需要，又是学生认识和把握科学知识基础的需要。综合课程往往以主题组织教学内容，围绕主题把与主题相关的内容，既综合又分开的讲授出来。

综合课程案例

专栏 7－4

"认识海洋"这一课程以"海洋"为主题，涉及很多学科的相关内容。（1）课程中会讲到世界各大洋的分布、海洋生态、大气圈、季风的形成等内容，这就涉

---

① 郑金洲著：《教育通论》，华东师范大学出版社 2000 年版，第 283 页。

及自然地理的内容。(2)在讲海洋中的动植物时,则会涉及生物学的内容。(3)在讲海洋的形成时会讲到水,水是由 H 元素和 O 元素组成的;也会讲到海水里面含有大量的盐,其成分是氯化钠等,这就涉及化学的内容。(4)讲到水时会讲到水的"三态(液体、固体、气体)变化":水受冷至零摄氏度时会结成冰,受热至一定程度时,会蒸发变为气体,这就涉及物理学的内容。这样,通过海洋这一主题,就把地理、生物、物理、化学等学科的内容有机地组合在一起,实现了课程的综合,从而使得学生对"海洋"有了一个全方位的立体的了解与认识。

综合课程有助于增强学科间的横向联系,避免完整的知识被人为地割裂;符合学生认识世界的特点,有利于学生整体把握客观世界;有利于解决有限的学习时间与人类科学技术飞速发展的矛盾。通过综合课程,能够在一定程度上压缩课时,使学校在较短的时间里安排学生学习更多的知识。

当然,综合课程并不是简单地将几门学科拼凑到一起,若不能真正体现综合,就会变成"凑合",就不能体现综合课程的优势。因此,无论是综合课程的开发还是教学,都要真正体现综合性。

(二)国家课程、地方课程、校本课程

根据课程的管理归属,可以把课程分为国家课程、地方课程和校本课程。当前,我国的基础教育在课程类型上,是以国家课程为主,地方课程和校本课程为辅。

1. 国家课程

国家课程(national curriculum)是由国家教育行政部门规定的课程。

国家课程具有统一规定性和强制性。国家课程是一个国家基础教育课程方案的主体部分,对于基础教育的发展,特别是人才培养的质量和规格具有决定性作用。国家课程可以确保学生学习的权利,明确学生在接受学校教育时应达到的标准,提高学生接受学校教育的连续性和连贯性,为公众了解学校教育提供依据。

2. 地方课程

地方课程(local-based curriculum),又称为地方本位课程,或地方取向课程,它是地方教育主管部门以国家课程标准为基础,在一定的教育思想和课程观念指导下,根据地方社会发展及其对学生发展的特殊需要,充分利用地方课程资源所设计的课程。

地方课程常用来指地方自主开发、实施的课程。它是不同地方对国家课程的补充,反映了地方和社区对学生素质发展的基本要求,具有鲜明的地域色彩。对于地方课程的地方本位,可以从三方面理解:一是立足于地方,二是服务于地方,三是归属于地方。地方课程可以促进国家课程的有效实施,弥补国家课程的空缺,加强教育和地方的联系,调动地方参与课程改革与课程实施的积极性。

3. 校本课程

校本课程(school-based curriculum)是学校在充分理解国家课程标准的基础上,从实际出发,根据自身特点与资源,灵活组织编制并实施的个性化课程。

校本课程的本质内容主要表现在三个方面:一是在课程权力方面,学校拥有课程

自主权。二是在课程开发主体方面,教师是课程开发主体。三是在课程开发的场所方面,具体学校是课程开发的场所。

所谓校本,一是为了学校,二是在学校中,三是基于学校。为了学校,是指要以改进学校实践、解决学校所面临的问题为指向。在学校中,是指要树立这样一种观念,即学校自身的问题,要由学校中的人来解决,要经过校长、教师的共同探讨、分析来解决,所形成的解决问题的诸种方案要在学校中加以有效实施。[①] 校本课程可以确保国家课程的有效实施,照顾学生的个别差异,促进教师专业能力的持续发展。

校本课程开发(school-based curriculum development 或 site-based curriculum development,缩写词是 SBCD),是以学校作为课程开发的基地,通过学校教师的日常教学实践推进课程开发的一种形式。校本课程开发的价值追求在于各学校间的个性、多样性与灵活性。

项目	国家课程开发	校本课程开发
课程目标	以开发全国共同、统一的课程方案为目标	以开发符合学生、学校或地方等特殊需要的课程方案为目标
参与人员	课程开发是学者专家的权责,只有校外的学者专家有权参与课程开发	所有的与课程开发有利害关系的人士均有参与课程开发的权责
课程观	课程即书面的课程文件,是计划好的课程方案	课程即教育情景与师生互动的过程与结果
学生观	学生无个别差异,是被动的学习个体,课程可以在事前做好详细、完善的计划	学生不但有个别差异,也有主动建构学习的能力,课程因学生需要进行调整
教师观	教师仅是课程的实施者,教师的职责就是依照设计好的课程方案加以忠实的呈现	教师是课程的研究者、开发者与实施者,教师有主动诠释课程、开发课程的能力

表 7-2

国家课程与校本课程开发模式比较[②]

专栏 7-5

某中学校本课程开发案例

主题:家乡名胜古迹
一、课程目标
1. 培养学生利用多种方式搜集、整理资料信息的能力。
2. 培养学生动手制作能力、动口表达能力、协作能力、归纳总结能力。
3. 培养学生热爱家乡、热爱祖国的高尚情感并能自觉承担起建设祖国的责任感。

二、课程门类和内容

（一）门类

历史。

（二）内容

1.查资料了解当地名胜历史古迹及历史。2.实地观察当地名胜古迹并拍成照片或制作成视频。3.学生动手写下自己了解当地名胜古迹后的感受。

三、课程实施设想

学生分组活动,每组同学各自分工。1.根据调查内容不同分别采用收集数据、图片、照片,访谈长辈等不同方式开展活动。2.将收集到的资料制作成多媒体课件、手抄报、演讲稿、绘画作品等,以多种形式展示家乡名胜古迹。3.针对展示资料谈感想。

四、课程评价设想

（一）分类评价

1. 学习态度。优秀:态度明确,积极参与,大胆质疑,主动探究。良好:态度端正,主动参与,认真完成各项任务。合格:态度较端正,能参与活动,按时完成各项任务。

2. 实践作品。优秀:主题明确有创意,材料详细。良好:材料详细,能完成作品。及格:能完成作品。

（二）反思性评价

在期末,每班开展以"我对家乡的名胜古迹了解多少"为主题的反思性评价,主要让学生描述自己的经历与体会,引导学生自觉反思过去的得与失。从而为今后不断完善、改进做准备。反思性评价后,全班采用民主评议的方式,对表现突出的学生进行适当的奖励。

（三）综合性评价

这一课程涉及多种调查分析材料的能力,要善于发现学生的闪光点,及时进行鼓励、表扬,以赏识为核心。

五、课程开发保障

进行这一课程前要对学生进行鼓励、发动。在活动过程中教师也要尽量参与到讨论、制作、评价中,及时给予学生以指导、鼓励。

（三）必修课程、选修课程

根据课程的修习要求,可以把课程分为必修课程和选修课程。

1. 必修课程

必修课程（required courses）是指同一学年的所有学生必须修习的公共课程。必修课程是为保证所有学生的基本学力而开发和设置的课程,强调学生的"共性发展"。在基础教育阶段设置国家规定的必修课程是为了保证学生有良好的基本学力和最低限度的共性发展。必修课程的学习会为选修课程的学习打下良好的基础。过早的教育分流很可能会对学生今后的专业学习及转换造成不可逆的负面影响。必修课程也是对学生进行通识教育的重要措施。

2. 选修课程

选修课程（elective courses）是指依据不同学生的个性特点与发展方向,容许个人有所选择的课程。选修课程是适应学生的个别差异而开发和设置的课程,强调学生的"个性发展",也将尽可能发掘每个学生的潜在可能性作为课程的目标。

选 修 制 度

选修课程的产生与选修制度(elective system)相关的。选修制的确立最初是在大学,后来才传播到中学。最早倡导选修制的是 1810 年创办柏林大学的德国著名教育家洪堡(Von Humboldt,W.),他主张在大学里,教授可以自由地教他认为最好的课程,学生也可以学习他愿意学习的任何课程。选修制的真正发展是在美国。1825 年,弗吉尼亚大学首开选修课,但作为一种制度尚未正式确立。直到 1869 年,选修课制度才由美国教育家、哈佛大学校长埃利奥特(Eliot,C. W.)正式确立,并大力推行。1893 年,以埃利奥特为首的美国"中等学校研究十人委员会"(the Committee of Ten on Secondary School Studies)基于充分的调查研究,正式倡导在中学开设选修课程。至 20 世纪初,选修制开始席卷欧美大中学校。选修制传入我国是在 20 世纪初,它的出现与五四运动时期倡导科学与民主、个性自由与解放的思潮直接有关。

(四) 显性课程、隐性课程

根据课程的表现形态,可以把课程分为显性课程和隐性课程。

1. 显性课程

显性课程(explicit curriculum),通常称为"正式课程",是指为实现一定的教育目标而正式列入教学计划的各门学科以及有目的、有组织的课外活动。显性课程具有计划性的特点,一般有固定的教材,有规定的教学内容,有明确的教学目标,同时易于进行测量与评价。凡是列入课程表的课程都是显性课程。

2. 隐性课程

隐性课程(hidden curriculum),又称为"潜在课程""隐蔽课程",与显性课程相对,是指学校通过教育环境有意无意地传递给学生的非公开性的教育影响。隐性课程中的课程并非实指,而是借以指伴随者正规教学内容,或不自觉随机出现的对学生产生潜移默化教育影响的那些内容。它通过包括渗透在教材和教学活动中的被人忽视的各种因素,包括校容校貌、班风学风、礼仪习惯、人际关系、文化应试教育、刻板印象、教师的举止言行,以及学校制度等等。

三、课程的表现形式

课程作为学生在学校生活中获得的经验,是通过一定的形式表现出来的。这些具体表现形式,主要有课程计划、课程标准、教科书和课程表等。

(一) 课程计划

1. 课程计划的含义

课程计划,是国家教育主管部门根据教育目的和培养目标制定的有关教学和教育工作的指导性文件。课程计划是课程的具体表现形式之一，是课程的总体设计或总体规划，它规定教学的科目、学科设置顺序、各门学科的教学时数和学年编制。课程计划体现着国家对学校的统一要求和办学的质量标准，是学校组织教学和教育工作的重要依据，是实现教育目的和任务的蓝图。

2. 课程计划的内容

课程计划主要由培养目标、课程设置、实施要求、课程评价等内容组成。

（1）培养目标

课程计划对培养目标做出了相应的反映。我国中学教育的培养目标是通过对学生实施全面的基础教育，使他们在德、智、体、美、劳等方面都能得到发展，使他们具有为社会主义现代化建设服务的基础文化素质。

（2）课程设置

课程设置是课程计划的核心内容，它对学校开设的教学科目、各学科的开设顺序、各门学科的授课时数及学年编制等都做出明确规定。

科目设置。开设哪些学科是课程计划的中心问题。中小学的教学科目设置，基本以科学的分类为依据，并选择其中最一般的、对青少年一代最必需的科学知识构成学科。

学科顺序。各门学科的开设顺序是课程设置的重要内容。课程计划中设置的各门学科不能同时齐头并进，也不宜单科独进，一定要按规定年限、学科内容、各门学科之间的衔接、学生的发展水平，由易到难，由简到繁，合理安排，使先学的学科为以后学习的学科奠定基础，同时学的学科之间能相互沟通，并满足学生多方面发展的需要。

课时分配。课时分配包括各学科的总时数，每一门学科各学年（或学期）的授课时数和周学时等。各门学科的课时数的分配要根据学科的性质任务、内容分量、难易程度、在课程计划中的地位和作用等进行综合考虑。

学年编制和学周安排。这部分主要包括学校里的学期划分、各个学期的教学周数、学生参加生产劳动的时间、假期和节日的规定等。我国学校一般均为秋季招生与始业，一学年分为两个学期，学期之间有寒假或暑假。

（3）实施要求

实施要求是对课程计划的实施所做出的各项要求，是顺利完成课程计划的必要保障，它对课程计划的地位、调整权限、适用范围等做出指令性解释。

（4）课程评价

课程评价主要是对课程评价方式方法、评价原则等做出总体规定。课程评价是对学生学习效果的检测，是对学校教育教学工作的鉴定和考核。

专栏 7-7

课程计划的演进

课程计划，也称为课程总纲、教学计划、课程方案等。

1881年，清政府制定了一个类似现代课程计划的文件，称之为"课程规条"。

1904 年，光绪皇帝批准了由张百熙和张之洞主持拟订的《奏定学堂章程》，它具有一定的课程计划的性质，其中有关于课程设置方面的内容。1912 年，时任教育总长的蔡元培主持制定了我国第一个《普通教育暂行课程标准》，这种"课程标准"以及其中规定的"分科课程标准"，在旧中国学校中沿用了很长时间。中华人民共和国成立后我国教育开始全面模仿苏联，1952 年 7 月我国颁布了《师范学院教学计划（草案）》，1953 年又制定出我国第一个《中学教学计划（修订草案）》，自此，"教学计划"的名称在我国沿用。1992 年 8 月原国家教委颁布《九年义务教育全日制小学、初级中学课程计划（试行）》，正式使用了"课程计划"一词。2003 年教育部颁布了《普通高中课程方案（实验）》，开始使用"课程方案"一词。

（二）课程标准

1. 课程标准的涵义

课程标准是确定一定学段的课程水平及课程结构的纲领性文件。它规定了学科的教学目的与任务，知识的范围、深度和结构，教学进度以及有关教学方法的基本要求。课程标准是课程计划的分学科展开，它体现了国家对每门学科教学的统一要求，是编写教科书和教师进行教学的直接依据，也是衡量各科教学质量的重要标准。

2. 课程标准的内容

课程标准一般由以下几部分内容组成。

前言部分说明本课程的性质与地位，阐明课程的基本理念，以及本课程标准的设计思路等。

课程目标规定课程的总体目标及各学段（或年级）的具体目标。

内容标准是课程标准的中心部分或基本部分。结合具体内容，规定教学所要达到的最低标准，通常会以案例的形式给出教学建议。

课程实施建议部分给出教学建议、评价建议、教材编写建议，以及课程资源的开发与利用建议等。

课程标准的历史演进

专栏 7-8

1912 年 1 月，中华民国教育部公布了《普通教育暂行课程标准》。此后，"课程标准"一词沿用了约 40 年。

课程标准一般包括总纲和分科课程标准两部分。前者是对一定学段的课程进行总纲设计，是一种纲领性文件，规定各级学校的课程目标、学科设置、各年级各学科每周的教学时数、课外活动的要求和时数，以及团体活动的时数等；后者根据前者具体规定各科教学目标、教材纲要、教学要点、教学时数和编订教材的基本要求等。

1952 年后，称前者为"教学计划"或"课程计划"，后者为"教学大纲"。

2001年基础教育课程改革以来，前者称为"课程方案"，后者称为"课程标准"。下面所谈到的"课程标准"是从后者意义上使用的概念，即课程标准是各学科的纲领性指导文件，规定了学科的教学目的和任务，知识的范围、深度的结构，教学进度以及有关教学法的基本要求，是课程计划的分学科展开。

（三）教科书

1. 教科书的涵义

教科书，也称教材、课本，是依据课程标准编制的、系统反映学科内容的教学用书。教科书是课程标准的具体化，课程计划中规定的各门学科，一般均有相应的教科书。教科书不同于一般的书籍，通常按学年或学期分册、单元和章节。它主要由目录、课文、习题、实验、图表、注释、附录等部分构成。课文是教科书的主体部分。

随着科学技术的发展，教学手段的现代化，教学内容的载体也多样化了，教科书的概念也已经扩展了，有人用教材的概念来表达。下面的内容都属于教材的范围：

① 教科书

② 教学指导书/参考书

③ 自学指导书/辅导书

④ 实验指导书/辅导书

⑤ 补充读物/课外读物

⑥ 工具书、挂图、图表、其他直观教具

⑦ 多媒体教学软件、教学程序软件包

⑧ 录音磁带

⑨ 幻灯片、电影片、音像磁盘或录像带等

其中，使用最普遍的还是教科书，其他大都具有教学辅导材料的性质。

一些教科书

一些教辅书

专栏 7-9

世界上的教科书认可和采用制度

日本教科书研究中心的研究人员在对 23 个国家和地区的教科书制度研究后,把教科书的认可和采用制度归纳为以下五大类。

第一类是国定制,即由国家和地方教育行政部门决定的制度,苏联、印度等国是完全实行国定制的,韩国除此之外还部分使用审定制,有的国家则部分的使用国定制。

第二类是审定制,即由民间编写,经国家或地方教育行政部门审查、批准的制度,如日本、西班牙、以色列等国就实行这一制度。

第三类是认定制,即由民间编写,经国家或地方教育行政部门认可的制度。它与审定制的不同在于它的教科书的内容不受官方的制约。这种制度的使用以法国、加拿大为典型。

第四类是选定制,即由国家或地方教育行政部门在各门学科里都选定几种教科书,供各学区或学校选择。荷兰以及美国的 27 个州就采用这种制度。

第五类是自由制,即教科书的出版发行完全自由,教科书的使用也由学区或学校自己选择。英国、澳大利亚等一些国家和地区就使用这种制度。

2. 教科书的编写

（1）教科书编写原则

教科书的编写要求妥善处理思想性与科学性、观点与材料、理论与实际、知识和技能的广度与深度、基础知识与当代科学新成就的关系,还要遵循一些基本原则。

适应性原则。教科书要适应当前的社会发展、个人发展、知识发展,适应教育制度、教学目标、教学环境等。

综合效应原则。教科书编写要兼顾传授知识、培养能力和思想品德方面,兼顾社会发展和个人发展。

整体性原则。教科书是作为一个整体存在并发挥其综合功能的,单科教材与教材系列要互相一致,构成一个整体。

系统性原则。教科书编写要重视知识的连贯性,它和整体性一起构成了学生所学内容的总框架。

稳定与弹性结合原则。要注意教科书的稳定性和变动性的统一。

渐进性原则。教科书编写要不断总结经验,采用螺旋式上升策略。

效能原则。教科书编写要有助于教学,有助于提高教学效率。

（2）教科书编写方式

在已经确定教科书内容的基础上,教科书的编写要针对各科教科书的特点确定教科书的排列和组合方式。教科书编写历史上大致出现过以下几种方式。

直线式,对一科的教科书内容采取环环相扣、直线推进的排列方式,基本上以学科体系为纵轴。

圆周式,随着学生年龄的增长和理解程度的加深而逐步扩大教科书的广度,深度上没有特殊要求。

　　螺旋式,针对学生接受能力、认识能力和学科特点,按照繁简、深浅、难易等的不同程度,使一种教科书的基本概念和基本原理分层次地重复出现,逐步扩展,螺旋式上升。螺旋式编制,一方面保证了"直线式"组织课程的优点,另一方面又继承了"圆周式"由同心圆一波又一波拓宽的心理组织方式,以使学生在"深"和"宽"两方面得到循序渐进地提升。

　　过渡式,它是为跨入新阶段学习新知识掌握新方法而提高安排有关奠基内容的编排方式。

(四) 课程表

　　课程表是课程在实施过程中具体而微观的表现形式,它以表格的方式呈现课程(科目)在具体实施中的位置。课程表上不仅反映课程(科目),也反映晨起、晨练、晨读、(早、晚)自习、班会、课间休息、课间操、课外活动等内容。

　　课程表,按照所适用的范围,一般分为学校课程表和班级课程表两种类型。

　　学校课程表,是对全校不同年级和不同班级课程的安排。学校课程表要协调不同课程(科目)、教师时间、教室使用、学校设备、设施使用等多方面的因素。

　　班级课程表,是对一个具体的班级的课程的安排。班级课程表,在学校课程表协调的基础上,还要协调不同课程(科目)、自习、班会等相关因素。

　　课程表的安排,一般明确什么时间、地点、人物、课程、活动等因素。

　　课程表上的时间,一般是以"周"为单位排的,即每周如此循环;有的课程要分单、双周;另一方面,每天的时间也可清清楚楚地加以科学的划分,要写清楚具体的上下课时间和活动时间,以便师生按时上下课或开展相关活动。

　　课程表上的地点,主要是教室、实验室、上课使用的场地等。这些地点在学校课程表上往往需要标注清楚,以备查询或调课时使用。由于这些地点的使用相对固定,教师告诉学生一下就可以了,所以班级课程表上一般不标注。

　　课程表上的人物,主要是任课教师,或某班级(的学生)。这也主要在学校课程表上体现。

　　课程的安排是课程表使用的根本目的所在。课程表要把不同课程(科目)在每天、具体的时间体现出来。

　　课程表还会把晨起、晨练、晨读、(早、晚)自习、班会、课间休息、课间操、课外活动等活动内容体现出来。这些活动内容有的是全校统一、全年级统一的,需要体现统一性;有的则需要不同年级或班级之间错位开展。因此安排课程时,需要统筹考虑。

　　课程表中,有时用些说明性的文字,对在表格中不能清晰表达的内容加以解释说明。总之,小小的一张课程表,就规划好了学校的

课表

日常生活。

四、课程的构成要素

一般认为,课程的构成要素主要包括课程目标、课程内容、课程实施和课程评价四个方面。

(一)课程目标

1. 课程目标的含义

课程目标是指课程要实现的具体目标和意图,是指导整个课程编制的准则,也是指导教学的重要准则。

课程目标与教学目标联系最为紧密,常有人把二者混为一谈,甚至使用"课程与教学目标"这样含混的说法。但二者的区别是明显的,主要体现在目标制定者、目标使用范围和目标功能等方面。[①]

课程目标主要是由教育行政部门和课程工作者完成的,具有较强的方向性和规定性;教学目标主要由教师来制定,具有较强的实用性和灵活性。

课程目标首要作用是为课程编制提供依据和参考,其次是为教师的教和学生的学提供参考;教学目标主要为教师的教和学生的学提供依据。

教学目标是最具实践性和实效性的教育目标,它是教学活动的起点和终点,也是教学评价的重要依据;课程目标是培养目标和教学目标的桥梁目标,其衔接作用和指导意义是其他教育目标不可代替的。

2. 课程目标的制定

制定课程目标需要有一定的依据。根据已有的研究,可以确定的是,学生、社会、学科是课程目标的三个基本来源。因此,要对它们进行研究,并处理好三者之间的关系。美国著名课程论专家拉尔夫·泰勒在《课程与教学的基本原理》一书中,把学习者的需求、当代社会生活的需求和学科的发展作为课程目标的三个来源。他认为,任何单一的信息来源,都不足以提供能让学校为教育目标做出全面且理智的决定的基础。每种来源都具有某种可取的价值。

(1)对学习者本身的研究

课程是为学习者而设的,如果不熟悉学习者的状况就无从设定目标。泰勒强调对学习者需要和兴趣的研究,"学校没必要重复学生在校外已获得的教育经验。学校应将精力集中于学生现阶段发展的严重差距上。"[②]因此,那些指明这些差距即教育性需要的研究十分必要,它能为选择教育目标提供基础。这类研究大多由两部分组成:一是发现学生的现状,二是将这种状况与公认的常模作比较,以确定差距或需要。另一种特别值得关注的是对学习者的研究,是对学生兴趣的调查。这是因为课程学习是一个主动的过程,它要求学习者自己积极主动地学习。明确学生的需要和兴趣,能为提出课程目标提供有价值的基础。

---

① 高孝传、杨宝山、刘明才主编:《课程目标研究》,教育科学出版社,2001年版,第5—7页。

② (美)拉尔夫·泰勒(Ralph W. Tyler)著,罗康、张阅译:《课程与教学的基本原理》,中国轻工业出版社,2016年版,第8页。

（2）对当代社会生活的研究

随着社会的发展和知识体系的突飞猛进，学校要完成其所担负的所有任务实有困难，学生要学习所有的知识也不可能，因此，有必要从文化遗产中精选最重要的内容教给学生。同时，社会的发展对人的素质也提出了要求，教育要培养适应社会发展的人。为此，有必要对当代社会生活进行研究，并据此设置课程目标。

（3）对学科的研究

学生在学校中所要学习的课程主要是在日常社会生活经验中难以获得的知识，而学科是知识的主要支柱，而且它们在课程目标的实现上具有重要教育功能。学生在学校中所学习的课程实际上要通过分门别类的学科来实现。因此，学科知识及其发展成为课程目标的基本来源之一，制定课程目标时必须研究学科知识、类型及其价值。

在把学科及其发展作为确定课程目标的来源时，必须正确地认识并把握知识的价值。这需要思考如下问题。第一，知识的价值是什么？即知识的存在是为了理解世界，还是为了控制世界？第二，什么知识最有价值？英国的斯宾塞提出了这一著名命题，并坚定地回答："什么知识最有价值，一致的答案就是科学。"①今天看来，这种功利主义的课程观并不能解决人类所面临的问题，人们开始意识到，最有价值的知识除了科学，还有使生活意义得以提升的知识，因此必须坚持科学精神与人文精神的整合、科学知识与人文知识的整合。第三，谁的价值最有价值？知识并不是价值中立的，而是价值负载的，它负载着社会意识形态，负载并衍生着文化、种族、民族、阶级的差异和不平等。因此，在将学科知识确定为课程目标时，应当考虑知识的价值问题。

（二）课程内容

课程内容是课程的主体部分。课程目标一旦有了明确的表述，就在一定程度上为课程内容的选择和组织提供了一个基本的方向。课程内容是课程目标的最直接的体现，是实现课程目标的手段，直接指向"应该教什么"的问题。

课程内容的核心问题是课程内容的选择，即课程选择。学生、社会和学科是课程目标制定，也即课程开发的三个维度，对这三个基本维度的关系的不同认识，反映了不同的教育价值取向，由此形成了"儿童本位课程论""社会本位课程论""学科本位课程论"三种典型的课程观。课程内容的选择，也形成了三种基本的取向：课程内容即学科知识、课程内容即社会生活经验、课程内容即学习者的经验。

1. 课程内容即学科知识

当把学科的发展作为课程目标的主要来源时，学科知识就成为课程的主要内容。人们有把课程内容视为学生需要学习的知识的传统。这种做法是把有价值的知识系统化为以事实、原理、体系等形式构成一定的科目或学科，在此基础上对学生进行分科教学。这种取向的实质是从知识本身出发，强调学科知识的系统化及教育进程的安排，教学的任务是把经过精心选择和系统化的知识传递给学生。这些系统化的知识，主要体现在"教材"中，教材成为学科知识的载体，由此导致"教教材"现象的出现。以学科知识为教学内容，有助于体现所学内容的系统性，教学内容明确，却对学生的学习需求与兴趣等缺乏关注，容易抑制其学习积极性与主动性。

---

① （英）斯宾塞著，胡毅、王承绪译：《斯宾塞教育论著选》，教育科学出版社，2005年版，第44页。

2. 课程内容即社会生活经验

当把社会生活经验作为课程目标的主要来源时,社会生活经验就成为课程内容。美国著名课程论专家博比特曾明确指出课程应当对社会的需要做出反应,并通过研究成人的活动,识别各种社会需要,把它们转化为课程目标,再进一步把这些目标转化为学生的学习活动。

实际上,选择社会经验的根本问题是如何处理学校课程与社会生活的关系。对此,出现过三种典型的观点。

（1）被动适应论

被动适应论认为教育只是社会生活的准备,学校课程是使学习者适应当代社会生活的工具。美国课程论专家博比特和查特斯(Charters,W.)是这种观点的典型代表。

（2）主动适应论

主动适应论认为个人与社会是互动的、有机统一的,学校课程不仅适应着社会生活,还不断改造着社会生活。美国的约翰·杜威是典型的主动适应论者,他明确地说:"学校是社会进步和改革的最基本的和最有效的工具。"①

（3）超越论

超越论认为学校课程与其他社会生活经验的关系是一种对话、交往、超越的关系。学校应主动选择社会生活经验,并不断批判与超越社会生活经验,不断构建新的社会生活经验。

3. 课程内容即学习者的经验

当把学习者的需要作为课程目标的主要来源时,学习者的经验就成为课程内容。经验课程论者大都把学习者的经验置于课程的核心或重要地位。实际上,学习者的经验既不同于一门课程所涉及的内容,也不同于教师所从事的活动,而是指学习者与外部环境的相互作用。学习者是课程的主体和开发者,学习者的个人知识和经验、学习者在同伴交往和其他社会交往中所形成的社会经验是课程内容的基本构成。课程内容取决于学习者的经验所强调的是,学习的质和量取决于学生而不是教材。学科知识和社会生活经验只有为学习者所选择、认同、接受的时候,才能对他们的发展起作用。

上述三种取向的课程内容,都有其合理性与局限性,课程内容的选择,只有在三者之间进行有效的协调、平衡,才能使课程内容发挥最大的效用。

（三）课程实施

1. 课程实施的涵义

课程实施是指把课程计划付诸实践的具体过程,它是达到预期课程目标的基本途径。

从课程计划到课程实施还有一个过渡环节,即"课程采用"。课程采用是指做出使用某项课程计划的决定过程。课程采用不同于课程实施。课程采用关注的焦点是是否决定采用某项课程计划,课程实施关注的焦点是课程实践中实际发生的变革的程度及影响变革的因素。

---

① （美)约翰·杜威著,赵祥麟、任钟印、吴志宏译:《学校与社会·明日之学校》,人民教育出版社,1994年版,第16页。

专栏 7－10

课程的五种类型与课程实施

美国著名课程论专家古德莱得（Goodlad.，J. I）将"课程"划分为五个层次，也是五种不同的类型，这对我们理解课程实施很有帮助。

1. 理想的课程（ideological curriculum），即观念层次的课程，是由一些研究机构、学术团体和课程专家提出的应该开设的课程。这类课程能否产生实际影响，要看它是否被官方所采用。

2. 正式的课程（formal curriculum），是由教育行政部门规定的课程计划、课程标准和教材，我们平时在课程表中看到的课程即属此类。正式的课程包括社会层次的课程与学校层次的课程。社会层次的课程是由教育行政部门规定的课程计划、课程标准、科目表和教科书等。学校层次的课程被限定于日、周、学期、学年的确定的时间里，通常以学科的形式组织起来。这部分课程大部源于国家和地方确立的"社会层次的课程"。学校有关人员根据学校的特色和需要，以社会层次的课程为基础，进行选择和修改，由此形成学校层次的课程。

3. 领悟的课程（perceived curriculum），即教学层次的课程（instructional curriculum），也就是学校教师对于正式课程加以解释后所认定的课程。这个层次的课程体现了教师对课程的理解。领悟的课程与正式的课程之间可能会产生一定的距离，从而减弱正式课程的某些预期的影响。

4. 运作的课程（operational curriculum），即在课堂上实际实施的课程。观察和研究表明，教师领悟的课程与他们实际实施的课程之间会有一定的差距，因为教师常常会根据学生的反应随时进行调整。

5. 经验的课程（experiential curriculum），指学生在课堂学习中实实在在体验到的东西，即实际学习或经验的课程。

从古德莱得的课程五层次来看，理想的课程和正式的课程属于课程计划、课程采用阶段，而领悟的课程、运作的课程和经验的课程则进入课程实施阶段。古德莱得的课程层次理论，更新了传统的课程概念，拓展和深化了对课程变革内涵的理解。

2. 课程实施的取向

课程实施的取向是对课程实施过程本质的不同认识以及支配这些认识的相应的课程价值观。课程实施的取向集中表现在对课程计划与课程实施过程之间的关系的不同认识上。美国课程学者归纳出课程实施的三种基本取向，即忠实取向、相互适应取向和课程创生取向。

（1）忠实取向

课程实施的忠实取向（fidelity orientation）（或忠实观）认为，课程实施过程就是忠实地执行课程计划的过程。衡量课程成功与否的基本标准是课程实施过程对课程计划的实现程度，实施的课程愈接近预定的课程计划，则课程实施愈成功，反之则实施程度低或失败。

这一取向把课程实施看作一种线性的过程，课程专家在课堂外设定课程变革计划，教师在课堂中实施计划。其实质是，教师是课程专家所制定的课程变革计划的忠实执行者，教师对课程几乎没有任何改动的余地。这就限制了教师的自主性与创造性。实践表明,忠实取向的课程实施是不太可能实现的。

（2）相互适应取向

课程实施的相互适应取向(mutual adaptation orientation)（或相互适应观）,把课程实施看作一个连续的动态过程,相互适应课程实施是一个由课程设计者和课程实施者共同对课程进行调整的过程。调整包括两个方面,一是课程计划为适应具体教学情境和学生特点而进行的调整,二是课程实施以及教师和学生为适应课程计划而做出的调整。

相互适应取向强调课程实施不是单向的传达、接受,而是双向的相互影响与改变。课程并不是固定不变的,规定的课程与实施的课程可能是不同的,会在一些方面存在差异和不一致。这一取向突出了课程实施的实践性,具有较强的可行性。

（3）课程创生取向

课程实施的创生取向(curriculum enactment orientation)（或课程创生观）认为,真正的课程是教师与学生联合创造的教育经验,课程实施过程是教师与学生在具体教学情境中共同合作、创造新的教育经验的过程。已有的课程计划只是课程创生过程中,可供选择的一种参考而已。

课程创生取向认为,教师的角色是课程开发者。教师与学生成为建构积极的教育经验的主体,课程创生的过程也就是教师和学生持续成长的过程。这一取向最大限度地调动了师生的积极性,发挥了师生在课程改革和实施过程中的作用,但也对师生的创造才能提出了极高的要求,是否能够适合大多数的教育实际,尚待验证。

（四）课程评价

课程评价(curriculum evaluation)是课程研究中必不可少的环节,也是衡量课程目标实现程度的重要依据。

1. 课程评价的概念

课程评价的概念最早由美国"课程评价之父"拉尔夫·泰勒提出,他认为"评价的过程,从本质上讲,就是判断课程和教学计划在多大程度上实现了教育目标的过程。"[①]可见,拉尔夫·泰勒把课程评价看作对课程与教学目标实际达成程度的描述,即把课程评价看成是确定行为与目标之间一致性的程度。随后,这一概念被广泛运用于课程理论与实践中,并成为课程研究中定义最为多样、最难理解的概念之一。其后的评价专家大多认为评价还是做出价值判断的过程,还有人提出"评价即研究"的命题。

我们把课程评价理解为评价者根据一定的标准,以适当的方法、途径对课程计划、活动及结果等有关问题的价值或特点做出判断的过程。

这一理解包含这样几个要点:一是评价主体是课程评价者;二是评价的对象包括课程计划、课程活动和课程结果等方面;三是评价的标准,即课程评价需要持一定标准进行;四是评价的方法、途径,课程评价需要通过一定的方法和途径;五是评价的性质,课程评价是价值或特点的判断,不是纯技术性的工作,也不单是现象的客观叙述。

2. 课程评价的对象

在许多情况下,课程评价是针对学生的学习,特别是学习的结果进行的。其实,课

[①] （美）拉尔夫·泰勒(Ralph W. Tyler)著,罗康、张阅译:《课程与教学的基本原理》,中国轻工业出版社,2008年版,第226页。

程评价的对象范围远比学生学习结果要广泛得多。随着教育系统内各项事业的进展，课程评价的对象逐渐扩展到课程计划、课程内容、课程目标等，从而逐渐明确了课程评价的对象不应局限于学生的学习。这使课程评价的对象不断地丰富起来。

国外有学者把美国著名课程论专家施瓦布（Schwab，J.）提出的四个课程要素，即教师、学习者、教材以及环境，作为课程评价的对象。这四个要素作为课程评价的对象还是太狭隘了一些。从课程的动态过程来看，课程评价的对象包括课程方案、课程实施、课程效果。

（1）课程方案

课程方案包括课程计划、课程目标、课程内容、课程资料等。这类评价对象中还应包括课程设计思想，附属评价对象是课程设计者。

（2）课程实施

对这类对象的评价主要是看课程实施的是否到位、是否符合课程方案的精神等。附属评价对象是课程实施者（学校、校长、教师等）。一般情况下，人们侧重于将教师教学活动和教师行为作为评价的主要对象。

（3）课程效果

对这类对象的评价主要看课程实施是否达到最初的设计标准、课程的实际效果如何等。附属评价对象是课程受益者（学生的学习结果，家长、社会的满意度等）。一般情况下，人们习惯于把学生的学习成绩作为课程评价的对象。

此外，课程评价还应该包括一个自反性评价，即课程评价的反思性评价，也就是上述对课程的评价是否合适，存在什么合理处与不足处。

3. 课程评价的类型

依据不同的标准，课程评价可以有多种不同的分类方法。

（1）形成性评价与总结性评价

根据评价的作用性质，可把评价分为形成性评价与总结性评价。这两种评价是由美国课程评价专家斯克瑞文（Scriven，M.）于1967年提出的两种评价类型。

形成性评价（formative evaluation）是在课程开发或课程实施尚处于发展或完善过程中进行的，其主要目的在于搜集课程开发或实施过程中各个局部优缺点的资料，作为进一步修订和完善的依据。

总结性评价（summative evaluation）则是在课程开发或课程实施完成之后施行的，其主要目的在于搜集资料，对课程计划的成效做出整体的判断，作为推广课程计划或不同课程计划之间进行比较的依据。

专栏 7-11

诊 断 性 评 价

与形成性评价和总结性评价相关的还有一种评价类型，称之为诊断性评价（diagnostic evaluation）。诊断性评价是在课程计划或教学活动开始之前，对需要或准备状态的一种评价，其目的在于使计划或活动的安排具有针对性。在布卢姆(Bloom，B. S.)的评价体系中，曾把诊断性评价、形成性评价、总结性评价作为达成预定教育目标的序列手段。不同的评价应在学生学习的不同时段施行，以促进预定行为目标的达成。

（2）效果评价与内在评价

根据评价关注的焦点，可把评价分为效果评价与内在评价。效果评价(pay-off evaluation)与内在评价(intrinsic evaluation)也是由斯克瑞文提出的，这两种评价的区分代表着两种不同的思想取向。

效果评价是对课程或教学计划实际效用的评价，它注重课程实施前后学生或教师所产生的变化。至于课程运用的具体状况、变化产生的原因等，则被置之度外。因此，效果评价往往是通过对前测与后测之间、实验组与控制组之间的差异做出判断而进行的。

内在评价则是对课程计划本身的评价，不涉及课程计划可能有的效果。效果评价与内在评价，一个关注结果，一个关注过程，二者具有互补性。理想的课程评价体系应该把两种评价结合起来。

（3）内部人员评价与外部人员评价

根据评价人员的身份，可把评价分为内部人员评价与外部人员评价。

内部人员评价(insider evaluation)是指由课程设计者或使用者自己做出的课程评价。内部人员评价的长处在于评价者了解课程设计方案的内在精神和技术处理技巧，评价结果有利于课程方案的修订与完善；其缺点是评价者可能蔽于自己的设计思想，不了解其他人对于课程设计的需要，致使评价缺乏应有的客观性。

外部人员评价(outsider evaluation)是指课程设计者或使用者之外的人员作出的课程评价。外部人员评价中，评价者虽然对计划的内容思想不太了解，却有更为开阔的评价思路，可能取得具有客观性和令人信服的结论。

总之，各种分类使用的是不同的标准，一种分类方式并不一定能够涵盖所有的评价形式，而且各个类型之间并非相互排斥，而是可以彼此相容的。即使某种分类内部，也并非十分严格，而只是一种典型的概括。因此，评价分类研究并非为了对号入座，而是为了便于理解、把握各类评价的特点。

五、课程开发

课程并非天然存在，而是经由课程开发而形成的。课程开发过程中有一些影响因素，不同的课程开发取向形成了不同的课程开发模式。

（一）课程开发的含义

课程开发(curriculum development)是指根据一定的教育理念与课程理论，确定课程目标、选择和组织课程内容、规划课程实施，以及制定课程评价原则与方略等的活动与过程。

课程开发由"课程编制"或"课程编订"和"课程建设"等词汇发展、演进而来。

20 世纪 20 年代，课程科学化运动迅速发展。1923 年，美国教育学者查特斯

(Charters，W. W.）出版了《课程编制》（*Curriculum Construction*）一书。1924 年，美国学者博比特出版了《怎样编制课程》（*How to Make A Curriculum*）一书。两部论著出版之后，"课程编制"一词开始广泛流行。1935 年，美国学者卡斯维尔和坎贝尔合著的《课程开发》（*Curriculum Development*）问世，"课程开发"的概念引起人们广泛关注。20 世纪 50 年代后，欧美学者用"curriculum development"一词逐渐取代了"curriculum making""curriculum construction"。1974 年 3 月，日本文省省与经济合作与发展组织（OECO）所辖机构"教育研究革新中心"（CEIR）合作在东京召开了课程开发国际研读会，会上明确提出了"课程开发"的概念及其基本方向，认为：课程开发是表示课程的编订、实验、检验——改进——再编订、实验、检验……这一连串作业过程中的整体。至此，"课程开发"这一术语在世界教育界广泛流行起来。

课程开发有不同的模式，下面择其要者简单介绍。

（二）课程开发的目标模式

目标模式（objective model）是以目标为课程开发的基础和核心，围绕课程目标的确定及其实现、评价而进行课程开发的模式。

20 世纪 30 年代，美国进步教育协会发起了一项对美国乃至世界教育极有影响的"八年研究"（1934—1942 年），参与这项研究的，除专业人员外，还有横贯美国的 300 所大学、学院和经过挑选的 30 所实验中学。这项研究不仅对美国的课程产生了深远影响，还孕育了拉尔夫·泰勒的课程原理。泰勒在 1949 年出版了《课程与教学的基本原理》（*Basic Principles of Curriculum and Instruction*）。这部书被公认为是现代课程论的奠基石，是现代课程研究领域最有影响的理论构架，有"现代课程理论的圣经"之美誉，泰勒也因此被誉为"现代课程之父"。

泰勒在书中提出的四个基本问题构成了考察课程与教学问题的基本原理，既为课程开发提供了坚实的理论基础，又为现代课程研究开创了范式。这四个基本问题，即本章开篇中提到的四句话：

① 学校应力求达到哪些教育目标？

② 提供什么样的教育经验才能实现这些目标？

③ 怎样才能有效地组织这些教育经验？

④ 我们怎样才能确定这些目标正在得到实现？

泰勒

《课程与教学的基本原理》（中文版）

不管人们是否赞同"泰勒原理",也不管人们持何种哲学观点,如果不探讨泰勒提出的这四个基本问题,就不可能全面地探讨课程问题,也不可能全面地理解课程。这四句话后来被高度概括为:课程目标、课程内容、课程实施和课程评价四个方面。对课程的把握,可以从这四个方面入手。

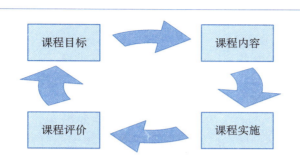

图 7－1

泰勒原理

围绕上述四个中心,泰勒提出了课程编制的四个步骤或阶段:确定教育目标、选择教育经验、组织教育经验、评价教育计划。这就是"泰勒原理"的基本内容。因为后面三个阶段都是围绕教育目标展开的,所以,泰勒所提出的课程开发模式也称为目标模式,或泰勒模式。

1. 确定教育目标

教育目标是课程开发的逻辑起点。确定教育目标要经过如下过程。①分析教育目标。确定教育目标先要对学生的兴趣与需要、当代社会生活的特点、学科专家的建议等多方面的因素加以分析,获得初步的教育目标。②筛选教育目标。用教育哲学和学习理论对已初步获得的目标进行筛选。③陈述教育目标。每一条教育目标进行精确的表述。

泰勒认为教育目标是有意识地想要达到的目的,也就是学校教职员工期望实现的结果。教育目标是选择材料、勾划内容、编制教学程序,以及制定测验和考试的准则。泰勒的课程编制原理强调课程目标的主导作用。

2. 选择学习经验

教育目标确定之后,要决定哪些学习经验才有可能达成教育目标。学习经验并不等同于一门学科所涉及的内容,也不等同于所从事的活动,而是指学生与外部环境之间主动的相互作用。

如何选择学习经验呢?泰勒提出了五条选择学习经验的原则。①为了达到某一目标,学生必须具有使他有机会实践这个目标所隐含的那种行为的经验。②学习经验必须使学生在实践教育目标所隐含的行为过程中获得的满足感。③学习经验所期望的反应,应该在学生力所能及的范围内。④有许多特定的经验可用来达到同样的教育目标。⑤同一种学习经验往往会产生数种结果。

3. 组织学习经验

组织学习经验有两种类型。①纵向组织,指不同阶段(或时期)的学习经验之间的联系。例如,三年级科学课与四年级科学课所提供的学习经验之间的联系。②横向组织,指不同领域的学习经验之间的联系。例如,三年级的科学课与三年级的数学课所提供的学习经验之间的联系。

组织学习经验应遵守三个准则。①连续性(continuity)，指直线式地组织学习经验。②序列性(sequence)，指螺旋式地组织学习经验。强调每一后续经验以前面的经验为基础，同时又对有关内容加以深入、广泛的展开。③整合性(integration)，指各种学习经验之间的横向关系，即一个领域与另一个领域或多个领域之间的有意义的联结。

4. 评价结果

评价是查明学习经验实际上带来多少预期结果的过程。评价的目的，就是要全面地检验学习经验在实际上是否起作用。而评价的过程实质上是一个确定课程与教学实际达到目标的程度的过程。

评价至少包含两个方面：一是评价必须评估学生的行为；二是评价在任何时候都必须至少包括两次评估：一次在教育计划早期进行，另一次在后期进行，以便测量在此期间发生的变化。对于评价结果，泰勒认为，不应该只是一个单一的分数或单一的描述性术语，而应该是反映学生状况的一个剖析图，评价本身就是让教师、学生和有关人士了解教学的成效。

目标模式增加了课程开发的科学化，使课程开发变得有章可循、易于操作，是课程开发科学化过程中的一座里程碑。目标模式不仅是现代课程开发中最具权威性的理论形态，而且是现今教学实践领域中运用最为广泛且日益稳固而精细的主流性课程的开发及教材的编写与处理模式。

然而，它倾向于把课程开发过程变成一种普适性的、划一性的模式，这种预设的、决定主义的课程模式的弊端也是很多的。它遏制课程开发中的创造性；忽视不同学校实践的特殊性；教师在课程开发中的主体性、创造性得不到应有的尊重；学习者是被控制的对象，在课程开发和教育过程中被置于客体地位，其主体性不可避免地受到压抑；工具化的知识观与社会效用标准观，使课程扮演着社会适应及社会控制手段之角色，而对社会文化的批判、改造及重建缺乏责任意识及使命感。

(三) 课程开发的过程模式

过程模式(process model)是英国著名课程论专家斯滕豪斯(Stenhouse, L.)在 1975 年出版的《课程研究与开发导论》(*An Introduction to Curriculum Research and Development*)一书中对目标模式进行了分析批判基础上提出的课程开发理论。过程模式的基本主张如下。

1. 课程开发是一个开放系统

学习不是线性的、被动接受的过程，而是主动参与、探究的过程，目标和内容无法预先加以明确的确定，因为学生的兴趣在学习过程中会不断发生变化，教学过程中也会出现许多偶发事件，因此过程模式主张课程开发是一个开放的系统。

2. 强调教育过程本身的价值

过程模式反对目标模式所持的工具主义的知识观，而是强调知识本身的内在价值。知识及其教育本身具有内在的价值，无需通过教育的结果来加以证明。过程模式强调教育本身即过程，而非达成目的的手段。在教育过程中，儿童通过对自然、社会、自我的探究获得探究能力，增进批判能力，成为有灵性、有教养的人。

3. 主张灵活选择和组织内容

目标模式认为课程内容和教育目标之间有着最密切的——对应关系,只要内容是按照目标选择和组织的,教育目标自然就能够达成。过程模式则认为,面对学生的不同需要,同一课程内容可能产生完全不同的结果,据此,提出依据过程原则,开发能促进学生发展的课程内容。

过程模式在一定程度上弥补了目标模式的局限,强调课程开发的开放性、知识的内在价值、灵活选择和组织内容等,增加了课程的开放性、适应性,突出了师生的主体性。然而,它也有一些缺点:在目标、内容方面不如目标模式细致、明确,教师在实施中不好把握;对教师的能力要求太高,一般教师很难胜任;对学生学习结果进行评价存在很大困难。另外,其使用范围也不是无限的,它比较适合发展学生的理解力、相互尊重等情意因素,并不适合陈述性知识与程序性知识的传递。

(四)课程开发的情境模式

情境模式(situational model)被视为既能包含目标模式,又能包含过程模式的综合化课程开发模式,是一种灵活的、适应性较强的课程开发模式。

过程模式的理论基础是英国著名课程理论家劳顿(Lawton, D.)提出的"文化分析"(cultural analysis)理论。在劳顿看来,以往的三种课程观,即儿童中心论、知识中心论(学科中心论)、社会中心论都有其合理性的一面,对完整的课程开发具有借鉴意义,但这些理论都因其以过分简单的理论观点来解释异常复杂的教育过程而难以单独制约课程开发的指导思想。劳顿认为,学校课程必须具有广泛的理论基础,使其在儿童、社会与知识之间取得平衡。劳顿这种综合化的课程称为情境中心论课程,其逻辑起点是社会文化。

情境模式典型的可操作性程序是由斯基尔贝克(Skillbeck, M.)提出的,涉及以下几方面。

1. 情境分析

情境分析即对构成情境变化的各种内外因素进行分析,以求得对课程目标来源的全面认识。其中外部因素指学校周围那些主要的社会情况,包括意识形态、家长和社会的各种愿望、学科训练性质等;而内部因素则包括学生特点、教师知识、技能、兴趣等,以及学校风气、政治机构、设备等情况。

2. 目标表述

目标表述即对师生各种活动的目标进行的表述。目标不一定按照行为来表述,它包含并陈述教育活动方向的喜好、价值和判断。目标产生于对情境做出的分析,体现了要在某些方面改变那个情境的各种决策。目标是一个连续过程的一部分,而不是终点。

3. 制定教学方案

制定教学方案回答"教什么""如何安排"的问题,包括选择学习材料、安排教学活动、调配教职员,以及挑选合适的补充材料和教学手段。上述方面仍取决于对学生所处情境、学习情境、学校社会环境,以及文化背景等的具体分析。

4. 阐明和实施

这是一个理论联系实际的环节。新方案在实施时可能产生种种问题,这些实际问题要通过反省与解释明确地揭示出来,然后在实施中有把握地逐个加以解决。

5. 检查、反馈、评价和改进

这一阶段的主要工作是：①开发监督和沟通系统；②评估计划的准备；③提供评估，依据课堂中收集到的证据，进一步修改方案；④评估总体结果，包括学生的态度、教师的反应及其对整个学校组织的影响等；⑤保存必要的记录，依据参与人员的反应加以记录；⑥开发一套适于各种结果的评估程序。

上述几个阶段应相互联系，但不具有一定的逻辑顺序，实际工作者可以根据切实需要，随便从任何一个阶段入手，或者几个阶段同时进行。斯基尔贝克强调指出，该模式并不预先进行某种"手段—目的"分析，而只是促使课程开发人员注意课程过程中的各种要素和问题的各个方面，同时把这一过程作为一个有机的整体来对待。

六、课程改革

课程改革是对已有课程进行更新的活动。课程改革的目的是加强课程的适应性，提高课程实施的质量。2001 年，我国启动了新一轮的基础教育课程改革，这是第八次基础教育课程改革，也是我国进入 21 世纪后为适应新世纪经济社会发展要求而进行的一次课程改革。本次课程改革以诸多创新开启我国基础教育的新局面。

（一）课程改革的历程

从 1949 年至今，我国基础教育课程共经历了八次革新。前七次的时间分别为 1949—1952 年、1953—1957 年、1958—1965 年、1966—1976 年、1977—1985 年、1986—1991 年、1992—2000 年。

表 7-3	改革推进时间	改革主要情况简介
我国的八次基础教育课程改革	第一次 1949—1952	教育部颁发了《中学暂行教学计划（草案）》，这是新中国第一份教学计划（1950 年 8 月）。设置了门类齐全的学科课程：政治、语文、数学、自然、生物、化学、物理、历史、地理、外语、体育、音乐、美术等。1952 年 3 月，教育部颁布了《中学教学计划（草案）》，同年 10 月，颁布了第一份五年一贯制的《小学教学计划》。
	第二次 1953—1957	4 年间国家共颁布了 5 个教学计划，其中 1953—1955 年颁布的 3 个计划中，大幅削减了教学时数，首次在教学计划中设置劳动技术教育课。1956 年国家正式发行第二套中小学教科书，这套教材理论性有所加强，特别注意了学生的动手能力的培养。
	第三次 1958—1965	这一时期是我国经济发展的重要时期，同时也是"左"倾思想影响萌芽的时期。1958 年"大跃进"引发了"教育大革命"，大量缩短学制，精简课程，增加劳动，注重思想教育，还出现了多种学制的改革试验。
	第四次 1966—1976	"文革"十年，整个教育领域受到重大影响，学校课程与教学经历了一场灾难。
	第五次 1977—1985	"文革"结束，拨乱反正。1978 年颁发《全日制十年制中小学教学计划试行草案》，统一规定全日制中小学学制为十年，小学五年，中学五年。1980 年出版了全国统编第五套中小学教材。

改革推进时间	改革主要情况简介
第六次 1986—1991	1986 年《义务教育法》出台。国家教委公布了义务教育教学计划初稿,突出了新型教育方针的具体要求,适当增加了基础学科的教学时数,在教学计划中给课外活动留出固定的足够的空间。
第七次 1992—2000	1992 年国家教委第一次将以往的"教学计划"改为"课程计划"。新的计划突出了以德育为首,德智体美劳五育并举的全面发展的教育方针,第一次将活动与学科并列为两类课程。后来又将"课程管理"作为课程计划中的一部分独立出来。1999 年教育部的《面向 21 世纪教育振兴行动计划》有专门关于课程管理的规范。这一次课程改革,我国教育界掀起了国家课程、地方课程、校本课程以及活动课程、研究性学习课程研究的热潮。
第八次 2001 —今	2001 年颁布了《基础教育课程改革纲要(试行)》标志着第八次课程改革开始。重点是落实"三维目标",推进素质教育实施。 2014 年,《教育部关于全面深化课程改革落实立德树人根本任务的意见》的印发标志着第八次课程改革进入第二阶段。这个阶段的重点内容是构建基于学生发展核心素养的课程体系,并在课程实施中落实。

第八次基础教育课程改革目前经历了两个阶段。

1. 第一阶段:2001—2014 年

1999 年召开的第三次全国教育工作会议和 2001 年召开的全国基础教育工作会议先后提出了转变人才培养模式,建立新的基础教育课程体系的建设任务。

2001—2003 年,国务院、教育部相继颁发了一系列有关基础教育新课程的国家政策和文件,构建了本轮课程改革的总体政策框架。

2001 年 6 月,《国务院关于基础教育课程改革与发展的决定》中明确提出:"加快构建符合素质教育要求的基础教育课程体系"的任务。2001 年 6 月,教育部颁发了《基础教育课程改革纲要(试行)》等一系列政策文件,初步构建了符合时代要求、具有中国特色的基础教育课程体系。2001 年教育部还印发了《义务教育阶段课程设置方案(试行)》和语文等 21 个学科的课程标准(实验稿)。2002 年印发了《教育部关于积极推进中小学评价与考试制度改革的通知》;2003 年 3 月,教育部印发了《普通高中课程方案(试行)》和高中语文等 15 个学科的课程标准(实验),并相继形成不同课程的教材。

在实施层面,基础教育课程改革从 1999 年开始着手调查研究,组织全国高层次专家进行了顶层设计。2001 年 9 月开始在全国 38 个县、区进行义务教育阶段课程改革国家级实验,分层推进,滚动发展。2003 年 3 月,教育部发布《普通高中课程方案(实验)》,从 2004 年起进入高中课程的实验。到 2008 年,全国初中已实行了一轮,有的地区达到 2 至 3 轮,小学也接近一轮。目前,全国均已实施义务教育和普通高中课程改革。

2. 第二阶段:2014 至今

2014 年,教育部《关于全面深化课程改革落实立德树人根本任务的意见》的印发标志着第八次课程改革进入第二阶段。这个阶段的重点内容是构建基于学生发展核心素养的课程体系。2017 年印发了《普通高中课程方案》,同时发布了以学科核心素养为目标的普通高中 20 个学科课程标准。2019 年启动了义务教育学科课程标准的研制工作。

(二) 课程改革的目标

《基础教育课程改革纲要(试行)》对我国基础教育课程改革的具体目标作了明确阐述。

1. 改变课程过于注重知识传授的倾向,强调形成积极主动的学习态度,使获得基础知识与基本技能的过程同时成为学会学习和形成正确价值观的过程。

2. 改变课程结构过于强调学科本位、科目过多和缺乏整合的现状,整体设置九年一贯的课程门类和课时比例,并设置综合课程,以适应不同地区和学生发展的需求,体现课程结构的均衡性、综合性和选择性。

3. 改变课程内容"难、繁、偏、旧"和过于注重书本知识的现状,加强课程内容与学生生活以及现代社会和科技发展的联系,关注学生的学习兴趣和经验,精选终身学习必备的基础知识和技能。

4. 改变课程实施过于强调接受学习、死记硬背、机械训练的现状,倡导学生主动参与、乐于探究、勤于动手,培养学生搜集和处理信息的能力、获取新知识的能力、分析和解决问题的能力以及交流与合作的能力。

5. 改变课程评价过分强调甄别与选拔的功能,发挥评价促进学生发展、教师提高和改进教学实践的功能。

6. 改变课程管理过于集中的状况,实行国家、地方、学校三级课程管理,增强课程对地方、学校及学生的适应性。

以上分别从课程目标、课程结构、课程内容、课程实施、课程实施、课程评价、课程管理六个方面对本次基础教育课程改革的目标进行阐述。

(三) 课程改革的举措

我国基础教育课程改革在具体实施上采取了一系列的措施,并取得了一定成效。

1. 明确学生的核心素养

2001 年 6 月,《基础教育课程改革纲要(试行)》颁布之后,"知识与技能""过程与方法""情感态度价值观"的三维目标成为课程实施的重要指南。很多教师在撰写教学目标时,都由原来重视"基础知识""基本技能"的"双基目标"改写为"三维目标"就是一种鲜明体现。

社会和时代在发展,课程改革的目标也在发生变化。世纪之交,经济合作与发展组织(OECD)提出"核心素养",此后欧盟、联合国教科文组织、世界经济论坛等国际组织,以及美国、英国、日本、澳大利亚、新加坡、韩国、芬兰、新西兰等国纷纷提出了自己的"核心素养",并以此倡导课程改革。

适应世界课程改革的趋势,2016 年 9 月我国公布了《中国学生发展核心素养》,由此我国的培养目标由"三维目标"的培养转向"核心素养"的培养。可以说,改革开放以来,我国基础教育课程改革的培养目标上,经历了三个时期:1978—2001 是"双基目标"时期,2001—2016 是"三维目标"时期,2016 年至今是"核心素养"时期。关于学生核心素养的具体内容,请参见第四章的相关论述。

2. 重建基础教育课程结构

我国基础教育课程在课程设置、课程均衡性和课程选择性上,均作出了一系列重要的调整,具体表现在以下几方面。

（1）整体设置九年一贯制的课程

以往的课程设置是按照小学一个阶段、中学一个阶段，中学又分为初中和高中两个阶段来设置的。新课程改革整体设置了九年一贯制的课程，即小学与初中九年一贯设置，高中单独设置。之所以九年一贯整体设置，是为了更好地实施九年义务教育，提升九年义务教育的质量。

小学阶段以综合课程为主。小学低年级开设品德与生活、语文、数学、体育、艺术（或音乐、美术）等课程；小学中高年级开设品德与社会、语文、数学、科学、外语、综合实践活动、体育、艺术（或音乐、美术）等课程。

初中阶段设置分科与综合相结合的课程，主要包括思想品德、语文、数学、外语、科学（或物理、化学、生物）、历史与社会（或历史、地理）、体育与健康、艺术（或音乐、美术）以及综合实践活动。积极倡导各地选择综合课程。学校应努力创造条件开设选修课程。在义务教育阶段的语文、艺术、美术课中要加强写字教学。

（2）高中以分科为主设置课程

高中阶段以分科课程为主。为使学生在普遍达到基本要求的前提下实现有个性的发展，课程标准应有不同水平的要求，在开设必修课的同时，设置丰富多样的选修课程，开设技术类课程。积极试行学分制管理。

普通高中课程结构由学习领域、科目、模块三个层次构成。

学习领域：高中共设置了八个学习领域——语言与文学、数学、人文与社会、科学、技术、艺术、体育与健康、综合实践活动。

科目：学科领域下设科目，每一领域由价值相近的若干科目组成。"语言与文学"领域下设"语文""外语"两个科目。"数学"领域下设"数学"科目。"人文与社会"领域下设"思想政治""历史""地理"三个科目。"科学"领域下设"物理""化学""生物"三个科目。"技术"领域下设"信息技术""通用技术"两个科目。"艺术"领域下设"艺术或音乐、美术"科目。"体育与健康"领域下设"体育与健康"科目。"综合实践活动"领域下设"研究性学习活动""社区服务""社会实践"三个科目。

模块：每一科目由若干"模块"组成，模块之间既相互独立，又反映学科内容之间的逻辑联系。每一模块都有明确的目标，并围绕某一特定内容，整合学生经验和相关内容，构成相对独立完整的学习单元。每一模块都对教师的教学行为和学生的学习方式提出要求与建议。（详见 7 - 4）

学习领域	科目	学分	模块举例
语言与文学	语文	10	语文（1—5）＋系列（1—5）
	外语	10	英语（6—11）＋系列Ⅱ
数学	数学	10	数学（1—5）＋系列（1—4）
人文与社会	思想政治	8	
	历史	8	历史（Ⅰ—Ⅲ）＋6 个选修模块
	地理	6	地理（1—2）＋7 个选修模块

表 7 - 4

普通高中
课程结构表

	学习领域	科目	学分	模块举例
续表	科学	物理	6	物理(1—2)+系列(1—3)
		化学	6	化学(1—2)+6个选修模块
		生物	6	生物(1—3)+3个选修模块
	技术	信息技术	4	信息技术基础+5个选修模块
		通用技术	4	技术与设计(1—2)+7个选修模块
	艺术	艺术或音乐、美术	6	4个系列16个模块中任选6个模块;音乐欣赏(2学分)+5个模块中选1个;美术鉴赏(1学分)+4个模块中选2个
	体育与健康	体育与健康	11	6个运动技能系列(10学分)+健康(1学分)
	综合实践活动	研究性学习(15学分),社区服务(2学分),社会实践(6学分)		

高中阶段的课程在结构上分为必修与选修两部分,并用学分来描述学生的课程修习情况。三年中学生必须获得116个必修学分(包括研究性学习15学分,社区服务2学分,社会实践6学分),在选修部分中至少获得6学分,总学分达到144学分方可毕业。

(3)从小学至高中设置综合实践活动

从小学于高中设置综合实践活动课程,并作为必修课程。其内容主要包括:信息技术教育、研究性学习、社区服务与社会实践以及劳动与技术教育。

3. 制定各科国家课程标准

课程标准是教材编写、教学、评估和考试命题的依据,是国家管理和评价课程的基础。国家课程标准是国家对基础教育课程的基本规范和质量要求。国家课程标准体现国家对不同阶段的学生素养的基本要求,规定各门课程的性质、目标、内容框架,提出教学和评价建议。

新课程改革中制定了新中国成立以来的第一套全日制义务教育课程标准,以及高中阶段各科课程标准。2001年教育部印发了语文、数学、英语等21个学科的课程标准(实验稿)。2003年,印发了高中语文等15个学科的课程标准(实验)。

新课程改革实施一段时间后,教育部组织专家对课程标准进行了修订。2011年修订了义务教育阶段的21个学科课程标准。2017年发布了以学科核心素养为目标的普通高中20个学科课程标准。2019年启动了新一轮义务教育学科课程标准的研制工作。

这些课程标准的颁布,对"一标多本"的教材建设,对各门课程的教学实施、课程评价等都起到了直接的指导作用,对新课程改革的实施起到了重要的推动作用。

4. 规范教科书编写与管理

教材改革应有利于引导学生利用已有的知识与经验,主动探索知识的发生与发展,同时也应有利于教师创造性地进行教学。教材内容的选择应符合课程标准的要求,体现学生身心发展特点,反映社会、政治、经济、科技的发展需求;教材内容的组织应多样、生动,有利于学生探究,并提出观察、实验、操作、调查、讨论的建议。

完善基础教育教材管理制度,实现教材的高质量与多样化。

实行国家基本要求指导下的教材多样化政策,鼓励有关机构、出版部门等依据国家课程标准组织编写中小学教材。建立教材编写的核准制度,教材编写者应根据教育部《关于中小学教材编写审定管理暂行办法》,向教育部申报,经资格核准通过后,方可编写。完善教材审查制度,除经教育部授权省级教材审查委员会外,按照国家课程标准编写的教材及跨省使用的地方课程的教材须经全国中小学教材审查委员会审查;地方教材须经省级教材审查委员会审查。教材审查实行编审分离。

改革中小学教材指定出版的方式和单一渠道发行的体制,严格遵循中小学教材版式的国家标准。教材的出版和发行试行公开竞标,国家免费提供的经济适用型教材实行政府采购,保证教材质量,降低价格。

加强对教材使用的管理和编辑。教育行政部门定期向学校和社会公布经审查通过的中小学教材目录,并逐步建立教材评价制度和在教育行政部门及专家指导下的教材选用制度。改革用行政手段指定使用教材的做法,严禁以不正当竞争手段推销教材。

5. 建立发展性评价体系

新课程改革倡导评价的发展功能,强调要对学生的发展进行评价,对教师的发展有所促进,以及对课程本身的改善价值。

（1）建立促进学生全面发展的评价体系

评价不仅要关注学生的学业成绩,而且要发现和发展学生多方面的潜能,了解学生发展中的需求,帮助学生认识自我,建立自信。发挥评价的教育功能,促进学生在原有水平上的发展。

（2）建立促进教师不断提高的评价体系

强调教师对自己教学行为的分析与反思,建立以教师自评为主,校长、教师、学生、家长共同参与的评价制度,使教师从多种渠道获得信息,不断提高教学水平。

（3）建立促进课程不断发展的评价体系

周期性地对学校课程执行的情况、课程实施中的问题进行分析评估,调整课程内容、改进教学管理,形成课程不断革新的机制。

（4）改革和完善考试制度

在已经普及九年义务教育的地区,实行小学毕业生免试就近升学的办法。鼓励各地中小学自行组织毕业考试。完善初中升高中的考试管理制度,考试内容应加强与社会实际和学生生活经验的联系,重视考查学生分析问题、解决问题的能力,部分学科可实行开卷考试。高中毕业会考改革方案由省级教育行政部门制定,继续实行会考的地方应突出水平考试的性质,减轻学生考试的负担。

高等学校招生考试制度改革,应与基础教育课程改革相衔接。要按照有助于高等学校选拔人才、有助于中学实施素质教育、有助于扩大高等学校办学自主权的原则,加强对学生能力和素质的考查,改革高等学校招生考试内容,探索提供多次机会、双向选择、综合评价的考试、选拔方式。

考试命题要依据课程标准,杜绝设置偏题、怪题的现象。教师应对每位学生的考试情况做出具体的分析指导,不得公布学生考试成绩并按考试成绩排列名次。

6. 实行三级课程管理

三级课程是指国家课程、地方课程和校本课程。国家课程体现了国家对青少年发展的最低限度的要求,是人人必须达到的"义务课程";地方课程是体现地方需求的"特色课程";校本课程则是体现本校、本班实际的,由师生不断生成的"个性课程"。它们三位一体,构成了现实的学校课程。

为保障和促进课程对不同地区、学校、学生的适应性,实行有指导的逐步放权,建立国家、地方和学校的课程三级管理模式,明确了教育部、省级教育行政部门和学校各自的职责。

专栏 7-12

三级课程管理

教育部总体规划基础教育课程,制定基础教育课程管理政策,确定国家课程门类和课时。制定国家课程标准,积极试行新的课程评价制度。

省级教育行政部门依据国家课程管理政策和该地实际情况,制定该省(自治区、直辖市)实施国家课程的计划,规划地方课程,报教育部备案并组织实施。经教育部批准,省级教育行政部门可单独制定该省(自治区、直辖市)范围内使用的课程计划和课程标准。

学校在执行国家课程和地方课程的同时,应视当地社会、经济发展的具体情况,结合该校的传统和优势、学生的兴趣和需要,开发或选用适合该校的课程。各级教育行政部门要对课程的实施和开发进行指导和监督,学校有权力和责任反映在实施国家课程和地方课程中所遇到的问题。

——《基础教育课程改革纲要(试行)》

本章小结

课程现象古已有之,自 20 世纪初开始,人们把它作为一个独立的现象来研究。课程概指学生在学校情境中获得的所有经验。在长期的研究中,形成了关于课程的不同理解和认识,也因而形成了不同的课程流派,代表性的有三个:学科中心课程论、活动中心课程论和社会中心课程论。课程类型丰富多彩,从不同角度可以有不同分类,如按照课程的性质,可分为学科课程、活动课程、综合课程;按照课程的管理归属,可分为国家课程、地方课程与校本课程;按照课程的研习要求,可分为必修课程、选修课程;按照显课程的表现形态,可分为显性课程、隐性课程等。

课程作为教育过程中的重要载体,总是通过一定形式表现出来的。主要的表现形式有课程计划、课程标准、教科书和课程表等。课程涵盖范围很广,涉及多个要素,课程目标、课程内容、课程实施和课程评价是其基本成分。在教育实践中,课程开发是教师的常态性工作,由于价值取向不同、对课程的认识不同,在课程开发上也存在着不同的模式,比较典型的是目标模式、过程模式和情境模式。这些模式并不一定泾渭分明、截然对立,在运用过程中,有时是交织在一起的。

课程改革是对已有课程进行的更新活动。我国 2001 年启动了新一轮基础教育课程改革,取得了非常明显的成效。这次课程改革以"为了中华民族的复兴,为了每位学生的发展"为总体目标,明确了学生发展的核心素养,重建了基础教育的课程结构,制定了各科国家课程标准,规范了教科书编写与管理,建立了发展性评价体系,实行了国家课程、地方课程和校本课程三级管理。这轮新课程改革迄今仍在深深影响着学校的运行,影响着师生的教学行为。

思考与实践

1. 通过本章的学习,结合自己的学习体验,谈一下你对课程的理解。

2. 简述学科中心论、活动中心论、社会中心论的基本观点及优缺点。

3. 现在我国基础教育阶段的课程设置,初、高中有所不同。

初中阶段设置分科与综合相结合的课程,主要包括思想品德、语文、数学、外语、科学(或物理、化学、生物)、历史与社会(或历史、地理)、体育与健康、艺术(或音乐、美术),以及综合实践活动。积极倡导各地选择综合课程。学校应努力创造条件开设选修课程。在义务教育阶段的语文、艺术、美术课中要加强写字教学。

高中阶段以分科课程为主。为使学生在普遍达到基本要求的前提下实现有个性的发展,课程标准应有不同水平的要求,在开设必修课的同时,设置丰富多样的选修课程,开设技术类课程。积极试行学分制管理。

请联系自己在初中和高中的学习经历,对这样课程设置的科学性、可行性等进行评析。

4. 假如你在自己曾就读的中学执教,学校领导交给你一项任务:开发一门校本课程。你打算选择什么主题? 如何设计、实施、评价? 请写出这门校本课程开发的基本方案。

5. 泰勒原理和古德莱得的五种课程对教师的课程理解有怎样的价值?

6. 课程标准在课程实施中如何落实? 在落实中会遇到哪些困难? 应如何克服?

7. 阅读下面材料并回答问题。

在芝加哥大学实验学校(杜威于 19 世纪末创立的学校)中,孩子们在教师的指导下自己动手建设自己的校舍、购置学校的设备,也模拟社会上的商业活动在学校里开设商店,进行简单的买卖活动。他们课程的相当一部分,也是在教师的指导下,由学生选择一些他们感兴趣的话题,通过探究学习。

请问:这个学校的活动反映了什么样的课程理论? 请对这种课程理论加以评价,并谈谈它对我国的课程改革有何启示。

8. 阅读下列文字,并收集相关资料,对新课程实施中教师的困惑加以分析。

我一直从事初中数学教学工作,新课程实施以来,我注意到学生更喜欢数学了,课堂呈现勃勃生机的景象,教学方式灵活多样,师生之间平等交流、共同学习的民主关系逐步形成。但我在新课程实验中也有一些困惑,比如,课堂变"集市",教学过于追求"情境化"。教学情境的创设是引发学生主动学习的启动环节,根据教学目标和教学内容有目的地创设教学环境,不仅可使学生掌握知识、技能,更能激活学生的问题意识,使生动形象的数学问题与认知结构中的经验发生联系。部分教师在教学中过于追求情境化,

"上游乐场分组玩"、"上街买东西",过多的"生活化""活动情趣化"冲淡了"数学味",忽略了数学本身具有的魅力。再比如,评价的多样化与呈现形式与中考指向"短路"。新课标指出:"评价的方式应多样化,可将考试、课题活动、撰写论文、小组活动、自我评价及日常观察等多种方法相结合。"数学学习评价多样化,评价形式要求通过"评分加评语"形式呈现,而现实的升学压力和功利性,教师忽视了对学生基本素养的培养,"考什么,教什么""怎么考,怎么教""不考,不教"成为课堂主旋律,且更关注中考命题走向、题型分值,而对全新的中考命题新框架、新思路、新亮点,部分教师只能"摸着石头过河",缺乏细致深入的专业化研究。

9. 你如何理解认识课程评价?考虑一下在实际教学工作中,如何巧妙运用课程评价引导学生的成长发展。

10. 我国新一轮基础教育课程改革自 2001 年启动至今已有近 20 年的历史,近来有一些论者专门就这轮新课程改革进行了总结和反思,请搜集整理相关材料,进一步了解新课程改革的进程及成效,并对这些论著的观点进行评析。

延伸阅读

1. [美]博比特. 课程[M]. 刘幸,译. 北京:教育科学出版社,2017.

2. [美]拉尔夫·泰勒. 课程与教学的基本原理[M]. 施良方,译;瞿葆奎,校. 北京:人民教育出版社,1994.

或版本:[美]拉尔夫·泰勒. 课程与教学的基本原理[M]. 罗康,张阅,译. 北京:中国轻工业出版社,2008.

3. [美]派纳. 理解课程[M]. 张华,译. 北京:教育科学出版社,2003.

4. [美]丹尼尔·坦纳,劳雷尔·坦纳. 学校课程史[M]. 崔允漷,等,译. 北京:教育科学出版社,2006.

5. [澳]科林·马什. 理解课程的关键概念(第 3 版)[M]. 徐佳,吴刚平,译. 北京:教育科学出版社,2009.

6. [美]多尔. 后现代课程观[M]. 王红宇,译. 北京:教育科学出版社,2000.

7. 钟启泉. 现代课程论[M]. 上海:上海教育出版社,2003.

8. 施良方. 课程理论——课程的基础、原理与问题[M]. 北京:教育科学出版社,1996.

9. 张华. 课程与教学论[M]. 上海:上海教育出版社,2000.

10. 王斌华. 校本课程论[M]. 上海:上海教育出版社,2000.

【开篇案例】

叶圣陶(1894—1988),男,原名叶绍钧,字秉臣、圣陶,1894年10月28日生于江苏苏州,现代作家、教育家、文学出版家和社会活动家。叶圣陶一生从事教育、研究教育,对教学尤其是语文教学有着深刻、丰富的论述。下面择其要者列举一二。

我想,教任何功课,最终目的都在于达到不需要教。假如学生进入这样一种境界,能够自己去探索,自己去辨析,自己去历练,从而获得正确的知识和熟练的能力,岂不是就不需要教了吗?而学生所以要学要练,就为要进入这样的境界。

给指点,给讲说,却随时准备少指点,少讲说,最后做到不指点,不讲说。这好比牵着孩子的手走教他学走路,却随时准备放手。在这上头,教者可以下好多功夫。(1977年12月16日为《中学语文》创刊时的题词)

我又想,口耳授受本来是人与人交际的通常渠道之一,教师教学生也是人与人交际,"讲"当然是必要的。问题可能在如何看待"讲"和怎么"讲"。说到如何看待"讲",我有个朦胧的想头。教师教任何功课(不限于语文),"讲"都是为了达到用不着"讲",换个说法,"教"都是为了达到用不着"教"。怎么叫用不着"讲"用不着"教"?学生入门了,上路了,他们能在繁复的事事物物之间自己探索,独立实践,解决问题了,岂不是就用不着给"讲"给"教"了?这是多么好的境界啊!(《大力研究语文教学尽快改进语文教学》1978年8月21日讲)

所谓教师之主导作用,盖在善于引导启迪,俾学生自奋其力,自致其之,非谓教师滔滔讲说,学生默默聆受。(《叶圣陶语文教育论集》第725页)

教师之主导作用在就学生已有之能力水平而适当提高之,使能逐步自己领会课文之内容与语言之运用,最后达到不待教师之讲解而自能阅读。阅读教学循此为之,学生写作能力之提高亦非甚难事矣。(《叶圣陶语文教育论集》第732页)

语文教师不是只给学生讲书的。语文教师是引导学生看书的。一篇文章,学生也能粗略地看懂,可是深奥些的地方,隐藏在字面背后的意义,他们就未必能够领会。老师必须在这些场合给学生指点一下,只要三言两语,不要罗哩罗嗦,能使他们开窍就行。老师经常这样做,学生看书的能力自然会提高。(《谈教学的着重点》,《人民教育》1981 年第 1 期)

叶圣陶先生的这些论述,体现了他的教学观,对今天我们认识教学仍有重要的启示意义。

【学习指导】

1. 理解教学的含义与意义,了解教学过程的特殊性。

2. 认识教学的基本原则,掌握原则运用的注意事项。

3. 了解教学的基本组织形式,认识各种组织形式的特征及适用范围。

一、教学概述

教学是教育的重要途径,是教师工作的主要内容。为了更好地从事教学工作,我们需要对教学的含义及其意义有深刻的理解,并对教学过程的本质有所认识。

(一) 教学的概念

"教学"的概念,古今中外有不同的理解。在我国,早在殷商时期的甲骨文里就出现了"教"与"学"二字,《书·商书·兑命》中出现了"教学半",这是我国古代萌芽状态的教学思想。《周易》中的"蒙"卦介绍了当时的教学情况,并提出了"蒙以养正"的教学思想。在西方,"教"、"学"和"教学",早在古希腊文中都有。英语中,与之对应的单词有 teach 或 teaching(教、教导)、learn 或 learning(学、学习)和 instruct 或 instruction(教导、教学)。

"学" 字 探 源

关于汉字"教"的产生发展,我们在第一章专栏 1 中已有介绍,这里着重说明汉字"学"的来源。

学(xué)　甲骨文中"学"字①

学,也是个会意字,具有教导、启迪之意,指代的是教师交叉(爻)着双手(臼)用于驱散笼罩在(宀)学生(子)脑海中的疑团(见下图②)。这就是指学习。

根据甲骨文的形体,学者们做出了这样的解释:"学"字表示古人用双手构木为屋,或修葺房屋的情形。其中的"臼"为双手形,上部中间的"爻"或"×"为构筑房屋用的木料等物品,其下的"宀"为房屋形。"学"是个会意字。构筑或修理房屋在先民眼里是十分复杂的技术,一定要向别人学习才能获得。因此,

---

① 马如森著:《殷墟甲骨文实用字典》,上海大学出版社,2008 年版,第 84 页。
② (新加坡)陈火平绘著:《趣味汉字》,新世界出版社,2009 年版,第 27 页。

甲骨文中有"学"字,有"学习"的意思。

不过,甲骨文的"学"字还有"教"的意思。向别人学习房屋的建造或修理技术,自然也包括掌握这种技术的人向学习者传授技术的过程,即"教"。如甲骨文中有"王学众",其意思是:王教众人。所以有的学者认为,甲骨文中的"学"与"教"同为一字,那就是"学"字。

甲骨文以后的"学"字的古文多在甲骨文的基础上增添了一个"子"字。"子"指小孩,即需要学习者。对此,有学者认为,"学"字从"臼"(双手),从"爻"(渔网),"冖"(mì)为"大人的双腿",下为"子"。其意思像是一个孩子在大人膝下学习编织渔网的技术。因为编织渔网是一种复杂的技术,不学是不能掌握的。也有学者认为,在古人看来,学习是孩"子"们的大事,他们出世之后就需要接受教育,但他们是被关在"冖"里,即在"狭小范围"内。在古代,教孩子学习计算时,开始是用短竹签来计数的。"爻"就是代表这些竹签的象形字,"臼"是两只手。由此看来,"学"的最初意思是:孩子们学习搬弄短的竹签。显然这是一种启蒙前的学习内容和教学方法。

繁体字的"學",其实也包括"教"与"学"两方面的意思。可以理解为用双手(臼)持爻(本为卦术,此处指古代的书籍),以教膝下(冖,两腿之形)之子(子),或"子"用双手(臼)捧书(爻)学于大人膝下(冖)。可见,古代的"教"与"学",原为一字,以后才分化为二字。"学"字的构形充分反映了我们民族的先人早就注重对儿童的教育,教育必须从孩子抓起。学者们从"学"字的结构出发,作了不同的理解,但有一个共同点,即都认为"学"字有"学习"的意思。这大概就是"学"的本义。[①]

比较"教"、"学"两个字的构成,可以说"教"字来源于"学"字,或者说教的概念是在学的概念的规定性中加上了又一层规定性。

一般认为,教学是教师在一定条件下运用教学方法引导学生学习知识、技能、态度等以促进其发展的实践活动。

这个界定有以下几个要点:①教学的主体是教师(教学主体);②教学的对象是学生(教学对象);③教学的内容是知识、技能、态度(课程);④教学的目的是促进学生的发展(教学目的);⑤教学是在一定条件或环境中发生或进行的(教学环境);⑥教学的手段是教学方法的运用(教学方法);⑦教学的实质是一种实践性活动(教学实质)。

(二) 教学的意义

1. 传承人类成果的重要手段

从社会发展的角度看,教学是传承人类文明成果的重要手段。在人类历史的发展中积累了丰富的文明成果,这些成果只有经过不断的传承才能保证人类更好地生存与延续。教学即是一种有效地传承人类文明成果的手段,它以人类已有的知识为主要对象,力求在较短时间内传授大量人类的科学文化遗产,使个体的认识突破时空的局限及个体经验的局限,与人类历史上那些最为优秀的成果相接通,从而实现人类知识的传递与社会生活经验的再生产,保证人类社会有更好的延续与发展。

---

① 吴东平著:《汉字的故事》,新世界出版社,2006 年版,第 273—274 页。

2. 促进学生发展的有效形式

从个体发展的角度看,教学是促进学生发展的有效形式。教学,特别是学校的教学,是一种专门组织起来的传授活动,可以高效地进行知识技能等的传授,从而有力地促进学生的身心发展,使他们在较短的时间内获得更丰厚的知识技能等,获得更快更好的发展与成长,达到人类发展的一般水平,成为社会有用之人。

3. 实现教育目的的基本途径

从教育实施的角度看,教学是实现教育目的的基本途径。教育的目的是培养德智体美劳各方面全面发展的人。学校的教学活动是最全面、最集中、最经常地实现德育、智育、体育、美育、劳动技术教育的途径。这种途径是其他途径不易替代的。通过教学,在一个统一的过程中,实现学生德智体美劳等方面的全面发展。

(三) 教学过程观

教学是人类许许多多认识活动中的一种具体形式。教学过程是学生在教师引导下,通过学习来认识客观世界的特殊过程。

专栏 8-2

关于教学过程的不同观点

教育史上,对教学过程的本质有不同的认识,由此形成了不同的教学过程本质观。

认知发展说认为,教学过程是教师有目的、有计划地指导学生掌握系统的科学文化知识和基本技能,发展学生的智力和体力,培养学生的良好品德和健康个性,使其形成科学世界观的过程。这种观点的缺陷在于只是罗列了教学任务,未能对教学过程进行科学抽象的概括。

社会实践说认为,教学过程是教师组织、启发、引导、支持、促进学生主动掌握文化工具,认识客观世界、全面发展身心的一项社会实践。这种观点的缺陷是仅站在教师角度分析教学过程。

双边活动说认为,教学过程是教师的教与学生的学相结合的双边活动过程。这种观点的缺陷是把"教"与"学"、教师与学生对立了起来。

多重本质说认为,教学过程本质应该是一个多层次、多类型的结构。因而提出教学过程有认识论、心理学、生理学、伦理学和经济学五个方面的本质。这种观点的缺陷在于未能从整体上对教学过程进行合理的、综合的深刻把握。

交往合作说认为,教学过程是教师和学生以课堂教学为主渠道的交往过程。教学过程完全可以视为师生交往过程,交往即教学过程的本质。这种观点的缺陷是未能揭示教学过程这一特殊的实践活动与其他社会实践活动的不同。

人们对教学过程的认识不尽相同,但对其特殊性,或者说本质特征,有着一定的共识。一般来说,作为一种特殊的认识过程,教学过程具有以下特征。

1. 直接经验与间接经验相统一

教学过程中既重视间接经验的传授,又重视直接经验的运用,两者结合,辩证统一。

直接经验就是个体认识世界时体悟、感知到的经验。大多数情况下,直接经验都是个体通过活动所积累起来的。例如,牛顿在实践摸索中发现了万有引力定律,这于他而言就是直接经验。间接经验是人类在文明史的演进历程中所积累起来的一切经验,即前人总结获得的知识。书本知识就是属于典型的间接经验。学生通过书本来学习牛顿的万有引力定律,对他们而言这就是间接经验。

（1）以间接经验为主是教学活动的特点

首先,学生以学习间接经验为主。教学过程中,学生认识对象是间接经验,学生的学习内容是经过选择、精心加工的人类文明经验的精华。

其次,学生以间接的方式去体验。在学生的认识方式上也表现出间接性,即通过老师的传授,学生能够在短时间内掌握大量的知识,这期间就是以老师为中介的间接性学习。

教学活动之所以以间接经验为主,是为因为这可以避免人类认识活动中曾经经历过的曲折和失败,使学生在最短的时间内快速而有效地掌握大量的、系统化的科学文化知识,使学生站在前人的肩膀上继续认识客观世界,开拓新的认识领域。

（2）学习间接经验要以直接经验为基础

间接经验的学习也必须依靠个人以往积累的或现时获得的直接经验为基础。学生学习的间接经验,即书本知识,是以抽象的文字符号表示的,是前人的认识和概括,而非学生的实践和经验,两者之间具有很大的隔阂。为了使学生更好地理解和掌握间接经验,就需要在教学中充分利用学生已有的知识、经验或创造直接经验,帮助学生实现经验的链接、迁移与整合。

（3）促进直接经验与间接经验的结合

在教学过程中,教师要充分注意以直接经验促进间接经验的学习。

一方面,有效调动学生的已有经验与所学间接经验的结合。例如,物理老师在讲解"摩擦力"这个抽象概念时,可以调动学生已经存在一些直接经验,如皮球踢一脚不会一直滚下去之类的例子,以帮助理解。

另一方面,尽可能多组织学生活动,以增加学生的直接经验。教学中的直接经验包括亲自观察、亲身实践、亲自探究等等。教学过程中多组织学生活动,可以增加学生学习新知识所必须有的感性认识,以保证教学的顺利进行。

2. 掌握知识与发展能力相统一

教学过程中既重视学生对知识的掌握,又重视学生的能力发展,两者相互结合、相互促进、辩证统一。

（1）掌握知识是发展能力的基础

能力的发展有赖于知识的积累,能力是在掌握知识的基础上发展起来的。只有具备相应的知识才会发展出相应的能力。比如,想要提高英语口语表达能力,需要储备一定的单词、句型、语法知识,没有这些知识就很难形成良好的口语表达能力。因此,掌握知识是发展能力的基础。

需要注意的是,掌握知识虽然是基础,但并不意味着掌握知识多了一定可以发展能力。"高分低能"的现象就反映了掌握知识而未提升能力的情况。再比如,有的人记住了很多单词、句型、语法知识,但口语交流能力仍然很低。这是因为能力发展还需要不断实践练习。

(2)能力发展是掌握知识的条件

在学习知识的过程中还依赖能力的发展,能力发展是掌握知识的必要条件。学生只有具备一定的能力,才能够学习掌握一些知识。比如,学生抽象思维能力发展有助于抽象知识的学习;反之,如果抽象思维能力没有发展起来,也很难学习抽象知识。小学教材中不会设置立体几何和函数的知识,而初高中教材中则可以,就是因为初高中的学生抽象思维发展起来了,学生可以学习立体几何和函数知识了。这就可以看出能力发展是掌握知识的必要条件。

当然,能力发展了,未必意味着会获得更多的知识,因为知识的获得还取决于个人的主观能动性。一个人能力强,但缺少主观能动性,也无法获得更多的知识。

(3)掌握知识与发展能力互相促进

知识与能力是互为前提的,没有相应的知识就不可能具备相应的能力,而没有一定的能力,掌握知识也是不可能的,两者在教学中是相辅相成的关系。因此,教学过程中,既要重视学生知识的掌握,也要重视学生能力的培养,在知识掌握的过程中发展能力,在发展能力的过程中掌握知识,将两者有机地统一在一起。

形式教育与实质教育之争

专栏 8-3

在教育史上有形式教育与实质教育之争,涉及重视知识学习还是能力(智力)发展的分歧。形式教育注重智力的发展,实质教育只注重传授更有用的知识。

形式教育论认为,教育的任务在于训练心灵的官能。身体上的各种器官,只有用操练使它们发展起来。教育应该以形式为目的。在教育中灌输知识远不如训练官能来得重要。学习的迁移是心灵官能得到训练而自动产生的结果。教学的主要任务在于通过开设希腊文、拉丁文、逻辑、文法和数学等学科发展学生的智力,至于学科内容的实用意义则是无关紧要的。代表人物有英国教育家洛克、瑞士教育家裴斯泰洛齐等。

实质教育,又称"实质训练",是欧洲18—19世纪对立于形式教育而出现的一种教育学说。实质教育论认为,普通教育应以获得有价值的知识为主要任务,而学习知识本身就包含着能力的培养,能力无须加以特别训练。代表人物有德国教育家赫尔巴特、英国教育家斯宾塞等。

(参见瞿葆奎、施良方,《"形式教育"论与"实质教育"论》,《华东师范大学学报(教科版)》1988年第1、2期。)

---

3. 传授知识与思想教育相统一

教学过程中既重视知识的传授,也重视思想教育。传授知识的过程也是思想教育的过程,思想教育的过程也是传授知识的过程,两者是辩证统一的。换言之,教学是传授知识与思想教育相统一的过程,两者有机融合,不可割裂。

（1）知识是思想品德形成的基础

思想品德的形成有赖于相关知识的获得。学生思想品德的发展一般顺序通常是知、情、意、行相统一的过程，知识的获得、认知的发展有利于道德判断的发展，从而形成良好的品德。例如，在语文课上学生学习了《岳阳楼记》，从中学到"先天下之忧而忧，后天下之乐而乐"的情怀，而个人的情怀也得到拓展；学习了朱自清的《背影》，从而对父爱有了更深刻的理解与认识，懂得了对父母的敬爱；等等。由此不难理解，知识的学习是思想品德形成的基础。

（2）思想提升有助于知识的学习

思想品德的发展、提升能引导学生将个人的学习与社会发展、祖国前途联系起来，进而激发出学习的热情，刻苦学习。例如：周恩来的爱国情怀激励他"为中华之崛起而读书"。在教学过程中，不断提升学生的思想品德，是促进其更好地掌握知识的重要条件。

（3）教学过程永远具有教育性

德国教育家赫尔巴特提出了教学的教育性命题。他说："我想不到任何无教学的教育，正如相反我不承认任何无教育的教学。"他认为，在教学活动中除了完成传授知识和培养能力外，还要落实人文教育、道德教育、管理教育的任务。

教学过程永远具有教育性。具体来说表现在如下方面。①教学目标与教学内容具有教育性。教学目标、教学内容都蕴含着一定的教育立场、观点与思想体系，这些都具有教育性。②教学过程具有教育性。一方面，教师总是通过对知识的解释、传授来传授特定的思想观念。另一方面，任何学科教育有自己特定的方法论，学生在学习掌握这些方法论的过程中认识世界、形成自己的认识。③教师的言行具有教育性。教师的一言一行、一举一动，总是会有意无意地、直接间接地、显性隐性地影响着学生。此外，学校环境，如校风、班风等也都会对学生产生教育的影响。

4. 教师主导与学生主体相统一

教师主导与学生主体相统一的规律是指教学过程中教师的主导作用与学生的主体地位相互配合才能收到良好的教育效果。

（1）教师在教学中起主导作用

教师在教学过程中处于组织者、引导者的地位，具有主导作用。其主导作用主要体现在：教师指导决定着学生学习的方向、内容、进程以及结果和质量，对学生的学习起到引导、规范、纠正、评价等作用。教师的"教"还影响着学生的学习方式、积极性主动性，影响着学生人生观、世界观的形成，等等。

（2）学生在教学中具有主体性

学生是学习的主体，具有主体性。其主体性主要体现在如下方面。一方面，学生对教师所传授内容具有选择的能动性和自觉性。受原有知识经验、思维方式、情感意志、价值观等的影响，学生会对教学内容做出判断与筛选。因此，并不是教师教授什么，学生就原封不动地接受什么。另一方面，学生对外部信息的加工具有独立性和创造性。受到兴趣爱好、个人需要、外部要求的推动和支配等影响，学生会对所接受的信息进行独立自主的个性化、创造性加工，进而形成属于自己的个体知识。

（3）教师主导与学生主体辩证统一

教学过程中要充分发挥教师的主导作用与学生的主体作用,实现两种作用的合力。从教学过程来看,教学任务的完成需要教师与学生的共同努力,教师是促进学生学习的外因,学生是学习的内因。外因是变化的条件,内因是变化的根据,外因通过内因起作用。教师必须在教学过程中激发学生学习的主动性,使学生积极主动地学习,从而取得良好的学习效果。教师的主导作用发挥得越好,学生的学习积极性越高,教学效果就越好。

二、教学原则

教学原则是根据教育教学目的、教学过程的客观规律和教学实践经验而制定的教学工作必须遵循的基本要求。教学原则对教学活动的各个方面起着指导和调控的作用,能够为教师提供积极有效开展教学活动的依据,应贯彻于教学过程的各个方面和始终。

(一) 启发性原则

1. 原则概说

启发性原则是指教学要充分调动学生学习的积极性,引导他们主动学习,使学生通过自己的独立思考,创造性地掌握知识、发展能力。启发性原则是针对学生学习积极性不高、主动性不强、思维未完全打开的情况,以及教学不能激励学生的问题提出的。

历史上很多人都重视启发性教学。《学记》提出"道而弗牵,强而弗抑,开而弗达";孔子提出"不愤不启,不悱不发";苏格拉底提倡"产婆术";朱熹说"开其意,达其辞";德国教育家第斯多惠说"一个好老师教人发现真理,一个坏老师给人呈现真理"。这些说法与做法都体现了启发性教学原则。

2. 贯彻实施

贯彻启发性原则,要求做到以下几个方面。

（1）调动学生自学

启发性教学尊重学生学习主体地位,是建立在学生自主学习基础上的。所以,教学中教师要在尊重学生的基础上,注意调动他们的学习主动性,引导他们独立思考,积极探索,生动活泼地学习,使学生能够自主学习、自主发展。

（2）关键时刻点拨

启发性教学要抓住启发的点、启发的时机,教师在对学情充分把握基础上,抓住关键问题,在学生思考的"心求通而未通""口欲言而未能"的关键时刻给予恰当点拨、相机诱导,使之豁然开朗、一通百通。

（3）创设自由氛围

贯彻启发性原则还要注意创造自由的学习氛围。按照人本主义心理学的观点,学生在心理安全和心理自由的氛围中学习,才能更具有积极性、主动性和创造性。教师创设自由的学习氛围,鼓励学生自由地发表自己的不同见解,允许学生质疑权威、质疑教师,允许学生犯错,那么学生就会更加积极踊跃地学习、发言。这样才能有利于启发式教学的实施并达成教育目的。

专栏 8 - 4

李吉林老师的情境教学

以启发性原则开展教学,是我国教师的基本共识。在长期的教学实践中,老师们创造了多种多样的教学模式与方法,李吉林老师的情境模拟教学就是典型代表。

李吉林(1938—2019)老师是江苏南通人,在长期的教学实践中,创造性地提出了情境教学。这种教学是在课堂教学中创设一定的场景氛围,调动学生的想象与情绪,帮助学生更好地理解教学内容。她长期自觉地实践这种方法,并给予理论上的阐释,形成系统的教学流派——情境教育学派。

情境教学特别强调激发儿童的学习兴趣,把儿童带入情境,在探究的乐趣中,发挥学习的主动性,强化学习动机。在李老师的课上,我们可以看到学生是如何在教师的引导下一步步进入课文描写的情境的。他们入境后,焕发了丰富的想象与感受,反过来又营造了课堂的情境。教学就成为学生乐于参与的、有趣的、有意义的活动。情境教学不仅帮助学生更好地感受与理解课文,有效地完成教学任务,还可以更好地训练感受、培养直觉、发展创造。

情境教学不只是普通的教学方法,已经有比较系统的理论架构,有一定的学理性。李吉林老师特别注重在教学中调动儿童的观察、体验、想象、思维,以及某些潜在的非智力因素,促进儿童智能、情感和品质的全面发展,这是符合儿童认知规律,又能充分适应素质教育要求的。李老师提出以"儿童—知识—社会"这三个维度去建构情境教学的课程,又概括出"美的境界""情为纽带""思为核心"等要义,使情境教学具有可操作性。

（二）循序渐进原则

1. 原则概说

循序渐进原则,是指教师严格按照科学知识的内在逻辑体系和学生认识能力发展的顺序进行教学。循序渐进原则是为了处理好学科课程体系、学生发展规律和教学活动顺序之间错综复杂的关系而提出的。

《学记》中提出的"学不躐等""不陵节而施谓之孙""杂施而不修,则坏乱而不修""善问者如攻坚木,先其易者,后其节目,及其久也,相说以解";孟子提出的"盈科而后进"等都是循序渐进原则的体现。"揠苗助长"则是违背循序渐进原则的体现。

2. 贯彻实施

贯彻循序渐进性原则,要求做到以下几个方面。

（1）统筹安排教学内容

统筹安排教学内容是循序渐进教学的前提。各门学科的课程标准和教材是按照学科知识的逻辑顺序和学生认知发展的规律编排的,是对教学内容的统筹安排,这是循序渐进教学的重要基础和保证。因此,教师要认真学习和研究课程标准与教材,充分把握学科逻辑与教材逻辑,在此基础上根据教学需要进一步统筹安排教学内容。

（2）按照认知规律教学

教学过程中,要遵循学生认知发展的规律,循序渐进地进行,力争做到由易到难、由浅到深、由简到繁持续、连贯、系统地推进。教学中充分注意教材内容的前后衔接、学生经验的新旧联接,以及新旧知识之间的连贯。

(3) 抓住教学的重难点

循序渐进的教学并不意味着教学要面面俱到、平均用力,而是要做到主次有别、难易分清、详略得当,这就要求教学要围绕重点、难点展开。教学重点是针对教学内容而言的,是基本概念、基本原理、基本技能等。教学难点是针对学生学习的难度而言的,是学生不容易理解、不容易掌握、容易混淆、容易出错的地方。把握住教学重点难点,才能在教学中做到重点突出、难点突破,由轻到重、由易到难循序渐进。

(三) 量力性原则

1. 原则概说

量力性原则,也称可接受性原则,是指教学的内容、方法、分量和进度要适合学生的身心发展,是他们能够接受的,但又要有一定的难度,需要他们经过努力才能掌握,以促进学生的身心发展。简单说就是,教学活动要适合学生的发展水平。量力性原则是为了防止发生教学难度低于或高于学生实际程度而提出的。

《学记》中的"语之而不知,虽舍之可也",孔子说的"举一隅,不以三隅反,则不复也",墨子说的"夫智者,必量其力所能知而如从事焉",明代王守仁说的"随人分限所及"等,都是量力性原则的体现。

2. 贯彻实施

贯彻量力性原则,要求做到以下几个方面。

(1) 了解学生发展的阶段特征

贯彻量力性原则的前提是对学生的了解。不同年龄阶段、不同学段的学生具有不同的身心发展特点,教师对此要有比较深刻的把握。年龄特征和发展阶段理论揭示了学生发展的普遍规律,掌握了这些普遍规律才能在此基础上展开有效教学。

(2) 重视学生发展的具体水平

教师不仅要把握学生发展的普遍规律,还要研究学生发展的具体特点和水平。比如,在学习新知识时,学生原有的知识基础、生活经验有哪些? 学生可能遇到的问题与困难是什么? 学生通过个人的努力能够解决到什么程度? 等等。教师把握了学生学习的具体水平,并在此基础上设计教学活动,才能真正做到教师"量(学生之)力"而教,学生"量(自己之)力"而学。

(3) 恰当地把握教学内容难度

量力性教学一个很重要的问题是教师要恰当地把握教学内容的难度。因为太难了,学生学不会;太简单了,学生学着没有劲。理想的教学难度是学生跳一跳能够摘到果子的程度。教学难度的确定,既要根据教学内容本身的复杂抽象程度,也要根据学生已有的知识储备、思维水平、发展潜力等因素。这需要教师根据对所教学生的认知自己来把握与确定。这是教师劳动创造性的具体体现。

(4) 针对学生的差异因材施教

教师针对学生的差异性,因材施教,有助于学生量力而学。一方面,注意对学生进行分层,针对不同层次的学生设置不同的学习任务、布置弹性作业等。另一方面,注意个别学生的个性特点、学习能力水平等,因材施教。

专栏 8-5

个 性 化 教 学

个性化教学,是实施因材施教的方法之一,无论是国外还是国内,都有了大量的实践案例,并形成了不少可操作性的策略。一位美国学者就提出了在教学中通过"学生兴趣清单"了解学生、因材施教的方法。

他认为,要想根据学生的兴趣相应地调整教学方法,从而促进个性化教学,了解学生的个性和背景是十分必要的。真正了解学生后,我们才有能力开始个性化教学。

用下面这些问题来了解学生们的兴趣应该是不错的选择:

- 课余时间,你喜欢做些什么?
- 你有什么样的兴趣爱好?
- 毕业后,你想成为什么样的人?
- 你为什么选择这个科目?(如果科目可以选择的话)
- 你喜欢哪些概念或知识点?
- 你喜欢的(其他)科目都是什么?为什么喜欢它们?在课堂中,什么样的活动是你最喜欢的?
- 你觉得什么是具有挑战/难度的?
- 你觉得什么是比较容易的?
- 你觉得在什么时候学习状态最佳?

收集到这些信息后,你就可以为每一个学生制定教学活动了。活动设计非常简单,比如使用一个足球来帮助热衷足球赛的学生理解一个概念,或让学生基于自己感兴趣的话题开始独立学习项目。

使用"学生兴趣清单"有助于教学计划的制定,并使学生更愿意积极主动地参与学习,因为它提供了多种与学生有关的选择。

(资料来源 安德烈·雷德芬著,于涵译,《卓越教师的 200 条教学策略》,中国青年出版社 2016 年版。)

(四)直观性原则

1. 原则概说

直观性原则,是指在教学中通过让学生观察所学事物,或教师语言的形象描述,引导学生形成所学事物、过程的清晰表象,丰富他们的感性知识,从而使他们能够正确理解书本知识、发展认识能力。

直观性原则是针对教学中词、概念、原理等理论知识与其所代表的事物相互脱离的矛盾提出的。这一原则反映了学生的认知规律,即通过感性、形象而具体的知识学习,提高学生对课程学习的兴趣和积极性,减少学习抽象概念的困难,并通过展示事物的内部结构、相互关系和发展过程,帮助学生形成科学的概念,从而更好地深化认识和运用知识。

对教学中的直观性原则,古今中外许多教育家都作过非常精辟的阐述。荀子说:"闻之而不见,虽博必谬。"他提出了在学习中不仅要做到闻之,更宜见之,才能博而不谬。捷克教育家夸美纽斯在《大教学论》中指出,"应该尽可能地把事物本身或代替它的图像放在面前,让学生去看看、摸摸、听听、闻闻等等。"他率先提出了教学中的直观性原则。后来,俄国教育家乌申斯基对这个原则进一步作了深刻的论证,指出:"逻辑不是别的东西,而是自然界的事物和现象的联系在我们头脑中的反映""一般来说,儿童是通过形式、思维、颜色和感觉来进行思维的。"

2. 贯彻实施

贯彻直观性原则,要求做到以下几个方面。

（1）正确选择直观教具

直观教学常借助于直观教具。不同学科、不同学段,甚至不同地域的学生所需要的直观教具会有所差异。例如,自然科学多选用实物、模型、标本等,而社会科学多采用生动形象的语言、图表、图画等。再如,低年级学生形象思维强,多选用实物直观教具;高年级学生抽象思维强,多选用图表、模型等模象直观教具和语言直观。教师要根据这些差异,恰当地选择直观教具和各种教学媒体,以保证良好教学效果的达成。

（2）直观与讲解相结合

直观教具在教学中要发挥良好的作用,还需要恰当到好处的讲解。教学中要把握好直观教具和各种教学媒体呈现的时机,太早或太晚可能都会影响效果。还要根据教学内容、教具特点和学生水平进行有针对性的讲解,以达到教具展示、讲解解释的良好效果。

（3）直观与抽象相结合

教学直观是帮助学生理解抽象内容的手段,并不是目的,因此教学中不要忘记通过直观引领学生进行抽象、概括等高级思维活动,使学生的认识实现从表象到概念、从具体到抽象、从感性到理性的飞跃。需要注意的是,教学中一味地追求直观,可能会妨碍学生抽象思维的发展,所以,当学生能够从直观上升到抽象之后,就要放弃直观思维,而直接运用抽象思维进行教学。

（4）重视运用语言直观

语言直观就是教师在教学中运用语言对教学内容作生动形象的描述和讲解。好的语言直观能够给予学生感性认识,唤起丰富的想象,在头脑中形成表象,从而加深印象。语言直观可以摆脱实物直观和模象直观所需要的设备和条件的限制,达到快捷传授的效果。需要注意的是,语言直观需要借助学生已有的知识经验、生活经验等,不然就如空中楼阁,无处着力。

VR 体验式教学

专栏 8-6

在课堂上,面对大量抽象枯燥的知识点时,学生往往无法快速消化。死记硬背、重复记忆会导致学习兴趣低、效果差等负面效果。如何能让枯燥的知识更加生动,甚至"跃然纸上"呢? 近年来兴起的 VR 教学,做到了"真听真看真感受"的体验式、互动式学习。

通过 VR 体验式学习,实现了课程内容更偏向于趣味性引导、更具有操作性和探索性的转变,将抽象概念具体化,将难点知识三维可视化,大大提高了学生的学习兴趣。这种教学方式打破了课堂授课的空间限制,让学生可以参与到事件之中,便于理解,使学习变得更为高效。学生们可以在虚拟空间体验火灾现场和如何操作救助设施,可以在古遗址中漫步,可以深入动植物细胞内部观察,甚至可以与宇航员们一起漂浮在国际空间站……

现在我国不少地区在中学阶段引进了 VR 技术,将学习内容可视化、立体化、体验化,让学生感受与平面视频、图片不一样的学习过程。一位生物教师说:"在生物学科上,有一些重点难点用传统的教学方式很难达到教学目的,却可以通过 VR 教学得以解决。比如,心脏结构如果放在平面图上,难以全面展示,但通过 VR 呈现,就可以让学生自主探索、学习,很快就掌握了,效果非常好。"

(五)巩固性原则

1. 原则概说

巩固性原则,是指教学中使学生在理解的基础上,将知识、技能牢固地保持在记忆中,达到熟练程度,需要时能及时、准确地再现。这一原则是针对学习容易遗忘的问题提出的。巩固是学生接受新知识的基础,是运用知识于实际的必要条件。

孔子所提倡的"学而时习之""温故而知新"正是巩固性原则的体现。捷克教育家夸美纽斯明确提出了"教与学的彻底性原则"。他形象地比喻说:"学习如果不复习,就像水泼在筛子上。"

2. 贯彻实施

贯彻巩固性原则,需要教师帮助学生在巩固时注意以下几方面。

(1)在理解基础上巩固

理解知识是巩固知识的前提,理解了的知识才更容易记忆,并长久保持。因此,教学中教师要提高自己的教学水平,做到形象生动、通俗易懂、明白透彻、条理清楚、重点突出、逻辑严密,使学生深刻理解所学知识的内涵、价值、意义等,从而为牢固掌握知识打下坚实的基础。

(2)重视组织各种复习

复习是巩固知识的必要手段,也是主要手段。复习可以加深对知识的理解,使知识在记忆中不断强化、熟练。因此,要重视组织各种复习。比如以下复习方式。

及时复习。根据艾宾浩斯遗忘曲线,学过的东西在最开始的一段时间遗忘的最快,因此,对刚学过的知识,必须趁热打铁,及时复习。

间隔复习。依据遗忘规律,刚学过的知识应该多复习,每次复习时间要长一些,每次复习的间隔要短一些,做到大脑中能够回忆出所有知识点。随着记忆巩固程度的提高,后期每次复习的时间可以相对短一些,间隔时间可以长一些。

分散复习和集中复习相结合。集中复习的好处是能够在短期记忆大量的知识,分散复习的好处是能够使每次的记忆量减少,降低疲劳感,所以将两者结合能够发挥最好的效果。建议是难度小的知识点集中复习,难度大的知识点分散复习。

（3）善于运用策略巩固

善于运用策略学习或复习有助于所学内容的巩固。因此,教师要教会学生学会运用各种学习策略进行学习的巩固。比如,运用精细加工策略,对知识进行精细加工;运用组织策略,对知识进行归类,或通过符号、图式、思维导图等形式进行纲要式学习或复习等。再如,对知识进行扩充或改组,也可以实现知识的巩固。

（4）在运用知识中巩固

知识学习的重要目的是运用。而运用的过程也是重新理解知识和操作知识的过程,在运用过程中学生可以更好地,对知识进行掌握和巩固。真正会运用的知识,也就能够更为长久地掌握。所以,教学过程中,教师要多组织运用知识的活动,让学生在运用中掌握、巩固知识。

"读读、议议、讲讲、练练"法

专栏 8-7

此方法又称八字教学法,是上海育才中学在总结多年教学经验的基础上提出来的。读、议、讲、练的相互关系是:读是基础,议是关键,讲是贯穿教学始终的主线,练是知识的应用。

八字教学法的教学过程是:①提出阅读目的和要求,学生在课堂上自己看书、思考,逐步了解教材的基本内容;②教师画龙点睛地讲解、答疑,有意识引导学生理解教材的重点和难点;③课堂上师生间互相磋商、讨论,主动探索问题;④课堂上做练习,基本做到当堂理解、消化和巩固。

八字教学法的基本特点是:教学形式灵活,学生手、脑、口并用,体现了教师为主导、学生为主体的作用;较好地处理了教与学的关系,体现了指导学习与独立探索相结合的学习方式;改变了一言堂的局面,从单纯的接受学习转变为主动、积极地学习。

三、教学组织形式

教学组织形式是指为完成特定的教学任务,教师和学生按照一定的要求组织起来进行活动的结构。教学组织形式涉及教学中的人员、时间、空间、教学内容等因素的组织与分配。这些因素的不同组织与分配方式构成了不同的教学组织形式。教学组织形式随着社会的发展而产生变化。在教育史上出现过的有较大影响的教学组织形式有个别教学制、班级授课制、导生制、分组教学制、文纳特卡制、道尔顿制、小队教学制等。

（一）个别教学制

个别教学制,在历史上最早出现,是最古老的教学组织形式。可以说,教学形式在人类社会存在,一开始就是以个别化的组织形式进行的。

1. 含义

个别教学制是教师在同一时间以特定内容面向一两位或几位学生进行教学的一种形式。

古代以手工劳动为主的生产力水平比较低下,社会对学校培养人才的规模、速度和质量的要求都有一定的限度,所以那个时候主要是个别教学制。我国商周至隋唐时期的各级官学和私学,古希腊、古罗马时代的各类学校以及欧洲中世纪的教会学校和宫廷教育等,均采用个别教学制。例如,中国春秋时期的孔子根据其有教无类、因材施教的原则,自创私学,广收弟子,常与门下弟子逐个研讨,传授学问,指点疑难。汉代著名教育家马融,由于来学弟子众多,于是创造"次相传授"的教学形式,由资深弟子向后进弟子代为传授。在西方,柏拉图、亚里士多德的阿加德米学园及苏格拉底的"产婆术"等都是基于混合教学的个别教学组织形式。

个别教学

2. 主要特征

个别教学制的主要特征有如下几点:

从学生来源看,学生的年龄、文化程度等参差不齐。

从师生关系看,教师只对个别学生发生联系,几位学生虽然在一起学习,但并未形成真正的学生集体。

从教学安排看,教学内容与进度等缺乏计划性与系统性,具有较强的随意性。

从教学管理看,教学活动和教学时间等没有明确的规定,学生入学、毕业、退学等并没有制度化。

个别教学制的优点是能够较好地适应个别差异,有助于因材施教;缺点是规模小、速度慢、效率低、难以大面积地培养人才。

(二) 班级授课制

班级授课制,是迄今为止使用范围最广的一种教学组织形式,也是最为常见的教学组织形式。

1. 含义

班级授课制是把一定数量学生按年龄特征和学习特征编成班组,使每一班组有固定的学生和课程,由教师根据固定的授课时间和授课顺序(课程表),根据教学目的和任务,对全班学生进行连续上课的教学制度。

随着生产力的发展,个别教学制又经难以满足社会对人才数量和规格的要求,逐渐出现了集体教学制。其比起个别教学制虽进步了很多,但依然不够规范,于是慢慢就出现了班级授课制。最先使用班级授课制的是 15 世纪末德国纽伦堡和萨克森选侯国的人文主义学校。在这些学校里,按学力将学生分成若干阶段,编成班级进行教学,从而短时间内指导大量学生。16 世纪,欧洲一些学校逐渐开始使用班级集体授课的形式。17 世纪,捷克教育家夸美纽斯在其著作《大教学论》(1632 年)中第一次为班级授课制进行了理论论证。随着 17 世纪资本主义的发展,18、19 世纪产业革命的促进,19 世纪后半叶班级授课制开始普及。

我国最早采用班级授课制是在 1862 年的京师同文馆,并在 1904 年的《奏定学堂章程》(即"癸卯学制")中以法令的形式确定下来。1905 年清朝政府"废科举,兴学堂"以后,在全国推广。

在理论上,班级授课制最早由夸美纽斯加以论证,后来赫尔巴特完善了这一理论,苏联的教育家凯洛夫最终完善了这一理论。

2. 主要特征

以"班"为单位组织。以"班"为人员单位,按年龄和知识水平分别编成固定的班级,即同一个教学班学生的年龄和受教育程度大致相同,并且人数固定。教师同时对整个班集体进行同样内容的教学。

以"课"为单位教学。把教学内容以及实现这种内容的教学手段、教学方法展开的教学活动,按学科和学年分成许多小的部分,分量不大,大致平衡,彼此连续而又相对完整。这每一小部分内容和教学活动,就叫做一"课",一课接着一课地进行教学。

以"课时"固定时间。把每一"课"规定在固定的单位时间内进行,这单位时间称为"课时"。课时可以为 50/45/30/25/20/15 分钟,但都是统一的和固定的。课与课之间有一定的间歇和休息,从各学科总体而言,可能是单科独进,也可以是多科并进,轮流交替。

班级授课制

3. 优缺点

（1）班级授课制的优点

① 可以扩大教育规模。班级授课制由一位教师同时教授多位学生,扩大了一个教师的教学能量,有助于全体学生共同前进,提高了教学效率,可以大规模地、大面积地培养人才。

② 保证教学的系统性。班级授课制以"课"为教学活动单元,从而保证学习活动循序渐进,同时可以使学生获得系统的科学知识。

③ 利于加强教学管理。班级授课制以固定的班级人数和统一的时间单位组织教学,有利于学校合理安排各科教学的内容和进度并加强教学管理,从而赢得教学的高速度。

④ 发挥教师主导作用。班级授课制以教师的教学为主,可以充分发挥教师的主导作用。

⑤ 利于学生全面发展。班级授课制在实现教学任务上比较全面,从而有利于学生多方面的发展。它不仅能比较全面地保证学生获得系统的知识、技能和技巧,同时也能

保证对学生进行思想政治影响,启发学生思维、想象能力及学习热情等。

⑥ 利于发挥集体作用。班级授课制使学生在班集体中学习,学生由于共同目的和共同活动集结在一起,可以互相观摩、启发、切磋、砥砺。学生可与教师及同学进行多向交流,互相影响,从而增加信息来源或教育影响源。

（2）班级授课制的缺点

① 学生主体性受到限制。班级授课制的教学活动多由教师主导,以教师讲授为主,学生学习的主动性、独立性、积极性都受到一定程度的限制。

② 教学内容易被割裂。班级授课制以"课"为活动单元,而"课"又有时间限制,因而往往将某些完整的教学内容和教学活动人为地分割以适应"课"的要求。

③ 难以容纳新内容。班级授课制的时间、内容和进程都固定化、形式化,不能够容纳和适应更多的教学内容和方法。

④ 教学的实践性不强。班级授课制在封闭的课堂上教学,学生动手机会较少,教学的实践性不强,不利于培养学生的实际操作能力。再者,学生主要接受现成的知识成果,其探索性、创造性不易发挥。

⑤ 不利于因材施教。班级授课制强调的是统一,齐步走,而且一个教师面对众多学生,所以难以照顾到学生的个别差异,不利于因材施教,不利于个性化的培养。

正因为班级授课制有众多优点,所以,它被人们普遍接受,至今在世界范围内仍然是学校教学的基本组织形式,虽然经历了众多的怀疑、非难,甚至猛烈抨击而仍然站得住脚。也正是因为班级授课制有不少的局限性,所以人们才屡屡对它提出批评,并不断寻求新的教学组织形式。

（三）分组教学制

分组教学制,可以说是处在个别教学制与班级授课制之间的一种组织形式。其用意在于解决班级授课制不易照顾到个别差异,同时也解决个别教学制效率不高难以形成学生"学习共同体"的问题。

1. 含义

分组教学制是把学生按能力或学业成绩分为不同的班或组,通过定期测验决定学生升级（组）或降级（组）的教学组织形式。

19 世纪末 20 世纪初,由于工业生产迅猛发展和资产阶级自由竞争的需要,不仅要

小组教学

求教育培养大批人才,而且要求教育适应学生个别差异,于是出现了按能力、按成绩分组的教学形式。20世纪70年代,苏联教育学家也对班内分组教学进行了专题试验,并从心理特性、学习论角度分析了各组学生的特点,发现学生在小组内掌握知识的过程,比在整个班集体中的主动性、独立性更多一些,证明了分组教学的必要性。

分组教学的做法有两种:外部分组和内部分组。

① 外部分组,指学校打破按年龄编班的传统习惯,根据学生的能力水平或学习成绩编班进行教学。外部分组主要有两种形式,即学科能力分组和跨学科能力分组。分部分组后,各组以不同的进度学习同样的教材,到学期或学年结束时重新编班。

② 内部分组,指在传统的按年龄编班的班级内,按学生的能力或学习成绩等编组。内部分组后,各组学习的内容有多有少,有深有浅,但升级时间和结业年限相同。

2. 优缺点

分组教学有以下优点:它比班级上课更切合学生个人的水平和特点,便于因材施教,有利于人才的培养;便于学生的交流合作;有助于学生组织能力、管理能力、表达能力,以及解决问题能力的培养;有利于学生在与小组成员的竞争与合作中,强化自己的学习动机。

分组教学也存在一些缺点。一是很难科学地鉴别学生的能力和水平。二是在对待分组教学上,学生、家长和教师的意愿常常与学校的意见很难达成一致。三是分组后对学生心理发展的负面影响较大,往往使快班学生容易骄傲自满,而普通班、慢班学生容易产生破罐子破摔的心理,学习积极性普遍降低。

(四) 混合教学制

个别、班级、分组,是教学组织形式的三种基本类型。除上述基本形式外,还有一些教学组织形式,是将三者融合在一起,教学中既有集体上课的班级形式,也有分组的学习交流,或者个别辅导,典型的有以下几个。

1. 贝尔—兰卡斯特制

贝尔—兰卡斯特制,是由英国国教会的牧师贝尔(Bell, A.)和公益会的教师兰卡斯特(Lancaster, J.)所开创的一种教学组织形式,又称导生制(monitorial system),是教师先对年龄大、成绩好的学生(即"导生")施教,然后由他们代替教师职责,转教其他学生的教学组织形式。

贝尔—兰卡斯特制的产生

专栏 8-8

　　1791年(或1792年),贝尔在印度马德拉斯的兵士孤儿学校计划用沙盘教学生练习书写。但是,一些教师拒绝帮助。于是,贝尔选择一些年龄较大的学生帮助他教其他的学生。他的这种做法后被人称作"马德拉斯制"。1795年,贝尔回到英国,于1798年出版了《一个教育实验》来介绍自己的思想和具体的做法。

　　1798年,兰卡斯特在伦敦办学。由于学生太多,又没有钱去请教师,于是,

> 兰卡斯特打算先教年龄较大和成绩较好的学生,然后让他们去教其他的学生。这时,他发现了贝尔的书,并吸取了他的一些观点。1803 年,兰卡斯特出版了《教育的改良》一书来描述自己的计划。
>
> 　1805 年,贝尔和兰卡斯特相见,并交换了关于导生制的意见。由此,贝尔—兰卡斯特制诞生。为了使教师们能很好地运用导生制,贝尔还为广大教师写了一本《教育指南》。该书于 1827 年出版。

贝尔—兰卡斯特制实施中,导生不但负责教学,而且还负责检查和考试,完全是教师的助手。有了导生的帮助,教师的教学工作量大大减轻了,因而能够教育更多的学生。借助导生的帮助,全班同学在学习过程中,都可以得到个别化的指导,使每个同学都能得到学习的帮助,实现学习目的。

导生制教学有很多优点:①省钱。以导生代替教师,费用就大为减少。②省师资。③扩大受教育者的范围。④有助于儿童自我管理能力的培养。

但是,导生制也有很多缺点。导生"现学现用",自身的水平和能力存在问题,其教学方法呆板机械,会不可避免地造成教育质量下降。事实证明,采用这种形式进行教学的学校,教学质量一般很低,很难满足大工业生产对学校教育质量的要求。

2. 文纳特卡制

文纳特卡制(Winnetka Plan)是把课程分为知识技能与社会活动,以个别教学和团体活动的方式进行施教的教学组织形式。

文纳特卡制,又称"文纳特卡计划",是美国教育家华虚朋(Washburne, C. W.)于 1919 年在芝加哥文纳特卡镇公立中学创建的一种教学组织形式。华虚朋在 1919—1945 年任伊利诺伊州文纳特卡教育官员期间开展了教育实验,形成了文纳特卡制。1928 年,文纳特卡制传入中国,开始引起人们的兴趣。1931 年,华虚朋来中国讲学,做过一系列讲座。文纳特卡制在中国并没有像道尔顿制那样产生广泛的影响,只在 1933—1935 年间,在厦门、福州、开封、上海等地做过一些实验研究。

文纳特卡制设定了四个目标:①给儿童以优美快乐的生活;②充分发展儿童的个性;③个人的社会化;④养成儿童普遍必需的知识和技能。

依据这四个目标,文纳特卡制把课程分为两个部分。

第一部分为儿童将来生活必需的知识和技能,按照学科进行,由学生个人自学读、写、算和历史、地理等方面的知识、技能。这类课程通过个别教学进行,以学生自学为主,教师进行个别辅导,要求每个儿童在个别化教学中学得十分纯熟,以考试来检验学习结果。这类课程还是学科课程,安排在上午进行。

第二部分,创造地参与社会的活动——使儿童个人的能力和社交意识得到发展。通过音乐、艺术、运动、集会以及开办商店、组织自治会等团体活动来培养和发展学生的"社会意识"。不必使全体儿童有统一的态度和统一程度的熟练,不进行考试。就儿童个人来说,可以发展个人的才能,是一种创造表演;而就团体来说,可以培养社会意识、团队和协作精神。这一部分的课程,属于"活动课程",安排在下午进行。

文纳特卡制完全打破班级教学,谋求彻底的个别化教学,且没有年级的编制。它既注重儿童的个性和自由,也强调儿童的团体意识和社会化过程。这是它的优点。但是,文纳特卡制对学生要求较高,由于它在小学低年级自学能力比较差的时候就实行自学和个别作业,缺少教师的直接讲授,常有抄袭作业、敷衍了事之类的事情发生,导致学生不能获得系统扎实的基础知识,教学质量下降。

3. 道尔顿制

道尔顿时制(Dalton Plan)是教师不再系统讲授教材,而只为学生分别制定自学参考书、布置作业,由学生自学和独立作业,有疑难时才请教师辅导,学生完成一定阶段的学习任务后,向教师汇报并授受考查的教学组织形式。

海伦·帕克赫斯特

道尔顿制是美国的海伦·帕克赫斯特(Helen·Parkhurst)结合蒙台梭利与杜威的教育思想,于1920年在美国的马萨诸塞州道尔顿中学提出的一套独具特色的教学组织形式。此制在20世纪20年代后曾在一些国家试行。1922年,始于美国道尔顿学校的教育理念和方法开始传入欧洲,并被广泛推广。1922年10月,中国第一个道尔顿制实验班设立在上海的中国公学。此后,北京、南京、开封等地也进行过实验。

实行道尔顿制的学校,教师依照学生的能力指定作业,而不强迫学生学习相同的功课。学生可以自由支配学习的时间,而没有上课时间表的束缚。在道尔顿制学校中,没有年级的限界,把各年级的学生打成一片,使他们彼此之间有交互合作的机会。学生要拟订学习的计划,支配学习的时间。在每月开始时,每一个学生都要接受各科的指定作业,然后他们就要支配学习的时间,在一个月的时间内完成各科所指定的作业。

道尔顿制最显著的特点是重视学生自学和独立思考。但是,道尔顿制削弱了教师的主导作用,不利于教师作用的发挥。同时,大多数青少年学生尚不具备独立学习与作业的能力,如果没有教师的系统讲解,他们往往在摸索中白白浪费了时间而收获甚微。另一方面,道尔顿制的实施要求学校要有较好的教学设施与条件,这在一般学校很难具备。

4. 小队教学制

小队教学制是由一些教师联合组成教学小组(teaching team),共同研拟教学计划,分工协作,共同完成教学活动的一种教学组织形式。

小队教学,又称协作教学、协同教学。小队教学的基本特点是采用两名或两名以上的教师合作施教,并根据小队成员的能力和特长组成"互补式"的结构,在教学中分别承担不同的角色和任务,通过分工协作,共同完成教学任务。教学小队的教师集体定期开会研究、评价和计划他们的工作。

小队教学的一般实施过程是:50名到100名学生合成大班上课,由一位教师顺次主讲(介绍单元活动内容、引起动机、说明教材、设计学习活动、评价学习结果等),其他教师协助工作。然后学生分组学习和讨论,教师分工辅导,最后学生们到特定教学中心,利用各种仪器、图书和设备独立学习(独立阅读,听录音,唱片,独立观察,实验、制作,写笔记和报告等)。

小队教学的优点包括：①有助于发挥教师的集体力量和个人特长，共同对学生进行教学，提高教学质量，可收到互助合作的效果。②根据学生向教师学习、相互学习和自我学习的不同学习途径，采用大班上课、分组讨论与独立学习相结合的形式，既有集体的学习，又兼顾学生的个性特点，有助于培养学生的自学能力。③能比较有效地使用人员、仪器、图书和设备。④教学小队的教师还可开展某些教学研究活动，有助于提高新教师的水平。

小队教学在社会科学的许多学科方面，能充分发挥其优越性，但在数学、艺术等学科则有其局限性。

本章小结

本章内容围绕学校教育的核心环节教学展开，对中学教学进行了系统的介绍和分析。教学是作为教师在一定条件下运用教学方法引导学生学习知识、技能、态度等以促进其发展的实践活动。教学具有特殊的规定性，突出表现为直接经验与间接经验相统一、掌握知识与发展能力相统一、教师主导与学生主体相统一、传授知识与思想教育相统一。教学在传承人类成果、促进学生发展、实现教育目的方面都发挥着至关重要的作用。

教学原则是教学的基本遵循，是开展教学活动的基本要求。教学原则有很多，古今中外也有诸多论述，比较常见的有启发性原则、循序渐进性原则、量力性原则、直观性原则、巩固性原则，了解这些原则的含义、来源，掌握贯彻实施原则的要求，对于教师卓有成效地开展教学十分必要。在教学实践中，常用的教学组织形式有三种：个别教学制、班级授课制、分组教学制。三种形式的结合，还形成了很多"变式"或者说混合型形式。根据教学目标、内容、教学对象、教学资源等实际情况，灵活多样运用这些组织形式，是教师在教学中面临的重要课题。

思考与实践

1. 陶行知先生在谈到教学目标时，曾说过：千教万教，教人求真；千学万学，学做真人。请结合中学实际谈谈你对这个问题的理解。

2. 在教学过程的认识上，我国较为普遍地认同教师为主导，学生为主体，这种看法也被称之为"主导主体说"。但也有研究者提出不同看法，认为这种观点有值得质疑的地方，主要表现为理论本身缺乏内在的（指对教师和学生之间）同一的衡量标准，"主导""主体"是两个不同哲学范畴的概念，它们不能构成同一标准来衡量教学过程中师生间的地位与作用。请查找相关材料，结合学习的哲学等学科知识对这些质疑是否合理作出分析评判。

3. 孔子与苏格拉底，两人都主张启发式教学，孔子说："不愤不启，不悱不发。举一隅不以三隅反，则不复也"，苏格拉底提出"产婆术"（参见第二章专栏3），请对两人的教学思想进行对照分析，判断其异同，并对两者教学思想对今天中西方的影响进行评论。

4. 1518年，王守仁在平定江西动乱后，为晓瑜南赣各县父老乡亲、兴立社学而颁布了一份著名的文告《训蒙大意示教读刘伯颂等》，提出孩子读书，一定要量力而行，"能二百字者，止可授以一百字，常使精力力量有余，则无厌苦之患而有自得之美。"有能力背诵 200 字的,每天只让他背 100 字。这样,他就会悠游暇豫、怡然自得,日就月将,自然就会成长起来。联系第二章王守仁教育思想的论述、第十章中学生发展心理的有关分析,结合本章量力性原则的介绍,对王守仁这一教育理念进行评论。

5. 日益发展的教育信息技术,大大推动了个别化教学的水平,有人就此分析,个别化教学将来会替代班级授课制。请收集资料,对这种观点进行评析。

6. 请就班级授课制的优缺点进行分析,并对班级授课制未来的发展方向进行预判。

延伸阅读

1. 施良方,徐勋(选编). 教育学文集·教学(上中下)[C]. //瞿葆奎,主编. 北京:人民教育出版社,1988.

2. 李秉德. 教学论[M]. 北京:人民教育出版社,2001.

3. 王策三. 教学论稿[M]. 北京:人民教育出版社,2000.

4. 裴娣娜. 现代教学论[M]. 北京:人民教育出版社,2005.

5. 施良方,崔允漷. 教学理论:课堂教学的原理、策略与研究[M]. 上海:华东师范大学出版社,1999.

6. 杨小微,张天宝. 教学论[M]. 北京:人民教育出版社,2007.

【开篇案例】

有一个教师在教马致远的小令名作《天净沙·秋思》时,遇到了学生的提问:"什么叫'断肠'?"

教师回答:"比喻极度悲伤之意。"

"肠断了,当然很悲伤。可是,为什么不说断手、断脚、断别的什么呢?"学生进一步问。

教师当即娓娓道来:"东晋恒温率军入四川,经过三峡时,部队中有人捕获一只小猿并带到船上,母猿在岸上一边追着一边哀号着,如此追了一百多里。在船离岸较近时,那只母猿趁机跳上了船,但一到船上就死了。士兵剖开母猿的肚子一看,里面的肠子因极度悲伤断成了一寸一寸的了。桓温得知这件事,非常生气,下令惩处了捉小猿的人。母猿因小猿被捉,悲伤痛苦,哀号到肠断,这就反映了'断肠'和悲伤之间的联系,只有理解了'断肠'一词,才能深深地理解文中写景的作用和作品的主题。"

（资料来源　蔡高才、袁光华编著,《初中语文课堂教学研究》,长沙：湖南师范大学出版社,1999 年版,第 113 页。）

【学习指导】

1. 了解教学工作的主要环节,把握各环节之间的关系。

2. 掌握并初步运用备课、上课等方面的基本要求。

3. 认识中学教学的主要方法,初步学会运用讲授、讨论、问答等基本方法。

一、教学环节

教学活动是一个完整的教学系统,由一个个相互联系、前后衔接的环节构成。任何一个教学环节脱离整体或出了问题,都会影响整个教学工作的质量和效果。要提高教学质量必须扎实做好每一个教学环节的工作。教学工作的基本环节主要包括备课、上课、作业的布置与批改、课外辅导,以及学业成绩考评五个基本环节。

(一) 备课

备课是教师根据课程标准的要求和本门课程的特点,结合学生的具体情况,选择最适合的表达方法和顺序,以保证学生有效地学习的课前准备活动。

备课是教学工作的起始环节,是上好课的前提。高质量的教学取决于高质量的备课。另一方面,"凡事预则立,不预则废""有备无患",备课可以减少教学时的失误,减少教学的不确定性,同时可以增强教师对课堂教学的掌控感、自信心和安全感。

备课的内容可以概括为:制定"三个计划",做好"四备"工作。

1. 制定"三个计划"

从整体角度看,备课一般可以分为学期(或学年)备课、单元(或课题)备课和课时备课三种。为此,教师要做好三个教学计划。

(1) 学期教学计划

学期教学计划是对一个学期(或学年)教学工作的整体筹划,一般在学期(或学年)开始前制定。

学期计划的主要内容包括:学期(或学年)教学的总要求,教科书各章节或课题及其教学时数和时间的具体安排,教学改革的整体设想,各课题所需的教具、资料及相关教学活动的安排,学生情况的分析等。

(2) 单元教学计划

单元教学计划是对一个单元(或课题)教学工作的统筹安排,一般在单元(或课题)教学前制定。

单元教学计划的主要内容包括:单元(或课题)的名称,单元(或课题)的教学目标,课时的分配,每一课时的教学任务,课的类型、主要教学方法及教学手段的运用等。

(3) 课时教学计划

课时教学计划即教案,是教师以课时为单位设计的教学方案,一般在教学前制定。

课时教学计划的主要内容包括:班级、学科名称、授课时间、课题名称、课的类型、教学目标、教学重点、教学难点、教学方法、教具准备、教学过程、板书设计、作业设计等内容。

专栏 9 - 1

课 的 类 型

课的类型,简称课型,是课堂教学最具有操作性的教学结构和程序。

现代教学理论认为,教学过程结构是课型分类的主要依据之一,特定的课型必然有特定的教学过程结构。教师把握课型可以更好地掌握各种类型课的教学目的、教学结构、教学方法等方面的规律,提高教学设计、实施和评价的能力。

　　根据教学任务的不同,可以划分出的课型有:新授课、练习课、复习课、讲评课、实验课等,统称"单一课"。如果一节课里要完两个或以上的主要任务,这种课就叫"综合课"。

　　根据课的教学组织形式和教学方法,可以划分出的课型有:讲授课、讨论课、自学辅导课、练习课、实践或实习课、参观或见习课等。

2. 做好"四备"工作

教师的备课工作主要体现在四备:备课标、备教材、备学生、备教法。

(1) 备课标

课程标准不仅是课程的直接规定和教材编写的根本依据,而且是教学工作的重要指导性文件,同时也是检查、评定学生学业成绩的标准和衡量教师教学质量的标准。因此,教师要高度重视对课程标准的研读,对本课程的教学有整体的把握,明确课程目标、课程内容、课程实施、课程评价等的具体要求,并对课程标准里的各种实施建议、评价建议等认真研究,在教学过程中加以创造性的实施与运用。教师把握了课程标准,才能站在课程的高度教学。站在课程的高度教学才能真正落实好课程标准的各项要求,做到高质量的教学。

(2) 备教材

教材,特别是教科书,是教学的中介,是教学的重要依据。教师只有对教材熟稔才能真正用好教材。教师钻研教材有一个不断深化的过程,一般要经过"懂""透""化"三个阶段。"懂"是指对教材的基本思想、基本概念等搞清楚、弄明白。"透"是指透彻地理解和把握教材结构、重点、难点,以及教材编写的逻辑及其背后的价值取向,对教材融会贯通,能够自如应用。"化"是指教师能够把教材内容与自己的思想感悟,与社会生活、学生生活,与其他学科等有机地融合在一起,能够举一反三、触类旁通地运用教材。

(3) 备学生

备学生是教学的基础和前提。教师要做三种学情的分析。①一般学情分析。即分析学生常态下所具有的情况。如家庭背景、生活经历、个性心理特征、兴趣爱好、班风班纪、知识能力状况等。一般学情具有稳定性,可以在日常接触中把握,它对教学会产生直接或间接的影响。②具体学情分析。即分析学生学习具体的课题或课文时所具有的情况。包括学生已经具备的知识与能力、经过努力对将学内容的把握程度、对将学内容的困惑或困难等。具体学情具有多样性与个性化,将对教学产生直接影响。教学目标是在分析、归纳具体学情的基础上确定的。③目标学情分析。即分析为了达到教学目标学生所具备的知识与能力、存在的问题与困惑等。目标学情具有针对性,它指向教学目标的达成。教学设计重点关注目标学情,要对应"目标学情"与"目标达成"之间的关系,利用学生的已知已会已能,有针对性地解决学生的问题与困惑。

（4）备教法

备教法即设计教法，主要解决教师如何把内容传授给学生的问题。备教法主要包括以下方面：①组织教材，即合理安排教材内容的层次顺序、详备取舍。②确定课的结构，即根据课型确定教学活动的方式、课的组成部分及其实施程序。③设计教学策略，即选定用哪些基本的教学方法、怎样相互配合并灵活运用。④确定教学手段和教具等。⑤考虑学法，包括学生的预习、课堂学习活动与课外作业等。

专栏 9-2

"教案"的内容

　　教案是教师为顺利而有效地开展教学活动，根据课程标准和教科书要求及学生的实际情况，以课时或课题为单位，对教学内容、教学步骤、教学方法等进行具体设计和安排的一种实用性教学文书。

　　教案对每个课题或每个课时的教学内容、教学步骤的安排、教学方法的选择、板书设计、教具或现代化教学手段的应用、各个教学步骤教学环节的时间分配等等，都要经过周密考虑、精心设计再确定下来，有很强的计划性。

　　教案一般包括下列具体内容：

　　1. 课题（说明本课名称）

　　2. 教学目标（或称教学要求，说明本课所要完成的教学任务）

　　3. 课型（说明属新授课，还是复习课等）

　　4. 课时（说明属第几课时）

　　5. 教学重点（说明本课所必须解决的关键性问题）

　　6. 教学难点（说明本课学习时易产生困难和障碍的知识传授与能力培养点）

　　7. 教学方法（要根据学生实际，注重引导自学，注重启发思维）

　　8. 教学过程（或称课堂结构，说明教学进行的内容、方法、步骤等）

　　9. 作业处理（说明如何布置书面或口头作业）

　　10. 板书设计（说明上课时准备写在黑板上的内容）

　　11. 教具（或称教具准备，说明辅助教学手段使用的工具）

　　12. 教学反思（教者对该堂课教后的感受及课的问题、改进方法等）

（二）上课

上课就是教师对课堂教学活动的实施，以达到预定的教学目标。上课是教学的中心环节，是提高教学质量、培养学生的关键途径。

1. 上课的基本阶段

上课的基本阶段，也称为教学的基本阶段，大致划分为五个阶段。

（1）激发学习动机

教学伊始，教师常通过课堂教学导入环节激发学生的学习动机。学习动机是个体进行学习活动或维持已引起的学习活动，并使行为朝向一定学习目标的一种内在过程或内部心理状态。学习需要、学习兴趣、学习期待、求知欲望等都属于学习动机。具有浓厚的学习兴趣和求知欲望是学习的基本条件和心理起点,是直接推动学生学习的动力。

激发学习动机主要依靠以下三个方面:①所学的内容及知识本身,如事实、现象、特点、逻辑等,具有吸引力。②要强调学生的活动,让学生在活动中加强感知与体验。③依靠教师的引导。教师要特别注意把所教内容与学生的生活实际、社会的热点问题等有机地结合起来。

(2)领会知识

领会知识是教学过程的中心环节,包括使学生感知教材和理解教材两个阶段。

第一,感知教材。教师要引导学生通过感知形成清晰的表象和鲜明的观点,为理解抽象概念提供感性知识的基础并发展学生相应的能力。感知的来源包括:学生已有的知识经验、直观教具的演示、参观或实验、教师形象而生动的语言描述和学生的再造想象,以及社会生产、生活实践。这一阶段学生对教材没有深层了解,只看到表面。

第二,理解教材。教师引导学生在感知的基础上,通过分析、比较、抽象概括,以及归纳演绎等思维方法的加工,形成概念、原理等,真正认识事物的本质和规律。理解教材可以有两种思维途径:一是从具体形象思维向抽象逻辑思维过渡;二是从已知到未知,不必都从感知具体事物开始。这一阶段学生可以透过表象深入理解教材,这也是领会知识阶段的中心。

(3)巩固知识

巩固知识是教学过程的一个必要环节。巩固的必要性体现在以下两方面:第一,学生在课堂上所获得的知识是间接知识,容易遗忘,必须通过复习来加以巩固。第二,只有掌握与记住知识,才能为下一步学习奠定基础,才能顺利地学习新知识、新材料。

巩固并不只是在学习完新知识之后,而是在教学的每一个环节上都应重视教材的识记与巩固。教学中用一段时间专门复习、定期复习,对巩固知识是十分必要的。

(4)运用知识

掌握知识是为了运用知识。在教学中,运用知识、形成技能技巧,主要是通过实践来实现的,如完成各种书面或口头作业、实验等。学生从掌握知识到形成技能,再从技能发展成为技巧,需要经过反复的练习才能达到。此外,运用知识还包括"知识迁移"的能力和创造能力等。

(5)检查知识

检查知识是指教师通过作业、提问、测验等方式对学生的学习效果进行考察的过程。检查学习效果的目的在于:使教师及时获得关于教学效果的反馈信息,以调整教学进程与要求;帮助学生了解自己掌握知识技能的情况,发现学习上的问题,及时调节自己的学习方式,改进学习方法,提高学习效率。

《岳阳楼记》教例

专栏 9-3

以《岳阳楼记》的教学为例,说明上课的五个阶段。

教学伊始,老师会介绍一下作者范仲淹的生平,讲一下岳阳楼的故事。这样做的目的：一方面是为了给学生提供背景知识，另一方面是为了激发学生学习这篇课文的兴趣。这就是教学导入的过程，也是教学的第一个基本阶段：激发学习动机。

在介绍过背景知识以后，老师让大家自己默读课文，或者带领大家朗读。在默读或朗读中，大家可以搞清楚字词的发音，同时也可以对《岳阳楼记》的内容有个初步的了解，比如头脑中浮现出作者所描绘的场景。之后老师带领大家逐字逐句地欣赏佳句，体会文章的精妙之处。这个过程就是教学过程的第二个基本阶段：领会知识。其中，默读或朗读是感知教材阶段，佳句欣赏、体会精妙之处是理解教材阶段。

老师讲完课文内容之后，让学生再自己朗读或者默读课文。这么做的目的是希望学生能够对刚讲的知识复习巩固，加强记忆。这也就是我们教学过程中的第三个阶段：巩固知识。

在学习完巩固完之后，教师布置学生完成课后习题，同时教师还补充了一些课文之外的习题让学生练习。这就需要学生运用课堂上学习到的文言知识去解决课后问题，并创造性地解决教师补充的习题。这就是教学过程的第四个阶段：运用知识。

教学结束时，老师给学生布置了一些课外作业：要求背诵课文并完成课外练习册上的习题。下次上课时，老师抽取同学来背诵课文，并收取课外练习册进行后续批阅。这就属于教学过程的第五个阶段：检查知识。

2. 上课的基本要求

教师要上好课，除了必须遵循教学规律、贯彻教学原则、符合学生身心发展特点外，还要达到以下要求。

（1）教学目标明确

教学目标的确定要符合课程标准要求、符合教材和学生实际，做到确切、全面、具体、切实可行。教学目的能够兼顾"知识与能力""过程与方法""情感态度价值观"三个维度。

（2）教学内容正确

教学内容正确是指教师在教学中传授的内容必须具有严密的科学性和高度的思想性。教师所讲授的内容必须是科学的、正确的，不能与科学结论公理相悖，对概念、定理等的表述要准确无误，对原理、定理的论证要确切无疑，对学生回答问题时所反映的思想观点要仔细分析，发现问题及时给予纠正。

（3）教学结构合理

一堂好课要有好的教学结构。教师要精心设计和妥善安排教学的各个环节和活动，做到结构合理紧凑，有严密的计划性和组织性，充分发挥课堂每一分钟的效能。好的课堂结构，既有良好的开课，又有层层推进的过程，还有完美收束的结课；讲述、演示、板书、练习等活动穿插有序、过渡自然，并能随着教学内容的需要跌宕起伏。此外，教师还要妥善、巧妙地处理课堂教学中的"生成"和突发事件。

（4）教学方法得当

教学方法得当，既包括教学方法选择上的得当，也包括教学方法使用上的得当。教师所选择和使用的教学方法要符合教学目标、教学内容和学生特点,做到方法与它们之间具有良好的匹配性与针对性。教学过程中,正确灵活地运用各种教学方法,能将各种教学方法有机结合、综合运用。善于运用启发式教学,调动学生的学习主动性和积极性。善于利用各种教具和现代化教育技术、教学手段,以增加教学效果。同时,教师要注意对学生进行学习方法的指导,授之以"鱼"更授之以"渔",教会学生掌握多样的学习方法,学会学习、善于学习。

(5)教学氛围和谐

好的教学还需要有和谐良好的教学氛围。教学是师生双方共同活动的过程,其效果取决于教师与学生的参与度与积极性。教学过程中要发扬教师民主,师生之间保持平等、信任、理解的状态,创设轻松愉快、和谐有序、生动活泼的课堂氛围。这样才能使教师的主导作用得以有效发挥,使学生保持浓厚的学习兴趣、注意力的高度集中与思维的活跃,积极参与到各种活动中来。

(6)教学效果良好

教学效果是检验教学质量的最终标准。从教师角度来看,教学效果良好,是指教学目标有效达成、教学内容准确传授、教学实施完成度高等。从学生角度看,教学效果良好,是指学生"学得愉快,学有所获"。学得愉快,是就学习过程中的情感体验而言的,是学生对学习过程满意的表现。学有所获,是就学习结果的习得而言的,是学生知识、技能等学习后能够理解、掌握等的表现。

一堂好课没有绝对的标准

専栏 9 - 4

　　怎样评价一堂课?什么的课才是好课?华东师范大学教育学系叶澜教授的看法对我们有很大启发。叶澜教授提出一堂好课没有绝对的标准,但有一些基本的要求。其大致表现在 5 个方面。

　　1. 有意义,即扎实

　　初步的意义是学生学到了新的知识;再进一步是锻炼了学生的能力;再往前发展是在这个过程中有良好的积极的情感体验,使学生产生更进一步学习的强烈的要求;再发展一步,在这个过程中学生越来越会主动地投入到学习中去。这样学生才会学到新东西。学生上课,"进来以前"和"出去的时候"要有了变化,没有变化就没有意义。

　　2. 有效率,即充实

　　这表现在两个方面:一是对面上而言,这堂课上完,对全班学生中的多少学生是有效的,包括好的、中间的、困难的,他们有多少效率;二是效率的高低,有的高一些,有的低一些,但如果没有效率或者只是对少数学生有效率,那么这节课都不能算是比较好的课。整个过程中,大家都应该有事情干,通过教师的教学,学生都发生了一些变化,整个课堂是充实的,能量是大的。

　　3. 有生成性,即丰实

　　这节课不完全是预设的,而是在课堂中有教师和学生的真实的、情感的、智慧的、思维的、能力的投入,有互动的过程,气氛相当活跃。在这个过程中既有资源的生成,又有过程状态生成。这样的课可称为丰实的课。

4. 常态性,即平实

有的老师受公开课的影响太深,当有人听课的时候,容易出的毛病是准备过度。大量的准备,课堂上没有新的东西生成出来,是准备好的东西的再现。课堂有它独特的价值,这个价值就在于它是公共的空间,这个空间需要有思维的碰撞、相应的讨论,最后在这个过程中师生相互地生成许多新的东西。一堂好课应该是平时都能上的课,而不是很多人帮你准备,然后才能上的课。

5. 有待完善,即真实

课不可能十全十美.十全十美的课作假的可能性很大。只要是真实的就是有缺憾的,有缺憾是真实的一个指标。公开课要上成没有一点点问题的课,那么这个预设的目标本身就是错误的。这样的预设会给教师增加很多的心理压力,迫使教师作大量的准备,最后的效果是出不了"彩"。

扎实、充实、丰实、平实、真实,说起来好像很容易,真正做到却很难。但正是在这样一个追求的过程中,教师的专业水平才能得到提高,心胸也变得博大起来。同时教师也才能够真正享受到教学作为一个创造过程的全部欢乐和智慧的体验!

(资料来源　叶澜,《一堂好课的标准》,《考试(理论实践)》2014 年 12 期。)

(三) 作业布置与批改

作业,通常是指课外作业,是课堂教学的必要补充,是课堂教学的继续和发展,是教学活动的有机组成部分,是进行因材施教、分类指导、学生巩固及消化所学知识和教师反馈教学效果的重要手段。教师精心设计作业并认真批改对提高教学质量至关重要。

1. 作业的布置

布置作业的目的主要有四个方面:巩固所学、拓展所学、运用所学和预习将学。布置作业要注意以下方面。

(1)要求须明确具体

作业的要求要明确具体地告诉学生,比如作业要完成到何种程度、写多少字、什么时候交作业等。

(2)内容具有代表性

作业并不是越多越好,而是要注重作业内容的选择。要选择具有代表性的内容让学生进行巩固复习或练习,以求通过代表性内容的练习达到"精练多学""举一反三"的目的。

(3)作业要富有弹性

设计的作业要富有弹性,适合不同水平和层次的学生练习。可以设计必做题与选做题以体现作业的弹性。

(4)难度大应有提示

对难度较大的作业题,应该给予提示,或提示解决思路、解题方法、所用知识,以及参考答案等,以降低学生学习的难度,从而帮助学生更好地完成作业。

（5）作业的量要适中

作业的量要适中，不要增加学生的学习负担。要考虑到，不仅自己这门课程有作业，学生所学习的其他课程也还有作业。每门课程的作业加起来，学习的作业量就会很多，负担就会很大。

2. 作业的批改

作业批改有书面批改与面批等不同形式。作业批改通常是指书面批改，即教师对学生的书面作业进行书面上的指点或修改。面批是指教师与学生面对面地对学生作业进行交流指点。面批常用于对学习有困难的学生或有个别需要的学生。教师可以根据情况有针对性地选择批改方式。

作业批改有如下要求。

（1）作业批改要及时

收到作业之后，要及时批改。及时批改才能保证及时反馈。同时，及时批改也可以避免作业越积越多，以致后续工作量激增，或出现疲于应付、草率应付的情况。

（2）作业批改要规范

作业批改是一项专业的活，要遵循批改规范。作业批改态度要认真细致，做到准确无误，无漏批、批错现象。书面课外作业要求逐题批改，标明错对。批改符号要清楚明白，尽量不用半对半错符号。作业批改一律用红笔，对的打"√"号，错的打"_"加"?"；指明作业的正、误处，做一定的点评。作文的批改要求有圈点、眉批、旁批、尾批、病句、错别字的标识，要有批改时间、评语、得分。提倡给学生指导性、鼓励性评语。评语必须写规范字，忌讳字迹潦草、辨识不清。每次作业批改要注明批改日期。

（3）重视批改的反馈

教师不仅要重视批改过程，还要重视批改的反馈。①反馈要及时。作业及时批改之后，还要及时反馈给学生。及时反馈作业批改情况有助于满足学生心理期待，使学生及时发现问题并反思改进。学生完成作业、交给教师之后，会有对教师评价的心理期待。如果教师不能及时反馈作业批改情况，学生的心理期待期过去之后再返回作业，学生学习的兴趣已经衰减或者丧失了，作业的效果就大打折扣了。所以，要注重作业批改后的及时反馈。②注重作业讲解。除书面反馈外，还需要当面反馈。教师在批改作业后，要对学生作业中出现的问题做出归纳概括，分析问题出现的原因，并提出改进的对策，可以在下次教学中进行专门的作业问题讲解，以求彻底解决作业中存在的问题。

（四）课外辅导

1. 课外辅导的作用

课外辅导是在教学规定的时间之外，教师对学生的帮助与指导。课外辅导是课堂教学的必要补充，有助于对学生进行个别化指导，帮助学生解决学习过程中遇到的困难。

课外辅导有多种方式，如答疑、指导、补课、提供各类帮助等。课外辅导的内容也多种多样，有课堂学习的内容、与课堂教学相关的内容、学生感兴趣的内容等。

2. 课外辅导的要求

（1）因材辅导

课外辅导要从辅导对象的实际出发，确定辅导的内容与方法等，因材施教，因材辅导,以增加辅导的针对性、有效性。

（2）主次分明

课外辅导是课堂教学的补充,以学生的自学为主,不能以"导"代"教"。辅导时要有明确的目的性,启发学生思考,发挥学生的主动性。

（3）耐心辅导

辅导时要耐心、细致,循循善诱,诲人不倦。不能因是课外时间,额外付出,就心浮气燥,草率应付。要谨记,教师与学生在一起的任何时间都是教育。

（4）无偿辅导

教师职业道德规范要求教师要廉洁从教,不利用职业之便谋取私利。教师对学生的课外辅导应该是无偿辅导,避免有偿辅导。

（五）学业成绩考评

学业成绩的考评是教学过程中的一个重要环节,是诊断学生学习状况、检验教学效果、调控教学进程、促进教学改革的重要手段。

1. 考评的原则

（1）全体性原则

学生成绩考评面向全体学生进行,一视同仁。

（2）全面性原则

学业成绩考评注重对学生综合素养的考查,旨在检测或促进学生的全面发展。考查既涉及对学生德智体美劳等方面的全面考查,也涉及对知识与能力、过程与方法、情感态度价值观等方面的全面考查。

（3）公正性原则

学业成绩考评秉持客观公正的原则,应保证考评过程的公平和考评结合的公平。

2. 考评的方式

学业成绩考评的方式主要有平时考查与测验考试。

（1）平时考查

平时考查是在日常教学中随时进行的。考查方式包括观察、了解、口头提问、作业检查、书面检测、单元检测等等。考查的内容涉及学习态度、迟到、早退、旷课、缺课、课堂纪律、平时成绩等内容。平时考查的优点在于能及时了解和掌握学生的学习情况、日常表现,帮助教师改进教学,帮助学生克服不足。

（2）测验考试

测验考试多集中在期末,或一段时间教学后进行。测验考试主要有期中考试、期末考试和毕业考试等。考试的方式分为笔试、口试和实践性考试三种。笔试可开卷考,也可闭卷考,中学常用的笔试一般采用闭卷的形式。口试是采用口头问答的方式对学生进行考查。实践性考试包括实验操作、上机操作、实践活动、表演、调查报告等。

组织考试应注意以下问题:一是考试要在学生系统复习的基础上进行,二是考试方式要多样化,三是提高命题质量,四是加强考试管理,五是做好考试质量分析。

3. 考评的记录

学业成绩考评的结果一般采用记分、等级、评语等方式加以记录。

（1）记分

记分是以抽象的数字表明学生学习成绩所处的水平。常用的记分有百分制、十分制等。百分制，是学校评定学生成绩的一种记分方法，0—100 数字越大，分值越高，成绩越好，100 分为最高成绩，60 分为及格。十分制，也是评定学生成绩的一种记分方法，0—10 数字越大，分值越高，成绩越好，10 分为最高成绩。

（2）等级

等级就是把学生成绩划分为不同的等级以作区分。这是一种模糊计分的方法。从等级的级别上分，常用的有五级制、四级制、三级制等。从等级的表示方式上分，有文字记分、数字记分、符号记分、字母记分等。

例如，把成绩分为优秀、良好、一般、及格、不及格，是五级制，文字记分；以数字 1—5 标明五种等级，是五级制，数学记分；以 1 颗星号（☆）到 5 颗星号（☆☆☆☆☆）标明五种等级，是五级制，符号记分；把成绩分为优、良、中、差四等，甲、乙、丙、丁四等，是四级制，文字记分；把成绩分为 A、B、C、D 四等，是四级制，字母记分。把成绩分为优秀、合格、不合格三等，是三级制，文字记分。

（3）评语

评语是对学生学业表现或学业成绩的评价性语言。评语能够反映和表达学生学业的具体特点、分析问题原因、指出努力方向，是对学生学习情况的总结。实践性考试、期末总评等常采用写评语的方式。

写评语要客观、简洁，根据学生表现写出个性化的评价，抓住重点、突出特点，忌千篇一律。写评语还要注意多用鼓励性语言，以激励学生奋发前进。

二、教学方法

教学方法是指为了完成一定教学任务，师生在共同活动中所采用的手段。教学方法既包括教师教的方法，也包括学生学的方法，是教的方法和学的方法的统一。学用的教学方法有讲授法、讨论法、问答法、演示法、读书指导法、实验法、练习法、研究法等。

（一）讲授法

1. 含义

讲授法是教师运用口头语言系统地向学生传授知识技能等的方法。讲授法是最为常用的教学方法。

讲授法又可分为讲述、讲解和讲演三种。讲述是教师向学生描绘学习的对象、介绍学习的材料、叙述事物产生变化的过程。讲解是教师向学生对概念、原理、规律、公式等进行解释和论证的过程。讲演则是教师向学生系统而全面地描述事实，通过分析、论证来归纳和概括科学的结论的过程。

讲授法的优点在于可以充分发挥教师的主导作用，操作简单、经济省时，能在较短时间内快速向学生传授较多的系统知识，可以与其他多种教学方法结合运用等。讲授法在局限性在于容易使学生处于被动状态，容易形成"一刀切""齐步走"的状态，无法满足学生的个性差异，不利于学生学习主动性和积极性的发挥，不利于学生创新精神和实践能力的培养。

2. 基本要求

运用讲授法的基本要求如下。

（1）内容系统连贯

讲授的内容要做到科学合理，系统性、连贯性都要强。这样讲授时才能顺次展开，不至于杂乱无章。

（2）主次详略得当

分清内容的主次，注意讲授时的详略，突出重点内容，做到重点突出，点面结合。

（3）逻辑条理性强

讲授法特别需要注意讲授时逻辑性、条理性要强。可以多使用首先、其次、再次，第一、第二、第三之类的序数词，以表明条理性。讲授中的序数层级以一级、两级为好，最多不要超过三级。

（4）注意适时启发

讲授中善于设疑和解疑，随时激发学生学习的主动性和积极性，适时地给予学生启发。

（5）适当运用板书

讲授过程中适当运用板书或现代媒体呈现教学相关内容。板书呈现做到简洁扼要、布局合理、美观大方，同时注意与讲授密切结合。

（6）讲究语言艺术

讲授时力求语言清晰、准确、简练、形象、通俗易懂；语音适度、语速适中，注意音调的抑扬顿挫，提高语言的感染力。

（二）讨论法

1. 含义

讨论法是学生在教师的指导下为解决某个问题而发表自己的看法，相互启发、共同探究，从而达到学习目的的教学方法。

讨论法有不同的类型。就师生互动而言，有教师与个别学生的讨论、教师与学生小组的讨论、教师与全体学生的讨论等；就学生互动而言，有学生个体之间的讨论、小组间的讨论、个人与小组的讨论、个人与全班的讨论、小组与全班的讨论等；就讨论的人数而言，有两两讨论、四人讨论、六人讨论、八人讨论等。

讨论法的优点在于能更好地发挥学生的主动性与积极性，有利于培养学生独立思维能力、口头表达能力，促进学生灵活地运用知识。讨论法还有助于培养学生的合作意识、合作能力，以及探究精神等。运用讨论法需要学生具备一定的基础知识、理解能力和独立思考能力，因此讨论法多在高年级教学中运用。

2. 基本要求

运用讨论法的基本要求如下。

（1）精心设置话题

讨论话题的质量直接决定着讨论的效果，因此要精心设置。设置讨论话题要把握以下方面：①紧密教学内容。课题设置要紧密围绕教学的重点、难点展开，不在细枝末节处设置讨论话题。②难易适中。不因其太难而让学生无话可说，也不因其太易而让学生感觉没有意思。③具有可探究性。那些具有开放性、争议性的问题更容易引发学生讨论。④话题具有吸引力。可以结合社会热点问题、学生感兴趣的话题等设置教学话题,增加话题对学生的吸引力,引发学生参与讨论的兴趣。

（2）科学组织讨论

讨论的组织需要教师科学安排。①科学合理分组。分组有"组内异质、组间同质"的分组原则。课堂讨论有两两讨论、四人讨论、六人讨论等,教师要根据问题的难易选择合理的分组方式。②做好讨论的知识准备。如果讨论需要学生课前查询资料,或者预先讨论之类,事先要给予明确的任务安排,并做出相关指导。③分配好讨论的角色。教师本人或者让学生选好讨论的主持人、中心发言人、讨论记录人、汇报人等,要让每个学生都积极参与讨论,同时让小组处于一种有组织的状态。④准确呈现讨论话题。对于重要的讨论话题,教师不仅要口语表达,还需要通过板书或多媒体呈现话题,防止由于语音相同而使学生产生误解。同时还要确认全体学生已经明确理解讨论话题的内涵及要求,防止学生讨论时跑题。

（3）恰当点拨引导

讨论任务布置下去之后,教师一般不再发言,以免打扰学生的讨论。但教师可以不断巡视,以把握学生讨论的情况。当学生讨论出现问题时,教师可以及时介入,给予点拨引导,使讨论继续深入下去。

（4）留足讨论时间

一般需要花费较长时间、需要多人思维碰撞才能解决的问题才需要通过讨论的方式来解决,否则通过谈话法等解决就可以了。所以,组织学生讨论时,要给学生留足讨论的时间,保证每个学生都有机会发言,并且能够在把问题进行比较深入的探讨。讨论时间不足会直接影响讨论的质量和效果,甚至会导致整个讨论活动失败,浪费时间而无效果。

（5）做好讨论总结

讨论后要有总结。一方面,教师引导学生做好小组讨论的总结。小组组内达成比较一致的看法进行总结,并应教师的要求向全班学生表述本组观点。另一方面,教师对各小组讨论的情况做出评价,并对所讨论的问题进行总结,有明确答案的要给出明确答案,没有明确答案的开放性问题,可以指明进一步思考的方向,引导学生课后继续思考或研讨。

（三）问答法

1. 含义

问答法,又称谈话法,是教师在学生已有知识经验的基础上提出问题,引导学生思考回答的教学方法。

问答法易于集中学生的注意力,激发积极的思维活动,提高教学效果。容易引起学生对教师的亲近感,拉近师生心理距离,密切师生关系。同时也有助于学生巩固旧知识、获得新知识。此法在中小学各科教学中广泛应用。

2. 基本要求

运用问答法的基本要求如下。

（1）精心设计问题

教师要根据教学目标,围绕重点难点和学生的水平精心设计难易适中的问题。在问题设计上不论是形式还是角度都尽量巧妙,应能够激发学生积极思考,并且是学生"跳一跳"努力一下能够解决的。避免不作问题准备的随口提问。

（2）营造良好氛围

教师要发挥教学民主,创造轻松、自由、和谐的课堂气氛,鼓励学生大胆发言、大胆质疑,尊重学生的发言,允许学生发表不同意见,允许学生保留个人意见,允许学生犯错,妥善处理学生的错误,保护学生的学习积极性。

（3）注意谈话技巧

教学过程中,教师要注意谈话的技巧。例如,以多种方式向学生抛出不同类型的问题。提出的问题要面向全体学生,以激励全员思考,避免只针对个别学生或部分学生提问,避免"先提后问",即先叫学生站起来,然后单独向他提出问题。发问后要给学生留出足够的思考时间。善用追问、转问、回问等技巧。注意用多种形式启发引导学生思考与发言等。

（4）恰当做出总结

在学生全部回答之后,教师要进行"结问",对问题做出明确的结论,对知识进行归纳,使之系统化,以纠正学生的模糊认识或错误认识,使他们获得完整正确的知识,同时巩固所学的知识。对开放性的问题,也要给出个人的参考意见,同时给出进一步思考的角度、方法的指导,为学生的后续学习指明方向。

专栏 9 - 5

培养问题意识,从教学生提问开始

爱问是儿童的天性,学龄前的孩子通常会围着大人不停地问"这是什么?""为什么?"然而进入初中之后,课堂上问"为什么"的学生反倒越来越少了。为什么学生渐渐地就不提问了呢? 他们真的所有问题都明白了吗?

这或许首先与传统课堂的弊端有关。在以教师讲授知识为主导的课堂上,教师提问,学生回答,提问于是成了教师的"专利"。而教师的提问是按照自己对教材的理解、自己的思路和意愿来设计的,学生在这种被动接受的学习方式中,失去了提问的权利,于是也失去了质疑的能力。下面结合我的教学体会,谈谈我在课堂上是如何培养学生的提问能力的。

第一,营造和谐气氛,把"问"的胆量还给学生

课堂上,学生不敢问问题,主要是两种心理在作怪:一是自卑心理,二是紧张心理。因此,要使学生敢于问问题,关键是消除他们的自卑与紧张心理,而良好、和谐的课堂气氛有助于解决这一问题。因此教师在课堂教学中应对学生平等相待,努力营造民主和谐的课堂氛围,激励学生大胆质疑,乐于讨论。

第二,创设问题情境,把"问"的趣味留给学生

在初中生物教学中,教师可以利用图片、多媒体展示一些生活中常见的,甚至出人意料的有趣画面,让学生有一种直观的认识,从而提高学习兴趣,使学生有问题想问。如在"我的花色我做主"综合实践课中,我播放了蓝色妖姬等多种非自然花色的花朵视频,学生就很好奇:这些奇异的花色是花朵本身的颜色吗? 一朵花为什么会有这么多种不同颜色呢?

第三,预留时间空间,把"问"的时间让给学生

除了在预习和课堂上培养学生质疑精神外,在新课结束后和生物练习课上,我尽可能地留下时间,让学生自由地提问。一方面是交流预习和新课学习的收获、体会,促进学生养成质疑的意识和习惯;另一方面,也给学生的交流学习搭建一个平台,让学生能够学得更深、更细,在交流、讨论的合作学习中,提高自己解决问题的能力。

第四,教给提问方法,把"问"的能力交给学生

学生问问题首先是从模仿开始的,所以教师要做好问问题的言传身教。不仅要告诉学生问问题的方法,还要站在学生角度去问问题,让学生"问在中心,疑在难点"。例如,在学习"免疫与计划免疫"一节时,一上课我首先设疑:在人们生活的环境中,有大量的病原体,为什么有的人容易生病,而有的人不容易生病?学习完人体的第一道防线后,设疑:如果皮肤和黏膜没有阻挡住病原体,人是不是就会生病?学习了第二道防线后,再次提问:当病原体冲破人体的第一、第二道防线后,人是不是就无能为力了呢?教师通过一个问题接一个问题的提出,逐渐培养学生提出问题的能力。

（资料来源　戚艳艳,《培养问题意识,从教学生提问开始》,《中国教育报》2017年11月15日。）

(四) 演示法

1. 含义

演示法是教师通过展示各种实物、教具,进行示范性实验,或通过现代化教学手段,使学生获取知识的教学方法。

教学演示有不同的类型。根据演示材料的不同,可分为实物、标本、模型的演示,图片、照片、图画、图表、地图的演示,实验演示,幻灯、录像、录音、教学电影的演示等。以演示内容和要求的不同,可分为事物现象的演示和以形象化手段呈现事物内部情况及变化过程的演示等。

演示法的特点在于加强教学的直观性,对提高学生的学习兴趣、发展观察能力和抽象思维能力、减少学习中的困难有重要作用。

2. 基本要求

运用演示法的基本要求如下。

（1）做好演示前的准备

演示要符合教学的需要和学生的实际情况,有明确的目的。根据教学需要,选择典型的实物或教具,并做好操作技术上的准备,防止教学演示时出现失误。

（2）恰当展示演示材料

演示材料的呈现要适时、适当,使学生都能清晰地感知到演示的对象。

（3）演示与讲解相结合

根据教学需要,可以边讲解边演示,也可以边演示边讲解,使演示的事物与书本知识的学习密切结合。教师要引导学生进行观察,把学生的注意力集中于对象的主要特征、主要方面或事物的发展过程。

（五）读书指导法

1. 含义

读书指导法是教师指导学生通过阅读教科书、参考书和其他学习资料以获取知识或巩固知识的教学方法。

读书指导包括指导学生预习、复习、阅读参考书、自学教材、课外书籍等。指导的内容包括：指导学生制定读书计划，指导学生选择资料、查阅资料，指导学生掌握预习、复习、写读书报告的要领与方法等。

读书指导法的运用有助于培养学生的阅读能力和自学能力。

2. 基本要求

运用读书指导法的基本要求如下。

（1）提出明确的学习要求

学生读书是一种学习，不是漫无目的、随心所欲的阅读。教师要给学生提出明确的学习要求、学习问题，让学生带着任务、问题读书。学生掌握读书学习的方向、要求和质量，才能提高学习的自觉性和积极性，自主调节学习行为去完成学习任务。

（2）指导读书方法与策略

"授人以鱼不如授人以渔"。读书的方法与策略就是学习之"渔"。教师要注重对学生进行读书方法与策略的指导。比如，指导学生掌握朗读、默读、速读、浏览、精读、跳读等阅读方法与技巧，指导学生学会目录、序言、注释、图标、工具书等的使用技巧，指导学生学习做记号、提问题、做批注、做摘要、写摘录，以及撰写读书心得等方法。

（3）培养良好的阅读习惯

阅读习惯是持之以恒的阅读行为。养成良好的阅读习惯才能终生受益。教师要注意培养学生良好的阅读习惯。比如，阅读中多角度思考，遇到问题善于使用各种工具书解决，"不动笔墨不读书"，注意用眼卫生，等等。

（4）做好阅读检查与评鉴

学生读书过程中，教师要做好过程监控，发现问题及时给予指点。要适当组织学生进行读书经验与心得的交流与总结，以巩固和增加读书收获，同时激励持续阅读的兴趣爱好。教师最后还要对学生的读书效果做出合理的评价，以给学生做出学习反馈与激励。

（六）实验法

1. 含义

实验法是指学生在教师的指导下使用一定的仪器和设备，进行独立操作，通过观察事物及其变化过程，获得知识、巩固知识、形成实际操作能力的教学方法。

实验法有助于学生验证知识、巩固知识、获得新知，增强观察能力，形成实际操作能力等，常用于物理、化学、生物等自然学科的教学。

2. 基本要求

运用实验法的基本要求如下。

（1）实验前，做好准备

实验前要做好实验的准备工作。包括对学生进行分组，让学生明确实验的目的和要求、操作的程序和规范，并做好各种仪器和物品的准备等。

（2）实验中,适时指导

在学生实验的过程中,教师要进行巡视和观察,根据学生操作的情况给予适当提示与指导,及时纠正学生实验中出现的问题或错误,帮助学生克服实验中遇到的困难,从而保证实验的顺利进行。

（3）实验后,总结评价

实验结束后,要求学生写出实验报告,评鉴实验过程和实验结果,总结实验的经验与教训,从而为反思提升提供条件,为后续学习打下基础。

专栏 9-6

演示法与实验法的区别

有人容易把演示法与实验法混淆,其实它们是两种不同的教学方法。区别的方法是分清两种教学方法的操作主体。演示法,主要是教师做,学生看。而实验法,主要是学生动手做,教师指导。

让我们通过两个案例进一步区分两种教学方法。

案例 1：陈老师在讲"二氧化碳性质"时,讲台上放着两瓶没有标签的无色气体,其中一瓶是二氧化碳,一瓶是空气,怎么区分它们呢？ 陈老师边说边将燃烧的木条分别伸入两个集气瓶中,告诉学生使木条熄灭的是二氧化碳,使木条继续燃烧的是空气。

上述案例所运用的教学方法是什么？

陈老师在做实验,学生在观察实验的变化,从而对二氧化碳的性质有更深刻的理解,是陈老师在做教学演示,故采用的是演示法。

案例 2：科学课上,教师指导学生通过显微镜观察植物的内部结构,获得有关植物的知识。

上述案例所运用的教学方法是什么？

教师在进行指导,学生自己动手通过显微镜观察植物的内部结构。学生动手做,教师指导,故采用的是实验法。

(七) 练习法

1. 含义

练习法是学生在教师指导下对新习得的知识、技能进行训练,以巩固知识和形成技能、技巧的教学方法。

从方式上划分,练习法可以分为口头练习、书面练习、操作练习三种。从性质上划分,练习法可以分为训练练习和创造性练习。练习法可以巩固和加深已学的知识,形成运用知识的技能与技巧,培养学生独立思考能力和独立操作能力。

2. 基本要求

运用练习法的基本要求如下。

（1）明确练习目的和要求

练习虽是多次地完成某种活动,但并不是简单的机械重复,而是有目的、有步骤、有指导地形成和改进学生技能、技巧,发展学生能力的过程。因此,在练习时,不仅教师要有明确的目的,还要使学生了解每次练习的目的和具体要求,并依靠对教材的理解自觉地进行练习。

（2）掌握正确的练习方法

正确的练习方法是练习的前提,练错了还不如不练。学生练习开始前,教师通过讲解和示范,使学生在理解和掌握练习所需要的基本理论知识的同时,掌握正确的练习方法,然后学生进行练习。先求正确,后求熟练。

（3）科学地组织练习过程

科学地组织练习过程是练习成功的重要保障。①精心选择练习材料。练习材料对练习有着重要作用,要根据练习目的、学生实际情况以及学习和生活上的实际需求精心选择具有典型性、代表性的材料,以期达到"精讲精练"、举一反三的效果。②适当分配练习分量。技能、技巧的形成都需要足够的练习。但练习并不是越多越好,要避免盲目练习和"题海战术"。要根据学科的性质、练习的材料和学生的年龄特征来确定练习的分量、次数和时间。③综合运用练习方式。练习时注意练习方式的多样化,把典型练习、变式练习和创造性练习密切结合起来,提高学生练习兴趣的同时,努力促进学生技能的积极迁移,使学生能举一反三,触类旁通,发展他们的实际操作能力和创造能力。

（4）及时地评价练习结果

每一次练习之后,检查哪些方面有成效,哪些方面存在着缺点或错误。针对学生练习中出现的问题,重述讲解或变换方式讲解,同时组织一些校正性练习,使学生在理解和已有练习的基础上改进、提升,直到正确、熟练掌握为止。

（八）研究法

1. 含义

研究法,又称研究性学习,是学生在教师的引导下,通过独立探索,创造性地分析问题、解决问题,以获取知识和发展能力的教学方法。

研究法有助于培养学生的探究精神和创造性独立解决问题的能力。研究法可适用于多种学科,一般在中高年级使用。

2. 基本要求

运用研究法的基本要求如下。

（1）恰当选择研究课题

研究课题要有一定的价值,通过研究不仅可以培养学生的研究能力,而且最好还能实现一定的社会价值和实践意义。学生要解决的问题可以是书本上要求掌握的概念、原理等,也可以是现实中亟待解决的问题。研究课题有适当难度,视学生的知识水平和能力而定,最好需要学生运用已学的多方面的知识,经过艰苦的探索方能获得创造性的成果。

（2）提供必要研究条件

研究往往需要一定的条件与环境,教师要尽可能为学生的课题研究提供或创造条件,如为学生提供图书资料、仪器设备等,同时为学生课题研究的有效开展提供方便。提供研究条件时,有一定基本原则,就是学生能够获得的,教师不提供;学生不能获得的,则由教师提供。

（3）引导学生独立思考

在研究活动中,应以学生的自主研究为主,教师提供必要的示范与指导后,要放手让学生独立思考、探索和研究。教师可以有目的地引导学生从半独立研究逐步过渡到独立研究,从对单一问题的研究过渡到对复杂问题的研究,从参与局部的研究过渡到掌握全过程的研究,进而使他们逐步掌握研究方法,形成独立研究的能力。

专栏9-7

研究法运用实例

主题:中学生阅读名著情况的调查

教师组织学生介绍自己读过的中外名著,引导学生发现阅读量少的问题,激发学生了解其他同学阅读名著情况的兴趣。在此基础上,围绕中学生阅读名著情况进行研究性学习,拟分以下五个阶段进行。

（一）准备阶段

1. 采用自由报名的形式,组织有兴趣的同学组成课题研究组。

2. 由学生讨论确定研究课题及研究目标。

确定课题的原则:①学生感兴趣的研究课题;②对学习语文有促进作用的;③对其他同学的学习有一定指导意义的。

课题研究的目标:①了解目前中学生阅读名著的情况;②分析阅读中外名著对学生学习语文以及个人成长的作用;③推荐部分名著供中学生阅读。

3. 收集背景资料。

①组织课题组成员分头阅读（浏览）古今中外优秀名著。②教师提供有关资料。

4. 根据课题研究的需要,拟定调查提纲、编制调查问卷。（略）

（二）调查阶段

1. 选择社会调查和收集资料的途径主要有:本校初中学生、本校语文教师、本校图书馆工作人员。

2. 在调查的过程中,采用走访、座谈、问卷调查等形式,收集多种资料。

3. 在收集资料过程中及时做好编号、整理、归类等工作。

（三）资料分析阶段

1. 对所掌握的材料进行分析、归纳,根据课题研究的目标进行筛选。

2. 将筛选之后的有关材料和数据进行分析、比较,透过表面现象,探究其实质,得出结论性见解。

3. 小组讨论,对所得出的结论性见解从各个不同的侧面进行论证,可以取得一致的看法,也可保留不同的见解。

4. 召开各种类型的座谈会（初中学生、语文教师、图书管理人员）,对课题组讨论的意见进行论证,征求不同意见。

（四）撰写报告阶段

1. 分三个小组,分别撰写调查报告,然后将三份调查报告整理合并成一份有质量的调查报告。（调查报告附后）

2. 小组讨论,对形成的调查报告提出意见。

3. 征求指导老师意见,修改调查报告。

（五）成果展示阶段

1. 向全校师生宣布调查结果。

2. 举办中外名著读书征文活动。

3. 举办中外名著系列讲座,由研究组成员主讲。

上述八种教学方法从不同角度看可以归属为不同的类型。

从教学方式的外部形态和学生认知活动的特点看,讲授法、问答法、讨论法是以语言传递为主的教学方法,演示法、参观法是以直接感知为主的教学方法,实验法、练习法是以实际训练为主的教学方法,研究法是以引导探究为主的教学方法。

从师生活动的角度看,讲授法与演示法是教师活动为主的方法,谈话法与读书指导法是师生互动的方法,讨论法、实验法、练习法、研究法等是学生活动为主的方法。

本章小结

教学活动是由一系列环节构成的,一般说来,备课、上课、作业布置与批改、课外辅导、学业成绩考评,是五个主要环节。作为即将走上工作岗位的中学教师,熟悉并掌握进而运用这些环节非常必要。备课环节,主要是要制定好学期、单元、课时三个计划,做好备课标、备教材、备学生、备教法的"四备"工作。上课是教学活动的中心环节,分激发学习动机、领会知识、巩固知识、运用知识、检查知识等阶段,每个阶段都有相应的要求。上课过程中,教师要力求做到目标明确、内容正确、结构合理、方法得当、氛围和谐、效果良好。作业的布置与批判、课外辅导、学业成绩考评也都有一些特定要求,需要了解并掌握。

适用于中学教学的方法有很多,讲授法、讨论法、问答法、演示法、读书指导法、实验法、练习法、研究法较为常见,对这些方法含义及要求的介绍,让我们可以管窥教学方法的奥妙。教学方法的分类可以有多种标准。在实际的教学中,这些方法是综合运用的。教学目标变化了,教学内容调整了,教学方法也就需要做相应的改变。

思考与实践

1. 请选择中学某一学科某位老师的教案,结合本章学习内容,对该教案进行评析。

2. 学案是近年出现的"新生事物",是在教师主导下,由师生共同设计的,供学生在整个学习过程完成学习任务使用的学习方案。有人对比了教案与学案的区别:

目的:教案——为教师上好课做准备;学案——为学生自学提供指导

性质:教案——教师中心,单向性、封闭性;学案——学生中心,互动性、开放性

角色:教案——教师自导自演,学生是听众;学案——教师组织调节,学生是主角

表达:教案——界面规整,表述严整周密,多用书面语;学案——界面亲切,表述生动活泼,多用口语

学案一般包括以下具体内容:

年级　学科　教材　课题　教师

（1）学习要点（目标）

（2）重、难点分析

（3）学习思路

（4）学法指导

（5）同步练习

（6）自我测评

（7）小结

（8）练习答案和提示

（9）资源链接（课外拓展）

请收集相关资料，对学案的必要性、可行性、科学性，实施中容易遇到哪些问题以及如何解决这些问题进行分析。

3. 如何评价一堂好课？请收集一些专家或学校提出的评课标准，进行分组讨论分析。

4. 回忆一下你在中学阶段，老师对你的学习行为给出过哪些评语？什么样的评语对你激励作用最大、影响最深？假如你去一所学校任教，你如何运用考评来激励学生的学习与成长？

5. 运用本章所学问答法方面的知识，对开篇案例进行分析。回忆一下你自己中学学习阶段，哪些教学片段让你印象深刻，为什么？

6. 材料分析题。

张老师在生物课上讲解植物吸水的知识时，首先要求同学动手做个实验：将两块萝卜分别浸泡在两个装有浓盐水和清水的烧杯里，浸泡后取出并观察萝卜的变化。结果发现泡过浓盐水的萝卜变蔫了，而泡过清水的萝卜变水灵了。

张老师接着出示一张示意图来显示实验结果：泡过浓盐水的萝卜失去水分，泡过清水的萝卜吸收水分。

张老师接着进一步提问：谁能概括出萝卜什么状态下失水？什么状态下吸水？

根据同学们的回答，张老师总结说明植物吸水的原理：当植物细胞浓度小于外界溶液浓度时，细胞就失水；反之，细胞就吸水。

接着张老师布置小组讨论：为什么盐碱地一般种不好庄稼？如果你种的植物出现"烧根"现象，你需要追肥，还是浇水？

最后，张老师请各小组汇报讨论结果。

问题：

（1）张老师采用了哪些教学方法？请结合材料进行分析。

（2）张老师贯彻了哪些教学原则？请结合材料进行分析。

延伸阅读

1. 谢利民. 教学设计应用指导［M］. 上海：华东师范大学出版社，2007.

2. 郑金洲. 教学方法应用指导［M］. 上海：华东师范大学出版社，2006.

3. 李冲锋. 教学技能应用指导［M］. 上海：华东师范大学出版社，2007.

4. ［英］考利. 学生课堂行为管理（第3版）［M］. 范玮，译. 北京：教育科学出版社,2009.

　　5.［美］戴维 F.课堂管理技巧［M］.李彦,译.上海：华东师范大学出版社,2002.

　　6.李冲锋.课堂教学应变：案例与指导［M］.北京：教育科学出版社,2010.

　　7.李晓文.教学策略［M］.北京：高等教育出版社,2000.

　　8.［美］古德,布罗菲.透视课堂(第 10 版)［M］.陶志琼,译.北京：中国轻工业出版社,2010.

　　9.［苏］巴班斯基.教学过程最优化———一般教学论方面［M］.张定璋,译.北京：人民教育出版社,2007.

　　10.［英］雷德芬.卓越教师的 200 条教学策略［M］.于涵,译.北京：中国青年出版社,2016.

第三编

中学生心理

【开篇案例】

没有大人管,一群 10—12 岁的孩子独自生活,组成自己的社会,这个社会会成什么样子? 孩子们能生存下来吗?

英国"Nurture"纪录片频道做了一个"温和"的实验:将十个 11—12 岁的英国男孩邀请到一个房子里住五天。没有大人的干预和照顾,十个男孩在一个房子里能干点什么? 现实中会发生什么?

实验发现,快要进入中学阶段的男孩们几乎没有自理自立能力,尽管他们提前受过烹饪训练,但是不到生理需求极限他们不会下厨房。男孩们在一起表现出很强的玩和挑战底线的本能、社会分工与协商的本能以及战斗的本能,显示了很强的"破坏力"。

这是男孩社会的"惨状"。那么,十个女孩一栋房会怎样? 女孩社会是否比男孩社会更文明? Nurture 频道也做了同样的实验。

结果发现,"女孩社会"和"男孩社会"形成了强烈对比:与男孩的"破坏"不同,女孩更愿意"创造"。但是,女孩社会的和谐极其脆弱。在短暂但波澜起伏的一周里,两个女孩提前离开,八个留了下来。女孩们有争吵有打斗,有谅解有安慰,有破裂也有重圆,最终她们结成了相互珍视的亲密友情。比起男孩,女孩在生活上更能够自理、更成熟,在社交情感上,更懂得合作分工和相互支持。但同时,女孩们也更加敏感,需要伙伴的肯定,容易因人际关系而影响情绪,对负面情绪的承受能力更弱。

两个实验中形成的小小的"男孩社会"和"女孩社会",也许像一面镜子的碎片,让我们窥到男孩与女孩各自的优势与弱点,了解到他们内心的强烈需要:男孩需要精神上和行为上的意义感;女孩需要群体关系中的安全感。

【学习指导】

1. 了解心理发展的阶段性等基础理论和知识。

2. 认识教育与学生心理发展阶段的必然联系。

3. 掌握中学生心理发展的一般规律和特点。

4. 认识学生心理发展的个体差异,牢固树立因材施教的教育理念。

教育作为有目的地促进人的发展的社会实践活动，是以人的心理发展需求为前提的。可以说，心理发展是教育的基础，教育始终受人的心理发展制约，另一方面，教育也引导和影响着心理发展，推动人的心理发展不断向新的更高水平迈进。

一、个体心理发展阶段

个体身心发展具有一定的阶段性，教育要以每个阶段已达到的发展水平为基础。只有当我们对人生各阶段的基本特征以及这些特征出现的一般序列、前后因果有较为清晰的认识，才有可能从实际意义上来谈论教育与发展的关系，真正从促进个体发展的角度提出每一阶段教育面临的任务和具体措施。

"阶段"这一概念由 18 世纪法国哲学家让-雅克·卢梭最早提出。他把儿童看作高尚的自然人，有天赋的是非感和天生的按部就班、健康成长的计划，表现出生命发展的阶段性。每个人都会经历婴儿期、儿童期、少年期、青年期、成年期、老年期等阶段，这是我们能感受到的人生不同阶段的最基本表现。阶段性同连续性紧密联系，后一阶段的发展总是在前一阶段的基础上发生，而且后一阶段既包含前一阶段的要素，又萌发下一阶段的新质。

专栏 10 - 1

U 形人生曲线

U 形人生曲线

所谓 U 形人生曲线的走向是这样的：当青涩少年刚刚步入成年生活时他们通常是雀跃的，此时曲线处于高点。紧接着生命步入中年开始走下坡路，此时的曲线也随之急剧下降，直到抵达生命的最低点，即我们通常所说的"中年危机"。但接下来的发展恐怕会出人意料了，进入老年，人们越来越多地收获了他们在年轻时拼命追求而不得的东西：幸福感。

有一系列的原因可以用于解释幸福感 U 形曲线。斯坦福大学心理学教授劳拉·卡斯滕森（Carstensen, L.）认为，原因在于老年人更懂得珍惜现在，他们会重视当下的感受，而不会为了将来牺牲现在的快乐。另一个观点认为，在老年时人们对于自己的长处和缺点能够欣然接受，放弃成为总裁等愿望。不管幸福感 U 形曲线的原因是什么，老年时幸福感的上升不仅让人们拥有更多快乐体验，还有利于身体健康。卡耐基梅隆大学的谢顿·科翰（Cohen, S.）的研究表明，快乐的人们被流感病毒感染的几率更小。[1]

发展心理学的研究为人的发展阶段的划分提供了科学依据，并对人的心理发展作

---

[1] 陆彦等：《U 形人生》，《经济学人》，2011 年 2 月。

出科学说明。关于人的发展阶段,有四个著名的发展理论:弗洛伊德的精神分析理论、埃里克森的心理社会理论、皮亚杰的认知发展理论、格塞尔的成熟理论。

（一）弗洛伊德的精神分析理论

精神分析理论关于发展的基本观点是,人要经历好几个阶段,每个阶段人都要面临生物内驱力与社会期望间的冲突,这些冲突的解决方式决定了人的学习能力、人际能力及应对焦虑的能力。精神分析理论的奠基人西格蒙德·弗洛伊德(Freud, S., 1856—1939)区分了人格的三种成分,即本我、自我、超我,认为三者结合贯穿于发展的五个阶段(见表10-1)。本我是心理中最大的一部分,关注基本生理需求的满足;自我是人格中可意识到的理性部分,出现于婴儿早期,在可接受的时间、地点,把本我冲动引导到恰当的对象上;超我或良心,出现于3—6岁间,在与父母的不断互动中形成,帮助儿童遵从社会的价值观。他认为,在儿童出生后的头几年里,父母怎样对待其性驱力和攻击驱力,对健康人格的发展有至关重要的作用。

西格蒙德·弗洛伊德

阶段	年龄	描　　述
口唇期	出生至1岁	新的自我把婴儿的吸吮引导到乳房或奶瓶上。若口唇需求没有得到恰当的满足,个体可能在儿童期养成吮拇指、咬指甲、咬笔的习惯,成人后会暴饮暴食,大量吸烟。
肛门期	1—3岁	学步儿童以憋大小便和解大小便为乐。孩子的大小便训练成为父母与孩子之间的重要问题。如果孩子还没准备好家长就强迫训练,或者家长忽视如厕训练,那么肛门期冲突将会以过分整洁、洁癖或肮脏、混乱等方式表现出来。
性器期	3—6岁	幼儿从刺激生殖器中得到愉快,出现男孩的恋母情结和女孩的恋父情结:儿童对异性别父母产生性欲望。为避免惩罚,他们放弃这种愿望,接受同性别父母的特点和价值观。其结果是超我的形成,每当儿童违背标准时就会感到内疚。
潜伏期	6—11岁	性本能弱化,超我进一步发展。儿童从家庭外的成人和同伴那里学习新的社会价值观。
生殖期	青少年期	青春期来临,性器期的性冲动重新出现。如果前几个阶段发展顺利,会导致婚姻、成熟的性行为和养育孩子。这一阶段持续到成年期。

表 10-1

弗洛伊德的
发展阶段划分

(资料来源　劳拉·伯克著,陈会昌等译,《伯克毕生发展心理学:从0岁到青少年(第4版)》,中国人民大学出版社2013年版,第16页。)

（二）埃里克森的心理社会理论

埃里克·埃里克森(Erikson, E., 1902—1994)的心理社会理论属于精神分析观点。该理论赞同弗洛伊德的精神分析理论的基本框架,同时进行了改进和拓展。与弗洛伊德不同,埃里克森强调后天学习的重要性,强调社会环境和社会文化遗产对心理发

埃里克·埃里克森

展的影响,要理解儿童的养育方式,必须了解其所在的社会看重和需要什么能力。他认为,个体心理发展的每一阶段都有基本的心理冲突,要在积极—消极这一连续体上得到解决,并由此产生健康或适应不良的结果。埃里克森认为,人的心理社会发展一共经历八个阶段(前五个阶段与弗洛伊德划分的发展阶段是对应的,后面又增加了三个成年阶段):

第一个阶段: 基本信任对不信任(0—1 岁,对应"口唇期"),新生婴儿要学习的基本态度在于他们能够信任他周围的世界。如果婴儿能从保育中感到温暖和舒适,就能把这种经验扩大到以后的经验之中;另一方面,如果照料是不合适的或者不一致的、消极的,儿童则会在恐惧和怀疑中成长起来。

第二个阶段: 自主对羞怯、怀疑(1—3 岁,对应"肛门期"),婴儿为了实现自主愿望,进行最基本的独立性探索,想超越环境的限制,相应地会引起内心的胆怯。此时如果允许儿童按自己的方式去做力所能及的事情,儿童将会形成自信和自主之感;如果成人支配一切活动,儿童则会对自己具有应付环境的能力表示怀疑,而且对自己的行为或自身抱有羞怯感。

第三个阶段: 主动对内疚(3—6 岁,对应"性器期"),儿童朦胧地意识到生活是一种有一定目的的活动,通过假装游戏,儿童尝试做他们能做的那种人。如果父母支持孩子身上表现出来的新的目的感,孩子就能形成主动性,即一种抱负心和责任感。假如父母过分要求孩子自我控制,对他们的行为做过多的限制或让他们感到无用、羞怯,会导致孩子形成过多的内疚感。

第四个阶段: 勤奋对自卑感(6—11 岁,对应"潜伏期"),儿童在学校里形成了学习能力、与别人合作的能力。如果儿童的努力经常不成功,如果他的活动不受重视或不受欢迎,在家庭、学校、伙伴中经历到很多负面体验所感受到的无能感会导致自卑。

第五个阶段: 同一性对角色混乱(12—18 岁,对应"生殖期"),当儿童由青少年时期而接近身体成熟,并要求独立时,他们便开始关心自己的同一性。像"我是谁"、"我将成为什么样的人"、"人们把我看成什么人"等问题,将持续不断地纠缠着青少年。发展的目标在于建立自我同一性。危险则在于角色的混乱,特别反映在性和专业的统一性或职业的准备方面。如果青少年得到帮助,能在不同情境保持明确的角色,并达到稳定的自我认知,那么他将发展安全的同一性。如果青少年觉得自己不能适合于生活的方方面面,那么势必体会到角色的混乱。

第六个阶段: 亲密对孤独(成年早期),青年致力于建立与他人的亲密关系。由于早期的失望,有些人不能与他人形成亲密关系,并处于孤独中。

第七个阶段: 繁衍对停滞(中年期),中年人对下一代做贡献的方式是养育子女、照料他人及从事创造性的劳动。在这些方面无所作为的人就体验不到富有意义的成就感。

第八个阶段: 自我完整对绝望(老年期),老年人反思自己是一个怎样的人。如果觉得自己的一生有价值,就体验到完整感,对自己一生感到不满的老人会恐惧死亡。

（三）皮亚杰的认知发展理论

让·皮亚杰

瑞士认知理论家让·皮亚杰（Piaget，J.，1896—1980）是20世纪最著名的心理学家之一。他认为儿童是在操控和探索周围世界的基础上主动建构知识的，发展的每一阶段都以本质上不同的思维方式为特征。他把从婴儿到少年的认知发展，区分为感知运动阶段、前运算阶段、具体运算阶段和形式运算阶段。

第一个阶段：感知运动阶段（约 0—2 岁），在这一阶段，婴儿通过一系列先天性条件反射，如摇头、摆手、抓握等极简单的动作，发展了感知运动图式，逐渐地把自己和环境区分开来，形成对客体的最初反映和表象记忆。感知图式为以后的认知发展奠定基础。

第二个阶段：前运算阶段（约 2—7 岁），这一阶段的儿童已经掌握了口头语言，但使用的语词或符号还不能代表抽象的概念，思维仍受具体直觉的束缚。皮亚杰用"前运算"一词来描述这一思维发展阶段的特征。所谓"运算"，系皮亚杰从逻辑学中借用的一个术语，指借用逻辑推理将事物的一种状态转化为另一种状态。这一时期的儿童的思维具有不可逆的特点。可逆性是指改变人的思维方向，使之回到起点。处于前运算阶段的儿童不能这样思维。

第三个阶段：具体运算阶段（约 7—11 岁），这个阶段的儿童"对现实进行运算"，虽然缺乏抽象逻辑思维能力，但他们能够凭借具体形象的支持进行逻辑推理。这个阶段的标志是守恒观念的形成。所谓守恒是指儿童认识到客体在外形上发生了变化，但其特有的属性不变。此时他们的思维具有可逆性。

第四个阶段：形式运算阶段（约 11 岁到成人期），这一阶段的儿童不仅能认识真实的客体，而且也能考虑非真实的、可能出现的事件。这种能超越时空的、对假设性因素的考虑，是思维发展的一个很大进步。此时的儿童能够进行假设—演绎思维，即不仅从逻辑考虑现实的情境，而且考虑可能的情境（假设的情境）；也能运用符号进行抽象思维，不需要参照真实世界的情境就能够判断命题的逻辑性；同时还能进行系统思维，在解决问题时，能分离出所有有关的变量和这些变量的组合。

（四）格塞尔的成熟理论

阿诺德·卢修斯·格塞尔

阿诺德·卢修斯·格塞尔（Gesell，A. L.，1880—1961）的成熟理论为个体发展阶段提出了另一种观点。格塞尔是成熟理论的代表人物，他研究的兴趣集中于生理成熟、成长和心理发展的同步关系，最著名的研究是对同卵双胞胎的对照性研究。他曾将一对同卵双胞胎的孩子作为被试，在不同的成熟期训练他们走路、判断、滑旱冰等动作。研究结果表明，在儿童还没有达到明显的成熟准备之前，经验的训练是收效甚微的。即使在最初的训练中取得了一点成绩,也同样没有多大价值。到了一定的成熟准备期,从未接受过这种行动训练的孩子,只要略加训练就可以迎头赶上。格塞尔用图 10-1 来说明成熟与发展是如何相互关联的。从这个示意图中可以发现,儿童的兴趣和活动是在逐渐加宽的圆圈中不断变动的,起初只是身体的自我活动,之后涉及社会环境。①

图 10-1

儿童成熟与发展相互关联示意图②

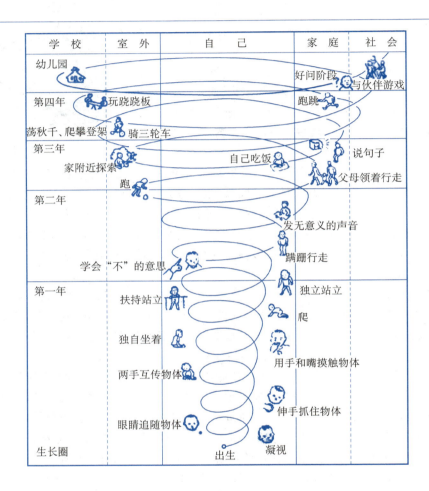

(五) 心理发展的年龄特征

关于人的发展,研究者采取不同的立场和视角,会提出不同的划分标准和人生阶段理论。人的发展阶段的划分,以人在与环境交互作用的活动中所表现出的发展水平和自主水平为依据。人处于不同的发展阶段,其整体发展水平表现出相应的总体特征。在个体发展的不同年龄阶段,表现出区别于其他年龄阶段的典型特征,也就是年龄特征。个体发展的年龄特征不是每一年龄阶段各方面特征相加之和,而是各方面的变化特征及它们相互作用的特定内容与方式,它呈现出结构性与整体性。年龄特征反映了个体因从事不同性质活动而表现出的身心两方面特点、自主水平等。然而,即使某一年

---

① 参见郑金洲著:《教育通论》,华东师范大学出版社 2000 年版,第 107—108 页。
② 转引自郑金洲著:《教育通论》,华东师范大学出版社 2000 年版,第 108 页。

龄段的共同性特点,在每个个体身上又必然有其独特表现方式。年龄特征在具体个人身上是稳定性与可变性的统一、个性与共性的统一。对处于不同年龄阶段的人,社会赋予相应的要求,具有一定的共同性。这也是对个体进行教育分期时需要考虑的一个重要因素。对于不同年龄阶段个体的教育,必须结合相应的年龄特征,根据社会的共性要求,提出相应的教育目标、确定相应的教育内容和任务。

(六) 心理发展阶段理论的教育意义

认识个体心理发展的阶段及其年龄特征,对于搞好教育工作有着重要意义。至少有以下几个方面的启示:

1. 教育要适应受教育者的接受能力

受教育者在不同发展阶段,具有不同的心理发展水平,标示着他们的学习准备状况和他们对学习的适应程度。既然在不同的年龄阶段,受教育者的生理成熟水平和心理发展水平有着较为明显的差别,那么,教育就必须考虑这些差异,适应受教育者的学习准备条件。否则,就难以达到预期目的。若教育内容、方法等滞后于受教育者的心理发展水平,就造成教育资源的浪费,产生少、慢、差、费的现象;若教育内容、方法等大大超前于学生的心理发展水平,就会拔苗助长,不仅难以使学生掌握正在学习的知识技能,而且还会产生不愉快的心理体验,使其害怕和逃避学习。格塞尔的研究,为人们慎重合理地安排儿童早期教育提供了一定的实验根据,说明了教育和训练都必须根据儿童生理的成熟水平和实际的接受能力进行,对儿童的教育要充分考虑其成熟的程度和个体的差异,利用自我调节的力量。教育和训练只有与成熟统一起来,才能获得较好的效果。

教育的"量力性原则"

专栏 10-2

教育要适应受教育者的心理发展水平,也即"量力性原则"或"可接受性原则",是指教育内容、方法、进度等要从受教育者的实际情况出发,适合受教育者的心理发展,使受教育者能够掌握教师所教的知识、技能等。苏联教育学家列·符·赞可夫(1901—1977),曾通过实验研究提出教学的高难度和高速度原则,这看上去似乎与量力性原则矛盾,其实不然。他所讲的高难度,并不是越难越好,而是主张要选用学生能够理解的教材进行教学。他所反对的是旧教材内容的简单贫乏,认为这样的教材降低了学生的学习兴趣,阻碍了学生的智力发展。他所

列·符·赞可夫

讲的高速度,并不是开快车、赶进度,而是要不断以广博有趣的知识去丰富学生的智慧,使之深刻理解,形成知识体系。他所反对的是旧教学的重复,迫使学生咀嚼已知的材料,原地踏步。

2. 教育要依受教育者的心理发展过程循序渐进

个体的心理发展是阶段性和连续性的统一。一方面，心理发展具有一定的非连续性，表现为发展的不同阶段；另一方面，各个发展阶段之间表现出一定的顺序，后一阶段以前一阶段的发展为基础，具有连续性。连续性和阶段性是交叉、重叠的，各阶段之间不是突然的中断和全新的开始。应在不同的发展阶段展开不同的教育活动，按照发展的序列循序渐进。

皮亚杰认为，教育应按照儿童的年龄阶段来加以组织。他明确指出："一切理智的原料并不是所有年龄阶段的儿童都能够吸收的；我们应当考虑到每个年龄阶段的特殊兴趣和需要。"教师要发现符合每个阶段儿童心理发展特点的知识有哪些，然后用该年龄阶段的心理结构所能吸收的方式传授给学生。在他看来，试图离开儿童年龄阶段的心理特点去加速学生的发展，这只是浪费时间和精力。只有在每一个年龄阶段都运用良好的教育方法，才可以增进而不是损害儿童智能的发展。按他的说法，教育应该走在发展的后面，或至多与发展相平行，才是有效的。

维果茨基

而苏联心理学家维果茨基（Vygotsky，L.，1896—1934）认为，儿童有两种发展水平，一是现有发展水平，即由一定的已经完成的发展系统所形成的发展水平；二是即将达到的发展水平。这两种水平之间的差异，就是最近发展区。他提出，教育者不应只看到儿童今天已达到的发展水平，还应该看到仍处于形成的状态、正在发展的过程；教育不应只适应发展的现有水平，走在发展的后面，而应适应最近发展区，从而走在发展的前面。赞科夫以此为据，更进一步指出，儿童心理某些已经完成的程序，只是教学的起码条件，教学远不能停留于此，而应走在发展的前面；教学与发展的关系是因果关系，教学的结构是因，学生的发展进程是果。按维果茨基和赞科夫的说法，教育（教学）是学生心理发展的源泉，理所当然要走在发展的前面。

无论持哪一种观点，都必须对受教育者的心理发展水平有清醒的认识。儿童的心理发展是连续的，前一阶段孕育着后一阶段发展的萌芽，教育和教学应适度、适量地在这个"萌芽"状态上下功夫，让学生"跳一跳，摘桃子"。

3. 教育要抓住受教育者心理发展的"关键期"

关键期的概念是奥地利生态学家康拉德·劳伦兹（Lorenz，K.，1903—1989）提出的，他在研究鸟类的自然习性时发现，刚孵出的幼鸟，如小鸡、小鹅，会在过后很短的一段时间内追逐自己的同类，若错过了这段时间，便很难再学会此类行为或"印刻"自己的"母亲"。他认为这个时间是幼禽认识并追随母禽的关键期。儿童在心理发展的每一阶段都有一些重要的本质特征，教育要依循这些本质特征，适时施教。在心理学中，这样的时期也被称之为关键期，即在个体生命历程中，有某一个时期会对某种刺激特别敏感，过了

康拉德·劳伦兹

这个时期,同样的刺激便不会再有同样的效力。学生若在这一时期未能在某一方面获得相应发展,则对以后的发展会产生不良的影响。已有研究表明,2 岁是口头语言发展的关键期,4 岁是形状知觉的关键期,4—5 岁是学习书面语言的关键期。抓住关键期的有利时机,及时进行适当的教育,当能收到事半功倍的效果。

4. 教育要给学生的心理发展以积极的支持

在埃里克森看来,一个人的人格是沿着由一系列转折点构成的连续体发展,应该在合意的性质与危险的品质之间维持平衡,当消极的性质在比例上超过积极性质时,将会造成发展的困难。在教育教学中,一个学生落在埃里克森心理社会化发展二分法的哪一边,取决于他体验到的课堂气氛和所保持的人际关系的性质。儿童需要成人给以心理逻辑上的支持,以便在不同的情境中能够满怀信心,愿意在智力上、社会上和情绪上自行检验。教师应该为学生提供必要的支持建立信任关系,帮助学生发展起积极而健康的人格和人生观。对于学生的发展来说,积极的心理体验至关重要,它能够增强学生的学习兴趣,提升其学习动机,进而促使其在学习中能发挥较强的主观能动性,并取得良好的学习成绩,反之,则无法取得这样的教学效果。

二、青少年期的心理发展

中学时期大体处在青少年期。青少年期的开始以青春期的开始为标志,此间一系列的生理变化给年轻人带来成人般的体格和性的成熟。以青春期为代表的青少年期,对有的人来说是一个特别尴尬的阶段,在向成熟迈进的过程中,他们会碰到重重困难。

(一) 生理变化及其心理影响

青春期的变化可以分为两大类型:一是身体的一般发育;二是性特征的成熟。这两方面的变化是相互联系的。导致性成熟的激素同时也影响着身体的发育。男孩和女孩在这两方面存在差异。可以说,青春期是出生以后发生的最大的性分化时期。

体格发育。青春期最初的外部标志是身高和体重迅速增加,称为发育加速。手、腿和脚先加速生长,然后是躯干,这是青少年体重增加的主要原因,这也可以解释为什么青少年早期经常显得笨拙和比例失调。明显的性别差异体现在多个方面。在身体比例上,男孩的肩部变宽,女孩的臀部则比肩部和腰部宽;男孩的体格最终要超过女孩,腿部更长,因为男孩在青少年期之前还有两年的生长发育,那段时间腿部的发育最快。在肌肉—脂肪构成和其他内部变化上,女孩体内开始积聚脂肪,这一趋势在 11—16 岁之间加速,相反男孩胳膊和腿上的脂肪却开始减少;男孩的骨骼肌发育、心脏功能和肺活量都胜过女孩,肌肉力量远大于女孩,这可以解释为什么青少年期的男孩在运动成绩上占优势。因为男孩和女孩在体能上不再同日而语,所以从初中开始体育课宜分性别、分体能,[①]适合不同性别的体育项目也越来越多。

大脑发育。青少年的身体变化还包括大脑的重要变化。脑成像研究揭示,在大脑皮层上持续发生着对未使用的神经突触的修剪,尤其是在掌管思维和操作的前额叶上。另外,大脑接受各种刺激使神经纤维的生长和髓鞘化加速,不同脑区之间的联结得以加强。其中,额叶与其他脑区的联结加强,信息传递更快。青少年大脑的这种雕刻式发展

---

① 武克家、罗连生:《按性别分班　按体能分组　改革初一体育课》,《江苏教育》,1985 年第 1 期。

导致各种认知能力的增强,如注意力、计划性、信息整合能力以及自我调节。另外,神经元对某些化学讯息的敏感性也增强了。对人类和其他哺乳动物来说,在青少年期,神经元对刺激性的神经递质的反应更快。结果是,青少年对压力事件的反应更激烈,同时对愉悦刺激的体验也更强烈。这些变化可能对加强追求新异体验的驱动力起到一定作用,对那些为了抵制长期情感痛苦而寻求刺激的青少年,这种情况尤其容易发生。青少年的某些机能失调,如抑郁和饮食紊乱的易感性增强,也与神经递质活动性的变化有关。了解青春期激素变化引发的青少年大脑发育和重组,有助于人们准确理解青少年的问题行为及其对成人给予耐心、照管和指导的需要。

进入青春期的孩子,随着激素水平的变化,情绪会表现得喜怒无常。有些研究通过让儿童、青少年和成人随身携带电子寻呼机来记录他们的情绪。在一周时间里,他们被不定期地呼叫,要求他们报告正在干什么、和谁在一起、当时的感受如何。结果,青少年比小学生和成人报告的高兴情绪少,他们的消极情绪与很多消极生活事件有关,如与父母交往困难,在学校受到批评,与男朋友或女朋友关系破裂。而且,相对于儿童,青少年采用更强烈的情绪对消极事件做出反应,表现出更多更明显的对抗和逆反。与成人相比,青少年情绪不稳定,经常大起大落,情绪的波动与情境的改变密切相关。一天中的情绪高涨点往往是与同伴待在一起,或者做着自己喜欢的事;情绪低落点往往发生在由成人主导的环境里。

(二) 认知发展与科学推理能力

复杂的元认知理解力是青少年具有科学推理能力的关键。换句话说,他们开始可以"对运算进行运算",通过内部反思,能够提出新的、更具一般性的逻辑规则。这就是皮亚杰所说的进入形式运算阶段的孩子,此时形成了抽象的、系统的、科学的思维能力。

信息加工心理学家指出,青春期的认知发展变化主要表现为以下几个方面。一是注意更有选择性,能集中在相关的信息上,并能更好地适应不断发展的任务需求。二是抑制能力得到很大改善,能够压抑无关刺激,压抑已熟练掌握但暂时派不上用场的东西等,并促进注意力和推理能力的发展。三是策略更有效,使信息存储表征和提取更有效。四是知识扩充了,使策略的使用更方便。五是元认知能力(对思维的反思)发展了,能够重新领悟信息获取和问题解决的有效策略。六是认知的自我调节能力提高了,能更好地对思维进行连续的监控、评价和转向。七是思维速度和加工能力提高了,使得工作记忆可同时处理更多信息,并将其融入更复杂、有效的表征中。研究者认为,在上述诸多机制中,元认知是青少年认知发展的核心,这种灵活开放的能力不仅是一种认知进步,也是一种人格倾向,在形成同一性和道德发展方面对青少年大有助益。

但是,青少年和成人在科学推理能力上存在很大差异。青少年往往表现出自我服务偏差,即倾向于运用逻辑推理批判和否定自己怀疑的理论,却少在赞成的理论上进行有效的逻辑推理。日益复杂、有效的思维发展导致了青少年在看待自己、他人和周围世界的方式上出现了显著变化。然而就像发育带来的身体巨变会让他们遭遇尴尬一样,他们在抽象思维方面起初也会步履蹒跚、磕磕碰碰。青少年的自我关注、理想主义、批判主义以及优柔寡断经常让成人困扰和担忧;青少年新形成的推理能力可能会使家庭关系紧张,增加父母与子女之间的分歧。

他们不希望家长再用管教儿童的方式来管教约束自己,不喜欢家长事无巨细、无微不至地关照自己。他们想显示自己的主导和能力,做事只按照自己的想法独断独行,为了防止家长的干预,会故意疏远家长。他们往往更倾向于相信认识水平和自己相当,甚至不如自己的同龄人的一些看法、想法和观点,对老师和家长往往采取躲避、"阳奉阴违"等疏离态度,显得难以管教。疏离,是渴望自立的表现。这种愿望,是孩子心理上的成长,他们希望别人以成人的方式对待他们,再也不满足于和父母所交流的范围,也不满足于教师和课本所传授的知识,他们渴望接触除亲人以外更多的人,了解更大的世界。

思维表现	建　议
对公众批评敏感	不要当众指出青少年的错误。如果问题重要,择机单独沟通。
夸张的个人独特感	承认他们的独特之处。择机告诉青少年他们和过去的自己一样,鼓励其更平衡地看待自己。
理想主义和批判主义	对青少年的远大志向和挑剔的评论做出耐心回应。指出其内心目标的好的方面,帮助他理解凡事有利有弊,凡人有优点也有不足。
优柔寡断难做决定	不要替青少年做决定。在做出有效决策方面以身作则立榜样。帮助他分析各种选择的优缺点、各种可能的结果以及怎样从错误选择中吸取教训。

表 10 - 2

青少年的新认知能力对日常生活的影响及应对建议

虽然青少年在解决许多认知问题时比儿童更有效,但他们做决策时缺乏重要的理性思考。比如辨别每一种选择的正反两种论点;评价各种结果的可能性;根据能否达成目标来评价选择;从错误中接受教训并在未来做出更好的决定。由于在很多事情上他们经验不足,缺乏足够知识来预测可能的结果,因此在做决定时,青少年比成人更多地后退到已形成的直觉判断中,凭着习惯或一时冲动做出选择,或者推迟做决定的时间。

(三)自我概念与成就动机

青少年开始反思自己的思维时,他们会更多地思考自己。这是青少年认知发展的结果。此时他们对自我的看法更复杂、更有条理,也更稳定和积极。埃里克森提出同一性(identity)是青少年期人格发展的主要成果,是一个人成为有创造力的、幸福的成年人的关键一步。"同一性"的建构包括明确你是谁、你的价值和你选择的未来生活方向。它是作为理性行为者的个体关于自己的明确理论,使人的所作所为有明确理由,对自己的行为负责并作出解释。青少年重新审视童年时形成的自我,把它与新形成的特点、能力和志向相结合,并逐渐把所有这些塑造成一个牢固的内核,使青少年无论承担什么角色时都具有一种自我连续感。同一性在青少年晚期和成年期逐步形成,此前青少年会经历同一性危机,这是青少年在确立自己的价值观和目标之前进行尝试的一段痛苦的时期。

自我概念是同一性发展的核心成分。自我概念在整个青少年期会随着认知能力的发展而不断变化。青少年早期,他们可以把一些互相分离的特质(聪明、有才能)合成一个抽象的特质（高智商）来描述自己，但有时这种概括缺乏内在联系甚至相互矛盾。从青少年中期到青少年后期，认知能力的改变使青少年能把他们的特质整合为一个有序的系统。他们开始懂得心理特质可能随情境而变，会使用限定性的修饰词来描述自己，比如"我的脾气相当急躁"；会更多地使用合并原则来解释令人不解的矛盾，比如"我的适应能力很强，有些朋友认为我说的话很重要，和他们在一起时我很健谈，但是和家人在一起的时候我什么也不说，因为他们对我说的话题不感兴趣，甚至从来没有认真听过我说话"。

自尊是自我概念中带有评价性的部分，在青少年期继续变化。青少年的自尊中增加了自我评价的新维度——亲密友谊、对异性的吸引力以及职业能力。同伴关系好、学习能力强的青少年，自尊水平上升。研究表明，青少年的学业自尊能显著预测他们对学科重要性和有效性的判断、努力学习的意愿、学习成绩和后来的职业选择；对父母关系非常不满的青少年常常表现出攻击性和反社会行为；权威型家庭抚养方式与教师的鼓励可以预测青少年期的高自尊。

成就动机关乎学生的学业自我概念，是自尊研究中较为深入的一个内容。成就动机是克服困难和取得较高成就标准的意愿，是人们在完成任务过程中力求获得成功的内部动因，亦即个体对自己认为重要的、有价值的事情乐去做，并努力达到完美的一种内部推动力量。

研究发现，在整个中学阶段不同动机类型其水平不同：中学生把自我效能感和掌握目标作为自己主要的学习动力，自主性动机次之，成绩目标所起的动力作用相对较弱；随着年级上升，自我效能感与成就归因相对稳定，而成绩目标波动较大，是中学生动机系统中的活跃因素。[①]

成就动机与青少年的依恋质量、家庭环境特征以及父母的教养方式有关。家长对孩子的行为给予积极的、前后一致的、就事论事的反馈，会助长成就动机；如果家长漠然视之，很少给予指导，或者过度控制，对功课吹毛求疵，考好了就给物质奖励，考坏了就喋喋不休，则可能妨碍学业与获取成功的动机。研究发现，高成就动机青少年的父母有3种品质：一是温情、接纳，及时表扬子女的成绩；二是给子女设定一定的标准并加以指导，监督其进程确保完成；三是给予子女一定的独立和自主，小心翼翼地帮助子女使之能够独立完成，对于年长的孩子给予他们发言权，让他们决定如何最好地战胜挑战达到目标。这种温情、坚定而又民主的抚养方式被称为权威型抚养方式。

（四）社会认知与人际关系

社会认知发展也是伴随青少年认知水平发展而出现的。根据认知发展理论家的观点，儿童对他人的认识在很大程度上依赖于他们的认知发展水平。解释社会认知的发展趋势，常见的理论除了皮亚杰的认知发展取向，还有罗伯特·赛尔曼（Selman，R.）的角色采择分析。

赛尔曼认为，当儿童能将自己和他人的观点加以区分，并能了解这两种观点之间内在差异的关系时，他们对自己和他人的了解就更加丰富了。也就是说，赛尔曼认为要了

---

① 沃建中、黄华珍、林崇德：《中学生成就动机的发展特点研究》，《心理学报》，2001，33（2）：160—169。

解一个人，必须能够从他的视角看问题，去理解他的想法、情感、动机和意图。尚未掌握角色采择的儿童则只能用具体外部特征，如他们的外表如何、他们在做什么、他们有什么等等来描述他人；获得角色采择能力后，儿童对人际关系的意义和特征的理解就有了改变。随着角色采择能力的发展，青少年关于友谊的概念从朋友是"带给我好处的"单维、自我中心的观点，变为和谐、互惠的观点，认为朋友之间要相互理解，乐于为对方提供情感支援以及其他帮助，并期望对方也有同样的回报。

角色采择能力的发展受社会经验影响。比如，学龄儿童之间的游戏促进了角色采择能力的发展和社会判断的成熟。游戏时儿童要一起扮演不同的角色，这使得他们意识到自己和同伴间观点的不同。游戏中一旦发生冲突，为了让游戏得以继续，儿童不得不学会协调自己和他人观点，学会妥协。所以，同伴间的平等接触对角色采择的发展有重要影响，并进而影响社会认知能力，也直接提供儿童理解他人所需的经验。

青少年期是个体生命中一个特殊的阶段，表现出生理发育迅速、心理发展相对缓慢的特征。这使得青少年身心发展处于一种不平衡状态，并引发种种心理矛盾。比如，独立自主意识较强，承受挫折能力较低；内心世界丰富，又常常感到孤独；具有初生牛犊不怕虎的勇气，却无法与异性从容相处。如果不能有效处理这些矛盾，这一群体容易出现心理及行为偏差，如心理生物性紊乱，采取极端措施（如自杀）逃避困难，青春期精神分裂等。同时，青少年期也是人生中具有极强可塑性的阶段，是一个孩子能否成才的关键时期。处于这个阶段的孩子内心有了很明确的自我意识，对每一个人每一件事第一次有了清晰的主观看法。作为老师和家长，如果在这个时期充分考虑青少年的身心发展水平和差异，遵循教育规律，真正走入孩子的心灵，就可能助推孩子将来走上充满着真善美的人生道路；反之，可能会加速孩子倒退，甚至会把孩子逼到教育工作者最不愿意看到的道路上去。

三、心理发展的个体差异

人的心理发展具有阶段性，个体在某一阶段的发展具有的共性。但即使处于同一阶段，不同的具体个体的发展又有差异。教育作为一种培养人的社会实践活动，既要针对同一年龄阶段个体的共性特征，提出一般的普遍要求；又要注意到同一年龄阶段不同个体的个性特征，提出相应的教育要求，采用针对性的教育措施。在共性、一般性的基础上充分考虑到个性、特殊性，是使教育达到良好效果的前提和保证。

个体差异是指个体在成长过程中受遗传和环境的交互影响，从而在身心特征上显示出彼此各不相同的现象。心理学的大量研究表明，人的发展的阶段性是普遍存在的，人的身心发展由低一级水平向高一级水平过渡，这种顺序是不可改变的。但是，承认发展阶段过渡的一般性，并不意味着在具体个体身上，或在不同的文化背景条件下不存在阶段过渡的特殊性，不存在种种个别差异。儿童的个别差异可以表现在各不相同的方面，性别、社会经济地位、在家庭中的出生顺序等，都会对教育产生影响。

概而言之，个体差异主要表现为个性的差异。个性是指决定个人的个别性与独特性的种种特质的总和，是一个人区别于他人的、本身所固有的性格特征。

专栏 10 - 3

气质类型的有关观点

古希腊著名医生希波克拉特（Hippocrates，公元前 460—前 370）在《论人的本性》一书中，按照四种体液的多寡来说明个体的气质类型。他认为，人体含有四种不同的液体，即血液、黏液、黄胆汁和黑胆汁。它们分别产生于心脏（血液）、脑（黏液）、肝脏（黄胆汁）和胃（黑胆汁）。四种体液形成了人体的性质，机体的状况取决于四种液体的配合。血液占优势的人属于多血质，黏液占优势的属于黏液质，黄胆汁占优势的人属于胆汁质，黑胆汁占优势的人属于抑郁质。每一种体液也都是由寒、热、湿、干四种性能中的两种性能混合而成。血液具有热—湿的性能，因此多血质的人温而润，好似春天一般；黏液具有寒—湿的性能，黏液质的人冷酷无情，好似冬天一般；黄胆汁具有热—干的性能，黄胆汁的人热而燥，如夏季一般；黑胆汁的人具有寒—干的性能，因此抑郁质的人如秋天一般。四种体液配合恰当时，身体便健康，否则就会出现疾病。多血质型气质的人，感受性低而耐受性较高，不随意的反应性强，具有可塑性和外倾性，情绪兴奋性高，外部表露明显，反应速度快而灵活。胆汁质型气质的人，感受性低而耐受性较高，不随意的反应性高，反应的不随意性占优势，外倾性明显，情绪兴奋性高，抑制能力差，反应速度快，但不灵活。黏液质型气质的人，感受性低而耐受性高，不随意的反应性和情绪兴奋性均低，内倾性明显，外部表现少，反应速度慢，具有稳定性。抑郁质型气质的人，感受性高而耐受性低，不随意的反应性低，严重内倾，情绪兴奋性高而体验深，反应速度慢，具有刻板性，不灵活。

心理发展的个体差异，至少表现在以下几个方面：

（一）认知方面的个体差异

1. 认知发展差异

这突出地表现在思维的差异上。思维越是发展到高级水平，学生之间的差别就越大。即使是同一个人，在某一学科领域的思维可能已达到形式运算水平，但遇到新的困难时，又会退回到具体运算水平。而且，在某门学科能进行形式运算，并不意味着他在其他学科领域也能以同样的方式思维。有研究表明，青少年一般先在自然科学领域中出现形式运算思维，在社会科学领域的思维发展较慢。

2. 认知风格差异

认知风格的个别差异也许与教育关系最为密切，影响着师生的相互作用。认知风格一般包括两个方面：一是指个体处理信息的方式，二是指个体对事物作出反应的策略。心理学研究确认不同的个体有着不同的认知风格，具体有：注意刺激的整个特征与考察刺激的细节，区分刺激为几大范畴与区分刺激为许多小范畴，直觉的归纳思维与逻辑的演绎思维，快速冲动的反应行为与缓慢费力的解题行为，等等。认知风格影响学习风格，每一种认知风格及其变式，都会导致学习在速度和精确性方面以及在品质方面的差异。

（二）能力发展的个体差异

能力差异是指个体在智力、体力及工作能力等方面的差异，是由性别、年龄、文化背景等因素造成的。主要表现在以下方面：

1. 发展水平的差异

能力有高低的差异。在一般能力方面，能力的水平差异主要指智力发展水平的差异。仅就智力测验得到的智商而言，可以看到人的智力发展有一定差异。心理学家们把智商 100 看作常态标准，经过测量发现智商在 90—110 范围之内的人占人口总数的一半。处于高端和低端的是特殊的人，分数在 120 以上的可视为天才，而分数在 70 以下的则为智力迟钝者。

2. 表现早晚的差异

人的能力的充分发挥有早有晚。有些人的能力表现较早，年轻时就显露出卓越的才华，这叫"人才早熟"。古今中外能力早慧者不胜枚举。例如，奥地利作曲家莫扎特 5 岁就创作了他的第一首乐曲，8 岁时举办独奏音乐会。唐初四杰之一的王勃 10 岁能作赋，13 岁写出著名的《滕王阁序》。另一种情况叫做"大器晚成"。即智力的充分发展在较晚的年龄才表现出来。这些人年轻时并未显示出众的能力，但到中年才崭露头角，表现出惊人的才智。例如，我国的画家齐白石，本来长期做木匠，40 岁才显露绘画才能，成为著名的国画家。

3. 结构的差异

能力有各种各样的成分，它们可以按不同的方式结合起来。能力的不同结合造成结构上的差异。例如，有人长于想象，有人长于记忆，有人长于思维等。不同能力的结合，也使人们互相区别开来。例如，在音乐能力方面，有人有高度发展的曲调感和听觉表象能力，而节奏感较差；有人有较好的听觉表象能力和强烈的节奏感，而曲调感差。

（三）气质性格的个体差异

气质差异表现为气质类型及其行为特征的差异。气质类型是由神经过程的基本特性按照一定的方式结合而成的气质结构。因此，气质类型的行为表现带有稳定的规律性。一般说来，一个人无论从事什么活动，即使各种活动的性质和内容千差万别，但其气质特征的表现是相同的。不同学生对同一事件和行为的不同反应，或者在面对同样的情况时有着不同的表现，这和他们的气质类型有关。

性格是一个人对现实的态度以及与之相应的习惯化的行为。性格是个性心理特征中最重要的方面，是人的主要个性特点的集中体现。人们在现实生活中显现出的某些一贯的态度倾向和行为方式，如大公无私、勤劳、勇敢、自私、懒惰、沉默、懦弱等，都反映了自身的性格特点。性格特征包含如下几个方面：一是态度特征，指个人对现实的态度的倾向性，如对社会、集体、他人的态度，对劳动、工作、学习的态度以及对自己的态度等；二是理智特征，指心理活动过程方面的个体差异，如在感知方面，是主动观察型还是被动感知型；在思维方面是具体罗列型还是抽象概括型，是描绘型还是解释型；在想象力方面，是丰富型还是贫乏型，等等。三是情绪特征，指个人受情绪影响或控制情绪的程度状态，如个人受情绪感染和支配的程度，情绪受意志控制的程度，情绪反应的强弱、快慢，情绪起伏波动的程度，主导心境的性质等。四是意志特征，指个人自觉控制自己的行为及行为的努力程度，如是否具有明确的行为目标，能否自觉调适和控制自身行为,在意志行动中表现出独立性还是依赖性,行为具有主动性还是被动性,是否坚定、顽强、忍耐、持久等。

专栏 10-4

关于性格类型的几种分类

性格类型是指一类人身上所共有的性格特征的独特结合。

(1)按心理机能分类。主张根据理智、情绪、意志各占优势的不同,把人的性格分为理智型、情绪型和意志型。理智型的人善于冷静地思考、推理,用理智来支配和控制自己的行为。情绪型的人,情绪体验强烈,行为易受情绪左右。意志型的人,目标明确,行为主动。除这些典型的类型之外,还有些人属于中间型。

(2)按倾向性分类。依据个人心理活动倾向于外部还是内部,把性格分为内倾型和外倾型两类。内倾型的人心理活动倾向内部,对外界事物较少关心和感兴趣,沉默寡言,情感深沉,待人接物小心谨慎。外倾型的人心理活动倾向外部,对外部事物比较关心,情感易流露,活泼开朗,善于交际。极端内倾型或外倾型的人只是少数,多数人处于内外倾之间。

(3)按独立与顺从程度分类。按照个体独立或顺从的程度,把性格分为独立型和顺从型。独立型的人善于独立发现和解决问题,有主见,不易受外界的影响,较少依赖他人,在紧急情况下能镇定自若,处事果断,喜欢表现自己的力量。顺从型的人独立性差,易受暗示,行动易被他人所左右,紧急情况下往往心慌意乱、不知所措、犹豫不决。

(四) 学习风格的个体差异

个体学习成效虽然与个体学习能力水平高低有较大相关,但更依赖于个体的学习活动与其学习风格相适应的程度。学习风格是指学习者在完成学习任务时所表现出来的一贯的、典型的、独具个人特色的学习策略和学习倾向。学习策略是指学习者在完成学习任务或实现学习目标时采取的一系列步骤、方法。学习倾向是指学习者的学习情绪、态度、动机、坚持性,以及对学习环境、学习内容等方面的偏好。

学习风格可以分为以下几种:

1. 场独立型和场依存型

赫尔曼·威特金(Witkin, H. A., 1916—1979)提出,有些人知觉时较多地受他所看到的环境信息的影响;有些人则较多地受来自身体内部线索的影响。他把受环境因素影响大者称之为场依存型,把不受或很少受环境因素影响者称之为场独立型。前者是"外部定向者",基本倾向于依赖外在的参照;后者是"内部定向者",基本倾向于依赖内在的参照。场依存型的人不能将一个模式分解成许多部分,或只能专注于情景的某一个方面。场独立型的人善于分析和组织。场依存型的人在学习社会材料时较场独立型的人好,而场独立型的人在学习未经充分组织好的材料时较场依存型的人好。

2. 冲动型和沉思型

杰罗姆·凯根(Kagan, J.)等人对认知速度进行过深入研究,区分出两种不同的认知风格。冲动型学生一直有一种急忙做出选择的欲望,犯的错误更多;沉思型学生则采取谨慎小心的态度,做出的选择比较精确,但速度要慢些。认知速度的差异与智力分数无关,但与在学校中的学习成绩有关。与沉思型儿童相比,冲动型的儿童更容易分心、急于求成,成绩较差,掌握性动机比较弱。鉴于认知速度与教育的关系,许多研究者建议,应对儿童进行训练以减少其冲动性。有研究发现,自我指导训练能减少冲动型儿童的错误。给冲动型儿童呈现沉思型学习的榜样,让他们进行练习并给予反馈,似乎是一种有效的方法。

3. 深层加工和表层加工

学生对信息进行加工的深度存在两种方式,一种是深层加工,另一种是表层加工。深层加工指深刻理解所学内容,将所学内容与更大的概念框架联结起来,以获取内容的深层意义。表层加工指记忆学习内容的表层信息,不将它们与更大概念框架联结起来。深层加工有利于侧重理解的考试,表层加工有利于侧重事实学习和记忆的考试。

4. 整体型和系列型

英国心理学家戈登·帕斯克(Pask, G.)发现,有的学生在解决问题时把精力集中在一步一步的策略上,他们提出的假设一般比较简单,每个假设只包括一个属性。这种策略被称为系列型策略,从一个假设到下一个假设呈直线式进展。而另一些学生则倾向于提出比较复杂的假设,每个假设同时涉及若干属性。这种策略被称为整体型策略,从全盘考虑如何解决问题。

本章小结

中学教育活动要以对中学生心理发展的认识为基础,要建立在中学生心理发展的基础之上。发展心理学的研究为人的发展阶段的划分提供了科学依据,并对人的心理发展作出科学说明。弗洛伊德的精神分析理论、埃里克森的心理社会理论、皮亚杰的认知发展理论、格塞尔的成熟理论等,为我们了解中学生的心理发展水平和特点提供了理论视角。这些理论提醒我们,在教育过程中,要遵循学生心理发展阶段,把握学生的心理需求,给学生以积极的心理体验。

中学阶段以遭遇青春期为标志,此间一系列的生理变化给青少年带来成人般的体格和性的成熟。更重要的是他们必须接受发育成熟的身体,学习成年人的思维方式,在得到发展的认知水平上重新审视自己和他人,形成更大的自主性,学会成熟地与同伴交往,并建构同一性。以青春期为代表的青少年期,对有的人来说是一个特别尴尬的阶段,在向成熟迈进的过程中,他们会碰到重重困难。同时,青少年期也是人生中具有极强可塑性的阶段,是一个孩子能否成才的关键时期。

在注意到学生心理发展有共同的阶段性和年龄特征的同时,教师还必须注意到学生心理所存在的个别差异。学生心理发展是共性与个性的统一、普遍性与特殊性的统一。学生心理的个别差异主要表现在认知、能力发展、气质性格、学习风格等方面,把握这些差异,教育才能真正做到"各因其才"。

思考与实践

1. 中学时期,学生大体处在弗洛伊德所说的"生殖期"、埃里克森所说的心理发展的第五个阶段、皮亚杰所说的形式运算阶段,请结合自身经历,对这些理论论述进行分析,看哪些是一致的,哪些是有差异的?

2. 当下,有一种教育理念:树大自然直,人大自然长,主张应该让孩子自由自然成长,认为教育就是放任孩子探索,让他们随心所欲地玩和发展,管教和限制是对孩子自由成长的剥夺。请联系格塞尔的自然成熟理论,结合本章所学其他内容以及身边的实例,分析这种理念存在的偏差。

3. 教育一方面要适应学生心理发展阶段和需求,另一方面要引导学生心理发展,超越学生心理需求,要处理好适应与超越、满足与引领的关系。你是否同意这种观点,为什么?

4. 青少年期,是人生很特殊的时期,本章从四个方面进行了论述和分析:生理变化及其心理影响,认知发展与科学推理能力,自我概念与成就动机,社会认知与人际关系。对照自己的身心状况进行分析,并思考青少年期还有哪些区别于其他人生阶段的显著特点。

5. 请结合实际谈谈你对中学生心理发展水平和特点的观察,并阐述你对个体发展的阶段性与差异性的理解,以及开展针对性教学活动和教育工作的思考。

6. 学生的学习风格有深层加工与表层加工的区分,近年来,随着神经网络研究的发展以及人工智能技术的突飞猛进,开始出现了一种新的学习方式——深度学习。这种学习是由机器来进行的,属于机器学习的一个领域。最终目标是让机器能够像人一样具有分析学习能力,能够识别文字、图像和声音等数据。请查询相关资料,进一步了解相关研究成果,思考其对教育工作的启示。

7. 全国特级教师丁盛宝在《我是怎样教数学的》中写道:平时,我讲授一个新的单元,总要分以下几步走。①先给基础有缺漏的同学补一些过去没有学好的知识,填平他们的知识缺陷,使他们达到班内的平均水平,以利于接受新的知识。②课内讲授新知识时,照顾班内大多数学生的水平。③在教了一段时期之后,同学中出现了新的差距,我就根据实际情况,依据教材的内容,有时把学生分成两组,重新安排课堂座位,进行复式教学。对理解力好的同学一般只要提一提、点一点,由他们自己看书,做题目;而理解力差的同学则由我加强辅导,领着他们一起做题目,让他们慢慢学会自己走路。对两个组,我出的题目也是不尽相同的。④在进行复式教学之后,还有一小部分学生跟不上,我就给他们进行课外辅导。⑤单元测验后,如还有个别学生跟不上,我就把他们请到办公室来一个一个地进行具体辅导。我把这种分层补缺、逐批过关的做法叫作"筛米粉"。学生经过各种不同的"筛子"筛过后,每个同学就都能达到合格的水平了。

请你运用所学知识对丁老师的做法进行分析和评价。

延伸阅读

1. 郑金洲. 教育通论[M]. 上海:华东师范大学出版社,2000.

2. 叶澜. 教育概论[M]. 北京:人民教育出版社,2006.

3. [美]罗伯特·斯莱文. 教育心理学——理论与实践(第10版)[M]. 吕红梅,姚梅林,等,译. 北京:人民邮电出版社,2016.

4. [美]劳拉·E·伯克. 伯克毕生发展心理学:从0岁到青少年(第4版)[M]. 陈

会昌,等,译. 北京：中国人民大学出版社,2013.

5. ［美］霍华德·加德纳. 多元智能［M］. 沈致隆译. 北京：新华出版社,2003.

6. 林崇德. 发展心理学（第二版）［M］. 北京：人民教育出版社,2009.

7. 皮连生. 教育心理学（第四版）［M］. 上海：上海教育出版社,2011.

【开篇案例】

　　上高一的小军,上课时能很快听懂老师所讲的概念、公式、定律,也能理解老师的每个演算步骤以及分析问题的思路,甚至还能把相关的知识都背下来。他以为自己对所学的知识掌握得很好,可是在作业或考试中仍表现不佳。面对老师的质疑,小军一肚子委屈:上课确实听懂了,并没有不懂装懂,可碰到有的题目就是没法用上所学的知识去解答。

　　这种听得懂却不会运用的现象在学校学习中很普遍。例如,语文课中老师讲解某种写作方法时,学生听得明明白白,自己下笔时却不知道如何使用该方法;又如学习英语的语法知识,当老师在课堂上分析每个句子的成分时,学生都能理解,但在阅读或写作时却不能应用相关的语法知识来读懂课文或表达想法。在数学、物理、化学等学科的概念、公式、定律的学习中更容易出现这种听得懂却不会运用的现象。面对这一现象,家长和老师着急上火,孩子本身也时常感到无奈与沮丧。

　　学生听得懂却不会运用,为什么?

【学习指导】

　　1. 掌握学习的定义,了解学习的不同理解。

　　2. 认识学习的代表性理论,掌握这些理论间的异同。

　　3. 理解学习结果与教育目标之间的关系,并能运用学习结果分类理论指导教学实践学生的学习是在教师指导下进行的有目的、有计划的学习,是教师促进学生全面发展的过程。指导中学生的学习,教师要考虑中学阶段学习内容的特点,比如学习的科目增加了、学习内容的难度增大了、学习内容的综合性增强了、每一学科的内容更趋专门化并接近科学的体系等;要考虑中学生发展的阶段性特点,尤其是学习能力发展的特点,比如观察能力显著提高、意义记忆开始占主导地位、注意的稳定性增强、创造性和想象力日益发展、思维的独立性和批评性日益增强以及抽象逻辑思维开始占主导地位等。更为基本的是,教师需要对一般的学习心理有所了解,要依据客观存在的学习规律有效地促进学生的学习。

上个世纪中后期,学习心理学研究者逐渐走出实验室和人为设计的学习环境,走进真实的学习场景去建构实用的学习理论,以解释学校教学中的学习问题,帮助学生更好地开展学习、教师更好地开展教学。本章基于学习理论与教学实践的互惠关系,简要介绍学习的实质、学习的结果(即教学目标)以及代表性的学习理论。

一、学习的实质

学习是人类进步和发展的重要途径,也是贯穿个体一生的重要活动。人具备的建构和使用知识的能力即学习能力,是人类区别于其他物种的强大的天赋本领。

(一) 什么是学习?

学习是指由经验引起的学习者知识的变化。在这个定义里,我们看到:学习是发生在学习者身上的一种变化;学习者的知识等发生了变化;这种变化由学习者的经验引起。

第一,人在学习时发生了什么? 学习总是伴随着变化的发生。它是发生于学习者内部的一种相对持久的变化。变化是学习的必然结果。如果学生没有产生任何变化,说明他没有学习。可以说,变化是学习的核心。

第二,人在学习时发生了什么变化? 不同心理学流派对于这个问题的观点不同。行为主义学习观认为学习引发了学习者行为的变化,强调学习科学要研究可直接观察的行为。认知主义学习观则认为学习引发了学习者知识的变化,用广义的“知识”来概括“事实、概念、程序、策略以及信念”,更强调学习是内在能力或倾向的变化。

第三,是什么引发了学习? 学习是由学习者在环境中的经验引起的。当学习者与环境互动时,如课堂听讲、参与讨论、阅读书籍、玩有教育意义的游戏,在这些过程中学习就发生了。从经验中学习的能力是非常有用、关乎生存的人类特性。在教学过程中,如果教师有意识地创设学习环境,能进一步强化从经验中学习。

专栏 11-1

判断下列现象是否属于“学习”

请在下面符合学习定义的描述前打勾。

_____ 小明最近两周天天在玩电脑游戏,他的游戏分数提高,得到晋级。

_____ 李红不喜欢狗。不过这个周末,她去帮朋友照顾一只可爱的泰迪。

然后她就开始喜欢狗了。

　　＿＿＿＿吴刚从自行车上摔下来，撞伤了头，并在瞬间失去了知觉。他苏醒后却不记得这件事了。

　　＿＿＿＿苏睿在化学考试前吃了一根能量棒，因此她能记住更多的学习内容。

　　＿＿＿＿马威在规定时间内做完了 100 道算术题。他感到筋疲力尽，但还是继续做了另外 100 道相同类型的题目。这次花的时间比第一次更长。

　　＿＿＿＿王克下定决心要在竞赛游戏中赢取 1 万金币，所以他非常努力地计算每道题目。

（二）关于学习的三种理解

　　学习心理的科学研究从学习的概念、学习者的角色、教师的角色以及产生重大影响的最初时间这几个方面总结区分了关于学习的三种不同理解（见表 11 - 1）。

名称	概念	学习者的角色	教师的角色	时间
增强反应	增强或削弱联系	奖惩的被动接受者	奖惩的分配或执行者	20 世纪早期
获得知识	增加记忆信息量	信息的被动接受者	信息的分配者	20 世纪中期
知识建构	建构认知表征	意义的主动建构者	认知的指导者	20 世纪后期

表 11 - 1

关于学习的三种理解

（资料来源　理查德·梅耶著，盛群力、丁旭、钟丽佳译，《应用学习科学——心理学大师给教师的建议》，中国轻工业出版社 2017 年出版，第 22 页。）

　　这三种关于学习的理解都建立在研究的基础上。每一种理解都曾对学习心理的科学研究产生过重要的影响，并持续推动了教育实践的发展。"学习即增强反应"的理解与认知技能的学习密切相关；"学习即获得知识"的理解与事实学习的关系最为密切；"学习即知识建构"的理解则与概念和策略的学习融为一体。

1. 学习即增强反应

　　这属于行为主义的观点， 认为学习是刺激与反应之间联结的增强或削弱。教师的角色是激发学生的反应并在随后对学生进行奖赏（比如学生答对问题，教师反馈说"正确"）和惩罚（比如学生答错问题，教师反馈说"错误"）。学习者的角色在于接受奖赏（自动强化刺激与反应之间的联结）和惩罚（自动削弱刺激与反应之间的联结）。这种理解的基本观点是：如果行为得到了肯定，那么反应与情境刺激的联系会更紧密，该行为在今后出现的可能性会增大；如果行为受到惩罚，那么反应与情境的联系将会被削弱，该行为在今后出现的可能性会减少。"学习即增强反应"的观点在 20 世纪初期广泛流行，迄今依然是主流理论之一，尤其是针对基本技能的教学。这种观点应用在学校教育实践中，就是要求教师掌握塑造和矫正学生行为的方法，为学生创设一种环境，尽可能在最大程度上强化学生的合适行为，消除不合适行为。

2. 学习即获得知识

　　这属于认知主义的观点， 认为学习就是增加学习者记忆中的知识输入量。教师的角色是向学生呈现信息(例如,讲授、阅读或在线展示等),学习者的角色则是接受并储存这些信息。这种观点强调教师是信息的传播者,学生是信息的接受者,因而该观点有时也被称为信息加工模式。"学习即获得知识"的观点在20世纪中期广泛流行,迄今依然是主流理论之一,尤其是针对基本事实的教学。

专栏 11-2

艾宾浩斯的学习曲线

赫尔曼·艾宾浩斯(Ebbinghaus, H., 1850—1909)在其1885年出版的经典著作《记忆》中,介绍了著名的"艾宾浩斯遗忘曲线"。这是关于学习与记忆的第一个实验研究,也是最早主张"学习即获得知识"观点的科学研究:将学习视为在记忆中存储信息的过程。

在这项研究里,艾宾浩斯使用随机实验和定量测量的方法,为实施严谨的研究奠定了基调。他创造了无意义的音节作为学习材料,发明了序列学习法,并将记忆保持率作为测试学习结果的方法。学习者需要用一种固定的速度朗读音节列表,直到能够背诵出来;第一次学习需要的次数和过一段时间之后再次学习需要的次数之间的差就称为记忆保持率。

艾宾浩斯关注的是什么因素会影响掌握知识的量。学习曲线(图11-1)表明掌握知识的量取决于你在学习某一材料时投入的操练次数;遗忘曲线(图11-2)表明掌握知识的量取决于距离初次学习的时间间隔。简言之,关于学习是如何发生的,艾宾浩斯的观点是:随着重复次数的增加,记忆的内容就会变得越来越深刻,以至无法遗忘。

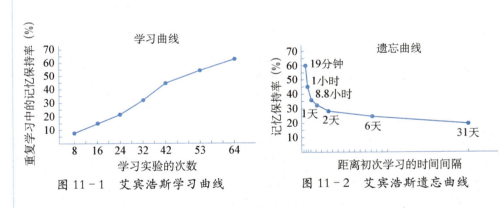

图 11-1　艾宾浩斯学习曲线　　　图 11-2　艾宾浩斯遗忘曲线

---

3. 学习即知识建构

这属于建构主义的观点,认为学习是学习者通过与外界环境的相互作用,主动建构自身心理表征并由此做出推断的过程。这种观点强调学习者头脑中有自己特有的认知图式,关注学习者如何以原有的心理结构和信念为基础来建构新的认知图式,认为学习的过程是一种质的变化。学习者的角色是理解所呈现的材料的意义,不再是被动的接受者而是积极的行动者;教师的角色是扮演认知指导者,在学习过程中帮助学习者进行认知加工。"学习即知识建构"的观点在 20 世纪后期广泛流行，迄今依然是主流理论之一，尤其是针对概念和策略的教学。

二、不同流派的学习理论

学习理论揭示了学习的实质、学习的过程、学习的条件等学习心理的规律。不同心理学流派的学习理论在研究对象、研究方法和基本观点上各有主张。概括起来，大体存在着行为主义的学习理论、认知学派的学习理论和人本主义的学习理论。

（一）行为主义的学习理论

行为主义将意识与行为对立起来，否认意识的存在，主张心理学家应该去研究行为这样直观的可以觉察和测量的东西，而不应该去假想那些虚幻的意识之类的东西。主张把条件反射法作为一种最重要的研究方法，认为只有研究看得见的行为，才是科学的心理学，而心理学家的任务就是预测和控制人的行为。

行为主义的学习理论主要有桑代克的联结主义理论、斯金纳的操作性条件作用理论、班杜拉的社会学习理论。

1. 桑代克的联结主义理论

美国教育心理学家爱德华·李·桑代克（Thorndike, E. L., 1874—1949）是动物心理学的开创者和联结主义学习理论的建立者。

桑代克设计了猫开门的实验。他根据实验结果认为，所有的学习都不是突然发生的，而是通过一系列细小的步骤按顺序逐渐达到的。认为学习是刺激—反应的联结，学习的过程是尝试错误的过程。动物的基本学习方式是试误学习，人类的学习方式更复杂，但本质是一样的。

桑代克提出的主要的学习规律有：①准备律，这里的"准备"不是指学习前的知识准备或成熟方面的准备，而是指学习者在学习开始时的预备定势（学习时的动机准备，给予刺激与预设反应相联结时感到满意，反之则感到烦恼）；②效果

爱德华·李·桑代克

律，即只有当学习者的反应对环境产生某种效果时，学习才会发生（得到满意的结果则联结增强，得到烦恼的结果则联结削弱），也就是说刺激须对主体有意义；③练习律，即一个已形成的可变联结若不予以使用，这种联结的力量会减弱，换言之，反应重复的次数越多，刺激—反应之间的联结便越牢固。

2. 斯金纳的操作性条件作用理论

美国教育心理学家伯尔赫斯·弗雷德里克·斯金纳（Skinner, B. F., 1904—1990）提出了操作性条件反射的学习理论，揭示了操作学习的强化原理。

他认为学习是反应概率的变化，学习理论所要做的是指出引起反应概率变化的条件。他设计了斯金纳箱进行实验，用三种基本的实验操作来控制环境：呈现刺激、安排

伯尔赫斯·弗雷德里克·斯金纳

结果、信号刺激。他用"操作性应用"来解释动物的行为,以区别于巴甫洛夫的"应答性反应"。区别了两种强化:正强化与负强化。当在环境中增加某种刺激时有机体反应概率增加,这种刺激就是正强化;反之当某种刺激在环境中消失时有机体反应概率增加,这种刺激便是负强化。

根据强化原理,斯金纳又提出了一种既适合学习者个别差异,又能有效地促进学生学习的教学模式——程序教学。其主要学习原则如下。

积极反应原则:主张以问题的形式呈现知识,使学习者对每个问题都能做出积极的反应。

小步子原则:将教学内容按内在联系分成若干小的步子编成程序。

及时强化原则:一个操作发生后,紧接着呈现一个强化刺激,那么这个操作就会得到强化。

自定步调原则:以学习者为中心,不强求统一的进度。

低错误率原则:在教学中尽量避免学生出现错误的反应,错误的反应会得到令人反感的刺激,过多错误会影响学习者的情绪和学习的速度。

程序教学的思想在当今的计算机辅助教学(CAI)中得到进一步的发展并显示出其优越性。强化原理在学生学习动机的激发和学生行为塑造、行为矫正等方面有重要的应用价值。

阿尔伯特·班杜拉

3. 班杜拉的社会学习理论

美国斯坦福大学的阿尔伯特·班杜拉(Bandura, A., 1925—)于上世纪 60 年代末提出社会学习理论。因受认知心理学发展的影响,他突破传统行为主义学习理论的框架,把强化论与信息论结合起来,从交互作用论的观点提出社会学习论,因而被称为新行为主义。

社会学习理论认为个体是通过观察和模仿进行学习的,这可以较好地解释学生的社会化过程,如态度的形成与改变。观察学习是指个体以旁观者的身份观察他人的行为表现,以形成态度和行为方式。这个过程不需要经过亲身的刺激—反应的联结,而是经由他人的经验学到新的经验,班杜拉称之为"无须练习的学习"。模仿是仿照别人的态度和行为举止而行动,使自己的态度和行为方式与被模仿者相同。被模仿者就称之为榜样。对榜样的模仿包括四种类型。一是直接模仿,学生通过榜样的行为直接学到特定的态度。二是象征模仿,学生通过网络、书籍、电影、广播等象征性媒介物所显示的榜样态度来学习。三是创造模仿,学生将各种榜样的态度和行为方式综合成全新的态度体系来模仿。四是延迟模仿,学习观察榜样一段时间之后才出现模仿。

班杜拉的《思想和行动的社会基础:社会认知论》(1986)一书的出版,代表了他的理论观点的转折。

(二)认知学派的学习理论

认知学派的兴起是伴随着行为主义的困境出现的,认知学派重新又把意识纳入了心理学的研究范围之内,主张研究刺激和反应之间的意识过程。在 20 世纪 60 年代之后,行为主义学习理论的优势地位逐渐被认知学派的学习理论所取代。认知学习理论认为,有机体获得经验的过程,不是在外部环境的支配下被动地形成刺激—反应的联结,而是通过积极主动的内部信息加工活动形成新的认知结构的过程。

代表性的理论如托尔曼的符号学习理论、布鲁纳的认知—发现学习理论、奥苏伯尔的有意义接受学习理论,从不同角度揭示了学习的认知过程的心理机制和规律。

1. 托尔曼的符号学习理论

托尔曼(Tolman,E.C.,1886—1959)是认知心理学的先驱。

尽管他认为心理学应研究行为,但他明确提出刺激—反应(S-R)之间的中介变量 O(有机体),认为必须把 S-R 理解为 S-O-R;只有弄清中介变量,也就是存在于刺激与反应变量之间不能直接观察到的内在变量或动因,才能回答一定刺激情境何以会引起一定反应的问题。在心理学中,动机、需要、智力、习惯、学习、态度、观念等在性质上均属于中介变量。托尔曼提出三类重要的中介变量:一是需要系统,指有机体当时的生理需求或内驱力需要;二是信念—价值系统,指个体选择目标的欲望的强烈程度;三是行为空间,指个体行为发生的场所,其中有

托尔曼

吸引人的正效价物体,也有令人厌恶的负效价物体。在托尔曼看来,中介变量是行为的直接决定者,是引起一定反应的关键。

托尔曼的符号学习理论认为,学习是形成"认知地图"的过程,而不是简单、机械的反应。认知地图(cognitive map)指在过去经验的基础上产生于头脑中的某些类似于现场地图的模型。也就是说,有机体习得的是关于周围环境、目标位置以及达到目标的手段和途径的知识。托尔曼用"符号"这一术语来表示有机体对周围环境的认知,而关于目标及达到目标的手段和途径的意义的知识,则是对符号意义的认知;所谓学习也就是习得符号及其意义。

符号学习理论的重要启发是,有效的教学要充分考虑学习者的内部需要和原有知识结构,要尊重学习者的个体差异性,采取学习者可接受的学习方式,选取贴近学习者生活的活动内容。

2. 布鲁纳的认知—发现学习理论

布鲁纳(Bruner,J.S.,1915—2016)认为,学习一门学科的最终目的是建构学生良好的认知结构。他强调学生学习的积极性和主动性,注重学习过程,并据此形成了他的认知—发现学习理论。

① 认知学习观。布鲁纳认为,学习的实质是学习者主动地将新获得的信息与自身原有认知结构联系起来,通过同化、顺应,而不是死记硬背,积极建构新的认知结构。所谓认知结构,是人对环境信息的分组和组合方式,是一个动态过程,存在个体差异性。同时,布鲁纳认为构建良好的认知结构需历经三个阶段:新知识的获得、知识的转化、知识的

布鲁纳

评价。

② 结构教学观。学科的基本结构是指一门学科中涉及的基本概念、原理和学习该学科的基本态度、方法。布鲁纳认为，学习者只有理解了学科的基本结构，才会更容易掌握该学科的基本内容，记忆学科的知识，促进学习迁移，提高学习兴趣。他把学科的基本结构定为教学的中心，认为让学生掌握和理解学科的基本结构，教师在教学时需遵循四个原则（动机原则、结构原则、程序原则、反馈原则）。

③ 发现学习。布鲁纳认为，学生掌握学科的基本结构的最好方法是发现法，因为此过程和结果满足了学生的好奇内驱力、胜任内驱力和互惠内驱力。发现学习法即学生在学习情境中通过自己的探索主动获取知识、再现科学概念和原理、掌握学科的基本结构的方法。

专栏 11 - 3

布鲁纳的发现学习

发现学习是指学生根据教师提出的一些事实和问题，积极思考、独立探究、自行发现并掌握相应原理的一种学习教学方式，包括用自己头脑亲自获得知识的一切形式。因此，教师的作用在于帮助学生形成一种能够独立探究的情景，促进学生自己思考并参与知识获得的过程。

布鲁纳认为学习、了解一般的原理原则固然重要，但尤为重要的是发展一种态度，即探索新情境的态度，做出假设，推测关系，并应用自己的能力，以解决新问题或发现新事物的态度。布鲁纳认为，教育工作者的任务是：把知识转换成一种适应正在发展着的形式，以表征系统发展顺序作为教学设计的模式，让学生进行发现学习（discovery learning）。所谓发现，当然不只限于发现人类尚未知晓的事物的行动，还包括用自己头脑亲自获得知识的一切形式。例如，他根据儿童踩跷跷板的经验，设计了一个天平，让儿童调节砝码的数量和砝码离支点的距离，以此让儿童发现学习乘法的交换律，如 $3 \times 6 = 6 \times 3$。他先让儿童动手，然后使用想象，最后用数字来表示。

---

3. 奥苏伯尔的有意义接受学习理论

奥苏伯尔

奥苏伯尔（Ausubel，D. P.，1918—2008）是在课堂学习与教学心理学领域对西方传统行为主义和机械主义发起全面批判的代表性人物。他按照学习方式将学习划分为接受学习和发现学习，按照学习材料的性质及学习者对学习材料性质的理解程度将学习划分为有意义学习与机械学习。因此，学习可分为有意义的接受学习、机械的接受学习、有意义的发现学习和机械的发现学习4种。奥苏伯尔认为，在学校情境中，学生的学习绝大多数都是有意义学习，学生获得知识的方式主要是靠接受言语传授；发现式学习比较适用于学前儿童和小学低年级儿童，因为儿童认知结构中没有可以利用的复杂的抽象概念与术语,以及同化观念的抽象形式,它也适用于学生学习新学科或新材料的早期阶段。因此,在教师的言语讲解和指导下进行的有意义的接受学习是中学阶段课堂学习的基本形式,也是中学生获得知识的最重要的途径和主要方式。

奥苏伯尔认为,学习者在学习一段语言或文字符号材料后,头脑中留下的是这段材料表达的意义,而不是语言或文字符号本身。有意义学习的实质就是符号所代表的新概念和新命题与学习者认知结构中原有的适当概念和命题(简称新旧知识,或称新旧观念)之间建立起非人为的和实质性的联系的过程。所谓意义,是指学习者头脑中的表征、概念、命题以及它们的组织结构;他把这些广义知识的掌握称为意义的习得。

根据符号表达的复杂程度,奥苏伯尔把有意义学习分为五类。[1]

表征学习。指知道单个符号或符号组合代表什么的学习。最简单的表征学习是事物名称学习。儿童在日常生活中看到许多物体如狗、桌子、树等,他在与成人交往中,学会用单个词表示他见到的事物。最初,词在儿童头脑中的意义只是他见到的个别事物的表象,词还不是一类事物的名称,如儿童用"狗"一词,可能仅指他家的那条狗。

概念学习。指学习者认识一类事物的共同本质特征的学习。在日常生活中,通过直接观察和与成人交往,学前儿童已经形成了许多日常概念。如当儿童知道不仅他家的那条狗被人称为狗,而且同他家那条狗相似或不相似的动物也被称为狗时,"狗"一词所代表的已不是个别事物,而是一类事物了。此时,可以说儿童形成了狗的初级概念。概念学习的高级阶段是通过概念的定义而获得一类事物的本质特征。如给出副词的定义——"副词是修饰动词和形容词的词",学生习得副词的意义的学习过程不能单凭直观,必须具有必要的知识基础和经过复杂的认知建构过程,概念的意义才能习得。概念被认为是知识的细胞。

命题学习。命题是知识的基本单元。一个命题是由几个概念构成的复合观念。它可能是一个事实,如"中国的首都是北京",也可能是一条定律,如"两个三角形的两边和它们的夹角对应相等,则这两个三角形全等"。定律、公式、原理、规则等都是命题的不同形式。概念是用单词表示的。命题是用句子陈述的。命题学习指获得以句子形式表达的命题意义,即知道一个事实,理解一条定律或原理,而不是机械记住表达事实、原理的词句。由于概念的定义也是一种特殊形式的命题,所以奥苏伯尔认为,知识学习基本上就是命题学习。他提出了同化说来解释命题学习的心理机制。

知识的运用。概念和命题一旦习得,便可以在随后的学习和解决问题情境中运用。奥苏伯尔认为,区分知识的习得和运用多少有些人为性。但是知识的习得与其随后的运用确实是不同的。区分知识的习得和运用应抓住迁移过程和这一过程中的认知结构变量的中心作用的实质。

解决问题与创造。这是有意义学习的最高、最复杂的形式。奥苏伯尔认为,解决问题所涉及的心理过程比简单应用有意义习得的命题所涉及的心理过程复杂得多。除了

---

[1] 参见皮连生著:《智育心理学》,人民教育出版社 2008 年版,第 30—31 页。

"问题"必须包括发现学习这一过程外,在学生原有知识基础和为了得到解答而必须具备的条件之间一定存在着差距。创造需要解决问题。但真正的创造高于一般的问题解决。在一般的问题解决中,问题的情境命题与问题的目标是明确的,一般以"已知……"与"求……"或"求证……"的形式出现,不知道的是解题的路线与方法。在创造中,学习者认知结构中仅有些间接有关的观念,以此为基础要产出新观念及产品,如提出一条定律、得出一个新的结论或设计一个新的产品等。真正的创造总是为人类贡献了新知识。

(三) 人本主义的学习理论①

卡尔·罗杰斯

人本主义对于人的基本认识是,所有有机体都有成长的冲动,每个个体内在都有自我实现的趋势,即一种内在的朝向成长和完善的倾向,以及自我理解和发生变化的巨大潜力。基于这种观点,人本主义认为心理学应该研究人的价值、创造性和自我实现,应关注人的潜能的发挥。以下介绍人本主义心理学的主要代表人物卡尔·罗杰斯(Rogers,C. R.,1902—1987)的学习理论。

罗杰斯在教育实践中主张:教育以点燃孩子内在的种子为己任,要创设条件激发他们与生俱来的求知欲;教育应该既包括知识学习,也包括情感学习;教师要以学生为中心,关注学生整体,创设接纳的、真诚的和共情的环境。

罗杰斯认为,学生学习主要有认知学习和经验学习两种类型,学习方式包括无意义学习和有意义学习两种。有意义学习关注的是学习内容和个人之间的关系。有意义学习不仅仅是一种增长知识的学习,而且是一种与每个人各部分经验都融合在一起的学习,是一种对个体的行为、态度、个性以及在未来选择行动方针时有重大影响的学习。例如,当一个儿童触到一个取暖器时,他可以学到"烫"这个字的意义,同时也学会了以后对所有取暖器都要当心,迅速学到的这些内容和意义会长期保留在儿童的记忆中。罗杰斯所倡导的学习原则的核心就是让学生自由学习。

人本主义心理学的核心假设是:个体是自我导向的,个体内部拥有许多认识自己、改变自我概念、基本态度与自我定向行为的资源;只要营造出富有支持性的心理氛围,这些资源都会被调动起来。罗杰斯从人本主义的学习观出发,认为凡是可以教给别人的知识,相对来说都是无用的;能够影响个体行为的知识,只能是他自己发现并加以同化的知识。教师的任务是为学生提供各种学习的资源,提供一种促进学习的气氛,让学生自己决定如何学习。该教学观主张废除"教师"这一角色,代之以"学习的促进者"。教师要做的是"一种促进,移除成长中的障碍以及帮助个体释放本来就存在的东西"。②

(四) 建构主义的学习理论③

建构主义是认知主义的进一步发展。在心理学由认知主义向建构主义理论发展及

---

① 参见(美)卡尔·罗杰斯著,石孟磊等译:《论人的成长》,世界图书出版公司 2015 年版。
② (美)卡尔·罗杰斯著,石孟磊等译:《论人的成长》,世界图书出版公司 2015 年版,第 4 页。
③ 参见杨维东、贾楠:《建构主义学习理论述评》,《理论导刊》,2011 年第 5 期。

演变过程中,皮亚杰的儿童认知发展理论起了重要的推动作用。皮亚杰认为,学习是一种"自我构建";个体思维的发展过程,就是儿童在不断成熟的基础上,在主客体相互作用的过程中获得个体经验和社会经验,从而使图式不断地协调、建构(即平衡)的过程。皮亚杰强调主体心理机能的形成,其理论强调内化或者说是内化的个人建构过程。皮亚杰关于建构的思想是当代建构主义理论的重要基础之一。

20 世纪七八十年代,布鲁纳等把苏联著名心理学家维果斯基(Vygotsky, L.,1896—1934)及其创立的"文化历史学派"介绍到美国,在西方心理学界引起了强烈的反响。维果斯基认为学习是一种"社会构建",他创立的"文化历史发展理论"强调认知过程中学习者所处社会文化历史背景的重要作用,深入地研究了"活动"和"社会交往"在人的高级心理机能发展中的重要作用。

建构主义理论融合了皮亚杰的"自我建构理论"和维果茨基的"社会建构理论",并把它们有机地运用到学习理论中来,在此基础上形成了"意义建构",为实际应用于教学过程创造了条件。

建构主义认为,学习是认知者在原有知识经验的基础上,在一定的社会文化环境中,主动对新信息进行加工处理、建构知识表征的过程。

第一,学习是社会互动的过程。个体的学习同其他人,如教师、同伴、家庭、偶然相识者等关系密切,同其他个体之间的对话、交流是完整学习体系的一部分。学习常常通过学习共同体的合作互动来完成。所谓学习共同体,是由学习者及助学者(包括教师、专家、辅导者等)共同构成的团体,他们彼此之间经常在学习过程中进行沟通交流,分享各种学习资源,共同完成一定的学习任务,因而在成员之间形成了相互影响、相互促进的人际联系,形成了一定的规范和文化。

第二,学习不能离开生活而存在;个体学习需要先前知识的支持。如果个体没有先前形成的知识结构的基础,是不可能吸收新知识的。我们知道得越多,我们能够学习的就越多。因此,教师必须尽量创设同学生当前状态的联系,必须为学生提供基于先前知识的路径。

第三,学习是在一定情境中发生的。建构主义者提出了情境性认知的观点。我们不能离开实际生活而在头脑中抽象虚无的、孤立的事实和理论。我们学习的是已知事物之间的关系及人类确立的信念。知识不是统一的结论,而是一种意义的建构。知识存在于具体的、情境的、可感知的活动中,只有通过实际活动才能真正被人所了解。学习应该与情境化的社会实践活动联系在一起,个体通过对某种社会实践的参与而逐渐掌握有关的社会规则、工具、活动程序等,从而形成相应的知识。

第四,学习是主动建构的过程。学习不是由教师向学生传递知识的过程,学习者不是被动的信息吸收者,而是主动的信息建构者。学习者综合、重组、转换、改造头脑中已有的知识经验,来解释新信息、新事物、新现象或者解决新问题,最终生成个人的意义。

由于每个人按各自的理解方式建构对客体的认识,因此学习是个体化、情境化的产物。学习是社会互动的观点成为一种必然的推论。学习的目的是建构个体自己的意义,而非重复他人的意义获得"正确"答案。

专栏 11-4

20 世纪 50 年代以来影响学习与教学心理学的重大事件

20 世纪 50 年代以后,以美国为代表的西方学习与教学心理学发生了革命性的变化,表现出三大倾向。第一,学习研究的认知观逐渐取代行为观,占支配地位。第二,研究逐渐深入人类的高级认知过程,克服了以动物的和机械的学习规律来推论人类高级思维学习的片面性。第三,学习论与教学论紧密结合。学习论涉及机体怎样学习,教学论涉及人怎样影响机体去学习;要满足教育实践的需要,必须从学习论出发,以形成教学论。

表 11-2 20 世纪 50 年代以来影响学习与教学心理学的重大事件[1]

20 世纪 50 年代 1956 年布罗德本特(Broadbent, D. E.)提出人类记忆模型 1957 年苏联人造卫星升空	1958 年纽厄尔(Newell, A.)和西蒙(Simon, H. A.)提出人工智能
20 世纪 60 年代 1960—1969 年课程设计 1960—1963 年皮亚杰的观点被引入美国 1965 年加涅提出学习的条件论 1967 年奈塞尔出版《认知心理学》 1968 年斯金纳出版《教学技术学》	1960 年布鲁纳(Bruner, J. S.)号召建立教学论
20 世纪 70 年代 1970—1975 年多种人类记忆模型被提出 1977 年加涅扩充他的理论使之包含信息加工过程	1971 年班杜拉(Bandura, A.)提出社会学习论 1972 年维纳(Weiner, B.)提出归因论
20 世纪 80 年代:认知过程研究居支配地位 1984 年维果茨基理论应用于互惠式教学 1985 年认知心理学强调策略教学和反省认知	1985 年强调学习中的社会文化和个人的影响
20 世纪 90 年代 1990—1994 年多种建构主义课程被采用 1995 年对神经科学发生兴趣 **21 世纪:用动机理论探讨课堂学习**	

Gredler, M. E., *Learning and instruction:Theory into practice*,中国轻工业出版社 2004 年影印本,第 80 页。

三、学习的结果与分类

学习的结果关涉教学目标。教学目标规定了学生通过教育过程后发生的预期结果,即实施教学后学生应该产生什么样的变化。建立在广义知识观基础上的学习结果分类,对于教师准确理解并把握具体的教学目标、有指导地备课和开展实际教学有重要的促进作用。

---

[1] 转引自皮连生著:《智育心理学》,人民教育出版社 2008 年版,第 12 页。

（一）加涅的学习结果分类①

罗伯特·加涅（Gagné, R. M., 1916—2002）强调学生是学习者，认为学生身上形成的素质应有利于继续学习和未来的发展。从这样的角度考虑，加涅把学生的素质分成三类：先天的、习得的和自然发展中形成的。先天的素质，如婴儿早期的深度知觉、语法深层结构、音乐节奏感等都被认为有先天决定的成分。这些先天素质和其他由遗传决定的学生的品质是不受教育影响的；教学的目的不是通过学习去改变它们，相反，应"避免超越人类潜能"。例如，早期阅读教学应考虑到小学生信息组块小的特点，一次不能呈现太多的材料。自然发展中形成的素质，包括智力和人格特质等，不易受教育影响，但是却影响着不同性质的学习。例如，有着较强言语能力的学生可能对由简洁的文章构成的教学有出色的反应；非常焦虑的学生可能会在具有高度组织结构的教学中学得很好。教师在教学过程中应当充分注意能力和特质的影响。

加涅倾注毕生精力，研究区分了支配人类行为表现的五种学习结果，这五种学习结果也称五种习得的性能（Learned Capabilities），它们是学校教学的目标，并构成新的学习的"内部条件"。这五种学习结果是：言语信息、智慧技能、认知策略、态度和动作技能。

1. 言语信息

言语信息也被称为陈述性知识，是回答世界是什么的知识，它们以单个命题和命题网络的形式储存。"激活扩散"被认为是从长时记忆存贮中提取言语信息的基础；当从命题网络中搜寻单个命题时，相关的一些命题也就被激活了。

2. 智慧技能

智慧技能的实质是人们应用符号办事的能力。可以细分为 4 个亚类，由低级到高级分别是辨别、概念、规则和高级规则。此处的辨别是指习得的辨别能力；概念和规则指运用概念和规则办事的能力；高级规则指运用简单规则解决复杂问题的能力。加涅认为这些基本智慧技能的牢固掌握是人们进一步学习其他知识和智慧技能的基础。

3. 认知策略

加涅认为认知策略是一种特殊的智慧技能。它与智慧技能的区别是：智慧技能是处理外部世界的能力，而认知策略是处理内部世界的能力。认知策略使用的先决条件是具备相应的智慧技能。认知策略有一般和具体之分。具体策略的适应范围相对要小一些，也容易学一些；而一般的策略适用范围广，学起来也就困难。学生一般所具有的与教学活动有关的认知策略包括与注意、知识的编码和提取有关的策略。加涅认为聪明的儿童一般善于运用认知策略改进自己的学习。人的聪明程度是以认知策略为中介来影响学习效率的。

4. 态度

态度是个体习得的相对稳定的决定个体行为选择方向的内部状态。包括认知、情感和行为倾向三个方面，其核心成分是情感方面。如对人、对物、对社会、对自然的热爱的态度，决定了人们作出助人、爱护公物、参加社会公益活动和保护自然环境的行为选择。态度学习渗透在一切学科学习中，如学习数学时，需要形成喜欢数学的态度。在我

---

① 参见林颖等：《从加涅的学生素质观看素质教育》，《心理科学》，2000 年第 2 期。

国的教育体制中,态度教育大致相当于德育。不过态度涉及的范围大于德育的范围。如喜爱听流行音乐是一种态度,但不是品德。只有涉及社会道德规范的态度才属于品德范畴。

5. 动作技能

人的动作技能绝大多数是后天习得的,如儿童学习走路,学会用筷子吃饭。到了中学年龄段仍有许多动作技能要学习,如语文课上学写毛笔字,学朗读,其中含有复杂的动作技能;体育课和劳技课要学习的动作技能更多。加涅认为,动作技能有两个成分:一是一套操作规则,二是肌肉协调能力。动作技能的学习就是使一套操作规则支配人的肌肉协调。

图 11-1

加涅的学习结果分类

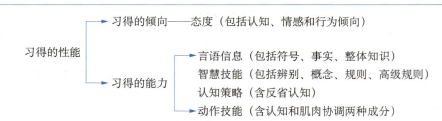

由于教学目标就是预期的学生学习的结果,因此有了加涅提出的这五种习得的素质后,在一些学科进行教学设计时,目标的表述与指向也就较为明了了。

专栏 11-5

罗伯特·加涅简介

罗伯特·加涅

罗伯特·加涅是学习分类领域的权威人物,也是在西方学习与教学心理学从行为主义向认知论转变过程中作出重大贡献的心理学家。他原先是一位受过严格行为主义心理学训练的心理学家。在第二次世界大战期间,他作为航空心理学家在部队从事测量与选拔飞行员、训练军事人员的工作。从那时起,他就发现,建立在动物实验和人类的机械言语材料学习实验基础上的一般学习理论难以应用于人类学习和训练。后来他一直从事学习分类研究,力求发现不同类型的学习的特殊条件。他于1965年出版了《学习的条件》一书,并于1970年、1977年和1985年出版了该书的修订版。1985年修订版改名为《学习的条件和教学论》。加涅关于学习和教学的基本观点是:学习有不同类型,不同类型的学习的过程和内外条件不同。他反对用单一原理,如条件反射或强化之类的原理来解释一切学习。教学只是为有效的学习创设或安排适当的内部条件和外部条件。因此,一旦学习类型确定了,学习的内外部条件也就被发现了,教学设计的问题便迎刃而解。①

---

① 参见陈延泽:《加涅的教学论》,见钟启泉、黄志诚主编:《美国教学论流派》,陕西人民教育出版社1993年版。

（二）布卢姆的认知目标分类①

教育目标即学生的学习结果，这是美国著名教育心理学家本杰明·布卢姆（Bloom, B.，1913—1999）的主张。他将教育目标分为认知、情感和动作技能三个领域（布鲁姆所说的"教育目标"，相当于我们在中观、微观意义上常说的"教学目标"，也即学科目标、单元目标，乃至每一堂课的目标）。国际上第一个公认的教育目标分类框架是以布卢姆为首的一个委员会创建的，公开发表于1956年，是认知领域的教育目标分类。

1. 1956年的布卢姆认知目标分类

布卢姆将认知目标分为知识、智慧能力与技能两大类，每一大类又分若干亚类或水平，每一亚类或水平再分许多更小的类别。这样就构成了认知目标的三级分类系统（见表11-3）。

第一级分类	第二级分类	第三级分类
知识	1. 细节的知识 2. 处理细节的方法与手段的知识 3. 在某一领域普遍与抽象的知识	术语的知识；具体事实的知识 惯例的知识；趋向和顺序的知识；方法学的知识 原理与概念的知识；理论与结构的知识
智慧能力与技能	1. 领会（comprehension） 2. 运用（application） 3. 分析（analysis） 4. 综合（synthesis） 5. 评价（evaluation）	转换；解释；外推 （无第三级分类） 分析元素；分析关系；分析组织原理 产生独特的交流 产生计划或提出一套操作；推导出一组抽象关系 根据内在证据判断；根据外部标准判断

表 11-3

布卢姆认知目标
三级分类概况

其中，知识被定义为具体细节和普遍规律的回忆、方法与过程的回忆、一般模式与结构背景的回忆。布卢姆用举例子的方法列举了知识的三种类型和它们各自包括的若干亚类。知识目标强调的主要心理过程是记忆；知识就是学生在测验中能够基本按学习时的原样回忆出来的内容。智慧能力和技能指处理材料和问题的有组织的运作方式和概括化的技术。智慧能力和技能目标强调组织与重新组织材料以达到特殊目的的心理过程。

2. 2001年布卢姆认知目标分类修订版

2001年布卢姆认知目标分类修订版对教育目标进行了两维分类：包括知识分类和认知过程分类（见表11-4）。换句话说，修订版从知识及其掌握水平（认知过程）两个维度来定义教育目标。

同原分类框架不同，修订版没有单独列出能力和技能目标，而是将所有可以教和可以学习的能力都包含在知识的掌握之中，区分出了四类知识：事实性知识、概念性知识、程序性知识、反省认知知识。修订版还指出，两个最重要的教育目标是促进保持和促进迁移（迁移的出现是有意义学习的标志）。保持需要学生记住所学习的东西，迁移

---

① 参见（美）L·W·安德森等编著，皮连生主译：《学习、教学和评估的分类学：布卢姆教育目标分类学修订版（简缩本）》，华东师范大学出版社2007年版。

表 11-4	知识维度	认知过程维度					
		1. 记忆	2. 理解	3. 运用	4. 分析	5. 评价	6. 创造
修订的布卢姆认知目标分类	A. 事实性知识						
	B. 概念性知识						
	C. 程序性知识						
	D. 反省认知知识						

（资料来源　L·W·安德森等编著，皮连生主译：《学习、教学和评估的分类学：布卢姆教育目标分类学修订版（简缩本）》，华东师范大学出版社 2007 年版，第 25 页。）

不仅需要学生记住且需要理解和运用他们所学习的东西。换言之，保持重在过去，迁移重在将来。在六类认知过程中，"记忆"与保持最密切相关，其余五类逐渐增加了与迁移的相关性。可以看出，修订版用知识掌握的广度（四类知识）和知识掌握的深度（从记忆、理解、运用、分析、评价到创造）两个维度来定义学生习得的能力。知识掌握水平越高，越增强了与迁移的联系，表明学生习得的能力越高。[1]

为了便于教师应用，修订版在四个主要知识类别中划分出十一个知识亚类并给每个知识亚类提供了样例（见表 11-5），在六个主要认知过程类别中再细分为十九个认知过程亚类并提供相应样例（见表 11-6）。

表 11-5	主要类别与亚类	例子
知识维度的主要类别与亚类	A 事实性知识——学生通晓一门学科或解决其中的问题所必须知道的基本要素	
	A_A 术语知识	机械的词汇、音乐符号
	A_B 具体细节和要素的知识	主要自然资源、可靠的信息来源
	B 概念性知识——能使各成分共同作用的较大结构中的基本成分之间的关系	
	B_A 分类或类目的知识	地质学年代周期、商业所有权形式
	B_B 原理和概念的知识	毕达哥拉斯定理、供应与需求定律
	B_C 理论、模型和结构的知识	进化论、国会结构
	C 程序性知识——如何做什么，研究方法和运用技能、算法、技术和方法的标准	
	C_A 具体学科的技能和算法的知识	用于水彩作画的技能、整数除法
	C_B 具体学科的技术和方法的知识	面谈技术、科学方法
	C_C 决定何时运用适当程序的标准的知识	用于确定何时运用涉及牛顿第一定律的程序的标准 用于判断采用特殊方法评估商业代价的可行性和标准

---

[1] 参见皮连生著：《智育心理学》，人民教育出版社 2008 年版，第 89 页。

续表

主要类别与亚类	例子
D 反省认知——一般认知知识和有关自己的认知的意识和知识	
D_A 策略性知识	把写提纲作为掌握教科书中的教材单元的结构的手段的知识,运用启发式方法的知识
D_B 包括情境性的和条件性的知识在内的关于认知任务的知识	特殊教师实施的测验类型的知识,不同任务有不同认知需要的知识
D_C 自我知识	知道评判文章是自己的长处,而写文章是自己的短处,对自己知识水平的意识

(资料来源　L·W·安德森等编著,皮连生主译,《学习、教学和评估的分类学:布卢姆教育目标分类学修订版(简缩本)》,华东师范大学出版社 2007 年版,第 26 页。)

表 11-6

认知过程维度的六个类目与亚类

过程类目	认知过程及例子
1. 记忆——从长时记忆系统中提取有关信息	
1.1　再认	(如,再认美国历史上重要事件的日期)
1.2　回忆	(如,回忆美国历史上重大事件的日期)
2. 理解——从口头、书面和图画传播的教学信息中建构意义	
2.1　解释	(如,解释重要演讲或文件的含义)
2.2　举例	(如,给出各种美术绘画类型的例子)
2.3　分类	(如,将考察到的或描述过的心理混乱的案例分类)
2.4　概要	(如,为录像磁带上描写的事件写一则简短的摘要)
2.5　推论	(如,在学习外语时,从例子中推论出语法原理)
2.6　比较	(如,比较历史事件与当前的情形)
2.7　说明	(如,解释法国 18 世纪重要事件的原因)
3. 运用——在给定的情境中执行或使用某程序	
3.1　执行	(如,多位整数除以多位整数)
3.2　实施	(如,将牛顿第二定律运用于它适合的情境)
4. 分析——把材料分解为它的组成部分并确定各部分之间如何相互联系以形成总体结构或达到目的	
4.1　区分	(如,从数学应用题中区分出有关和无关数字)
4.2　组织	(如,组织某一历史上描述的证据使之成为支持或反对某一特殊解释的证据)
4.3　归属	(如,根据文章作者的政治观点确定他的观点)

续表	过程类目	认知过程及例子
	5. 评价——依据标准或规格做出判断	
	5.1　核查	（如，确定科学家的结论是否来自观察的数据）
	5.2　评判	（如，判断两种方法中哪一种对于解决某一问题是最适当的方法）
	6. 创造——将要素加以组合以形成一致的或功能性的整体；将要素重新组织成为新的模式或结构	
	6.1　创新	（如，提出假设来说明观察到的现象）
	6.2　计划	（如，计划写一篇历史题目的论文）
	6.3　建构	（如，为某一特殊目的建筑住处）

（资料来源　L·W·安德森等编著，皮连生主译，《学习、教学和评估的分类学：布卢姆教育目标分类学修订版（简缩本）》，华东师范大学出版社 2007 年版，第 28 页。）

专栏 11－6

布卢姆教育目标分类产生的背景[①]

本杰明·布卢姆

本杰明·布卢姆（Bloom, B., 1913—1999）是美国当代著名的教育家和心理学家。他的认知目标分类系统形成于 1948—1956 年，那时正是心理学从行为观向认知观转变的关键时期。当时的心理学由于仍处于行为主义的支配下，心理学家未对知识和智慧技能的心理实质作系统深入的研究。布卢姆等人只是根据测量学的观点，从操作上区分记忆水平的知识和高于记忆水平的智慧能力和技能。其应用价值主要是指导教学结果的测量、评价，以避免教育测量过于侧重记忆水平的知识目标，但难以指导智慧能力的学习与教学。

2001 年修订的认知目标分类系统在这一问题上超越了 1956 年的分类框架。修订工作是由美国南加州大学课程与教学论专家安德森（Anderson, L. W.）主持完成的。安德森于 1994 年编纂《布卢姆教育目标分类学 40 年回顾》一书。我国著名教育学家瞿葆奎教授曾评价说：这是迄今为止从国际视角对教育目标分类学反思得较为系统的论文集，是研究和探讨教育目标分类理论与实践的有价值的参考资料。修订的初稿于 1998 年印发给美国教育研究会，并在当年召开的一个专门会议上接受了公开的评论并得到普遍认可。此后有关出版社还邀请大量人员进行

[①] 参见吴红耘、皮连生：《修订的布卢姆认知教育目标分类学的理论意义与实践意义——兼论课程改革中"三维目标"说》，《课程·教材·教法》，2009 年第 2 期。

盲评。在广泛吸收各方面的评阅意见之后,修订者于 1999 年对修订初稿进行了修改。修订后出版的书名是《学习、教学和评估的分类学:布卢姆教育目标分类学(修订版)》。

本章小结

学习是由经验引发的个体相对持久的变化。不同理论流派在研究的基础上提出了关于学习的不同理解,每一种理解都曾对学习心理的科学研究产生过重要的影响,并持续推动了教育实践的发展。"学习即增强反应"的理解与认知技能的学习密切相关;"学习即获得知识"的理解与事实学习的关系最为密切;"学习即知识建构"的理解很好地解释了概念和策略的学习。

学习理论揭示了学习的实质、学习的过程、学习的条件等学习心理的规律。不同心理学流派的学习理论在研究对象、研究方法和基本观点上各有主张。行为主义学习理论主要基于动物研究,其核心观点为学习过程是有机体在一定条件下形成刺激与反应的联结从而获得新的经验的过程。认知学派的学习理论认为,有机体获得经验的过程不是在外部环境的支配下被动地形成刺激—反应的联结,而是通过积极主动的内部信息加工活动形成新的认知结构的过程。人本主义对于人的基本认识是,人性的本质是善的,所有有机体都有成长的冲动,每个个体内在都有自我实现的趋势,即一种内在的朝向成长和完善的倾向,以及自我理解和发生变化的巨大潜力;因此,人本主义认为心理学应该研究人的价值、创造性和自我实现,应关注人的潜能的发挥。20 世纪 80 年代兴起的建构主义学习理论是认知主义的进一步发展,被称作"当代教育心理学的一场革命"。不同学习理论所持的学习观通常构筑于知识观和学生观之上,并成为教学观的基础,进而为教学实践明确原则和技术。

学习的结果关涉教学目标。教学目标规定了学生经过教育过程后发生的预期结果,即实施教学后学生应该学会什么样的新知识。知识是信息加工心理学的中心概念,这里的"知识"是广义概念,包括与情感相关的信念、社会交往知识、动作技能知识等,即个体通过与其环境相互作用后而获得的信息及其组织。加涅把习得的知识分为五类,包括言语信息、智慧技能、认知策略、态度和动作技能。布卢姆的认知目标分类修订版从知识掌握的广度(包括事实性知识、概念性知识、程序性知识、反省认知知识四类知识)和知识掌握的深度(包括记忆、理解、运用、分析、评价、创造六类认知过程)两个维度来定义学生习得的能力,并指出最重要的教育目标是促进保持和促进迁移(迁移的出现是有意义学习的标志)。建立在广义知识观基础上的学习结果分类对于教师准确理解并把握具体的教学目标、有指导地备课和开展实际教学有重要的促进作用。

思考与实践

1. 有人提出这样一种观点:

人生其实就是一个不断学习的过程。当婴儿一出生时,他必须先学会哭,因为他需要通过哭来进行生命最初的运动。

只有这样,他才能以最快的速度适应大气压力同时维系生命呼吸系统正常的运作,并且以崭新的生命迎接大千世界。之后婴儿还需要不断地学习更多的新事物,例如学走路、学吃东西、学讲话等等。

总之,生命旅程当中一切所必须掌握的生存技能,是需要我们通过不断学习才能完全拥有的。

也正因为如此,我们必须把不断学习当作我们人生中最需重视的事情之一。毕竟,只有不断地学习,我们才能不断地成长,进而拥有更美好的人生。

这里讲的"学习"与本章的"学习"界定有何异同? 你同意这种观点吗? 为什么?

2. 四种流派的学习理论,分别揭示了学习的不同侧面,解释了学习的不同现象。以四种理论为参照,分析你当下的学习,看哪种理论最能说明你的学习状态?

3. 请对自己十几年的学习生涯做一次回顾,总结出二至三个你认为有效的学习方法(促进知识的巩固和转化),并用有关学习理论加以解释说明。

4. 对比分析布鲁纳的发现学习理论与奥苏伯尔有意义接受学习理论的异同,进而探讨者两种理论在中学教学中的适用性。

5. 布鲁纳的发现学习在我国中学教学实践中具有较大影响,一般来说按照以下几个步骤操作:①创设问题的情境,使学生产生矛盾,并提出要求和必须解决的问题;②学生利用教师提供的材料,对提出的问题做出解答、假设;③从理论上和实践上检验假设,不同观点可以争辩;④对争论做出总结,得出必要的结论。回忆一下,你自己上中学时有没有老师运用这种方法进行教学? 如果将来你在教学中运用这种方法,会遇到什么问题,如何克服?

6. 分析一位优秀教师的一篇教案(语文、数学等),以加涅或布鲁姆的知识分类为依据,指出教案中计划教的知识属于何种类型的知识。

7. 蓝蓝读初一,她的作文经常被老师当作范文,每次语文考试她的作文也几乎都是满分,而这得益于她热衷于阅读、背诵经典诗文。小学时,她就陆续读完了《三国演义》《红楼梦》《论语》《庄子》等古典文学巨著,并把其中的一些经典名段,如《三国演义》中"煮酒论英雄"、《红楼梦》里林黛玉的诗句、《论语》的精辟论点、《庄子》的名篇佳作等都熟练地背诵了下来。此外,她还经常熟读、背诵一些朗朗上口的古诗词,写作时可以得心应手地引经据典,这为她的文章增色不少。运用本章所学内容,分析阐述熟读、背诵经典诗文的好处。

延伸阅读

1. 卢家楣. 青少年心理:十万个为什么[M]. 北京:科学出版社,2018.

2. 理查德·梅耶. 应用学习科学——心理学大师给教师的建议[M]. 盛群力、丁旭、钟丽佳,译. 北京:中国轻工业出版社,2017.

3. 卡尔·罗杰斯. 论人的成长[M]. 石孟磊,等,译. 北京:世界图书出版公司,2015.

4. 玛丽亚·哈迪曼. 脑科学与课堂——以脑为导向的教学模式[M]. 杨志、王培培,等,译. 上海:华东师范大学出版社,2018.

5. 皮连生等. 语文教学科学化——跨越30年的研究[M]. 南昌:江西教育出版社,2018.

【开篇案例】

  J同学曾担任学校大队委员,从六年级开始学习成绩一直在年级名列前茅,家庭经济条件较好,身材窈窕,颜值也比较高,是学校老师的宠儿,是父母眼里的骄傲。

  但在九年级开学初,学校心理老师发现该学生异常消瘦,行为举止有异样,遂向班主任和家长反馈,希望家长引起重视,班主任加强观察。但班主任和家长一开始并没有当回事儿,甚至对心理老师的劝告有反感和抵触情绪。孩子在病情最严重的时候极度消瘦:超过1.7米的个子,体重只有63斤,皮包骨头,样子有点吓人,每天不吃中饭就在学校操场绕圈跑步,看得大家揪心不已。

  面对这个外显症状非常明显甚至严重的学生,当时心理老师反复做班主任和任课老师的工作,不厌其烦地介绍厌食症成因、表现和严重的结果。先把班主任工作做通,同时耐心细致地做家长工作,来回两个多月,家长最终认识到问题的严重性,带孩子去精神卫生中心检查,确诊为重度神经性厌食症。学校和家长一起建立用药档案、用餐情况档案、体重监测档案,学校和家庭每天记录、每天沟通。当中病情有反复,家长的情绪和配合度也有反复,但在学校心理专职老师和相关部门的努力下,最后该生安全平稳度过中考,并顺利被零志愿录取。

【学习指导】

  1. 阅读相关材料,了解中学生心理健康教育的现状与需求,辨析心理健康教育与其他教育内容的关系。

  2. 学习中学生心理健康教育的主要内容,掌握常见心理健康教育的基本方法和途径。

  3. 了解中学生生涯教育的概念、理论基础、教育内容和实施途径,能够以毕生发展的观点来看待心理健康教育和生涯教育。

对中学生而言,除了努力提高学业成绩,他们还有积极品质、人际交往、自我认知等其他方面的发展需求。因此,通过有目的、有计划地实施心理健康教育,为中学生提供发展性的心理辅导和支持,积极关注学生心理品质的培养,关注学生的生涯规划,将有助于学生形成良好的心理素质,更积极、客观地看待自我,认知他人与世界,成为一个更全面和完整的人。

一、中学生心理健康教育的涵义

(一)什么是心理健康教育

心理健康教育泛指在学校环境中开展的一切旨在维护学生身心健康、开发学生身心潜能、促进学生心理素质全面提高的活动,是学校心理学的具体实施和开展,是促进学生心理健康的重要途径。[①]

中学生时期主要指十一二岁到十七八岁,这一阶段的学生正处于青春期,其生理和心理的发展都面临较大的变化。在生理方面,青春期是人体生理发育的第二高峰期,中学生的身体外形、激素水平会发生明显变化,其神经系统逐渐完善,性器官的机能逐渐成熟。生理上的发展会对心理发展产生重要影响,中学生在由儿童向成人过渡的这段时间,也是人生发展变化的重大时期,俗称"心理断乳期"。由于他们的生理成熟优先于心理成熟,于是在心理特征上就表现出半独立性与半依赖性、半成人与半儿童、理智性与冲动性、逆反性与顺从性、开放性与闭锁性、自觉性与幼稚性等矛盾错综复杂的特点。身处此阶段的中学生容易感到心理上激荡不安,心绪难宁,矛盾重重。因此,国外很多学者又把这个时期叫做"疾风骤雨期"或"危机期"。

处在青春期的中学生不仅面临身心发展不平衡的问题,还面临多方面的压力,如学业、社会比较、人际交往等。在他们尚未掌握成熟的应对方式之前,中学生很容易发展出功能不良的应对方式,有的可能会出现抑郁、焦虑等各种心理问题,有的还可能产生极端的自残、自杀等行为。因此,关注中学生的心理发展情况,积极实施心理健康教育符合中学生的身心发展特点以及现实需求。

(二)心理健康教育与德育

心理健康教育与德育有着密切的联系,但两者又不是同一回事情。

两者的统一性在于,人的政治立场、思想观点、道德品质等都是心理内容的一部分,都是客观事物在人脑中的反映。从心理反映形式来看,思想观点、政治立场、道德品质也不外乎是由认知、情感、意志等心理成分组成。解决思想问题说到底就是要形成符合社会要求的认知、情感、意志及其综合表现与外部体现——态度、信仰、行为等,并协调它们之间的关系,使其成为一个统一性的个性心理结果。

两者的区别在于,心理健康教育要解决的是心理问题,发展学生的健全人格;德育工作要解决的是思想问题,如道德品质、思想观点、政治立场等方面。心理健康教育是教育者运用有关心理学知识,帮助学生正确认识自己、认识世界,确立有益于个人与社会的生活目标,使之在学习、工作及人际关系诸方面发挥自己的潜能,实现最佳适应。德育是教师按照一定社会或阶级的要求,有目的、有计划地对学生施加影响,以培养学

---

① 杨玲主编:《学校心理学:理论与实践》,科学教育出版社 2017 年版,第 16 页。

生思想意识和道德品质的活动。①

二、中学生心理健康教育的内容与形式
（一）中学生心理健康教育的内容

不同地区甚至是不同学校对中学心理健康教育的内容也有不同的要求，一般来说，主要内容分为这样几个部分。②

1. 学习辅导

学习辅导是指教师运用学习心理学及其相关理论，指导学生的学习活动，提高其认知、动机、情绪、行为等学习心理品质与技能，并对学生的各种学习心理问题进行辅导。

2. 人格辅导

人格辅导是指着重对学生的自我意识、情绪和情感、意志品质、人际交往和沟通、青春期性心理、青少年危机问题进行辅导，培养其良好的个性心理品质和社会适应能力。

3. 生活辅导

生活辅导是通过休闲辅导和消费辅导，培养学生健康的生活情趣、乐观的生活态度。这对于学生将来获得幸福而充实的生活具有潜在的影响，同时对发展他们的个性、增长才干、提高学习效率也具有迁移作用。

4. 生涯辅导

生涯辅导从原先的职业辅导转变而来。随着社会的进步，尤其是中高考改革的实施，对中学生的辅导从以职业选择、准备、就业和适应为重心，转变为以自我了解、社会认识和学会规划为主的生涯辅导。升学与择业是人生发展的必然过程，是事关个人前途的重大事件。因此，生涯辅导是为学生未来做准备的教育活动。

专栏 12-1

上海市中学生心理健康教育专题

上海市中学生心理健康教育教材各分为九个专题，其中高中教材的九个专题包括：健康生活、学会共处、自我自信、学习创造、情绪管理、青春两性、合作共赢、生涯展望、生命价值；初中生心理健康教育教材则包含：准备好了吗、生命的乐章、沟通你我他、智慧的钥匙、寻找金苹果、飞扬的青春、情绪的天空、与自我对话、我的新时空等九个专题。从这些专题的内容来看，是对上述四大辅导内容的具体和细化。

（二）中学生心理健康教育的主要形式

中学生心理健康教育常见的形式主要有心理辅导活动课（心理教育课）、团体心理辅导、个别心理辅导、学科渗透和主题教育活动等形式。

---

① 杨玲主编：《学校心理学：理论与实践》，科学教育出版社 2017 年版，第 8 页。
② 吴增强主编：《学校心理辅导通论》，上海科技教育出版社 2004 年版，第 25 页。

1. 心理辅导活动课

心理辅导活动课又称为心理健康教育课,是面向全体学生,提高全体学生的心理素质,促进其健全人格养成和健康心理培育的课堂教学活动。心理辅导活动课是以团体辅导及其相关的理论和技术为指导,以解决学生成长中的问题为目标,以班级为单位的集体心理辅导形式,不同于一般的班队会,也不同于主题活动和一般的团体辅导。心理辅导活动课以发展性和全员性为原则,以个人发展的取向为主,以个体的经验为载体,以活动为中介,通过学生参与、体验、感悟,认识自己,开发自己的潜能,获得自助能力。常见的心理辅导活动课的形式有游戏辅导、角色扮演、行为训练、价值澄清、音乐辅导等。

2. 团体心理辅导

团体心理辅导是指对有相同心理需求的学生,在心理健康教育教师的带领下,围绕特定成长主题,通过一定的形式和活动,学生在参与活动过程中互动、启发、思考、感悟,得到新的发现和成长。团体心理辅导的规模一般在6—12人。团体心理辅导可以是异质群体也可以是同质群体,这一点与心理辅导活动课不同。

3. 个别心理辅导

个别辅导是学校心理健康教育中一项非常重要的工作形式。它是通过鉴别、诊断分析和干预,解决学生个别心理困惑的一种辅导(教育)形式。学生的心理问题有相似的一面也有个性化的一面。个别辅导是心理辅导活动课和团体辅导的有利补充,对心理健康教育教师的专业能力要求更高。个别辅导的知识和技能是每位学校心理健康教育教师必须掌握和不断发展的。

4. 学科渗透和主题教育活动

课堂教学中的心理健康教育渗透和心理健康教育主题教育活动也是中学心理健康教育的重要补充形式。课堂教学中渗透心理健康教育是实现全员性心理辅导的重要途径,毕竟学科教学是学校生活的主流,也是占据学生时间最多的内容。如果学科教师可以在各自的教学内容中因地制宜地渗透心理健康教育,对实现学生心理健康的总体目标是重要的保障。心理健康教育也可以通过开展心理辅导主题活动、班团队会、班级文化建设、特殊事件处理等其他教育形式进一步推进。

心理健康教育可以渗透在学校工作的每一项内容中,渗透在校园的每一个角落,每一位老师都是心理健康教育工作者。

(三)中学生心理健康教育的师资构成

中学心理健康教育既是一项专业工作,也是一项全员性的工作。因此,心理健康教育的师资既包括专业的专兼职教师,也包括其他学科教师、班主任,还包括承担朋辈辅导工作的部分学生。

1. 专兼职心理健康教育教师

专兼职心理健康教育教师承担学校心理健康教育课程开设、学生个别辅导、设计和整合学校资源、推动全员性的中学心理健康教育的工作。专兼职心理健康教育教师的专业性是学校心理健康教育工作科学性和有效性的重要保障。因此,不同地区对心理健康教育专兼职教师都提出了具体的专业要求。以上海市为例,中学心理健康教育教师要求是专职教师,须持有国家二级心理咨询师证书或者上海市学校中级心理咨询师证书或者中学心理健康教育教师资格证上岗。没有以上资质的教师不得作为专兼职教师开展心理健康教育工作。除了具备资质以外，学校心理健康教育专兼职教师也应该有对学校心理健康教育工作的热情和奉献精神，具有高尚的心理健康教育职业道德，专业的敏锐度，自身心理健康，人格健全。

2. 学科教师与班主任教师

学科教师和班主任教师是学校心理健康教育师资团队的有力补充。学科教师经过心理健康教育相关知识培训后，能够有意识地在自身学科教学中有机地渗透心理健康教育，通过教师自身的人格魅力，一言一行，教会学生如何尊重、倾听、表达、欣赏等，帮助学生发展出良好的心理品质。班主任是与中学生互动最多，关系最密切的教师团体。班主任可以通过自己的班级管理、班会课、主题活动等途径参与学生心理健康教育工作。班主任对学生的信任和关爱是班主任开展心理健康教育工作的基础。同时，班主任还可以通过和家长的联系和互动，开展对家长的家庭教育指导，帮助家长改善亲子关系，提升亲子沟通的效果，创设良好的家庭氛围。家庭教育指导是中学心理健康教育的重要内容之一，尤其是近年来因为亲子冲突而造成的中学生自杀自伤事件频发。中学阶段正好处于个体成长的关键时期——青春期，对青春期学生和家长的指导也更为重要。

3. 学生心理辅导员

朋辈心理辅导是指年龄相当者对周围需要心理帮助的同学和朋友给予心理开导、安慰和支持，提供一种具有心理辅导功能的帮助，具有自发性、义务性、亲情性、友谊性和简便有效性，通常是由同龄人来担任辅导员。学校可以通过选拔或者教师推荐等形式组建朋辈辅导员团队。这些学生心理辅导员须经过系统培训，对心理健康知识有更多的了解和认识，热心于同伴心理辅导，关注自身和他人的心理健康。他们可以配合心理教育教师组织课程教学，也可以在课后帮助其他同学，协助疏导心理问题或及时把同学中的心理问题反映给心理老师，也可以以自身的体验和积极的心理品质，宣传心理知识，帮助教师一起维护和管理心理辅导室。

案例 12-1

李老师是一名中学数学教师。最近，李老师被学校评为心理健康教育先进个人。这是怎么回事呢？原来李老师非常重视学生的心理健康，在自己的数学教学中使用小组合作式学习，在小组合作的过程中，李老师除了要求学生就需要掌握的数学知识和内容进行讨论和学习以外，也要求同学在每次小组学习后就小组内如何分工、如何组织和开展讨论、如何倾听他人意见以及如何表达等环节进行反思，并进行小组记录和班级分享。在一次次的反思和练习中，同学们不仅学到了数学知识，更学习了如何与他人沟通，如何适应不同的同学，学会了表达也学会了妥协。在李老师看来，这些优秀的心理品质对学生的终身成长更为重要。李老师在自己学科教学中成功地渗透了心理健康教育的内容，因此被学校评为心理健康教育先进个人。

三、中学生心理辅导的基本方法

心理辅导是实施心理健康教育的基本形式，主要涉及以下几方面的内容。

（一）建立心理辅导关系

辅导关系是在辅导过程中辅导教师与来访学生形成的关系，是对来访学生进行帮助的关系。来访学生因遇到难以解决的难题，需要特别的帮助而前来咨询。辅导教师要注意是来访学生自己要求获得帮助，这是辅导关系，不同于其他的朋友关系、医患关系等人际关系。辅导关系存在于特定的时间场所，是一种具有隐蔽性、保密性的特殊关系。辅导结束，辅导关系也不再继续。辅导关系的亲密程度超过其他的人际关系，来访学生有足够的安全感来诉说内心体验、进行自我暴露和探索，使辅导教师能够比其他人都了解来访学生。双方没有利害冲突，彼此平等。来访学生诉说问题时没有顾虑，辅导教师能客观地对待问题，对来访学生负责。随着辅导关系的发展，来访学生会把从辅导教师那里学来的知识和技能应用到自己的人际关系中去。

（二）展开心理辅导进程

中学生心理辅导的过程一般包括评估、咨询、再评估和回访四个阶段。[①]

1. 评估

评估是心理辅导的第一步，是整个心理辅导的基础。评估的内容包括以下几个方面：第一，确定心理问题的类型、性质，判断辅导的适应性。心理教师首先要确定心理问题是属于学习问题、人际关系问题还是其他方面的问题；是属于发展性问题、适应性问题还是障碍性问题。判断心理辅导的适应性是非常重要的，对于器质性疾病、精神病性的心理问题应及时转介。第二，分析心理问题的程度，有针对性地开展辅导。例如适应性问题可以通过个别心理辅导来帮助学生增强适应性；发展性问题可以推荐学生参加团体心理辅导，以团体辅导的方式来训练和指导，提高学生的心理素质。第三，找出心理问题的原因。找出原因是评估学生心理问题的重要内容。往往造成学生心理困扰的原因都是多方面的，需要老师从不同的角度和侧面寻找。

2. 咨询

评估之后，心理辅导就进入了解决问题的阶段——咨询阶段。这个阶段的主要任务有三个：制定咨询目标、确定咨询方案和实施咨询。

（1）制定咨询目标

心理咨询的目标就是心理咨询所追求的效果与所要达到的目的。咨询目标的确立，对咨询过程有重要的价值。首先，它使咨询双方都清楚地意识到努力的方向，从而制定详细的实施方案，且在实施过程中根据目标对实施方案进行及时的必要的调整。其次，它有助于咨询双方的积极合作。明确的目标使来访学生看到了希望，增强了咨询的信心与动力，也促使来访学生成为咨询的主动参与者。再次，它使心理咨询的评估成为可能。通过确立咨询目标，来访学生可以清楚地看到自己的变化，认识到心理咨询在自我成长中所发挥的作用。制定目标也应遵循一些基本的原则，如咨访双方共同协商、确定；咨询目标应具有针对性且短期目标与长远目标相统一；咨询目标具体可行等。

---

① 殷炳江：《小学生心理健康教育》，人民教育出版社 2003 年版，第 120 页。

（2）选择咨询方案

选择咨询方案首先要根据心理咨询的目标，选择相应的方法和技术，然后按其实施过程的要求制定具体计划。选择咨询方案应明确下列内容：所采取的咨询技术和方法；该方法的实施要求，即该做什么、如何做、不做什么；该方法是否能达到预期的目标；告诉来访学生必须对心理咨询的过程保有足够的耐心，改变都是循序渐进的，而不是一蹴而就的。

（3）实施咨询

实施咨询的过程中，不同的咨询方法有不同的要求与做法。心理辅导教师可以灵活运用倾听、共情、解释等，对来访学生的积极求助给予真诚的肯定、鼓励和支持，增强自信，促进积极行为的增长，通过相应的训练和辅导，帮助来访者重新认识自己以及周围的环境，提高认识能力，促进问题的解决和人格的完善。一般来说，中学生心理辅导常用的方法包括人本主义的"来访者中心"疗法、行为干预法、认知干预法等，这些干预技术都需要经过一定的专业培训才能掌握。

3. 再评估

咨询双方经过前两个阶段的共同努力且基本达到既定的咨询目标后，即可进入心理辅导的再评估阶段，具体工作如下。

① 心理辅导教师应向来访者指出他已经取得的成绩与进步，说明咨询基本达到既定的目标。来访学生认识到自己的进步，这对他而言不仅是巨大的鼓舞，也是一种暗示，即预示着心理辅导即将结束，来访学生应对此做好心理准备。

② 心理辅导老师应和来访学生就心理问题的辅导过程进行回顾与总结。重新审视来访学生心理问题的前因后果以及据此确定的咨询目标、方法，对前两个阶段进行总结。这有助于帮助来访学生加深对自己的问题的认识，总结咨询经验，了解努力的方向。

③ 心理辅导老师应鼓励来访学生巩固已有的进步，鼓励来访者将在咨询中获得的经验迁移到日常的学习和生活中，并逐步内化到自己的观念、行为方式和能力中。

4. 回访

为了了解来访学生能否运用获得的经验适应环境以及整个辅导是否成功，心理辅导教师需要对来访学生进行回访调查。回访调查的时间基本是在辅导结束数月至翌年的时间内进行。回访的途径包括：邀请来访学生填写信息反馈表；邀请来访学生定期来面谈，这种方式可以和学生面对面直接交流从而获得大量第一手的信息，也便于心理老师及时发现和察觉问题，及时处理和应对；访问来访学生的同学、父母、老师等关系密切的人，但是要注意保密，保护来访者的隐私不受侵犯。

回访的结果可以作为评估心理辅导效果的重要依据，如果效果良好，可以结束心理辅导；如果来访者的问题尚未解决，心理辅导教师应提供后续辅导或者及时进行转介。

（三）识别学生的心理问题

心理辅导是一个综合的过程，它包括收集资料、分析资料、识别学生问题、开展辅导等环节，这些环节是不能截然分开的，而且在辅导过程中这些环节并不总是按照这样的时间顺序依次开展的，事实上这些环节总是相互交错、循环往复，贯穿在整个辅导过程当中，也并不存在专门用于某一个环节的技能。

1. 收集资料

心理辅导教师应该收集来访学生的哪些资料呢? 大致可以分为以下八个方面: 1. 外貌: 如身高、体重、体形、穿着等; 2. 生理状况: 如躯体疾病、内脏功能、视力、听力、遗传特征等; 3. 人口学资料: 如姓名、性别、年龄、年级、班级等; 4. 过去史: 出生和发育情况、成长经历、性心理发展等; 5. 外显行为: 如人际交往能力、环境适应能力等; 6. 智力、认知: 如智力发育水平, 学业水平等; 7. 情绪、情感: 如表现出的情绪反应、报告的内心感受、量表或心理测验反映出的情绪或情感状态; 8. 环境: 如居住环境、家人或共同生活的人的情况、工作情况、文化传统和习惯等。

案例 12-2

来访学生资料收集提纲①

1. 一般资料: 包括姓名、性别、出生日期、教育程度、宗教信仰等;

2. 来访原因: 还包括既往寻求帮助的经历;

3. 当前或近来的生活处境: 包括居住条件、日常活动、生活变化或事件等;

4. 家庭情结: 包括对父母、兄弟姐妹及其他重要人物的描述, 以及和他们的关系;

5. 早期经历: 包括对早期生活事件的描述以及当时的情景、对早年经验的影响的看法;

6. 出生和发育: 包括出生的情况、开始走路和说话的时间、与同龄儿童相比存在的问题等;

7. 健康和具体疾病: 包括童年及之后的疾病或损伤、目前服用的药物、有否其他物质依赖、饮食及生活方式等;

8. 教育: 包括受教育程度、学业成绩等;

9. 兴趣爱好及生活态度: 包括阅读、旅游、对生活是否满意等;

10. 性心理发展: 包括最早的性意识, 性取向;

11. 社会支持及社会兴趣: 包括经常交往的人以及交往的频度和质量、在困难时能够得到帮助的人、帮助他人的意识、对公益活动的兴趣等;

12. 自我描述: 包括优点和缺点、想象的能力、创造性、价值观念、理想等;

13. 重要生活事件: 包括生活中最重要的决定和改变;

14. 个人目标及对未来的看法: 包括对今后一年或几年的打算以及实现的条件、安排轻重缓急的能力、目标的现实性等;

15. 其他来访学生认为重要, 但没包括在上述提纲中的内容。

2. 分析资料

材料收集好之后首先要对材料进行整理。材料整理主要是对材料有一个结构或提纲式的归类。包括学生心理问题的性质, 问题的特征, 问题的程度, 产生的原因等。归类时要考虑对材料的真实性进行验证, 同时对材料中关于定性资料的部分进行仔细整理和分析, 删掉无关内容。

---

① 傅安球主编:《心理咨询师培训教程》, 华东师范大学出版社 2005 年版, 第 440 页。

材料归类、整理好之后就要对重要材料（资料）进行分析，以识别学生的心理问题，制定辅导计划。

（1）分析学生问题形成的原因

问题成因大致可以从个体内部因素和个体外部因素进行分析。事实上学生心理问题的形成是多种原因交织作用的结果。应明确最初的起因、最重要的起因分别是什么，充分了解过去的历史，弄清问题的发展。

（2）透过外在行为看到内在期待

心理辅导教师应该具备透过学生外在行为看到内在需求、期待和渴望的能力。外在的行为常常与问题的本质不一致，教师应具有足够的洞察力。

3. 识别问题

学生需要辅导的心理问题往往不是单一的，而是综合"症状"。抓住主要问题就是要找到影响学生心理健康的主导性因素，围绕主导性因素开展辅导工作。

常用的分析方法有，行为分析、作品分析、能力诊断以及教育会诊等。

（四）心理辅导的几种技术

许多专业心理咨询与治疗的著作中，都有对心理辅导（治疗）流派和技术的介绍。这里我们主要介绍心理辅导的几个常用技术。对更多流派和理论系统的了解可以从其他专业书籍中学习。①

1. 倾听

（1）倾听的含义

倾听是心理辅导教师的基本功，也是建立良好辅导关系的基本要求。倾听是在接纳的基础上，积极地听、认真地听、关注地听，并在倾听时适度反应。倾听并非仅仅用耳朵去听，更重要的是用心去听，设身处地地感受；不但要听懂来访学生在叙述中表达出来的内容，更重要的是听到没有表达出来的隐蔽的内容。

（2）倾听的技巧

心理辅导教师在倾听过程中尽量克制自己，不要随意打断和插话，不以个人的价值观来评判来访学生的主诉（除非涉及保密例外的内容，如学生的生命安全、法律问题等），并以积极的态度回应并表达对学生内心体验的认同。

① 真诚地听。以真诚为基础，无条件地接纳来访学生。倾听过程中不带偏见，不做价值评判。

② 积极地听。心理辅导教师倾听时不仅要掌握来访学生歪曲的认知、消极的行为模式和负性的情绪等，更要看到学生积极、光明的一面，挖掘其潜在的资源和能力。

③ 认真地听。辅导过程中，学生所述不一定是心理辅导教师感兴趣或者认同的内容，但是认真倾听才能把握来访学生问题或困扰的相关信息和原因。

④ 关注地听。心理辅导教师应关注地听、敏锐地听，既关注学生目前的"症状"，又关注学生的情绪体验；既听学生的言语信息也关注学生的非言语信息；既关注学生的问题又关注其潜能与资源。

⑤ 回应地听。倾听的过程不是单一的"你说我听"、毫无反应，心理辅导教师可以

---

① 杨玲主编：《学校心理学：理论与实践》，科学教育出版社2017年版，第158—159页。

用一些词、句子或动作来鼓励和回应来访学生，一方面表示教师在听，且听懂学生的叙述，一方面也可以鼓励学生继续会谈下去。

2. 共情

共情又叫同理心、同感等，是心理辅导中非常重要的技术之一。共情是指在辅导过程中，心理教师要进入来访学生的情绪和想法参照框架中，以来访学生的眼光去看他的世界，以来访学生的心情去体会他的心情，以来访学生的想法去推理他的想法，只有这样才能了解来访学生的独特感受，才能表达与来访学生站在"同一立场"的愿望并做出相应的反应。

共情的观念最早是来访者中心疗法创建者罗杰斯描述的。罗杰斯认为，人的行为是每个人独特的感知的产物。要想理解来访者的行为，同时帮助来访者理解他们自己的行为，咨询师必须"感受来访者的个人世界就好像那是你自己的世界一样，但又绝未失去'好像'这一品质"。心理咨询学者进一步发展了共情的概念，认为它不仅仅是咨询师的一种特质，同时也是一项咨询技术和咨询过程。

共情的过程包括几个阶段，并构成一个循环。共情过程的循环包括 5 个阶段：来访学生表达、心理辅导教师感知、心理辅导教师理解、心理辅导教师表达、来访学生感知。

正确使用共情，需要注意以下几点。

① 心理辅导教师应走出自己的参照框架，进入来访学生的参照框架，把自己放在来访学生的处境来尝试感受他的感受。感受越准确、越深入，共情层次就越高。共情不是轻巧、浮夸地回应来访学生，而是真正进入对方的框架，真正体验对方的感受。

② 心理辅导教师如果不太确定自己的理解是否准确或自己是否达到共情时，可使用尝试性、探索性的语气表达出来，请来访学生检验并做出修正。

③ 共情的表达应适时、适度，因人而异，否则会适得其反。共情程度应与来访学生的问题严重程度、主观感受程度成正比。过度共情会让人感到心理辅导教师小题大做、过于浮夸，而共情过浅则会对学生的理解不够。

④ 共情的表达除了言语外，还有非言语表达，如目光、面部表情、身体姿势、动作等。有时非言语表达共情比言语更有效。

⑤ 共情不同于同情、认同。心理辅导教师如果是同情而不是共情来访学生，那么辅导教师就只会体验来访学生的痛苦，没有能力和空间看到更多的信息和资源。辅导教师也容易只是把"减轻来访学生的痛苦"作为辅导目标，失去了帮助学生完善和发展的长远目标，失去客观性。

心理辅导教师在使用共情技术时也要考虑来访学生的个人特点和界限，如文化、宗教、民族等。

3. 提问

提问是中学心理辅导中最常用的技术之一。通过提问，辅导教师可以促进与来访学生的交流，可以鼓励来访学生更加开放，可以澄清问题，收集更多信息。心理辅导中的提问也具有其特殊性。

提问技术的使用应遵循以下几个原则。①

（1）提问应有的放矢

辅导教师应该清楚地知道自己提问的目的是什么。有的辅导教师在来访学生沉默时因为自己无法忍受焦虑提出不恰当的问题；有的由于对来访学生缺乏共情，提出的问题漫无目的，这样的提问都不会鼓励和帮助来访学生，也无法增进双方的关系。

（2）掌握提问的时机

当辅导教师有了提问的想法，也不能随便打断来访学生的谈话。这样做，一方面打断来访学生的思路，他会感到没有受到尊重；另一方面，辅导教师也会失去对来访学生的关注，无法做到充分的倾听。辅导教师应该等到来访学生出现停顿时提出问题，但也不应当等的时间太长，如果等到来访学生已经转换了话题再提问，则会破坏谈话的节奏。

（3）提问的数量和速度要适应来访学生的需要

有些问题非常重要必须提问，有些问题可以放在以后提问。教师提问以后要给来访学生足够多的时间作出反应，不要着急，更不要逼迫来访学生回答。不同的来访学生针对不同问题作出反应的时间也是不同的。

（4）提问不仅仅是为了获得信息，还应让来访学生感到辅导教师共情的态度

提问应该起到支持和辅导的双重作用，辅导教师在提问时应表达共情的态度，做出一些情感反射，如辅导教师可以这样说，"我知道这个问题对你来说很困难，但这个问题对我理解你的现状非常重要"，或者"如果这个问题让你感到很为难，你可以选择不答，或者在你认为适合的时候告诉我"，这样来访学生感受到辅导教师理解和共情的态度，即使有一些困难的问题，他们也愿意回答。

（5）及时反馈

心理辅导教师在继续提问之前，适时地对前面的提问和来访学生的回答做一些总结，反馈给来访学生，让他感到咨询师关注并理解他，然后再继续提问。这样整个辅导进程才会更顺利更有效。

4. 解释②

解释技术是指心理辅导教师运用心理学理论来描述来访学生产生某种思想、情感和行为的原因以及这些思想、情感和行为的实质等，或对某些抽象复杂的心理现象、过程进行解释。应用解释技术，能使当事人从一个新的、更全面的角度来审视自己所面对的困扰及周围环境，并借助新的观念和思想来加深对自身行为、思想和情感的了解，产生领悟，提高认识，促进自身的改变。

解释技术的使用也应注意相关细节，因人而异。有些来访学生文化水平高，有一定的心理学基础，领悟能力强，解释时可以深入些、系统些、全面些。对于理解能力不够强，年龄段较低的来访学生，应尽量解释得通俗一些，少用专业术语，多打比方，举例子，帮助学生理解。

此外，心理辅导教师不能把解释强加给来访学生。一方面，不能在来访学生没有心

① 傅安球主编：《心理咨询师培训教程》，华东师范大学出版社 2005 年版，第 421 页。
② 中国就业培训技术中心、中国心理卫生协会：《心理咨询师（三级）》，民族出版社 2012 年版，第 110 页。

理准备的时候就匆忙解释,这样往往会使来访学生不知所措、难以接受;另一方面,不能把来访者不认同或者有怀疑的解释强加给他。最有效的解释是与来访学生的思想基础、理论取向有某种程度的吻合。

5. 对质

对质是心理辅导中一种常用的重要技术,是辅导教师有意识指出来访学生的行为、感受、想法、态度等之间的不一致。目的是加强来访学生对自身问题的自我觉察和理解,并由此激发来访学生改变的动机。对质是一个容易引发误解的词,心理辅导里的对质与我们社会交往中提到的对质并不相同。心理辅导里的对质不是一个孤立的行为,它是一个过程。对质是通过关心、共情的态度指出来访学生身上的不一致,并和来访学生一起探讨、分析它们的原因和意义,最终提高来访学生的内省,促进来访学生的改变。

对质的具体运用要点包括以下几个方面:①心理辅导教师必须在理解来访学生不一致的原因、意义和作用后才能提出对质;②对质时的态度应该是共情、关心和帮助的,目的是启发来访学生,而不是挑战;③对质的内容一定是和辅导密切相关的;④掌握好对质的时机,不要在辅导快要结束时进行对质,没有时间和来访学生进一步谈论、分析;⑤对质应该尽可能具体化,表达简洁、明了,避免抽象、模糊;⑥开始对质前一定要考虑来访学生心理上和情绪上是否能够承受;⑦一定不能让来访学生认为辅导老师是在指责、批评或评判;⑧心理辅导教师不能将个人的不满、敌意或防御加入对质当中;⑨不要过度使用对质技术。

四、中学生生涯教育

(一) 中学生生涯教育的涵义

生涯教育是针对处于成长和探索阶段的学生的生涯发展而进行的有目的、有计划的教育,有广义和狭义之分。广义的生涯教育包括学校的一切课程与教育活动,其目的是为了学生的全面发展和终身发展。狭义的生涯教育是指帮助学生进行生涯探索和初步确立生涯目标、选择生涯角色、寻求最佳生涯发展途径的专门性课程与活动。

开展生涯教育的目的是让所有学生通过学习和探索活动,受到一种学术、社会意识同职业技能准备相结合的教育,从而在中学毕业或中途退学时可以自由选择职业或继续升学,使学生能够主动地进行自我选择和未来的人生规划。

(二) 中学生生涯教育的理论基础

1. 人职匹配理论

美国约翰·霍普金斯大学心理学教授霍兰德(Holland)认为职业选择是个人人格在工作世界的反应和延伸,个人会被某些满足其需要和角色认同的特定职业所吸引。他将个性按职业归纳为六种类型,并描述了与这六种类型相适应的职业:现实型、研究型、艺术型、社会型、企业型、传统型。霍兰德认为,个人可以通过努力适应其他职业类型,因此,职业的选择主要是由人的典型人格决定的。霍兰德类型理论重视个人特质与工作世界的配合,为个人提供了一些较明确的方向,有利于个人进行主动积极的职业生涯探索,类型论在生涯实践中被广泛应用。

2. 职业发展理论

职业发展理论是个体职业发展的阶段性理论,让个体可以清楚看到自己处于生涯发展的哪个阶段,充分认识到人生发展各阶段的特点和规律,更好地规划自己的职业生涯。该理论将人们生命周期中的职业生涯划分为不同的发展阶段,假设每一个阶段都有自己独特的问题和任务,并提出了解决这些问题、完成这些任务的方法与对策。

1953 年,舒伯(Donald,E. S.,1910—1994)提出"生涯"的概念。他从人的终身发展的角度出发,根据自己"生涯发展形态"的研究成果,指出人们在童年时期职业意识就开始萌芽,随着家庭、年龄、阅历和教育等因素的变化,人们的职业意识会发生变化。按照人类年龄增长可以把职业发展分为五个阶段:成长阶段、探索阶段、确立阶段、维持阶段、衰退阶段。

1976 到 1979 年,舒伯提出了一个更为广阔的新观念——生活广度、生活空间的生涯发展观,概括了个人一生的职业成长的过程,并将生涯发展阶段与角色交互影响的关系描绘出一个综合图形,即生涯彩虹图。在生涯彩虹图中,横向层面代表的是人一生的生活广度,是人生的五个阶段;纵向层面代表的是人的生活空间,由人生的主要角色构成。各种角色之间相互影响,相互作用,一个角色的成功,会为其他角色提供良好的基础。

3. 学习与决策理论

学习与决策理论也可以归为职业选择理论的一种,关注影响个体生涯决策的原因,探讨如何选择能够获得最大收益或最大满意度。该理论认为生涯咨询的目标,在于增进当事人对技能、兴趣、信念、价值、工作习惯与个人素质的学习,期待每一个当事人能够在快速变迁的社会中,创造出幸福美满的生活。

克朗伯兹(Krumboltz, J.)将班杜拉的社会学习理论引用到职业生涯上,用以了解在个人决策历程当中,社会、遗传与个人因素对于决策的影响。他认为生涯发展是一个了解我们自身和我们的各种选择可能性的过程,过去的学习以多种方式影响着我们的生涯决策。在此基础上克朗伯兹提出了影响职业选择的四因素:遗传特征与特殊能力、环境条件与事件、学习经验、工作取向技能。

(三)中学生生涯教育的基本内容

生涯教育主要定位于面向全体学生的发展性生涯指导,着眼于每个学生的实际需求,推动其全面进行自我探索,提升他们对社会和职业世界的了解,初步进行个人生涯规划。因此初中阶段以生涯探索为侧重点;高中阶段以生涯规划为侧重点。

中学生生涯教育主要包含如下几方面内容:

1. 培养学生积极的自我意识

教育、引导学生对自我有充分的认知,是生涯规划与生涯选择的前提和基础。

生涯教育从本质上说是认识自我,管理自我,完善自我,实现"人职匹配"、做"最好的自我"的教育。"自我"是一个复杂的人格系统,是人类生命体不断发展的重要部分,它不是与生俱来的东西,而是在社会经验过程和社会活动过程中出现的。中学生生涯教育的首要内容就是帮助学生了解自我。只有在充分了解自我、发展和完善自我的基础上才能开展个人生涯规划。如果连自己都没有充分的了解,何谈生涯规划? 一个具有积极的自我意识的学生,会有良好的适应性和自主性。一个感到自己没有价值,对于自己没有自信的学生,他的许多情绪和行为问题,其根由就很有可能来自消极的自我认知。

　　生涯教育中自我认知的重点目标是帮助学生找到自己，做自己，成长为自己想要成为的人，包括帮助学生发现自己的天赋、优势与兴趣爱好等。每个人都有自己的优势和潜能，只是大小不同。每个人的智慧和才能水平都有两个状态，一个是实际表现的状态，一个是潜在的状态。前者是优势，后者是潜能。生涯教育在自我探索部分的一个重要目标就是让学生发现自己的优势和潜能，并尽可能让自己的实际表现接近或者达到潜在的水平。

2. 增强对职业世界的了解

　　个人的生涯发展是在社会中完成的。个体无法脱离或者超越社会实现个人的生涯规划。生涯教育首先是要让学生懂得个人是社会中的一分子，个人生命质量是与社会发展水平密切相关的，和谐社会、美好生活需要每个人用力量与智慧去创造。

　　生涯教育中，教师要指导和帮助学生了解社会角色，社会分工以及它们的发展动态；了解职业世界的复杂与具体分类，知道不同职业的专业素养要求；能够形成对社会各行业的尊重与理解。

　　现代社会的发展可以说是瞬息万变，随着人工智能的崛起，人类社会传统的职业和就业面临着巨大的冲击。通过生涯教育的开设与实施，可以帮助学生学会积极地面对这些"变化"，积极地适应环境。既要让学生用与时俱进的眼光看到社会环境的变迁，让自己不断顺应变革的社会；又要增强其抵制不良社会风气的道德判断力和承受挫折的意志力。

3. 掌握学业与职业规划的主要方法

　　升学与择业是人生发展的必然过程，是事关个人前途的重大事件，也是生涯教育的重要主题。通过开展生涯教育，通过教师的指导和帮助，学生可以学习并掌握一些重要的学业规划和生涯规划的方法，在充分了解自我的能力、特长、兴趣和社会职业分工、社会就业条件等内容的基础上，广泛收集和总结各类信息，平衡个人发展和社会需求，并能够走出课堂，进行职业体验，确立自己的职业意向，进行职业选择和准备，为今后顺利踏上社会打下良好的基础。

　　学会选择，制定目标，落实行动计划，这是生涯教育的第三大内容。

专栏 12－2

　　中小学生涯教育的主要内容包括自我认识、社会理解、生涯规划三个方面。

　　1. 自我认识

　　指导学生探索了解自身的兴趣爱好、能力特长和个性特征，发展积极的自我概念和生涯规划意识，提升自我调控、人际交往和社会适应能力，并在不断成长中形成健全的人格，树立正确的人生理想和价值信念。

　　2. 社会理解

　　指导学生增强社会意识、社会理解和社会责任感，认识个人与社会、学业与发展、当下与未来的关系，了解社会角色、社会分工的发展动态及不同职业的专业素养要求，形成对社会各行各业的尊重与理解。

3. 生涯规划

指导学生在充分的自我认识和社会理解的基础上,掌握学业规划与职业规划的主要方法,综合各类信息,平衡个人发展和社会发展的需求,制定适合自己的学业发展目标和计划,初步设计合理的职业和人生发展路径。

分学段实施重点:

1. 初中阶段

初中阶段的生涯教育侧重于生涯探索。主要通过初中生涯教育课程与活动实施,促进学生拓展自我认识,培养其合作能力、学习能力和生活适应能力。以初中学生综合素质评价为指导,以综合实践活动为载体,结合高中学校校园开放日、中等职业学校职业体验日等活动,促进学生对高中阶段学校的了解,拓展学生对社会分工、职业角色的体验与认识,初步形成生涯规划的意识与能力。

2. 普通高中

普通高中阶段的生涯教育侧重于生涯规划。主要通过生涯教育课程与活动实施,深化学生的自我认识,以高中学生综合素质评价为指导,以志愿服务(公益劳动)、研究性学习等学习实践活动为载体,增强学生的社会意识和社会参与能力。在选学择业的过程中,指导学生了解高等院校的专业设置和社会的职业需求等信息,激发学生的学习潜能,培养学生学业和职业的规划能力,提高学生的生涯决策和管理能力。

3. 中等职业学校

中等职业学校的生涯教育侧重于职业规划。主要通过生涯教育课程与活动实施,结合中职学生综合素质评价,提升学生的学习能力与社会适应能力,以工匠精神引导学生充分认识自我,了解专业就业信息,增强自信,锤炼技能,提高职业素养,规划学业和职业。

——《上海市教育委员会关于加强中小学生涯教育的指导意见》

本章小结

中学生心理健康教育泛指中学生在学校环境中接受的一切旨在维护学生身心健康、开发学生身心潜能、促进学生心理素质全面提高的活动。中学生正处于青春期,其生理和心理的发展都面临较大的变化,积极实施心理健康教育非常必要。心理健康教育与德育关联密切,两者既有联系,也有区别。

中学生心理健康教育的内容,主要有学习辅导、人格辅导、生活辅导、生涯辅导。初高中阶段的心理健康教育,因学段不同,学生心理有一定差异,也会有不同的侧重点。中学生心理健康教育常见的形式主要有心理辅导活动课(心理教育课)、团体心理辅导、个别心理辅导、学科渗透和主题教育活动等。中学心理健康教育既是一项专业工作,也是一项全员性的工作。中学心理健康教育的师资既包括专业的专兼职教师,也包括其他学科教师、班主任,还包括承担朋辈辅导工作的部分学生。

心理辅导是实施心理健康教育的基本形式。开展心理辅导的主要方法有:建立心理辅导关系,展开心理辅导进程,识别学生心理问题。开展辅导时,主要的方法有:倾听、共情、提问、解释、对质。中学生生涯教育近年来纳入心理健康教育范畴,它是针对处于成长和探索阶段的中学生的生涯发展而进行的有目的、有计划的教育。中学生生涯教育以人职匹配理论、职业发展理论、学习与决策理论等为基础,在实施中,主要指向培养学生积极的自我意识、增强学生对职业世界的理解、引导学生掌握学业和职业规划的方法等。

思考与实践

1. 什么是心理健康教育?联系自身实际或你身边发生的案例,分析在中学阶段开展心理健康教育的必要性。

2. 心理健康教育与德育既有联系,又有区别,如何把心理健康教育与德育有机融合在一起,是中学教育中面临的一个突出问题,请就这一问题进行分析,提出自己的看法和认识。

3. 心理健康教育主要是围绕中学生心理问题展开的教育,在中学开展心理健康教育的主要方法是对有心理问题的学生进行心理辅导,你同意这种看法吗?为什么?

4. 阅读以下案例,请分析来访学生的主要心理困扰是什么?如何通过心理辅导帮助来访者?

王同学中考失利,没有发挥出自己平时的水平,进入一所普通高中。入校后,王同学并没有如之前期望的那样名列前茅,反而有很多不适应;王同学觉得身边的同学都是之前学习成绩不如自己的同学,看不起他们,不愿意和他们交往,独来独往;教师节的时候初中同学约好一起去看望初中班主任,王同学也不愿意前往;每天去学校都感到不开心,慢慢发展为不想去学校,不想出门,不愿意和其他人来往……。

5. 根据心理学发展规律,随着年龄的增长,中学生自主性越来越强,同伴之间的相互影响越来越重要。某中学特招募"心灵伙伴",目的在于增强心理健康知识在同伴之间的传播,提升学生的心理健康意识和心理健康水平。经过学生自愿报名,班主任精心筛选,招募了一批乐于助人、善于沟通、热心班级心理健康教育工作的同学。学校明确"心灵伙伴"职责:第一,宣传普及心理健康常识;第二,处理力所能及的同伴困惑,做好倾听者;第三,必要时建议同伴寻求心理教师的帮助;第四,为校园广播"心灵驿站"栏目提供素材。你在中学学习时,学校搞过类似活动吗?效果如何?假如你设计这样的活动,会从哪些方面着手?

6. 你所任教的班级里,有一位同学厌恶你所教的学科,对这门学科的学习提不起兴趣,面对这样的同学,你如何进行学习指导?

7. 不少中学生对自己未来的发展方向并不十分明确,存在着"学习无动力、升学无厚望、生涯无规划、发展无方向"的现象,令教师和家长忧心忡忡。联系你自己中学的学习经历,结合本章内容,思考如何才能顺应社会发展和学生个体发展的需要,对中学生进行生涯发展指导,有效地引导学生健康成长?

延伸阅读

1. 杨玲. 学校心理学:理论与实践[M]. 北京:科学教育出版社,2017.
2. 吴增强. 学校心理辅导通论[M]. 上海:上海科技教育出版社,2004.

3. 傅安球. 心理咨询师培训教程［M］. 上海：华东师范大学出版社,2005.

4. 中国就业培训技术中心,中国心理卫生协会. 心理咨询师（三级）［M］. 北京：民族出版社,2012.

5. John Sommers-Flanagan，Rita. Sommers-Flanag. 心理咨询面谈技术（第四版）［M］. 陈祉妍、江兰、黄峥,译. 北京：中国轻工业出版社,2014.

6. 岳晓东. 心理咨询基本功技术［M］. 北京：清华大学出版社,2015.

第四编

中学德育
与
班级管理

【开篇案例】

一位纳粹集中营的幸存者，当上了美国一所中学的校长。每当一位新教师来到学校，他就交给那位老师一封信，信中这样说：

"亲爱的老师，我是集中营的生还者。我亲眼看到人类所不应当看到的情景：毒气室由学有专长的工程师建造，儿童由学识渊博的医生毒死，幼儿被训练有素的护士杀害，妇女和婴儿被受过高中或大学教育的人们枪杀。看到这一切，我怀疑：教育究竟是为了什么？我的请求是：请你帮助学生成为具有人性的人。你们的努力绝不应当被用于制造学识渊博的怪物、多才多艺的变态狂、受过高等教育的屠夫。只有在能使我们的孩子具有人性的情况下，读写算的能力才有其价值。"

（资料来源：鲁洁、王凤贤主编：《德育新论》，江苏教育出版社2002年版，第171页。）

【学习指导】

1. 了解德育的概念，以及我国德育的主要内容。

2. 了解个体品德的基本结构，理解皮亚杰、科尔伯格等人的道德发展理论，能运用德育过程的基本规律分析和解决实际问题。

3. 理解并运用道德两难案例讨论、价值澄清、榜样教育、角色扮演等主要的德育方法。

4. 理解直接德育和间接德育及其在实践中的优势和不足。

从第三章有关教育目的的讨论中可以知道,德育与智育、美育、体育等并列,构成了全面发展教育的重要组成部分。但是,相比较而言,在当代我国的教育政策和学校实践中,德育常常是处在优先和统领的位置,它不仅有独立的课程纲要和教科书,有丰富多样的常规活动,有专门的师资队伍,而且要求渗透和融合在学校的所有工作和教师的所有活动中。这种政策或实践上的重要性,也要求教师明晰德育概念和范围,理解德育的基本过程,把握德育的主要方法。

一、"德育"的概念

从字面上理解,"德育"就是"道德教育"的简称。早在 18 世纪康德、裴斯泰洛齐等人就使用过这个词,但是真正让它成为教育领域一个基本概念的,当是英国学者斯宾塞。他在《教育论》(*Education：Intellectual，Moral and Physical*)一书中,明确将"德育"与"智育"和"体育"并列。大体在 20 世纪初,这个概念开始引入我国,进入理论的话语,成为政策的主题。[①] 随着政治的更替和社会的变迁,这一概念的内涵和外延一直在不断变化,衍生出狭义的"道德教育"以及"大德育"的广义理解。

(一) 狭义的"德育"

这是"德育"的原初意义,也是"德育"的基本用法,相当于"道德教育"。狭义的"德育"指教育者按照一定的社会或阶级要求,有目的、有计划、有系统地对受教育者施加道德影响,并通过受教育者积极的认识、体验与践行,使其形成一定社会与阶级所需要的品德的教育活动。一般认为,道德是以善恶评价为形式,依靠社会舆论、传统习俗和内心信念,用以调节人与人、人与社会、人与国家之间的关系的一种特殊的行为规范。与礼仪、法律等一样,道德是规范、约束和指导人们共同生活的一种社会惯例;但相对于礼仪、法律等,道德突出的是人与社会的关系,构成了确立它们正当性的重要依据。促进个体习得社会的道德价值观或规范,获得道德上的成长或发展,一直是教育的重要目标。

从历史上看,教育发自人类对"善"的不断追求。在我国,"教育"一词从源头上就直接与"善"相关联。《说文解字》中说:"教,上所施下所效也";"育,养子使作善也"。造就以仁为核心的道德人格,一直是我国传统教育的重要内容。在西方,古希腊三哲——苏格拉底、柏拉图及亚里士多德,都将"善"作为哲学的主题和教育的目标。其后,培养"善人"都被看作是教育的重要目的,只是在不同的时代、不同的思想家或教育家那里,这一"善人"的形象是有所变化的。比如,古罗马推崇雄辩家,中世纪推崇神性,文艺复兴又复归人性,关注个体的完善;在启蒙的时代,洛克的教育理想是追求"绅士",卢梭的教育理想是追求"自然人",如此等等。这些都表明,人们对教育的关心有着共同点,即都在研究"善"的性质,研究"善人"的形象以及"使之善"培养的工作。[②]

从根本上说,教育就是使人为善。因此,教育必然包含道德的目的,没有道德的目的,就无所谓教育。可以说,德育即教育的道德目的。纯粹的智力训练并非智育。促进学生智力发展的活动,只有服务于一定社会的道德目的,包含使人为善的意图,才是一

---

① 详见黄向阳:《德育原理》,华东师范大学出版社,2002 年版,第 2 页。

② (日)大河内一男、海后宗臣等著,曲程、迟凤年译:《教育学的理论问题》,教育科学出版社,1984 年版,第 317—323 页。

种教育。纯粹的健身运动或竞技运动并非名副其实的体育。促进学生体力发展的活动,只有服务于一定社会的道德目的,包含使人为善的意图,即只有那些含有培养锻炼身体的习惯、合作和竞争的精神、坚强的毅力、运动技能等意图的健身运动和竞技活动,才堪称"体育",才是一种教育。① 因此,如果从教育的本义而言,德育是教育的最终目的。所以近代教育学家赫尔巴特明确提出:"教育的唯一工作与全部工作可以总结在这一概念之中——道德。道德普遍地被认为是人类的最高目的,因此也是教育的最高目的。"②

国际道德教育的内容

专栏 13-1

1980 年国际道德教育大会将各国道德教育计划中所涉及的内容归纳为四类:①社会价值标准,如合作、正直、社会责任、人类尊严等;②有关个人的价值标准,如忠厚、诚实、宽容、守纪律等;③有关国家和世界的价值标准,如爱国主义、民族意识、国家理解、人类友爱等;④认识过程的价值标准,如追求真理、慎于判断等。③ 其中,①③两项主要是与社会和国家,乃至更大的人类共同体有关。

美国学者盖尔斯顿(Galston, W.)则认为,民主社会中的公民责任所要求的德性一般可以分为四种:①一般德性,如勇气、遵纪守法、忠诚等;②社会德性,如独立性、开放精神等;③经济德性,如职业伦理、暂缓自我满足的能力(自制)、对经济与技术变革的适应性等;④政治德性,如辨明并尊重他人权利的能力、愿意只满足于支付得起的东西、评价公职人员表现的能力、从事公共讨论的能力等。④ 其中①③两项主要是与个人有关的德性,②④两项主要是与社会和国家有关的德性。

(二) 广义的"德育"

道德总是社会的,不可避免地会受到整个社会系统和结构的影响,与其他领域(主要是政治、经济、文化等)的价值观念和行为方式发生关联。这种影响和关联,往往也体现在德育的概念和内容中。相对来说,我国从建立现代学校系统以来,德育就因应社会的变迁,逐渐形成了专门的课程体系和独立的工作体系。在这一过程中,我国德育概念的内涵在不断扩大,其内容远远超出了一般道德教育的范围,包括了有目的、有计划地对社会成员在社会意识或观念等方面施加影响的所有活动,也可称之为"大德育"。

在新中国成立之后,"德育"概念一度局限在"政治教育"或"思想教育"层面:前者侧重政治观点、政治信念和政治信仰的教育,后者侧重世界观和人生观的教育。改革开

① 黄向阳:《"教育"一词的由来、用法、含义》,载瞿葆奎主编:《元教育学研究》,浙江教育出版社,1999 年版。
② 赫尔巴特:《论世界的美的启示为教育的主要工作》,载张焕庭主编:《西方资产阶级教育论著选》,人民教育出版社,1964 年版,第 249—250 页。
③ (伊朗)拉塞克、(罗马尼亚)维迪努著,马胜利等译:《从现在到 2000 年教育内容的全球展望》,教育科学出版社,1996 年版,第 158 页。
④ Galston, W. (1991). *Liberal Purposes: Goods, Virtues, and Duties in the Liberal State*. Cambridge: Cambridge University Press, p.227.

放以来，"德育"一词逐渐恢复了"道德教育"的意味，并在外延上不断扩展。1988年《中共中央关于改革和加强中小学德育工作的通知》强调，德育即思想品德和政治教育。1993年《中国教育改革和发展纲要》略作调整，提出：德育即思想政治和品德教育。到1995年，教育部颁布的《中学德育大纲》增加了心理品质教育，认为"德育即对学生进行思想、政治、道德和心理品质教育"。1998年《中小学德育工作规程》继续指出，"德育即对学生进行政治、思想、道德和心理品质教育"。2005年《教育部关于整体规划大中小学德育体系的意见》又将法制教育加入其中，提出："德育主要是对学生进行政治、思想、道德、法制、心理健康教育。"这份意见，还对中学的德育内容做了明确的规定："开展爱国主义、集体主义、社会主义教育，开展中华民族优良传统和中国革命传统教育，开展法制教育和民主、科学教育，开展基本国情和时事教育，开展民族团结教育、国防教育和廉洁教育，开展青春期卫生常识和心理健康教育，开展社会公德和劳动技能教育。中等职业学校还要加强职业道德、劳动纪律和职业规范教育。"

　　进入新时代，我国又颁布了《中小学德育工作指南》，将德育的总体目标确定为："培养学生爱党爱国爱人民，增强国家意识和社会责任意识，教育学生理解、认同和拥护国家政治制度，了解中华优秀传统文化和革命文化、社会主义先进文化，增强中国特色社会主义道路自信、理论自信、制度自信、文化自信，引导学生准确理解和把握社会主义核心价值观的深刻内涵和实践要求，养成良好政治素质、道德品质、法治意识和行为习惯，形成积极健康的人格和良好心理品质，促进学生核心素养提升和全面发展，为学生一生成长奠定坚实的思想基础。"其中，德育内容主要包括五个方面：理想信念教育、社会主义核心价值观教育、中华优秀传统文化教育、生态文明教育、心理健康教育（具体内容见专栏13-2）。

专栏 13-2

新时代我国德育的内容

　　（一）理想信念教育。开展马列主义、毛泽东思想学习教育，加强中国特色社会主义理论体系学习教育，引导学生深入学习习近平总书记系列重要讲话精神，领会党中央治国理政新理念新思想新战略。加强中国历史特别是近现代史教育、革命文化教育、中国特色社会主义宣传教育、中国梦主题宣传教育、时事政策教育，引导学生深入了解中国革命史、中国共产党史、改革开放史和社会主义发展史，继承革命传统，传承红色基因，深刻领会实现中华民族伟大复兴是中华民族近代以来最伟大的梦想，培养学生对党的政治认同、情感认同、价值认同，不断树立为共产主义远大理想和中国特色社会主义共同理想而奋斗的信念和信心。

　　（二）社会主义核心价值观教育。把社会主义核心价值观融入国民教育全过程，落实到中小学教育教学和管理服务各环节，深入开展爱国主义教育、国情教育、国家安全教育、民族团结教育、法治教育、诚信教育、文明礼仪教育等，引导学生牢牢把握富强、民主、文明、和谐作为国家层面的价值目标，深刻理解自由、平等、公正、法治作为社会层面的价值取向，自觉遵守爱国、敬业、诚信、友善作为公民层面的价值准则，将社会主义核心价值观内化于心、外化于行。

（三）中华优秀传统文化教育。开展家国情怀教育、社会关爱教育和人格修养教育，传承发展中华优秀传统文化，大力弘扬核心思想理念、中华传统美德、中华人文精神，引导学生了解中华优秀传统文化的历史渊源、发展脉络、精神内涵，增强文化自觉和文化自信。

（四）生态文明教育。加强节约教育和环境保护教育，开展大气、土地、水、粮食等资源的基本国情教育，帮助学生了解祖国的大好河山和地理地貌，开展节粮节水节电教育活动，推动实行垃圾分类，倡导绿色消费，引导学生树立尊重自然、顺应自然、保护自然的发展理念，养成勤俭节约、低碳环保、自觉劳动的生活习惯，形成健康文明的生活方式。

（五）心理健康教育。开展认识自我、尊重生命、学会学习、人际交往、情绪调适、升学择业、人生规划以及适应社会生活等方面教育，引导学生增强调控心理、自主自助、应对挫折、适应环境的能力，培养学生健全的人格、积极的心态和良好的个性心理品质。

——《中小学德育工作指南》（2017）

二、道德发展与德育过程

在我国，广义的"德育"或者说"大德育"在理论上体现了道德教育与政治教育、思想教育等之间的相互关联性，在实践上也形成了一定的传统和经验。但是，"大德育"的概念也面临着一些挑战，其中最为重要的一点就是，容易模糊道德与政治、法律、世界观或人生观之间的边界，忽略各自的特性及其对教育方式的特殊要求，从而缺乏针对性和有效性。在这里，我们主要围绕狭义德育——道德教育及相关问题进行简要的介绍和分析。

（一）品德的结构

宽泛来说，道德教育是促进个体习得道德规范、形成道德品格的教育活动或过程。一般认为，品德（或道德品格）是个体依循一定的道德规范行动所表现出的稳定的倾向或特征。它是个体对一定社会道德规范进行认知和理解、认同和接受的结果，或者说是将外部的道德规范转化为内在的道德品质的过程。比如，现代国家或社会要求公众诚实守信，只有当个体理解、认同并按照这个原则去行动时，他或她才能逐渐将诚实守信的外部要求变成自己的内在品格，成为一个真正诚实守信的人。

关于个体品德的结构，有各种不同的认识。如有观点认为，它是由道德认知、道德情感和道德行为组成；也有人认为，除了这三个要素，还应该包括道德意志；还有人在知、情、意、行之外，增加了道德需要和动机等。其中，四要素的观点较为常见一些，这里略做说明。

1. 道德认知

道德认知是个体对道德规范（包括道德理想、原则或规则）及其意义和价值的认识和理解，常常涉及对自我或他人品格或行为的对错或好坏的判断和评价。比如，一个诚实的人自然了解"不撒谎"、"不失信"、"不欺诈"之类的规则，一个具有公正品质的人往往也很清楚"平等"、"公平"、"正义"之类的原则，理解这些规范对于个体或社会的意义和价值,并在具体的情境中能意识到应用这些规范分析和解决问题的必要性和可能性。

2. 道德情感

道德情感是个体依据一定的道德规范对自我或他人品格或行为进行判断或评价时所伴随的一种好恶体验或反应。比如,我们对欺诈、虐童、杀生之类行为会有强烈的厌恶甚至愤怒情绪,同时我们会为自己或他人的诚实守信、勇敢正直感到愉悦,对他人的不幸遭遇或不利处境深表同情或怜悯,会为道德榜样的利他精神心生敬意。我们可能会对不义行为深恶痛绝,会对正义之举由衷钦佩。在很多时候,道德情感会激发人们对道德规范或情境的反思,激励人们采取道德的行动。

3. 道德意志

道德意志是个体将道德规范付诸行动的意愿和力量。即便有了良好的道德认知和道德情感,也不一定能引发个体的道德行动。在现实中,个体内部的偏好、欲望或利益,外部的压力、诱惑或环境,等等,都可能妨碍个体做出道德的决策、采取道德的行动。在很多时候,做出符合道德的选择和行动,需要个体的勇气和毅力,需要克服困难或阻碍,应对可能给自己带来的风险或挑战。

4. 道德行为

道德行为是个体所采取的具有道德意义的具体行动。在品德结构中,道德行为是个体道德认知、道德情感和道德意志的外在化。我们对一个人品德的评价,在很大程度上是透过并综合他或她所表现出来的一系列言语或非言语行为进行判断的,既包括他或她说了什么,也包括他或她实际做了什么。

(二)道德发展理论

对于品德或道德发展,有各种不同的理论解释。其中,比较有代表性的,是皮亚杰、科尔伯格、瑞斯特等人的道德认知发展理论,以及吉利根的女性道德发展理论。这些不同的理论,不仅对个体道德发展的阶段性进行了描述,而且蕴涵着促进个体道德发展的教育路径。

1. 皮亚杰的道德发展理论

瑞士心理学家皮亚杰有关儿童道德发展的理论,虽不及他的认知发展理论那样细致,却开启了道德心理学这个新领域。在《儿童的道德判断》(1932)一书中,皮亚杰通过观察和研究 5—13 岁儿童在弹子游戏中对规则的理解,对儿童道德发展进行了分析。在儿童游戏的过程中,皮亚杰常常会问他们一些问题,如"这些规则是从哪里来的?""每个人都必须遵守规则吗?""这些规则可以改变吗?"同时,为了探寻儿童对公正的认知,皮亚杰会让他们思考一些涉及道德抉择的小故事。

专栏 13-3

皮亚杰的对偶故事

皮亚杰设计的一组对偶故事是这样的。

故事一:有个小男孩叫约翰,待在自己的房间里。妈妈叫他到餐厅来吃饭。餐厅的门后有把椅子,椅子上放着一个托盘,上面有 15 个杯子。约翰并不知道门后有这些东西。他推门进来时碰到托盘，15 个杯子碎落一地。

故事二：有个小男孩叫亨利。有一天妈妈不在家，他想要拿壁橱上的果酱。他爬到椅子上伸手去拿，但果酱放得太高了，他够不着。正当他努力去拿的时候，碰翻了一个杯子，杯子掉到地上碎了。

说完故事之后，皮亚杰就会问"哪个小孩更淘气？""应该怎样惩罚那个更淘气的小孩？"之类的问题。

通过这些研究，皮亚杰认为，与认知发展一样，儿童的道德发展也呈现出从低到高的顺序性和阶段性。

具体来说，他将儿童的道德发展分为三个阶段。

最初是"前道德"（premoral）阶段（5 岁以前），儿童还没有什么规则意识，主要是掌握游戏所需要的基本动作技能，虽能进行模仿，但不能与他人进行真正的社会互动，因此这个阶段没有什么道德判断。

接下来是"道德他律"（heteronomous morality）或"道德实在论"阶段（5—10 岁），儿童认为规则是外部给予的且不能改变的，是必须遵从的。这个阶段的儿童通常不怀疑成人的权威，主要关注的是行为的后果而非主体的意图，因此不能认识到，有时善意的行动也会带来伤害性的后果。

最后一个是"道德自律"（autonomous morality）阶段（10 或 11 岁以上），儿童认识到规则是专断的，可以通过彼此同意加以改变，同时能在情境中对规则进行选择性的应用和批判性的评估。这个阶段的儿童能认识到，行动者的意图比行动的后果更为重要，开始强调公平公正，特别是过罚相当的原则。[①]

2. 科尔伯格的道德发展理论

在皮亚杰和美国政治哲学家罗尔斯（Rawls, J. B., 1921—2002）的影响下，科尔伯格（Kohlberg, L., 1927—1987）试图将道德哲学与心理学整合起来，探讨个体道德发展的过程和特征。他设计了一系列包含道德原则冲突的两难情境，并运用这些情境对受访者进行了访谈，让他们对情境中涉及的道德行为进行判断和推理。

科尔伯格的"道德两难"故事　　专栏 13 - 4

科尔伯格有个经典的两难情境，描述的是海因兹偷药救妻。故事是这样的。

在欧洲，有个妇女患有一种特殊的癌症，生命垂危。医生认为有一种药兴

---

① Patanella, D. (2011). Piaget's Theory of Moral Development. In S. Goldstein & J. A. Naglieri (Eds.), *Encyclopedia of Child Behavior and Development*, Boston, MA: Springer; Shaffer, D. R. & Kipp, K. (2014). *Developmental Psychology: Childhood and Adolescence (9th ed.)*, Belmont, CA: Wadsworth, p.513－515.

许可以救她。这种药是同城的一位药剂师最近发现的一种镭剂。但是该药造价不菲,而且药剂师还以10倍于成本的价格出售。药剂师花了200美元制造镭剂,而很小的一针药就要卖2000美元。这个妇女的丈夫叫海因兹,他向他认识的每个人借钱,仅仅凑到了药价的一半——1000美元左右。他与药剂师说,他的妻子快要死了,并央求药剂师把药便宜点卖给他,或者允许他随后付钱。但是,药剂师说:"不行。我发现这种药,是打算靠它赚钱的。"海因兹陷入绝望,最后他为了妻子闯进药剂师的店铺把药偷了出来。作为丈夫,海因兹应该这样做吗?

对于这个情境,被访者不仅要做出判断,表明海因兹是否应该偷药,而且要给出理由,说明他为什么应该或不应该。

透过这些判断及其背后的理由,科尔伯格认为,个体道德判断的发展呈现出三个水平:前习俗水平、习俗水平和后习俗水平。在前习俗水平上,个体主要根据权威或苦乐后果来进行道德判断;在习俗水平上,个体主要根据他人或社会的期望来进行道德判断;在后习俗水平上,个体主要根据普遍的道德价值或原则来进行道德判断。而在每一个水平上,又可区分两个不同的阶段(见表13-1)。根据科尔伯格的观点,处在同一阶段的个体表现出相同的道德推理能力;个体的道德发展是连续的按照不变的顺序由低到高逐步展开的过程,更高水平和阶段的道德推理兼容更低水平和阶段的道德推理,反之,则行不通;各阶段的时间长短不等,个体的道德发展水平也有较大差异,有些人可能只停留在前习俗水平或习俗水平,而永远达不到后习俗水平的阶段。

表 13-1

道德判断发展的阶段[①]

水平	阶段	道德推理的特点	关于"海因兹两难"的道德推理	
			不该偷的理由	该偷的理由
前习俗水平	1	以惩罚与服从为定向	偷东西会被警察抓起来,受到惩罚。	他事先请求过,又不是偷大东西,不会受到重罚。
	2	以工具性的相对主义为定向	若妻子一直对他不好,他就不必自寻烦恼,冒险偷药。	若妻子一向对他好,他就该关心妻子,为救她的命去偷药。
习俗水平	3	以人际和谐或"好孩子"为定向	做贼会使自己的家庭名声扫地,给自己的家人(包括妻子)带来烦恼和耻辱。	不管妻子过去对他好不好,他作为丈夫都有责任为救妻子去偷药。
	4	以法律与秩序为定向	采取非常措施救妻子的命合情合理,但偷别人的东西犯法。	偷东西是不对,可不这样做的话,他就没有尽到做丈夫的义务。

---

① 黄向阳著:《德育原理》,华东师范大学出版社,2002年版,第225页。

水平	阶段	道德推理的特点	不该偷的理由	该偷的理由
后习俗水平	5	以法定的社会契约为定向	丈夫没有偷药救妻的义务,这不是正常的夫妻关系契约中的组成部分。海因兹已经为救妻子的命尽了全力,无论如何都不该采取偷的手段解决问题。但他还是去偷药了,这是一种超出职责之外的好行为。	法律禁止人偷窃,却没有考虑到为救人性命而偷东西这种情况。海因兹不得不偷药救命,如果有什么不对的话,需要改正的是现行的法律。稀有药品应当按照公平原则加以调控。
	6	以普遍的伦理原则为定向	他设法救妻子的性命无可非议,但他没有考虑所有人的生命的价值,别人也可能急需这种药。他这么做,对别人是不公正的。	为救人性命去偷是值得的。对于任何一个有道德理性的人来说,人的生命最可宝贵,生命的价值提供了唯一可能的无条件的道德义务的源泉。

3. 后科尔伯格的道德发展理论

在道德发展理论方面,科尔伯格的贡献是突破性的,但是也招致了不少人的批评。其中,特别引人注目的是瑞斯特(Rest,J. R.)和吉利根(Gilligan, D.)。

瑞斯特有关道德发展阶段的划分,直接源自于科尔伯格。他主要关注个体道德思考的**两个要素:一是对行动或规则的期待是如何认知和分享的;二是利益是如何平衡的。**在确定道德权力和责任方面,他对六个阶段进行了如下区分:

表 13-2

瑞斯特的道德发展阶段①

阶段	特　　征
1	服从("按要求去做事。")
2	工具利己主义和单纯交换("我们来个交易吧。")
3	人际协调("要体贴、友好、友善,你就会与人相处融洽。")
4	法律和对社会秩序的义务("社会中人人都要承担法律的责任,并受法律的保护。")
5	社会共识("你有责任履行按照正当程序达成的任何协议。")
6	非专断性的社会合作("理性的、公正的人进行合作的方式就是道德的。")

与科尔伯格不同,瑞斯特认为,道德发展更具流动性和广泛性,未必是按照这些阶段线性推进的。个体可能会同时采用多种推理方式,甚至可能会同时表现出向多个阶段发展的倾向。因此,他认为,道德发展与其说像个楼梯,还不如说是不同变化的分配;它涉及的不是那么严格的阶段,而是更为广泛的图式。借助问题确定测验(defining issues test),瑞斯特等人区分了三种与道德推理发展有关的发展图式:①个人利益图式

---

① Rest, J. R. (1979). *Development in Judging Moral Issues*. Minneapolis: University of Minnesota Press, p. 22-23.

(personal interest schema)，源自科尔伯格的阶段二和阶段三，个体主要以自我为中心，从后果的角度进行道德判断，考虑的是道德困境中相关主体的利益得失；②规范维持图式(maintaining norms schema)，源自科尔伯格的阶段四，个体开始关注社会合作，寻求普遍接受的社会规范，相信规范是互惠的且需要所有人遵从的，对权威的尊重不是来自权威的个人特征而是来自对社会的尊重。③后习俗图式(postconventional schema)，源自科尔伯格的阶段五和阶段六，主要将道德责任建立在共同价值观的基础上，强调道德标准的优先性，寻求某个理想的、可分享的价值观和充分的互惠。在这里，瑞斯特主要强调社会因素对个体道德发展的影响。

　　另一个重要的批评，来自于他的学生吉利根。通过对女性及其关系的长期研究，吉利根认为，科尔伯格等人主要从权利或规则的角度理解道德，强调自主性和普遍正义，这种取向忽略了女性的声音和经验。吉利根认为，女性主要从关怀和责任的角度理解道德，她们在进行道德决策时尤为关注自我与他人的关系。根据她们对自我与他人关系的理解和判断，吉利根提出了三个水平两个过渡期的理论(具体见表11-3)。

表 13-3

女性道德发展的阶段[1]

水平	特　征
水平一：以个体生存为定向	个体表现出自我中心，不能区分需要和愿望。该水平上的目标是，满足个体的愿望和需要，以实现自我保存。
第一个过渡期：从自私到责任	建立对他人的关联和依恋。道德判断逐渐从独立、自私转向关联、责任。个体仍然面临需要和愿望之间的冲突，开始怀疑她们的自我概念，考虑做正确事情的机会。道德决策模式中整合了责任和关怀。
水平二：作为自我牺牲的善	由于个体转向对他人的积极互动和依赖，生存变成了社会接纳。个体开始化解自我利益与关怀他人之间的矛盾，反思传统的女性价值观。事实上，个体为了达成共识、维持与他人的联系，会放弃她自己的判断。在伤害他人的问题上会产生失衡。尽管存在冲突，但是这种冲突通常不是公开表达的，而是私人化的。
第二个过渡期：从善转向真	个体开始怀疑为什么要不惜牺牲自己优先考虑他人。个体根据她们自己的需要，决定是否将自己纳入责任的范围。但是，这个时期仍然努力调和伤害和关怀之间的矛盾。个体的道德判断逐渐从与身边的人保持一致，转向兼及自我和他人的需要。个体第一次将对自己的需要的考虑看作是真实的，而不是自私的。这次过渡关系到自我概念。承担责任，是坦诚自我的结果。在这个阶段仍然感受到自我和责任之间的困境。
水平三：非暴力的道德	个体将非暴力(避免伤害的道德要求)上升为支配道德判断和行动的首要原则。个体通过重新理解自我和道德，开始服膺关怀原则。在这里，道德包括了对自我的尊重，自私和责任之间的对立消失了。个体意识到她有权在各种相互竞争的选项中进行选择，并在各种道德方案中维持她的需要。

（三）德育过程的基本规律

　　在学校语境中，德育过程就是教育者根据社会的道德要求和品德的发展特征，促进

---

① Evans, N. J., Forney, D. S., Guido, F. M., Patton, L. D., Renn, K. A. (2010). *Student Development in College: Theory, Research, and Practice*. San Francisco, CA: Jossey-Bass, p. 112-113.

学生将外部的道德规范内化为自身道德品质的过程。一般来说,在学校教育情境中,这一过程的展开呈现出以下基本规律。

1. 德育过程是对学生知、情、意、行的培养提高过程

如前所述,从结构上来看,个体品德是道德认知、道德情感、道德意志和道德行为等要素相互关联的统一体。促进个体品德的发展,就意味着不断提升个体在道德方面的知、情、意、行。因此,学校德育的展开,一是要注意"晓之以理",主要通过说理、讨论、辩论、反思等方式,让学生认识特定道德规范的意义和价值,理解做出特定道德选择、采取特定道德行动背后的理由。二是要"动之以情",主要通过各种道德故事或生活叙事,激发学生的道德敬畏感和崇高感,引发他们对他人处境的深切同情,唤起他们对道德规范的积极体验和对道德行动的内在热情。三是要"导之以行",主要通过榜样教育或实践活动,引导学生克服困难,持之以恒,将一般的道德要求转化为具体的道德行动。但是,这并不意味着面向学生的德育过程必须从道德认知开始,再激发道德情感,培育道德意志,最后引发道德行为。实际上,德育过程可以从这四个要素中的任何一个出发,引出和整合其他要素。比如,我们常常让学生观看某个道德模范的感人事迹,触动他们的情感,进而分析这些事迹之所以让人感动的原因,增进学生对该模范道德观念和行为的理性认知,引导他们学习该模范的具体行为。这就是通常所谓德育的"多端性"。

2. 德育过程是通过活动和交往对学生产生多方面教育影响的过程

道德的学习或品德的养成,与知识的学习有所不同,依靠直接的教学并不能完全奏效。一个人是否具有某种道德或美德,并不是简单地看他或她是否能说清该品德或美德是什么或如何做,而是要看他或她是否在行动中体现出来,并使之成为一种习惯。离开了实际的行动,个体的品德或美德就无从养成。在德育过程中,要促进学生品德的养成,就需要为学生提供丰富多样的活动和交往机会,让他们在活动中感知、体验和践行道德规范及其要求,在与同伴的交往中发展他的道德观念和责任的意识,形成健全的道德自我。实际上,只有学校广泛展开各种各样的活动,如班队活动、主题教育活动、节庆活动、综合实践活动及文体活动等,并在活动中融合道德的观念,体现出多方面的兴趣,促进学生的平等交往,激发学生的积极参与,才能真正促进学生的道德成长。

3. 德育过程是促使学生思想内部矛盾运动的过程

在德育过程中,学生并不是消极或被动的,而是具有自身能动性的主体。教师施加在学生身上的道德影响,最终都有赖于学生自我的吸收或转化。但这并不是否定教师的作用,相反,如果教师方法得当,将在很大程度上促进学生思想内部的矛盾运动和转化,帮助学生形成稳定的道德品质。这里主要涉及几个方面的矛盾运动和转化。一是社会的道德要求与自身道德发展水平之间的矛盾,这是德育过程要解决的基本矛盾。教育者在促进学生内化社会道德要求时,既要基于学生现有的道德发展水平,又要引导学生品德向更高阶段迈进。二是道德认知、情感、意志和行为之间的矛盾,特别是知与行的矛盾。教育者要通过各种活动或教育手段,促进学生将道德认知与道德情感、意志和行为结合起来。三是他律与自律的矛盾,即服从外部的道德权威和实现内在的道德自律之间的矛盾。教育者要根据学生道德发展的阶段,适时引导学生从他律阶段向自律阶段发展,同时注意教师权威和学生自主之间的平衡,积极促进学生将外部的道德要求真正转化为自我的道德认同。

4. 德育过程是一个长期的、反复的、不断前进的过程

个体的道德成长或品德发展,从来就不是一蹴而就的。一方面,个体品德不仅涉及知、情、意、行等多个因素及其相互作用,而且在发展的阶段上呈现出多样性和复杂性。要平衡和整合这些不同的因素,促进学生品德向更高阶段持续发展。另一方面,学生品德的形成不只是受教师或学校的影响,而且受同伴、家庭和社会环境的影响。来自学校以外的因素,会对学校德育过程的展开产生多方面的影响。特别是有些消极或不良的影响,会抵消学校德育的积极作用,导致学生在道德价值观上出现偏差,在道德行为上出现失范。这些都给德育过程的展开带来挑战。教育者不仅要积极引导学生的道德发展,而且要应对和平衡来自学校以外的各种因素的影响。

三、德育的基本方法

在学校教育中,促进学生道德发展的德育方法有很多,如道德说理、实践锻炼、榜样示范、自我陶冶、强化(如奖惩)等。这里主要介绍四种较为系统和综合的道德教育方法。

(一) 道德两难案例讨论法

1. 含义

这种方法主要源自前述科尔伯格的道德发展理论。他认为,学校德育的目的是促进学生道德判断能力的发展。道德两难案例讨论法,是指通过给学生提供一些包含着相互冲突的道德原则的故事或设置一些这样的处境,让学生说出在这种情况下各种可能的行为选择,并做出评价。这些两难处境所包含的各种可能的行为选择必须要么都是可取的,要么都不可取,而不能是两者兼而有之。

在道德两难故事的讨论中,启发儿童积极思考道德问题,从道德的冲突中寻找答案,以发展儿童的道德判断力。下面是一个典型的利用道德两难问题的讨论来促进学生道德认知发展的例子。

问题:海因兹该不该去偷药?

步骤:

(1)请学生回答海因兹应该怎么做并说出理由。("海因兹该怎么办呢?")

(2)把学生分成几个小组,或者按学生的不同意见分组,或者随机分组。让他们讨论他们的理由,为他们的行为选择找出正当理由。("为什么海因兹应该照你说的做?")

(3)允许各小组对自己的立场作总结和澄清。

(4)进一步提出下列问题:

① 一个人的亲属的幸福比其他人的幸福更重要吗?

② 海因兹应该为一个陌生人偷药吗? 应该为他的宠物偷药吗?

③ 海因兹去偷药违反法律吗? 从道德上讲,这种行为是错误的吗? 为什么是或为什么不是?

2. 注意事项

实施道德两难案例讨论法的具体步骤和要求如下。

第一,根据道德判断测量表测出学生道德发展已达到的实际阶段,并根据测试结果将学生分组。

第二，选择适当的道德两难故事和问题引导学生进行讨论。教师在给学生讲述道德两难故事时，应能让学生完全听懂并能复述出故事里的情节，使学生能真正明确故事中的道德两难问题和矛盾冲突是什么。在组织学生讨论时应给学生一定的思考和准备时间，还需就故事里的道德难题提出一些相关问题以启发学生思考。

第三，讨论时可采取先分小组进行，然后再集中的办法，让每个人都有充分发表个人见解的机会。

第四，教师要注意让学生就不同的方案进行比较、辩论，要能引起学生道德认知上的冲突，以引发更深的思考和逻辑推理，要让道德发展阶段相邻的同学有相互交流的机会，使较低水平的同学能学到较高阶段的道德推理。

第五，讨论不要追求意见一致的结局，而应通过讨论达到提高学生道德推理能力和认知水平的目的。

第六，讨论结束前要及时引导学生进行总结并继续对该问题作进一步的思考。

总体来说，相比较传统道德教育方法，这种道德两难案例讨论法更加强调以下方面。①了解儿童当前的道德发展的阶段水平；②唤起儿童真正的道德冲突和在问题情形上的意见不一（而不是强调成人的"正确答案"）；③向儿童揭示高于他所属阶段的那个阶段的道德思维方式（而不是求助于远远超出特定儿童发展水平的成人抽象说理，或者诉诸惩罚和谨慎措施）；④促进儿童向高一级的道德推理水平发展。[1] 研究表明，这种方法是一种颇为有效的道德教育方法，它可以促进学生道德判断力的发展，培养学生道德敏感性，使他们能够更加自觉地意识到在现实生活中可能存在着的道德冲突，并在对这些道德冲突的反思当中提高在道德问题上的决断能力，做出正确的道德选择。但是，这种方法易于忽略女性的经验和对关怀的考虑，特别是情感因素在个体道德发展中的作用。

（二）价值澄清法

1. 含义

这种方法主要源自于价值澄清理论。产生于 20 世纪 60 年代中期，是美国价值观多元背景下，最早兴起的、得到广泛应用、影响巨大的一种道德教育模式。该方法是拉思斯（Raths，L.）等人在《价值与教学》（*Values and Teaching*）一书中提出的。他们认为，在现实生活当中，大多数人平时并不能清楚地意识到指导着自身的生活实践的价值观到底是什么。价值澄清法就是帮助学生个体澄清他们的价值观到底是什么的一种道德教育方法。

对于这里的关键词"价值（观）"，价值澄清理论有独特的理解。在教学中只有合乎以下几个标准的事物，才可称之为价值（观）。包括：①鼓励孩子们自由地做出自己的选择；②当面临几种不同的选择时，帮助他们发现各种可能的选择；③帮助孩子们仔细斟酌其他的选择，考虑每一种选择的后果；④鼓励学生思考他们所看重和珍视的是什么；⑤给他们向别人声明自己的选择的机会；⑥鼓励学生按照自己的选择行事；⑦帮助

---

① （美）柯尔伯格著，魏贤超，柯鑫等译：《道德教育的哲学》，浙江教育出版社，2000 年版，第 22—23 页。

他们意识到生活中出现的重复行为和模式。①

2. 注意事项

价值澄清理论并不认为存在普遍有效的道德真理,因而反对教师对学生进行价值观的说教、训诫或灌输。"教师必须信赖学生的明智的和考虑周到的想法,尽管他当然可以自由地使学生面临那些尚未被认识到的各种可能选择和未曾想到的后果"。② 根据拉思斯等人的观点,澄清反应是教师针对学生所说的话或所做的事而作出的反应,以鼓励学生进行特别的思考。③ 澄清反应是最为常见的价值澄清策略。

澄清反应的主题是八种与价值有关的重要类型:目标或目的、抱负、态度、兴趣、情感、信仰或信念、活动以及烦恼、问题或障碍,这些与价值有关的类型称为价值指示,即指向价值但尚未"到达"价值的表达方式。它们构成了价值澄清的理想题材。④ 有效的澄清反应的标准是能促使个体检查并思考自己的生活和思想,它应具备以下因素。⑤

① 澄清反应避免道德说教、批评、向儿童灌输价值观或进行评价。

② 它能使学生有责任检查自己的行为或思想,并独立思考和决定他们的真正需要。

③ 澄清反应同样考虑到学生将不作检查、决定或思考的可能性。

④ 它并不试图以其无关紧要的评论去做重大的事情。

⑤ 澄清反应并不适用于访谈意图。

⑥ 通常不会出现扩大了的讨论。

⑦ 澄清反应经常是针对个人进行的。

⑧ 教师不对每一个学生在课堂上的一切言行做出反应。

⑨ 澄清反应在不存在"正确"答案的情景中发挥作用,诸如涉及情感、态度、信仰或目的之类的情景。

⑩ 澄清反应并不是严格遵循某种格式的呆板事物。

澄清反应经常是以短暂的、非正式的会话出现在课堂上、走廊里、操场上,或教师能接触到学生的言行、并能引起学生的反应的其他任何地方。这种交谈方式叫做"单腿会议",下面的对话即是一例。⑥

老师:布鲁斯,你不想出去到操场上玩吗?

学生:不知道,也许吧。

老师:你有别的更想干的事吗?

学生:不知道,没啥想做的。

老师:你似乎对什么都不在乎,布鲁斯,是吗?

学生:我想是的。

---

① (英)路易斯·拉思斯著,谭松贤译:《价值与教学》,浙江教育出版社,2003年版,第37页。

② 同上书,第94页。

③ 同上书,第52页。

④ 同上书,第68页。

⑤ 同上书,第54—56页。

⑥ (美)大卫·A·威尔顿著,吴玉军等译:《美国中小学社会课教学策略》,华夏出版社,2004年版,第158页。

老师：我们做任何事情在你看来都无所谓，是吗？

学生：我想是的，哦，我想并不是所有的事情。

老师：好了，布鲁斯，我们现在最好出去和其他人一块玩。你啥时候想起了别的想做的事情的话，不妨告诉我。

除了澄清反应之外，其他常见的澄清策略还包括书写策略、讨论策略等。书写策略是指把某一发人深思的陈述和一系列问题列成价值单，然后把它复制在一张纸上并分发给学生。每个学生都应完成价值单，并将答案写在纸上，然后进行交流，或将答案当作大规模讨论或小规模讨论的基础。讨论策略是针对大规模的团体讨论而采取的澄清策略，它主要包括四个步骤：选择主题，鼓励学生谨言慎行，组织交流，以及帮助学生汲取知识。这四个讨论步骤，适合于任何一种课堂讨论。

总体来说，价值澄清法关注儿童生活世界中的价值观困惑问题，试图帮助儿童检查他们的生活，鼓励他们在积极的、可接受的氛围中思考人生，探寻人生的意义；富于民主、平等、自由与宽容的精神，强调倾听、对话，注重为学生创造一个自由选择的环境与氛围，相信学生具有自由探寻自己的生活道路与人生意义的权利、能力与勇气，体现了对人类尊严的尊重和对美好人性的信任；可以帮助学生形成一个较为完整的自我概念，并据以指导自己的道德生活。但是，这种方法也可能会侵犯学生的隐私权，模糊道德问题与非道德问题的边界，助长伦理相对主义，而且会使教师扮演一种训练有素的心理问题咨询员（或心理医生）的角色。[①]

（三）榜样教育法

1. 含义

所谓榜样教育，就是教育者引导被教育者模仿、学习某个（某些）品德高尚者的品德的道德教育方法。这种方法主要根源于人的模仿天性。美国心理学家班杜拉认为，人的社会行为是通过"观察学习"获得的。在观察学习中，具有决定性影响的是环境，如社会文化关系、榜样等客观条件，只要控制这些条件，就可促使儿童的社会行为向社会预期的方向发展。人们甚至不用什么奖励或强化，甚至也不需参加社会实践，只要通过对榜样的观察，就可学到新的行为。由于好的榜样是某种优良品德的具体体现，其生动鲜明的形象，使行为准则、道德规范更易于理解、易于效仿，使人们从中受到感染和激励，因而具有强烈的教育作用。

2. 注意事项

在运用榜样教育法时，榜样的选定是一个关键的因素。通常，榜样可以分为两类。一类是社会和学校、教师树立的榜样。这类榜样主要体现了造就美好社会、改造人的思想，实现社会教化的目的。另一类是学生自己选定的榜样。这类榜样比较贴近学生自身的生活，容易引起学生情感态度上的共鸣，从而自然地产生道德影响。因此，在榜样教育中，尤其要注意帮助和引导学生选择学生身边具有良好品德的人，如同伴、家长、教师等，作为道德学习的榜样。

---

① （美）大卫·A·威尔顿著，吴玉军等译：《美国中小学社会课教学策略》，华夏出版社，2004年版，第158—159页。

青少年对道德榜样的认知和选择

青少年究竟是如何认知和选择道德榜样的？对此，有研究者对辽宁省部分城市 1 321 名初一、初二学生进行了调查。调查有如下发现。

（1）86.2%的青少年认为个人成长过程需要榜样的引领，心中有榜样的青少年占 78.6%。

（2）在学习榜样品质的过程中，40.5%的青少年最关注高尚人格、奉献精神，29.5%关注坚强毅力、奋斗精神，8.8%关注刻苦学习、学识渊博，21.2%关注榜样责任感强、舍身为人。

（3）对于应该树立何种类型的榜样，44.2%的青少年认为应该树立人格高尚、乐于奉献的榜样，31.4%认为应该树立意志坚定、不懈努力的榜样，11.5%认为应该树立刻苦学习、学识渊博的榜样，12.1%认为榜样应该是遵纪守法、责任感强的。67.1%的青少年认为身边就有很多值得学习的榜样。

（4）对于榜样之于自身最大的影响在哪方面，45.1%的青少年认为在于人生理想和追求，19.4%认为是学习目标，22.6%认为是品德修养，12.9%认为是行为方式。

（5）对于榜样教育，91.2%的青少年认为有必要，且 75.1%的人敬佩并努力学习榜样的行为。但是，32.6%的青少年认为学校对榜样教育不重视，35.7%认为榜样教育千篇一律，31.7%认为没个性或走形式。此外，37.6%的青少年认为社会的榜样宣传真实感人，14.7%的人认为夸张。

（资料来源　朱宁波、袁媛：《青少年道德榜样教育现状的调查研究》，载《教育科学》2013 年第 5 期。）

在榜样教育中，教师起着至关重要的作用。在榜样教育中，教师不仅要帮助学生鉴别、选择那些道德上足供效法的榜样（现实中和历史上的），以及帮助学生辨别那些不宜效法的人——道德榜样的对立面，而且要通过身教，以自身的道德行为、道德人格为学生树立起一个可供仿效的榜样。教师的一言一行，他们在课堂上的所有言谈举止，甚至他们组织课堂的方式，都反映着指导他们行为的价值观和标准。只需通过观察教师的言行举止，儿童就能知道教师认为什么是重要的、有价值的、值得表扬的，什么与此相反。例如，教师不需要明确说出要尊重别人，他的学生仍能知道教师是否尊重他。而对于年幼的、容易受到权威影响的儿童来说，教师的言行举止所表达出来的价值观更是对儿童具有很深的影响。实际上，在学校的道德教育中，对儿童的道德价值观的影响最为重要的，往往正是担任着教育者角色的教师在学校生活与课堂教学中有意无意地表露出的道德倾向。因此，科尔伯格坚持认为："我们相信，在隐蔽课程中，要紧的是教师和校长的道德品质和思想意识，因为这两样东西会转化成一种动态的社会环境，而这种社会环境则影响儿童的环境。"①

---

① （美）柯尔伯格著，魏贤超、柯森等译：《道德教育的哲学》，浙江教育出版社，2000 年版，第 274 页。

雷锋当初学的谁

在一次单位组织召开的"向雷锋同志学习"座谈会上，一位年轻同志提出这样一个问题："雷锋当初学的谁?"引发了大家的思考。带着这个问题，我翻阅学习了《雷锋日记诗文选》、《雷锋的故事》等书籍，最后找到了答案：雷锋是以他身边的领导作为学习榜样的。

雷锋初到湖南望城县委当公务员时，有一次，他跟县委书记张光玉一起去开会，走着走着，看见路上有颗螺丝钉，他踢了一脚就走开了。张书记却走过去捡起来，装进了口袋。雷锋觉得奇怪：一个县委书记，捡个螺丝钉干什么?过了几天，雷锋要到一个工厂去送信，张书记拿出螺丝钉交他带去，说："小雷，咱们国家底子薄，要搞建设，就得艰苦奋斗，一颗螺丝钉，别看东西小，缺了它也不行。滴水积成河，粒米堆成箩呀!"这颗小小的螺丝钉，在雷锋心中留下了难忘的记忆……

雷锋入伍后的第一天晚上生病发烧，营长来查铺，知道他感冒了，连夜从卫生队叫来医生为他诊治，还脱下自己的棉大衣，并送来一床新被子，盖在雷锋身上，雷锋感动得泪水流湿了枕头。后来就有了雷锋帮助战友乔安山的事。雷锋主动向灾区捐款，团政委韩万金得知后，热情宣传他为国为民分忧，而韩政委自己把工资捐给灾区，却不向外露一个字……

有这些品德高尚的领导言传身教，雷锋的思想不断得到升华，最终成为共产主义战士、全国人民学习的榜样。

（资料来源　节选自陈思炳：《向雷锋学习，雷锋当初学的谁?》，《人民日报》2008年1月10日。）

（四）角色扮演法

1. 含义

角色扮演是指在道德教育中，运用戏剧表演的方法，将个人暂时置身于他人的社会地位，并按照这一位置所要求的方式和态度行事，以增进人们对他社会角色和自身角色的理解，从而学会更有效地履行自己社会角色的一种活动。

2. 注意事项

这种方法主要是以米德（Mead，G.）的角色理论为基础发展起来的。米德通过对自我的研究发现，自我是通过学习、扮演其他人的角色发展起来的，是他人对自己看法的总和，是各种角色的总和，代表对占有一定社会地位的人所期望的行为。角色扮演是在与他人交往和实际社会生活中，一个人所表现出来的一系列特定行为。在不同场合，人们所扮演的角色是不同的，这就要求人们根据社会环境的变化，适当地调整自己所扮演的角色。每个人所扮演的角色是在人际互动中实现的。

在角色扮演中，学生的行为要与所扮演的角色行为相吻合，要把自己放在角色的位置上，学会"换位思考"，从角色的角度看待问题；在角色扮演中，学生必须学会共同拟定和改变游戏活动的主题；为了使角色游戏成功地继续下去，他们之间就先要协商由谁担任什么角色，使用什么象征性物品；游戏中常常要改变计划，这就需要共同合作，学会从他人角度看问题,更好地完成人与人之间的交往。同时,在游戏中还可学习如何坚持自己正当的权利、要求,怎样控制自己的言行,以符合游戏规则。因此,角色扮演对于学生习得道德规则意识,学会与人共同合作,培养"换位思考"的道德敏感性都是很有帮助的。

专栏 13－7

角色扮演的育人功能

戏剧教育作为一种综合艺术教育形式,具有德育、智育、美育、体育等全方位的综合育人功能。近年来,海淀区借助戏剧教育这一载体广泛开展戏剧教育工作,确立了发掘戏剧育人功能、开发戏剧课程、探索戏剧教学法和建设戏剧社团等研究方向,旨在借助戏剧这种综合的艺术形式,融艺术修养、品德培养、文化熏陶和舞台表演于一体,达到综合育人、立德树人的教育目标。在此过程中,角色扮演作为学生本人与不同角色之间心灵碰撞和个体社会化的一种形式,发挥了重要的育人功能。

八一中学的六幕话剧《我的西南联大》表现的是战火纷飞的岁月,知识分子的拳拳报国心。学生们通过演剧理解了当年的大学生是为了国家、民族在读书。而我们现在,无论选大学还是选专业,还不是非常清楚为了什么。饰演简明易的陈博同学说:"我今年开始准备出国考试,身边出国读大学的人也多了起来。爸爸是搞研究的,身边不乏从国外回来的科学家,也曾经建议过我出国学习。可是我们为什么要出国?演了这部话剧后,我想了很多。我不敢说我学成归来后能像钱学森一样为国家做些什么大事,但要是我有为国家学习的态度,有联大学生的精神,当我在国外学习遇到困难时,也应该会有更大的勇气去克服。"

海淀进修附属中学的原创校园剧《我们学校的名字很长很长》,表现了懵懂青春时节莘莘学子的绵绵校园情。《我们学校的名字很长很长》以学校建校12年发展为背景,讲述了一位刚入行的青年教师,通过不懈的努力取得学生和家长的信任,最终在教学中实现了"培养学生自主学习能力"的理想故事。从一个平凡却鲜活的角度出发,以小见大,展现了学校办学12年来的发展成果。

一位家长观看《我们学校的名字很长很长》后激动地说:"学生直面繁重的课业负担,学校给了他们时间和空间,老师引导他们定位自己、规划自己、发挥自己的优势,从而使他们感到了自我的价值,激发了他们对待生活的热情,他们的中学时代不再是一张黑白的老照片,有欢声有笑语,有争执有烦恼,他们更具有的是对待人生的热情、走入社会的素质与能力,他们的生活是色彩斑斓的。"

（资料来源　节选自乔健:《发挥戏剧活动中角色扮演的育人功能》,载《北京教育》2014年第3期。）

四、德育的主要途径

德育的实施有很多的途径。比如,我国《中小学德育工作指南》就提出,要通过课程、文化、活动、实践、管理等多种途径进行育人。这些途径,概括起来,可以分为两类:直接德育和间接德育。

(一) 直接德育

直接德育主要是通过开设专门的德育课程,系统地向学生传授道德知识和理论。杜威把这种德育途径称作"关于道德的观念"的教学。

近代以前,道德教育主要是通过渗透在古典人文知识的教学中来进行,通过何种途径进行道德教育,本不是个问题。但随着近代自然科学的兴起与学科教学的愈加分化,以及实利主义思潮的兴盛,以自然科学知识为主的学科教学在学校教育中逐渐占据中心的地位,相反,原来以培养人的道德品格为主要目的的教育活动则愈来愈被边缘化。为了保证学校教育的道德目的,教育行政部门与学校不得不考虑开设专门的道德教育课程来进行专门的道德教育。

专门的道德教育课程的开设

专栏 13 - 8

1872 年,日本颁布《学制》,要求小学开设修身课,中学开设修身学课。

1882 年,法国在西方率先以法令形式规定道德课为学校的正式课程。

1902 年,清政府颁布《钦定学堂章程》(壬寅学制),规定蒙学堂与小学堂均开设修身课。

1904 年,清政府颁布《奏定学堂章程》(癸卯学制),规定小学堂开设修身课。

1912 年,民国政府颁布《小学校教则及课程表》,规定初等小学校开设修身课。

1912 年至 1913 年,民国政府先后颁布《中学校令》及《施行规则》、《课程标准》,规定中学校开设修身课,要求注意讲求"本国道德之特色"。

1923 年,民国政府颁布《中小学课程标准纲要》,将修身课改为公民课。

开设专门的道德课程进行道德教育,其优点在于:一是在德育日益被边缘化的今天,至少可以保证学校提供一定的时间和一定的专职人员来关注和实施德育;二是开设专门的道德教育课程,可以向学生系统地传授道德知识,在一定程度上提高学生的道德认识;三是如果组织得法,道德教育课程还可以促进学生道德思维能力和道德敏感性的发展。[1]

但是,直接的道德教育不仅在理论基础上而且在实践效果上都面临一些挑战。比如,杜威(Dewey, J.)就认为,应"使道德目的在一切教学中——不论是什么问题的教学——普遍存在并居于主导地位。如果不能做到这一点,'一切教育的最高目的是形成性格'这句人们熟悉的话就会成为伪善的托词;因为人人都知道,教师和学生的直接的、即时的注意力必然在大部分时间内是放在智力问题上。它谈不上把道德上的考虑放在最重要的地位"。在这样一种情况下,直接的道德教学只不过是一种"关于道德观念"的

---

[1] 黄向阳著:《德育原理》,华东师范大学出版社,2000 年版,第 193 页。

教义问答式的教学而已。① 事实上，也有研究表明，直接的道德教育作用相当有限。1920—1930 年间，美国学者哈桑（Hartshome）与梅尔（May）选取了小学五年级到初中二年级的 11 000 名青少年作为研究的样本，评估了他们与品性有关的行为，选用了 33 个不同行为测量表，测量包括利他主义、自制、诚实与欺骗等，结果显示，当时学校中的品德教育课及参加主日课（Sunday School）对孩童在实际生活中的诚实和利他主义水平的提高并无显著效果。甚至有的时候，直接的道德教育还会产生消极的后果。将道德课与其他学科相提并论，客观上造成了教师在"道德教学"和"学科教学"之间的分工。担任学科教学的教师，可能会认为自己在德育方面没有责任，把德育推诿给担任道德教学的教师，导致学校大多数教师不管德育的现象。②

专栏 13-9

杜威对直接的道德教育的质疑

如果在学校里，我们把品德的陶冶当作最高目的，但同时把获得知识及理解能力的培养当作是学校的主要活动，且与品德修养无关，这样一来，学校的品德教育将毫无指望。在这种情况下，道德教育无可避免地将沦为记诵的教学，或只是学习有关道德的课程。"有关道德"（about moral）的课程指的是大家认为是美德及义务的课程。但这必须是学生对他人恰好能同情及具有高尚的情操才会有效。若不是这种情况，那些道德的课程对品德的影响就像记亚洲有哪些山脉一样。事实上，道德的直接教学（direct instruction）只有在少数权威者控制着多数人的团体才有效。也并不是教学有效，而是整个统治的势力增强了其作用。若在民主国家，这种方式只能依赖情感上的魔力才有效。

（资料来源　约翰·杜威著，林宝山译：《民主主义与教育》，五南图书出版公司，1989 年版，第 358 页。）

（二）间接德育

所谓间接的道德教育，主要指通过各科教学和学校、班级的集体生活，以及学校与班级的文化环境有意或者无意地对学生进行道德教育。间接的道德教育的主要渠道有学科教学中的道德渗透、学校与班级或者社团活动中的道德渗透，以及学校与班级文化环境建设中的道德渗透等。

1. 课程内容的道德影响

"教育"一词的标准内在地要求教育者所传授的内容必须是善的或者是某种具有终极价值的东西。国家在制定各门学科的课程标准时，就往往会明确规定本学科教学的"德育目标"。各门学科教材中，尤其是母语、历史、社会等人文学科，都会渗透着或明或隐的道德内容与价值取向，是对学生进行道德教育的重要资源。

总之，课程内容的选择，必须有助于为任何文化背景、不同性别、不同宗教的儿童提

---

① （美）约翰·杜威：《教育中的道德原理》，见约翰·杜威著，赵祥麟等译：《学校与社会·明日之学校》，人民教育出版社，2005 年版，第 136—137 页。
② 黄向阳著：《德育原理》，华东师范大学出版社，2000 年版，第 192 页。

供道德发展和道德成长的经验,让他们在现在和将来都能够积极地实践道德,理解和尊重不同的信仰和文化,理解和欣赏社会的多样性,帮助他们发展从事有价值的事业和活动的能力,引导他们去建立有价值的生活目标和生活方式,积极地过好自己的生活;必须有助于发展儿童的道德理性、道德判断力、道德实践能力、道德情感与态度,发展和体验积极的人伦关系,引导他们热爱生命、尊重生命、热爱生活,探寻积极生活的意义。必须有助于培养学生公共生活和个人生活的价值、技能、知识和理解,形成关心他人、关心社群、关心自然的品质,发展他们的社会责任感与社会合作精神,同时促进社会的共同福祉的实现,成为积极参与的负责任的公民。

专栏 13-10

学科教学的育德路径

　　有研究者提出,学科教学可以从两个角度来认识。

　　一是历时角度,充分挖掘教材育德基因,开发相关历史文化资源。第一,将学科史融入教学。教师带领学生描绘学科发展时间线,感受实事求是的、崇尚科学的精神,通过学科发展历程的把握树立科学的道德观念。第二,学科模范榜样示范。根据不同学段的德育目标,选取好学科模范后,要继续明确分析"榜样"示范在何处,从而鼓励学生向学科模范学习,将学科模范树为榜样。第三,教育戏剧转化历史文化资源。选取教材相关的历史文化故事,分配角色进行扮演,最后组织反思和评估。利用教育戏剧转化历史文化资源,不仅仅要求学生进行角色扮演,更重要的是培养学生的道德认知,陶冶学生的情操,使学生形成积极的道德情感体验。

　　二是共时角度,充分发挥社会事件的德育功能。第一,精选全球性事件融入学科教学。教师可以文字、图片、视频等多种方式向学生展示全球性精选时事案例,帮助学生在掌握学科知识的同时了解国际局势和国内形势。第二,精选本土性事件融入学科教学。通过亲身参与和情境体验,学生可以学习到课堂难以体会到的态度、情感和价值,实现德育与学科学习的深度融通。让受教育者做到上课悟、下课行,加强涉身性,真切地感受道德的力量,促进道德规范的养成。

　　(资料来源　节选自阮沁汐、李臣:《教学的德育性何以彰显——学科教学的育德路径探讨》,《中小学教育》2019 年第 10 期。有改动。)

2. 教学方法蕴含的道德影响

　　把别人引入有价值的领域,存在许多不同的方式。传统观念认为,教师是这方面的权威,教师的工作就是把有价值的内容印刻在学生的脑海和心灵之中。教师通过包括体罚在内的各种不同的强制性技术支持下的正规指令(formal instruction),来做这种工作。但是,教育本身是一种道德实践的内在属性,规定了教学应该以一种在道德上可以接受的方式来进行。这就要求,在教学方法上必须是合乎道德的,或者至少是不违背道德的。"教学是一种复合型的特殊实践。从内容上讲,教学是围绕某类学科展开的实践;从形式上讲,教学是师生交往互动的实践。如此,意味着教学不是一种技术,而是具有提升师生生命质量的内在利益的实践。获得教学的内在利益,需要师生在教学过程中修养德性,教学也就成为德性实践的过程。"①教师采取的教学方法如何,会影响到学生的德性成长。

　　教师采取什么样的教学方法,涉及如何看待教师自身、如何看待他所教的内容以及如何看待学生三个方面因素。当教师采取的教学方法把自己看作不容置疑的知识权威,看作真理的代言人,当教师采取的教学方法把自己所教的知识看作不可置疑的真理知识,当教师在教学过程中把学生看作被动吸收知识的容器时,他就是采取了一种在一个民主多元的社会中被视为不道德的教学方法。谢弗勒(Scheff,I.)指出:"诚然,教可以用各种不同的方法来进行,但是,有些使人做事的方式被排除在涵盖'教'一词的标准之外。从标准上说,教至少要在某种程度上服从学生的理解力和独立判断力,服从学生对理性的需要,服从学生对充分解释的构成的看法。教就是要承认学生的'理性',也就是,要承认学生对理性的需求和判断。"②在教育方法是否合道德性的要求上,排除了在教学上采取灌输、洗脑、宣传、条件反射式的训练等方法。因为,这些教育方法的主要特征在于它是以教师为中心,以"传递"、"控制"、"强迫接受"为宗旨的,这种教育方法把儿童视为被动接受的和顺从的、需要塑造使其成形的客体,而不是"思考"、"选择"、"决定"、"检查"的主体,剥夺了儿童仔细独立思考与道德价值相关的问题的权利,它所能导致的最大结果不外是学生虚伪的顺从。它否认人是聪慧的和有思想的,认为人们不能够周到地考虑问题,变得明智。实际上这是对人的尊严的一种否定。

　　与此相反,教学方法在一般精神上,如果"着重点是放在建造和发表上,而不是放在吸收和单纯的学习上",不是放在鼓励排他性的竞赛和竞争的动机,而是放在鼓励儿童在学习当中相互交流、分工合作和共同参与,就有可能克服儿童的个人主义的学习动机,从而培养儿童的服务于社会的伦理精神。③

　　3. 班级与学校生活的道德影响

　　班级和学校是师生共同学习、共同活动、共同休息、共同生活、彼此交往的场所。班级和学校的制度结构和交往活动方式会深刻地影响到学生的德性成长,教育本身的性质决定了班级与学校作为一个伦理结构的特征,不仅是一个学习共同体,而且还应该是一个道德共同体。正如科尔伯格所说的,"要教正义,就得有正义的学校"。④ 假如班级和学校的制度结构和交往活动方式是不正义的,存在着随意贬低、排斥、歧视学生的现象,假如班级和学校的制度结构和活动方式是划一的整体主义与竞争的个人主义的,那么,培养学生的良好品行同样会成为一句空话。因此,必须全方位塑造学校的道德文化,使得学校不仅成为一个新型的学习共同体,而且成为具有新的道德气质的道德共同体。也就是说,把学校建设成具有道德性的教育共同体,学校整体上必须是道德性的机构。这是教育具有人文精神的根本,在此基础上,学校才是一所好学校,学校才能造就品行良好的好学生。

---

① 王凯著:《教学作为德性实践——价值多元背景下的思考》,江苏教育出版社,2009年版,第42页。

② 引自黄向阳译: R. S. Peters. *Ethics and Education*. Scott, Fresman & Company, 1967, Chapter 1: Criteria of "Education".

③ 参见(美)约翰·杜威:《教育中的道德原理》,见约翰·杜威著,赵祥麟译:《学校与社会·明日之学校》,人民教育出版社,2005年版。

④ (美)柯尔伯格著,魏贤超、柯森等译:《道德教育的哲学》,浙江教育出版社,2000年版,第276页。

专栏 13－11

怎样塑造学校的道德文化

● 学校道德文化的塑造,需要具有一种追求更好的精神抱负,需要一种不断导向变革的、有生命力的价值理念,需要一个所有人员共同制定、反映共同意愿的理想和目标,需要坚持道德原则和标准,需要学校的所有人员有意识地参与,需要形成公正、友爱的学校的道德精神氛围。

● 学校贯穿人文关怀。学校教育必须把人文价值作为自己的最高追求,在学校的各个层面渗透人文价值,以人文价值来引导和培养学生的道德精神,培育教师的教育观和教学观。

● 学校营造和谐的、积极鼓励的、健康的、丰富的教育环境。把学生看作是平等的,对他们平等地尊重和平等地关怀,建立师生共同交往协作的环境氛围,在这个条件下,学校或班级共同体内才能形成增强凝聚力的友爱关系。友爱关系是生命和谐的重要内容。

● 学校贯彻“全校”整体改善的理念,尊重教师和学生的人性尊严和发展机会,尊重他们的思想和见解。

● 学校必须把保护儿童和教师的精神与身体的健康、把学校和班级建设成为一个友爱的、公正的和积极交往的共同体放在第一位。

学校要建设成为一种开放的道德学习的环境,全面地结合学生的生活,创造道德学习的机会,学校整体的每个方面都必须是“有教育意义的”,因为它们必须成为如何实现人道、亲切、优美和共同利益等学校和社会价值观的主要基地之一。

● 建立互相支持和合作的氛围,创造所有成员共同参与学校变革的方式和平台,培育为学校的共同价值努力的团队精神。

● 学校采取一种平面的民主管理结构。通过开放和实际的参与机会来形成教师的公共道德、社会态度和社会责任感,形成对学校共同体的积极情感。

● 学校要形成道德型的学习组织,积极地促进教师的专业发展和道德发展,培养反思型的教师。教师保持反思的、追求进步和变革的心态,要考虑不同的目标的价值,要检视自己的教育活动中的道德的、伦理的标准,身体力行自己所主张的道德标准,做学生的道德楷模。

（资料来源 节选自金生鈜:《塑造学校的道德文化——学校作为一个道德共同体的建构》,载《今日教育》2010 年第 4 期。有改动。）

本章小结

在全面发展教育中,德育通常处于统领和优先的位置。在我国,“德育”一词在狭义上是指道德教育,而在广义上则囊括了更为广泛的社会意识或观念教育——思想、政治、道德、法律、心理品质等方面的教育。在学校情境中,德育过程就是教育者根据社会的道德要求和品德的发展特征,促进学生将外部的道德规范内化为自身道德品质的过程。这一过程既要关注个体品德的基本结构,也要适应个体道德发展的阶段特征。品德结构,一般来说,包括道德认知、道德情感、道德意志和道德行为四方面内容。德育过程是具有多种开端地对学生知、情、意、行的培养提高过程,是组织学生的活动和交往、对学生产生多方面教育影响的过程,是促使学生思想内部矛盾运动的过程,也是一个长期的、反复的、不断前进的过程。

关于德育发展,有不同的理论主张,较为著名的有:皮亚杰的道德发展理论,科尔伯格的道德发展理论,后科尔伯格的道德发展理论。这些理论主张也对德育的方法有着重要影响。促进学生品德的形成,基本方法有道德两难案例讨论法、价值澄清法、榜样教育法和角色扮演法等。这些方法的综合运用,对德育发挥效应来说非常重要。德育的途径主要表现为直接和间接两种途径,直接途径的形式为单独设课,间接途径的形式为融合渗透,两相结合、综合施策,才能取得预期效果。

思考与实践

1. 如何理解德育是教育的最终目的? 如何在学校教育中贯彻落实这一目的?

2. 从中学语文课本中任选一个单元,看看该单元的内容在多大程度上和道德问题有关。假如你是教师,请你设计一个教案,思考一下如何将道德教育融入你所教的这部分内容之中。

3. 假如你是班主任,有一天,有一位在你的班上担任学科教学的老师跑来找你,对你说班上有位学生经常违反课堂纪律,要求你必须处理这位学生。面对这种情况,你会如何应对?

4. 运用本章所学知识,根据你或者你所熟悉的人在道德实践中曾经遇到过的道德难题,撰写一个道德两难案例,并请你的同学就此道德两难案例进行讨论,然后分析他们在讨论中表现出来的道德思维方式。

5. 现代社会是大众娱乐社会,许多青少年都有着自己崇拜的偶像。假如你是教师,你如何看待这种偶像崇拜的现象? 你能够运用你在本章学到的知识,把青少年崇拜的偶像转化为激励他们努力做人做事的榜样吗?

6. 运用本章所学知识,设计一项开放性的角色扮演活动。

7. "推动思想政治理论课改革创新,要不断增强思政课的思想性、理论性和亲和力、针对性。要坚持政治性和学理性相统一,以透彻的学理分析回应学生,以彻底的思想理论说服学生,用真理的强大力量引导学生。要坚持价值性和知识性相统一,寓价值观引导于知识传授之中。要坚持建设性和批判性相统一,传导主流意识形态,直面各种错误观点和思潮。要坚持理论性和实践性相统一,用科学理论培养人,重视思政课的实践性,把思政小课堂同社会大课堂结合起来,教育引导学生立鸿鹄志,做奋斗者。要坚持统一性和多样性相统一,落实教学目标、课程设置、教材使用、教学管理等方面的统一要求,因地制宜、因时制宜、因材施教。要坚持主导性和主体性相统一,思政课教学离不开教师的主导,同时要加大对学生的认知规律和接受特点的研究,发挥学生主体性作用。要坚持灌输性和启发性相统一,注重启发性教育,引导学生发现问题、分析问题、思考问题,在不断启发中让学生水到渠成得出结论。要坚持显性教育和隐性教育相统一,挖掘其他课程和教学方式中蕴含的思想政治教育资源,实现全员全程全方位育人。"

学习这段论述,结合本章内容谈谈自己的体会感受,并就如何落实在教学实际思考具体举措。

延伸阅读

1. 何怀宏. 伦理学是什么？［M］. 北京：北京大学出版社，2002.

2. 亚里士多德. 尼各马可伦理学［M］. 廖申白，译注. 北京：商务印书馆，2009.

3. 约翰·杜威. 教育中的道德原理［A］. 约翰·杜威. 学校与社会·明日之学校［M］. 赵祥麟，等，译. 北京：人民教育出版社，2005.

4. 黄向阳. 德育原理［M］. 上海：华东师范大学出版社，2000.

5. 爱弥尔·涂尔干. 道德教育［M］. 陈光金，等，译. 上海：上海人民出版社，2006.

6. 路易斯·拉思斯. 价值与教学［M］. 谭松贤，译. 杭州：浙江教育出版社，2003.

7. 柯尔伯格. 道德教育的哲学［M］. 魏贤超，柯鑫，等，译. 杭州：浙江教育出版社，2000.

8. 肯尼斯·斯特赖克、乔纳斯·索尔蒂斯. 教学伦理［M］. 洪成文，等，译. 北京：教育科学出版社，2007.

9. 郑航. 学校德育概论［M］. 北京：高等教育出版社，2006.

【开篇案例】

　　开学才第四天,刚上第三节课时,我发现小林又往身后扔了一个小纸团(第一天上课已经扔过,我当时就给予过警示)。这次,我眼疾手快,抢先把纸团接住,打开一看,上面写着:"小强,你是'大瘦猴'。"我问小林为何给同学起绰号,他却理直气壮地说:"你怎么不说他,是他先叫我'大肥猪'的。"我说:"下课你们俩到我办公室来。"然后,我继续讲课,可不一会儿,小林竟倒在课桌上呼呼睡着了。

　　"小林,小林——"喊了几句,他才睡眼惺忪地抬头看我一眼。

　　"既然你困了,就站起来清醒一下。"

　　等了几秒钟,他没站起来。

　　"请你站起来听课!"我加重了语气。

　　"你听见没有?"我的语气混进了难以克制的气愤。

　　"我不想学,不用你管!"

　　这简直就是当头一棒,开学才几天? 初一的新生,在一个全新的环境里竟敢在课堂上如此放肆,这可是我遇到的空前的挑战。

　　当我在几秒钟后缓过神来时,理智也扑灭了窜到头顶的怒火。我平静地说:"放学后我们谈谈。"

　　放学后,我把他单独留下了。我先对自己课堂上有些过激的态度向他道歉,并进行了很长时间的交流。在我的耐心询问下,他跟我倾诉了很多。小学一二年级时他的成绩很好,还曾两次荣获校三好学生称号。可自从小学三年级增加了英语学科以后,由于对英语学习始终不得要领,他的整体成绩就被英语分数给拉下来了。有一次老师让家长在周测试卷上签字,当父亲看到英语卷上红色的 57分时,冷冷地说了一句"考这么几分还有脸给家长看",然后就把考卷扔到一边。他说,那时父母起早贪黑打工,晚上回到家已经疲惫不堪,根本没有时间也没有能力对他进行辅导,就连督促他完成作业都很难,甚至连他的饮食起居常常也无暇顾及。渐渐地,对于环环相扣的英语知识他越来越陌生了。受到英语成绩的拖累,他的整体成绩都在下降,在班级、在家里他听到的赞美声越来越少,再后来基本就是训斥声不绝于耳了。他说,本来下了很大的决心,想在上初中后从头开始,努力学习,可听了几节课,对英语的感觉还是旧模样,所以就想彻底放弃了。现在,他最讨厌的就是上学,每天走到校门口,心里就觉得不痛快。

（资料来源 张馨予:《面对学生的顶撞——"心理—道德教育"视角下的课堂管理》,《思想理论教育》,2011 年第 11 期(下)。）

【学习指导】

1. 了解课堂管理的概念、功能、原则和模式,学会运用所学知识分析课堂管理情境。

2. 学习课堂气氛的作用、类型和创设等有关知识,能够区分课堂气氛的不同作用和类型。

3. 理解课堂纪律的类型、发展阶段、维持策略和课堂结构,能够应用课堂维持的方法和策略。

4. 掌握课堂问题行为的类型、原因和矫正方法,能够分析学生课堂行为并加以有效矫正。

一、课堂管理概述

课堂管理是指教师为提高课堂教学效能,在教学活动过程中协调课堂内的人际关系,预防和制止课堂问题行为,维护课堂教学秩序,创造有益于学习的课堂环境所采取的一系列行动和措施。课堂管理的三个要素是教师、学生和课堂情景。课堂管理主要指向如何处理和预防学生课堂问题行为,课堂管理过程也是教师和学生以课堂为主阵地相互作用的过程。师生之间良好的人际关系是积极有效的课堂互动的前提条件,它同时也会影响课堂情景的营造。三个要素之间是否相互协调,决定了课堂管理与课堂教学是否有效率。

(一)课堂管理的功能

课堂管理是为课堂教学服务的,它具有维持、促进和发展三方面的功能。

1. 维持功能

课堂管理的维持功能是指有效的课堂管理,能够持久地维持良好的课堂秩序,排除或抑止各种干扰课堂的因素,确保学生有效率地参与教学活动。维持课堂有序开展是课堂管理追求的基本目标,因而维持功能也是课堂管理的基本功能所在。

2. 促进功能

课堂管理的促进功能是指有效的课堂管理,能够促进教师开展教学活动,促进学生在课堂中的学习,从而提升课堂教学的质量和效果。

3. 发展功能

课堂管理的发展功能是指有效的课堂管理,能够有力地发展学生的自我管理能力,改善学生的不良行为,帮助学生从他律走向自律,养成良好的行为习惯,从而推动学生的身心发展更加成熟。

(二)课堂管理的原则

1. 目标原则

课堂管理是教师维护课堂秩序的手段,它是为课堂教学的顺利开展服务的。课堂管理有明确的目标指向,即为教学目标的实现提供支持和保障。因而,一切的课堂管理举措,不管是布置课堂环境,调节课堂氛围,还是对学生课堂行为进行激励约束,都应该服务于、服从于既定的教学目标。而且,教学目标是否得以有效实现,也是评价课堂管理得失成败的主要衡量标准。

2. 系统性原则

课堂是由特定要素构成的有机统一的系统。课堂系统的构成因素可以从不同角度进行划分:既有有形的设备设施,又有无形的课堂气氛;既有物质层面的物体,又有精神层面的心理要素。构成课堂系统的各要素之间,并不是孤立的,而是具有内在的作用和联系,它们共同构成课堂系统这一个整体。课堂管理必须从课堂的整体来入手,着眼于整个课堂持续长久的发展。假如简单地将课堂分割成若干要素,僵化地针对课堂要素开展课堂管理,那么必将会偏离课堂管理的真谛。

3. 自组织性原则

一般来说,组织是指系统内的有序结构或这种有序结构的形成过程。从组织的进化形式来看,可以把它分为两类:他组织和自组织。如果一个系统靠外部指令而形成组织,就是他组织;如果不存在外部指令,系统按照相互默契的某种规则,各尽其责而又协调地自动形成有序结构,就是自组织。让课堂实现自组织运行,是课堂管理应该遵循的原则。在课堂管理的过程中,教师通过建构和发展课堂中的有序结构,例如课堂纪律、课堂规则、课堂秩序等,并且积极引导学生自觉地遵守,从而帮助学生认识和理解课堂中发生的事件和行为,并且对此进行深刻的反思和自我剖析。这样,学生会更加自律,更加具有责任心。与此同时,课堂也实现了自组织运行。

4. 内在性原则

课堂管理要让学生做到不仅表面上遵守课堂规范,而且内心认同课堂规范,不仅做到在教师眼皮底下不做小动作,而且做到教师不注意时还能遵守课堂纪律。要做到这一点,教师在进行课堂管理时,需要设定课堂目标、提供保障条件,激发学生的主动性和自制力,调动学生遵守课堂纪律的内驱力,让学生实现自我的内在控制。可以说,内在性原则是现代条件下课堂管理的一个根本性变革。

5. 动态性原则

课堂是一个动态生成的场域。在课堂教学中,无论是学生,还是课堂环境,或是影响课堂的其他因素,都不是一成不变的,而是时时刻刻处于发展变化之中。因而,课堂管理要遵循动态性原则,教师在开展课堂管理时,要用发展的眼光来看待课堂的生成,要从变化的视角来观察课堂教学的进展、停滞与挫折。动态性原则还要求教师对课堂存在的问题,能够进行前瞻性的思考,对课堂管理措施的成效,能够进行超前性的预测。

6. 激励原则

激励和批评都是课堂管理的基本手段。相对于负面评价的批评,正面评价的激励的实际成效更大,是课堂管理中更应该运用的管理手段。相应地,激励原则也是课堂管理的重要原则。具体来说,激励原则指的是运用课堂管理的各种方法手段,最大限度地激发学生遵守课堂规则、认真学习的积极性和主动性。激励原则要求教师在课堂中,通过创设和谐民主的教学氛围,发扬民主平等精神,鼓励学生主动参与课堂教学,积极地与老师和同学进行教学互动。当然,在课堂管理中贯彻落实激励原则,并不意味着放弃严格要求和适当批评。其实,有说服力的教育批评,也是对学生的鞭策和激励。

7. 反馈原则

课堂管理的反馈原则,是指运用信息反馈原理,对课堂管理举措进行主动自觉的调节和修正。课堂管理的主要对象是学生,课堂管理的措施和方法是否切实有效,很大程度上取决于是否能让学生乐意接受。因此,教师在采取具体课堂管理对策之前,要认真调查分析学生的身心特点,然后将课堂管理的措施对策建立在学生的思想状况和学习特点之上。课堂管理的反馈原则,还要求教师在课堂教学过程中,及时运用学生的反馈信息,不断调整管理方略和举措。

(三) 课堂管理的基本模式

概括起来讲,课堂管理的基本模式主要有三种取向:行为主义取向的课堂管理模式、人本主义取向的课堂管理模式和教师效能取向的课堂管理模式(关于行为主义和人本主义等心理学流派的论述,请参见第十章、第十一章)。

1. 行为主义取向的课堂管理模式

行为主义取向课堂管理模式的基本理念:学生的成长和发展是由外部环境决定

的,学生在课堂中所表现出来的不良行为,或者是通过学习获得的,或者是因为没有学会正确的行为。在课堂管理中,教师的责任是强化适宜的行为并根除不适宜的行为。

这种模式的主张者认为,人的行为本质是对环境刺激作出反应。行为能否得以维持,取决于后果。在课堂管理中,教师要想使学生在课堂中表现出适宜的行为,就必须奖励和强化适宜的行为,忽视学生的不良行为。为了维持良好的课堂环境,教师必须做好以下几个方面的工作:清楚地讲明规则;忽视不良行为;对遵守规则的行为给以奖励。教师应当使用果断的纪律来管理课堂,维持良好的课堂纪律,促进学生的发展。果断纪律包括:事先陈述和解释要求、期望;坚持自己的期望和要求,如"我要求你……"、"我喜欢这种做法"等提示学生,但是不要伤害学生的自尊;运用明确、冷静、坚定的口气和目光;用非语言性的姿势来支持言语要求;不用威胁和斥责来影响学生的行为;时时重复自己的要求,不要升格为训斥。

2. 人本主义取向的课堂管理模式

人本主义取向的课堂管理者认为,学生有自己的决策能力,他们可以对控制自己的行为负主要责任。在课堂管理中,教师不应该要求学生百依百顺,而是应该关注学生的需要、情感和主动精神,为学生提供最好的机会去发掘其归属感、成就感和积极的自我认同,以此来维持一种积极的课堂气氛。当学生出现问题行为时,教师应更多地运用沟通技能,引导学生分析问题的性质和后果,让学生自己解决问题。

3. 教师效能取向的课堂管理模式

教师效能取向的课堂管理模式,关注的是教师课堂管理技能的提高。该取向的研究者认为,课堂管理的成效主要取决于教师的管理技能;通过培训提高教师的课堂管理技能,可以达到改善课堂管理质量的效果。

这一模式深受人本主义哲学的影响,关注学习者的个体性和学生的个人权利,强调学生观点的重要作用。认为课堂管理本质上是一种团体管理,对学生的不良课堂行为最好采取预防的办法,对于一个教师而言,预防不良行为的发生比纠正错误行为更为重要。

(四) 课堂管理的影响因素

影响课堂管理的因素,主要有教师的领导风格、班级规模、班级的性质和对教师的期望等方面。

1. 教师的领导风格

教师是课堂教学的管理者,又是课堂教学的领导者。教师的领导风格,对课堂管理有着直接的影响。参与式领导风格的教师,不把自己的意见强加于人,强调学生共同参与课堂。他们注重创造课堂的自由气氛,鼓励学生自由发表意见。他们的课堂管理常常是协商式的管理方式。监督式领导风格的教师往往待人冷淡,他们注重集体活动的进程,经常监督学生的行为。这样学生很难积极主动地参与到课堂管理之中。

2. 班级规模

班级规模是影响课堂管理的一个重要因素。具体来说,班级规模在以下几方面影响课堂管理。首先,班级内的学生越多,学生间的个别差异就越大,难免发生争论,产生利害冲突。其次,班级规模的大小会影响学生间的情感联系。一般来说,班级规模越大,学生之间情感纽带的力量就越弱。再次,班级规模的大小也会影响交往模式。班级越大,学生内部之间交往频率越小,师生间关系相对冷淡,相互间的了解就越少。最后,班级规模越大,学生由于受交往时空的限制,往往越容易形成各种非正式小群体。因此,班级规模的大小不同,课堂管理的方式也应有所不同。

3. 班级的性质

班级的性质对课堂管理有一定的影响。班级不同,意味着其群体规范和凝聚力也不尽相同。所以,教师不能用固定的课堂管理模式,来管理不同性质的班级。例如,对待守规矩、凝聚力强的班级,教师可以充分发挥学生的自觉性和主动性,适当放手,鼓励学生自控自理。对于那些纪律相对涣散的班级,教师则要更多地发挥权威作用,给予学生足够的监督和指导。因此,教师应该在深入了解班级的基础上,掌握班级集体的特点,运用促进和维持的管理技巧,获得理想的课堂管理效果。

4. 对教师的期望

学生对教师的课堂行为会形成一定的期望。有的学生期望教师在课堂中能够多互动,有的学生期望教师在课堂中多讲解知识点少做练习,也有的学生期望教师语言幽默、讲课有感染力和吸引力。假如教师的实际课堂行为与学生的期望不一致,有的学生就会表现出不满的情绪和行为,从而影响课堂秩序和教师的课堂管理。

二、课堂气氛的营造

课堂气氛作为课堂教学过程中的软情境,是班集体在课堂上所表现出来的心理气氛,通常是指课堂里某些占优势的态度与情感的综合状态。大量事实表明,课堂气氛是课堂活动中的着眼点,营造课堂气氛是课堂管理的着力点。创设良好的课堂气氛,以有效促进课堂教学,这是课堂管理行为的目的。

(一) 课堂气氛的作用

课堂气氛是在教学过程中产生、发展起来的,它直接影响师生关系、信息与情感的交流,从而制约和影响教学的过程和质量。无论是成功的教学,还是失败的教学,从中都可以看到课堂气氛的影响与功过。

积极的课堂气氛不但有助于学生对知识的学习,而且也会促进学生的社会化过程。在积极的课堂气氛影响下,大多数学生会主动参与到教学之中,学习困难的学生也会努力在教师帮助下完成教学任务。受愉悦课堂氛围的刺激,师生交往异常活跃,学生的学习机会比较均等,这样,就有利于全体学生共同进步,有利于大幅度提高教学质量。

消极的课堂气氛则会制约师生教与学的积极性和创造性,影响教学任务的完成和教学质量的提升。苏联教育家苏霍姆林斯基说过,"如果教师不去设法在学生身上形成这种情绪高涨、智力振奋的内部状态,那么知识只能引起一种冷漠的态度,而不动感情的脑力劳动只会带来疲劳。甚至最勤奋的学生,尽管他有意识地集中自己的努力去识记教材,他也会很快地'越出轨道',丧失理解因果联系的能力。"[1]

可以说,创设良好的课堂气氛是实现有效教学的重要条件。作为一个中学教师,要重视课堂气氛的作用,学会营造良好积极的课堂气氛,使之成为调整师生状态、激发师生潜能、推动课堂进程的催化剂。

---

[1] (苏)瓦·阿·苏霍姆林斯基著,杜殿坤编译:《给教师的建议》,教育科学出版社,1984年版,第85页。

（二）课堂气氛的类型

课堂气氛是在课堂中呈现的一种综合性的心理状态,它可以用一定的心理、行为指标来衡量。如果我们以秩序、参与、交流三个指标为依据,那么可以把课堂气氛划分为三种主要类型:积极的课堂气氛、消极的课堂气氛和对抗的课堂气氛。

1. 积极的课堂气氛

积极的课堂气氛是一种理想状态的课堂气氛,是安静与活跃、热烈与深沉、宽松与严格的有机统一。其基本特征是课堂情境符合学生的求知欲和心理特点,师生双方有饱满的热情,师生之间、同学之间关系正常和谐,互动积极,学生产生满意愉快、互谅互助等积极的态度和体验。

2. 消极的课堂气氛

消极的课堂气氛的基本特征是课堂情境脱离了学生的心理特点,不能满足学生的学习需要,师生关系不融洽,学生之间不友好。在消极的课堂氛围中,学生情绪压抑、无精打采、反应迟钝、小动作多,产生了不满意、烦闷、厌恶、恐惧、紧张、焦虑等消极的态度和体验。对教师提出的要求,学生一般比较被动,采取应付态度了事,很少积极主动发言。

3. 对抗的课堂气氛

对抗的课堂气氛是一种失控的混乱的课堂气氛。主要表现为:学生过度兴奋,各行其是,随便插嘴,故意捣乱,课堂秩序一片混乱。教师无法正常上课,教学活动时常被学生打断,教与学的任务常常不能完成,教师不得不经常停下来维持课堂纪律。在这种课堂气氛下,师生都把教与学视为一种精神负担。

（三）课堂气氛的创设

创设良好的课堂气氛是一项系统工程。从教师的角度来看,创设良好课堂气氛的条件,需要精心组织和主动营造,至少要做到以下几点。

1. 建立和谐的人际关系

和谐的课堂人际关系,包括师生关系和学生间关系,是创设良好课堂气氛的基础。师生关系融洽可以促使学生积极思考,踊跃发言,从而营造出积极愉快的课堂气氛。学生间团结友爱,有助于课堂中形成互相尊重、友好合作的学习风气,从而助益良好课堂气氛的生成。反之,师生之间、学生之间的关系紧张,只会使课堂气氛压抑、沉闷,乃至走向失控的局面。从构建和谐师生关系的角度来说,教师有必要利用课堂时间和课外休息时间,与学生进行交流沟通。教师在树立自己威信的同时,还要注意尊重学生的人格、自尊心和正当的兴趣爱好,要做到充分地信任学生和关心爱护每一个学生,从而不断拉近师生之间的距离。

2. 运用灵活多样的教学方式

灵活多样的教学方式可以增强课堂教学的感染力,可以较好地吸引学生的注意力,不断激发学生的学习兴趣和探究动机,进而营造出一种积极活跃的课堂气氛。例如,在课堂上教师采用讲授、直观演示、提问、讨论、角色扮演相结合的教学方法,可以提高学生学习兴趣,使学生保持较高的学习参与水平,从而活跃课堂气氛。假如教师一节课一讲到底,而且讲解枯燥乏味,学生处于被动的学习状态,那么就难以避免课堂气氛单调沉闷。

3. 采用民主的领导方式

教师的领导方式可分为专制型、放任型和民主型。在专制型领导方式下,教师完全控制课堂,学生处于压抑状态,没有自由发挥的空间,只能听从教师的命令。在放任型领导方式下,教师采取一种不介入、被动的姿态,仅给学生提供各种材料,允许学生在没有指导和帮助的情况下自由活动。在民主型领导方式下,教师力图使自己成为学生学习的促进者和指导者,注重培养学生个人和班集体的责任心和参与精神,教师也会努力做到客观地评价学生的表现。显然,专制型、放任型领导方式都难以形成良好的课堂气氛。为创设良好的课堂气氛,教师在课堂上应该更多地采用民主型领导方式。

4. 给予学生合理的期望

教师对学生的期望会影响学生的行为。罗森塔尔效应(Rosenthal effect)表明,教师的期望存在自我实现的预言效应。一般来说,教师对不同学生的期望不同,并且以不同的方式对待他们,会导致不同学生有不同的行为表现。换言之,教师对学生的高期望会使学生向更好的方向发展,低期望则会使学生越来越差。教师在课堂教学中,可以采取恰当的方式,表达对学生恰当的期望水平,使学生产生适度的高期望,从而调动学生学习的积极性,促进积极的课堂气氛的形成。(相关内容请参见第六章"开篇案例")

三、课堂纪律的建设

课堂纪律是指为保障和促进学生的学习,设置的学生行为准则和标准,以及对学生施加的控制。课堂纪律是课堂教学得以顺利进行的重要保障。良好的课堂纪律有助于维持课堂秩序,减少学生学习过程中受到的干扰,也有助于学生获得学习上的安全感。约束性、标准性、自律性是良好课堂纪律的三个特性。

(一) 课堂纪律的类型

根据课堂纪律的形成原因,我们可以将课堂纪律分为以下几类。

1. 教师促成的纪律

所谓教师促成的纪律,主要指在教师的指导帮助下形成的班级行为规范。它的实现不仅要求教师的指导、监督以及奖惩,还必须要有教师对学生的体贴,如同情、理解、调解、协助、支持、征求和容纳学生的意见等。教师促成的纪律一般适用于低年级。例如,刚入学的学生往往需要较多的监督和指导,课堂纪律主要由教师制定。随着年龄的增长和自我意识的增强,学生对教师促成的纪律开始有不同的认识,开始反对教师的过度限制,对教师促成的纪律的要求降低。尽管如此,教师促成的纪律仍是不可缺少的一种课堂纪律类型。

2. 集体促成的纪律

所谓集体促成的纪律,指在集体舆论和集体压力的作用下,同辈人集体形成的群体行为规范与准则要求。从儿童入学开始,同辈人的集体在他们社会化方面就开始发挥重要的作用。随着年龄的增长,学生受同辈群体的影响会越来越大,他们开始以同辈群体的集体要求和价值判断,作为自己的行为准则,以"其他同学也是这样做的"为理由而做某件事情。在一个好的班集体中,学生为了不损害集体或与同学的关系,即使自己有困难,也会自觉遵守集体的纪律。

集体促成的纪律主要有两类:一类是正规群体促成的纪律,如班集体的日常纪律、班集体的课堂纪律、少先队的行为准则等；另一类是非正规群体促成的纪律，如学生间小团体规范等。教师应该对学生群体进行沟通和指导。对非正规学生群体，教师尤其要引起重视，要避免他们游离于正规群体，自搞一套。教师要对非正规群体的学生加强引导，帮助他们树立健康的价值观和行为准则，认同和遵守正规群体的班纪班规。

3. 任务促成的纪律

任务促成的纪律，是指由于某一特定任务的需要，对学生提出的具体纪律要求。这类纪律在学生的学习过程中占有重要地位。在学生集体学习过程中，每项学习任务都有特定的要求或者说特定的纪律，例如课堂讨论、科学实验、野外观察、制作标本等。任务促成的纪律是以学生对活动任务的充分理解为前提的，他们对任务的意义和规则理解得越深刻，就越能自觉地遵守特定任务的纪律要求。教师应该根据特定学习任务的特殊要求，引导学生加深对任务全方位的理解。这样，不仅有利于减少课堂纪律问题，还可以有效提升教学效率和学习效果。

4. 自我促成的纪律

所谓自我促成的纪律，简而言之就是自律。具体是指在个体自觉努力下，由外部纪律内化而成的个体内部约束力。当一个学生能够客观评价自己和集体的行为规范时，就能够把教师促成的纪律、集体促成的纪律或者任务促成的纪律，内化为自己的行为准则，自觉地加以遵守，并把维护纪律作为自己的职责。形成自我促成的纪律，是学生成熟水平提高的标志，也是课堂纪律管理的最终目标。

（二）课堂纪律发展的阶段

课堂纪律的形成不是一蹴而就的，它往往要经历一个发展过程。参照美国儿童心理学家科尔伯格的道德发展阶段理论，可以将不同年龄阶段儿童的纪律发展水平划分为如下几个阶段。

1. 反抗行为阶段

4—5岁之前的儿童，大多处于反抗行为阶段。这一阶段的儿童，他们的行为中经常表现出对抗性，拒绝遵循指示、要求，需要给予大量的注意；他们很少具有自己的规则，但是畏惧斥责，可能会遵循他人的要求。

2. 自我服务行为阶段

5—7岁的儿童，多处于自我服务行为阶段。这一阶段的学生是以自我为中心的，他们所关心的是行为后果"对我意味着什么"，是奖励还是惩罚。这些学生作出某些行为，要么是因为他们想得到某些奖励，如糖果、休息时间等，要么是因为不喜欢违反纪律带来的后果。

3. 人际纪律阶段

大多数中学生处于人际纪律阶段。处于这一阶段的学生，其行为取向是要建立一种相互的人际关系，他们作出的行为往往与"我怎样才能取悦你"联系在一起，他们这样做是因为你要求他这样做。他们关心自己在别人心目中的形象，希望别人喜欢自己。

这一阶段的学生形成了一种纪律感，你让他们安静下来，他们就会安静下来。他们基本上不借助强力的纪律来约束自己，但是需要轻微的提示。

4. 自我约束阶段

处于自我约束阶段的学生很少陷入什么麻烦，因为他们能够明辨是非，理解遵守纪律的意义,也能够做到自我约束。即使教师不在课堂上,他们也能够保持纪律。比如,教师可以离开教室一段时间,回来后发现学生依然很安静地在学习。这一阶段的学生之所以这样做,是因为他们知道这样做是对的,就应该这样做。尽管许多中学生能够达到这一水平,但是只有一部分能够稳定地保持在这一水平上。

需要强调的是,处于这一阶段的学生并不赞赏武断纪律。在课堂上,如果有的同学逼迫教师花很多时间处理纪律问题,会使处于自我约束阶段的学生感到厌烦。

上述有关课堂纪律发展阶段的划分,对教师维持好课堂纪律有着重要的参考价值。教师可以根据不同年龄阶段学生的纪律水平,以及课堂纪律问题的表现与内在原因,采用有针对性的课堂管理手段和措施。教师也应该看到学生的纪律发展是有阶段的,在分析和对待学生违规行为时,要用发展的眼光正确看待学生的阶段性局限和进步,同时,要有意识地帮助学生在纪律行为表现上取得进步,引导学生不断地进入更高的纪律水平,直至学生能够稳定地做到自律。

(三) 课堂结构与课堂纪律

学生、学习过程和学习情境是课堂的三大要素,这三大要素相对稳定的组合模式就是课堂结构。课堂结构包括课堂情境结构和课堂教学结构,它们都对课堂纪律有着重要的影响。

1. 课堂情境结构

课堂情境结构对课堂纪律的影响,主要表现在班级规模的控制、课堂常规的建立以及学生座位的分配等方面。

（1）班级规模的控制

适当的班级规模有利于课堂纪律的维持。相对而言,班级规模越大,学生的平均成绩越低,教师态度、学生态度和课堂管理的得分就越低。班级规模过大,阻碍课堂教学的个别化,容易限制师生交往的广度和深度,减少学生参与课堂活动的时间和机会,这样就有可能导致课堂出现较多的纪律问题。

（2）课堂常规的建立

课堂常规是每个学生必须遵守的最基本的日常课堂行为标准,它赋予学生的课堂行为一定的意义,使学生明白行为所依据的价值标准,对学生课堂行为有约束和指导作用。因而,课堂常规的建立与实施,能够促使课堂行为规范化。一般来说,课堂常规应该由全班同学共同讨论形成。这样形成的课堂常规,能够提高学生遵守的自觉性。

（3）学生座位的分配

有的教师分配学生座位时,主要关心的是如何减少课堂混乱。其实,在分配学生座位时,最值得教师关注的应该是座位安排对人际关系的影响。因此,学生座位的分配,一方面要考虑课堂行为的有效控制,预防纪律问题的发生;另一方面还要考虑对人际关系的影响,也即学生座位的分配,应该有助于学生之间和师生之间的正常交往,有助于促进和谐生生关系、师生关系的形成。

2. 课堂教学结构

课堂教学结构对课堂纪律有着重要影响。合理的课堂教学结构,能够帮助教师满怀信心地按照教学计划进行教学。教师的良好教学心态能够感染学生,增强他们的安全感和自信心,减少背离性,避免课堂秩序发生混乱。课堂教学结构对课堂纪律的影响主要表现在:教学时间的合理利用、课程表的编制、教学过程的规划等方面。

（1）教学时间的合理利用

学生在课堂里的活动可以分为学业活动、非学业活动和非教学活动三种类型。在通常情况下,学生用于学业活动的时间越多,课堂纪律就越好,学习成绩也越理想。

（2）课程表的编制

在编制课程表时要注意以下几点:首先,应尽量将语文、数学和外语等核心课程,安排在学生精力最充沛的上午,将音乐、美术、体育和习字等技能课安排在下午。其次,将文科与理科、形象性的学科与抽象性的学科交错安排,避免学生产生疲劳和厌烦。最后,新老教师教平行班的时间间隔要不同。在编课表时,将新教师教平行班的间隔时间安排得短,以保证第二班的教学效果更优;将老教师教平行班的间隔时间安排得长,以避免简单重复而产生乏味感。

（3）教学过程的规划

教学过程的合理规划,也是维持课堂纪律的一个重要条件。在课前,教师不仅要设计好不同的教学环节,而且要分配好每个环节的时间,要安排好不同环节之间的过渡和衔接。合理的教学过程规划,有利于控制好课堂纪律,相反,教学过程规划不合理,也会引起不少课堂纪律问题。

（四）维持课堂纪律的策略

课堂纪律的维持可以运用一定的策略。一般来说,可以从以下几方面入手。

1. 建立积极有效的课堂规则

课堂规则是每个课堂成员要遵守的课堂基本行为规范和要求。它是一种在师生互动、生生互动中形成或遵循的习惯性、制度性、合法化的规则。课堂规则一旦被学生所接受,就会逐渐内化为学生的自觉行为,可以唤起学生内在自主的要求和自我管理的欲望,形成心理上的稳定感,养成良好的自律习惯,从而使学生课堂行为规范化。积极有效的课堂规则一般有以下特点:

（1）由教师和学生充分讨论,共同制定

教师制定的课堂规则要通过合法化的程序获得学生们的认可,比如通过召开班委会或班级代表讨论后,再宣布给全班。当然,教师可以在自己制定规则的基础上,与全体学生协商,增加学生们参与规则制定的机会,这会更加增强学生们对规则的认同感,而且增加规则的合法性。著名特级教师魏书生就运用"商量"的办法与全班同学一起商讨制定班规班纪。

（2）尽量少而精,内容表述都以正面引导为主

课堂规则在数量和质量上均应有所要求,即课堂规则应少而精。从数量上看,课堂规则一般五至十条为宜。太多的课堂规则,学生不容易把握,教师也难以控制。为保证课堂规则的有效性,要对课堂常规进行归纳、提炼和概括,尽量删除、避免不相关、不必要的规则,只保留最基本的、最适宜的规则。

从质量上看,课堂规则应具体明确、有可操作性。课堂规则具体明确、不含糊或存在歧义,才能够使学生准确地理解和把握。"上课期间,注意力要集中,不出现不良的行为表现",这样的规则就太含糊、不明确。"不良的行为表现"是指什么呢?是交头接耳、

玩弄铅笔橡皮,还是打瞌睡、看课外书? 不把事情说具体,学生是不清楚的。明确告诉学生,应该做什么,什么事不能做,否则后果会怎样,这样的课堂规则才具有可操作性。

一旦各种课堂教学规则在教师心目中得到确认,教师就应该想办法把这些规则明确、清晰、准确地传达给学生,让学生明白这些规则该如何以及为何被应用。

专栏 14-1

课堂规则例举

1. 提前到达教室,准备好学习用具,静待上课。
2. 上课和下课时随班长口令起立,向教师问好,表示敬意。
3. 提问和回答问题要先举手,经允许后起立、发言。
4. 认真听别人讲话,不插嘴。
5. 不做与学习无关的事情,如课堂上吃东西、交头接耳、玩弄铅笔或橡皮、看课外书、打瞌睡等。

---

(3)要在实施的过程中不断完善

课堂规则的制定不可能一次完成,即使一次完成,也未必一开始就尽善尽美,即使一开始就很完善,随着各种环境和条件的变化,也需要新的规则的约束。因此,课堂规则制定有一个不断修改、完善的过程。

在教学实施过程中,教师要不断检查已制定的课堂规则,并根据具体情况对其加以补充、修改或调整。如果需要调整、更改的内容比较多,则应先从最重要的一两项开始。课堂规则的更新过程,仍然需要学生的共同参与。

虽然,课堂规则是可更改的,但不要忘记课堂规则一旦确定,就具有稳定性,不能轻易地调整、更改。如确实需要调整、更改,须在学生同意的情况下,才进行调整、更改。

2. 合理组织课堂教学

合理组织课堂教学,优化教学过程,有助于课堂纪律的维持。那么,如何才能组织好课堂教学? 一般来讲,教师需要做到以下几点:

(1)增加学生参与课堂教学的机会

当学生真正参与课堂教学时,他们的注意力就聚焦于课堂活动和教学任务,这样他们也就没有时间和精力产生课堂纪律问题。教师在增加学生参与课堂教学机会时,需要讲究一定的技巧。一方面,教师要在形式上让尽可能多的学生参与课堂活动;另一方面,教师也要加强教学活动的吸引力,让学生愿意自觉地参与进来。否则,只是在形式上增加学生参与课堂的机会,是起不到理想效果的。比如,有的教师为了让学生多参与课堂,变"满堂灌"为"满堂问",试图通过一连串提问来推进课堂教学。但是,问的问题过于简单或偏难,而且只有几个学生在回答问题,其他学生无所事事,思想开小差,甚至交头接耳,影响课堂秩序。

(2)保持紧凑的教学节奏,合理布置学业任务

课堂教学节奏紧凑有序,课堂中布置的学业任务切合课堂教学需要,并且难易适中,有助于让学生的精神保持一定的紧张状态,促使学生的大脑保持持续连贯的思考。

这样,他们在课堂上的时间和精力就会被教学活动占满,就很少会产生课堂纪律问题。

新手教师在把握课堂教学节奏的过程中,快要下课的几分钟或许是较难的一环。因为这个时候快要下课了,学生紧张了将近一节课,注意力开始分散,开始想着下课之后的事情。对于课堂最后几分钟的管理,教师也要做到心中有数,尤其要进行精心的设计安排,以避免出现课堂纪律问题,浪费有限的课堂教学时间。

上课最后几分钟的安排

专栏 14-2

每节课的最后几分钟最好安排教师主导的教学活动,如果在此时安排学生独立活动,他们很可能开小差或不遵守纪律,这种行为如果得不到制止,这节课的最后几分钟就被浪费了。在活动进入尾声时,教师需再次集中学生注意力,讨论一些普遍存在的问题并布置课后作业,强调作业要求或者提醒学生及时完成其他即将上交的作业。教师还可以通过点名让学生回答问题获得额外加分的方法,使学生的注意力一直放在学习上,直到下课。

(资料来源　兰德尔·斯普瑞克《高中课堂管理——行为管理的 9 项策略》,中国青年出版社 2011 年版,第 77—78 页。)

---

(3) 处理好教学活动之间的过渡

教学过渡是教学过程中各个环节的"粘合剂",是教学内容得以衔接的必要形式,在教学过程中起着承上启下的作用。教学活动中的过渡一般指教学内容由一个问题向另一个问题衔接,或是从一个教学环节到另一个教学环节的衔接。巧妙的过渡可以使教学过程水到渠成,使整个教学脉络连通流畅,使教学内容之间自然衔接;巧妙的过渡可以增强教学的形象性和感染力,缩小学生与教材之间的距离,充分发挥学生参与教学的积极性、主动性,促使学生产生渴求知识的心理。因此,教师如能处理好教学活动之间的过渡,就能让学生始终为教学所吸引,不会因为教学内容或教学环节的过渡而分散注意力。然而,在现实的课堂教学中,有为数不少的教学活动只是按部就班呈现每个阶段、每个环节的内容。比如,"下面我们来学习下一部分的内容",或者"上节课的内容复习过了,我们接下来学习新的知识"。显然,这样平铺直叙的过渡不仅简单重复,而且还可能让学生感到乏味、厌烦,甚至成为学生思想不集中、开小差、违反课堂纪律的外在因素。

3. 做好课堂监控

要管理好课堂,教师应能及时预防或发现课堂教学中出现的一些纪律问题,并采取言语提示、目光接触等方式,提醒学生注意自己的行为,以及时调整好课堂纪律。根据教学情境的不同,教师需要选择恰当的课堂监控策略,促使课堂教学高效地进行。下面几种策略经常被教师们用到。

(1) 适当表扬

适当表扬是指碰到纪律性事件时,教师从中发现学生身上具有的优点或长处,给予适当的表扬,以缓解课堂或尴尬或紧张的气氛,消融师生冲突,解决纪律问题所带来的课堂教学冲击。

表扬是教学管理中的一件利器,遇到纪律性问题时,教师要学会多表扬学生,而不是多批评学生。愿意接受表扬、不愿意听到批评是人的天性。虽然,很多人喜欢表扬,不喜欢批评,但也有很多人承受得了批评,却承受不了表扬,特别是那些被老师批评惯了,甚至批评麻木了的学生更是如此。如果他们受到老师的表扬反而会感到不好意思,或深怀感激,进而对自己的行为深怀愧疚,这样教育教学工作就好做了。

（2）警告提醒

警告要带有一定的威胁性,但又不能指明具体的学生。警告的言辞要比较严厉,语气比较严肃,以达到给予学生以警告的震慑作用。比如,学生课堂上小声说话,教师已经暗示过,但仍然没有效果,教师就可以使用警告了:"如果再有同学说话,我将要采取严厉措施了。"这样的警告比较有力量,往往能够起到让学生"收心"的效果。

（3）行为暗示

行为暗示就是教师用较大的身体动作把自己的用意、愿望表露出去,让学生明白并从中受到教育。有些学生静坐在座位上,但不听课,或者走神,或者看课外书,或者伏在桌子上睡觉但无鼾声,这类问题行为干扰课堂教学不明显,不宜在课堂里停止教学而公开指责,可以采用行为暗示的方式加以调控。例如,有位教师正要领读课文,发现一位学生心不在焉,于是走到该学生的座位旁,停留较长的时间,然后边领读边走开了。学生已经意识到教师为什么在自己身旁停留较长时间,于是认真朗读起来。当学生无精打采地趴在桌上想睡觉时,教师只需要用手轻轻抚一下他的背,这个学生就能不知不觉挺直了背,赶走了瞌睡虫。教师这样处理,既没有影响其他同学,不用专门占用课堂时间,又较好地教育了该同学,取得了理想的课堂管理和教育效果。

（4）停顿调控

停顿是教师在讲课的过程中,声音突然停顿,以给予学生提醒的应变方式。不论是学生在课堂上窃窃私语,还是在大声说话,教师讲课时声音的突然消失,即停顿,往往能够引起学生的注意,反而会使他们停下来。此时无声胜有声,甚至比教师大声叫喊的效果还好。

（5）提问引导

提问引导是教师通过提问的方式引起学生的注意以应对课堂教学纪律问题的方法。当学生课堂上出现说话、注意力分散等情况时,教师可以采用提问的方式把学生的注意力吸引到课堂上来。针对具体的课堂情境,教师可以适时提出问题请学生回答,也可以通过提问吸引学生注意力之后,自问自答。

专栏 14 - 3

我感觉自己在公共汽车里

有一次上课时学生特别浮躁,整个课堂动荡不安。我于是说:"你们知道我现在的感觉吗?"学生的注意力被吸引过来了,我接着说:"我感觉自己是在公共汽车里。"学生们都笑了。可是笑过之后,秩序就好多了。

（资料来源　王晓春:《课堂管理,会者不难》,中国轻工业出版社 2010 年版,第 150 页。）

（6）延后处理

延后处理,也称为冷处理,即当学生发生不良行为时,教师在课堂上不立即处理,或简单处理后,仍按原计划进行教学,等过一会儿或课后单独处理,因此这种方法也可称之为搁置处理法。延后处理的好处是可以避免当时的冲突,教师可以有更长时间思考对策,同时可以给予犯错误的学生以反思的机会。

4. 培养学生的自律品质

促进学生形成和发展自律品质是维持课堂纪律的最佳策略之一。为更好地培养学生的自律品质,教师应做到以下几点:

（1）对学生提出明确的纪律要求,加强课堂纪律的目的性教育。

对于希望学生遵守的课堂纪律,教师应该事先提出明确的要求,加强对学生的课堂纪律教育。例如,教师应该在接手新班级,或者在新学期时,宣布学生在课堂上应遵守的准则。而且,课堂纪律的条文不是只讲一次就可以万事大吉的,教师需要在课堂教学中适时地强化课堂纪律要求,直至课堂纪律从外在的要求内化为学生的内在规范。因此,为了维持课堂秩序,教师在必要时可公开提出要求,或是重申纪律来统一学生行动。当然,教师在对学生进行课堂纪律教育时,要注意用词和语气,不要表现出训斥、谴责、讽刺及侮辱性的批评。

（2）引导学生对学习纪律持有正确的积极的态度,帮助学生获得积极的纪律情感体验,促进学生加强自我监控。

在学生清楚课堂纪律的具体内容之后,教师可以通过引导学生了解课堂纪律的意义,让学生明白课堂纪律尽管约束了学生的课堂行为,但受到限制的只是无益于课堂秩序的行为,而且这样的限制对于课堂教学的有序推进是必不可少的。也就是说,教师要帮助学生明了课堂纪律是必要的"束缚",在此基础上,再引导学生审慎、客观地看待课堂纪律,从而形成关于课堂纪律的正确态度。与此同时,教师在维护课堂纪律过程中,还要考虑到学生的感受和情感体验,要引导学生在遵守课堂纪律的过程中,投入情感,用心体验,帮助学生获得积极健康的情感体验。学生一旦对课堂纪律产生积极的情感体验,就会反过来影响他们对学习和纪律的态度,在课堂中更好地做到自我监控,进而达到优化课堂纪律的目的。

（3）有效利用集体舆论和集体规范,促进学生自律品质形成和发展。

学生同辈群体的集体意识和行为,对学生个体的行为规范有着潜移默化的引导作用。教师应该充分运用各种手段,对其加以有效的利用。也即教师要有意识地把课堂纪律的内容转化为班集体共同认同的规范,然后让其成为集体舆论和集体规范的课堂纪律,去同化、强化学生对课堂纪律的态度和行为,进而让外在的课堂纪律成为学生个体自我约束的规范。为了让课堂纪律更好地转化为班集体规范,教师在制定和颁布课堂规则的过程中,要发动和鼓励全班学生参与其中。这样,出台的课堂纪律文本是在教师的引导下,师生双方积极展开对话,共同协商和制定的。学生参与制定课堂纪律,会更加符合学生实际,更能得到绝大多数学生的认可,也更容易成为集体舆论和集体规范,进而对全班学生更具有内在的约束力,也会更有力地促进他们自律行为和品质的形成和发展。

四、课堂问题行为矫正

课堂问题行为是指学生在课堂中违反课堂规则,妨碍及破坏课堂学习活动正常进行的行为。它主要表现为学生在课堂上漫不经心、坐立不安、上课插嘴、逃避班级活动等。课堂问题行为是消极的行为,而且是教师经常遇到而又非常敏感的课堂问题。如何处置课堂问题行为是课堂管理的重要组成部分。

(一)课堂问题行为的类型

1. 外向性问题行为与内向性问题行为

根据学生行为表现的直接倾向,我国有心理学家将学生的课堂问题行为分为两大类:

(1)外向性问题行为

外向性问题行为是直接干扰课堂正常的教学活动的攻击性行为。如:争吵、推撞、追逐、讪笑等侵犯他人的行为;交头接耳、窃窃私语、擅换座位、传递纸条等过度亲昵的行为;高声谈笑、发出怪声、敲打做响、做怪异动作等故意惹人注意的行为;语言粗暴、顶撞老师、不服从指挥等盲目反抗性行为等。

(2)内向性问题行为

内向性问题行为是不容易觉察、对课堂教学活动的正常进行不构成直接威胁的退缩性行为。虽然不直接威胁课堂纪律及他人学习,但对教学效果和学习的影响很大,对学生个人的人格发展也有极大的危害,主要表现为课堂上心不在焉、发呆等注意力涣散行为;胡写乱写、抄袭作业等草率行为;害怕提问、抑郁孤僻等厌恶行为;神经过敏、频繁活动等不负责任行为等。

2. 人格型、行为型和情绪型问题行为

美国学者奎伊(Quay,H. C.)等人把学生的课堂问题行为分为人格型、行为型和情绪型三种类型。

(1)人格型问题行为

带有神经质特征,常常表现为退缩行为。例如,有的学生在课堂上忧心忡忡,不信任教师,害怕教师提问和批评,有的学生不信任自己的能力,缺乏信心和兴趣、心神不安等。

(2)行为型问题行为

具有对抗性、攻击性或破坏性等特征。例如,有的学生缺少耐心,容易冲动,不能安静;有的学生多嘴多舌交头接耳;有的学生在课堂上甚至会怪叫、起哄、动手动脚等。

(3)情绪型问题行为

主要指学生由于过度焦虑、紧张和情绪多变而导致社会障碍的问题行为。例如,有的学生冷淡、漠视,态度忸怩;有的学生过分依赖教师和同学、心事重重等。

(二)课堂问题行为的原因

课堂问题行为主要是学生的问题行为,但学生并不是造成课堂问题行为的唯一原因。课堂问题行为除了学生自身原因外,还可以从教师因素、环境因素进行分析。

1. 学生因素

大量的课堂问题行为,主要是学生自身原因引起的。具体来说,包括以下几方面。

（1）由于适应不良导致的挫折

在学校学习生活中,学生的学业成绩不良、人际关系不和谐、对教师或家长的要求不适应等情况,都有可能会产生挫折感,并引发紧张、焦虑、惧怕、厌烦甚至愤怒等情绪。在一定条件的诱发下,这些情绪反应就可能演变为课堂问题行为。比如,有的学生受到挫折后,心情不好,情绪低落,对有的教师产生反感,为了发泄不满而有意在课堂上违纪。

（2）寻求注意

学生是独立的人,每个学生都有自己的独特性。在班级中,教师提出的学习、行为方面的各种要求,往往只能照顾到大多数学生,教师的表扬和激励也常常集中在一部分学生身上。一些得不到集体和教师认可的学生,往往故意表现出某些问题行为,以引起教师或同学的注意,哪怕是被动的、消极的注意,从而获得自己在班级中的地位。比如,一些学习成绩不理想又自尊感较强的学生,或被教师和同学忽视却又希望得到关注的学生,为了在集体中刷存在感,有可能会故意在课堂上做出怪异的动作,惹得全班哄堂大笑。

（3）人格因素

在一定程度上,学生的课堂问题行为与学生的个性心理特征,如能力、性格、气质等有所关联。例如,外向型性格的学生,一般喜欢交际,胆子较大,自制能力较弱,容易将激动的情绪借机在课堂上发泄,违反纪律的情况相对较多。而内向型性格的人,则常表现出抑制退缩行为,不愿与人交往,自我意识较强,可能会产生灰心丧气等内向性问题行为。相对而言,他们明目张胆地违反课堂纪律也较少。

（4）生理因素

学生的性别特点、身体上的疾病、发育期的紧张、疲劳和营养不良等,都有可能影响他们的课堂行为。从学生的性别特点来看,男同学的问题行为要比女同学多一些。男同学精力旺盛,自我控制能力相对较低,容易产生外向性问题行为。女同学敏感细腻,集中注意力的时间长,容易产生内向性的退缩性问题行为。另外,个别学生在课堂上过度活动,或自我控制能力不足,是脑功能轻微失调造成的,也叫"多动症",简称 MBD。他们对刺激过于敏感或有过度反应的倾向,因而,他们对一些无关刺激也易作出反应,从而造成活动过多、情绪不稳、大声怪叫、注意力不集中等课堂问题行为。

2. 教师因素

课堂上的问题行为不仅仅是学生造成的。从某种程度上讲,教师也要承担一部分责任。

（1）教学不当

教师教学准备不充分,缺乏教学组织能力或表达能力而造成的教学失误,也会引起课堂问题行为。常见的教学不当行为有:教学要求不当、教学组织不当、讲解不当等。教学要求不当源自于教师教育观、教学观、学生观的偏差。比如,有的教师把分数作为唯一目标,重结果轻过程,重智轻德,搞题海战术,歧视差生等,都容易引起学生厌倦情绪,在课堂上没有心思学习,甚至产生逆反心理,出现问题行为。教学组织不当与教师教学水平欠缺紧密相关。例如,有些教师教学效率低,在正常的教学时间不能完成教学任务,常采用拖堂或补课的方法来弥补。这样的做法最让学生厌倦,也容易导致课堂问题行为。讲解不当表现为教师的教学观念陈旧,教学方法落后,讲课精神不振或缺乏激情,表达能力差,枯燥乏味等。

专栏 14-4

一位教师执教《麻雀》一课

教师问:"麻雀妈妈是怎样跟猎狗进行搏斗的?"

一个学生冷不丁地说:"老师,这只大麻雀不一定是妈妈,也许是它爸爸。"

教师猝不及防,愣了一下,然后顺着学生的思路问:"你是根据什么认为它是麻雀爸爸的?"

"因为书上没有说麻雀爸爸还是麻雀妈妈,我是猜的。"别的学生受到启发,思维开始活跃起来,有的说是妈妈,有的说是爸爸,争论个不停。

一个胖乎乎的小男孩不满地嚷道:"说不定还是麻雀爷爷呢!"教师一脸茫然,不知如何作答。

(资料来源 王晓春:《课堂管理,会者不难》,中国轻工业出版社 2010 年版,第166 页。)

（2）管理不当

教师管理不当会引发种种课堂问题行为。具体的表现为管理方式专制、对学生放任自流和偏爱好学生等。第一,有的教师对学生缺乏热情与爱心,管理方式专制、主观武断、简单粗暴,而且态度生硬,不尊重学生,甚至体罚学生。这样的管理方式容易造成师生关系紧张,激起学生的反感和对立情绪,甚至直接诱发课堂中的问题行为。第二,有的教师管理课堂不去主动作为,对学生课堂表现要求不严,甚至放任自流,不闻不问,视而不见。这样,不仅已出现的学生课堂问题行为得不到及时有效的制止,而且会导致其他一些学生无视课堂纪律,出现更多的问题行为。第三,有的教师对待学生不公平,导致部分学生心生不满,出现报复性的课堂问题行为。具体来说,有些教师偏爱学业优良的学生,对他们的错误一带而过,过度纵容;对学业不良的学生,常过分严厉,滥施权威,使这些学生的抵触情绪较大,从而诱发各种课堂问题行为。

（3）威信丧失

丧失威信的教师不仅很难管理好课堂,而且容易引起课堂问题行为。教师出现哪些情形会影响威信呢?一般来说,包括以下方面:业务水平低,对教学不负责任,对学生的要求或承诺不实现,缺乏自我批评精神,处事不公,带有偏见等。比如,个别教师缺乏自我批评的精神,当出现课堂问题行为时,一味严厉惩处学生,很少寻找自身的不足,更不愿意在学生面前承认自己的疏忽,这样不仅导致教师在学生心目中的威信降低,也加剧了学生的不满情绪,增加出现课堂问题行为的概率。

3. 环境因素

课堂问题行为的产生,除了取决于学生和教师方面的因素外,还与外界环境有关,具体包括家庭、大众媒体和课堂内部环境等因素的影响。

（1）家庭因素

家庭结构、家庭气氛、父母的教养方式等都会影响学生的课堂行为。有研究表明，单亲家庭的孩子、父母不和家庭的孩子，以及放纵型、溺爱型家庭的孩子，往往更容易产生各种各样的课堂问题行为。具体而言，单亲家庭的孩子，相对自制力差，更易冲动，容易在课堂中产生对抗性逆反行为。父母不和、经常打闹的家庭的孩子，在课堂中会出现烦躁不安、孤僻退缩的内向性问题行为。放纵型、溺爱型家庭的孩子，缺乏对孩子必要的行为规范教育，容易造成孩子以自我为中心，做事往往随心所欲，缺少必要的规则意识，这样，就很有可能在课堂学习中出现问题行为。

（2）大众媒体

大众传播媒体，作为一种强大的社会化影响力量，对学生的行为有强大的影响力。在信息发达的社会，大众媒体无处不在，无孔不入，它传播的信息良莠不齐。那些负面的、不健康的媒体内容，会对学生行为产生消极的影响，导致更多的攻击性行为，进而成为课堂问题行为的推手。例如，一些暴力、色情、凶杀、追求感官刺激的内容充斥学生周围，部分学生受这些低级庸俗的内容影响，盲目效仿、尝试，并把这类行为延伸到课堂上，成为诱发课堂问题行为的原因之一。

（3）课堂内部环境

课堂内部环境，诸如教室的温度、装饰物的色彩、课堂气氛、课堂座位的排列方式等，都会对学生的课堂行为产生十分明显的影响。假如教室里课桌拥挤、光线昏暗、色彩暗淡、噪音大、卫生条件差，学生可能会压抑沉闷、烦躁不安、精神涣散，那么就更有可能出现课堂问题行为。关于课堂座位的编排方式，"前排—中间效应"被广泛认同，即坐在教室前排与中间的学生有更高的学习热情，更遵守课堂纪律，而坐在后排和两边的学生常会出现各种问题行为。所以，教师一方面要将合适的学生安排在合适的座位，另一方面也要定期轮换学生的座位。

（三）课堂问题行为的处置

课堂问题行为的正确处置是课堂管理的一个重要组成部分，从中也能体现一个教师的教育机智。只有正确及时地调控课堂问题行为，才能有效地提高教学效率，达到较为理想的教学效果。教师要根据具体的问题行为产生的原因，选择正确的方法来进行处理与矫正。

1. 运用积极的非言语和言语手段调控

积极的非言语调控指的是教师用目光接触、面部表情、手势动作、走近学生、身体触摸等身体姿态言语，来提醒学生要注意控制自己的违纪行为，达到伸张课堂纪律、维护课堂秩序的目的。采用非言语手段调控，对正常的课堂教学影响较小，还能起到"四两拨千斤"的效果，因此，教师发现学生出现问题行为时，一般不要指名道姓地批评，而要尽量用非言语行为控制。

积极的言语调控指的是教师采用口头表扬的方式调控学生的问题行为。对大多数学生来说，表扬是强有力的激励手段，能够引导学生表现正确的行为。表扬一个学生的良好行为，不仅会强化这个学生的良好行为，也会促使其他学生做出同样的良好行为。用表扬的方式调控学生的问题行为时，教师可以采用两种方式：一是表扬出现问题行为的学生的良好行为，二是表扬其他学生的良好行为。例如，当发现有学生上课交头接耳,窃窃私语,教师此时可以表扬他(她)的同桌,或者和他(她)相近的学生上课从来不说话,听课非常认真,或者表扬这个学生其他的良好行为,或者当这个学生在座位上认真学习时进行即时的表扬。

2. 合理运用惩罚

少量而适当的惩罚方式,可有效减少学生的课堂问题行为。教师在运用惩罚时应注意:第一,偶尔使用惩罚。教师要明确惩罚是一种手段,没有必要让学生不断地"体验"惩罚。第二,要让学生明白处罚的原因。第三,惩罚的方式能被学生接受。惩罚应基于爱和尊重,态度和蔼、满怀深情地实施惩罚效果更佳,惩罚务必与说明相结合。第四,强化与学生问题行为相反的行为。第五,避免使用体罚。惩罚强度应适当,体罚会抑制正常的行为,引起学生的反感和对抗。第六,避免在学生情绪不稳定的情况下使用惩罚。第七,惩罚应当及时出现在某一行为的开始,延时实施则须说明原委。

教师在运用惩罚时,要坚持对事不对人的原则,执行惩罚时既要公平一致,又要灵活地体现差异。教师对学生实施惩罚后,要给予学生积极的帮助,使学生学会在同样情境下以适当行为代替不良行为。教师还要注意谨慎地使用惩罚。虽然惩罚常常能迅速、有效地制止课堂问题行为,但滥用惩罚,不仅无助于维持课堂秩序,而且会降低教师在学生中的威信,容易使矛盾激化,导致课堂问题行为升级。

3. 引导学生参与学习活动

学生在课堂上出现的问题行为,有时是因为他们感到无所事事。针对这一情况,教师可以安排他们从事某些学习活动,使其没有时间产生问题行为。例如,上课设计一些与本节课相关的学生感兴趣的实践活动,让学生动脑动手,不给他们违反课堂纪律的时间。对反应较快的学生,可以额外安排令他感兴趣的作业,不给他在课堂上因无事可干而违反纪律的机会。需要注意的是,过度给学生安排学习活动、学习任务,也会导致他们疲劳烦躁,进而产生问题行为。因此,教师就必须在课前充分准备,备好课标、备好教材、备好学生,有针对性地引导学生适度地参与学习活动。

4. 进行心理辅导

学生的问题行为都有其心理根源,因此要想从根本上解决他们的课堂问题行为,教师应多读一些心理学方面的书籍,对出现行为问题的学生进行心理辅导。在对出现课堂问题行为的学生进行心理辅导时,教师应该做到:第一,给予学生倾听、接受、移情性的理解。对有问题的学生,教师要给予更多的关注,多和学生沟通,倾听学生的心声,了解学生。教师给予这些学生多一些理解,而不是批评和惩罚,正确引导他们,也可以鼓励其他学生对这位学生多点关心。第二,通过引导,帮助学生找到问题行为产生的原因,以及明了其消极后果。教师可以通过个别咨询和疏导,帮助某些有心理包袱的学生解决问题,使他们轻装上阵,从而改善学生的心理状态,减少课堂问题行为的发生。第三,帮助学生制定新的适应性课堂行为目标,以帮助其减轻心理负担,降低课堂焦虑程度,确立切实可行的行为矫正方向。第四,给予学生发泄不良情绪的机会,消除问题行为背后的情感根源,从根本上避免问题行为的发生。

本章小结

课堂管理是教师预防和制止课堂问题行为,维护课堂教学秩序,创造良好的课堂环境的行动和措施。课堂管理是为课堂教学服务的,它具有维持、促进和发展三方面的功能。课堂管理的原则包括目标原则、系统性原则、自组织性原则、内在性原则、动态性原则、激励原则和反馈原则。概括起来讲,课堂管理的基本模式主要有三种取向:行为主义取向的课堂管理模式、人本主义取向的课堂管理模式和教师效能取向的课堂管理模式。教师的领导风格、班级规模、班级的性质和学生对教师的期望,是影响课堂管理的主要因素。

课堂气氛是课堂里某些占优势的态度与情感的综合状态。积极的课堂气氛不但有助于学生对知识的学习,而且也会促进学生的社会化过程。消极的课堂气氛则会制约师生教与学的积极性、创造性,影响教学任务的完成和教学质量的提升。课堂气氛可划分为积极的课堂气氛、消极的课堂气氛和对抗的课堂气氛三种类型。创设良好的课堂气氛是一项系统工程。从教师的角度来看,创设良好课堂气氛,需要建立和谐的人际关系,运用灵活多样的教学方式,采用民主的领导方式,以及给予学生合理的期望。

课堂纪律是设置的学生行为准则和标准,以及对学生施加的控制。根据课堂纪律的形成原因,我们可以将课堂纪律分为教师促成的纪律、集体促成的纪律、任务促成的纪律和自我促成的纪律。我们可以将不同年龄阶段儿童的纪律发展水平划分为反抗行为阶段、自我服务行为阶段、人际纪律阶段和自我约束阶段。课堂结构包括课堂情境结构和课堂教学结构。课堂情境结构对课堂纪律的影响,主要表现在班级规模的控制、课堂常规的建立以及学生座位的分配方面。课堂教学结构对课堂纪律的影响主要表现在:教学时间的合理利用、课程表的编制、教学过程的规划等方面。课堂纪律的维持可以运用一定的策略,具体包括:建立积极有效的课堂规则,合理组织课堂教学,做好课堂监控,以及培养学生的自律品质。

课堂问题行为是指学生在课堂中违反课堂规则,妨碍及破坏课堂学习活动正常进行的行为。它可分为外向性问题行为与内向性问题行为,或人格型、行为型和情绪型问题行为。课堂问题的成因,可以从学生因素、教师因素、环境因素进行分析。根据具体的问题行为产生的原因,教师要选择正确的方法进行处理与矫正,包括运用积极的非言语和言语手段调控,合理运用惩罚,引导学生积极投入学习活动,以及进行必要的心理辅导。

思考与实践

1. 有人认为课堂管理的功能只是排除、制止干扰课堂的因素,维持良好的课堂秩序。只要做好了这一点,就算是管理好了课堂。试对这一种观点进行评论。

2. 课堂管理模式有行为主义取向、人本主义取向和教师效能取向之分,回忆并思考一下你在中学阶段学习时,有没有这三类现象存在?哪门学科的哪位老师在三类取向中较为典型?假如你是一位中学老师,你倾向于采用哪些取向,为什么?

3. 有一位教师课堂中喜欢说一不二,不愿意与学生多交流,教学方法常是"满堂灌",学生对此不满意,表现出反应迟钝、做小动作、思想开小差等行为。请分析这一情形反映的是哪一种课堂气氛类型,并提供一些改进措施,帮这位教师创设良好的课堂气氛。

4. 帮助学生形成自我促成的纪律,是课堂纪律管理的最终目标,也能够促进学生的成长与发展。你如何认识自我促成的纪律,你觉得可以通过哪些举措帮助学生走向自律?

5. 认真阅读材料,分析材料中学生课堂问题行为的表现与原因,并对如何矫正提出自己的看法。

在学生进入教室时,教师还坐在办公桌前抓紧最后一分钟备课,有些学生走向座位,有些则聚在一起聊天。上课铃响后,教师抬起头来,对学生说:"不要说话了! 都回到各自座位坐好! 现在开始上课!"这样唠叨了两分钟,学生们终于回到了各自的座位,教室也稍微安静了,这时教师让学生拿出课本,又花了几分钟告诉没带课本的学生应该怎样做,下次要记住云云。在上课铃响五分钟后,这位教师终于开始授课,在接下来的五分钟内,有两位同学陆续走进教室,每次教师都要中断讲课,询问学生迟到的理由,并记录下来。

(资料来源　兰德尔·斯普瑞克著,王勃涛等译:《高中课堂管理——行为管理的 9 项策略》,中国青年出版社 2011 年版,第 89 页。)

延伸阅读

1. [美]里德利,沃尔瑟. 自主课堂:积极的课堂环境的作用[M]. 沈湘秦,译. 北京:中国轻工业出版社,2001.

2. [美]让学生都爱听你讲——课堂有效管理 6 步法[M]. 屈宇清,咸桂彩,译. 北京:中国轻工业出版社,2010.

3. 王晓春. 课堂管理,会者不难[M]. 北京:中国轻工业出版社,2010.

4. [美]兰德尔·斯普瑞克. 高中课堂管理——行为管理的 9 项策略[M]. 王勃涛,刘文琴,译. 北京:中国青年出版社. 2011.

5. [美]卡萝尔·西蒙·温斯坦,等. 做最好的中学教师——高效课堂管理的十三堂课[M]. 田庆轩,等,译. 中国人民大学出版社,2016.

【开篇案例】

六个精神文化元素,滋养班级昂扬士气

精神文化反映一个班级的道德风尚、精神面貌、价值追求和群体的审美取向。精神文化建设在班级文化建设中具有统领全盘工作的价值和作用。

1. 仪式:开班元素,开启美好希冀

仪式,是班级文化的开班元素。《小王子》里面小狐狸和小王子有了一个美丽的见面仪式,什么是仪式?"它就是使某一天与其他日子不同,使某一时刻与其他时刻不同。"仪式感对于生活的意义就在于,用庄重认真的态度去对待所做的事情。建班初期,开学初期,我们都用仪式与过去认真告别,许自己一个充满希冀的开始,给自己的未来赋予新的意义。仪式,作为每学期的开班元素,让学生快速进入新状态,让学生开启美好未来。

2. 名字:身份元素,托起青春梦想

名字是一个文化符号,也是一种身份象征。给小组和班级取一个共同的名字,就是赋予这个团队共同的政治荣誉,在精神上形成强烈的感召力。可以说,班名、组名,是班级文化的身份元素。

3. 班级精神:精神元素,凝聚班级人心

班级精神是班级文化建设的核心灵魂,是班级大厦的超级水泥,凝聚人心,鼓舞士气,营造良好的班级舆论氛围,缔结共同目标。

"兰泽"班名取自"兰泽多芳草",学生们从兰花品质中提炼出君子之守班级精神:追求一种气清、色清、神清、韵清的道德操守,固守一种花美、叶美、香美的做人品德,锤炼一种耐霜雪之寒坚忍不拔的气质,静修一种容天地之广的胸怀。从道德操守、为人处世、气质胸怀等多方面,全面阐释了我们班的精神追求,让"兰泽"人成为高尚人格之人。这种班级精神引领着学生走向美好,他们严以自律,争取做得更好。

4. 班训:目标元素,激励班级士气

学生在班级精神基础上,提炼出了兰泽班级训言——宁静、醇远、雅致、蕙心。学生们将八字训言融入日常点滴,融进激情誓言里,在班会课上举起右手,齐声宣誓——

我们身处兰泽之境，须成君子之兰，团结协作，勇往直前，坚持不懈，自信满满。

5. 口号：励志元素，振奋班级精神

一个班级需要几则响亮的口号提振班级精气神。兰泽班的君子之守精神和训言多了一份优雅和娴静，而兰泽班级口号则更彰显青春活力。高二时，我们喊着"年轻没有失败，炫出青春色彩""我的青春我做主，努力认真不怕苦"；高三时，我们理性自省"做深做透，做细做好，激情投入，动力无限"。这些口号阶段性地振奋学生精神，持续激励他们在不同阶段的注意点。

6. 班徽（班旗）：标识元素，打造精神图腾

一个班徽，装扮、点缀着一面班级旗帜，擎起的却是学生心灵的高度，精神的追求。班徽在哪里，信仰就在哪里。所以说，班徽就是一个班级的精神图腾。班徽，是班级文化的标识元素。

（资料来源　《覃丽兰的"乡土班级"》，《教师月刊》（2018 年第 11 期）华东师范大学出版社，2018 年版。）

【学习指导】

1. 了解班主任的工作职责，认识不同的领导方式对学生产生的不同影响。

2. 理解班集体的概念和特征，掌握班集体建设的阶段和方法。

3. 了解班级管理的一般原则，初步学会进行班级管理。

班主任是学校中全面负责一个班学生的思想、学习、健康和生活等工作的教师。与任课教师区别在于任课教师只负责本学科教学，而班主任除此之外全权负责管理一个班级。在中学，班主任是一个重要岗位，无论是哪个学科的老师，都有可能担任班主任工作。

一、班主任工作概述
（一）班主任工作的意义
1. 班主任是班级的组织者、领导者

班主任在教育活动中行使管理和育人职责。首先，班主任要用自己的学识、人品、工作态度、教学方法等因素去影响和感染学生，从而树立自己的威信，充分发挥班主任在班级中的影响力。其次，班主任要组织各种班级活动，在活动中既加强师生之间的沟通，又增进学生之间的友谊，形成良好的集体氛围。再次，班主任要引导学生主动参与班级管理，培养学生的参与意识和独立工作的能力。

2. 班主任是学生成长的教育者

班主任的本职工作是对本班学生进行全面发展的教育，对学生的全面发展肩负重要责任。班主任要教育学生学会做人、学会做事；要善于发现学生的个性特点、兴趣爱好，挖掘他们的潜能；要启动学生的积极意识和进取心，引发他们产生求知的欲望和需求，形成自我教育的要求和能力；要利用和创造条件为学生的发展打下坚实的基础，使学生在德、智、体、美、劳各方面健康和谐地发展。

3. 班主任是联系各任课教师的纽带

组织、协调任课教师的教育力量是班主任的重要工作。班主任应该成为本班任课教师集体的组织者、协调者，成为教师集体的带头人。班主任要经常与任课教师沟通学生在学习中的各种表现，及时反馈学生对该门课程的学习情况，共同探讨有针对性的指导策略。班主任要信任与支持任课教师的工作。

4. 班主任是沟通学校与家长、社区的桥梁

学校与家长、社区的联系主要是通过班主任沟通的。学生的家庭状况、社区环境会给学校教育带来一定的影响，班主任要经常保持与家长的沟通，赢得家长的信任，共同探讨教育学生的措施和方法，使学校教育与家庭教育密切配合，取得更好的教育效果。同时，要注意和社区进行协调、沟通，积极争取社会的教育力量，为学生的发展营造良好的环境。

专栏 15-1

儿歌《班主任》

这首歌的歌词是这样的：

都说你是最小的主任，管着长不大的一群；都说你是最棒的园丁，画着我们成长的年轮。说你是最大的官，管着未来的部长将军；说你是最好的人，就像我们的父母双亲。粉笔白白，黑板黑黑，你一笔一画，教给我们是与非；教鞭长长，讲桌方方，你一言一行，给我们谆谆教诲。班主任给了我们真善美，班主任把我们的理想放飞。

(二) 班主任的工作职责

班主任工作的内容非常多,主要包括全面深入了解学生、组织和培养班集体、组织班集体的活动、对学生做个别教育、协调各种教育关系、对学生做操行评定等。

1. 全面深入了解学生

了解学生是班主任工作的基础、前提和先决条件。没有对学生的全面深入了解就无法做好学生工作,无法做好班主任工作。班主任对学生了解的要求是:全面和深入。

全面了解学生包括两个方面。一是对象的全面,包括对学生个体的全面了解,也包括对学生群体的全面了解。班主任要在对个体学生了解的基础上,加强对全体学生的了解。做到不遗漏任何一个学生,关注全体学生。二是内容的全面。对学生个体全面了解的内容包括:思想品德、集体观念、劳动态度、人际关系、行为习惯,学习态度、学习方法、学习习惯、思维特点、智力水平、学习成绩,身体状况、卫生习惯,兴趣爱好、性格脾气等。此外,还要了解学生的家庭状况,包括家庭类型、家庭物质生活与精神生活条件、家长的职业及思想品德与文化修养、学生在家庭中的地位、家长对学生的态度等。对学生群体全面了解的内容包括:学生构成、集体凝聚力、班级班风、舆论倾向、同学间人际关系、学生干部情况等。此外,还有特定年龄段学生群体的特征等。

深入了解学生,即不仅关注学生个体外在的行为表现,还要能够深入学生的内心,把握学生内在需求,发掘学生深层次的潜力与动力;不仅能够关注班集体的行为表象,而且能够通过现象看本质,发现并揭示学生群体行为背后的深层原因,提出有针对性的对策。

全面深入地了解学生并非只在班集体组建前,而是贯穿于班主任工作的始终。

2. 组织和培养班集体

组织和培养班集体是班主任工作的中心环节。组织和培养班集体包括组建班委、培养班干部、划分生活或学习小组、与学生一起制定班规班法、培养集体荣誉感、培育良好的班风学风、引导良好的舆论导向等具体工作。

3. 组织班集体的活动

组织班集体活动是培养优良班集体的重要方式,是班主任工作的重要内容。班集体活动要根据班级发展的需要、学校工作的要求等展开组织。

(1)组织班会活动。组织班会活动是班主任工作的重要内容。班会是以班级为单位,在班主任指导下,由学生干部主持进行的全班性会务活动。班会具有集体性、自主性、针对性等特点。班会主要包括常规班会、生活班会、主题班会等类型。其中,主题班会是班级活动的重要形式,是班主任依据教育目的,指导学生围绕一定主题,由学生自己主持、组织进行的班会活动。

(2)组织各类活动。班主任根据育人需要和班级情况,组织班级开展各类活动,比如组织演讲赛、辩论赛、知识竞赛、歌唱比赛、戏剧表演、趣味运动会、文艺晚会等。同时,班主任还要组织班级学生参加学校组织和各类活动。

组织班集体活动要注意:内容力求多样化,形式力求生动活泼,全体学生共同公平参与。

4. 对学生做个别教育

班主任不仅要面对班集体进行集体教育,还要做好对学生的个别教育。个别教育包括对学生的分层教育与个体教育。

（1）分层教育，就是针对先进生、中等生和后进生三种层次学生进行教育。对先进生的教育，要注意对他们严格要求，防止自满，不断激励他们挑战自我、超越自我，同时鼓励他们发挥优势，带动全班共同进步。对中等生的教育，要注意给予关心和重视，给他们创造更多充分展示自己才能的机会，增强他们的信心，鼓励他们不断自我超越。对后进生的教育，要注意充分尊重他们，多加关心爱护，善于发掘他们身上的"闪光点"，培养和激发学习动机，降低学习难度，不断增强其自信心，注重良好习惯的培养，加强方法的指导等。

（2）个体教育，就是针对学生个体的实际情况进行有针对性的教育。个体教育是一种差异化教育，是个别教育最直接的体现。班主任要在对学生情况全面深入把握的基础上，对学生展开有针对性的教育。这就要求班主任具有能够应对各种情况的施教能力。

不论是分层教育，还是个体教育，其本质都是因材施教，是为了增加教育的针对性和有效性。

5. 协调各种教育关系

班主任是各种教育关系的枢纽，既要上情下达、下情上达，还要协调各种横向关系。班主任需要协调的校内外关系主要有如下几方面。

（1）班主任要协调班级内各种关系，如学生小组间的关系、学生个体间矛盾冲突关系、普通学生与班干部的关系等。协调好班内关系才能构建平等和谐、积极健康的班集体。

（2）班主任要协调校内各种关系，如班级之间的关系、各任科教师间的关系、学校任务与学生实际之间的关系等。其中，协调各任科教师之间的关系，使大家形成统一的教育合力是校际关系协调的重点。

（3）班主任要协调好家校关系。这需要班主任做好与家长的联系与沟通、做好家访工作、开好家长会、有事情及时与家长联系等。协调家校关系是为了获得家长对学校工作的理解与支持，同时形成教育合力，共同教育好学生。

（4）班主任还要协调好各种社会关系，使之形成对教育的良好支持与影响。为此，班主任需要利用好客观环境、社会信息、社会教育机构、社区中的人才、各种教育基础设施等来影响学生。

6. 对学生做操行评定

班主任在学期结束前，还要做好对每一个学生的操行评定。操行评定是以教育目的为指导思想，以学生守则为基本依据，对学生在一个学期内的学习、劳动、生活、品行等方面的内容所做的小结与评价。

操行评定一般操作步骤是：学生自评、小组评议、班主任评价、信息反馈。操行评定的要求包括如下几个方面。①主体多元。班主任可以动员任科教师、家长和学生共同参与操行评定，以保证评价的民主性与客观性。②内容全面。班主任要树立促进学生全面发展的理念，从德、智、体、美、劳等方面全面地评价学生，同时兼顾学生在学校、家庭和社会活动中的综合表现，对学生做出全面评价。③注重发展。班主任要用发展的眼光看待学生，肯定学生的进步与成绩，多使用鼓励性语言激励学生，同时委婉地指出学生需要改进之处，表现出对进步成长的热切期望，促进其不断自我反思、自我完善。④语言规范。班主任在写操行评语时要做到具体、有针对性，不泛泛而谈，不千人一面，语言准确、客观，同时富有激励性。

除上述工作外，班主任还需要做好学生的档案工作、做好班主任工作计划与总结等。

(三) 班主任的领导方式

领导方式是领导者对被领导者所展示出的习惯化的行为模式。班主任的领导方式是指班主任在班级管理中对学生所展示出的习惯化的行为模式。按照不同的标准可对领导方式进行类别划分。

《中小学班主任工作规定》

专栏 15 - 2

班主任是不可替代的领导者

首先，班主任是学生群体的领导者。在中国的中小学中，班主任无疑是学生个体与群体发展最直接、最核心的关键人；没有高度的领导力，班主任既无法形成对学生个体的直接影响，更无法促成学生群体、组织的发展，无法应对班级建设之超级复杂性的挑战——班级建设价值与目标的挑战、内容与方法的挑战、过程与评价的挑战、生态系统的挑战等等。因此，中国的班级建设需要的不再是一个只会依靠控制、依赖权力的"管理者"，而是一个带领学生共同发展的"领导者"。

其次，班主任是班级这一复杂系统的领导者。其内在的综合有机性要求班主任有能力领导与相关教师、各个层面的沟通、交往、合作。中国中小学的内部组织具有相对明显的全息性，学校就是一个雏形的社会，班级就是一个雏形的学校。如果把"班级"视为一个"细胞"，不仅有其内部的班主任—学生关系及学生之间的丰富关系，而且必然要面对与不同的学科教师、与学校相关部门、与家长和相关社会团体及组织的关系。班主任是教师团队的关键人。如今，从"领导者"的意义上可以更进一步地说：班主任是班级这一微观"细胞"的领导者，策划、协调、沟通各类关系，是班主任的重要职责——也因此，班主任是班级的领导者，而不仅仅是学校管理系统的成员之一。

再次，班主任的领导与教育是综合融通的。在学校教育中，"领导"面对的是人、事与发展的关系，是积淀与创新的关系，而"教育"就蕴藏在师生的生命实践中。正是在这一意义上，中国中小学的班级建设真正具有了美国学者杜威所期待的教育性：教育就在全部的生活之中——同学之间的交往、学生与教师的关系、班级小组与小队的建立、班队会的组织、班级文化的形成、以班级为单位参与的学校与社会活动，等等。正是这些内容构成了学生发展的资源，体现着鲜明的教育性。

（资料来源 李家成：《班主任是如校长一般不可替代的"领导者"》，《班主任》2016年10月。）

德裔美国心理学家库尔特·勒温（Lewin，K.，1890—1947），认为存在着三种不同的领导方式，即专断型领导、民主型领导和放任型领导。勒温通过试验发现：（1）专断

型领导的工作效率较高,但组织气氛压抑,组织成员之间的关系紧张;(2)放任型领导的工作效率最低,但人们心情舒畅、组织成员之间的关系融洽;(3)民主型领导的工作效率最高,组织成员关系融洽,工作积极主动,有创造性。后来,美国心理学家怀特(White,R.)和李皮特(Lipper,R.)等人又将专断型领导方式分为强硬专断型和仁慈专断型。

在班级管理中,不同的领导方式具有不同的特征,同时学生也表现出不同的反应。

1. 强硬专断型

强硬专断型领导以命令、权威、疏远为主要心态和行为特征。

强硬专断型领导中,教师的表现特征有:(1)采取专制作风,掌握班级的一切活动,控制学生的行为,对学生时时严加监视;(2)从不跟学生进行沟通探讨,单纯要求学生能够绝对服从其命令和安排;(3)认为表扬会宠坏学生,所以很少使用表扬;(4)对学生的自主性缺乏信心,认为没有教师的监督,学生就不可能自觉学习。

在强硬专断型领导下,学生的典型反应有:(1)屈服,对待教师敬而远之,不喜欢甚至厌恶教师;(2)不敢承担责任,而且容易推卸责任;(3)易激怒,不愿合作,而且可能会背后伤人;(4)教师一旦离开,学生就明显松垮,顿时课堂混乱。

2. 仁慈专断型

仁慈专断型领导以关心、权威、疏远为主要心态和行为特征。

仁慈专断型领导中,教师的表现特征有:(1)不认为自己是一个专断横行的人;(2)表扬学生,关心学生;(3)专断的症结在于他的自信;(4)以"我"为班级一切工作的标准。

仁慈专断型领导下,学生的典型反应有:(1)部分学生爱戴他,但看穿他这套方法的学生可能会恨他;(2)在各方面都依赖教师,不会主动学习,缺乏创造性;(3)屈从,缺乏个人发展;(4)班级工作的量可能是多的,质也可能是好的。

3. 放任自流型

放任自流型的领导以无序、随意、放纵为主要心态和行为特征。

放任自流型领导中,教师的表现特征有:(1)采取放任态度,给学生充分的自由,学生爱怎样就怎样,一切活动由学生自作主张;(2)没有明确的管理目标;(3)很难做出决定,对待学生从不指导;(4)既不鼓励学生,也不反对学生,既不参加学生的活动,也不提供帮助或方法。

放任自流型领导下,学生的典型反应有:(1)不仅道德品质极差,而且学习成绩也差;(2)没有明确的目标,谁也不知道该做什么;(3)同学之间没有信任,没有合作;(4)存在推卸责任、寻找替罪羊、容易激怒的行为。

4. 民主平等型

民主平等型的领导以开放、平等、互助为主要心态和行为特征。

民主平等型领导中,教师的表现特征有:(1)教师民主地对待学生、尊重学生的想法,与学生共同商议、制定计划、做出决定;(2)给予学生一定的个别指导和帮助,倾听学生的心声;(3)尽可能鼓励集体的活动;(4)给予学生客观的表扬与批评。

民主平等型领导下,学生的典型反应有:(1)尊重教师,能够以朋友的身份与教师进行交流;喜欢同别人尤其是教师一起工作;师生关系和谐融洽。(2)喜欢学习,学习的质和量都很高。（3）喜欢同别人交往，同学间相互鼓励、互帮互助，而且独自承担某些责任。（4）无论教师在与不在，都有明确的目标，都能够为自己的目标努力奋斗，很少出现问题行为。

二、班集体的培养

班主任的工作是在班级中组织和培养班集体，促进学生的全面发展。为此，班主任要明确班集体的概念与特征，掌握组织和培养班集体的方法，以及班级日常管理的方法。

（一）班集体的概念与特征

1. 班集体的概念

班集体是按照班级授课制的培养目标和教育规范组织起来的，以共同学习活动和直接人际交往为特征的社会心理共同体。

班集体具有独特的教育作用，主要表现在三个方面：①形成学生的群体意识，②培养学生的人际交往能力与社会适应能力，③训练学生的自我教育能力。

专栏 15-3

班级与班集体

班级与班集体往往被等同为一个概念，实际上，班级（class）与班集体（class collective）是既有联系又有区别的两个概念。

班级是从组织形式的角度而言的，班集体则是从班级成员的关系角度而言的。班集体是建立在班级的基础之上的。（1）组成了班级，并不代表就形成了班集体。班级的初期，学生之间并不熟悉，往往是一个松散的群体，而班集体则是有凝聚力的群体，只有班级成员高度具有凝聚力的时候才能形成班集体。班集体是班级群体发展的高级形式。班级只是一个称号，而班集体是具有实质内容的群体。（2）班级可以很快组建完成，但"班级"要变成"班集体"却需要一个漫长而艰辛的过程。（3）同一个班级，可能会形成不同形态的班集体。比如消极的班集体与积极的班集体，健康向上的班集体与不思进取的班集体等。

---

2. 班集体的特征

一个班集体的形成应该具备以下基本特征。

（1）共同的奋斗目标

共同的奋斗目标是班集体发展的方向和动力，是班集体形成的基础条件。确立了共同的奋斗目标，班集体发展的方向明确，班集体成员自觉为实现共同目标努力拼搏，并在实现目标的过程中相互配合，团结奋进。

（2）健全的组织机构

健全的组织机构是班级有效运行的内在力量。班级组织机构包括班委会、小组长和各学科代表，以及班级团队组织等。团结有力的班干部是组织实施班级活动的重要保证力量,也是良好班级舆论和班风形成的保障。

（3）共同的行为准则

班集体应有共同的行为准则。班级的共同行为准则是完成共同任务和实现共同目标的保证。其内容主要是指严格的组织纪律和健全的规章制度。取得集体成员认同的、为大家自觉遵守的行为准则,能将外在规范内化为成员的思想中,完成"他律"向"自律"的转变。

（4）健康的班级风气

舆论是为多数人赞成和支持的一种公众意见。班风是班级中多数成员所表现出的共同思想和行为倾向,包含情绪状态、言行习惯、道德面貌等。健康的舆论和良好的班风是经过一定时间的相互影响而逐渐形成的,是班集体形成的重要标志。

（5）良好的成员关系

在集体中,班级成员之间应在人格上平等,信念上一致,思想上统一,情感上和谐,心理上相容,形成团结紧密的良好人际关系。每个成员都对集体有自豪感、依恋感、荣誉感等肯定性的情感体验。

（6）充分的个性发展

班集体的形成虽然强调共同的奋斗目标和集体的规章制度,但并非以压制学生的个性为代价。一个班级几十个学生,一定会有不同的兴趣爱好,也会有不同的学习方式和审美情趣,必然也有不同的人生目标与理想追求。在成熟的班集体中,每个学生的个性都能得到充分的展示与发展。

（二）班集体的发展阶段

班集体从其初步形成到巩固成熟是一个连续的、动态的过程。一个班集体的形成,一般要经过组建阶段、形成阶段、发展阶段、成熟阶段四个发展阶段。

1. 组建阶段

班集体的组建阶段,是学生初进学校,刚组织成一个新的班级的时期。这一阶段的特征是:全体学生尽管在形式上同属一个班级,实际上都是一个个孤立的个体。班集体对班主任依赖较强,主要依靠班主任主持工作,靠班主任组织指挥,靠行政手段组织班级。班集体的目的、任务都来自教师个体自身要求。这一阶段也是班主任工作最繁忙,能力经受考验的关键期,需要班主任全力以赴地工作。

2. 形成阶段

班集体的形成阶段,是学生间相互了解,不断熟悉,骨干力量开始涌现的时期。这一阶段的特征是:同学之间相互了解加强,在班主任的引导培养下,涌现出了一批积极分子,班集体有了核心人物,开始协助班主任开展各项工作,班集体的核心初步形成。这一阶段,班级的正常运转仍然离不开班主任的组织指挥,正确的舆论与良好班风也尚未形成。这一阶段,师生之间有了一定的了解,一定的情谊与依赖,班主任仍然需要不断观察、不断组织、有力指导。

3. 发展阶段

班集体的发展阶段是全体学生成为班级主体、班级开始正常运转的时期。这一阶段的特征是:班集体已成为教育主体,教育要求已转化为集体成员的自觉需要,也无需外在监督,已能自我管理和教育。不仅学生干部,多数学生也能互相严格要求。同学之间团结友爱,形成强有力的舆论与良好的班风。大家勤奋学习,各项活动表现良好。这一阶段,班主任工作已大为减轻,只需要加以适当引导与监督。这一阶段也是班主任培养班级骨干的重要时期。

4. 成熟阶段

班集体的成熟阶段是班集体趋向成熟的时期。这一阶段的特征是:集体的特征得到充分完全的体现,并为集体成员所内化,全班已成为一个组织制度健全的有机整体,整个班级洋溢着一种平等、和谐、上进、合作的心理氛围,学生积极参与班级活动,并使自己的个性特长得到发展。这一阶段,班主任基本可以放手让班级自行运转,以学生的自我管理、自我教育为主。

(三)班集体培养的注意事项

组织和培养班集体是班主任工作的中心环节、首要任务。班主任应有计划、有组织地在短时间内有效地组织和培养班集体。

1. 确定班集体的发展目标

从班级目标上说,班主任要带领全体学生确定集体的发展目标。共同的奋斗目标是集体发展的方向和动力,是加强集体凝聚力的必要措施。班级有了共同的发展目标,成员在认识和行动上,就会保持一致,形成团结有力的集体。

班主任要带领全体学生一起确定班级发展的近期、中期与远期目标。近期目标是指当前奋斗,近期可实现的目标。中期目标是指实现时期相对较长的阶段性目标。远期目标是需全体同学共同努力经过较长时间才能完成的目标。

2. 建立班集体的核心队伍

从班级组织的角度,选拔和培养学生干部,建立班集体的核心队伍,这是班集体形成的一项重要工作。班集体的核心队伍是班主任工作的重要帮手,也是带动全班同学共同努力,实现集体发展目标的重要力量。建立班集体核心队伍的主要内容是组建强有力的班委会,选拔各科课代表、各小组长等。

班主任要善于发现和培养积极分子,并把积极分子培养和使用起来。班级中那些热心为集体服务、团结同学、思想品德高尚、具有一定领导与管理能力的学生,可以被选拔出来加以培养。在使用过程中,要鼓励他们独立开展工作,同时又给予必要的指导;既要维护他们的权威,又要对他们严格要求;既要肯定他们工作中的成绩,也要指出工作中的不足,耐心帮助他们提升工作能力。

专栏 15-4

班集体中的非正式群体

班集体是班级的正式群体,目标与任务明确,成员稳定,有一定的组织纪律和工作计划,对增强集体凝聚力具有重要作用。但也要注意,班级中还存在着一些非正式群体,这些非正式群体也有其独特的意义和价值。

班级的非正式群体有不同的类型:(1)积极型群体。这些群体的价值目标与班级正式群体的价值目标相一致，是班级正式群体的补充。如学生自发组织的文艺活动小组、公益活动小组、体育活动小组等。（2）娱乐型群体。这些群体以娱乐为目的而组织在一起，主要目的是好玩、有趣。有时这些群体的活动格调不高，甚至庸俗，但成员情感得到了满足。（3）消极型群体。这些群体自觉不自觉地与班主任或班委发生对立，如不参加活动、发牢骚、破坏纪律等。（4）破坏型群体。这些群体游离出正式组织，缺乏是非善恶标准，对班级组织产生破坏性作用。

在教育与管理中，要善于引导非正式群体积极作用的发挥，尽量消除其不良影响。

3. 建立班集体的正常秩序

要从班级秩序角度，通过严明的班级纪律，建立班集体的正常秩序，以保证班级的正常顺利运转。班集体的正常秩序是维持和控制学生在校生活的基本条件，也是班主任开展工作的重要保证。班集体的正常秩序包括必要的规章制度、共同的生活准则及一定的生活节奏等。

班主任在班集体组建阶段，要着手班级正常秩序的建立工作，特别是在接手较差班级时，首先要做好这项工作。在建立正常秩序过程中，要依靠班干部的力量，由他们来带动全班同学。正常的班级秩序一旦建立，就不要轻易改变，这样班级秩序才能给班级发展带来便利与成效。

4. 组织多样化的教育活动

组织多样化的教育活动，不仅有助于促进学生的成长，而且有助于班集体的凝聚和生动活泼学习氛围的形成。

班主任工作的一项重要内容就是设计并组织多样化的教育活动。根据班级教育活动的时间分布，教育活动主要分为日常性教育活动和阶段性教育活动两大类，主要涉及主题教育活动、文艺体育活动、社会公益活动等。班主任在组织班级教育活动时，要明确活动目标与要求，精心设计活动过程，注意形式的多样化，力争做到活动开展的过程成为学生接受教育和自我教育的过程。

5. 培养正确舆论和良好班风

从舆论导向和班风建设角度，正确的舆论和良好的班风是良好班集体的重要标志。

班级舆论是班集体成员意愿的反映。正确的班集体舆论是一种巨大的教育力量，对班集体的每个成员都具有约束、感染、同化、激励的作用，是形成和巩固班集体的重要手段。班主任要注意培养正确的班级舆论，善于引导学生对班集体的一些现象和行为进行评议，努力把舆论中心引导至正确的方向。

良好的班风则是班集体舆论持久作用而形成的风气，是班集体大多数成员的精神状态和共同倾向及表现。班风是一种潜移默化的教育力量，一旦形成，就会无形地支配着全体班级成员的行为。

班主任要注意培养良好的班风，可通过讲道理、树榜样、严格要求、反复实践等方法来培养。

三、班级管理

班级管理是班主任根据一定的目的要求，采用一定的手段措施，带领全班学生，对班级中的各种资源进行计划、组织、协调、控制，以实现教育目标的组织活动过程。班级管理是一种有目的、有计划、有步骤的组织活动。这一活动的根本目的是实现教育目标，使学生得到充分的、全面的发展。班级管理的主体是班主任、任课教师和全体学生。下面以班主任为班级管理的主体展开讨论。

（一）班级管理的原则

1. 方向性原则

方向性原则就是指班级管理工作必须坚持正确的方向，用正确的思想引导学生。这是班级管理工作受社会政治、经济制约的客观规律的反映，也是我国社会主义教育的性质、目的、任务及其特点所决定的。

2. 全面管理原则

全面管理原则是指班级管理要面向全体学生，促进全体学生德、智、体、美、劳全面发展。全面管理原则有两个要点：一是对象上的全面性，即面向全体学生进行管理；二是内容上的全面性，即对学生德、智、体、美、劳等全面的管理。

3. 自主参与原则

自主参与原则是指以班级成员为主体，发挥其主体作用，使全体学生自主参与班级管理。学生不仅是班级的被管理者，也是班级的主人和管理者。班级管理中要充分尊重学生的主体地位，发挥他们的自我管理能力，使他们自主参与到班级管理中来。一旦学生真正参与管理，班级管理效率将成倍提高，班级的发展将获得强大的动力。

4. 教管结合原则

教管结合原则是指将对班级的教育工作和对班级的管理工作辩证统一起来。具体地说，就是对学生既要坚持正面引导，耐心教育，又要凭借必要的规章制度要求学生，约束其行为，实行严格的教育管理。教管结合才能实现良好的教育效果。

5. 全员激励原则

全员激励原则是指激励全班每个成员自觉积极地完成学习任务，主动积极地关心班集体，充分发挥自己的智力、体力等各方面潜能，实现个体目标和班级目标。激励的目的是为了调动学生各方面的积极性，激发他们的主动性和创造性，以提高班级运行与学生发展的效率。全员激励要求在文化知识学习中，全班学生，包括差生，都能以积极的态度投入，而不只是少数学习成绩优秀学生被激发。

6. 平行管理原则

所谓平行管理原则是指既通过对集体的管理去影响个人，又通过对个人的管理去影响集体，把对集体和个人的管理结合起来，以收到更好的管理效果。平行管理原则意味着把对集体的管理和对个人的管理有机结合，实现两者的相互影响、相互促进。

（二）班级管理的内容

班级管理的内容大致包括班级目标管理、班级组织管理、班级日常管理和班级活动管理等四大方面。

1. 班级目标管理

班级目标管理是指班主任根据班级工作目标进行的管理。它要求一切班级活动开始前,首先要确定目标,班级一切活动都围绕目标展开,最终以目标的实现来检验活动的效果。因此,在活动过程中,要不断对准目标,确保目标的实现。

2. 班级组织管理

班级组织管理主要包括班级组织机构的建立以及班级组织规范体系的建立与执行。其中班级组织机构分为班委会制度、值周班长制、建立各种类型的小组、班级学生会议制度等;班级组织规范体系包括班级组织制度、行为规范、集体舆论和班风等。

3. 班级日常管理

班级日常管理的内容包括班级德育管理、班级学习管理、班级纪律管理、班级环境管理等内容。

班级德育管理是组织、协调、控制班级德育活动,以对学生的思想品德进行引导、教育和规范,实现班级德育目标的过程。班级德育管理的内容包括:班级德育目标管理、德育活动管理、德育过程管理、德育评价管理等。

班级学习管理是对班级中学生的学习方面进行的管理。班级学习管理的内容包括:学习态度的管理、学习风气的管理、教育和学习活动的常规管理等。

班级纪律管理是按照规章制度对学生的纪律行为进行的管制。纪律管理通过对学生行为的奖罚,促进个人自律,帮助学生成长。班级纪律管理包括课堂纪律管理、出操纪律管理、就餐纪律管理、宿舍纪律管理等内容。

班级环境管理是运用计划、组织、协调、控制、监督等手段,为达到预期环境目标而进行的综合性活动。环境管理为学生成长创设良好的环境,达到环境育人的目的。班级环境管理包括班级内环境管理和班级外环境管理两部分。

4. 班级活动管理

班级活动管理是对各种班级活动的计划、组织、执行、调整等的统筹安排与灵活实施。班级活动是学校教育活动的重要组成部分,是班级教育的重要形式,也是发展学生素质的基本途径。就内容而言,班级活动管理包括政治性活动管理、文体类活动管理、公益性活动管理、军事性活动管理、勤工俭学活动管理、科技性活动管理等。班级活动管理既包括对某类、某项活动的管理,也包括对所有活动的综合性管理。

(三) 班级管理的方法

班级管理的方法有很多,班级日常管理的一般方法有:调查了解法、目标激励法、制度规范法、行为训练法、心理疏导法、舆论影响法、榜样示范法、情境熏陶法等。

1. 调查了解法

调查了解法,是班主任了解学生个人和班级整体情况,把握学生和班级特点,解决班级管理问题的方法。班级管理基于班主任对学生的全面深入的把握,而要全面深入地把握学生就需要进行调查研究。

调查了解法常通过观察、谈话、问卷、座谈、家访等多种方式进行。通过调查,教师对学生个体或群体得以充分了解和认识,以便对症施教、因材施教,保证班级管理的效果。

2. 目标激励法

目标激励法,是班主任帮助学生个体或班集体树立奋斗目标,以激励学生刻苦学习、不断上进的管理方法。目标是行动所要达到的预期结果。在班级管理中,目标是班集体或学生个体在一定时期内要达到的预期结果。

目标是行动的方向,是行动的动力,能够起到激发学生的动机,并引发相应行为,积极追求目标达成的作用。适当的目标,不论是对班集体,还是对学生个体,都具有强烈的导向作用和激励作用,有助于促进学生自我管控、自我管理能力的提升,有助于激励学生不断努力、不断发展进步。

为了使目标具有更好的可操作性、可达成性,班主任可以在引导学生确定总目标的同时,学会进行目标分解,划分出阶段性目标与具体目标,在心中有总目标,实践中有具体目标,通过小目标不断实现的累积,最终达成总目标。小目标的实现,本身具有持续激励的作用。在学生为自己目标努力的过程中,教师要不断加以适当引导与及时激励,从而帮助学生最终实现奋斗目标。

3. 制度规范法

制度规范法,是以相关规章制度来规范与约束学生,促进其养成良好的行为习惯的管理方法。常言道:"国有国法,家有家规;校有校纪,班有班规。"班级管理同样需要一整套行之有效的规章制度。

规章制度是一种群体性规范,是班级学生在学习、生活和活动中必须共同遵守的规定和行为准则。它对学生的思想和行为起到导向、规范、约束、教育等作用。规章制度的存在和执行,可以使学生的思想和行为由"他律"逐渐转向"自律",使班级管理有章可循,有利于学生的健康成长与班级管理的顺利实施。

班级管理的规章制度,主要包括三个方面:一是国家对学生的规范与要求,如教育部《中小学生守则(2018年修订)》;二是学校的相关规章制度;三是班规班纪。对前两类规章制度,班主任要做好解释、执行工作;对自己班的班规班纪,班主可以带领学生一起制定,并严格监督执行。

班规班纪是班集体得以维持、巩固和发展的保障。班规班纪的内容一般包括两方面:一是学习、生活中应该遵循的准则,如课堂规范、作业规范、出操规范、卫生规范、劳动规范、就餐规范、宿舍规范等;二是执行或违反班规班纪所受到的奖惩规定。

在运用制度规范法时,需要注意以下几点。

① 引导共同遵守。班主任要加强对规章制度的解释,同时引导全班学生共同遵守。规章制度被学生接受认同程度越高,就越有利于学生个体的自我约束、自我管理,越有利于班级团结与优秀班集体的形成。

② 加强指导监督。规章制度一旦开始执行就要认真贯彻、严格执行。这个过程中,班主任要加强指导与监督,防止执行过程中的随便变通,防止规范软化、走样。规章制度一旦形同虚设,就失去了其严肃性与威慑作用,甚至最终走向失效。

③ 适当运用奖惩。奖励与惩罚手段是制度运用的有效调节手段。班级管理过程中,适当运用奖惩手段,有助于发挥规章制度的调控作用,优化规章制度的实际效果。

4. 行为训练法

行为训练法,是班主任运用合适的方法,对学生的错误行为进行矫正,使其形成良好行为习惯的管理方法。

学生在成长的过程中,由于各种原因会形成一些不良的行为或习惯。为了促进学生的健康成长与发展,就需要做出行为矫正,消除不良行为与习惯,促进良好行为的出现,并养成良好行为习惯。

学生行为矫正常用的方法有示范法、正强化、负强化、惩罚等。

示范法,就是通过正确的行为示范,为学生提供行为标准与学习目标,学生通过观察与练习,增加良好行为,减少或削弱不良行为的行为训练方法。示范法包括现场示范法、参与模仿法、自我示范法、电影电视或录像示范法以及想象模仿法等多种类型。示范法往往与强化法结合使用。

正强化,又称积极强化,就是通过呈现想要的愉快刺激,来增强某一行为出现频率的方法。换言之,正强化就是用某种有吸引力的事物对某一行为进行奖励和肯定,以期在类似条件下重复出现这一行为,从而实现该行为的巩固。例如,努力学习取得好成绩,就能够得到奖学金。反过来,为了获得奖学金,就要努力学习取得好成绩。颁发奖学金,就是对努力学习取得好成绩这一行为的正强化。

陶行知"四块糖"的故事

专栏 15 - 5

著名教育家陶行知先生曾经在育才学校当校长。一天,一个男生用一块砖头砸同学,刚好被他看到了。他立即上前制止,并让这位男生一会儿到他办公室去。

等陶行知回到了办公室,那生已经在他办公桌前等候了。

陶行知掏出一块糖递给男生,说:"这块糖是奖给你的。因为你比我早到。"

还没等那男生从惊异中反应过来,陶行知又掏出一块糖递给他:"这也是奖给你的,我不让你打同学,你立即就住手了,说明你很尊重老师,尊重我。"男生接过糖果,眼神中充满了狐疑。

接着,陶行知又说:"我去了解了,你打同学是因为他欺负女生,你才打抱不平。这说明你有正义感。"说着,又掏出第三块糖递给了男生。

这时,男生又感动又惭愧,他流着泪说:"校长,我错了,同学再不对,我也不能打他,不能用这种方式制止他。"

陶行知露出了笑容,他拿出第四块糖,欣赏地说:"这块糖也是奖给你的,因为你能自己认识到错误。"

四块糖果的力量,也就是正强化的力量:强化学生要守时早到,强化学生要尊重老师,强化学生要保持正义感,强化学生知错就改。

负强化,也称消极强化,是指消除或中止令人厌恶或不愉快的刺激,来增强某一行为出现频率的方法。比如,课堂中交头接耳,就要受到批评,如果停止交头接耳就不再给予批评。通过减除让学生不愉快的批评,来增加其不说话的行为,这就是负强化。

惩罚是指通过一定的手段,减少或消除不良行为发生的方法。根据刺激物呈现方式的不同,惩罚又分为正惩罚与负惩罚。正惩罚,是指呈现一个令人厌恶刺激,以消除或抑制某种不良行为发生的方法。比如,学生上课时交头接耳,老师当堂批评了他。这当堂批评就是对他的一种惩罚,接受批评后,他不再交头接耳了,这种不良行为就得到了消除。负惩罚,是指去掉一个令人愉快的刺激,以消除或抑制某种不良行为发生的方法。比如,学生上课时交头接耳,老师在发奖品时,不发给他。老师通过去掉学生向往的奖品,来对他实施惩罚,以减少或消除他上课交头接耳这一不良行为的发生,这就是负惩罚。

正惩罚与负惩罚的区别在于:正惩罚是给予厌恶刺激,负惩罚是撤销厌恶刺激。

惩罚与负强化有所不同。负强化是通过厌恶刺激的排除,来增加良好行为在将来发生的概率。而惩罚则是通过厌恶刺激的呈现,或者愉快刺激的排除,来降低不良行为在将来发生的概率。

5. 心理疏导法

心理疏导法,是班主任运用心理学知识、方法,针对学生的不良情绪或心理问题,给予心理上的疏导,解开学生"心结",使学生保持心理平衡,促进其心理健康发展的管理方法。中学生正处在身心迅速发展的时期,特别是青春期的学生,身心发展巨大,容易产生这样那样的心理问题。学生的心理成熟度还不高,心理承受能力也比较弱,面临学习压力、人际交往困惑等各种问题时,容易产生各种不良情绪或心理障碍。这就要求班主任必须掌握一定的心理学知识与方法,对学生进行心理疏导,以消除学生不良情绪或心理障碍,保证学生健康成长。心理疏导常用的方法有转移注意法、心理换位法、宣泄疏导法、认知疏导法等。

① 转移注意法,就是把注意力从引起不良情绪的事情转移到其他事情上,以保持心理平衡的心理疏导方法。转移注意一般把学生注意力转移到他自己平时感兴趣的事、感兴趣的活动上,如游戏、打球、下棋、听音乐、看电影、读报纸等,还可以外出旅游,到风景优美的环境中去玩。这样就可以使人从消极情绪中解脱出来,从而激发积极、愉快的情绪反应。

② 心理换位法,就是与他人互相换位置角色,站在对方的角度思考问题,通过体会对方的情绪和思想,来化解自己内心的矛盾冲突,消除和防止不良情绪或心理障碍的方法。

③ 宣泄疏导法,就是让学生把遭受挫折后所产生、积累的不良情绪宣泄出去,以维持心理平衡的疏导方法。痛哭、大喊、运动、找人倾诉等都是心理宣泄的方法。当学生心理委屈、憋屈时,可以让他痛快地哭一场,或者任其倾诉,而不加制止,让不良情绪发泄出来,进而能够增加其积极适应和应对挫折的心理力量。

④ 认知疏导法,就是通过引导学生树立正确的心理认知,改正不正确的认知与观念,消除或减弱不良情绪或心理障碍的心理疏导方法。人受困扰,不是由于发生的事实,而是由于对事实的认识。决定情绪的是人的认知,主动调整自己对事情的看法,纠正认识上的偏差,多从光明面看问题,就可减弱或消除不良情绪,使心情由阴暗变为晴朗。

6. 舆论影响法

舆论影响法,是班主任通过健康向上的集体舆论,形成积极、浓厚的班级学习、生活的环境氛围,从而对学生产生影响的管理方法。

舆论本身具有倾向性、评价性。舆论有正确与错误、积极与消极等区分。成语"三人成虎"、"众口铄金,积毁销骨",俗语"唾沫星子砸死人",都说明了(负面)舆论的巨大影响力。

班集体舆论是班级中占优势的、为多数学生所赞同的意见和言论。健康舆论是一种隐性规范，可以直接起到导向、监督、调节等作用，对学生的思想和行为产生巨大的教育影响。积极、健康、向上的集体舆论是形成良好班集体不可缺乏的条件，也是良好班集体形成的重要标志之一。健康的集体舆论能够使学生明辨是非、扶正祛邪，有助于他们自觉地根据班级舆论调整自己的言行。

班主任在班级管理中要充分重视舆论，积极做好集体舆论的引导。

① 坚持正面引导。班主任在班级管理中要始终坚持正面引导，用积极健康的思想、言行等引导学生，形成正确的班级舆论。健康舆论一旦形成就会具有一种强大的惯性力量，引导着班级向健康的方向发展。

② 遏制不良苗头。一旦发现不良的舆论苗头，及时查清源头、查清原因，加以坚决制止与正确引导，坚决同不良舆论做斗争。不良舆论一旦占据上风，再作扭转就十分困难，而且会给学生带来实质的不良影响。

③ 做到赏罚分明。班级管理过程中，对好的言行要及时表扬、鼓励，对不良的思想言行也要及时给予批评谴责，是非分明、赏罚分明，才能形成正确的班集体舆论，并使之对学生产生长远的影响。

7. 榜样示范法

榜样示范法，是以他人的高尚思想、模范行为和优秀业绩来影响学生的一种管理方法。榜样有不同的类型，可分为典范、示范与样板三种类型。他们对学生成长中的作用也各有不同。

① 典范。典范是指历史伟人、民族英雄、革命前辈、思想家、科学家和其他各方面的杰出人物。他们是民族的代表、人类的精英，是中学生最崇敬的榜样。典范人物传奇的一生、高尚的情操、伟大的业绩、光辉的形象，对学生有着很强的吸引力和感染力，容易激发起他们的敬仰之情、向往之心，并以他们为榜样，激励自己向他们靠近、向他们看齐。

② 示范。示范是指教师、家长和其他年长者给中学生所作的示范，也是中学生学习的榜样。尤其是家长和教师，对中学生的影响最经常、最直接。家长是中学生最先模仿的对象，加之与中学生生活在一起，其言谈举止无疑具有潜移默化的作用。中学教师是中学生的师表，他们与中学生学习、活动在一起，其一举一动均对中学生具有示范、身教的作用。

③ 样板。样板是指通过评优树立的中学生样板，包括优秀个人和优秀集体。这些榜样与中学生生活在一起，经历相似、环境相同，易为中学生接受，易使其信服，易激起上进心。它可以促进中学生互相学习、你追我赶、共同提高。

运用榜样示范法需要遵循以下要求。

① 榜样必须客观、真实、可信。榜样产生作用的前提必须建立在客观、真实、可信的基础上。榜样是各行各业的杰出人物，但他们也是社会中的人，不可能尽善尽美。班主任在宣传榜样时，不能人为地夸大、拔高，为学生提供一些不食人间烟火、没有七情六欲的"高"、"大"、"全"式的人物形象。要客观全面地展示他们的成长过程，如实地反映他们的高尚品德与业绩贡献。这样才能较为客观地为学生树立起心悦诚服的榜样。

② 缩短学生与榜样的距离。运用榜样示范法时要注意不能让学生感到榜样高不可攀。班主任要善于找到榜样和学生沟通的联结点，缩短学生与榜样的距离。要引导中学生学习榜样的根本精神，而不是单纯从形式上模仿其具体言行，把学习榜样与学生日常生活联系起来并转化为实际行动。为了缩短学生与榜样之间的心理距离，还要尽可能在学生身边寻找学习的榜样。

③ 使榜样成为自律的力量。榜样的力量虽好，却是外来的，只有转化为学生内在的力量，才能真正发挥作用。在学习榜样时，应着眼于把榜样从一种他律的力量转化为学生自律的力量，从外在的约束力转化为内在的动力。为此，一方面，班主任要善于激起学生对榜样的敬慕之情，使他们在心灵深处对榜样产生惊叹、爱慕、敬佩之情，使外在的学习榜样转化为心目中的榜样；另一方面，班主任要经常组织中学生讨论，通过讨论和评价，帮助学生深刻把握榜样的思想言行及其社会意义和价值，加深对榜样的认识理解，从中达到自我教育、自我提高的作用。

8. 情境熏陶法

情境熏染法，是指班主任利用或创设各种教育情境，以"境"育"情"，使学生在情感上、思想上、行为上等受到感染的管理方法。教育情境是指对学生有直接或间接刺激作用的具体环境，包括物质环境与精神文化环境。教育情境具有场景性、形象性、感染性的特点。从空间范围看，教育情境可分为如下方面。

① 班内情境。如在班级里张贴具有激励作用的名言警句、名人伟人画像、校训班训、班规班纪，办黑板报等。《史记·李将军列传》中说"桃李不言，下自成蹊"，即说明了影响的自然而至。班级环境学生日常接触最多，也最容易有意无意之间受到熏陶感染。

② 校内情境。学校是学生学习、生活的重要场所，除了教室，还有食堂、宿舍、操场等环境，也都会对学生起到这样那样的影响。"让学校的一草一木、一砖一瓦都发挥教育影响"，这句话说明了充分利用学校环境的重要性。

③ 校外情境。校外情境是非常广泛的，包括自然情境、家庭情境、社会情境等。"孟母三迁"的故事是社会情境对人产生熏染的生动案例。

班主任要从班级管理的需要出发，把教育目标与教育情境结合起来，利用和创造良好的教育情境，将学生置身于情境之中，激发他们积极的情境体验，促进学生良好行为的产生。

本章小结

班主任是学校中全面负责一个班学生的思想、学习、健康和生活等工作的教师，在学校中扮演着重要的角色。班主任的工作意义主要表现为：班主任是班级的组织者、领导者，班主任是学生成长的教育者，班主任是联系各任课教师的纽带，班主任是沟通学校与家长、社区的桥梁。班主任工作职责主要包括全面深入了解学生、组织和培养班集体、组织班集体的活动、对学生做个别教育、协调各种教育关系、对学生做操行评定等。班主任的领导方式对学生以及班集体都有着重要的影响，一般来说班主任的领导风格可分为强硬专断型、仁慈专断型、放任自流型、民主平等型四种。

班集体的特征是有共同的奋斗目标、健全的组织机构、共同的行为准则、健康的班级风气、良好的成员关系、充分的个性发展。班集体的形成要经过组建阶段、形成阶段、发展阶段、成熟阶段四个阶段。培养班集体时要注意以下事项：确定班集体的发展目标,建立班集体的核心队伍,建立班集体的正常秩序,组织多样化的教育活动,培养正确舆论和良好班风。

班级管理是班主任的重要工作,要遵循方向性原则、全面管理原则、自主参与原则、教管结合原则、全员激励原则、平行管理原则。班级管理的内容包括班级目标管理、班级组织管理、班级日常管理和班级活动管理等。班级日常管理的一般方法有:调查了解法、目标激励法、制度规范法、行为训练法、心理疏导法、舆论影响法、榜样示范法、情境熏陶法等。

思考与实践

1. 有一个班级是学校有名的乱班,打架成风,一些学生动辄舞棍弄棒,乱打一气。课堂纪律混乱,上课怪叫起哄、爬桌子、翻窗户成了一些学生的嗜好。曾有一青年教师上课时被学生起哄气哭了,发誓再也不上这班的课。曾刚是班上有名的"调皮大王",打架时,只要他一挥手,其他人就会蜂拥而上。曾刚家长对他唯一的办法就是痛打。但曾刚也有优点就是爱劳动,有组织能力。班级同学之间不团结,正气不能抬头,也有少数同学希望好好学习,对班里的现象不满,但敢怒不敢言,怕受那些捣蛋同学的报复。班级干部软弱无力。班级学习成绩差,是同年级中平均成绩最差的班。

如果你担任这个班的班主任,你应如何着手开展工作,改变这个班的面貌呢?

2. 简述班主任工作的职责,回顾并分析一下你高中阶段的班主任有没有正确履行这些职责? 哪些方面做得好,哪些方面有差距?

3. 朱老师很关心学生,但对学生很严格,常对学生提出各种要求和规定。大部分学生都喜欢朱老师,也能按他的要求去做。朱老师对班级的领导类型属于(　　　)

A. 强硬专断型　　　　　　　　B. 放任自流型

C. 仁慈专断型　　　　　　　　D. 民主平等型

4. 辨析以下说法,做出正误判断并解释。

(1) 班级与班集体是一回事。

(2) 班集体就是班级群体。

(3) 非正式群体在班级管理中只有消极作用。

(4) 班级管理的主体是班主任。

5. 简述班集体的基本特征。

6. 阅读材料后回答问题。

教书第二年,学校就让我担任班主任。刚接到班级,激动和憧憬之余,心中也泛起了点点忧愁。我能否带好这个班呢?

整个暑假,我都在设想我的班级的未来发展蓝图。我制定了详细的班级建设方案,从教室布置到班干部的选聘等,我都制定了一些详细的规则和标准。

暑假军训期间,我终于第一次见到了我的学生们。我指定了临时班干部,在他们的协助下开始布置教室。首先,面向全体同学征求教室布置创意方案。接着,全班同学献计献策,开始自己动手布置教室。经过一个星期的努力,我们班教室终于布置好了。教室的四面是四幅春夏秋冬的风景图,在前门进来的墙壁上挂了一幅"明日歌",提醒同学们当天的事情要当天完成。在黑板的两侧,一侧是"宣传栏",另一侧是我们班委设计的"心愿墙",对同学的祝愿或者对自己的一些期待,随时都可以贴在心愿墙上。

俗话说:"国有国法,家有家规。"一个班集体也应该有相应的规则,所以我特地和班干部策划了一堂主题班会课,特别讨论制定我们班的班规。因为只有让学生参与、理解、信服的班规条例,才能真正具有实效性。关于班规的实行我是这样做的:每周一次德育量化统计,由两位纪检委员负责,打分的标准严格按照班规上的条例。在执行中遇到"班规"中没有规定的内容,由班长和纪检委员提出讨论解决。此外,我们确定了班级的班歌《我的舞台》。班歌让学生们有一种归属感、集体感、自豪感。

问题:

(1) 结合材料分析该名班主任班集体建设的步骤与方法。

(2) 结合材料分析该班主任班级管理的具体内容有哪些?

延伸阅读

1. 魏书生. 班主任工作漫谈[M]. 桂林:漓江出版社,2014.

2. 李冲锋. 班主任工作的 50 个细节[M]. 福州:福建教育出版社,2011.

3. 李冲圣. 班主任工作细节处理艺术[M]. 福州:福建教育出版社,2014.

4. 万玮. 班主任兵法[M]. 上海:华东师范大学出版社,2004.

5. 赵坡. 班主任如何说话[M]. 上海:华东师范大学出版社,2010.

6. 王晓春. 做一个专业的班主任[M]. 上海:华东师范大学出版社,2008.

7. 张万祥. 给年轻班主任的建议(第 2 版)[M]. 上海:华东师范大学出版社,2017.

8. 陈宇. 班主任工作十讲[M]. 北京:教育科学出版社,2014.

9. 林岩. 班主任工作的策略与艺术[M]. 北京:教育科学出版社,2011.

10. 齐学红,袁子意. 新编班主任工作技能训练(第 2 版)[M]. 上海:华东师范大学出版社,2012.

【开篇案例】

　　课外学习(校外学习)活动是学生学习生活中的重要组成部分,对学生的身心发展和全面发展具有重要的意义。通过对中、日、美三国学生的调查和比较发现,中国学生的课外活动最为贫乏,中学生没有参加任何课外小组活动的学生比例达 70％。受"应试教育"的影响,我国中小学生的课外学习主要集中在补习、培训和家教上。中学生的校外学习和作业过多,存在学习来源负担问题。青少年学生课外学习的内容主要是校内学习的延伸,参加课外辅导(辅导班、家教)的现象比较普遍。

　　此外,我国不少中学生的课(校)外学习活动变成了娱乐活动,以看电视、上网和玩游戏为主。根据调查,我国未成年人(全日制在校中小学生)使用互联网的比例达 91％,排在前三位的上网内容为听音乐、玩游戏和聊天;55％的学生假期活动主要是上网,其中 59％的学生每天上网;65％的学生假期活动主要是看电视看电影,其中 71％的学生每天都看;不少中学生沉溺于网络游戏。调查发现,在网络游戏用户中,10～19 岁的用户群体最大,占到整体网络游戏用户的46.1％。不少学生经常甚至每天上网玩游戏,在网吧打发课余时间。

　　总体来看,我国中学生的课外学习无论是形式还是内容,都存在较大问题。

　　(资料来源　陈传锋等:《当前中小学生课外学习活动的现状调查与问题分析》,《教育研究》2014 年第 11 期。)

【学习指导】

　　1. 掌握课外活动的内涵,认识课外活动的意义和特点。

　　2. 了解课外活动的主要组织形式,能够设计实施较为复杂的课外活动。

　　3. 认识学校与家庭关系的重要性,了解协调学校与家庭联系的基本内容和方式,掌握在教育教学中开展家校联系、促进家校合作的技能。

　　4. 认识学校与社会关系的重要性,了解协调学校与社会教育机构联系的方式。

一、课外活动的意义与特点

课外活动,是相对课堂教学而言的,指在课堂教学以外组织者根据教育教学的实际需要,开展的形式多种多样、内容丰富多彩的活动。可以分为校内活动和校外活动,二者的区别在于组织指导的不同。校内活动是由学校领导、教师组织指导的活动,校外活动是由校外教育机构组织指导的活动。这里应注意的是,校内活动并不仅仅限于学校范围之内,也可以是在校外组织的活动,它与校外活动的区别只是在组织和领导方面不同。

(一) 课外活动的意义

我国古代已经出现了课外活动这一教育形式。《学记》中记载:"大学之教也,时教必有正业,退息必有居学。"所谓"正业"就是指的课堂教学,"居学"就是指的课堂教学以外的活动。说明,除了课堂教学外,还需要进行与课堂学习有关的课外活动,才能真正实现教育目的。随着社会发展的需要,班级授课制广为推行,适应了工业化社会大规模培养人才的需求。但是,仅有课堂内的授课,也不利于从实际出发,因材施教地培养人才,为此,课外活动便应运而生,并在长期的发展实践中不断完善。

1. 课外活动是课堂教学的必要补充

课外活动与课堂教学是一个完整的教育系统,课外活动是课堂教学的必要补充,二者相辅相成。课内的知识往往需要课外活动来进行验证,课外活动需要课内知识作为指导。我们也要看到,课外活动不是课堂教学的延伸,它们相互联系但是又相互独立。把课外活动等同于课堂教学的延伸相当于否定了课外活动作为教育目标实现的基本途径之一这一本质属性。课堂教学、课外活动是相互联系又相互独立的育人的主要途径,课堂教学学知识,重理论,求认知;课外活动则主要重实践、重视野拓展和能力培养,尤以培养学生的兴趣爱好,发展学生的特长与提高个性水平为目标。

专栏 16-1

苏霍姆林斯基谈课外活动

苏联教育家苏霍姆林斯基曾经说过,当一个十二三岁的学生还没有自己的爱好时,教师就要为这个孩子感到忧虑。他认为,如果学生没有培养自己的爱好和特长,长大以后,他只能平平庸庸,不会有多大成绩。这种爱好和特长怎么能够得到发挥呢?除了教师在课堂上要注意因材施教外,就要利用课外活动来发现、发展学生的爱好和特长。也就是说,要把课外活动看作是一个成才的道路来利用和组织,它绝不是可有可无的东西。

苏霍姆林斯基把课外活动称为学习的"智力背景"、"大后方"。开展丰富多彩的课外活动,可以激发学生的求知欲望,唤起他们学习的浓厚兴趣。对功课不好的学生不让参加课外活动,增加他的课内、课外作业,这样不仅不能使学生进步,反而使学生更厌恶学习,思想上产生一种对抗的情绪。明智的办法是从课外入手,逐步提高学生的学习兴趣。苏霍姆林斯基把课外阅读看作是开发学习困难学生智力的有力手段。他认为,学习上困难越大的学生,越应该参加课外活动,特别是课外阅读。当然,学习困难的学生参加课外活动和阅读不是放任自流的,而是在教师的精心设计和指导下进行的。

2. 课外活动是立德树人的重要途径

课外活动是应对时代发展对国民素质挑战的基本策略,是实施全面发展教育,培养学生的创新精神、实践能力、社会责任感以及良好的个性品质的根本要求。课外活动中进行的革命传统教育、爱国主义教育、理想信念教育等,对学生形成正确的政治大德、社会公德、个人品德、家庭美德,都有着推动性作用。经济全球化要求中学生具备全球意识、国际视野和理解包容、善于合作的人际交往能力,这不仅要在各学科教学中培养,更需要在开放的学习情境中、在课外活动和实际解决问题的过程中来培养。以大数据、云计算、"互联网+"为特征的信息时代,对每一位社会成员提出了新的素质要求,要求具备信息意识和信息搜集、处理能力,以及运用信息、数据解决问题的能力。课外活动中丰富多样的实践活动也为这些能力的培养提供了重要支撑。

专栏 16-2

申请欧美大学,课外活动很重要

出国留学只有刻苦的学习、出色的成绩是不一定能够保证你在众多竞争者中脱颖而出取得成功的,因为在国外学校的招生官眼中一个没有任何特长和兴趣爱好只会学习的人,取得好一点的成绩是理所应当的。国外尤其是欧美院校考察申请者学术成绩和语言成绩的同时,也非常重视个性的发展,课外活动最能体现一个人成长过程中不同的品质、能力和潜力。因此,课外活动是申请国外大学准备材料时不可或缺且十分重要的部分。

以美国为例,美国顶尖院校竞争非常激烈,课外活动的重要性在于除了考试和语言等成绩之外,你还有其他兴趣爱好,而且也体现了你平时能够充分利用自己的闲暇时间。大学申请时,要求你分享一个能够展现自己性格和品格的故事,你的课外活动就可以证明你叙述的真实性。

国外院校对课外活动虽没有统一的要求与标准,但申请学生主要可以从以下几个方向去参与:社会实践,学生会工作,学生社团活动,公益慈善活动,艺术类活动,体育活动。

---

3. 课外活动是中学教育改革的重要"推手"

组织实施课外活动,不仅是时代发展的需要,也是改革中学课堂教学弊端的需要。改革开放以来,我国中学教育取得了长足的进步,但仍存在一些弊端,主要表现为以下几方面:①课程教学目标主要局限于认知目标和知识掌握,立德树人、全面发展的教育目标尚未真正落地。当前社会发展所要求的情感、态度和价值观未得到应有的重视,时代发展所需要的创新能力、社会实践能力也没有在教学实践中得到锻炼和发展。②课程教学局限于书本知识的传授和学科知识的教学,脱离学生的生活实际和社会实际,缺乏广泛、鲜活的课外资源,不利于学生创新精神和社会实践能力的培养。③教学方式单一,过于依赖以知识获得为目的的接受性学习,学生学习的主动性未能得到充分调动。④教学空间局限于教室,教材成为最主要的课程资源,缺乏必要的实践活动。学生急需在课外活动的社会实践中增长创新、探究、实践的智慧和能力。开展有益有效的课外活动,对解决上述问题,推进中学教育教学改革有一定的帮助作用。

(二) 课外活动的主要特点

1. 自主性

课外活动是在课堂教学以外进行的活动,组织者根据教育教学的实际需要,可随时随地经常组织形式多种多样、内容丰富多彩的活动。课外活动有时是学校或校外教育机构统一组织的活动,还有很多时候是在学校或校外教育机构的指导下,学生根据自己的兴趣、爱好、特长以及实际需要,自愿地组织、选择和参加的活动。这样,不仅能发挥学生的主动性和积极性,而且能使学生的才能、个性得到充分发展,有利于学生优良个性品质的培养。课外活动中开放性的活动领域、活动内容、活动方式、活动过程,为发挥学生学习的自主性创造了条件,体现了学生在教育过程中的主体地位和作用。课外活动的目的之一,就是要在以学科课程为主体的教育过程中,为学生开辟一个自主学习、自主实践、自主发展的空间。

2. 实践性

课外活动与课堂教学相比,具有很强的实践性。课堂教学中,学生可以获得系统的学科知识、培养思想品德、提高审美能力等。在课外活动中,学生有动手实践的机会,在其亲自参与、组织、设计的各项实践活动中,学生通过探究发现、调查研究、实验论证、合作交流、社区服务、劳动和技术实践等教育活动,获得了实践知识,提升了创新能力和问题解决的能力,密切了与现实中的生活、社会的联系。

3. 综合性

课外活动的综合性是由学生所面对的完整的生活世界决定的。综合性实际上源于其实践性,因为学生的生活与社会实践活动就是由个人、社会、自然等方面的多种要素综合构成的彼此交融的整体。在社会生活实践中,学生与自然、学生与他人、学生与社会、学生与自我的关系是生活世界中最普遍的关系。学生处理这些关系的过程,就是学生个性全面发展、逐渐成为一个完整的人的过程。学生的人格、个性、品德的发展不是各门学科知识汇集的结果,而是综合运用知识不断探究与改变世界和完善自我的结果。课外活动具有超越严格的知识体系与学科界限和着眼于学生全面发展的综合性特点。

4. 开放性

课外活动是一种面向社会生活的实践活动,具有开放性,与学生的生活世界密切联系,并随着学生生活的发展变化而变化。对不同地区、不同学校、不同班级和不同学生而言,课外活动的具体内容可以是多种多样的,可以因其所处的社区背景、自然资源以及学生现实生活的需要和问题的不同而不同。只要是与学生的现实生活相关联的,只要是学生自主地提出或自主选择的活动主题,都可以作为学生进行课外活动的内容。课外活动的学习方式和活动过程可以是学生根据自己现有的社会资源、自身已有的经验,而选用研究性学习、社会参与性学习、体验性学习和实践性学习等多种学习方式,开展调查、访问、考察、实验、制作、劳动、服务等活动。课外活动的实施,不强求学生固定地采取哪种活动方式和活动过程,学生可以生成丰富多彩的学习体验和个性化的创造性表现。

二、中学课外活动的组织形式

中学阶段,学生的课外活动有多种组织形式,主要有以下几种。

(一) 综合实践活动

综合实践活动是从学生的真实生活和发展需要出发,从生活情境中发现问题,转化为活动主题,通过探究、服务、制作、体验等方式,培养学生综合素质的跨学科实践性课程。

什么样的课程不是综合实践活动? 第一,以书本和教室空间为中心。综合实践活动不是认知性的课程,而是实践性的课程。第二,以系统知识获得为目的。综合实践活动的课程价值不以认知目标为主,而是以各种行为目标和情感目标为主,有利于深化学生已有的知识和各种认识。第三,以教师讲授为主。综合实践活动是教师指导下的学生自主实践活动,要求发挥学生的自主性,亲身体验,积极实践,不能以教师的讲解为主。第四,以笔头和书面作业为主。综合实践活动强调形成学生的问题意识,以及利用已有知识和能力解决生活情景中遇到的实际问题,不能仅停留在书本到书本的笔头作业或书面作业上,要引导学生通过各种活动作业来开展活动过程。总之,综合实践活动的实施如果离开了实践环节,离开了学生的自主实践,离开了活生生的活动情景,就不是综合实践活动。

综合实践活动具有以下四个特点:(1)突出学生主体。要求学生自主选择、主动实践和教师的有效指导相结合。要让学生形成问题意识,善于从日常生活中发现自己感兴趣的问题;要让学生善于选择自己感兴趣的课题,自主制定学习活动方案;要让学生在研究课题的展开阶段,善于采取多种多样的组织方式,如个人独立探究的方式、小组合作探究的方式、班级合作探究的方式、跨班级与跨年级合作探究的方式、学校合作探究的方式等。(2)面向学生生活。活动主题与学生的生活经验和社会发展的实际密切联系。研究性学习的主题或课题要尽可能由学生从他们自己的生活经验出发来自主提出,社区服务和社会实践的活动项目要贴近社区和社会现实,劳动与技术教育以及信息技术教育的主题或项目要克服以往的那种以"课文"的形式呈现的方式,要从实际生活中提出活动项目。这样的活动才能真正激发学生学习的愿望,具有可操作性。(3)注重学生实践。在活动实施过程中,要引导学生在具体的自然情境和社会情境,或特定的活动场所(如实践基地或劳动教室等)中开展调查、考察、参观、访问、实验、测量、劳动、服务等实际的活动。在活动总结阶段,要引导学生联系个体的家庭生活、社会生活、生存的环境和社会现实来总结、反思,获得实际的体验,深化对自然、对社会和对自我的认识。(4)强调活动综合。活动注重面向学生的各种生活领域,注重对学生经验的整合。在活动实施过程中,活动内容不能被分解为不同的具体课程来分类实施,而应以问题为导向,进行跨学科的综合学习。

教育部 2017 年 9 月印发的《中小学综合实践活动课程指导纲要》明确,综合实践活动的总目标是:学生能从个体生活、社会生活及与大自然的接触中获得丰富的实践经验,形成并逐步提升对自然、社会和自我之内在联系的整体认识,具有价值体认、责任担当、问题解决、创意物化等方面的意识和能力。并对各学段目标进行了描述。

主题活动案例

<table>
<tr><td>专栏 16 - 3</td><td>

初中和高中学段综合实践活动的具体目标

</td></tr>
</table>

初中阶段具体目标

（1）价值体认：积极参加班团队活动、场馆体验、红色之旅等，亲历社会实践，加深有积极意义的价值体验。能主动分享体验和感受，与老师、同伴交流思想认识，形成国家认同，热爱中国共产党。通过职业体验活动，发展兴趣专长，形成积极的劳动观念和态度，具有初步的生涯规划意识和能力。

（2）责任担当：观察周围的生活环境，围绕家庭、学校、社区的需要开展服务活动，增强服务意识，养成独立的生活习惯；愿意参与学校服务活动，增强服务学校的行动能力；初步形成探究社区问题的意识，愿意参与社区服务，初步形成对自我、学校、社区负责任的态度和社会公德意识，初步具备法治观念。

（3）问题解决：能关注自然、社会、生活中的现象，深入思考并提出有价值的问题，将问题转化为有价值的研究课题，学会运用科学方法开展研究。能主动运用所学知识理解与解决问题，并做出基于证据的解释，形成基本符合规范的研究报告或其他形式的研究成果。

（4）创意物化：运用一定的操作技能解决生活中的问题，将一定的想法或创意付诸实践，通过设计、制作或装配等，制作和不断改进较为复杂的制品或用品，发展实践创新意识和审美意识，提高创意实现能力。通过信息技术的学习实践，提高利用信息技术进行分析和解决问题的能力以及数字化产品的设计与制作能力。

高中阶段具体目标

（1）价值体认：通过自觉参加班团活动、走访模范人物、研学旅行、职业体验活动，组织社团活动，深化社会规则体验、国家认同、文化自信，初步体悟个人成长与职业世界、社会进步、国家发展和人类命运共同体的关系，增强根据自身兴趣专长进行生涯规划和职业选择的能力，强化对中国共产党的认识和感情，具有中国特色社会主义共同理想和国际视野。

（2）责任担当：关心他人、社区和社会发展，能持续地参与社区服务与社会实践活动，关注社区及社会存在的主要问题，热心参与志愿者活动和公益活动，增强社会责任意识和法治观念，形成主动服务他人、服务社会的情怀，理解并践行社会公德，提高社会服务能力。

（3）问题解决：能对个人感兴趣的领域开展广泛的实践探索，提出具有一定新意和深度的问题，综合运用知识分析问题，用科学方法开展研究，增强解决实际问题的能力。能及时对研究过程及研究结果进行审视、反思并优化调整，建构基于证据的、具有说服力的解释，形成比较规范的研究报告或其他形式的研究成果。

（4）创意物化：积极参与动手操作实践，熟练掌握多种操作技能，综合运用技能解决生活中的复杂问题。增强创意设计、动手操作、技术应用和物化能力。形成在实践操作中学习的意识，提高综合解决问题的能力。

综合实践活动主要通过以下方式进行：

1. 考察探究

考察探究是学生基于自身兴趣,在教师的指导下,从自然、社会和学生自身生活中选择和确定研究主题,开展研究性学习,在观察、记录和思考中,主动获取知识,分析并解决问题的过程,如野外考察、社会调查、研学旅行等。它注重运用实地观察、访谈、实验等方法,获取材料,形成理性思维、批判质疑和勇于探究的精神。考察探究的关键要素包括:发现并提出问题;提出假设,选择方法,研制工具;获取证据;提出解释或观念;交流、评价探究成果;反思和改进。

2. 社会服务

社会服务指学生在教师的指导下,走出教室,参与社会活动,以自己的劳动满足社会组织或他人的需要,如公益活动、志愿服务、勤工俭学等。它强调学生在满足被服务者需要的过程中,获得自身发展,促进相关知识技能的学习,提升实践能力,成为履职尽责、敢于担当的人。社会服务的关键要素包括:明确服务对象与需要;制定服务活动计划;开展服务行动;反思服务经历,分享活动经验。

3. 设计制作

设计制作指学生运用各种工具、工艺(包括信息技术)进行设计,并动手操作,将自己的创意、方案付诸现实,转化为物品或作品的过程,如动漫制作、编程、陶艺创作等。它注重提高学生的技术意识、工程思维、动手操作能力等。在活动过程中,鼓励学生手脑并用,灵活掌握、融会贯通各类知识和技巧,提高学生的技术操作水平、知识迁移水平,体验工匠精神等。设计制作的关键要素包括:创意设计;选择活动材料或工具;动手制作;交流展示物品或作品;反思与改进。

4. 职业体验

职业体验指学生在实际工作岗位上或模拟情境中见习、实习,体认职业角色的过程,如军训、学工、学农等。它注重让学生获得对职业生活的真切理解,发现自己的专长,培养职业兴趣,形成正确的劳动观念和人生志向,提升生涯规划能力。职业体验的关键要素包括:选择或设计职业情境;实际岗位演练;总结、反思和交流经历过程;概括提炼经验,行动应用。

综合实践活动除了以上活动方式外,还有党团队教育活动、博物馆参观等。综合实践活动方式的划分是相对的。在活动设计时可以有所侧重,以某种方式为主,兼顾其他方式;也可以通过整合方式实施,使不同活动要素彼此渗透、融会贯通。要充分发挥信息技术对于各类活动的支持作用,有效促进问题解决、交流协作、成果展示与分享等。

(二)社团活动

社团是指学生为了实现会员的共同意愿和满足个人兴趣爱好的需求、自愿组成的、按照其章程开展活动的群众性学生组织。社团活动是由这些社团组织的各种活动。

这些学生社团一般是在自愿基础上形成的各种群众性文化、艺术、体育、学术团体,由兴趣爱好相近的学生组成,在保证学生完成课堂学习任务和不影响学校正常教学秩序的前提下开展各种活动。

社团活动的目的是活跃学校学习氛围,提高学生的自治能力,丰富课余生活,交流思想,切磋技艺,互相启迪,增进友谊。社团活动的种类很多,如各种艺术和社会问题研究会、文艺社、棋艺社、影视评论社、摄影社、美工社、戏剧社、舞蹈社、合唱团、篮球队、足球队、信息社等。社团活动以其具有的思想性、艺术性、知识性、趣味性、多样性吸引广大学生积极参与其中。

社团活动的基本任务是：适应社会发展需要，积极开展健康有益、丰富多彩的课外科技、文化、艺术、体育活动，促进学生的德、智、体、美、劳全面发展。

（三）场馆学习

场馆学习是一种把学习的场所放在博物馆、纪念馆等现场实地学习的方式，是课外活动的一种新的重要形式。相对于课堂学习，场馆学习是一种非正式学习，不仅让学生在场馆参观和讲解互动的过程中获得丰富的知识，同时也能帮助学生提升对学习内容的兴趣、态度、观念等。在场馆学习中，学生以自己的认知发展水平、原有的知识构建和参观动机为基础，与场馆里的展品和媒介进行交互作用，通过互动建构其个性化的参观学习体验。

例如，在茶馆的场馆学习，可以让学生走进茶馆，在品茶、赏茶的过程中，了解我国悠久的茶文化。**教师的教学引导流程可以如下**：第一，带领学生熟悉茶馆，明确此次学习的目的；第二，了解最古老的茶树，认识有关茶的几个字；第三，联系生活，现场调查，多少人喜欢喝茶，了解喝茶的好处；第四，了解关于茶的知识，比如十大名茶，观赏茶馆中各种茶叶及茶砖、茶饼，了解有关茶的食品；第五，现场观看茶艺表演；第六，互动交流和学习反思。场馆学习的形式，让学生们自主获得知识，在人际交流的过程中体验收获的快乐。

场馆学习是以学习者为中心去整合学习资源，帮助提供真实的自然和社会环境，让孩子们在真实情境中开展主动学习。**场馆学习对场馆建设也有一定要求**，场馆的环境应是站在学生学习者的角度，去规划和建设，符合学生学习认知的特点，吸引学生的兴趣并提供必要的专业讲解和适合学生的互动体验。

专栏 16－4

美国的儿童博物馆

博物馆在美国被视为"儿童最重要的教育资源之一和最值得信赖的器物信息资源之一"。在纽约大都会博物馆和古根海姆博物馆，馆方专门为不同年龄段的孩童提供与之相应的美术教育课程，馆员与教师之间形成了非常紧密、和谐的关系，为孩子的成长和发展搭建了良好平台。

在美国，儿童博物馆可谓遍地开花，大至背包上学的学龄儿童，小到蹒跚学步的幼儿，都能在儿童博物馆缤纷的世界里尽享童年乐趣。这类儿童博物馆并不是人们传统印象中单纯的"古董"博物馆，他们最显著的特点就是带有互动性。这里有童话故事中的城堡、旋转木马、儿童乐园……孩子们在这里能接受到有关科学、文化、历史、艺术等相关方面的启蒙教育。孩子们在这里不仅可以玩得尽兴，还可以学到知识，真可谓是寓教于乐。

儿童博物馆的内部构造及设备始终不离"互动"或"动手"的教育理念，强调让孩子们从动手操作中感知生活、感悟现象形成的原理，以激发儿童的兴趣和探究欲望。同时，在体验中贯穿勇气、合作精神等人格素养的培养，注重科学、艺术和人文三者的融合，不局限于培养儿童认知的发展，也关注儿童社会责任等情感。

（四）游学

游学是一种"读万卷书、行万里路"的行走教育的方式。游学精神溯源于孔子，孔子周游列国的治学精神可以说是现代游学的始源。游学是指离开自己熟悉的环境，到另一个全新的环境里进行学习和游玩，既不是单纯的旅游也不是简单的学习，是在学习之中潜移默化地体验人生，在体验中学习提升。游学有助于学生开阔视野，锻炼坚韧的品格，是形成积极向上的人生观、世界观的方式。

游学包括春游、秋游、境外游学等多种形式。随着全球化、国际化的社会发展趋势不断增强和我国经济发展水平的迅速提升，出境游学的中小学生越来越多，境外游学逐渐成为一种国际化跨文化体验的学习方式。

境外游学一般为期半个月到半年左右，在境外亲身体验风土人情，接受异域文化氛围的熏陶，提高学生的独立自主能力和解决实际生活问题的能力，同时能增长阅历和见识，培养国际化、全球化视野和包容开放的胸怀。

专栏 16 - 5

《中小学学生赴境外研学旅行活动指南（试行）》

为规范中小学学生研学旅行活动，促进活动健康发展，保障师生在境外的安全，教育部 2014 年 7 月制定发布了《中小学学生赴境外研学旅行活动指南（试行）》（以下简称《指南》）。

《指南》所称中小学学生赴境外研学旅行活动是指根据中小学学生的特点和教育教学需要，在学期中或者假期以集体旅行和集中住宿方式，组织中小学学生到境外学习语言和其他短期课程、开展文艺演出和交流比赛、访问友好学校、参加夏（冬）令营等开拓学生视野、有益学生成长的活动。

《指南》强调安全出行和寓学于游。对举办者安排活动的教学主题、内容安排、合作机构选择、合同订立、行程安排、行前培训、安全保障等内容提出指导意见。特别在操作性方面，规范了带队教师人数、教学内容占比、协议规定事项、行前培训等具体内容。为整个行业活动划定了基本标准和规则，希望能够形成社会的共识和监督。

以上各种形式的课外活动的组织管理，要遵循以下原则：第一，目标原则，注重在实践活动中践行立德树人、全面发展的教育目标。第二，趣味原则，重视在活动中激发学生的学习兴趣，注重设计有趣味性的游戏活动，吸引学生自主参加。第三，实践原则，注重在课外场所中开展动手实践体验活动，而不是在学校外的场地开展书本知识的教学。第四，自愿原则，尊重学生的个人意愿和兴趣特长。第五，适应原则，根据学生的身心发展特点，组织适合学生认知能力水平的活动。第六，安全原则，根据学生特点，注意外出活动时的各种风险防范，确保学生在实践活动过程中的人身安全。

三、学校、家庭与社会的关系

教育是一项系统复杂的工程，需要全社会的共同参与。为了发挥教育的功能，需要打破学校和社会的界限，以家庭为基础、学校为主体、社会为平台，把学校、家庭、社会三个方面力量有机组合起来，努力构建"三位一体"的教育紧密关系，共同建设有利于学生健康成长和全面发展的良好基础环境。

(一) 学校与家庭关系

综合实践活动需要家长的支持，需要与家庭教育建立联系，向家庭宣传国家的教育方针、政策，协调与家庭教育之间的关系，对家庭教育进行指导，主动建立与家庭沟通的信息渠道，交流教育信息。协调学校与家庭关系的基本内容和方式有：

1. 建立家长委员会

为加强学校与家庭的联系，建立家长委员会，由热心教育工作并有一定威信的家长组成，其职责是参与学校教育管理，共同监督学校教育、教学工作，并提出建议和意见，传达学校教育信息，成为学校与家庭联系的桥梁。

2. 互相访问

学校和家长就孩子教育问题互相访问、交谈是教育好学生不可或缺的途径。家长和学校间的互相访问，可以交流学生情况，全面了解学生，并在此基础上研究最适合孩子的教育措施，统一教育口径，达到提高教育效果的目的。包括：校级进行的研究性家庭访问、常规性访问、家长访问学校和班主任等。

3. 建立通讯联系

家庭和学校之间通过家校联系卡、电话、微信、短信平台、电子邮箱、学校网站等方式实现双方的联系，互通教育信息。这种途径可以弥补因学生多或学生家庭距离学校路程较远而带来的不便。通讯联系是中小学与家长联系使用比较多的途径。

4. 召开家长会

召开家长座谈会是学校与家长联系主要的且具有高效率的途径。家长座谈会包括全校性的、年级的和班级的三种类型，其中较多采取班级的家长座谈会。家长座谈会的目的一般是由学校教师向家长报告学校情况、学校下一步工作打算和希望家长配合的问题，征求家长对学校工作的意见和建议，同时通报近期内班级情况及学生表现，分析学生德、智、体、美、劳等方面的发展情况及存在的问题，并同家长共同研究措施。另外，还可以召开部分家长的座谈会，目的在于商量特殊学生的教育问题，如特长生的教育、后进学生的教育等问题。

5. 举办家长学校

举办家长学校的目的在于提高家长素质，从而提高其教育孩子的水平，充分发挥家庭教育的作用。家长学校的教育内容一般有教育学、心理学知识的讲座，教子有方的家长经验交流，探讨子女教育中的共同性问题等。家长学校授课的教师由校长、教导主任和有经验的教师担任，也可以邀请专家学者到校授课或请教子有方的家长承担。

家长学校的特点是能够从理论上提高家长教育子女的水平，从方法上给家长以指导，从而通过提高家长素质达到提高家庭教育效果的目的，更好地配合学校教育好子女，为学校教育提供良好的基础。

6. 举办学校开放日

举办学校开放日的目的是让家长在特定开放日期间来学校全程听课，参观学校教育教学的过程，更多的了解教育教学的情况，为家长更好地配合学校进行家庭教育奠定基础。

专栏 16-6

家校合作

近年来,指代家庭与学校的关系,出现了一个新的概念——家校合作。它是指家庭与学校以促进青少年全面发展为目标,家长参与学校教育,学校指导家庭教育,相互配合、互相支持的双向活动。家校合作意味着家庭和学校共同承担起教育职责,发挥各自优势,在双向互动中促进学生的健康成长。这一概念具有中国自身的特色。

西方国家尤其是美国,在探讨类似问题时,主要谈论的是学校、家庭和社区的三者合作。例如,美国霍普金斯大学学者爱普斯坦(Epstein, J. L.)创建了"交叠影响域理论"(overlapping spheres of influence),指出学校、家庭、社区三者对孩子的教育和发展产生叠加影响的过程。他认为"家校分离"的学校是"视孩子为学生",而"家校合作"的学校是"视学生为孩子"。也就是说如果学校仅仅将孩子视为学生,学校期望家庭做好自己该做的事,而家庭却将教育孩子的责任丢给学校,那么可能会发现家庭与学校是分离的;如果教育工作者将学生视为孩子,他们将会发现家庭和社区是学校在孩子的教育和发展过程中的共同合作者。当他们认识到共同的利益以及对孩子的责任,就会通力合作为孩子创造更好的计划和机会,三者构成的是合作伙伴关系。在这种关系中,不仅要将家庭和学校看作家校关系中的平等成员,而且还要强调社区对儿童发展和成长的影响和作用;不仅要将学校和家庭看做是家校关系中的成员,而且还要将学生自身也看做是家校关系中的重要一员,并且要注重突出学生在三者关系中的主体地位和作用

爱普斯坦收集了各级各类学校三者合作的多种活动,并在前人研究的基础上,进一步进行了归纳、概括,提出了三者合作的所有活动可以归结为六大类型:当好家长(parenting)、相互交流(communicating)、志愿服务(volunteering)、在家学习(learning at home)、决策(decision making)、与社区协作(cllaborating with community)。

(资料来源　爱普斯坦等著,吴重涵等译:《学校、家庭和社区合作伙伴:行动手册》,江西教育出版社 2013 年版。)

(二)学校与社会的关系

1. 协调学校与社会联系的途径

协调学校与社会联系的途径包括以下四方面:

(1)学校主动安排组织好社会宣传、社会服务工作,这是协调学校与社会联系的一个重要途径。学校利用自身优势主动开展社会宣传服务性活动,宣传党政部门的教育方针、教育法律法规以及中心工作和进行科技传播等,增强学生的社会意识和社会责任感,增强学校同社会之间的关系,增强社会对学校工作的信任感,有利于加强学校与社会之间的协调配合。

(2)加强学校与社会宣传部门的联系,开展有益学生身心健康的活动。例如,将学校的重大事情及将要开展的活动及时向社区反映,以争取通过宣传媒体向社会宣传,让更多人了解学校、支持学校;学校争取社会宣传的配合支持,开展学生喜闻乐见的、健康

向上的活动,寓教于各种有益活动之中,丰富学生的课外活动。

(3)建立稳定的社会实践教育基地。学校要把那些对学生有教育意义的单位作为学生的社会实践教育基地,如工厂、企业、敬老院、场馆等。这些单位是教育学生的鲜活教材,加强同这些单位的联系,充分发挥这些单位的教育作用,要依托这些单位建立长久的、稳定的社会实践教育基地。

(4)聘请校外辅导员。根据就近原则,在一些重点联系单位,经这些单位同意,聘请一些优秀者担任校外教育辅导员。这些人热爱教育、关心青少年学生,有专长、有声望,具有一定的教育能力和组织能力。校外辅导员作为兼职教师是对学校教师队伍的有力补充。

2. 学校与社会的共生关系

综合实践活动不能脱离社会来实施,需要走出去,但也需要从纷繁复杂的社会环境和社会现象中谨慎选择那些有教育意义的主题情境,来组织综合实践活动。

(1)学校要有意识地选择社会环境,引导学生了解与体验社会。学校要根据学生不同年龄发展阶段的身心特点,有意识地选择相应的社会生活情境,开发有益的社会实践活动资源,引导学生了解和体验社会。学校不能放任自流地由学生面对复杂的社会环境和社会现象。社会是一个大学校,社会环境和社会因素对学生有重要的教育意义,但是学校必须根据学生身心发展特点对社会环境进行有意识地选择、加工,保证社会环境对学生的积极影响。

(2)学校要制定综合实践活动的实施方案,寻求社会支持。在现实操作中,很多中小学在实施综合实践活动的过程中,都遭遇过社会有关部门的不理解或不支持。这其中既有社会方面与学校教育价值的巨大落差的原因,也有学校缺乏综合实践活动的实施规划方面的原因。要使学校的综合实践活动有效顺利实施,学校必须事先与社会有关部门建立良好关系,获得它们的理解和支持,同时在此基础上通过研究制定综合实践活动的实施方案,制定切实可行的实施策略。

(3)建立学校综合实践活动的政策支持系统。综合实践活动因其面向学生生活和社会实际的特征,在实施过程中需要社会各部门的支持,需要具有良好的政策支持系统。当前,综合实践活动的实施需要各级教育行政部门根据新课程实施要求,建立相应的教师配置政策、教师评价政策,同时,建立一批本地区域性的社会实践教育基地,为中小学校有效开展综合实践活动提供全方位的政策支持系统。

本章小结

课外活动指在课堂教学以外组织者根据教育教学的实际需要,开展的形式多种多样、内容丰富多彩的活动。按照组织领导的主体,有校内活动和校外活动之分。课外活动虽然不是课堂教学的简单延伸与拓展,但确实是课堂教学的有机补充,在立德树人、推进教育教学改革中发挥着重要作用。课外活动的性质,表现为自主性、实践性、综合性和开放性。

中学课外活动有多种组织形式,常见的有:综合实践活动、社团活动、场馆学习、游学等。

学校、家庭、社会三者具有密切关系,相互支撑、互相配合,才能形成教育合力。家庭是学生第一所学校,家长是第一任教师,学校需要借助多种方式与家庭合作,比如成立家长委员会,互相访问,建立通讯联系,召开家长会,举办家长学校,举办学校开放日。学校与社会的关系,在学校诸多内外部关系中占据着重要地位,没有社会的支持配合,学校工作无法有效展开,也难以收到预期成效。学校可通过以下途径协调与社会的关系:学校主动安排组织好社会宣传、社会服务工作;加强学校与社会宣传部门的联系;建立稳定的社会实践教育基地;聘请校外辅导员。

思考与实践:

1. 高中阶段学习期间,你参加过哪些课外活动?哪次活动给你留下深刻印象?这些课外活动对你有哪些帮助?

2. 有研究表明,我国中学生课外活动呈现两大特征,一是"应试化"倾向明显,二是娱乐活动占用大量时间。表现为中学生课业"减负"未落实,继续做功课和完成学习任务仍然是其课外活动的主要内容。中学生课外"继续做作业和完成学习任务"的比例最高,为34%,与参与其他各类课外活动比例存在显著差异。不少中学生的课(校)外学习活动变成了娱乐活动,以看电视、上网和玩游戏为主。调查发现,上网初中学生占74.5%;上网内容主要为查看信息、玩游戏和聊天交友。你认为,这种情况是否合理?如不合理,怎样才能改变这种状况?教育部门和家长需要作出哪些努力?

3. 某中学为了促进学生积极参与社会公益活动,弘扬学生的奉献精神,准备开展一次社会公益活动。请你以自己就读过的中学为背景,为这次活动制定一个方案。

4. 学校与家庭联系的基本方式有哪些?在教育教学中开展家校联系、促进家校合作需要注意哪些事项?

5. 请对下述现象和观点进行评论,并分析在家校合作中还有哪些需要注意的问题:

有关"微信群家校矛盾"的报道频频见于媒体。"作业"成为家校矛盾的焦点。微信群里家校关系是现实中家校关系通过信息化手段放大化的结果,其原因必然是多方面的。原因之一是,随着家校互相介入的程度越来越深,家校合作便出现了模糊地带,责任转嫁、教育干涉现象时有发生。有时候,家长埋怨老师管教得太严厉或者不够严厉;有时候,老师认为家长当"甩手掌柜"不管事;也有时候,家长吐槽一些老师给孩子留的作业成了家长作业,这是教学责任的转嫁。微信就像一把双刃剑,虽然有利于家校便捷沟通,但也为教师快速转嫁教育教学任务和责任提供了技术上的可能。

6. 有感于学校与教育的密切联系,以及近年来社会与学校存在的脱节现象等,华东师范大学教育学系教授叶澜提出了"社会教育力"的概念。这个概念指的是社会的教育力量。叶澜教授提出,以往我们强调了教育的社会责任,忽视了全社会、社会其他各系统必须清醒意识并承担起、尽力做好教育的社会责任。教育与社会的关系,是双向的,而不是单向的,不能一味强调教育的社会功能,注重教育在社会发展中的作用,还应该高度重视社会对教育产生的影响。请阅读相关论述,对这一观点进行评析。(参见叶澜,《社会教育力:概念、现状与未来指向》,《课程·教材·教法》2016年第10期。)

延伸阅读：

1. 郑金洲. 教育通论[M]. 上海：华东师范大学出版社，2000.

2. 王道俊、郭文安. 教育学（第七版）[M]. 北京：人民教育出版社，2016.

3. 郭元祥. 教育的立场[M]. 合肥：安徽教育出版社，2009.

4. 【美】拉尔夫·泰勒. 课程与教学的基本原理. [M]. 罗康，等，译. 北京：中国轻工业出版社，2014.

5. 顾明远. 教育大辞典[M]. 上海：上海教育出版社，1998.

6. 吴重涵. 家校合作丛书[M]. 南昌：江西教育出版社，2014.

第五编

中学教师

【开篇案例】

章老师,男,某初中数学老师,从教 8 年,班主任工作 8 年。章老师最近陷入了矛盾之中:"要不要辞职不再从事教师职业?"

从入职开始,章老师就担任了班主任工作和 2 个班级的数学教学工作,但是令章老师感到为难的是,学生越来越难教,班级越来越难带,学校和家长的要求越来越高,事情越来越烦琐,压力越来越大,工资收入不见涨,交往多年的女朋友对自己的微词越来越多……当年一起入职的几个兄弟都离开了教师岗位,另行入职,收入和发展也超越了自己。

章老师的学校处在上升期,中考成绩快速上升,家长也逐年认可,学校领导对章老师任教的"理科班"提出了明确的要求:中考平均分要到多少分,力争多少孩子可以进入区重点以上的高中;作为学校的青年骨干教师,章老师独立主持了一项课题研究,同时参与了一项校级课题,课题研究需要有前测、后测、实施、数据分析等大量工作;根据学校和区教研室的要求,章老师本学期开设了一节校级公开课,一节区级公开课,为了开好这两节公开课,章老师修改了 6 次教学方案,试讲了 5 次,与学校教研组的各位同伴以及区内初中数学教师研讨了 3 次,与(为公开课的顺利进行提供保障的)后勤组开会 2 次;作为区名师工作室的学员,章老师需要每月 2 次参与听课和学习,参加每月 2 次的区级教研活动;章老师每天 7 点 15 分到达学校,先去班级巡视,了解学生今天的到校情况,随后到办公室查看课代表交来的两个班级的作业本,然后去看班级早操,上课,批改作业,匆匆午饭之后为学生答疑,下午备课,开会,带选修课,带社团,其间无数次去班级,了解今天各学科的班级教学情况,督促学生认真做眼保健操,放学前到班级总结今天一天的生活。这一天里章老师还见缝插针地处理了一起学生之间的矛盾,回复了几位家长的询问微信、提要求微信。下午 5:30 分,章老师带上没有完成的备课内容和没有完成的个人工作总结表格回家继续……

章老师的苦闷、烦恼不知道可以跟谁去诉说,觉得每天都烦躁,沮丧,迷茫……

【学习指导】

1. 阅读相关材料，了解教师角色的界定、分类与特征。

2. 了解教师角色的形成、教师成长与发展的基本途径。

3. 关注教师心理健康，了解影响教师心理健康的因素有哪些，学习并掌握促进教师心理健康的方法和途径。

一、教师的角色心理

（一）教师角色的含义与构成

"角色"一词原特指戏剧舞台上演员所扮演的人物,其延伸之意为人们在某一情境中所发挥的作用。1935 年,美国社会学家米德将"角色"这一概念引入社会心理学,认为角色包含着"与人们的某种社会地位、身份相一致的一整套权利、义务的规范,它是人们对具有特定身份的人的行为期望,它是构成社会群体或组织的基础。"[1]

教师作为人类文化的传播者,在人类文化的继承和发展中起着桥梁纽带的作用。"师者,所以传道、授业、解惑也",这是我国古代较早对教师角色行为、义务和权利的比较精准的描述。随着时代的发展、社会的进步,教师角色被赋予了更多更新的内容,教师在人类社会中承担的责任更重,作用和影响也更大。

传统教学中,教师的角色是比较单一的。教师是文化权威,在知识、技能和道德等方面都具有权威性,不可动摇。教师与学生之间是传递和接受的关系,是我说你听、我要求你服从的关系。随着科技的发展、社会的进步,教育的目标、途径和内容都发生了巨大的变化。师生关系也从传统的授受关系转变为更复杂、更综合的关系。

1. 教师是教育教学活动的设计者[2]

教师首先是教育教学活动的设计者。教师不仅要分析教学内容和教材,厘清脉络,还要根据学生的特点和需求,进行教学设计。教师要思考并回答这样三个问题:我们要到哪里去,即教学目标是什么;要怎样去,即选择什么样的教学策略和教学方法;怎样知道我们是否到达目的地,即教学评价。现代教师应在以上三个问题的基础上,在理解和灵活运用各种教学策略和原则的基础上,创设一定的教学环境,包括创设有提问与反馈引导的师生互动、合作性问题解决的生生互动;另外还要设计学生和教学内容与媒体和实物之间的相互作用,帮助学生在原有知识的基础上理解、组织和思考新知识,发现新知识;教师还要设计一定的教学评价手段来检查教和学的效果,及时做出相应的调整和补救。因此,整个教育教学的过程都渗透了教师的设计和创造性活动。

2. 教师是学习的指导者和促进者

教师作为学习指导者的角色也是教师这一职业的经典功能。教师要解释课题任务,解答学生的提问,在学生学习中给予他们必要的讲解、指点;在学生遇到学习困难时提供必要的帮助和指导,帮助学生的学习得以继续和深入,并保持学习和探索的积极性。这一角色在任何时候都是不可缺少的。

同时,教师还要起到促进学生学习的作用。教师要善于激发学生的学习动机,给学生创造可进行积极探究的学习环境,提供丰富的学习材料和适当的支持,以促进他们向更高水平发展。教学的重心应该放在如何育人和促进学生"学习"上,帮助学生构建自己的知识体系,成为学习的主人。

3. 教师是班集体的组织者和管理者

尽管不同教师对课堂控制的程度不同,但维持一定的教学秩序是进行教学的前提,

① 郑杭生:《社会学概论新修》,中国人民大学出版社 1994 年版,第 140 页。
② 刘丽红主编:《教师教育心理学》,教育科学出版社 2018 年版,第 287—289 页。

教师要激发学生的学习动机,进行班级管理,组织课堂教学,处理教学中的偶发事件等;要组织学生参加体育锻炼,准备考试;要记录学生的表现,并与家长和其他教师进行交流。特别是随着人们对合作学习和交互性学习的重视,教师作为组织者和管理者的角色更为突出。

4. 教师是行为规范的示范者

在学生形成道德品质和人格特征的过程中,不管教师本人有意识或者是无意识,他一直都在通过言传和身教起着示范者的作用。因此,教师要不断反省自己的思想品德、行为作风、处事态度,充分意识到自己的榜样作用,使自己的言行成为学生的表率。例如,要培养学生正直公正,教师首先要公正地对待学生;要培养学生关心他人,教师首先要关心学生。

5. 教师是学生的心理保健者

为了实现教育"育人"的职能,教师还需要了解学生的情绪情感,关注学生心理发展的年龄特征,促进学生的心理健康,预防或疏导学生在发展过程中出现的心理问题。

6. 教师是研究者与反思者

新时代的教师要同时成为教学和学习的研究者。教师的工作具有复杂多样且富有变化的特点。没有哪一种理论能告诉我们在某一特定条件下应该怎么做。因此,教师在实际工作中必须对自己的教学进行研究,成为一个科学研究者,从而能够以一定的理论为基础,灵活地解决教学中的各种实际问题。

反思是教师教学能力提高的一条重要途径,教师要不断地对自己的教学进行反思,提高对自己教学活动的自我觉察,发现和分析其中存在的问题,提出改进的方案。另外教师彼此之间可以进行相互的观察分析、交流、讨论,帮助对方发现问题,共同提高教学水平。

当计算机多媒体技术与互联网技术能在很大程度上成为知识库时,教师工作中的很多简单劳动也可能由计算机完成,教师的角色将不在于提供给学生什么样的学习资源,而更在于如何合理地调动和组合各种学习资源,发挥优势,达到教学最优化的目的。这对教师在教学中的研究性、反思性和创造性提出了更高的要求。

(二)教师角色的形成阶段

教师角色的形成有时间、程度等差异,这些差异影响教师的成熟和成长,并直接影响教育教学工作。一般认为,教师角色形成分为以下几个阶段。[①]

1. 角色认知阶段

角色认知是指角色扮演者对某一角色行为规范的认识和了解,知道哪些行为是正确的,哪些行为是不合适的。教师角色认知表现为了解教师角色所承担的社会职责,能够将教师所充当的角色与社会上其他职业角色区别开来。在一个人正式成为教师之前就可以达到这个阶段,例如师范生已对未来要充当的教师角色有所认识,但这个时候还停留在抽象的理性认识上。

2. 角色认同阶段

角色认同是指通过亲身体验接受教师角色所承担的社会职责,并用来控制和衡量自己的行为。对角色的认同不仅是认识上了解教师角色的行为规范,而且在情感上有

---

① 付建中主编:《教育心理学》,清华大学出版社2018年版,第377页。

所体验。对教师角色的认同是在一个人正式充当这一角色,有了教育实践后才真正开始的。初入职场的新教师常处于此阶段。

3. 角色信念阶段

在这个阶段,教师角色中的社会期望与要求转化为个体的心理需要。这时教师坚信自己对教师职业的认识是正确的,并视其为自己行动的指南,形成了教师职业特有的自尊心和荣誉感。如一些优秀的骨干教师,坚信教师是人类灵魂的塑造者,教师职业是一种崇高而光荣的职业等。

高效教师的七个行为习惯

专栏 17-1

英国教育心理学家斯科特·巴克勒(Bacheler, S.),在《高效能人士的七个习惯》基础上提出了高效能教师应该拥有的七个习惯。

1. 积极主动

保持积极主动的心态,是指放下对不可控因素与不可控后果的纠结。比如,学生的成绩、学生的状态,并不完全由教师控制,但教师能控制的是自己的应对方式,专注于此,做出足够的努力。

2. 以终为始

高效能教师会思考:在教师这一职业生涯中自己真正想要的是什么,或是在教学生涯中什么能带给自己最高的成就感。一旦明确,就可以用下一个习惯——"要事第一"原则来规划实现目标的步骤。

3. 要事第一

这个习惯将帮助教师思考紧急性和重要性的区别,强调重要性优先于紧急程度,而与长期目标有关的工作常常是重要但不紧急的,确保自己能够把最多的时间放在重要任务之上,并学会排序、计划和完成这些任务。

4. 双赢思维

教师应建立起一种可持续的、长远的、多边的、互惠互利的人际关系。比如,和家长一起为提高学生的某种能力的共同目标而携手合作。

5. 知己知彼

"倾听"有五个层次:听而不闻、假装倾听、选择性倾听、细心倾听与同感理解性倾听。高效能教师会加强第五层次的同感理解性倾听,即在倾听时充分理解对方,既听对方说什么,也观察其肢体语言,理解与澄清他们所要表达的意思。虽然这种倾听要付出很多精力,但比后期再去纠正错误要省力得多。

6. 合作(协作)增效

在班级与自己所在的班组中倡导团队协作,使整体效能大于部分。以包容的心态建立一种互相尊重的氛围,当团队中的每个人都受到肯定和鼓励时,其工作成效会超越个人的最佳水平。

7. 自我更新(不断更新)

这个习惯包括从身体、情绪到心理、知识等不断更新个人资源,保持高效能,包括确保自己健康的营养、有时间放松、高质量的睡眠等。

(资料来源　斯科特·巴克勒,保罗·卡斯尔著,张浩,郝杰等译:《写给教师的心理学》,华东师范大学出版社 2016 年版,第 49—53 页。)

二、教师的心理健康

心理健康是健康的重要组成部分,心理健康水平直接影响个人的生活质量。一个心理健康的教师能以平和的心态对待生活中的挫折,不会因偶尔的失败而丧失信心;能从积极乐观的视角解读生活中的事件;良好的心理状态让教师以饱满的热情投入到教育教学工作中;能以其开朗、主动的态度影响和鼓励学生,从而提升教育教学工作的有效性。一个抑郁、焦虑的教师,很难营造出积极、乐观的教育教学氛围;一个情绪难以控制和管理的教师,也很难教会学生平和、淡然;心理健康水平过低的教师,很难营造愉快、轻松的课堂教学环境,更难以成为学生学习的榜样。

(一)教师心理健康的标准

1989年世界卫生组织(WHO)给健康下的定义是"健康不仅是没有疾病,而且包括躯体健康、心理健康、社会适应良好和道德健康"。从这个定义可以看出,健康的含义已经包含了心理健康,而且是"健康"这一概念的重要组成部分。"社会适应良好"和"道德健康"这两项指标也与心理健康息息相关,因此,从这个角度说,健康更应该体现在心理健康上。早在1946年第三届心理卫生大会中,世界心理卫生联合会就指出:"所谓心理健康,是指在身体智能以及感情上与其他人的心理健康不相矛盾的范围内,将个人心境发展成最佳的状态。"并提出了四个标准:身体、智力、情绪十分调和;适应环境,人际关系中彼此能谦让;有幸福感;在工作和职业中能充分发挥自己的能力,过有效的生活。

关于教师心理健康的界定,不同学者的观点并不相同。一般来说,教师心理健康的标准有:第一,对教师角色认同。能够接受自己作为教师的这个角色,认同这个职业,并高兴地接纳。第二,有良好和谐的人际关系。在与他人交往时能够客观对他人进行评价,和他人交往中积极态度多于消极态度,并能真诚与人沟通。第三,正确地了解自我、体验自我和控制自我。能正确认识自己,正确地监控自己、评价自己,并能进行积极的自我调适。第四,具有教育独创性。能够根据学生特点创造性地进行教育教学。第五,在教育活动和日常生活中均能真实地感受情绪并恰如其分地控制情绪。不仅能正确认识自己的情绪表现及对学生的影响,还能很好地调节自己的情绪。①

(二)教师常见的心理冲突

教师的人格特征中,有许多值得肯定的地方,人们也会常常用"春蚕"、"红烛"等来赞誉教师职业。从总体上看,社会对于教师队伍的精神状态是给予认可的。有人曾对荣获市级和全国荣誉称号的438名上海市中小学、幼儿园教师,用卡特尔16种人格因素量表进行测试。结果表明优秀教师在"稳定性"、"自律性"、"乐群性"、"聪慧性"上得分高于普通人半个标准差以上。各地的学者采用的量表可能有些不同,但就一些共同的项目来看,其结果十分一致:我国中学教师,特别是优秀教师,情绪稳定性较高,较少感情用事,性格外向,热情②。

教师职业角色的多样性、服务对象的特殊性、职业道德和职业职责的复杂性都决定了教师群体承担着较高的压力;社会对教育及教师的高要求和不甚了解、缺少关心等,也使得教师在实际工作和生活中难免出现不同程度的心理冲突。

---

① 俞国良,曾盼盼:《论教师心理健康及其促进》,《北京师范大学学报(人文社会科学版)》2001(1),第20—27页。

② 吴增强主编:《现代学校心理辅导》,上海科学技术文献出版社1998年版,第397页。

1. 紧张、焦虑、无助等负性情绪体验的增多

首先,教师是社会委托以培养学生为己任的专职人员,是"人类灵魂的工程师"。这既代表了社会对教师的尊重,更表明了社会对教师的期望与要求。在"没有教不好的学生,只有不会教的老师"的要求下,教师背上了沉重的心理负担。在多种努力仍然不能达到预期目标的状况下,教师就会产生焦虑、烦躁、自卑、逃避、无助等消极情绪,甚至出现职业倦怠。教师职业的神圣感既给予教师一定程度的荣誉感、自豪感,但同时又伴随着巨大的责任感、压力和无助感。

其次,中高考改革方案的相继实施,基础教育面临的巨大变革与挑战都在影响教师的心理承受能力。教材与教学内容的不断变化,教育教学方式的不断革新,新的课程标准相继出台,现代教育技术的快速涌现及应用,这些对教师原有的知识储备、思维方式、教育观念和教育方法都带来巨大的冲击,从观念到行为都要求教师做出相应的回应。教师如果对上述内容准备不充分或者毫无准备,就容易在教育教学过程中产生焦虑情绪,遇到问题就会产生迷茫失措、力不从心的焦虑感。

再次,"00后"的中学生们在个性方面更为大胆和独立,在知识储备方面更为广泛和前沿,在表达方面更为直接和勇敢,对教师的观点和方法敢于质疑和挑战,这些也对教师的教学和管理工作提出了更高的要求,也是教师的压力源之一。

专栏 17－2

负面情绪日益增长的张老师

张老师为人认真、严谨、一丝不苟,工作中对自我要求很高,一年前她提出想要担任六年级实验班的班主任,但是校长安排她担任六年级平行班班主任。面对调皮、散漫的新班级的孩子们,张老师制定了班主任工作计划,将学生行为规范与礼仪养成放在了首要位置。她每天早出晚归,只要有机会就和孩子们在一起,检查学生的校服着装、作业收缴情况,陪伴孩子们一起用午饭,指导孩子们如何保持有序用餐,放学前还手把手地教孩子们如何将教室打扫干净。一天下来忙得腰都直不起来。有时候因为处理学生突发事件,回家晚耽误了做饭时间,还时不时地受到家人的埋怨。

半年来,张老师付出了很多时间与精力,但是对于这群调皮的孩子收效甚微。年级大会上校长表扬了实验班,变相地批评了平行班,张老师感觉到自己付出了那么多,因为学生差异的缘故校长根本没有看到,只用结果来衡量,根本没有看到自己的努力和价值。也多次在不同场合表达过不公平与委屈。最近,学校组织文科节比赛,张老师觉得平行班与实验班学生本来就有差异,结果显而易见有什么可比的。在德育处再三催促下应付性地报了一个诗朗诵比赛。同时学校里教师举行的各项活动,张老师也一概不参加,她感觉身体越发疲乏,做什么事情也提不起兴趣来,其他老师们也觉得张老师的话越来越少了。

---

2. 人际关系的竞争与淡漠

随着社会竞争的日益激烈,原本在人们印象中比较"稳定"的教师职业也面临着激烈的竞争。不仅表现在资格和岗位的有和无,更表现在绩效考评、职称评定、提拔使用、

评优评奖等重要细节中。学校环境相对封闭,竞争的对象和内容也就更为封闭和集中。

与竞争的人际关系相对的另外一个极端是人际淡漠。一般来说,中小学教师的课时量为12—16课时/周,并且不同情况地要承担其他工作内容。教师因此不得不花费大量的时间用于备课、上课、班级管理、学生活动的组织、个别教育、与家长联系等,而且还要抽出时间参加教研活动、业务培训、学历进修、政治学习等,甚至双休日和假期也要加班加点。加上教师的工作很多时候是独立一人完成的,彼此间交流不多,更谈不上深入的交流和沟通。时间一长,教师之间的人际关系就表现出淡漠、缺乏支持的特点。

3. 自我认知与自我价值感的偏差

教师群体是一个知识层次较高、教育背景较好的群体。目前中小学教师的学历要求至少是本科毕业,硕士研究生和博士研究生也比比皆是。他们很多都是学生阶段的学霸,且毕业于名牌大学,带着满满的自信和自我肯定进入教师岗位。但是,现实的情况与教师之前的预想、憧憬不完全一致。教师工作的烦琐性、高要求、付出与回报的不对等、个人能力与价值得不到充分体现等,这些都导致部分教师认识失衡,如不能及时调整心态,尽快适应环境,则会出现自我认知和自我价值感的偏差。

教师的自我认知偏差主要表现为两种类型:一种是自我夸大型,其特点是过于悦纳自己,自我评价偏高,形成虚假的理想自我,常表现为过于看高自己而导致自负,盲目自尊、自信。自我夸大阻碍教师脚踏实地,勤奋进取,对环境和他人心存不满,将个人的适应困难归结于环境不利。另一种是自我否定型,其特点是对自我认识和评价过低。常表现为安于现状、不思进取、退缩不前、不能勇于尝试和创新,最终走向自我否定。

自我夸大和自我否定都与社会评价及自我评价有关,一般说来,社会评价和自我评价偏高,容易发展为自我夸大,反之则容易发展为自我否定。从社会评价对自我评价的影响来看,社会评价越低,自我评价越高,则越容易导致自我夸大;如果社会评价高,则很少出现自我评价低。

专栏 17–3

两位中学教师的自述

教师1:我姓倪,是一名初入职场的新教师,由于教学经验不足,遇到纪律好的班级,课堂效果好、考试成绩好的时候就很有成就感;但是当遇到课堂纪律差时,方法用尽,还是不行的时候,上完课情绪会特别低落。再遇到所教的班级,考试成绩不理想时,更会怀疑自己是不是真的适合做老师,怀疑自己的教学是不是对学生有用,会不会误人子弟。眼看着身边一起入职的朋友纷纷离开了教师岗位,所以就特别迷茫:我选择做老师选对了吗?

教师2:我是孟老师,作为一名班主任,教语文学科。但凡想要在学科上出一些成绩,必须有一定量练习的操练,每次批作业的量很多,下课、中午还要盯着学生订正,有时放学还要留下来为孩子补缺补差。还有管理班级的事务,参加学校的各项活动,与家长沟通联系,共同解决学生的教育问题等等。上班时间我连走路都是小步跑的,下了班还要照顾家人,尤其当家里的老人和孩子生病了或有事情的时候,更感觉分身乏术,疲惫不堪。面对学生和一成不变的烦琐工作,我既想突破自己,又觉得无从下手,深感迷茫。

4. 个人需求得不到满足的失落

首先,教师物质需求仍未得到充分满足。我国大部分地区的教师工资仍处于较低水平,特别是农村地区,依然存在拖欠教师工资的现象。即便是在大城市,教师的收入与很多行业相比也有一定差距。青年教师在落户、住房购买、赡养老人、抚育子女等方面都面临着极大的压力。教师的情绪和对教育工作的热爱都受到影响。

其次,教师的个人发展需求也没有得到充分关注和满足。大部分中小学教师在职后培训、专业知识再学习、个人发展等方面都希望可以得到支持和保障,但现实是,教师每天忙于各种学校工作,备课、听课、上课、做科研、参加会议、与家长联络等占用了老师们绝大部分的时间,无暇也无力学习和拓展更多知识。中小学教师在职称晋升时需要满足若干项要求,例如必须满 5 年工作期限,取得相关成绩,学校必须有名额的情况下才可以申报、参与更高一级职称的竞争,晋升名额的比例决定了大部分教师不能成功。有些优秀教师因为学校名额不足而没有机会参评高级教师。这些都影响着教师的心理健康状况,带来心理冲突。

(三)影响教师心理健康的主要因素

教师作为社会的一员,其心理健康状况受到社会发展的影响;作为一个独立的普通人,也受到个人特点的影响;作为一个多角色的职业人,同样要受到职业因素的影响。

1. 社会因素

(1)**从社会地位上来说**,教师的社会地位相对还是比较低的。中华民族虽有尊师重教的优良传统,但是全社会并未真正形成尊重教师、尊重教师劳动的风气。对教师群体过于苛刻,更是把教育乃至社会发展中出现的一些问题都归结为教师的个人问题。

(2)**从劳动报酬来说**,如前文所述,教师群体的工资水平整体不高。教师劳动的复杂程度、繁重程度、紧张程度都比一般职业人群更高,教师的待遇虽有所改善,但相对来说还不算太高,尤其是农村、山区学校。

(3)**从职业要求来说**,社会对教师要求过高,不仅要求教师具有渊博的学术知识、精深的专业修养、高超的教学技巧,还要有高尚的道德情操、勇于奉献的专业态度。教师不但要教给学生专业知识,还要教会学生如何做人,更要关注学生的身心健康、全面发展。教师的努力是应该的、必须的,如果有一点错误或疏忽就会被扩大,甚至引发多方面的批评和指责。

(4)**从支持系统来说**,目前从学校到社区到社会尚未建立全面的教师支持系统。学校教育的目标是学生的发展和应试,所有的注意力都放在学生身上,主要重视教师的教学成绩、科研成果,甚至以此作为教师绩效评定和职称晋升的重要依据,对教师的身心健康关注和支持较少,致使部分教师的心理问题未能及时发现,得不到及时的辅导和治疗。

2. 个人因素

虽然同样承受较大的压力,但是不同教师个体表现出来的心理健康水平也不尽相同。因此,影响教师心理健康的因素中也包含个人因素。

(1)**人格基础**。研究发现,不能客观认识自我和现实,目标不切实际,理想和现实差距大的教师,或者过于强烈的自我实现和自尊需要的教师,更容易出现心理问题。此外,教师中的外在控制源者(即认为事情的结果不是决定于自己的努力,而是由外界控制的)比内在控制源者更难应付外界的压力情境或事件,因而心理健康水平较差①。

(2)**重大生活事件的出现**。对部分教师来说,重大生活事件的出现都会影响他们的心理稳定性,不管这些生活事件是积极的还是消极的。个体在心理弹性方面的差异决定了他们在面对重大变故或环境改变时的适应能力。个性开朗乐观的教师比个性内向、消极的教师更容易适应环境,更能够接受困难和挑战。

(3)**对自我心理健康的重视程度**。教师是否认识到心理健康的重要性,对自我心理健康水平的了解程度,都影响着个体的心理健康水平。大部分教师都能重视学生的心理健康,能够从自己的工作入手,开展对学生的心理辅导工作,但是缺少对于自身心理健康的觉察和重视。有些教师即便知道自己的心理健康出了问题,也羞于求助。

3. 职业因素

(1)职业期望高。教师职业一直备受社会赞誉,"太阳底下最光辉的职业"、"人类灵魂的工程师"、"辛勤的园丁"等句子都是描述教师职业的伟大的,同时也表明了社会对教师职业的期待。威尔逊说过:"所有对他人高度负责的角色,都要经受相当多的内在冲突和不安全感。"这些过高的社会评价和社会期待,往往使教师压抑个人的情绪,限制自己的需求。

(2)工作压力大。社会上普遍存在一种误区,认为教师工作轻松、稳定、假期又多,是一份清闲的工作。但是,事实完全相反。教师职业的特点是工作时间长、工作任务重、工作要求高。教师除了上课,还要备课,批改作业,出卷子,做科研,白天一天的时间都用于上课、管理班级、组织活动、与学生交流谈心等,往往下班后都要继续加班,把卷子和作业带回家批改更是"家常便饭",上班下班时间界限不清。假期里教师也要继续完成相关培训,进行家访,提前备课,熟悉教材等。教师因为社会的期待和个人的要求,常常表现出"完美主义倾向",特别是目前教育效果的评估指标仍然以学生的考试分数为主,这给教师的教学带来极大的竞争和压力。

(3)角色冲突多。上一节的内容里,我们对教师角色的多重性进行过详细的表述。他们既是讲授者又是管理者,既是学者又是学习者,既是学生的朋友又是家长的支持者,既是子女又是父母,他们更是社会的模范公民,这些丰富的角色集中在每一个教师个体身上,都使他们承受着较高的压力。同时,教师的生活和工作圈子相对较小,比较封闭。教师的绝大部分时间都与学生在一起,对社会的发展、新技术的学习都比较后知后觉。有人戏称,教师职业做得久了,如同脱离社会。久而久之,教师会产生一种自卑感和与社会的格格不入感,不利于教师的心理健康。

三、教师心理健康的维护

教师心理健康的维护绝不是靠教师一个人的力量就可以完成的,需要构建包含社区、政府、社会和教师个人等力量在内的全社会联合努力的保障系统。教师心理支持系统的主体是学校、教师自我、社区、政府和社会等;核心是心理安全保障机制;目的是提高教师的心理素质,增强教师应对心理问题的能力,进而改善教师的心理健康水平和提升教师的生命质量,使教师获得长期的幸福体验,更好地做好教育教学工作。

---

① 付建中主编:《教育心理学》,清华大学出版社 2018 年版,第 392 页。

（一）提升教师对职业的了解与认可

捷克著名教育家夸美纽斯说过："太阳底下，没有比教师这个职业更高尚的了。"从古至今，描述教师职业伟大和奉献的经典名句多不胜数。很多名人、伟人在传记和访谈中都表达了对自己老师的感激之情。教师职业一方面得到社会的肯定和赞美，另一方面又承受着与其他职业很不相同的压力。

教师职业的最大特点在于职业角色的多样化。角色是个人在一定的社会规范中履行的一定社会职责的行为模式。每个人在社会生活中都同时扮演许多角色，但职业角色是相对单一的。而教师这一职业却具有多种角色特点。

教师以自身的专业素养、道德素养，以自我的实践，与学生、家长展开互动，进行教育教学工作，担负起培养下一代健康成长的重任，推动社会不断进步和发展。学校领导和教师本人应当充分了解和定位教师角色，以教师角色的光荣感和使命感不断督促和提升自我，激发教师的事业心，以强大的信念和高尚的道德情操来鼓舞和激励自己，热爱教育工作和事业，不追名逐利，不斤斤计较个人的成败得失，淡泊名利，拓宽心胸，乐观豁达，成为孩子们人生路上真正的导师。

（二）建立情感支持系统

研究指出，与从事其他职业的人相比，教师很少有时间与家人、朋友进行轻松的交谈。即使在同一个学校里，教师之间的教学互助和合作行为也不多。从这个角度说，教师职业实际上是一项"孤独"的职业。卡耐基曾说过，人际关系在一个人成功的因素中占 85%，这充分说明人际关系的作用。当一个人感到有可以依赖的人在关心、照顾、支持自己时，就会减轻对挫折的反应程度，增强对挫折的耐受力。

1. 营造良好的校内人际关系

学校是教师的工作场所，也是教师心理上最强大的后盾。因此，建立校内良好人际关系是维护教师心理健康的关键。在教师工作充满竞争与压力的今天，如果学校中的领导、同事、学生包括家长都能对教师多给予理解与支持，使教师处于融洽的人际氛围中，感到有人在关心、爱护自己，就会大大增强教师心理上的安全感和归属感，减轻由工作紧张带给教师的心理压力。对教师个人而言，可以积极主动与同事、领导多沟通，多交流，共同的目标、相同的工作环境、相似的教育经历都会给教师之间带来理解和亲近。尤其是年长的同行、前辈，在教育教学工作中积累了大量的经验，在面对困扰和压力时，主动向他们求助，获得可操作性的实际指导方案，可以缓解压力、解决问题。另外，中小学教师的教育对象是未成年人，他们的父母对孩子承担着全部的监护责任和义务。所以在面对孩子的教育问题时，他们是教师最有力的支持者和同盟军，随着家长受教育程度的增强（目前中小学生家长基本是 70 后、80 后，相当多的家长是高学历人才），他们可以协助教师一起面对和解决孩子的成长问题、教育问题、学习问题等，教师不是孤独的战士，有着强大后援团。

2. 营造美满与温馨的家庭关系

影响教师心理健康的主要原因除了工作压力、人际关系外，个人婚姻、子女成长等家庭因素也不容忽视。"家，是人们心灵的港湾"，家庭环境更是教师重要的情感支持资源。美满的婚姻、温馨的亲情能使教师的情感得到归依与寄托，从而以一种恬静而愉悦的心态来从事教育教学，并能抵御挫折、克服困难、协调工作与生活中的心理失调。如果教师在家庭中能将工作、家务与休闲事务,父母、子女与亲属等关系处理得比较合理的话,他们必将得到家人的积极支持与帮助,也必然会从爱家人的角度出发,调整心态去爱更多的学生或朋友。

部分中小学教师因为工作繁忙,责任心强,把自己的全部精力都倾注在工作中,忽略了自己家庭生活中的许多美好感受。亲情的疏远、婚姻危机导致一部分教师在工作与生活之间心理失衡,不良的心态甚至直接影响到学生心理的健康发展。因此,教师应该协调和把握好工作与生活,兼而有之,既出色地完成工作任务,也有幸福美好的家庭生活,并从家庭的温馨、亲人的支持中获得力量,以应对工作和生活中的各种难题。

3. 结交不同行业的朋友

人是社会的动物,其本质是各种社会关系的总和,每个人都是社会网络中的一个结点。教师与社会上的其他人会有各种各样的联系、各种各样的交流,积极向上的联系与交流有利于增强教师的社会责任感与归属感。不同生活背景、不同工作性质的人在一起交流,不仅有益于开阔教师的视野,丰富教师的教育教学能力,也会有益于教师的心理健康。

中小学教师工作时间长、负荷量大,没有太多时间结交教育行业以外的朋友,与其他教师朋友的交流又常常局限在教育事业的话题。因此教师可以走出去,多看看其他的行业和领域,多了解和学习新生事物,多和不同行业的人交流,多培养一些兴趣爱好,让自己的视野更加开阔。从五彩斑斓的社会中感受生活的美妙与精彩,以饱满的、热情的、自信的态度投入工作。

(三) 寻求心理学的技术支持

当教师遇到困扰、迷茫、不知所措时,最有效的也是最常用的方法是寻求心理学专业技术的支持。从个人角度来说,教师可以学习一些常用的自我心理调节的方法和技术,在有需要时进行自我调节。

1. 释放压力,适度宣泄

作为一名教师,要学会适应环境、释放压力。教师可以通过自学或者参加培训来学习和掌握一些简单的便于操作的解压方式,如与人倾诉、运动、读书、听音乐、看电影、深呼吸、转移注意力等。同时,教师也应积极参加娱乐活动,自觉地发展各种爱好,必要时还可以看心理医生,求助于心理咨询机构。

2. 用好学校心理辅导室

目前绝大部分中小学都配备了专业、齐备的心理辅导室,从事心理辅导工作的教师持专业证书上岗。很多教师有个认识上的误区,以为心理辅导室只是给学生服务的,因此从不寻求专业心理辅导教师的帮助。事实上,学校心理辅导室的服务对象也包括学校教师。一旦有相关的咨询和辅导需求,教师可以向学校辅导教师求助,持证上岗的心理辅导教师根据心理咨询师从业守则,一定会为教师保密。

3. 用好市县(区)公益心理支持服务机构

除了学校内部的心理辅导室,各省市教育局的中小学生心理辅导中心也为广大中小学教师提供心理支持服务。此外,各地均开设了提供心理辅导的社会热线。以上海为例,各区都成立了学生心理健康辅导中心,这些中心也负责教师的心理健康支持服务。

（四）建立学校支持系统

学校对教师的心理支持是维护教师心理健康的重要因素，因为学校是教师的主要生活场所和教学主阵地。现主要从以下几方面来阐述学校教师心理支持系统。

1. 改变观念

学校管理者应充分重视教师的心理健康，以具体的制度建设和实施来保障教师的健康与权益。学校的三年（五年）发展规划和具体年度工作计划中要讨论并制定维护教师心理健康的具体举措，为教师举行各种心理健康教育讲座、培训，在教师需要支持和帮助时及时伸出援助之手。

2. 机构建设

学校可以成立专门的教师心理咨询机构或在原有心理中心或部门，专设教师心理咨询部，开通教师心理咨询热线。可以开办教师心理健康报或月刊杂志，普及心理学常识或问诊教师心理问题。同时，也可以借助网络开设教师心理辅导网上论坛、网上咨询等。心理辅导中心应经常举办有针对性的教师心理健康系列讲座等。

3. 档案建设

学校心理咨询室可以人性化的方式，在取得教师同意的前提下，对教师进行心理健康测验与调查，及时筛选出部分需要帮助和支持的教师，进行研究归类，并及时汇报给学校管理者，以便为管理者制定适合这些教师的帮助措施提供依据。同时，管理者应注意保护教师的个人隐私，还应该积极地运用语言技巧、心理暗示等方法，使这些教师了解到学校对自己的重视。对这些教师平时提出的建议，学校要高度重视，与他们探讨建议的可行性，在教师和管理者意见相近的情况下，应尽量采纳教师的建议。

4. 校园文化建设

学校管理者应该重视学校人文氛围的建设，创建宽松、愉快的工作环境，从而创造和谐、民主、宽容、平等的心理氛围，推行人性化管理，以人为本。学校要改革教师的评价机制，取消唯分数论，取消那些导向功利化的结果式的评价方式。关心教师的生活，当教师有困难时应尽量帮助，给予教师充分的理解和关心。

5. 业余文化建设

学校应该开展各种各样的丰富有益的文化活动，丰富教师的生活，帮助他们缓解紧张的神经，放松心情，同时借助这些文化活动增强教师之间、学校管理者和教师之间的沟通和交流，增加彼此之间的亲和力，提升学校的凝聚力。教师在感受到学校的支持和关爱的同时，会产生对学校的归属感，热爱学校，激发教育教学工作的动力。

（五）教师的自我发展与支撑

当教师的心理出现问题时，教师个人是其心理支持系统中的关键因素。

1. 认识自我，悦纳自我

古希腊神话故事"斯芬克斯之谜"是一个关于"人"的谜题。先贤老子说过："知人者智，自知者明，胜人者力，自胜者强"，老子把"自知"放在了认知的最高层次来认识。的确，在诸多的探索内容中，对自己的探索和了解是永无止境的。对自己有一个准确的认识、定位非常重要。对教师个人而言，对自己的认识和探索，可以通过自己的理性分析，通过他人的描述，通过专业的心理测评量表等完成。在充分完成认识自我的基础上，悦纳自我，完善和发展自我。悦纳自我最重要的是"爱自己"、"无条件接纳自我"。爱自己是爱他人的前提,爱自己的人才有能力去爱别人。爱自己,就是对自己宽容,允许自己犯错误,接纳自己生命中软弱的、不完美的一面,有空间、有容量接纳和包容自己的全部。一个人并非要有突出的优点、成就或作出别人希望的改变才能被接纳。自我接纳是人天生就拥有的权利。学习做自己的朋友,不加任何附加条件地接纳自己。不是用认知价值观,而是用心灵爱自己,鼓励自己。

即使没有人可以给你以力量,自己也可以给自己爱的力量。

2. 不断学习,发展与完善自我

作为教书育人的教师,更应解放思想,改变观念,与时俱进,不断学习,提高自身的修养。同时,教师应该系统地掌握心理学、教育学和心理健康等知识,提高自身心理健康方面的相关知识和技能。有一个正确的认知,再加上相应的调适技能,就不会出现严重的心理问题。另外,中小学教师也要学会时间管理和情绪管理。合理安排时间,闲忙有序。接纳和调节负性情绪,处理好家庭关系。

中小学教师心理健康支持系统需要从政府部门开始,结合全社会的资源和力量共同关注,互相配合,共同努力,为教师的身心健康提供支持。

本章小结

教师心理指教师在教育和教学过程中的心理特点和心理品质,是保证教师有效开展教育教学活动的前提条件。随着社会的发展,教师的职业角色从传统的教授者转变为更复杂、更丰富的角色综合体,心理角色随之也产生了较大变化。教师的职业角色包括:教育教学活动的设计者、学习的指导者和促进者、班集体的组织者和管理者、行为规范的示范者、学生的心理保健者、研究者与反思者等。教师角色的形成与发展,大体经过三个阶段:角色认知阶段、角色认同阶段、角色信念阶段。

一般来说,一个心理健康的中学教师,应具备如下五方面特征:对教师角色认同,有良好和谐的人际关系,正确地了解自我、体验自我和控制自我,具有教育独创性,在教育活动和日常生活中均能真实地感受情绪并恰如其分地控制情绪。教师常见的心理冲突主要有:紧张、焦虑、无助等负性情绪体验的增多,人际关系的竞争与淡漠,自我认知与自我价值感的偏差,个人需求得不到满足的失落。影响教师心理健康的因素中,既有社会因素,也有个人因素和职业因素。

教师心理健康的维护绝不是靠教师一个人的力量就可以完成的,需要构建包含社区、政府、社会和教师个人等力量在内的全社会共同努力的保障系统。可以从提升教师对职业的了解与认可、建立情感支持系统、寻求心理学的技术支持、建立学校支持系统、教师的自我发展与支撑等方面为教师心理健康提供支持与帮助。

思考与实践

1. 教师在教育教学活动中扮演了哪些角色?不同角色的要求不同,是不是容易导致教师的心理冲突,产生这样或那样的心理问题?为什么?

2. 当前中小学心理健康教育工作虽然日益受到重视,但往往更多关注的是学生的身心健康,而较少关注教师的身心健康,为什么会产生这种现象?如何克服?

3. 心理健康的教师应该具备哪些特征？在你自己受教育的经历中,有没有遇到过心理亚健康或有心理疾病的老师？他们有哪些表现？对你产生了哪些不良影响？

4. 中国人民大学公共管理学院组织与人力资源研究所调查表明：80％的教师压力较大；近30％的教师存在严重的工作倦怠,近90％的教师存在一定的工作倦怠；40％的教师心理健康状况不佳。按照这一研究结论,中小学教师成为心理障碍的高发人群,教师心理问题相当突出已是一个不争的事实。对这一结论,你认同吗？请作出评析。

5. 影响教师心理健康的因素有哪些？对照教师心理健康的标准以及影响因素,试对你自己的心理健康情况进行分析。

6. 阅读以下案例,请分析焦老师的主要情绪困扰是什么？可以怎么克服？

焦老师是一个高中毕业班的主课老师,同时是位班主任。上一次学生的月考成绩很不理想,这一次的月考又要来了,她很努力地抓教学、督促学生,但依旧担心成绩；班级里一个同学与家长闹了矛盾,家长天天好几个电话来求助她；今年评职称的时间到了,她还有公开课、论文要赶；与此同时,焦老师的女儿今年小升初,关于考试的政策今年有了很多变化；焦老师的妈妈最近身体老是不舒服,担心有什么问题……

焦老师觉得自己每天都很紧张,在学校要担心学生、担心工作,回到家还要担心女儿、担心老人,没有喘息的时间。她感到自己的内心是焦灼的,像有把火在心里烧,特别焦虑、烦躁的时候,甚至什么事都不想做。

7. 维护和促进教师心理健康的措施有哪些？

延伸阅读

1. 付建中. 教育心理学[M]. 北京：清华大学出版社,2018.

2. 吴增强. 现代学校心理辅导[M]. 上海：上海科学技术文献出版社,1998.

3. 陈琦,刘儒德. 教育心理学(第2版)[M]. 北京：高等教育出版社,2011.

4. 刘丽红. 教师教育心理学[M]. 北京：教育科学出版社,2018.

5. [美]拉塞尔·西蒙斯. 用安静改变世界[M]. 杨蓓译. 北京：九州出版社,2016.

6. [法]克里斯托夫·安德烈,弗朗索瓦·勒洛尔. 我们与生俱来的七情[M]. 王贤译. 北京：生活·读书·新知三联书店,2015.

【开篇案例】

中央电视台《焦点访谈》栏目曾报道：某地的镇政府强行从农民手中租来 5 000 亩责任田,建设种烟基地,结果种上的 3 600 亩赔了本,剩下的 1 400 亩撂了荒。农民不愿再吃二茬苦,一提种烟就生气。在这种情况下,该镇不吸取教训,一定要让这"支柱产业"出现奇迹,于是,把这项"艰巨而光荣"的任务交给了"万能"的教师。

镇政府要求每位教师联系 10 亩种烟指标,完不成下岗,超额则奖励。被逼之下,教师们走村串户,投亲靠友,四处托熟人,找关系,不惜请客送礼,千方百计动员村民响应镇政府的号召,违心地一遍遍宣传种烟的种种好处。有位女教师怀孕 7 个多月,已经无法骑车,只好步行"走过一村又一村"。镇中学还特地放假三天,集中"攻关"。即使如此,仍有大部分教师完不成任务。迫不得已,教师们扔掉斯文,采取了"大鱼吃小鱼,小鱼吃虾米"的措施,把任务又下派给了学生,让学生去动员自己的家人和亲戚种烟,还让学生写下保证书,何时拿来村委开的某某户已同意种烟多少亩的证明,才算交卷。

由于教师没完成任务,年底镇里就扣发教师每人 1 000 元工资,说是补贴给种烟赔本的农民。

此项措施未给那 5 000 亩"特色种植"创造效益,但镇政府不屈不挠,今年又给教师下达了每人 10 亩的指标。

这件事情引发我们思考：镇政府有没有权利让完不成"任务的教师"下岗? 镇政府这种下达"任务"的行为有没有侵犯教师的权利? 如果有,侵犯了教师的什么权利?

【学习指导】

1. 掌握教师法律素养的涵义与意义,以及一些法律的基本常识。

2. 深刻认识教师自身的权利和义务。

3. 认识学生的权利保护,了解如何依法保护学生的各种权利。

4. 了解我国现行的教育法律法规,切实做到依法从教。

教师是履行教育教学职责的专业人员,承担着教书育人,全面提高民族素质的使命,而依法执教是现代社会逐步走向法制化的必然趋势。随着我国法制建设的不断发展,依法治校和依法执教的理念深入人心。教师作为教育活动的一个主体,在当今教育法制化的时代,从某种意义上说,教师已经成为教育活动的一个重要的执法者。在依法执教的过程中,教师必然承担着重大责任。而教师这种责任的完全履行,取决于教师法律素养的提高。

一、教师法律素养概述

(一) 教师法律素养的涵义

教师法律素养,是指教师在从事教育工作中认识、掌握和运用法律的能力或素质,通常是通过教师掌握法律知识、具备法律意识和法律行为表现出来的。也就是说,教师的法律素养分为三个方面的内容:教师的法律知识、法律意识和法律行为。法律知识是教师对法律的认知程度,是教师在法律学习和实践过程中所获取的法律信息,包括法律规定(法律条文)的知识和法学原理的知识。法律意识是教师对法律现象的主观把握方式,是教师对法律的理性、情感、意志和信念等各种心理要素的有机综合体,一般由法律理想、法律情感、法律意志、法律评价和法律信仰等要素整合构建,而其纵深结构又可分为三个层次,即法律心理、法律观念和法律意识形态(或法律思想体系)。法律行为就是教师所实施的、能够发生法律效力、产生一定法律效果的行为。根据教师的法律行为的表现形式,我们将法律行为分解为教师守法行为、用法行为和护法行为。

教师的法律素养对依法执教的各方面都有积极的作用,有助于教师树立教育责任意识、维护学生的合法权益以及处理学校的各种关系等。教师如果没有较高的法律素养作为支撑,依法执教就会很难实现,就会影响我国教育事业的法制化进程。因此,提高教师法律素养是依法治校和依法执教的基本要求,对教育事业的发展有着重要的现实意义。

(二) 法律的基本常识

法律素养涉及对法律的基本认识和基本常识,教师法律素养中,非常重要的一个方面是掌握这些常识,形成对法律的正确认识。

1. 法的定义

法是由国家制定、认可并依靠国家强制力保证实施的,以权利和义务为调整机制,以人的行为及行为关系为调整对象,反映由特定物质生活条件所决定的统治阶级意志,以确认、保护和发展统治阶级所期望的社会关系和价值目标为目的的行为规范体系。

由以上法的定义可知,法具有以下基本特征:(1)调整行为关系的规范。(2)由国家专门机关制定、认可和解释,并具有普遍约束力。(3)以权利和义务双向规定为调整机制。(4)依靠国家强制力保证实施。

法从其本质上来看,就是统治阶级意志的表现。法体现的是整个统治阶级的意志,而不是统治阶级中个别人或少数人的意志,同时也不是统治阶级每个成员个人意志简单的相加。

2. 法的形式

法的形式,也被称为法的渊源,是指由一定的有权国家机关制定的各种规范性法律文件的表现形式。当代中国法的形式主要有:宪法、法律、行政法规、地方性法规、自治法规、规章等。

（1）宪法。作为法的形式，宪法是国家最高权力机关经由特殊程序制定和修改的，综合性地规定国家、社会和公民生活的根本问题，具有最高法律效力的一种法。宪法规定国家的根本制度和根本任务，具有最高的法律地位和法律效力，一切法律、法规都不得与宪法相抵触。宪法的修改，由全国人民代表大会常务委员会或者五分之一以上的全国人民代表大会代表提议，并由全国人民代表大会全体代表的三分之二以上的多数通过。

（2）法律。法律是由全国人大和全国人大常委会制定、修改、补充、废止的。根据《中华人民共和国立法法》第七条规定："全国人民代表大会和全国人民代表大会常务委员会行使国家立法权。全国人民代表大会制定和修改刑事、民事、国家机构的和其他的基本法律。全国人民代表大会常务委员会制定和修改除应当由全国人民代表大会制定的法律以外的其他法律；在全国人民代表大会闭会期间，对全国人民代表大会制定的法律进行部分补充和修改，但是不得同该法律的基本原则相抵触。"

（3）行政法规。行政法规是由国务院制定的规范性法律文件，是国家行政机关体系中最高的规范性文件。

（4）地方性法规。地方性法规，是指法定的地方国家权力机关依照法定的权限，在不同宪法、法律和行政法规相抵触的前提下，制定和颁布的在本行政区域范围内实施的规范性文件。

（5）自治法规。自治法规是民族区域自治地方，即自治区、自治州、自治县人大制定的与民族区域自治有关的规范性法律文件，包括自治条例和单行条例。自治条例和单行条例可以依照当地民族的特点，对法律和行政法规的规定做出变通规定，但不得违背法律或者行政法规的基本原则，不得对宪法和民族区域自治法的规定以及其他有关法律、行政法规专门就民族自治地方所作的规定做出变通规定。

（6）规章。规章通常称行政规章，是国家行政机关依照行政职权所制定、发布的针对某一类事件或某一类人的一般性规定，是抽象行政行为的一种。规章包括部门规章和地方人民政府规章。

上述各种法的形式都具有法的效力，但它们的效力等级又是有差别的。我们通常讲到教师的法律素养，意味着教师需要对这六类法的形式都应该有所掌握。

3. 法的效力

法的效力是指法具体生效的范围，即法在适用对象、空间和时间三方面的效力范围。

（1）法的对象效力。中国公民、法人和其他组织在中国领域内一律适用中国法，在国外仍受中国法的保护并履行中国法定义务，同时也遵守所在国的法。在中国领域内的外国人，除享有外交特权和豁免权或法律另外规定者外，一律适用我国法律。

（2）法的空间效力。有的法在全国范围有效，有的法在一定区域内有效。

（3）法的时间效力。这是指法开始生效的时间，法原则上不溯及既往，但法律有特别规定的除外。

4. 法的作用

作为国家制定的社会规范，法具有告示、指引、评价、预测、教育和强制等规范作用。

（1）**告示作用**，法律代表国家关于人们应当如何行为的意见和态度。

（2）**指引作用**，法是通过人们在法律上的权利和义务，以及违反法律规定应当承担的责任来调整人们的行为。

（3）**评价作用**，法律作为一种行为标准和尺度，具有判断、衡量人们的行为的作用。

（4）**预测作用**，根据法律规定，人们可以预先知晓或估计到人们相互间将如何行为。

（5）**教育作用**，法的教育功能主要表现在两个方面：一方面，通过对违法行为的制裁，既可以教育违法者本人，同时又对那些企图违法的人起到威慑和警示作用，使其引以为戒；另一方面，通过对合法行为及其法律后果的确认和保护，对人们的行为起着示范与鼓励的作用。

（6）**强制作用**，在于制裁违法和犯罪行为。

5. 违法行为、法律责任与法律制裁

违法行为，是指违反现行法律规定并具有社会危害性的有过错的行为。违法行为分为：刑事违法，民事违法，行政违法，违宪行为。

法律责任，是指因违反法律上的义务所产生的由相关主体所应承担的具有法定强制性的不利后果。与政治责任、道义责任等其他社会责任相比，法律责任有如下特点：第一，法律责任是因违反法律上的义务而产生的责任。法律上的义务包括法定义务、约定义务以及正确行使权力、权利的义务。第二，法律责任具有国家强制性。该责任或由有关国家机关依法定职权和程序，以直接强制手段实施；或由当事人协商主动承担，但以国家强制力作为潜在的保证。

法律制裁，是指由专门机关对违法者依其应负的法律责任而采取的强制性惩罚措施。法律制裁主要有以下几种：刑事制裁，民事制裁，行政制裁，违宪制裁。

在各种各样的法律关系中，权利和义务是其中基本的内容，明确教师和学生的权利、义务，是教师依法执教的前提保证。

二、教师的权利和义务

明确教师的权力与义务既是教师管理民主化、法治化的需要，也是保障教师的权利与义务，提高教师自身素养的需要。

（一）教师的权利

教师要依据法律法规履行教书育人的职责，这意味着教师的教育教学行为要在法律法规所允许的范围内进行，教师要善于利用法律手段来维护自身的合法权益。教师的基本权利可以分为两个部分：一是教师作为公民所享有的各种权利，可称为教师的公民权利；二是身为教师所享有的权利，可称为教师的职业权利。这**两部分权利既相互联系，又相互区别**。

教师作为公民依法享有相关法律赋予公民的基本权利。依照我国宪法的规定，教师的基本公民权利主要包括政治权利、宗教信仰权、平等权、人身权、人格权等。教师作为一般公民所享有的权利中最重要的是人身权利和人格权利。教师的人身权利是指包括教师的生命权、健康权和人身自由权在内的一项重要权利。教师的人格权利主要是指教师的人格尊严不受侵害，它包括名誉权、荣誉权、隐私权、肖像权、姓名权等一系列

与人格尊严有关的权利。

教师作为专业教育教学人员的职业权利主要包括相关教育法律法规中规定的六项权利，即我国教师享有教育教学权、学术研究权、指导评价权、报酬待遇权、民主管理权、进修培训权等。

1.《中华人民共和国教育法》中的相关规定

2015年修订的《中华人民共和国教育法》，在"第四章　教师和其他教育工作者"中规定了关于教师的权利如下：

第三十三条　教师享有法律规定的权利，……

第三十四条　国家保护教师的合法权益，改善教师的工作条件和生活条件，提高教师的社会地位。教师的工资报酬、福利待遇，依照法律、法规的规定办理。

第三十五条　国家实行教师资格、职务、聘任制度，通过考核、奖励、培养和培训，提高教师素质，加强教师队伍建设。

2.《中华人民共和国教师法》中的相关规定

《中华人民共和国教师法》"第二章　权利和义务"第七条规定，教师享有下列权利："（一）进行教育教学活动，开展教育教学改革和实验；（二）从事科学研究、学术交流，参加专业的学术团体，在学术活动中充分发表意见；（三）指导学生的学习和发展，评定学生的品行和学业成绩；（四）按时获取工资报酬，享受国家规定的福利待遇以及寒暑假期的带薪休假；（五）对学校教育教学、管理工作和教育行政部门的工作提出意见和建议，通过教职工代表大会或者其他形式，参与学校的民主管理；（六）参加进修或者其他方式的培训。"

根据法律规定，教师享有：（1）独立工作的权利，即教师依法享有对学生实施教育、指导、评价的权利；（2）专业发展的权利，即教师依法享有发展自己专业能力和水平、提高专业素养的权利；（3）参与管理的权利，即教师可以通过各种合法途径参与学校的管理；（4）争取合理报酬、享受各种待遇的权利。

再来看开篇案例所描述的事例。的确，某些情况下，学校及其他教育机构依法解聘教师，不构成侵犯教师的权利。《中华人民共和国教师法》第五条第三款规定："学校和其他教育机构根据国家规定，自主进行教师管理。"第三十七条规定："教师有下列情形之一的，由所在学校、其他教育机构或者教育行政部门给予行政处分或者解聘：（一）故意不完成教育教学任务给教育教学工作造成损失的；（二）体罚学生，经教育不改的；（三）品行不良、侮辱学生，影响恶劣的。"也就是说，出现这样的情形，教师可以被依法解聘，而开篇案例的情形，不属于法律规定范围。

教育教学权是教师为履行教育教学职责必须具备的基本权利。教育教学权是教师最神圣的权利，任何组织和个人都不得非法剥夺在聘教师从事教育教学活动，开展教育教学改革和实验的权利。而镇政府领导采取行政命令的手段，让教师放弃本职工作而去抓种烟工作，侵犯了教师享有的教育教学权利，严重影响了正常的教学秩序，是一种违法行为。

（二）教师的义务

教师的义务是指教师依法应当承担的各种职责。教师的基本义务可以分为两个部分：一是作为公民应承担的义务；二是作为教师应承担的义务。这两部分义务既有联系,又有区别。教师作为公民应承担的一部分义务体现在教师特定的义务中,教师作为专业教育教学人员的职业义务有一部分是公民义务的具体化、职业化。两者也各有一部分是独立的,互不重复。

1. 教师作为公民的基本义务

依照我国宪法规定,教师作为普通公民,应履行以下义务:

(1)教师有维护国家统一和全国各民族团结的义务。《中华人民共和国宪法》第五十二条规定:"中华人民共和国公民有维护国家统一和全国各民族团结的义务"。

(2)《中华人民共和国宪法》第五十三条规定:"中华人民共和国公民必须遵守宪法和法律,保守国家秘密,爱护公共财产,遵守劳动纪律,遵守公共秩序,尊重社会公德。"教师作为公民,也要履行这些义务。

(3)教师有维护国家安全、荣誉和利益的义务。《中华人民共和国宪法》第五十四条规定:"中华人民共和国公民有维护祖国的安全、荣誉和利益的义务,不得有危害祖国的安全、荣誉和利益的行为。"

(4)教师有保卫祖国和依法服兵役的义务。《中华人民共和国宪法》第五十五条规定:"保卫祖国、抵抗侵略是中华人民共和国每一个公民的神圣职责。依照法律服兵役和参加民兵组织是中华人民共和国公民的光荣义务。"

(5)教师有依法纳税的义务。《中华人民共和国宪法》第五十六条规定:"中华人民共和国公民有依照法律纳税的义务。"

2. 教师作为专业教育教学人员的义务

根据教师的职业特点,结合《中华人民共和国教育法》和《中华人民共和国教师法》的有关规定,教师作为专业教育教学人员应承担:遵纪守法、履行教育教学职责、对学生进行思想政治教育、爱护尊重学生、保护学生合法权益、提高水平六项基本义务。

2015年修订的《中华人民共和国教育法》,在"第四章 教师和其他教育工作者"中"第三十三条"规定了关于教师的义务,即"教师享有法律规定的权利,履行法律规定的义务,忠诚于人民的教育事业"。

《中华人民共和国教师法》"第二章 权利和义务"中第八条规定,教师应当履行下列义务:(1)遵守宪法、法律和职业道德,为人师表;(2)贯彻国家的教育方针,遵守规章制度,执行学校的教学计划,履行教师聘约,完成教育教学工作任务;(3)对学生进行宪法所确定的基本原则的教育和爱国主义、民族团结的教育,法制教育以及思想品德、文化、科学技术教育,组织、带领学生开展有益的社会活动;(4)关心、爱护全体学生,尊重学生人格,促进学生在品德、智力、体质等方面全面发展;(5)制止有害于学生的行为或者其他侵犯学生合法权益的行为,批评和抵制有害于学生健康成长的现象;(6)不断提高思想政治觉悟和教育教学业务水平。

教师的权利与义务均由法律规定,受法律保障。任何教师都不能只行使权利而不履行义务,当然也不能只承担义务而不享受权利。教师所享有的权利越多,所承担的责任就越重,意味着社会对教师的要求也越高。同时,教师的权利与义务的界限也不是绝对的,在不同的场合下,权利和义务可以相互交叉、相互转化。

《中华人民共和国教师法》"第二章 权利和义务"中第九条规定,为保障教师完成教育教学任务,各级人民政府、教育行政部门、有关部门、学校和其他教育机构应当履行下列职责：(1)提供符合国家安全标准的教育教学设施和设备；(2)提供必需的图书、资料及其他教育教学用品；(3)对教师在教育教学、科学研究中的创造性工作给以鼓励和帮助；(4)支持教师制止有害于学生的行为或者其他侵犯学生合法权益的行为。

(三)教师的惩戒权

教师惩戒权是一项国家公权力，是国家教育权的具体化。惩戒权是教师权力的重要组成部分。顾名思义，惩戒权是教师依法对学生进行惩戒的权力。在一定程度上，它也是教师的一种权利。作为教师，有权对教育活动的整个过程施加某种影响和控制，有权做出职责范围内的专业性行为。这是教师的职业性权利之一，也是教育活动中教师必要的权力之一，是随着教师这一专业身份的获得而取得的①。

某学校教师体罚学生

专栏 18-1

2018年12月3日，一则"某学校教师体罚学生"的视频在网上传播。视频中显示，一堂在操场上进行的体育课上，老师多次掌掴一名学生。市教育局立即进行调查，并于当天通报了调查结果。

通报称，经调查，2018年11月25日下午，体育老师贾某在上课期间发现学生周某某不遵守上课纪律，对该同学进行了体罚。经市教育局局长办公会研究，责成学校辞退贾某并解除聘任合同。

虽然有"不打不成器"、"棒下出孝子"等老话，但我国法律明令禁止体罚。《中华人民共和国未成年人保护法》中明确，学校、幼儿园、托儿所的教职员工应当尊重未成年人的人格尊严，不得对未成年人实施体罚、变相体罚或者其他侮辱人格尊严的行为。《中华人民共和国义务教育法》规定，教师应当尊重学生的人格，不得歧视学生，不得对学生实施体罚、变相体罚或者其他侮辱人格尊严的行为，不得侵犯学生合法权益。

2019年11月22日，教育部发布了《中小学教师实施教育惩戒规则(征求意见稿)》(以下简称《征求意见稿》)。《征求意见稿》明确提出，教育惩戒是教师履行教育教学职责的必要手段和法定职权，教育行政部门、学校应当支持教师正当行使教育惩戒权，制止有害于学生或者侵犯学生合法权益的言行。同时，还对教育惩戒的实施原则、适用情形以及教育惩戒的方式作出规定。《征求意见稿》明确了教师有权实施教育惩戒，并对惩戒程度进行了划分，让教育惩戒有法可依，有章可循。

《征求意见稿》明确指出，学生违反学生守则、校规校纪、社会公序良俗、法律法规，或者有其他妨碍教学活动正常进行、有害身心健康行为的，教师应当给予批评教育，并可以视情况予以适当惩戒。其中，一般惩戒包括：点名批评；责令赔礼道歉、做口头或者书面检讨；适当增加运动要求；不超过一节课堂教学时间的教室内站立或者面壁反省；暂扣学生用以违反纪律、扰乱秩序或者违规携带的物品；课后留校教导等。此外，还

---

① 劳凯声主编：《变革社会中的教育权与受教育权——教育法学基本问题研究》，教育科学出版社2003年版，第375—376页。

规定了较重惩戒、严重惩戒等具体内容。

同时,为了防止教师把惩戒当做体罚或变相体罚,《征求意见稿》对教师惩戒学生也提出了"禁止清单",包括:不得有以击打、刺扎等方式,直接造成身体痛苦的体罚行为;超过正常限度的罚站、反复抄写,强制做不适的动作或者姿势等间接伤害身体、心理的变相体罚行为;辱骂或者以带有歧视、侮辱的言行贬损等侵犯学生人格尊严的行为;因个人或少数人违规违纪行为而惩罚全体学生;因个人情绪或者好恶,恣意实施或者选择性实施惩戒等。

专栏 18-2

日本、美国关于教师惩戒权的法律规定

日本的《学校教育法》规定,校长和教员在教育实践中依据监督机关的规定,有必要对违规的学生及儿童行使惩戒,但不得给予体罚。并明确公布有关体罚的注意事项中列举有体罚实例:(1)不让学生如厕,超过学习时间仍留学生在教室中。(2)不让迟到的学生进入教室。(3)上课中不可把学生赶出教室。而在教室内罚站学生,只要不变成体罚范围可被容许。(4)学生偷窃或破坏他人物品等,为了给予警告,在不致造成体罚范围内,放学后可将学生留校,但必须通知家长等等。

美国保留的教师惩戒权包括:(1)口头训诫;(2)取消特惠;(3)放学后留校,根据犯错误的程度,罚劳动或强迫参加心理咨询;(4)惩罚性转学;(5)短期停学;(6)长期停学或退学。

三、学生权利保护

(一)学生的权利

学生的权利可以分为两部分,一是指国家宪法和法律赋予所有公民的权利,如《中华人民共和国宪法》第四十六条规定,"中华人民共和国公民有受教育的权利和义务"。公民的受教育权利受法律保护。我国公民的受教育权一律平等,不受种族、性别、社会地位、出身等方面的限制。二是指教育法律、法规赋予尚处于学生阶段的公民的权利。根据《中华人民共和国教育法》规定,学生享有以下五项权利,分别简称为:参加教育教学权、获得经济资助权、获得学业证书权、申诉起诉权和法定其他权。

2015 年颁布《中华人民共和国教育法》修订版,在"第五章 受教育者"中规定了受教育者的权利,具体如下。

第三十七条规定:"受教育者在入学、升学、就业等方面依法享有平等权利。学校和有关行政部门应当按照国家有关规定,保障女子在入学、升学、就业、授予学位、派出留学等方面享有同男子平等的权利。"

并在第四十三条中具体规定了受教育者享有下列权利:"(一)参加教育教学计划安排的各种活动,使用教育教学设施、设备、图书资料;(二)按照国家有关规定获得奖学金、贷学金、助学金;(三)在学业成绩和品行上获得公正评价,完成规定的学业后获得相

应的学业证书、学位证书；(四)对学校给予的处分不服向有关部门提出申诉,对学校、教师侵犯其人身权、财产权等合法权益,提出申诉或者依法提起诉讼；(五)法律、法规规定的其他权利。"

同时,在第四十四条规定了受教育者应当履行下列义务:"(一)遵守法律、法规；(二)遵守学生行为规范,尊敬师长,养成良好的思想品德和行为习惯；(三)努力学习,完成规定的学习任务；(四)遵守所在学校或者其他教育机构的管理制度。"

(二)依法保护学生权利

2015 年颁布《中华人民共和国教育法》修订版,在"第五章　受教育者"中规定了国家、社会、家庭、学校和有关行政部门及其他教育机构等应依法保护受教育者的权利。第三十七条规定:"学校和有关行政部门应当按照国家有关规定,保障女子在入学、升学、就业、授予学位、派出留学等方面享有同男子平等的权利。"第三十八条规定:"国家、社会对符合入学条件、家庭经济困难的儿童、少年、青年,提供各种形式的资助。"第三十九条规定:"国家、社会、学校及其他教育机构应当根据残疾人身心特性和需要实施教育,并为其提供帮助和便利。"第四十条规定:"国家、社会、家庭、学校及其他教育机构应当为有违法犯罪行为的未成年人接受教育创造条件。"

1. 人身权的保护

学生的人身权保护有两方面的含义:一是学生在社会生活和教育活动中人身权受法律的保护,二是学生在教育教学活动中人身权受法律保护。这里所说的学生人身权保护指的是后者,主要讨论在教育教学活动中学生的人身保护问题。人身权是法律所赋予民事主体与其人身生命、身份延续不可分离而无直接财产内容的民事权利。

公民的人身权可以分为两种,即人格权和身份权。人格权主要包括姓名权、名誉权、生命权、健康权、肖像权和隐私权等。姓名权是自然人依法享有的决定、使用、改变自己姓名并排除他人侵害的权利。名誉权是自然人就自己获得的社会评价享有利益并排除他人侵害的权利。生命权是法律赋予自然人的以生命维持和生命安全为内容的权利。健康权是自然人依法享有的保持其自身及其器官以致身体整体的功能安全为内容的人格权。肖像权是指自然人对自己的肖像享有再现、使用和排斥他人侵害的权利。隐私权是指自然人对其个人的不愿或不便向他人公开或不愿、不便为他人所知悉的私人信息进行支配的权利。比如,为防止学生受到网络伤害,班主任李老师要求班上所有学生将手机上交接受检查,以便及时了解情况,李老师的这种做法不合法,侵犯了学生的隐私权。身份权主要包括亲权、配偶权和亲属权等。

《中华人民共和国教师法》中第八条第四款规定,教师应当履行下列义务:关心、爱护全体学生,尊重学生人格,促进学生在品德、智力、体质等方面全面发展。《中华人民共和国义务教育法》中第二十九条第二款规定,教师应当尊重学生的人格,不得歧视学生,不得对学生实施体罚、变相体罚或者其他侮辱人格尊严的行为,不得侵犯学生合法权益。《中华人民共和国未成年人保护法》中第二十一条规定,学校、幼儿园、托儿所的教职员工应当尊重未成年人的人格尊严,不得对未成年人实施体罚、变相体罚或者其他侮辱人格尊严的行为。第二十四条规定,学校对未成年学生在校内或者本校组织的校外活动中发生人身伤害事故的,应当及时救护,妥善处理,并及时向有关主管部门报告。

第四十条规定,学校、幼儿园、托儿所和公共场所发生突发事件时,应当优先救护未成年人。第五十八条规定,对未成年人犯罪案件,新闻报道、影视节目、公开出版物、网络等不得披露该未成年人的姓名、住所、照片、图像以及可能推断出该未成年人的资料。《中华人民共和国预防未成年人犯罪法》第四十五条规定,人民法院审判未成年人犯罪的刑事案件,应当由熟悉未成年人身心特点的审判员或者审判员和人民陪审员依法组成少年法庭进行。对于审判的时候被告人不满十八周岁的刑事案件,不公开审理。

2. 受教育权的保护

学生受教育权是学生最基本的权利。对学生受教育权的保护主要通过以下两方面来落实。一是《中华人民共和国宪法》第四十六条第一款规定,中华人民共和国公民有受教育的权利和义务。二是受教育平等权。对此,《中华人民共和国教育法》和《中华人民共和国义务教育法》中都有详细规定。

《中华人民共和国教育法》第九条第二款规定,公民不分民族、种族、性别、职业、财产状况、宗教信仰等,依法享有平等的受教育机会。第十九条规定,国家实行九年制义务教育制度。各级人民政府采取各种措施保障适龄儿童、少年就学。适龄儿童、少年的父母或其他监护人以及有关社会组织和个人有义务使适龄儿童、少年接受并完成规定年限的义务教育。第三十八条规定,国家、社会对符合入学条件、家庭经济困难的儿童、少年、青年,提供各种形式的资助。第四十条规定,国家、社会、家庭、学校及其他教育机构应当为有违法犯罪行为的未成年人接受教育创造条件。第五十七条规定,国务院及县级以上地方各级人民政府应当设立教育专项资金,重点扶持边远贫困地区、少数民族地区实施义务教育。

《中华人民共和国义务教育法》第二条规定,国家实行九年义务教育制度。义务教育是国家统一实施的所有适龄儿童、少年必须接受的教育,是国家必须予以保障的公益性事业。实施义务教育,不收学费、杂费。国家建立义务教育经费保障机制,保证义务教育制度实施。第五条规定,各级人民政府及其有关部门应当履行本法规定的各项职责,保障适龄儿童、少年接受义务教育的权利。适龄儿童、少年的父母或者其他法定监护人应当依法保证其按时入学接受并完成义务教育。依法实施义务教育的学校应当按照规定标准完成教育教学任务,保证教育教学质量。社会组织和个人应当为适龄儿童、少年接受义务教育创造良好的环境。第十三条规定,县级人民政府教育行政部门和乡镇人民政府组织和督促适龄儿童、少年入学,帮助解决适龄儿童、少年接受义务教育的困难,采取措施防止适龄儿童、少年辍学。居民委员会和村民委员会协助政府做好工作,督促适龄儿童、少年入学。第二十二条规定,县级以上人民政府及其教育行政部门应当促进学校均衡发展,缩小学校之间办学条件的差距,不得将学校分为重点学校和非重点学校。学校不得分设重点班和非重点班。县级以上人民政府及其教育行政部门不得以任何名义改变或者变相改变公办学校的性质。第二十九条规定,教师在教育教学中应当平等对待学生,关注学生的个体差异,因材施教,促进学生的充分发展。第四十四条规定,各级人民政府对家庭经济困难的适龄儿童、少年免费提供教科书并补助寄宿生生活费。

《中华人民共和国未成年人保护法》第五十四条规定,对违法犯罪的未成年人,实行教育、感化、挽救的方针,坚持教育为主、惩罚为辅的原则。对违法犯罪的未成年人,应当依法从轻、减轻或者免除处罚。

《中华人民共和国妇女权益保障法》第十八条规定,父母或者其他监护人必须履行保障适龄女性儿童少年接受义务教育的义务。

3. 财产权利的保护

财产权利是以某种物质利益为内容的权利,是公民享有和行使其他权利的物质基础,也是未成年人重要的基本权利之一。我国的财产权包括物权和债权等。知识产权、财产继承权是两种特殊的财产权。

知识产权是个人或集体对其创造性智力成果享有的专权。未成年人作为公民也可以进行科学研究和文学艺术创作或从事其他文化活动。其创作的文学、艺术、科学作品均可取得著作权、领接权,这些知识产权除依法包括署名、修改、保持作品完整等人身权外,还包括获得相应报酬的财产性权利,如发表作品获得稿酬,通过实施专利或许可他人使用专利技术获得报酬,发明发现获得国家有关部门颁发的奖金等。

四、我国主要的教育法律法规

围绕学校教育以及未成年人成长发展,我国已形成相对完整的法律法规体系。这些法律法规对教育健康发展起到了非常重要的保障作用。

(一)《中华人民共和国教育法》

《中华人民共和国教育法》是中国教育工作的根本大法,是依法治教的根本大法。1995 年颁布,2015 年修订。

这是一部有关教育改革和发展全局、全面规范和调整各类教育法律关系的教育基本法,在我国教育法律法规体系中具有最高层次的母法地位。一共十章八十六条,包括总则、分则和附则三个组成部分。明确规定了教育事业发展的指导思想和基本原则、教育基本制度、学校和其他教育机构的权利义务、教师和受教育者的有关法律制度、教育与社会、教育投入与条件保障、教育对外交流与合作,以及违反教育法的法律责任等。

《中华人民共和国教育法》

(二)《中华人民共和国义务教育法》

《中华人民共和国义务教育法》是为了保障适龄儿童、少年接受义务教育的权利,保证义务教育的实施,提高全民族素质,根据宪法和教育法而制定的法律。1986 年颁布,2018 年修订。

《中华人民共和国义务教育法》以法律的形式规定了国家实施九年制义务教育。明确了义务教育的性质、任务以及管理体制等。这一法律对提高民族素质、使教育事业适应社会主义现代化建设的需要,以及推进依法治教,都具有十分重要的作用。

《中华人民共和国义务教育法》

(三)《中华人民共和国教师法》

《中华人民共和国教师法》,是用法律来维护教师的合法权益,保障教师待遇和社会地位的不断提高;加强教师队伍的规范化管理,确保教师队伍整体素质不断优化和提高。1993 年颁布,2009 年修订。《教师法》明确规定了教师的权利义务、资格和任用、培养和培训、考核待遇、奖励以及法律责任等。

(四)《中华人民共和国未成年人保护法》

《中华人民共和国未成年人保护法》由全国人大常委会法制工作委员会根据《中华人民共和国宪法》所制定的针对中国未成年人的法律,1991 年颁布,2012 年修订。该法

《中华人民共和国教师法》

对于保护未成年人的身心健康,保障未成年人的合法权益,促进未成年人在品德、智力、体质等方面全面发展,培养有理想、有道德、有文化、有纪律的社会主义建设者和接班人,有着重要的保障作用。

(五)《中华人民共和国预防未成年人犯罪法》

《中华人民共和国未成年人保护法》

《中华人民共和国预防未成年人犯罪法》是为了保障未成年人身心健康,培养未成年人良好品行,有效地预防未成年人犯罪而制定的法律。1999 年颁布,2012 年修订。明确规定了预防未成年人犯罪的教育、对未成年人不良行为的预防、对未成年人严重不良行为的矫治、未成年人对犯罪的自我防范、对未成年人重新犯罪的预防、法律责任等。其中对加强工读教育进行了明确规定。

(六)《学生伤害事故处理办法》

《中华人民共和国预防未成年人犯罪法》

中华人民共和国教育部令第 12 号《学生伤害事故处理办法》于 2002 年经部务会议讨论通过发布,自 2002 年 9 月 1 日起施行。根据 2010 年 12 月 13 日《教育部关于修改和废止部分规章的决定》修改。

该办法对在学校实施的教育教学活动或者学校组织的校外活动中,以及在学校负有管理责任的校舍、场地、其他教育教学设施、生活设施内发生的,造成在校学生人身损害后果的事故的处理进行了规定。

《学生伤害事故处理办法》

该办法明确规定了事故责任、事故处理、损害赔偿、责任处理等方面的相关事宜,为在各级各类学校、幼儿园及其他教育机构发生的学生伤害事故处理提供了法律依据。

本章小结

教师法律素养是指教师在从事教育工作中认识、掌握和运用法律的能力或素质。这种素养的形成,对教师依法执教起着重要的指导作用,也有助于教师树立教育责任意识、维护学生的合法权益以及处理学校的各种关系等。教师法律素养中,首先是要掌握法律常识,对法形成正确认识,要切实了解法的定义、法的形式、法的效力、法的作用,认识什么是违法行为、法律责任与法律制裁。

权利与义务是法律中的基本关系。教师作为专业教育教学人员的职业权利主要包括教育教学权、学术研究权、指导评价权、报酬待遇权、民主管理权、进修培训权等六项权利。教师作为专业教育教学人员应承担的六项基本义务为:遵纪守法、履行教育教学职责、对学生进行思想政治教育、爱护尊重学生、保护学生合法权益、提高水平。教师的惩戒权,是教师从教中的一个重点和难点问题,相关文件已对此予以明确。

学生的权利,除国家宪法和法律赋予所有公民的权利外,主要包括参加教育教学权、获得经济资助权、获得学业证书权、申诉起诉权和法定其他权等五项权利。依法保护学生的权利,主要涉及学生的人身权、受教育权和财产权的保护。

我国的教育法律法规已形成一个相对完整的体系。主要包括《中华人民共和国教育法》、《中华人民共和国义务教育法》、《中华人民共和国教师法》、《中华人民共和国未成年人保护法》、《中华人民共和国预防未成年人犯罪法》、《学生伤害事故处理办法》等。

思考与实践

1. 什么是教师的法律素养？教师具备深厚的法律素养有何意义？

2. 湖南一位中学语文高级教师,在撰写的《入学教育课》论文中,提出了"读书考大学,是为了自己,不是别人。读书增强了自己的本领,提高了自己的资本,将来能找到一个好的工作,挣下大把的钱,从而有一个美好的个人生活,比如生活愉快,人生充实,前途美好,事业辉煌,甚至找一个漂亮的老婆,养一个聪明的儿子。所以,我强调读书是为了自己"的观点。在其出版的文学作品集《人世老枪》一书,提出"世上的一切都必须为我服务,不然,这一切都没有意义","天下最大的谎话,就是'毫不利己,专门利人'。我的真心话就是'专门利己,毫不害人'"等言论。当地教育局发现了他的错误观点和言论以及向学生推销作品的问题后,组织专人对有关情况进行了查处。按照《教师法》第三十七条的规定,同意学校对其实行解聘,并明确当地市内所有学校不聘其当教师。这位老师认为教育局的处理不合法,于是向市中级人民法院提起行政诉讼,状告市教育局,要求撤销"限聘"的处理意见。

请阅读宪法及相关法律,思考并讨论:(1)公民的言论自由是不是无限制的?(2)市教育局的处理是否合法?(3)本案中,教育行政部门和学校对其应作何处理?

3. 教师的权利和义务有哪些？从你个人的体会看,在教育实际中,教师哪些权利和义务得到了保证？哪些还没有真正落实？为什么？

4. 某学校一位语文老师要求班上不能背诵课文的29名同学罚抄课文3遍,学生小美课后写下遗书并从六楼跳下,导致瘫痪。对于跳楼的原因,小美表示,该教师经常对学生采取罚站、米尺打手心、书本敲头、蹲马步等体罚措施,还将小美受罚情况发到家长微信群里,自己不堪忍受而选择轻生。

这起案件最终对簿公堂。小美的代理律师称,老师粗暴的教育方式与小美跳楼致残的损害结果之间具有明显的因果关系,理应承担赔偿责任。涉事学校代理人则称,老师的教学行为符合学校的教育理念和教学方法,其让学生蹲马步、打手心等教育方法不会超过学生的承受范围,允许老师这样教学。你怎样来认识这一问题？查询相关材料,看法院一般如何判决？有哪些法律依据？

5. 在教育实践中,有一种说法,就是要对学生实行"爱的教育"、"赏识教育"、"快乐教育"。反对的意见认为,这种认识其根源在"中国式家庭"对孩子的过度关注和宠爱有关,容易导致孩子任性、以自我为中心的性格,甚至让孩子成为学校里的"熊孩子"、"小霸王"。那么,我们应该如何在奖惩分明中培养学生健康的心理、健全的人格和积极向上的价值观呢？请围绕这一问题进行思考和分析。

6. 教师在教育教学过程中应该保护学生的哪些权利？

7. 我国主要有哪些重要的国家教育法律法规？掌握这些法律法规对从事教育工作有哪些帮助？

延伸阅读

1. 劳凯声. 变革社会中的教育权与受教育权[M]. 北京:教育科学出版社,2003.

2. 郑金洲. 教育通论[M]. 上海:华东师范大学出版社,2000.

3. 王道俊、郭文安. 教育学(第七版)[M]. 北京:人民教育出版社,2016.

4. 杨颖秀. 教育法学［M］. 北京：中国人民大学出版社,2012.

5. 教育部法制办公室. 中华人民共和国教育法律法规规章汇编［M］. 上海：华东师范大学出版社,2010.

【开篇案例】

2019 年 9 月 29 日上午 10 时,中华人民共和国国家勋章和国家荣誉称号颁授仪式在人民大会堂隆重举行。获得者中,有一位从中学课堂里成长起来的"人民教育家"于漪,她是基础教育界唯一获此殊荣者。这一褒奖,距离去年党中央、国务院授予她"改革先锋"的荣誉称号,相隔 9 个月。

1951 年,于漪从复旦大学毕业走上教师岗位,迄今 68 载,从未离开过基础教育的讲台。她的一生都在三尺讲台坚守,胸怀江河世界,渡人无数,桃李万千;她坚持教文育人,主讲了 2 000 节省市级以上公开课,写下数百万字教育著述,将各种"不可能"变为可能;她从语文教学改革起步,推动全国语文课程教学综合改革,获得了来自政府和业界的很多荣誉。

于漪,可以说是整个中国教师群体心中的偶像,虽然她有许多个称呼,但她最喜欢的称呼还是"老师"。她有句名言:"一辈子做教师,一辈子学做教师。"教师这个职业寄托着她一生的追求与热爱。于漪常说,"师爱超越亲子之爱"、"学生就是我的天下"。这位老师教过的学生,十几年后再来看望她,还能把她在课堂上讲过的话一字不差地背出来,有的还能记起当时她在黑板上的板书。于漪老师这辈子没有骂过任何一个学生,始终以包容的态度,走到学生心里,与他们平起平坐。一次家访,于漪看到学生一家五口,住在只有 12 平方米的破房子里,难过得流下了眼泪。在那个经济条件普遍不宽裕的年代,于漪把所有的积蓄都用在孩子们身上,对自己的孩子却一再省俭。

"对待孩子应当丹心一片。是全心全意,还是三心二意,学生心中一清二楚,没有爱就没有教育,只有把真爱播洒到学生心中,老师才在学生心中有位置。"于漪,正是凭借对语文教育的精神追求,与学生共建一幢立意高远的精神大厦,启蒙一代代学生独立思考、得体表达,成长为丰富有智慧的人。

(资料来源　吴雪:《"人民教育家"于漪:一辈子做教师,一辈子学做教师》,《新民周刊》2019 - 10 - 9。)

【学习指导】

1. 了解教师职业道德的功能和独特性。

2. 理解教师职业关系及其行为规范,并运用这些规范恰当处理教师与国家、与学生、与同事/专业、与家长/社区的关系。

3. 了解我国教师职业道德规范的主要内容和基本形式,理解、分析、评价教育教学实践中教师的道德规范问题。

在现代社会中,很少有一个职业像教师工作那样深切地关涉年轻一代的利益,影响到年轻一代的生活机会。正因为如此,人们对教师寄予了广泛甚至崇高的道德期待,希望他们是"春蚕",是"蜡烛",有爱心,要无私,希望他们不仅在学校中,而且在社会中,都成为道德的模范或榜样。事实上,在很多国家,这种期待还上升为明文的职业道德规范(或专业伦理准则),用以指导和约束教师的从业行为。在我国,教育部及其相关组织颁布了《中小学教师职业道德规范》(2008年修订)、《新时代中小学教师职业行为十项准则》(2018年)等。在美国,全国教育协会(National Education Association)颁布了《教育专业伦理准则》,美国教育工作者协会(Association of American Educators)则颁布了《教育工作者伦理准则》。这些明文的职业道德规范,对教师的日常工作具有直接的指导意义和约束力。本章主要结合相关理论和案例,对这些规范的价值和实践进行简要的讨论。

一、教师职业道德的意义

教师职业道德,又称"教师道德"或"师德",是教师在从事教育职业中所遵循的行为准则和必备的道德品质。任何一项能称得上是职业的工作,都兼有服务社会目的和帮助个体谋生的功能。这种双重性,一方面意味着从业人员可以通过职业活动获得必要的经济回报或其他利益,但不能因此损坏职业活动所内含的社会目的,伤害到他人或社会的利益;另一方面意味着国家或社会可以要求从业人员恪尽职守,但也不能因此忽略个体通过职业活动谋生的基本需要,伤害到从业人员的基本权益。从这种意义上说,任何职业都内含着道德上的要求,不仅要考虑社会的共同利益和从业人员的个人权益,而且在很多时候,需要在两者之间维持必要的平衡。教师从事的工作更是如此,他们正是通过促进学生的多方面发展、扩大学生的生活机会和服务社会的共同利益,获取相应的经济或社会回报的。由此或可说,教师从事的工作根本上就是一项道德的事业。

(一)教师职业道德的功能

对教师的道德期望或要求,并不是到今天才有的。尤其在我国,有着久远而优良的师道传统。古代所谓"师",除了指军旅之外,通常是指"教示以善道者"、"有德行以教民者"。这意味着,师者不仅要教人以"善道",而且要有优良的"德行",成为教授生徒和教化民众的道德"模范"。这个传统,至今仍然深刻影响到人们对教师的道德观念,以及广大教师的道德自我。

专栏 19-1

为 师 之 道

为师之道,端在德行道艺有于身,而超于其类,拔乎其萃,聪明睿智,皆如泉源,砥节砺志,行可仪表,以身率教,而为人之模范也。《学记》言记问之学不足以为人师,荀子曰师术有四,博习不与焉。自汉氏以来,又有经师易遇人师难遭之说,此乃缘于经师仅及乎道艺,而人师则需德行道艺兼备。故历代言师资者,咸曰经明行修,而以行修尤推首要。盖以身教者从,以言教者讼;潜移默化,存乎德行。能以身为正义者,则其攻人之恶,正人之不中,不俟鞭策,而使人深切感悟,亶然乐从,教化所被,无思不服矣。是以古昔师儒之砥节砺行,莫不知微慎独,忠信笃敬。潜心至圣,耆艾而信。其守道崇礼,戴仁抱义之精神,诚富贵所不能淫,贫贱所不能移,威武所不能屈。浩气沛然,充塞宇宙,审乎为天地立心,为生民立命。其博学强识,则莫不博通坟籍,温故知新。守约得要,知微而论。考前代之宪章,参当时之得失,收文武之将坠,拯微言之未绝,允矣为往圣继绝学,为万世开太平。师儒既博学而不穷,笃行而不倦,洵能日就月将,缉熙于光明,而臻乎经明行修之境矣。成身莫大于学,故其为学则学而不厌,不耻下问,无常师,师万物。利人莫大于教,故其为教,则有教无类,爱才如命,诲人不倦,循循善诱。是以先觉觉后觉,暗者求于明,而师道立矣。

有德者必有言,惟耻其言而过其行。故师儒虽以身教,而不废言教,仅时然后言耳。故其有言也无不尽,其无言也无不与。不枉材器,不失机候,不费词说,不易规矩。如之何之谓时,当求之于教术。故《学记》谓能知教之所由兴废,及知至学之难易而知其美恶,博喻诵说,不陵不犯,然后方可为人师。又大学之法,当其可之谓时,更有善问者如攻坚木,善待问者如撞钟之喻。其重视教法者,良有由也。昔日孔子对弟子之个性,剖析毫芒,能察其所安而因材施教,由其愤悱而施以启发,是以驵侩大盗,愚鲁辟嫉,皆成名贤。孟子言教,亦主多术。盖惟富有教学艺术之教师,始能如一雨润草木,一风吹万物,斟配化导于其间,不强教,不意求:宽以俟之,微以相之,和以来之,悦以动之;使学者容貌词气,动静俯仰,皆有踊跃亲善之意,而后与师无间以致圣化矣。可见教学技术之亟应求也。

然而古时颂扬伟大之教师,尚不曰经明行修,亦不曰方法神化,而曰仰之弥高,赞之弥坚,瞻之在前,忽焉在后;而曰汪汪若千倾波,澄之不清,淆之不浊,而曰风月无边,庭草交翠。其以教师全部人格对他人之反映而立言者,盖教学一事,至广大,极精微,浑沦深致,教师日常居处,举手投足之间,莫不具有潜移默化之功用,不可量也,无能名焉。

(资料来源　萧承慎:《教学法三讲》,福建教育出版社,2009 年版,附文:师道征故。)

相比较古代"师"的概念,今天的"教师"概念具有明确的职业意味,意指一个或一群专门从事教育教学工作的人。但是,对现代教师的道德期待或要求,仍然在一定程度上沿袭了传统师道的要义。具体来说,教师在教育教学活动中,一方面作为道德教育者,需要教给学生道德知识或价值观,激发他们的道德情感,引导他们的道德行动,促进他们的道德成长;另一方面作为道德主体或能动者,需要以道德上负责任或可接受的方式(如"尊重学生")传递知识、技能和价值观。很多时候,前一方面隐含着对后一方面的要求,即教师应该以道德的方式教给学生道德。很难想象,一个教师能以虚假的方式让学生习得诚实,能以专断的方式让学生学会民主。因此,很多人认为,教师的职责不仅在"教书",而且在"育人",在"立德树人";不仅在知识的传授,更在品格的陶冶。这就要求教师有良好的道德品行,甚至崇高的道德境界。从这一角度来看,教师应该使自己职业行为符合道德上的要求,是源自于他们对于学生的道德教育责任。

然而,教师职业道德之所以重要,并非都是为了学生(道德)发展的考虑,还有专业上的考虑。美国学者里奇(Rich，J. M.)认为，职业道德具有四项功能：①对服务对象而言，确保提供的专业服务，切合合理的高标准和可接受的伦理行为，这有助于从业人员在涉及服务对象的决策上进行相对独立的判断；②对公众而言，表明从业人员服务的是公共利益，应可持续赢得公众的信任、信赖和支持；③对从业人员来说，提供统一的规则和行为标准，可以让他们了解什么行为是可接受的，并以此调节自己的行为；④对职业本身来说，伦理准则有助于彰显一个职业或行业的专业特征，促进其从半专业迈向专业的地位。① 具体到教师工作领域，职业道德的功能主要体现在以下三个方面。

1. 保护学生权益

在任何专业活动中，专业服务不仅意味着一种社会性的关系，而且意味着关系双方(专业人员与服务对象)相互持有的态度。但是，在这一关系中，双方并不是自愿或对等的，其中专业人员居于支配地位，服务对象往往处在被动的地位，因此专业人员必须承担起对服务对象的道德责任。② 具体到学校生活中，教师在教育教学的过程中可以相对自主地决定这堂课教什么和怎么教，而学生对于这堂课教什么或怎么教并没有选择权和评价权。尽管学生也可以积极地参与到课堂教学过程中来，也会改变教师的课堂教学进程，但是这种参与或改变都在很大程度上取决于教师个人的教学方式和态度。有时，学生也可以评教，但他们的评教并不是专业意义的。由于这种非对等或支配性的关系，作为专业人员的教师必须防止自身专业权威的误用或滥用，避免对学生基本权益的侵犯或伤害。

2. 促进专业自治

从根本上说，教师职业道德并非全然来自国家或社会公众的强制或要求，而是源自教师工作本身的内在要求和从业群体的自我约束，反映的是教师专业社群的自律或自治。正因为如此，很多国家的教师职业道德规范都是以教师专业组织为主体制定的。尽管国家或地方的教育行政部门也会对教师职业行为提出道德上的要求，甚至制定标准和细则，进行评估和奖惩，但是这些来自外部的行政性规定或措施，既要充分尊重教师职业道德的性质和特征，也要切实赢得教师群体的积极参与与认同，否则这些规定或措施就很有可能难以发挥实际的效用，而且有可能伤害教师群体的专业自治。

3. 维护专业形象

这种承诺不只是为了保障学生的权利和利益，而且有利于维护教师的社会形象和专业地位。一旦人们发现教师涉嫌滥用自己的专业权威或权力，教育或教学这个专业在公众心目中的良好形象就可能受损。由于专业都对从业人员的准入和任用有严格的要求，一起教师道德失范的事件，不仅伤害当事的学生和教师，而且可能造成家长或公众对他所在学校其他教师(乃至整个教师队伍)的质疑或负面评价。正因为如此，很多专业都试图建立和颁布严格的伦理准则，约束和规范从业者的专业行为，维护专业的社会声誉和地位。

---

① Rich, J. M., *Professional Ethics in Education*. Springfield, IL: Charles C. Thomas Publisher, 1984, p. 6 - 7.
② Downie, R. S., Professions and Professionalism. In D. E. W. Fenner (Ed.), *Ethics in Education*. Garland Publishing, Inc., 1999, p. 8.

专栏 19－2	职业道德之于教师的必要性

第一，教师在履职时拥有高度的选择自由。他总是面临着不断变化的情境，需要不断地加以评估和权衡，做出决策，采取行动。他总是在最高的和最低的职业投入之间进行行为选择，总是在各种不同的任务或活动之间进行优先性的考虑，而不同的选择或考虑必定会带来不同。"谁拥有更多的选择自由，谁就同样负有更多的责任。因此教师需要道德的指导方针来帮助他们在具体情境中选择决定此时此刻什么是最好的决定。"

第二，教师是学生可能的模仿对象。在学校生活中，学生是在相对与外部隔绝的世界中与教师共处的，他们在获得教师传递的东西的同时，也会受到教师行为举止的潜在影响。因此，教师需要以身作则，为学生树立良好的榜样。

第三，教师本身是其履行职责时所拥有的最重要手段。教师只有赢得学生的尊敬和信任，才能有效地履行他们的职责，但前提是他本身是值得尊敬和信任的。这就对教师的人格或美德提出了直接的要求。

第四，很难对教师的职业工作进行外在控制，因此需要教师的专业自律。但自律的前提是教师必须对自身的专业责任有清晰的认识。

第五，社会对教师提出了许多要求，其中有些是合理的，而有些是过高和不现实的。为了保护教师，必须对合理的和不合理的要求进行区分，由此就需要一个深思熟虑的职业道德作为判断标准。

（资料来源　布雷岑卡著，彭正梅、张坤译：《信仰、道德和教育：规范哲学的考察》，华东师范大学出版社，2008 年版，前言，第 182—186 页。）

（二）教师职业道德的特殊性

在现代社会中，很多职业都有自己的道德规范和行为准则。相比较其他职业领域，教师职业道德是否会具有一些自身的特性呢？综合芬斯特马赫（Fenstermacher, G.）等人的观点[①]，这种特性主要表现在三个方面。

1. 缩小与学生之间的知识鸿沟

作为专业人员的教师并不是去维持与学生之间的知识鸿沟。医生不必在行医的过程中把与患者有关的病理和治疗知识教给他的服务对象，让他们学会自我治疗，尽管患者完全可以向医生询问有关的知识。但是，教师的职业特征就在于尽可能地缩小他与学生之间的知识鸿沟——这也是他取得专业成功的标准。假如教师有一桶水，通过教育或教学的过程，他的学生也拥有了一桶水，那么这个老师在专业上应该感到满意。还不止是如此，我们很多教师会期望学生"青出于蓝而胜于蓝"。

2. 与学生形成良好的社会互动

作为专业人员的教师不能维持与学生之间的社会距离。医生或律师在提供专业服务的过程中，并不必然要与他们的服务对象之间形成良好的人际互动，拉近他们之间的社会距离。然而，对于教师来说，尽量缩小这种社会距离，建立良好的师生关系，对于他

---

① Fenstermacher, G. D., Philosophy of Research on Teaching: Three Aspects. In M. C. Wittrock (Ed.), *Handbook of Research on Teaching*, 3rd ed. Macmillan, 1986.

的专业工作具有重要条件保障的作用。在现实中,我们也经常说,学生是因为喜欢一个老师,而喜欢上他的课,进而在他任教的学科上有良好的表现。但是,这种良好关系并不意味着可以超越"专业"的边界。师生之间过于亲密的人际关系,同样也会对教师的专业实践带来负面的影响。

3. 教与学相互促进、共同发展

作为专业人员的教师不能独自完成教学任务,而与学生之间是互惠式的关系。对于医生来说,他的专业工作就是对患者的病症进行诊断,然后给出处方。只要他的诊断和处方是准确的,至于你是否愿意按照他的处方去买药和吃药,这已不在他专业控制的范围。然而,教育或教学的工作不能止于教师针对学生的问题完成自己"教"的任务,而需要考虑这种"教"的安排是否真的能够或已经引起了学生的学习。若没有学生的学习参与,这种"教"是无效的。当然,我们也可以反过来说,若没教师的"教",学生的"学"也可能是盲目或低效的。在学校的专业实践中,教师的"教"与学生的"学"之间应该是相互促进、共同生成的。[①]

二、教师职业道德规范的内容与形式

如前所述,在现代社会中,政府及其教育行政部门、教师专业组织等都很重视教师职业道德,通常会制定明文的、专门的教师职业道德规范,用以指导、规范和约束教师的教育教学活动。但是在不同的国家,这些规范所调节的关系、所涉及的德目,甚至所呈现的形式,往往会有所差别。

(一) 教师职业关系与行为规范

教师职业道德是用来调节、规范和约束教师在教育教学活动中所要处理的各种社会关系的。其中,不仅包括与学生、与同事、与家长的关系,也涉及与国家、专业团体、所在社区甚至其他社会机构的关系。对于这些不同的关系,在职业道德上往往会有不同的规范要求。

1. 与国家的关系

尽管在不同的国家,教师的身份不尽相同,但是无论在公立教育还是在私立教育中,教师都需要在职业活动中遵纪守法,不危害国家安全,不损害国家利益。主要是因为:一方面教师需要在教育教学工作中向学生传递国家的主流价值观,引导学生的国家认同;另一方面教师本身作为公民,也要有正确的国家观念和深刻的爱国情感,广泛关注公共利益,积极参与公共事务。比如,美国教育工作者协会(AAE)在其伦理准则中特别提出,所有的教育工作者都有责任培育学生诸如正直、勤奋、负责任、合作、忠诚、忠实、尊重(法律、他人、自我)之类的公民美德。在我国,坚定政治方向,爱国守法,践行社会主义核心价值观,始终是教师职业行为规范的首要原则。

2. 与学生的关系

这是教师职业活动中最为直接也最为基本的关系。各国教师职业道德规范对这一关系都有明确而细致的规定,要求教师在教育教学活动中尊重、保护甚至促进每个学生的权利和利益,特别是不伤害。比如,美国《全国教育协会教育专业伦理准则》希望教育

---

① 程亮:《教育的道德基础——教育伦理学引论》,福建教育出版社,2016年版,第86—87页。

工作者帮助每个学生实现自己的潜能、成为有价值且有效能的社会成员,并要求教育工作者履行对学生的八项责任:①不得无故压制学生求学中的独立行动;②不得无故阻止学生接触各种不同的观点;③不得故意隐瞒或歪曲与学生进步有关的材料;④必须作出合理的努力保护学生,使其免受有害于学习或者健康和安全之环境的影响;⑤不得有意为难或者贬低学生;⑥不得根据种族、肤色、信条、性别、出身国、婚姻状况、政治或宗教信念、家庭、社会或文化背景或者性别取向,不公平地排斥任何学生参与任何课程、剥夺任何学生的任何利益或给予任何学生以任何便利;⑦不得利用与学生的专业关系谋取私利;⑧如非出于令人信服的专业目的或者出于法律的要求,不得泄露专业服务过程中获得的关于学生的信息。[①] 比较而言,我国教师职业道德规范更为强调对学生的关爱,要求教师关心爱护全体学生,对学生严慈相济,做学生的良师益友;保护学生安全,关心学生健康;尊重学生的人格,不得讽刺、挖苦、歧视、体罚或变相体罚学生。尽管我国也要求教师平等公正对待学生、保护学生的权益,但是这一要求在很大程度上也是出于对学生关爱的考虑。

专栏 19-3

陶行知谈师德

陶行知先生非常注重师德,他说:"道德是做人的根本,根本一坏,即使你有一些学问和本领,也无甚用处,没有道德的人,学问和本领愈大,就能为非作恶愈大。"

在《南京安徽公学创学旨趣》中说:"要学生做的事,教职员躬亲共做;要学生学的知识,教职员躬亲共学;要学生守的规矩,教职员躬亲共守。我们深信这种共学、共事、共修养的方法,是真正的教育。"

陶行知提倡"爱满天下"。他是对学生充满爱心的典范。这特别体现在育才教育时期。1941年育才学校经济已到山穷水尽难以维持的地步,有人劝他停办育才,他却下定决心要坚持到底。说:"除非我自己、我的朋友,整个中华民族都没有饭吃了,那时也只有大家饿死,而没有自动停办。"在最困难时期,他所想的不仅仅是使育才能生存下去,而且要为育才谋求发展。甚至连每个学生要有一套出客衣这样的事也在他的筹划之中。陶行知对学生的爱更主要表现在全面关心学生,以使学生健康成长,成为国家民族的栋梁之才。

（资料来源　陶行知:《陶行知谈教育》,辽宁人民出版社2015年版。）

---

3. 与专业/同事的关系

如前所述,作为专业人员,教师不仅对学生负有责任,而且对自身所从事的专业本身有道德上的承诺。每个教师都必须追求更高的专业标准,不仅要竭力使自己的专业行为符合道德的要求,而且要积极维护整个教师职业的权威和尊严,坚决抵制或阻止不合格者进入教师职业。在这方面,教师首先应该秉持专业上的正直,不得在绩效考核、

[①] (美)斯特赖克、(美)索尔蒂斯著,黄向阳等译:《教学伦理(第五版)》,华东师范大学出版社,2018年版,第21页。

岗位聘用、职称评聘、评优评奖活动中弄虚作假,不得接受任何可能损害专业判断或行动的馈赠或礼品;其次应该追求专业上的高标,不得帮助不合格者进入教师职业领域;再次应该尊重同事的专业权益,若非出于更高的专业目的或法律要求,不应损害同事的专业权威,不得泄露有关同事及其工作的信息。

4. 与家长/社区的关系

尽管教师在日常的教育教学活动中具有专业的自主和权威,但是,教师要想让自己的专业工作取得应有的成效,就需要与家长、社区甚至很多社会机构进行积极的沟通和合作。随着家长对子女教育权益的日益关切和对学校工作的参与意识不断增强,教师尤其要注意尊重家长对自己子女在校生活或表现的知情权,确保家长对涉及自己子女权益的在校事务的参与权,理解和尊重家长及其所在社群的文化甚至价值观,而不得在教育教学活动中,或以职业的名义,利用家长及其所在社群的资源谋取私利。比如,我国中小学教师职业道德规范和行为准则特别强调,教师要尊重家长,不得利用家长资源谋取私利,不得索要、收受学生及家长财物或参加由学生及家长付费的宴请、旅游、娱乐休闲等活动,而且要自觉抵制来自社会或行业内部的不良风气。美国教育工作者协会在其伦理准则中也对教育工作者提出了三项要求:一是尽力与家长沟通,让他们知晓那些切合学生利益应予公开的信息;二是努力理解和尊重所在社群和课堂中不同文化群体的价值观和传统;三是应在学校-社群关系中发挥积极的作用。

(二)我国教师职业道德规范的主要内容

随着经济社会的发展和教育事业的推进,我国教师职业道德的建设也在不断加强。特别是近年来,国家颁布了一系列了有关教师职业道德的文件,用以指导和规范教师日常的职业行为。从这些文件中,可以看到我国教师职业道德规范的主要内容及其所调节的关系范围。

1.《中小学教师职业道德规范》

我国制定有专门的教师职业道德规范——《中小学教师职业道德规范》(下称《规范》)。现行的《规范》,是教育部和中国科教文卫体工会全国委员会于 2008 年修订发布的,包括爱国守法、爱岗敬业、关爱学生、教书育人、为人师表和终身学习等 6 条要求。这些要求构成了调节教师与学生、教师与学校、教师与国家、教师与社会相互关系的基本行为准则。相比较以前,这个《规范》更为重视对学生权益的保护,明确要求教师在教育教学活动中不得讽刺、挖苦、歧视学生,不得以分数作为评价学生的唯一标准等。

中小学教师职业道德规范(2008 年修订)　　专栏 19-4

　　一、爱国守法。热爱祖国,热爱人民,拥护中国共产党领导,拥护社会主义。全面贯彻国家教育方针,自觉遵守教育法律法规,依法履行教师职责权利。不得有违背党和国家方针政策的言行。

　　二、爱岗敬业。忠诚于人民教育事业,志存高远,勤恳敬业,甘为人梯,乐于奉献。对工作高度负责,认真备课上课,认真批改作业,认真辅导学生。不得敷衍塞责。

三、关爱学生。关心爱护全体学生，尊重学生人格，平等公正对待学生。对学生严慈相济，做学生良师益友。保护学生安全，关心学生健康，维护学生权益。不讽刺、挖苦、歧视学生，不体罚或变相体罚学生。

四、教书育人。遵循教育规律，实施素质教育。循循善诱，诲人不倦，因材施教。培养学生良好品行，激发学生创新精神，促进学生全面发展。不以分数作为评价学生的唯一标准。

五、为人师表。坚守高尚情操，知荣明耻，严于律己，以身作则。衣着得体，语言规范，举止文明。关心集体，团结协作，尊重同事，尊重家长。作风正派，廉洁奉公。自觉抵制有偿家教，不利用职务之便谋取私利。

六、终身学习。崇尚科学精神，树立终身学习理念，拓宽知识视野，更新知识结构。潜心钻研业务，勇于探索创新，不断提高专业素养和教育教学水平。

为了进一步落实这个《规范》的规定，强化教师职业道德规范的指导和约束功能，教育部于 2014 年制定了《中小学教师违反职业道德行为处理办法》(下称《办法》)。该办法更为明确地划定了教师违反职业道德的 10 项行为，包括：在教育教学活动中有违背党和国家方针政策的言行；遇突发事件时不履行保护学生人身安全职责；不公平公正对待学生；在招生、考试、考核评价、职务评审、教研科研中弄虚作假、徇私舞弊；体罚学生和以侮辱、歧视等方式变相体罚学生；对学生实施性骚扰或者与学生发生不正当关系；索要或者违反规定收受家长、学生财物；组织或者参与针对学生的经营性活动，或者强制学生订购教辅资料、报刊等谋取利益；组织、要求学生参加校内外有偿补课，或者组织、参与校外培训机构对学生有偿补课；其他严重违反职业道德的行为。对于出现这些失范行为的教师，该《办法》要求根据情节轻重给予相应的处分，包括警告、记过、降低专业技术职务等级、撤销专业技术职务或者行政职务、开除或者解除聘用合同等。

2.《新时代中小学教师职业行为十项准则》

进入新时代后，我国更加重视教师队伍建设(尤其是师德建设)的工作。2018 年 1 月《中共中央国务院关于全面深化新时代教师队伍建设改革的意见》要求弘扬高尚师德，引导广大教师以德立身、以德立学、以德施教、以德育德，坚持教书与育人相统一、言传与身教相统一、潜心问道与关注社会相统一、学术自由与学术规范相统一，争做"四有"好教师，全心全意做学生锤炼品格、学习知识、创新思维、奉献祖国的引路人。

为了进一步增强教师的责任感、使命感、荣誉感，规范职业行为，明确师德底线，引导广大教师成为"四有"好老师，教育部制定和颁布了《新时代中小学教师职业行为十项准则》(具体内容见下)，并据此对《中小学教师违反职业道德行为处理办法》进行了修订。

新时代中小学教师职业行为十项准则

一、坚定政治方向。坚持以习近平新时代中国特色社会主义思想为指导,拥护中国共产党的领导,贯彻党的教育方针;不得在教育教学活动中及其他场合有损害党中央权威、违背党的路线方针政策的言行。

二、自觉爱国守法。忠于祖国,忠于人民,恪守宪法原则,遵守法律法规,依法履行教师职责;不得损害国家利益、社会公共利益,或违背社会公序良俗。

三、传播优秀文化。带头践行社会主义核心价值观,弘扬真善美,传递正能量;不得通过课堂、论坛、讲座、信息网络及其他渠道发表、转发错误观点,或编造散布虚假信息、不良信息。

四、潜心教书育人。落实立德树人根本任务,遵循教育规律和学生成长规律,因材施教,教学相长;不得违反教学纪律,敷衍教学,或擅自从事影响教育教学本职工作的兼职兼薪行为。

五、关心爱护学生。严慈相济,诲人不倦,真心关爱学生,严格要求学生,做学生良师益友;不得歧视、侮辱学生,严禁虐待、伤害学生。

六、加强安全防范。增强安全意识,加强安全教育,保护学生安全,防范事故风险;不得在教育教学活动中遇突发事件、面临危险时,不顾学生安危,擅离职守,自行逃离。

七、坚持言行雅正。为人师表,以身作则,举止文明,作风正派,自重自爱;不得与学生发生任何不正当关系,严禁任何形式的猥亵、性骚扰行为。

八、秉持公平诚信。坚持原则,处事公道,光明磊落,为人正直;不得在招生、考试、推优、保送及绩效考核、岗位聘用、职称评聘、评优评奖等工作中徇私舞弊、弄虚作假。

九、坚守廉洁自律。严于律己,清廉从教;不得索要、收受学生及家长财物或参加由学生及家长付费的宴请、旅游、娱乐休闲等活动,不得向学生推销图书报刊、教辅材料、社会保险或利用家长资源谋取私利。

十、规范从教行为。勤勉敬业,乐于奉献,自觉抵制不良风气;不得组织、参与有偿补课,或为校外培训机构和他人介绍生源、提供相关信息。

(三) 我国教师职业道德规范的形式

教师职业道德规范不仅在内容上丰富多样,而且在形式上也有所不同。有些规范是提倡性的,即提倡所有教师都以此为个人的理想或追求,如"志存高远,勤恳敬业,甘为人梯,乐于奉献"等;有些是指令性的,即要求所有教师都以此为个人行为的准则,如"保护学生安全"、"不得敷衍塞责"等。根据指向性和约束力的不同,这两类规范反映的是职业道德的义务层面和超义务层面。

1. 义务层面的规范

这类规范,指向行为,体现为对所有从事教育工作的人提出的基本要求,而任何违反这些基本要求的行为都必然被确定为道德上不正确的。在这些要求中,有些是原则性的或指导性的,表达的是"应该如何做",如"尊重学生人格"等;还有些是规则性的或禁止性的,表达的是"不得如何做",如"不得歧视、侮辱学生,严禁虐待、伤害学生"。

2. 超义务层面的规范

这类规范,指向教师的内在动机、品格或道德人格,体现为对教师在专业工作中表现的道德理想的倡议。与义务层面的规范不同,对于没有达到这类规范的教师,可能人们会说他的境界不够崇高、理想不够远大,但是似乎我们很难由此就谴责他存在师德问题。在现实中,我们确实会碰到一些对学生关爱有加甚至无私奉献的老师,也会因为这些老师表现出的超义务行为而感动不已、赞赏有加。比如,汪老师从师范大学毕业后,放弃在知名中学的发展机会,回到条件艰苦的老家中学工作。在工作的20余年里,他先后资助近200名学生,为他们垫付学费、生活费十多万元。毫无疑问,他对学生的资助行为值得社会高度的赞赏,也是值得广大教育工作者学习的榜样。但同样值得注意的是,他的行为并不是教师职业所内含的,也就是说,资助学生不构成教师在专业工作的内在要求。试想某个教师家境甚好,很是富有,他所带的班上有经济极为拮据的学生,而这个教师没有像汪老师那样为学生提供直接的经济上的资助。在这种情况下,我们可能希望而不是要求他去帮助这个学生,而他即便没有帮助这个学生,也并不意味着存在师德上的问题。

总体而言,我国中小学教师职业道德规范一方面对针对教师的行为提出了很多义务层面的要求,另一方面也极为重视教师个体的道德修养和精神境界,在很大程度上体现了对传统师道和社群道德的延续。在实践中,教师既要明确意识到这两类规范的性质和功能差异,更要充分认识到,相对超义务层面的道德倡议,义务层面的道德要求对所有教师都具有直接的指导性和约束力。一个教师不管有多么崇高的道德境界,无论出于何种良善的意图,都不应该出现体罚、辱骂、歧视学生之类的行为。

三、教师职业道德规范的践行

在特定的社会语境和教育系统中,明晰教师专业伦理规范的内容,并让教师熟悉和接受这些规范,都是易于达成的事情。对于教师日常所遭遇或经历的专业实践工作来说,这些规范却不是简单地诉诸教师的贯彻执行就可以落实的。如果道德只是一堆需要遵守或服从的社会惯例或规范的话,那么教师职业道德就没有什么值得在这里严肃讨论的了。恰恰相反,道德在很大程度上是理性的或需要理性的。

(一)提升教师的道德敏感性

根据瑞斯特(Rest,J.)的观点,所谓道德敏感性是指觉察到某人可能要做或正在做的某事将会直接或间接地影响到他人的福祉或利益[①]。要促进教师专业实践真正符合道德的要求,首先需要教师自己对将要或正在处理的事情本身所内含的道德维度具有最基本的敏感或认知。若没有这种敏感或认知,一个教师就很容易滑向道德失范。在现实中,仍然存在一些教师对体罚、辱骂学生的行为所涉及的道德层面缺乏基本的敏感和认知,也就是说,他们并不认为这些行为在道德上有多严重,或者根本上就不认为这是一个道德问题,相反他们倾向诉诸自己的良好动机(为了学生好)或对学生的责任感为自己的行为进行辩护。

---

① 关于道德敏感性的概念比较,可见郑信军、岑国桢:《道德敏感性:概念理解与辨析》,载《心理学探新》2009年第1期。

让我们进一步来看一个真实的案例：某中学的足球特长生们在高温下训练。林老师罚学生绕操场跑 7 圈，跑完 3 圈后，学生毋××进入厕所，所有人跑完 7 圈才出来。毋××归队后，林老师伸手去拉他，但被毋××避开，林老师随即一脚踹向毋××的胸部，毋××躲闪不及后脑勺着地，随后林老师又补踹了两脚。毋××当场昏迷不醒，被送往医院后诊断发现，毋××小脑深度出血，后终因蛛网膜大面积出血、颅内严重损伤而死亡。[①] 很不幸的是，这次体罚导致了所有后果中最坏的一种。假如林老师对体罚的正当性及其对学生可能产生的道德后果有更多的敏感性，那么他就会对实施这一行为采取更为审慎的态度——即便他的目的或动机是为了毋××更好的发展。这也表明，一个人所拥有的良好动机与他所表现的行为之间并不是完全一致的。在现实中，我们常常看到，一个尽心尽责的教师也可能会采取道德上不可接受的方式对待学生。

(二) 提高教师的道德判断力

显然，仅有道德敏感性并不足以保证教师的专业实践在道德上的合理性。这里还涉及教师的道德判断力问题。实际上，在一个具体的道德情境中，教师究竟采取何种行动，与他对道德情境的判断有关，同时也与道德对象的特征以及自我能力的觉察有关。

2008 年在汶川地震发生后，四川自贡某中学的一个老师引起了无数人的关注。这位老师姓范，是该中学的历史老师。地震发生之时，他正在上课，不过他主动丢弃了 50 多个学生，自己一个人逃跑了。事后这位范老师为此洋洋得意，他觉得自己保住了性命，为此他在网络上向人吹嘘。尽管我们可以从职业道德的角度对他当时的做法提出质疑或进行谴责，但是我们仍然可以看到这个案例的复杂性。范老师当时没有提醒学生一声就直接跑出了教室，也可能与他对当时教学楼摇晃及其危险程度的判断有关，或者更为直接地说，他对当时情境所具有的危险性可能做出了过分的评估——事实也证明了这一点，因为所有学生都安全地撤到了操场上。而这种过分的评估也可能与他对地震的了解、对所在教学楼的结构与抗震能力等缺乏应有的了解有关。这实际上也意味着一个人的道德行动是需要相关的信息、经验或知识等作为支撑的。假如这一点是可以接受的，那么范老师的道德选择之所以如此，与他对当时情境的认知或判断有关。这里的问题在于，每个人都能拥有的信息、经验或知识是不同的，对情境的认知或判断也可能存在个体性的甚至主观性的差异。这就给我们对一个人的道德评估提出了要求，即需要了解他采取道德行动时对情境的认知或判断。

不仅如此，实际的道德选择或行动还与其施诸的对象有关。其实，范老师所面对的学生基本上是 16 岁以上的学生，至少具有法定的独立行为能力。假如对于这些学生，范老师也许提醒一下学生，就可以算是履行了自己作为教师所需要承担的保护学生安全的义务。让我们试想一样，他当时面临的是幼儿园或小学的学生呢？那么，提醒一下学生是不是就够了呢？若是如此，范老师受到的谴责或批评会更加严厉。在这种情形下，"保护学生安全"这个原则所要求，也许不只是要提醒学生赶紧撤离到操场上，而且需要组织学生有序撤离，在情况危急的情况下，教师也可能需要抱着一两个孩子——假如他有这个力量的话。

[①] 根据网络报道整理。参见《毋诗灏事件：体罚悲剧》，http://sports. 163. com/special/000542JB/mshsad. html。

如果不考虑行动者本身的能力或特征，只是要求行动者对特定伦理规范的遵从或执行，那么这种要求在道德层面而言，也可能是专断的。假如你在路上遇到一个壮汉对另一个人持刀抢劫，而你又是一个手无寸铁的文弱书生，此时你是否应该挺身而出、以身犯险呢？也许我们会认为，在这种情况下，合理的选择或许是报警而不是直接以自己的身体阻挡劫匪——这样做不仅救不了另外一个人，却很可能让自己有丢掉生命的危险。这样做确实值得人们感佩，但并不能成为可普遍化的要求。或许，我们将这一行为看做是勇敢，然而按照亚里士多德的美德伦理学看来，这一行为显然并不符合适度或中道的要求，处在"过"的一端，属于"鲁莽"。

（三）优化教师道德实践的环境

实际上，我们每个人都处在特定的伦理环境或氛围（ethical atmosphere）中。布莱克本（Blackburn, S.）就说，"道德或伦理环境是关注应该如何生活的意识氛围，它决定我们的思想——什么可以接受，什么不可接受，什么令人向往，什么令人鄙视。道德环境决定我们对一帆风顺和时运不佳的概念。在与人交往时，道德环境让我们知道该得到什么，该付出什么。它成就我们的情感世界，决定什么事令人骄傲或耻辱，什么事令人愤怒或感激，什么事可以原谅或无法饶恕。"[1]这种环境或氛围在很大程度上塑造了我们的道德观念，影响到我们的道德行动。

作为一种专业的社会角色，教师在专业实践中不可避免地也处在这种伦理环境或氛围中。而且，教师所要面对的伦理环境是多重的，既有整个社会的伦理环境，也有学校内部制度、关系或活动中所呈现的伦理氛围。如前所述，这种伦理环境可能是道德的，也可能是不道德的，它们为教师的专业实践提供了不同的条件和可能。然而，在很多时候，教师在学校环境中会面临着巨大的道德冲突和压力。在这种情况下，教师究竟在多大程度上应该为自己的行为承担责任呢？我们常常会诉诸于外部的制度压力或束缚，来说明自身在专业实践中的非自由或非自主状态。

本章小结

从根本上说，教师从事的工作是一项道德的事业。教师职业道德，是教师在从事教育劳动中所遵循的行为准则和必备的道德品质。自从产生教师职业，相应的道德要求就相伴而生。教师职业道德的功能主要表现为：保护学生权益、促进专业自治和维护专业形象。相对于医生等其他社会职业，教师职业道德有其特殊性，比如，作为专业人员的教师并不是去维持与学生之间的知识鸿沟，作为专业人员的教师不能维持与学生之间的社会距离，作为专业人员的教师不能独自完成教学任务，而与学生之间是互惠式的关系。

教师职业道德是用来调节、规范和约束教师在教育教学活动中所要处理的各种社会关系的。其中，不仅包括与学生、与同事、与家长的关系，也涉及与国家、专业团体、所在社区甚至其他社会机构的关系。对于这些不同的关系，在职业道德上往往会有不同的规范要求。近年来，国家颁布了一系列了有关教师职业道德的文件，用以指导和规范教师日常的职业行为。作为教师，要切实理解掌握《中小学教师职业道德规范》、《新时

思考：教师道德规范的国际视野

---

① （英）西蒙·布莱克本著，梁曼莉译：《我们时代的伦理学》，译林出版社 2013 年版，第 1 页。

代中小学教师职业行为十项准则》的相关内容和要求。我国教师职业道德规范的形式，分义务层面和超义务层面两种。在践行教师职业道德规范过程中，要注意提升教师的道德敏感性，提高教师的道德判断力，优化教师道德实践的环境。

思考与实践

1. 斯霞有句教育名言："作为一名教师，不仅要掌握知识，更要有童心、有母爱。与孩子打成一片，这叫有童心；要把学生当作自己的孩子一样看待，这就叫对学生的母爱。"结合教师工作的实际，对这一观点进行简要的评析。

2. 阅读下列案例，从职业道德的角度评析周老师的做法。

雷××是某中学的初一学生（15 岁）。她在学校很不受欢迎，高年级男生认为她"打起架来比男生都厉害"，以前的校长甚至称她为"惹事妖精"。邻班一位女生不想上学，原因是雷××总欺负她。听到这个消息，雷××就跑过去打了这个女生。第二天，对方家长找到学校。为此，班主任周老师决定组织全体同学投票决定雷××的去留。在投票之前，周老师让雷××先回避。他先历数了雷××以前犯过的错，包括晚上和男生一起喝酒，在宿舍里打同寝室的同学。他希望全班同学"根据以前的行为"进行选择：是留下来给她一次改正错误的机会，还是让家长将其带回教育一周。结果 26 个同学选择让她回家接受教育一周，12 个同学选择再给她一次机会。听说投票结果后，雷××偷偷跑出学校，最后投河自尽了。

3. 在很多时候，公众希望教师应该成为人类灵魂的工程师，是辛勤的园丁，是吐丝的春蚕，是化泪的蜡炬。但是，对于这种期待，有些教师并不认同，而是认为自己"只是一个老师"。结合教师职业道德的特征，简要评析这两种观点。

4. 对于"什么是好老师"，很多人都会有自己的看法。针对这一问题，运用问卷或访谈法，分别对学生、家长、教师等群体进行调查，分析和比较他们看法的异同。

5. 对照《中小学教师职业道德规范》《新时代中小学教师职业行为十项准则》相关要求，分析自己的思想行为与这两个规定中的内容有哪些差距？并就如何缩小或克服这些差距提出后续努力方向。

延伸阅读

1. 萧承慎. 教学法三讲[M]. 福州：福建教育出版社，2009.

2. 傅维利. 教师职业道德教育指南（第二版）[M]. 北京：高等教育出版社，2009.

3. 檀传宝. 教师伦理学专题——教育伦理范畴研究[M]. 北京：北京师范大学出版社，2010.

4. 程亮. 教育的道德基础——教育伦理学引论[M]. 福州：福建教育出版社，2016.

5. 肯尼斯·斯特赖克，乔纳斯·索尔蒂斯. 教学伦理（第五版）[M]. 黄向阳，等，译. 上海：华东师范大学出版社，2018.

6. 马修·桑格，理查德·奥斯古索普. 师德教育培训手册[M]. 刘玉琼译. 北京：中国青年出版社，2015.

7. 吴黛舒. 新基础教育教师发展指导纲要[M]. 桂林：广西师范大学出版社，2009.

【开篇案例】

于漪老师被称之为教师的代表,她曾说过:"我当了一辈子教师,教了一辈子语文,上了一辈子深感遗憾的课。我深深地体会到'永不满足'是必须遵循的信条。"

"永不满足",这个坚定的信念让于老师不断地"向外,拓展世界;向内,发现内心"。

1. 不断学习,踏上一条"光荣的荆棘路"

于老师说:"语文教师要有拼命汲取的素质与本领,犹如树木,把根须伸展到泥土中,吸取氮、磷、钾,直至微量元素。只有自己知识富有,言传身教,才能不断激发学生求知的欲望。"从《唐诗三百首》《古文观止》等通俗选文开始,到《论民族自决权》《德意志意识形态》《世界教育史》《世说新语》《四库全书简明目录》,于老师广泛涉猎,前后通读了辛弃疾、杜甫和陶渊明的著作等,叩心扉观性灵,享受读书之乐乐无穷。

2. 回顾与反思成为必修课

于漪老师说:"与其说我做了一辈子教师,不如说我一辈子学做教师。"于老师"学做教师"中关键的一环就是"回顾与反思"。

于老师的"回顾与反思"有这样三个层面:(1)用"教后"记录下自己教学上的点点滴滴,逐步清晰教学中的是非得失;(2)不断地用"一把尺子量别人的长处,一把尺子量自己的不足",在"比"与"量"的过程中,找自己的不足,学别人的长处;(3)在学理层面上,积极表达、提炼。多年的不停追问,学习与反思,最后让于老师有了创造性的突破,实现自身学术理论上的一次重要跨越,奠定了于老师独特的语文教学理论体系。

于老师每学期有两大本教案,红笔作修改,写"教后"。于老师的"教后"很丰富,她记"教"记"学",记教学中的"得"与"失",记学生学习中表现出来的种种情况,记对教材的理解与处理,记对教法的选择与运用,记学生学习上的障碍和思想上的火花。于老师说:"教后做点记录不可能面面俱到,也不可能长篇大论,只要有所侧重地记下有价值的材料,有话则长、无话则短,日久天长,对教学中的是非得失就会逐步清楚。"

于老师写"教后"好似登山一步一陟一回顾。"一步一陟",站得高,眼前境界就开阔起来;"一回顾",看到自己艰辛走过来的路就分外亲切,信心倍增,抖擞精神攀登更高的山峰。"一丝而累,以至于寸;累寸不已,遂成丈匹。"多少年来,于老师就是以这种累寸累匹的精神要求自己,一步一步艰辛地在教学道路上跋涉,不停步地前进。

（资料来源　王洁:《一辈子学做老师——我读于漪老师的书》,http://xbyx. sherc. net）

【学习指导】

1. 掌握教师职业理念的主要内容,运用教育观、学生观、教师观分析有关教育现象。

2. 认识理想教师应该具备的基本素养。

3. 理解教师专业发展阶段的不同理论,掌握教师专业发展阶段的划分标准,认识自己在未来职业发展中的阶段特征。

4. 理解教师专业发展的要求、方法和途径中的知识点,能够评析教师专业发展中的相关问题。

5. 了解教师任用和管理的相关制度。

教师是受过专门培养和训练的,在学校中担任教学工作的专业人员。作为既懂知识、又懂教育,以"教书育人"为主要职业的人,有着特殊的履职要求,其成长发展也有一些自身特点。

一、中学教师的职业理念

教师职业理念是指由教师职业形成和共有的观念与价值体系。教师职业理念有着具体的表现形式,一般说来,包括教育观、学生观和教师观。

(一)教育观

教育观是人们对教育所持的看法。教育观的核心是如何看待教育目的,是围绕为谁培养人、培养什么样的人、怎样培养人形成的系统认识。改革开放以来,随着我国经济社会的发展和人才培养的需要,我国基础教育逐渐形成了具有自身特色的观念——素质教育。

素质教育有着不同的界定,一般来说,是指依据人的发展和社会发展的实际需要,以全面提高(德智体美劳)全体学生的基本素质为根本目的,以尊重学生的主体性和主动精神,注重开发人的智慧潜能,最终培养形成人的健全个性为根本特征的教育。

素质教育有三大要义,分别是全体发展、全面发展、主动发展。全体发展是素质教育的本质属性中全员性的体现,是国家教育方针的一贯要求。全面发展是素质教育的本质属性中整体性的体现,是素质教育的终极目标。主动发展是素质教育的本质属性中主体性的体现,是素质教育的灵魂。

以素质教育观念为指导,教师在教育教学工作中应注意实现以下几方面变化:其一,教学从"以教育者为中心"向"以学习者为"中心转变;其二,教学从"教学生学会知识"向"教会学生学习"转变;其三,教学从"重结论轻过程"向"重结论更重过程"转变;其四,教学从"关注学科"向"关注人"转变。

同时,要避免出现以下误区:第一,素质教育就是不要"尖子生";第二,素质教育就是要学生什么都学、什么都学好;第三,素质教育就是多开展课外活动,多上文体课;第四,素质教育就是不要学生刻苦学习,"减负"就是不给或少给学生留课后作业;第五,素质教育就是不要考试,特别是不要百分制考试;第六,素质教育会影响升学率。

素质教育与应试教育的区别

专栏 20 - 1

　　虽然有研究者提出素质教育并不是与应试教育对立的概念,但是两者之间的差别是相当明显的。简单来讲,素质教育立足于"发展人"来培养人,应试教育立足于"选拔人"来培养人。具体来讲,两者的差别如表 20 - 1 所示。

表 20 - 1　素质教育与应试教育的区别

类别	素质教育	应试教育
教育对象	面向所有学生	主要面向少数学生,忽视大多数学生

续　表

类别	素质教育	应试教育
教育目的	智育、德育、体育、美育、心理教育和生产劳动教育全面进行	偏重知识传授,忽视德育、体育、美育、心理教育和生产劳动教育
教育着眼点	注重发展性,终身教育,终身学习	局限于学校
能力培养	重视各种能力的培养	只重视技能训练,忽视能力培养
教学方法	启发式、探究式教学,使学生生动、活泼、主动地学习,减轻学习课业负担	以死记硬背和机械重复训练为主,使学生课业负担过重
教学内容	降低教学内容的难度,弱化学科体系,重视综合,教学内容结合学生经验、联系实际	教学内容较难,过于偏重学科体系,忽视综合性及应用性内容,存在脱离学生生活实际、忽视实践等问题
教学途径	适应社会、适应生活,学校与社会"双向参与"机制	把课堂和书本作为教学的唯一途径
学生评价	发展性评价,评价方式多元,评价主体多元	筛选性评价,以考试成绩作为评价学生的主要标准甚至唯一标准

(二) 学生观

学生观是指教育者对学生在教育活动中的性质、特征和具体实践活动的基本看法与认识。学生观是教育观的重要组成部分,受教育观的影响与制约,不同的时代、不同的人会有不同的学生观。"以人为本"的学生观是我国教师秉持的基本立场。

"以人为本"的学生观,要求在教育教学中尊重学生个体的独特性,将学生视为发展中的人,并切实地在教育教学过程中将学生置于发展的主体地位。

1. 学生是发展的人

学生发展的根本动力是身心发展的社会需要与个体现有发展水平之间的矛盾。学生处于人生发展的特定阶段,具有很大的不稳定性和可塑性。教师要用发展的眼光去看待学生,要看到学生未来的发展潜力,容许学生犯错,要帮助学生达到自己的最佳发展水平。学生是发展的人,还意味着学生是一个不成熟的人,是一个正在成长的人。发展会经历一定的过程。学生一时犯错,不代表以后一直犯错;学生一时成绩差,不代表以后不进步。

2. 学生是具有独立意义的人

学生具有个体独立性,是不以教师的意志为转移的客观存在。教师必须尊重学生的个体独立性,不能把自己的个人意志强加于学生。学生在教育活动中具有主体的需求与责权。学生具有学习的自主需求和动力,拥有满足相关需求的权利。学校和教师要保护学生的合法权利,同时,也要引导学生学会承担责任。

3. 学生是独特的人

"以人为本"的学生观要求教师关注每一个学生的发展,承认学生的个体差异性,满足学生的个性发展要求。在教育过程中,教师要贯彻个别对待原则,讲求因时制宜、因人制宜,不用同一标准去衡量所有学生,不采用一刀切的方法培养学生。

运用以人为本的学生观来开展教育活动,要遵循教育公正的原则,处理好学生发展的共同性和差异性问题。教育公正在教育活动中的体现,就是所有的学生都能够获得同样的教育机会,或者说教育机会对所有的学生来说是均等的。学生不因性别差异、民族差异、地域差异、家庭背景差异、身心发展水平差异,而受到不同的对待。学生无论有怎样的差异,给予他们的受教育机会都应当是均等的,他们都应该得到共同的发展。

(三) 教师观

教师观指的是关于教师职业的基本观念,是人们对教师职业的认识、看法和期望的反映。它既包括对教师职业性质、职责和价值的认识,也包括对教师这种专门职业的基本素养及其专业发展的理解。我国中学阶段,大体对教师形成了以下几方面认识。

1. 从教师与学生的关系看,教师应该是学生学习和发展的促进者

首先,教师应该把激发学生学习的动机,指导学生的学习方法,组织管理和指导学生的学习过程,培养学生自主学习、合作学习的能力,作为自己工作的主要目标。在教学过程中,教师要注重培养学生的发现和探究的能力以及实践动手能力,激发学生的创造潜能,使学生学会学习、学会合作、学会做事、学会做人。

其次,现代社会的发展要求教师不仅仅是向学生传播知识和社会规范,更要关注学生人格的健康成长与个性发展,真正成为学生发展的促进者。这种社会要求和社会期待把教师从"道德偶像"和"道德说教者"的传统角色中解放出来,要求教师以一个平等的、有成长经验的人的角色来对待成长中的青少年一代。

2. 从教学与课程的关系看,教师应该是课程的建设者和开发者

教师要具有强烈的课程意识和参与意识,改变以往学科本位的观念和被动实施课程的做法。教师要整体理解基础教育课程的结构系统,熟悉国家课程方案,理解国家课程、地方课程、校本课程的关系,理解课程实施中从"专家课程"到"现实课程"的转变过程,正确认识教材在课程中的地位和功能,变过去习惯的"教教材"为"用教材教",创造性地使用国家课程教材,积极进行国家课程地方化、校本化的实践探索。同时,积极参与地方课程和校本课程的建设,培养开发课程、评价课程、主动选择和创造性地使用新课程教材的能力。

3. 从教学与研究的关系看,教师应该是教育教学的研究者

教师应该是一个研究者,在教学过程中以研究者的心态置身于教学情境中,以研究者的眼光审视和分析教学理论与教学实践中的各种问题,对出现的教学问题进行研究,总结经验,并形成规律性的认识。

4. 从学校与社区的关系来看,教师应该是社区事业的共建者

随着社会的不断发展,学校教育与社区生活正在走向终身教育要求的"一体化",学校教育社区化,社区生活教育化。新时代教育特别强调学校与社区的互动,重视挖掘社区的教育资源。在这种情况下,教师的角色不能再仅仅局限于学校和课堂,教师不仅是学校的一员,而且是整个社区的一员,是整个社区教育、文化事业建设的共建者。

专栏 20 - 2

教师观的隐喻

关于如何认识教师,有诸多比较含蓄的比喻方式,如我们通常会把教师看成是工程师、园丁、蜡烛、春蚕、孺子牛、导演等。有研究者着重对教师的四种隐喻进行了分析,即"教师是人类灵魂的工程师"、"教师是园丁"、"教师是一桶水"、"教师是蜡烛"。这四种教师角色隐喻的特点如表20-2所示。

表 20 - 2　四种教师角色隐喻的特点

	工程师	园丁	一桶水	蜡烛
哲学观	机械主义	人本主义	机械主义	禁欲主义
时间取向	现世取向	现世取向	过去取向	未来取向
教师观	工程师	园丁	倒水者	蜡烛
学生观	产品	花朵	接水者	受益者
知识观	学科知识	学生认知结构	学科知识	—
学习观	机械定型	自然生长	灌输	—
发展观	静止	动态	机械积累	—
质量观	固定、统一	固定、统一	固定、统一	—
师生关系	单向	双向	单向	单向
教师作用	塑造灵魂	培育人才	传授知识	牺牲自己
学校观	工厂	花园	水泵	庙宇
大教育观	教育是复制	教育是生长	教育是灌输知识	教育是培养后代

二、中学教师的基本素养

一个好的教师应该具备哪些素养?他应该具备哪些良好的品质与技能?这是成为教师之前首先要明确的问题。这里,着重对教师一般的素质要求进行介绍。

专栏 20 - 3

怎样才能成为好老师呢?

第一,做好老师,要有理想信念。陶行知先生说,教师是"千教万教,教人求真",学生是"千学万学,学做真人"。老师肩负着培养下一代的重要责任。

正确理想信念是教书育人、播种未来的指路明灯。不能想象一个没有正确理想信念的人能够成为好老师。

第二，做好老师，要有道德情操。老师的人格力量和人格魅力是成功教育的重要条件。"师也者，教之以事而喻诸德者也。"老师对学生的影响，离不开老师的学识和能力，更离不开老师为人处世、于国于民、于公于私所持的价值观。一个老师如果在是非、曲直、善恶、义利、得失等方面老出问题，怎么能担起立德树人的责任？广大教师必须率先垂范、以身作则，引导和帮助学生把握好人生方向，特别是引导和帮助青少年学生扣好人生的第一粒扣子。

第三，做好老师，要有扎实学识。老师自古就被称为"智者"。俗话说，前人强不如后人强，家庭如此，国家、民族更是如此。只有我们的孩子们学好知识了、学好本领了、懂得更多了，他们才能更强，我们的国家、民族才能更强。

第四，做好老师，要有仁爱之心。教育是一门"仁而爱人"的事业，爱是教育的灵魂，没有爱就没有教育。好老师应该是仁师，没有爱心的人不可能成为好老师。高尔基说："谁爱孩子，孩子就爱谁。只有爱孩子的人，他才可以教育孩子。"教育风格可以各显身手，但爱是永恒的主题。爱心是学生打开知识之门、启迪心智的开始，爱心能够滋润浇开学生美丽的心灵之花。老师的爱，既包括爱岗位、爱学生，也包括爱一切美好的事物。

（资料来源　习近平：《做党和人民满意的好老师——同北京师范大学师生代表座谈时的讲话》，2014 年 9 月 9 日。）

（一）教师的道德要求

教师的道德要求，指的是教师在教学活动中的道德规范和应具备的道德品质。

教师常是作为社会榜样或者说社会的代言人来出现的，人们常把他们视作社会优良品德的化身，要求在他们身上所体现出的也是人类善的本性，是得当的社会伦理规范。教师的这一素质要求，在一定程度上是教师职业区别于其他职业的一个显著特点。教师是以教育学生为职责的，要起到引导学生发展的作用，促使受教育者达成特定的社会化要求，服从、依循所属社会群体的道德规范，其自身首先就应该成为他所要求学生成为的那种人。孔子说："其身正，不令而行；其身不正，虽令不从。"[1]车尔尼雪夫斯基（Чернышевский，Н. Г.）认为："教师把学生造成一种什么人，自己就应当是这种人。"[2]

除以身作则以外，忠于职守、有强烈的责任感、热爱教育事业、热爱学生等，也是教师道德的基本要求。以"爱教"和"爱生"为例，作为教师，要热爱教书育人这项工作，安心从教，潜心教学和钻研，不辞辛苦，甘于平凡，以工作为重，以工作为乐；教师热爱学生，要把学生当作自己的孩子一样来看待，一样对他们负责，一样对他们寄予厚望，一样关心、支持和尊重他们。这种爱教、爱生之心，被称之为"师魂"，它是教师搞好教育工作并深切体验到当一名光荣的人民教师的责任、快乐的基础和关键。

教师这种道德家的角色，在一些以教师为对象描写的诗句中体现最为明显，且常是作为教师的座右铭来出现的。例如，诗句"甘为春蚕吐丝尽，愿化红烛照人寰"中，"蚕"

---

① 《论语·子路》。
② 转引自张鉴虞：《历史人物论教师的道德威信》，《教育研究》1981 年第 3 期。

与"红烛"作为教师形象的比喻,几乎成了教师的代名词。社会对教师总是抱有非同寻常的期望,而教师也常把这种期望转化为自身努力的方向。马卡连柯甚至认为:"从口袋里掏出揉皱了的脏手帕的教师,已经失去当教师的资格了。最好还是请他走到角落里,在那里擤鼻涕,叫谁也不要看见他。"只有这样,教师才能"教会儿童不仅愿意清洁和爱好清洁,而且善于保持清洁,要求清洁"①。

关于教师的道德素养,可参见第十九章中学教师职业道德规范。

(二)教师的知识要求

教师以从事教学工作为己任,并且他一般总是教授某一个或某几个领域的知识的。因而,他一方面需要一定的基础知识,同时也需要一定的专业知识,以及教育学、心理学等方面的知识。一般来说,教师这三方面知识是不可或缺的,且是成塔形排列的,见图20-1。

图 20-1

教师知识结构示意图

教师的基础知识包括科学和人文两个领域的常识,以及工具性学科(如语文、英语等学科)的相当基础和基本运用的技能。这是教师作为知识分子应该具备的科学与人文素养,也是与充满好奇心、求知欲的学生打交道时必不可少的基本素养。如果教师在学生面前经常一问三不知,不仅不能满足学生的求知欲,还势必影响自己在学生心目中的形象。当然,教师不可能什么都知道,也不可能回答学生所有的问题,教师也没有必要在学生面前极力扮演出一副什么都知道的形象。另外,教师扎实的基础知识,也是终身学习,不断完善自我、发展自我的一个必要条件。

教师的专业知识是教师胜任教学工作的基础性知识。首先,教师应该对学科的基础性知识、技能有广泛而准确的理解,熟练掌握相关的技能、技巧。其次,教师要对与该学科相关的知识,尤其是相关点、相关性质、逻辑关系有基本了解。再次,教师需要了解该学科的发展历史和趋势,了解推动其发展的因素,了解该学科对于社会、人类发展的价值以及在人类生活实践中的多种表现形态。最后,教师需要掌握每一门学科所提供的独特的认识世界的视角、域界、层次及思维的工具与方法,熟悉学科内科学家的创造发现过程和成功原因,以及在他们身上展现的科学精神和人格力量。这对于增强学生的精神力量和创造意识具有重要的、远远超出学科知识所能提供的价值。②

就基础知识和专业知识而言,是不是越多、越专就越好呢?以往我们常常以为,教

---

① (苏)安·谢·马卡连柯著,刘长松等译《论共产主义教育》,人民教育出版社1981年版,第347页。
② 叶澜等:《教师角色与教师发展新探》,教育科学出版社2001年版,第23—24页。

师在知识方面应是广博的,"要给学生一碗水,首先教师自己应有一桶水",这应该说并无大错。我们也常引用一些古人词句来说明这一问题,如"只有深入才能浅出,只有居高才能临下";朱熹的《观书有感》:"半亩方塘一鉴开,天光云影共徘徊;问渠哪得清如许,为有源头活水来。"意喻教师的知识也像一鉴方塘,如果没有源头不断流入,就会很快干涸,天光云影也不会在他心中徘徊了。

　　教育科学知识主要由帮助教师认识教育对象、教育教学活动和开展教育研究的专门知识构成。这方面的知识,也是教师所必需的。虽然有些教师并没有系统地学习过教育科学,接受过教育专业的专门培训,也在从事着教育教学工作,但这并不意味着这些教师完全不懂得运用教育科学知识。可以说,具备一定的教育科学方面的素养,是教师能否有效实施教学的前提保证,也是教师之所以区别于其他职业的主要特征。正是由于此,世界一些发达国家,在师范院校中才把教育专业课程置于突出地位。美国的中等教育师资的课程中,教育专业课程占 18.4%;在日本,初中教育师资的课程中教育专业课程占 16.5%,高中教育师资的课程中教育专业课程占 14.7%。而在我国,师范院校开设的教育方面的课程平均只占总课程量的 5%—7%。①

(三)教师的教学技能要求

　　与掌握一定的教育科学知识紧密相连,教师还应在占有一定知识的基础上,结合自身的教学实践经验,形成与自己个性特征等相应的教学技能,成为驾驭教学的能手。

　　在如何看待教学活动上,历来有着一些不同的认识。比如,有人以为,"教学完全不是由在实验室里产生或在大学教室里学得的整理成文的技术和原则的应用而组合的过程"。"教学实际上是一种表演艺术,教师的选择、训练、职业指导、工作条件以及人员补充的方式等都应参照其他表演艺术的特点。"②而也有人以为,教学并不是一种艺术,而是一门科学,是可以按照科学的方式来进行操作的,这方面尤以美国心理学家斯金纳(Skinner, B. F.)等为代表。在这里,抛开这种争论的孰是孰非不谈,我们不得不承认,教学是与教师本人的原有经验、个性特征、态度情感、语言方式等紧密相连的。换句话说,是充满着个别性成分的,而不是靠统一的操作模式就能奏效的。由此,教学也就必定含有艺术性的要求,其表现形式也是个性化的,而非一统的、划一的。

　　例如,马卡连柯感到,如果一个教师缺乏教学艺术的应有修养,不能随机应变地运用多种教育技巧,他就"不可能成为良好的教师"③。他说过:"只有在学会用 15—20 种声调来说'到这里来!'的时候,只有学会在脸色、姿态和声音的运用上能作出 20 种风格韵调的时候,我就变成一个真正有技巧的人了。到了这个时候,我就不怕有谁不肯接近我,或者对所需要的没有感觉了。"④他还说:"我相信高等师范学校里,将来必须要教授关于声调、姿态、运用器官、运用表情等课程,没有这样的训练,我是想象不出来可能进行教师工作的。当然声调的运用所以具有意义倒不是仅仅为了嘹亮地歌唱,漂亮地来谈吐,而是为了更为准确地、生动地、有力地表现自己的思想和感情。"⑤韦伯(Weber,

---

① 赵厚勰:《中国与西方发达国家师范教育课程设置的比较》,《课程研究(教师教育)》2008 年第 10 期。
② (美)哈里·道著,马立平等译校:《教学:一种表演艺术》,载瞿葆奎主编,李涵生等选编:《教育学文集·教师》,人民教育出版社 1991 年版,第 77 页。
③ (苏)哈尔拉莫夫著,丁酉成等译:《教育学教程》,教育科学出版社 1983 年版,第 479 页。
④ (苏)安·谢·马卡连柯著,刘长松等译:《论共产主义教育》,人民教育出版社 1981 年版,第 443 页。
⑤ (苏)安·谢·马卡连柯著,刘长松等译:《论共产主义教育》,人民教育出版社 1981 年版,第 303 页。

F.）也谈道："教育家者,亦即艺术家也。质而言之,即教育上之艺术家也。故于语言,于行动,不可不具有艺术家的能力。以前者言之,则必长于词辩,巧于衍述。以后者言之,则必精于图画,巧于手工。"①

专栏 20-4

苏霍姆林斯基给教师的建议

我们每一位教师都应当对具体的学生实施个别的影响,用某一件事引起他的兴趣和爱好,鼓励他,激发他的独一无二的个性得到表现。我们每一位教师都不是教育思想的抽象的体现者,而是活生生的个性,他不仅帮助学生认识世界,而且帮助学生认识自己本身。这里起决定作用的是:学生从我们身上看到是什么样的人。我们对于学生来说,应当成为精神生活极其丰富的榜样,只有在这样的条件下,我们才有道德上的权利来教育学生。无论什么也比不上一位聪明的、智力丰富的、诲人不倦的教师,使学生感到那样赞叹和具有吸引力,以那样强大的力量激发着他们上进的愿望。在我们学生的身上,隐藏着天才的数学家和物理学家、哲学家和历史学家、生物学家和工程师、大田里和机床旁的创造性劳动能手的素质。这些天才的素质,只有在每一个学生遇到教师有这样的"活命水"来浇灌的时候,才能蓬勃生长,否则就会干枯和衰败。智慧要靠智慧来培育,良心要靠良心来熏陶,对祖国的忠诚要靠真正的为祖国服务来培养。

（资料来源　苏霍姆林斯基著,杜殿坤译:《给教师的建议》,教育科学出版社 1984 年版,第 433—434。）

教师到底应具备哪些教学技能呢? 我们往往在此问题上难以达成一致的认识,但这些分歧与其说是认识上的差异,不如说是语词上的区别。1980 年出版的潘淑主编的《教育心理学》提出,教师必须具备下列诸方面的能力:全面掌握和运用教材的能力;言语能力;善于了解学生个性和学习情况的观察能力;组织能力;思维的独立性和创造性;想象能力和进行政治思想教育的能力。苏联 1972 年出版的彼得罗夫斯基（Петровский, А. В.）主编的《年龄与教育心理学》提出,教师要具备四种技能和技巧:信息传递的技能和技巧;引起动机的技能和技巧;促进发展的技能和技巧;以及定向的技能和技巧。并提出教师要具备六种教育才能:教学的才能;创造的才能;知觉的才能;表达的才能;交际的才能;组织的才能。还有的提出要具备:组织教学的能力;言语表达的能力;了解学生的能力;独立创造的能力;实际操作的能力;适应新情境的能力。②

教师的教学技能还会由于时代的发展,融入一些新的技术性要素。比如说,传统的教师只要具有一手好的粉笔字、一口流利的普通话,以及做到板书条理清晰、提纲挈领,就可谓教学基本功扎实。随着科技的发展,教师还要学会运用现代教育技术。

---

① 转引自邓青功:《教育学大纲》(下),上海华通书局 1933 年版,第 494 页。
② 李伯黍,燕国材:《教育心理学》,华东师范大学出版社 1993 年版,第 400 页。

三、教师专业发展阶段

教师的专业发展又称教师的专业成长，是指教师在整个专业生涯中，依托专业组织专门的培养制度和管理制度，通过持续的专业教育习得教育教学专业技能，形成专业理想、专业道德和专业能力，从而实现专业自主的过程。它包括教师群体的专业发展和教师个体的专业发展。

教师发展是一个动态的、漫长的过程。教师作为教学专业人员，其职业生涯会经历一个逐渐走向成熟的发展历程。职前的教育和在职的实践与再学习，都对教师的专业发展有着不可忽视的作用。

自20世纪60年代末，美国学者弗朗斯·富勒（Fuller，F.）以其编制的著名的《教师关注问卷》揭开教师发展阶段理论研究的序幕以来，教师发展的相关理论研究，已成为一个蓬勃的研究领域，俨然成为欧美乃至世界各国教育界关注的新焦点。教师发展阶段理论是一种以探讨教师在历经职前、入职、在职以及离职的整个职业生涯发展过程中所呈现的阶段性发展规律为主旨的理论。有代表性的有以下几种。

（一）富勒的教师关注阶段论

富勒认为，在成为专业教师的过程中，教师们所关注的事物是依据一定的次序更迭的。根据教师的需要和不同时期教师关注的焦点问题的不同，可以把教师的专业发展划分为如下阶段。

1. 关注生存阶段

关注生存阶段是教师成长的起始阶段。在此阶段的教师一般是新手型教师，他们非常关注自己的生存问题，即能否在这个新环境中生存下来。此时，教师以关注班级管理、教学内容及指导者的评价为主。此阶段，注重自己在学生、同事，以及学校领导心目中的地位，处于这种生存忧虑中，他们本身感觉压力大。

2. 关注情境阶段

当教师认为自己在新的教学岗位上已经能够完全适应时，便会尽其所能地将其所学运用于教学情境之中，如关注学生学习成绩的提高，关心班集体的建设，关注自己备课是否充分等与教学情境有关的问题。

3. 关注学生阶段

许多教师在职前教育阶段表达了对学生学习、品德和情绪需求的关注，却没有实际行动。直到他们能适应教师的角色压力和负荷之后，才能真正地关注学生。在关注学生阶段，教师能考虑到学生的个别差异，认识到不同年龄阶段的学生存在不同的发展水平，具有不同的情感和社会需求。可以说，能否自觉关注学生是衡量一个教师是否成熟的重要标志。

（二）卡茨的教师发展时期论

美国学者卡茨（Katz）根据自己与幼儿园教师一起工作的经验，运用访问与调查问卷法，且特别针对教师的训练需求与专业发展目标，把教师的发展分为以下四个阶段。

1. 生存时期

新任职的教师，关心的是自己在陌生环境中能否生存下来，这种情形可能持续1—2年。此阶段，教师最需要支持、理解、鼓励，给予信心、安慰、辅导和教学上的技术协助。

2. 巩固时期

此阶段会持续到第三年。教师统整第一阶段的经验、技巧,开始注意个别学生的问题,以及思考如何帮助学生。在这一时期,给予教师教学的现场协助,让教师接触专家、接受同事以及顾问的建议都是必要的。

3. 更新时期

此阶段可能会持续到第四年。在这一时期,教师对于平日繁杂又规律刻板的工作感到倦怠。这一时期,必须鼓励教师加入教师专业组织,参加教学研究、进修活动。通过同行之间交流教学心得与经验,以学到新的经验、技巧和方法。

4. 成熟时期

有的教师2—3年就能达到成熟的阶段,有的教师则需要五年甚至更长的时间。此阶段的教师,已有足够能力探询较深入、抽象的问题,同时,已习惯于教师的角色。在这一时期,教师适宜参加各种促进教师发展的活动,包括参加各种研讨会,加入教师团体组织,进修学位等。

(三)费斯勒的教师生涯循环论

美国学者费斯勒(Fessler),于1985年推出一套动态的教师生涯循环理论,从整体上探讨教师生涯的发展历程。

1. 前教育阶段

此阶段是特定角色储备期,常指大学或师范学院进行的师资培育,也包括教师从事新角色或新工作的再训练。

2. 引导阶段

此阶段常指教师初任教职的前几年,是教师步入学校系统和学习教学工作初期。在此阶段,新任教师努力寻求学生、同事、学校与教育行政人员的认同,并设法处理好每天遇到的问题和有关事务。

3. 能力建立阶段

在此阶段的教师,努力增进与充实与教育相关的知识,提高教学技巧和能力,设法获得新的教学材料、方法和策略。此时的教师都想建立一套属于自己的教学体系,经常接受与吸收新的观念,参加研讨会和各种相关的会议,以及继续进修与深造。

4. 热心和成长阶段

教师在此阶段,已经具有较高水平的教学能力,但一位热心教育和继续追求成长的教师,会更积极地追求其专业形象的建立,发挥热爱教育的工作热忱,不断地寻找新的方法来丰富其教学活动。

5. 生涯挫折阶段

在此阶段,教师可能会受到某种因素的影响,或是产生教学上的挫折、倦怠感,或是工作满足程度逐渐下降,开始怀疑自己选择教师这份工作是否正确。

6. 稳定和停滞阶段

这一阶段的教师存在着"做一天和尚,撞一天钟"的心态。这些教师只做分内的工作,不会主动追求教学专业上的优秀与成长,只求无过,不求有功,可以说是缺乏进取心、敷衍塞责的阶段。

7. 生涯低落阶段

这是准备离开教育岗位，打算"交棒"的低潮时期。在此阶段，有些教师感到愉悦自由，回想以前的桃李春风，而今终能功成身退；另外也有一些教师，则会以一种苦涩的心情离开教育岗位，或是因被迫终止工作而感不平，或是因对教育工作的热爱而觉眷恋。

8. 生涯退出阶段

这是离开教职以后天涯寂寥的时期。有些人可能会含饴弄孙，颐养天年，也可能是齿危鬒秃，多病故人疏，总之是到了生命周期的最后落幕阶段。

（四）司德菲的教师生涯发展模式

美国学者司德菲（Steffy），依据人文心理学派的自我实现理论，吸收了费斯勒等人先期研究的成果，将教师的发展分为五个阶段。

1. 预备生涯阶段

这一阶段主要包括初任教职的教师，或重新任职的教师。初任教师通常需要 3 年的时间，才会进展到下个阶段，而重新任职的教师则能很快超越此阶段。在此阶段教师的特征有：理想主义、有活力、富创意、接纳新观念、积极进取、努力向上。

2. 专家生涯阶段

这一阶段的教师已具有较高水平的教学能力与技巧，同时拥有多方面的信息来源。这些教师都能进行有效的班级经营和时间管理，对学生都抱有高度的期望，也能在自己的工作中激发自我潜能，达成自我实现的目的。同时，这时的教师具有一种内在的透视力，可随时掌握学生的一举一动。

3. 退缩生涯阶段

（1）初期的退缩。这一时期的教师的表现不是最好，也不是最坏。这一类的教师在学校中可说是最多，也是最易被忽视的一群。他们很少致力于教学革新，所用的教材内容年复一年，他们的学生表现平平。此类教师所持的信念都较为固执。因此，这些教师多半都沉默寡言，跟随别人，消极行事。这时，如果教育行政人员给予适时、适当的支持与鼓励，这些教师又会恢复到专家生涯阶段。

（2）持续的退缩。这一时期，教师表现出倦怠感，经常批评学校、家长、学生，甚至教育行政部门，有时对一些表现好的教师也妄加指责。此外，这些教师会抗拒变革，对于行政上的措施不做任何反应。这些行为都有可能妨碍学校的发展。处于此一时期的教师，或是独来独往，或是行为极端，或是喋喋不休。这些教师人际关系都不甚和谐，家庭生活有时也会出现问题。因此，这一时期的教师需要帮助。

（3）深度的退缩。这一时期的教师在教学上表现出无力感，甚至有时还会伤害到学生。但是这些教师并不认为自己有这些缺点，且具有很强烈的防范心理，这是学校最难处理的事。解决办法是让这些教师暂时转岗或转业。

4. 更新生涯阶段

这一阶段的教师在一开始出现厌烦的征兆时，他们就采取了较为积极的应对措施，如参加研讨会、进修课程或加入教师组织等。因此在此阶段的教师，又可看到预备生涯阶段朝气蓬勃的状态——有活力、肯吸收新知识、进取向上。唯一不同之处在于，预备生涯阶段的教师对教学工作感到新奇振奋，而在更新生涯阶段的教师则致力于追求专业成长，吸收新的教学知识。但在此阶段的教师，仍需要外在的支持，更需要学校的行政部门的支持与协助。

5. 退出生涯阶段

到了退休年龄，或由于其他原因而离开教育岗位。一些教师开始安度晚年，而一些教师则可能继续追求生涯的第二春天。[①]

以上各种教师发展阶段的理论，各有异同，从不同方面、不同角度展示了教师发展的一般过程，这为我们提供了完整地看待教师的发展历程的路线图。当然，其中的一些描述，也未必适应我国教师发展的情况，这就需要进一步的探究与完善。

四、教师专业发展的方法与途径

（一）教师专业发展的方法

教师可以采用多种形式和方法促进自身的专业发展，一般来说有以下几种方法。

1. 观摩教学

课堂教学观摩可以分为组织化观摩和非组织化观摩。组织化观摩是有计划、有目的的观摩，非组织化观摩则没有这些特征。需要培养提高的新教师和教学经验欠缺的年轻教师，可以进行组织化观摩。非组织化观摩，要求观摩者有相当完备的理论知识和洞察力。

2. 微格教学

微格教学只以少数的学生为对象，在较短的时间内（5—20 分钟），尝试做小型的课堂教学，把教学过程摄制成视频，课后再进行分析的一种教学模式。这是训练新教师，提高教师教学水平的一种重要方法。

3. 专门训练

要想促进新教师的成长，需要对其进行专门化的训练。其中的关键程序有以下几点：第一，每天进行回顾；第二，有意义地呈现新材料；第三，有效的指导课堂作业；第四，布置家庭作业；第五，每周、每月都进行回顾。

4. 经验反思

对教学经验的反思又称反思性实践。反思性教学是指教师以自己的教学活动为意识对象，对自己的教育观念、教学行为、决策以及由此产生的结果，进行认真的自我审视、评价、反馈、控制、调节的过程。

美国心理学家波斯纳指出，没有反思的经验都是狭隘的经验，至多只能形成肤浅的知识。教师通过反思，会更加清楚地知道应该使用哪些方法来引导学生学习，如何安排教学环境，这样能够增强自信心，学会更加清晰地表达自己的想法，形成自己的教学风格，提高自身的教学能力。波斯纳还提出了教师成长的公式：经验＋反思＝成长。

对教育教学进行反思，不仅是教师自我学习的一种有效方式，也是教师开展教育实践研究的基本途径。更重要的是，教学反思是教师进行自我行为修正的好方式，是提升教育教学水平和推动专业发展的重要载体。

对教育实践的反思是对教育教学过程的批判性思考，既肯定成功的做法，又反省教

---

① 杨秀玉：《教师发展阶段论综述》，《外国教育研究》1999 年第 6 期；贺斌：《国外教师专业发展阶段理论简介》，《青年教师学报》2007 年第 5 期。

学中的不足,并深刻挖掘现象背后的原因,提出改进教育教学实践的建议。教学反思一般要见诸文字,形成书面的反思性文字片段或反思性报告。

一节高三数学生本课的教学反思

在近期学校开展的生本理念展示课上,我代表高三数学组展示了一节复习课。课题是选修 2－1"圆锥曲线"一章中的"抛物线"复习。下面我就本课的教学设计和过程谈几点反思。

第一,以学生熟悉的校园景物引入,激发学生的新奇感。首先,我让学生欣赏我校的"龙门"风景照,借用"鲤鱼跳龙门"的美好寓意,祝愿学生们在高三一年的艰苦拼搏后都能收获一个美好的前程,然后让大家猜猜龙门的形状与什么圆锥曲线有关,以这种看似闲聊的方式进入课题。我校的公开课是在专门的报告厅里进行,在学生座位的后面坐着很多听课老师,学生一般会感觉比较紧张。我用欣赏图片和闲聊的方式让学生心理放松,帮助学生做好上课前心理的调适。

第二,放手让学生对基础知识和方法进行梳理,展示精彩纷呈。在本节课上,我大胆放手让学生完成对知识的梳理。课前预习时,我对学生的学习进行指导:梳理知识可以采取画表格的方式,可以采取看书口述的方式,也可以对基本知识进行个性化分解和表述。然后在上课时采取小组合作的方式,以小组为单位来展示。因为从来没有这样大胆地尝试,何况这是一节公开课,课前我心里非常忐忑,不知学生将会以怎样的方式展示,展示的效率又会如何。然而,没有想到的是:在这节课上,对知识的梳理环节成了学生展示的平台。课堂上的这个环节让我感受颇多。老师们一直放心不下的老攥在自己手里的"知识梳理"这一个教学环节,当大胆放手给学生后,得到的竟然是精彩纷呈。从这节课上,可以看到学生对知识的梳理和重新建构的能力毫不逊色于老师。因此,课堂上老师首先要相信学生的能力,更要相信自己只有大胆放手才会有意想不到的精彩生成。实施生本教学,首先在于教师的教学理念的更新和突破。不要让画地为牢、故步自封的想法与学生的精彩展现失之交臂。

第三,学生的解题展示和激情辩论,课堂充满生命活力。这节课上,学生无论在运用知识解决问题的环节中,还是在登台讲题、质疑互动的展示中都表现不错。平常成绩一般的周同学大胆登台展示,由于自身讲解能力的限制没有讲明白,所在组的其他同学迅速出手相助;于同学属于数学成绩稍微落后的,这节课中他勇敢地站起来展示了两次,其中一次由于对知识的理解不到位而出错,但这丝毫没有降低他的积极性;在一道抛物线应用题目的展示上,由于对某位同学的理解存有疑问,有同学表示了异议,跟着另一位同学也表达了不同角度的疑问,围绕这些疑问,在课堂上出现"百家争鸣"般的热烈讨论。有温度、有深度、有广度的数学课堂是我们每一位数学老师的梦想和追求。而生本课堂上,学生的潜力和能力的迸发和绽放,常常让我们惊叹。我再一次感到:学生缺乏的不是能力,而是一个展示的舞台。老师缺乏的也不是教学能力,而是大胆放手的理念。

第四，缺憾和不足。本节课的遗憾是：下课铃响时，刚刚把主要内容进行完，没有当堂检测，没有进行充分的小结。黑板上的板书，还是学生在展示知识梳理时留下的。我课前的板书预设，在学生的展示和讨论活动中，竟然没有合适的时机来完整实现。在学生的展示能力的培养和学习活动的调控上，在小组间的科学竞争机制上，还有许多需要注意改进之处。

（资料来源　宁亚云：《一节高三数学生本课的教学反思》，《学周刊》2011年第11期。）

（二）教师专业发展的途径

一般来说，教师的专业发展的途径有以下几方面。

1. 师范教育

师范教育，属于职前教育，是教师个体专业发展的起点和基础，它建立在教师的专业特性之上，为培养教师专业人才服务。师范教育具有严格的组织和周密的计划，不仅可以帮助师范生打牢专业知识基础和教育学科知识基础，还可帮助师范生提高教师职业素养和人文素养，另外还能通过提供教育实习机会帮助师范生提高教育实践能力，因此师范教育是教师专业发展的一条非常重要的途径。

2. 入职培训

入职培训，也称新教师入职指导，是20世纪70年代发展起来并被人们广泛接受的一种促进教师专业发展的指导措施。新教师取得执教资格并不意味着一定能胜任教学工作，因为他还没有从事教学工作的经历和经验，因此还必须接受入职前的指导。新教师入职指导，通常采用的方式是安排有经验的导师进行现场指导，使新教师实现所学知识与实践的融合，也可采用集中培训的方式，对新教师进行岗前培训，从而对其进行有效的指导。

3. 在职培训

教师的在职培训是为处于不同阶段的教师专业发展提供持续不断的继续教育。在职培训是教师专业发展的重要途径，学校组织的教师培训是其中的主要方式。教师在职培训有两种基本方式：一是外出进修学习或参加校外教育机构举办的培训；二是学校自己组织的校本培训。学校组织的教师培训，可根据学校和教师的具体情况，灵活安排，时间可长可短，内容可多可少。短期的学习培训，如有关新课程的学科培训、通识培训，以及省、地、校一级的各类培训。中长期的进修学习，如单科进修、访学或学历补偿性质的脱产学习等。

教师参加学校组织的培训，是向专家学习、提高专业水平的重要方式。一方面，借助于教师培训，在教育专家的辅导下，教师可以在较短的时间内迅速了解理论的框架和课改的前沿；另一方面，教师通过参加培训，能够了解教育实践的走向，能够学到教育实践的优秀范本。

在职培训以校本研修为主要形式。近年来，学校通过组织校本研修，让教师在研修中学习提高，已经成为中小学教师学习培训的一个热门话题。校本研修指的是以教育教学中所遇到的问题为研究对象，以教师之间的合作为主要形式，以问题解决策略研究为主线，以促进教师和学校发展为根本目的的教师研修活动。

教师的个人自我反思、教师集体的同伴互助、专业研究人员的专业引领是开展校本研修和促进教师专业化成长的三种基本力量。自我反思是开展校本研修的基础和前提。校本研修只有转化为教师个人的自我意识和自觉自愿的行为，才能得到真正的落实和实施。同伴互助就是要加强教师之间在课堂实施等教学活动上的专业切磋、协调合作，共同分享经验，互相学习，彼此支持，共同成长。同伴互助主要包括教学观摩、研讨、结对子等多种形式。专业引领就是要有专业研究人员参与校本研修，就其实质而言是理论对实践的指导，是理论与实践之间的对话，也是理论与实践关系的重建。

校本研修的方式具有灵活多样性，可以采取集体充电法、专家引领法、个人研修法、师徒结对法、课题驱动法、小组研究法、观摩交流法、小组讨论交流法、集体攻关法、校际合作法等多种形式。

例如，小组研究法可以按照以下步骤进行：学校按照年级组、学科组，或者一些教师共同关注的问题来划分学研小组，由学校研修领导小组与教师商讨确定小组研究课题；请专家咨询开列出与小组研究课题内容有关的读书清单；组织教师个人读书学习；每人根据自己的学习体会和收获拿出研究成果；在小组内交流、讨论并在教学实践中付诸实施；实施效果的总结。

采取师徒结对法研修的过程中，老教师的任务是指导新教师收集课程资源、写教案、说课、听新教师的课堂教学、点评、追踪听课。新教师要虚心请教，观摩老教师的课堂教学，学习老教师的课堂艺术与风格，不断反思改进教学。

观摩交流法在组织互相观摩、专家点评、追踪听课时要突出骨干教师的作用，有针对性地要求骨干教师在某一个方面、某一个教学环节起到示范作用。新课程的教学观摩，可以先提出问题，再组织教师观看教学观摩展示，讨论、交流前面提出的问题，每人结合教学实践自选章节编写教学设计教案，在小组内讨论交流说课，专家进行点评总结，学校研修领导小组成员进行追踪听课。[①]

专栏 20-6

一次基于教研组的校本研修活动

李老师觉得勾股定理的教学始终是一个难点，没有很好地在教学法意义上被解决。学校层面充分认识到以勾股定理课例为载体，在视频案例的制作过程中，推动数学教研组的研修活动，加快青年教师的成长有着积极的作用。学校邀请了若干教育专家，作为这次研修活动的专业支持伙伴。

实践共同体开展了以下的研修过程：

（1）观看以往的授课过程及反思。教研组活动在观看以前的勾股定理授课录像后，通过讨论，认为以往这种典型的勾股定理的接受式授课有些不足。

（2）改进勾股定理教学的过程及反思。针对典型的勾股定理授课的不

---

① 刘欣、赵嘉平、何敏：《论中小学教师的校本研修》，《中国成人教育》2006 年第 2 期。

足,实践共同体反复讨论,逐步形成了这样的思路:通过设计合理的学习情境做铺垫,引发学生的猜想;在铺垫的基础上,通过数形结合引发学生的证明思路。

李老师先后撰写了三个教案、三次授课,她本人也不断反思,认为第一次授课到第二次授课经历了工作单的改变和教学顺序的改变。

随着实践共同体不断的讨论,大家对勾股定理的教学认识逐渐深入。最后一次授课后,李老师又有了新的收获,从第二次教学到第三次教学引入的设计更加合理,学生易于接受,整个过程自然流畅。

不仅仅是授课教师本人反思,在教研组长的组织下,大家畅谈了自己的感受。陆老师说"她打破了我们以往上这节课的模式",崔老师认为"这节课真正激发起了学生的学习热情和学习兴趣",黄老师则认为"李老师注重了对学生情感培养、知识培养和能力培养这三个方面的整合"。

(资料来源 陈观林、冷德翔:《以校本研修促进青年教师专业发展》,《上海教育科研》2005年第4期。)

4. 自我教育

教师的自我教育就是专业化的自我建构,它是教师个体专业化发展最直接、最普遍的途径。教师自我教育的方式有很多,这里着重介绍专业阅读和网络学习两种方式。

(1)专业阅读。

广泛地阅读是个体进行自我学习的重要方式,其中书籍应该是主要的阅读对象。对教师来说,应该**把读书作为一种学习方式和生活方式**。教师的工作很紧张,除了繁忙的教学与研究,还有做不完的事务。可以说,专门用于读书的大块时间是很难得的。但话又说回来,好学的教师总能够找到办法,在工作之余挤出宝贵的时间用来读书。有的教师会随身带着书,利用教学和事务性工作中的间隙,见缝插针地挤时间来读书。

教师在阅读有关文献时,**要有一定的计划性**,学会合理安排和利用时间,提高阅读文献的效率。而且,能够综合运用浏览、粗读、精读等阅读方式,广泛地阅读各种文献资料,做到对教育文献的准确解读和批判性思考,并注意对阅读材料的分析、整理和运用。

在图书报刊目不暇接的今天,教师要选择什么样的读物?检索与本专业相关的专业知识、教学参考书,并且择优阅读其中对自己有帮助的精品,这当然是非常需要的。有针对性地学习一些教育教学知识和方法,也是很有必要的。除此之外,教师还应选择那些能够开阔视野的教育读物、人文社会科学读物,乃至自然科学、经济、管理等方面的读物。这类读物有助于教师拓宽审视教育的视角,更新教育教学的理念和思维方式。

专栏20-7

第斯多惠关于教师学习的七条建议

第斯多惠(Diesterweg, F. A., 1770—1866)在《德国教师培养指南》中提出了有关教师如何进行学习的七条建议:

第一,学习要有重点,在你所要学习的各个教学专业的文章上多下功夫,就是说要特别学习那些有争议的而又有独到见解的问题的文章。

第二,集中时间和精力学习一个专业。"三天打鱼,两天晒网"的学习方法会损坏一个人的身体和灵魂。

第三,学习要扎扎实实,在初读一本书时要彻底领会和理解逐段逐句的意义,彻底理解每一个概念的涵义,如果有些地方看不明白,就要在这些模糊点上多下功夫,反复琢磨,反复研究,融会贯通,直到全面掌握为止。

第四,温故而知新,重点学习主要作品以及内容丰富的重要期刊。

第五,对于那些和你所学专业联系不太密切的文章,可以边读边摘录,抄写在笔记本上。

第六,建议你在学习教材时物色一个志同道合的朋友和几个勤奋好学的学生,共同备课,详细研究和讨论教材的内容。

第七,将你的学科作为你学习的核心。

（2）网络学习。

随着电脑和互联网的普及,网络逐渐成为人们学习、工作与生活的一部分。对教师来说,访问教育网站,注册个人教育博客,在网上发表教育成果,已经不再是什么新鲜事了。换个角度看,网络是教师与同行进行交流的平台,也是教师开展学习的重要途径。教师要想利用好网络这一便捷的学习工具,除了掌握基本的网络应用技术外,还要学会在网络环境下如何进行学习。

首先,学会从网络中学习有用的教育资源。新闻时事、他人的教育博客、推文、日志、随笔等,都是教师学习的资源和对象。当然,对所要利用的信息资料,要学会识别其有效性、准确性、真实性和时效性。

其次,学会把网络与教学内容进行整合。充分利用网上的图像资料、文本资料和音视频素材等,作为教师开发或学生学习的素材,整合到与课程内容相关的电子文本、课件之中,整合到学生的课程学习中,让网络及网络资源发挥最大的作用。当然,这种整合重在创新,重在创造,要避免"拿来主义"。

再次,学会利用网络进行协商交流学习。利用网络中的信息交流平台和数字化资源,与其他学习者进行讨论,发表意见,或进行提问质疑,开展互动式学习。可以利用空闲时间通过微信等工具与同事或其他学校的老师交流经验、心得,探讨问题,或是到专题学习网站学习名师的教育教学思想和观点等。[①]

通过网络来查阅资料、与同行进行交流,固然是很好的学习方式。为了更好地利用网络这一学习平台,教师可以通过网络发表个人教育教学的见解等文稿,并且把与同行在网络上交流的材料（包括同行的评论、个人即时的教育感悟与心得等）收集汇总起来,以便及时地进行消化和深入学习。

借助于教育网站,坚持与同行进行探讨交流,相互学习,确实能提高教师的专业水平。需要注意的是,与同行进行网络交流,教师要敢于发表个人见解,哪怕是不成熟的

① 禹妙云:《让"教师学习"与"校本培训"同行》,《科教文汇（中旬刊）》2009 年第 8 期。

看法、错误的观点，同时也要虚心地接受他人的不同意见。

5. 参与研究

教师不仅是教育活动的实践者，也是教育实践的研究者。教育研究能力是教师提高教育教学质量，促进自身专业水平不断发展的必要条件。可以说，教师成为研究者，已经是当今教师基本素养的一部分，也是教师新的职业存在的基本表现形态。

在当今的教育教学中，随着学生个体和群体变化的加剧，教师时常会碰到各种各样的疑难或困境。从目前来看，这些疑难或困境至少有以下几种类型：一是教师的设想、计划与实际效果之间的差距；二是教育教学情境中教师与学生、学生与学生等在目标之间或价值取向之间的冲突与对立；三是教育教学中的"两难"情境；四是不同的人或群体对待同一教育教学行为的不同看法。这些问题都有可能成为教师的研究对象，通过设立研究课题、开展合作研究、进行自我反思等多种方式，深化对相关问题的认识，进而解决教育教学中的疑难问题。

教师参与研究，除了掌握本书第六章教育的基本研究方法外，还要学会用不同的方式表达研究成果。教育研究的方法与成果的表达形式多种多样，但并不见得所有方法或成果表达形式适合所有的教师。一般说来，便于操作、与工作实践相辅相成、"工研"矛盾不突出的方法或成果表达形式，才是适合教师的。教育叙事、教育案例等研究方式和成果表达形式，或自由表达，或理性提升，或问题取向，或直抒胸臆，是教师研究的基本存在形态。

专栏 20-8

教育叙事的写法

简单地讲，叙事就是"讲故事"，讲述叙事者亲身经历的事件。教育叙事（包括教学叙事）可以理解为一种研究方式，也可以理解成研究成果的表达形式。作为研究成果表达形式的教育叙事，既指教师在行动研究过程中用叙事的方法所作的某些简短的记录，又指教师在行动研究中采用叙事方法写作的研究成果。教育叙事有着多种角度和立场，教师在研究中可以根据需要加以选择和运用。教育叙事有几种常见的写法：

第一，可以按照事件发展的时间顺序逐个陈述，注重突出其关键部分。这种写作方法注重还原事件的原貌，使用的是"白描"的记叙手法，尽量原原本本地展现事件本身。

第二，可以着重强调教师个人对问题的认识，夹叙夹议地陈述事件全过程。这种写法注重教师个人对事物的判断，虽然它少了些第一种方式的客观和平实，但写作者密切关注自己对问题的看法和感受，时时以一种反思的姿态拷问自己的认识，无形之中多了些自我反思意识和对事件的深层洞察。

第三，可以从学生的角度陈述故事，注意使用学生的语言和文化。这种写作方式在一定程度上转变了教师自身的角色，是站在叙述对象的立场上记叙事件，读来翔实、具体、生动、有感染力，它提示我们：多立场、多角度、多侧面记叙教育事件，把握教育事件的每一个细节，是使教育叙事成为提升教师教育教学智慧手段的重要前提。

五、教师的任用制度

具备教师资格证书,是担任教师的前提条件。教育行政部门和学校,根据教师聘任制度,聘任具备教师资格的人来学校从事教育工作。

(一)教师资格制度

教师资格制度是国家实行的、法定的教师职业许可制度。教师资格是国家对专门从事教育教学工作人员的最基本要求,是公民获得教师工作应该具备的特定条件。教师资格制度实施后,只有具备与学校办学层次相应的教师资格,才能被聘任担任教师工作。未取得教师资格的人将不能从事教师工作。教师资格作为一种法定国家资格一经取得,即在全国范围内不受地域的限制,具有普遍的适用效力。

为了保证教师队伍的质量和促进教师职业的专业化水平,不少国家都实行了教师资格制度。我国《教育法》和《教师法》也都规定,国家实行教师资格制度,国务院于1995年颁布了《教师资格条例》。2000年,教育部发布了《〈教师资格条例〉实施办法》。

1. 实施教师资格制度的意义

第一,实施教师资格制度,是形成多渠道培养和聘任教师的重要环节和制度保障,有利于吸引优秀人才到教师队伍中来,有利于形成高质量的教师储备队伍,为真正实施教师聘任制、优化教师队伍奠定基础。

第二,有利于推动教育人事制度改革,建立"公平、竞争、择优"的教师选拔机制,促使教师的任用走上科学化、规范化和法制化轨道,保证教师队伍的整体质量,从根本上杜绝不适宜教育教学工作的人执教。

第三,有助于提高教师职业的社会地位与声望,并在全社会形成尊师重教的良好风气,使教师职业具有吸引力,同时促进教师队伍素质、教育教学质量和报酬待遇之间形成良性循环。

2. 教师资格的条件

我国《教师法》第十条明确规定:"中国公民凡遵守宪法和法律,热爱教育事业,具有良好的思想品德,具备本法规定的学历或者经国家教师资格考试合格,有教育教学能力,经认定合格的,可以取得教师资格。"《教师法》规定了取得教师资格的一般条件,要取得教师资格,还要具备以下条件:

(1)学历条件。教师资格必须具备的相应学历:申请幼儿园教师资格,应当具备幼儿师范学校毕业及其以上学历;申请小学教师资格,应当具备中等师范学校毕业及其以上学历;申请初级中学教师资格,应当具备大学专科毕业及其以上学历;申请高级中学、中等职业学校教师资格,应当具备大学本科毕业及其以上学历;申请认定高等学校教师资格,应当具备研究生或者大学本科毕业学历。

(2)教育专业技能。教师资格应当具备的教育教学工作基本素质和能力。要具有选择教育教学内容和方法、设计教学方案、掌握和运用教育学和心理学知识的能力,语言表达能力,管理学生的能力,运用现代教育技术的能力,以及教育教学研究的能力。申请人员需参加国家教师资格考试,成绩合格。

(3)普通话水平。普通话水平应达到国家语委颁布的《普通话水平测试等级标准》二级乙等及以上标准。其中,中小学语文教师和幼儿教师的普通话应达到二级甲等及以上标准。

（4）身体条件。申请人应当具备良好的身体素质和心理素质，无传染性疾病，无精神病史，有完全的法律行为能力等，在教师资格认定机构指定的县级以上医院体检合格。

3. 教师资格的类别与适用

我国的教师资格共分为七个类别，分别为：幼儿园教师资格、小学教师资格、初级中学教师资格、高级中学教师资格、中等职业学校教师资格、中等职业学校实习指导教师资格和高等学校教师资格。

取得教师资格的公民，可以在本级及其以下等级的各类学校和其他教育机构担任教师。其中，高级中学教师资格与中等职业学校教师资格相互通用，但取得中等职业学校实习指导教师资格的教师，只能在中等专业学校、技工学校、职业高级中学或者初级职业学校担任实习指导教师，不能与其他教师资格融通。

教师资格是从事教师职业所必须具备的基本条件，不具备这些条件，就没有当教师的资格，就不能成为一名合法的教师。取得教师资格的人，也不一定能够马上从事教师工作。是否能从事教师工作，还要受教师编制、学校师资需求、教师队伍学科结构、聘任条件等方面的限制。只有被学校或其他教育机构聘任为教师后，才能享有法定的教师权利，履行相应的教师义务。而且，获得了教师资格并不等于就成为一名合格称职的教师，要真正成为一名合格称职的教师，还必须全面提高自我素养，并勇于探索和实践。

（二）教师管理制度

教师聘任制，是在符合国家法律制度的情况下，聘任双方在平等自愿的前提下，由学校或者教育行政部门根据教育教学岗位设置，聘请有教师资质或教学经验的人担任相应教师职务的一项教师任用制度，是我国法律法规明确的教师管理制度。教师职称评审制度也是关乎教师发展和教师管理的重要制度。

1. 教师聘任

我国《教师法》第十七条规定："学校和其他教育机构应当逐步实行教师聘任制。教师的聘任应当遵循双方地位平等的原则，由学校和教师签订聘任合同，明确规定双方的权利、义务和责任。实施教师聘任制的步骤、办法由国务院教育行政部门规定。"

（1）聘任制的步骤。

教师聘任制是分为聘用、聘任两个步骤。

聘用制是以合同的形式确定事业单位与职工基本人事关系的一种用人制度，即事业单位工作人员在本单位的身份属性通过与单位签订聘用合同确定。聘用制将传统的用人制度改革成为合同契约式的用人制度，简单地说，就是学校聘用某人做教师。

聘任制是事业单位内部具体工作岗位的管理制度，是相对委任制而言的。指用人单位通过契约确定与人员关系的一种任用方式。一般的做法是由用人单位采取招聘或竞聘的方法，经过资格审查和全面考核后，由用人单位与确定的聘任人选签订聘书，明确双方的权利义务关系和受聘人员职责、待遇、聘任期等。简要地说，就是学校确定教师的工作岗位和工作职责。

（2）教师聘任制的形式。

教师聘任制依其聘任主体实施行为不同可以分为以下几种形式：招聘，即用人单位面向社会公开、择优选择具有教师资格的应聘人员；续聘，即聘任期满后，聘任单位与教师继续签订聘任合同；解聘，即用人单位因某种原因不适宜继续聘任教师，双方解除合同关系；辞聘，即受聘教师主动请求用人单位解除聘任合同的行为。

　　2. 教师职称

　　1986 年开始，我国建立的以中小学教师职务聘任制为主要内容的中小学教师职称制度。1987 年，全国中小学第一次进行职称评审。2015 年 8 月 28 日，人力资源社会保障部、教育部印发《关于深化中小学教师职称制度改革的指导意见》规定，"建立统一的中小学教师职务制度，教师职务分为初级职务、中级职务和高级职务"。初级设员级和助理级，高级设副高级和正高级。员级、助理级、中级、副高级和正高级职称（职务）名称依次为三级教师、二级教师、一级教师、高级教师和正高级教师。

系列	正高级	副高级	中级	助理级	员级
高校教师	教授	副教授	讲师	助理讲师	无
中学教师	正高级教师	高级教师	一级教师	二级教师	三级教师
小学教师	正高级教师	高级教师	一级教师	二级教师	三级教师

表 20 - 3

教师的职称等级

　　在中小学，特别优秀的教师会被授予特级教师称号。特级教师是一种荣誉称号，不是中小学教师职称的一个等级。

专栏 20 - 9

特级教师是一种荣誉

　　"特级教师"是国家为了表彰特别优秀的中小学教师而特设的一种既具先进性，又有专业性的称号。特级教师应是师德的表率、育人的模范、教学的专家。评定对象是普通中学、小学、幼儿园、师范学校、盲聋哑学校、教师进修学校、职业中学、教学研究机构、校外教育机构的教师。

　　特级教师制度是 1978 年根据邓小平同志的意见建立的。1978 年 4 月 22 日，邓小平在全国教育工作会议上讲到尊重教师的劳动时明确指出："要采取适当措施，鼓励人们终身从事教育事业。特别优秀的教师，可以定为特级教师。"在会议召开之前，邓小平同志已经把景山学校当作试点，把学校挑选申报的三位老师亲自定为特级教师，这是全国第一次任命，也是最早的特级教师。根据邓小平同志的讲话，1978 年 10 月，教育部、国家计划委员会制定颁发了《关于评选特级教师的暂行规定》，12 月 7 日下达通知，在全国开始了评选特级教师工作。文件规定："评选特级教师应坚持从严掌握和实事求是的原则，严格按照评选条件认真、慎重地进行评选。各地和学校有符合评选条件的教师就评选，否则，就不评选。第一次评选，北京、上海、天津等大城市评选面暂定控制在万分之五以内，其他地方应低于这个比例。"

　　1993 年 6 月，原国家教委、人事部、财政部根据中小学教师队伍素质的提高和骨干教师队伍建设需要,按照邓小平同志关于中小学教师队伍建设的一系列讲话精神,将评选特级教师的暂行规定修订为《特级教师评选规定》,进一步明确了特级教师条件,增加了评选数量,提高了特级教师津贴,改为每人每月80元,退休后继续享受,数额不减。

经国务院批准,从2008年1月1日起,中小学特级教师津贴标准由每人每月80元调整为每人每月300元,公办学校发放特级教师津贴所需经费全额纳入财政预算。

本章小结

教师职业理念是指由教师职业形成和共有的观念和价值体系。教师职业理念可总结为三观,分别为教育观、学生观和教师观。教育观是人们对教育所持的看法。教育观的核心是教育为了什么,即教育目的。我国当前的教育观是素质教育观。学生观是指教育者对学生在教育活动中的性质、特征和具体实践活动的基本看法与认识。"人的全面发展思想"和"以人为本"的思想,对现代学生观的形成有着重要的影响。教师观指的是关于教师职业的基本观念,是人们对教师职业的认识、看法和期望的反映。新课程背景下,教师的角色和行为都发生了一定的变化。社会往往给予作为知识传递者的教师以很高的期待。在道德素养方面,人们希望教师是品德高尚的道德家;在知识素养方面,人们希望教师是学富五车的学者;在教学技能方面,人们希望教师是挥洒自如的艺术家。

教师的专业发展又称教师的专业成长。一般来说,教师专业发展经历职前、入职、在职、离职等阶段。在不同的发展阶段,教师专业发展呈现出不同的特点。在我国,教师要取得教师资格证书,才能合法地从事教育教学工作。学校和其他教育机构,则应当逐步地实行教师聘任制。目前,中小学教师职称设高级、中级、初级三个级别。

教师专业发展的方法有:观摩和分析优秀教师的教学活动,开展微格教学,进行专门训练,反思教学经验。教师专业发展的途径包括:师范教育(职前教育)、新教师入职指导(入职培训)、在职培训(在职教育)和自我教育。校本研修是在职培训主要形式。自我教育的途径主要有专业阅读、网络学习、参与研究,以及参与校本研修培训等。

思考与实践

1. 素质教育是我国20世纪90年代初出现的一个概念,现在围绕素质教育有几十种不同的含义界定,其他语言中很少找到对应的词语,有人因此认为,素质教育不值得提倡,你是否同意这种看法?为什么?

2. 有人认为"以人为本"的学生观强调培养学生的特长,不需要关注学生的全面发展。请对这种观点进行评论。

3. 阅读下列材料,谈谈自己的看法与认识。

教师、医生和律师,与建筑师、工程师不一样。一类是跟物质生产相关,一类跟人相关。教师和医生,尽管面对的都是人,但仍不同:医生主要关注人的身体,医生在工作时,研究的是病与治病;教师关注的却是儿童、青少年的精神世界以及整个生命的发展。这之间的差异是清晰的,不难区别。

教师往往被他人贬称为"教书匠",这一"书"一"匠"两字对"师"字的替代,概括了许多人对教师职业性质的认识:他们只是教"书"的"匠"人而已;他们只是把已有的知识传递给青少年而已;他们只要认真工作,不把知识教错,教对、教好即可。充其量,教师是人梯,因牺牲自己造就他人的成长而伟大,并不像科学家、艺术家那样因创造而伟大。教师职业不能在社会上引起真正的尊重,其认识根子在此。

教师的教育魅力首先在于教师的创造性,一个有创造性的教师才能培养出有创造性的学生。作为一个教师,如果只要求自己像蜡烛一样,成天勤勤恳恳地埋头苦干,以牺牲自己作为职业高尚的表达,而不是用一种创造的智慧去激发学生心中的精神潜力,那么工作对于他来说只有付出没有魅力,也难培养出有创造力的学生。教师是一种独特的创造性工作。你问我教师的魅力在哪里? 就在于创造。

4. 你认为一个合格的中学老师,应该具备哪些素质? 你自己离成为一个合格的中学老师还有哪些差距? 如何在后续的学习工作实践中缩小这些差距?

5. 从本章列出的四种教师专业发展理论中选出一种,分析你自己比较熟悉的一位中学老师的成长经历。如有必要,可与该老师联系,共同对其成长发展阶段进行回顾分析。

6. 有研究者提出,教师专业发展的提法有一定缺陷,导致大家过多地关注教师的专业属性,从今天面临的问题来看,更应该提"教师发展",要更多地关注教师的"整体发展"、"全人发展"。请收集分析相关资料,对这种看法作出评析。

7. 有研究者认为,教师学会如何反思最有效的基本方法之一,就是教师个人或群体学会不断地向自身提出反观自己和挑战自己的问题。比如说,在说课之前,教师提出一些提示性的问题进行反思,相信对自己教学的反思会更加全面和深刻:这节课的主要目的是什么? 学生在这节课里实际上学到了什么? 我的教学程序安排得如何? 我在教学中遇到什么问题? 又是如何解决的? 这节课最精彩的部分在哪里? 这节课最失败的地方在何处? 如果我再教同样的课,将作哪些调整? 这样提出问题,就比我们一般地谈什么是说课,说课的基本模式、基本原则和基本方法有哪些等更能引起教师的反思。[①] 你如何看待这样的观点? 说说你的想法。

8. 为了促进个人的专业发展,有的教师量身定做了年度专业发展计划,内容包括现状分析、发展目标、实施办法等。你觉得制定个人专业发展计划,对于教师的成长和发展有哪些帮助? 并在查阅、分析若干个人专业发展计划之后,尝试制定属于自己的专业发展计划。

延伸阅读

1. 叶澜等. 教师角色与教师发展新探[M]. 北京:教育科学出版社,2001.
2. 约翰·麦金太尔. 教师角色[M]. 丁怡,等,译,北京:中国轻工业出版社,2002.

---

① 李志厚:《论教师学习的基本追求》,《华南师范大学学报(社会科学版)》2006 年第 4 期。

3. 斯太芬. 批判反思型教师 ABC[M]. 张伟,译,北京：中国轻工业出版社,2002.

4. 陈桂生. 到中小学去研究教育——"教育行动研究"尝试[M]. 上海：华东师范大学出版社,2003.

5. 郑金洲. 教师如何做研究[M]. 上海：华东师范大学出版社,2007.

6. 杰弗里等. 怎样成为一名优秀教师[M]. 方彤,等,译,上海：华东师范大学出版社,2009.

7. 张丰. 校本研修的活动策划与制度建设[M]. 上海：华东师范大学出版社,2009.